U0596379

本书为2014年国家社科基本项目（14BXW008）的最终成果
本书由兰州大学"双一流"建设资金人文社科类图书
出版经费资助

樊亚平　著

中国新闻从业者职业心态史（1912—1949）

中华书局

图书在版编目（CIP）数据

中国新闻从业者职业心态史：1912-1949/樊亚平著. —北京：中华书局,2021. 10
ISBN 978-7-101-15472-6

Ⅰ. 中… Ⅱ. 樊… Ⅲ. 新闻工作者-研究-中国
Ⅳ. G219. 2

中国版本图书馆 CIP 数据核字（2021）第 250976 号

书　　名　中国新闻从业者职业心态史(1912—1949)
著　　者　樊亚平
责任编辑　林玉萍
出版发行　中华书局
　　　　　（北京市丰台区太平桥西里38号　100073）
　　　　　http://www. zhbc. com. cn
　　　　　E-mail:zhbc@ zhbc. com. cn
印　　刷　北京瑞古冠中印刷厂
版　　次　2021 年 10 月北京第 1 版
　　　　　2021 年 10 月北京第 1 次印刷
规　　格　开本/920×1250 毫米　1/32
　　　　　印张22¼　插页 2　字数 550 千字
国际书号　ISBN 978-7-101-15472-6
定　　价　128.00 元

目　录

序

　　5月12日,我接到樊亚平教授发给我的微信,说他去年结项的国家社科基金项目成果与中华书局签订了出版合同,准备年内出版,书名为《中国新闻从业者职业心态史(1912—1949)》,非常期望我能为该书写一篇序。我思考片刻后,便回复说:非常荣幸! 很快,他就将书稿纸质版快递了过来。这部约55万言的巨著,我仅用了一周左右的时间便一口气读完。读完掩卷,深感这不仅是樊亚平多年来在新闻史人物职业心灵、职业内心世界研究领域不懈耕耘的又一重要成果,而且是中国新闻史学界新闻史人物研究领域的又一具有里程碑意义的成果,更是一部别样的中国近现代新闻史。

　　虽然中国新闻史学界历来重视对新闻史人物的研究,目前为止已发表了不少具有相当高学术含量的成果,但注重对新闻史人物职业心灵与内在心理世界进行研究的成果,为数的确不多。在为数不多的从事这方面研究的学者中,樊亚平绝对是最有代表性的。从他进入新闻史研究领域之初开始,就将研究的着力点和聚焦点放在了新闻史人物职业心灵与内心世界研究方面,获得了一系列在新闻史人物研究领域具有重要影响的成果。

　　我与樊亚平最初相交、相识正源于其新闻史人物职业心灵与内在心理世界研究方面的成果。2011年9月的一天,我突然收到了一本名为《中国新闻从业者职业认同研究(1815—1927)》的书,作者为"樊亚平",人民出版社当年7月出版。当时,我尚不认识樊亚平,但书名深深吸引了我，我拿过来稍稍翻阅，便不能释手，仅用了两三天便一口气读完，读完后禁不住拍案叫好。该书引入职业社会学领域的"职业认同"概念及理论框架，通过对中国近代报刊产生至北洋军阀统治末期新闻从业者职业认同发育与职业意识演变过程的研究，追寻职业社会学意义上的"记者""报人"在中国的成长与发展足迹，感知他们从事新闻职业的理想与困惑、激情与无奈，探求他们筚路蓝缕、一路走来的心路历程。由于该书超越了以往新闻史人物研究领域的阶级分析视角，也改变了以往新闻史人物研究宏大概括、宏大归纳的做法，令我耳目一新，我立即在我与学生进行的学术沙龙上对该书进行了隆重介绍和推荐，称该书使中国新闻史人物研究别开了一个新生面，同时，致电樊亚平，对其所做的研究表示高度赞赏。从此，他和我之间的联系不知不觉间频繁起来，紧密起来。

此后的几年中，我曾不止一次地在新闻史学界举办的一些重要会议上对樊亚平及其所开创的新闻史人物研究的新生面、新路子进行过介绍。如2014年11月，中国新闻史学会2014年年会暨常务理事会在暨南大学举办，我在大会主题发言中总结中国新闻史研究领域之前几年出现的具有创新性的高质量研究成果时，就曾隆重介绍了樊亚平《中国新闻从业者职业认同研究（1815—1927）》一书及系列研究论文所蕴含的研究创新。

几年后的2017年，不记得具体日期了，我收到了樊亚平在新闻史人物研究领域做出的又一成果——其在复旦大学从事博士后研究工作的出站报告《在自由记者与中共党员之间：范长江心态研究》电子版。这部字数达28万的博士后研究报告以范长江人生历程和发展轨迹为研究对象，以其一生主要社会活动和职业活动中的心态为研究目标与主题，通过对范长江自大革命时期开始探求个人出路与国家民族出路的各种人生求索活动的全面、系统的考察，还原了其在探求个人出路与国家民族出路过程中的心路历程，展示了其在此过程中的思想、理想、理念、追求的变化发展过程，呈现了其在从

一个"自由职业的新闻记者"向党的新闻战士和新闻宣传战线的领
军者转变过程中的思想理念、价值诉求和内在情感的变化过程。读
完这一研究报告后,我立即感觉到,这是樊亚平在其之前研究基础
上做出的使其新闻史人物研究更新换代、迈上新台阶的一部成果。
之所以说这部报告是樊亚平新闻史人物研究的更新换代之作,主要
是因为它突破了之前的"职业认同"概念及相应的理论框架,完全深
入到了范长江成长和发展的不同历史阶段的社会历史情景和个人
生活情景中,对其内在心路进行了不带任何固定框架与套路的自由
而客观的全景式呈现,使范长江丰富、鲜活、真实、独特的精神世界
和情感世界得以完全彰显。

我一方面为新闻史人物研究乃至整个中国新闻史研究领域出
现这样一部富有创新的成果而高兴,另一方面为樊亚平在学术研究
领域不懈求索、不断推陈出新的精神而感动,更为该报告把范长江
研究提升到了一个新的层次而高兴。此后几年中,我与樊亚平的各
种形式的交流、往还更加频繁。基于对他在新闻史人物研究领域的
诸多成果的赞赏,也是因为被他一心向学、潜心学术的精神所感动,
在不少学术研讨会上,我经常毫不掩饰地对他和他的研究表达赞
誉。2019年,在中国人民大学承办的中国新闻史学会常务理事会
上,我曾高度赞扬了包括樊亚平在内的数位学者,称他们是新闻史
研究领域最令我赞赏的中青年实力派学者的代表。同年,在四川大
学筹办的范长江诞辰110周年纪念研讨会主题发言中,我在回顾范
长江研究的历史时,也曾称樊亚平的相关研究是近年来范长江研究
领域出现的最好成果。

现在,摆在我眼前的这部即将出版的《中国新闻从业者职业心
态史(1912—1949)》,从研究视角和路子方面来说,实为樊亚平博
士后研究报告《范长江心态研究》所开拓的新闻史人物职业心态研
究这一新视角与新路子的继续和延展。这部书稿的研究视角和路
子依然为心态研究,但研究视野、研究范围和研究目标扩大了。它

没有聚焦于新闻史上的单个人物，而是将研究范围扩大到民国建立至中华人民共和国成立期间最主要的五类新闻从业者，从每类新闻从业者中选择最有代表性的两位，对其职业心态变化的具体情状和职业内心世界的丰富性、复杂性进行了分别呈现，在此基础上对该类新闻从业者共同的精神特质和内在心理世界的多样性进行了总结。在对五类新闻从业者的职业心态分别进行探察和呈现之后，对民国建立至中华人民共和国成立期间新闻从业者职业心态的总体形貌、特点和走势进行了概括，对影响其职业心态的政治、社会及个人因素进行了分析，对20世纪40年代末期各类新闻从业者职业步履与心态变化的历史走向进行了揭示。纵观全书，可以说，这部书稿所呈现的不仅是民国建立至中华人民共和国成立前作为个体的新闻从业者的职业心态史，而且是该时期最主要的五类新闻从业者群体的心态史；不仅是该时期最主要的五类新闻从业者群体的心态史，而且是该时期新闻从业者职业心态的演变史；不仅是该时期新闻从业者职业心态的演变史，而且是一部别样的中国新闻史。

　　在这部书稿的后记中，樊亚平强调，自己的这项研究相较于其之前的《中国新闻从业者职业认同研究（1815—1927）》一书的最大的推陈出新之处是，抛弃了之前曾令他颇为得意的"职业认同"概念及其理论框架与视角，代之以"职业心态"。然而，我更愿意说，从"职业认同"到"职业心态"，并非仅仅是一种对其之前使用的概念与理论框架的"抛弃"，更是一种研究理念的变化和研究路子的创新。因为，虽然从表面上看，从"职业认同"到"职业心态"，似乎是用一个概念代替了另一个概念，用一种理论代替了另一种理论，但从其实际研究可以看出，其之所以使用"职业心态"，并非想搬用西方史学界所谓"心态史学""心理史学"的理论、原则与方法体系，用"职业心态"只是表明作者的研究对象和聚焦点是新闻从业者从事新闻职业过程中的心态。在学术研究片面追求理论包装和方法精致的当下，这样的理念变化和研究探索，无疑是一种十分难得的返璞归真。这样的不带任何固定框架与模式的返璞归真努力，无疑是使这部新闻史人物研究新著之所以能既成为民国建立至中华人民共和国成立前新闻从业者职业心态的生动、鲜活、立体的演变史，又成为一部别样的中国新闻史的核心原因之所在。我历来反对生硬搬用西方概念和所谓理论框架牵强附会地解释中国新闻业的历史与现状，也因此，对这部抛弃外来概念及理论框架，深入中国社会与新闻传播的历史与现实，对中国新闻从业者职业心态进行单刀直入、返璞归真的研究之新著，尤为赞赏。

中国近现代新闻从业者的职业追求、职业理念及其在从事新闻职业过程中的内心状态与精神特质虽有相同的一面，如均心怀爱国心、报国志，都"以报为器"，但若深入每个从业者的新闻生涯中，就会发现，他们的内心世界又是十分复杂的。不要说分群分类者，就是同群同类者，也是因人而异。如，同是爱国报国，有的注重言论，以言论报国，有的注重新闻，力谋新闻救国；同样是言论报国，有的重谏言，有的重献策，有的为民众代言，有的为政府代言；同样是新闻救国，有的以批评为主行监督之权，有的以歌颂为主尽宣达之责；同样为政府友，有的为诤友，有的为佞友……就具体人物来说，胡政之和张季鸾，同为以文章报国者，黄远生和邵飘萍，同为职业记者，史量才和成舍我，同为报业家，马星野和萧同兹，同为国民党新闻人，博古和范长江，陆定一和邓拓，同为共产党新闻宣传工作者，王中和甘惜分，同为早年参加革命新闻工作、中华人民共和国成立后致力于新闻教育工作者，但若进入他们每个人新闻生涯的具体情景中，就会发现，每个人的职业追求、理念、精神特质和内心情状都有着非常显著的差异。同群同类者如此，不同群类者之间的差异就更是非常明显。然而，中国近现代新闻业产生的特殊时代与社会历史背景和新闻从业者爱国报国的精神特质，决定了不同新闻从业者群类之间和同一群类内不同个体间的职业心态差异无论有多么大，却又都有着十分明显的相同之处。也正是因为有这样的相同之处，伴随着中国政治与社会历史发展大势的渐趋明朗，新闻从业者的职业追求、职业理念与职业发展步履最终自觉不自觉地走向统一，也就成为一种必然。对中国近现代新闻从业者职业心态的这种同中之异、异中之同和最终显现出的历史走势进行深入研究，无疑是非常重要也是非常有价值的一件事。樊亚平的这部新著已经在这方面迈出了坚实的一步，期望能有更多学者沿着这一方向进行延展性研究。

我一直认为，中国新闻史研究不仅要见事，更要见人，不仅要见人，更要见人的思想观念，不仅要见人的思想观念，更要见人性，见人的内心世界。让我高兴的是，樊亚平的这部新著正是这样一部见人、见观念、见人性、见人的内心世界的著作！对观念、对人性、对人的内心世界的探究，是一个艰难而诱人的研究领域，需要有更多学者进入这个研究领域，共同研究。樊亚平是一个志存高远，有学术追求，又能宁静致远，且已在这方面取得诸多成果的学者，期待他在这方面有更新的成果问世，更期待能有更多学者加入这一大有可为的研究领域！同时，也希望樊亚平和所有学者致力于学术事业的同时，切实保重自己的身体！

是为序。

吴廷俊　2021年5月

导　论

一、研究背景与问题的提出

当代人文社科经历了由"本体论"向"认识论"的转变,并以前期维特根斯坦《逻辑哲学论》的发表为标志,转向了"语言论"。无论是"本体论"研究中,还是"认识论"研究抑或"语言论"研究中,作为主体的人,在一定程度和一定意义上,均遭到了有意无意的放逐。然而,当解构的利剑为人本身砍开了一道裂口,伴随着雅克·拉康、米歇尔·福柯等人的研究成果和思想的问世,作为主体的人逐渐被推到了人文社科研究的前台。就连美国分析哲学的大将约翰·塞尔都承认,当今哲学研究的趋向是从"语言分析"向"心灵分析"的转变①。

这种回归人本身,尤其是回归人的内在心灵的哲学研究趋向,给新闻史研究者,尤其是新闻史人物研究者的基本启示便是,我们的新闻史人物研究必须回到人物本身,真正进入他们的内心,进入他们内在的心灵世界,而不是仅仅停留在人物的外在活动与思想层面。然而,当我们把探寻的目光聚焦于新闻史人物研究领域的时候,看到的却是"人"的缺失。

---

① 江怡主编:《当代西方哲学演变史》,人民出版社,2009年,第92页。

　　改革开放前,由于极"左"思潮影响,新闻史人物研究一直不受重视,甚或成为研究的禁区。那时的新闻史中除了对报纸的介绍外,很难见到人物及其活动[1]。改革开放后,新闻史人物研究,如名记者、名报人等,受到很大重视,出现前所未有的繁荣景象,但若与报史和其他新闻史专题研究的热度相比,新闻史人物研究依然失之冷清。

　　尤为重要的是,这些相对冷清的研究,又大多集中在对人物新闻思想、新闻活动、办报特点、历史贡献等的介绍、钩沉与概述层面。这种研究,对后人研究提供了非常良好的基础,但从中我们却感受不到与每个人物所处的人生与社会情景相应的职业心灵与心态之变化,尤其是感受不到可能存在于他们内心深处的价值理念、职业角色与身份等方面的张力与矛盾,因此也就看不到中国新闻从业者在新闻职业道路上筚路蓝缕、一路走来的心路历程。

　　这种研究带来的问题是,我们无法触摸到活的历史,无法与新闻史人物进行心灵与情感的对话,我们看似对他们的办报思想与活动、对他们创办的报刊了如指掌,实际上却不了解他们,我们不知道他们选择新闻职业背后到底隐藏着何种动机、追求,不知道他们何以要办那样的报刊,何以具有那样的思想主张,不知道他们对其选择的职业到底如何认知;从历史的纵向来说,我们无法从现有研究中看到他们的职业意识、情感、内心追求等发育、发展、演化的趋势与轨迹,相应地,也就无法从他们身上感受到"历史的丰富性",无法藉他们来透视新闻与社会间交融、交互的复杂而生动的景观。在这样的新闻史人物研究中,不同的新闻从业者间似乎只有贡献大小上的差别和阶级、党派与办报宗旨上的差别,其作为人的内心世界的丰富性、复杂性基本难以窥察。

---

[1] 方汉奇:《近代中国名记者·序一》,夏林根主编:《近代中国名记者》,福建人民出版社,1990年。

　　为解决此问题,考察记者、报人从事新闻职业的动机、态度、认知、情感、价值观、忠诚度、自我身份与角色认知等职业心灵与心理因素,将其放在具体的社会历史情境与个人生活情境中进行考察,展示其特有的心灵与精神世界,无疑是一种不错的路径与选择。

　　基于这一认识,笔者曾以"职业认同"为理论工具与视角,对我国近代新闻从业者职业心灵史、心态史进行过研究。本书试图以此为基础,接续之前所做的研究,对1912年至1949年的中国现代新闻从业者职业心态进行进一步研究,试图呈现民国时期中国新闻从业者在从事新闻职业过程中的动机、动力、情感、心理、思想、精神、身份、理念及其内心可能存在的各种张力与矛盾,考察他们在选择新闻职业过程中将个人的职业选择与挽救国家与民族命运的时代要求,将寻求个人出路与探求国家出路的目标等有机结合的过程,还原他们在以报刊为工具,追求国家富强、民族独立、政治民主、人民幸福,感应时代要求,挽救国家和民族危亡过程中的心路历程。

　　为避免引入其他学科理论与视角可能存在的生搬硬套与牵强附会之风险,在听取新闻学界部分专家学者建议的基础上,本研究决定放弃"职业认同"视角,深入民国时期中国现实社会土壤、时代背景和不同记者、报人各自的人生际遇与事业发展历程中去,对其内心世界和从事新闻职业的心灵、心态进行直接探察。

二、相关研究现状述评

　　对民国时期新闻从业者的研究成果已较丰富,尤其对一些著名记者、报人的研究,但这些研究大多是对各个新闻从业者新闻活动(或办报活动)、新闻思想(或办报思想)、报道内容(或办报内容)、报道特色与技巧(或办报特色与特点)、历史地位与贡献等的概括与归纳,呈现新闻从业者职业心态的成果较为少见。当然,较为少见并非完全没有。除拙著《中国新闻从业者职业认同研究(1815—

1927)》和近十篇相关论文外，陈建云教授的《大变局中的民间报人与报刊》和《向左走　向右走：一九四九年前后民间报人的出路抉择》，就属于这方面的较为直接的研究成果。

拙著《中国新闻从业者职业认同研究(1815—1927)》引入职业社会学中的"职业认同"概念和理论，从职业动机、职业态度、职业情感、职业认知、职业忠诚度、自我身份认同等方面，剖析了从近代报刊开始出现到北洋政府统治末期的中国记者、报人的精神世界，还原了中国早期"记者""报人"职业意识、职业发育的艰难、曲折过程，呈现了他们在选择和从事新闻职业过程中的理想与困惑、激情与无奈以及个体因素与所处社会环境因素交相碰撞所产生的张力与矛盾，在较大程度上突破了以往新闻史人物研究难以深入人物内心，无法感知人物内心矛盾与张力的缺憾，被称为"一部早期新闻从业者的心灵史"①。其他近十篇论文属于该专著研究过程中的阶段性成果，分别考察、呈现和分析了从近代报刊产生到民初一些主要记者、报人的职业意识与职业认同状态。

陈建云《大变局中的民间报人与报刊》以1945年到1957年这一中国社会历史的"大变局"时期为背景，以徐铸成、王芸生和储安平三位民间报人及其所主持的报刊《文汇报》《大公报》、《观察》周刊为研究对象，呈现了三位著名报人在这场历史大变局中的憧憬与彷徨、欣喜与迷惘、坚持与无奈、奋发与哀愁，试图让读者重温身处时代变迁中的民间报人的生命体温和思想脉动。《向左走　向右走：一九四九年前后民间报人的出路抉择》是前著之姊妹篇，它同样以新中国成立前后为背景，以深入人物内心为目标，呈现了在国民党政权即将垮台、中华人民共和国即将成立的历史大变局中不同民间报人在面临何去何从之选择时的不同心路，只是所选择的人物分别

---

① 方汉奇：《一部早期新闻从业者的心灵史——〈中国新闻从业者职业认同研究
　（1815—1927)〉序一》，《新闻春秋》2012年2期。

是陈铭德邓季惺夫妇、成舍我和曹聚仁。

　　除上述较直接的研究外，一些研究民国时期记者职业化、职业意识、职业理念、价值追求、社会地位、职业群体等的成果也与新闻从业者职业心态、职业心灵研究有一定关联，如吴廷俊《论中国文人办报的历史演变》(《新闻春秋》总第六辑，1998年9月)、谢国明《试论近代中国报人的悲剧》(《新闻学研究10年：1978—1988》，人民出版社，1989年)、姜红等《从"名士"到"报人"：近代中国新闻人职业身份认同的承续与折变》(《新闻与传播评论》，武汉大学出版社，2010年)、赵建国《早期报人职业意识的演变》(《广东外语外贸大学学报》2007年1期)、曾宪民《旧中国民营报人同途殊归现象分析》(《新闻与传播研究》2003年1期)、宋晖《早期记者的职业意识与精神危机》(《国际新闻界》2004年5期)、刘磊《中国早期报人社会地位的演进》(《传媒》2002年7期)、刘丽《中国近代记者的新闻职业观初探》(《新闻记者》2008年5期)、特里·纳里莫《中国新闻业的职业化历程》(《新闻研究资料》第58辑，1992年9月)等。

　　从这类与职业心态研究间接或部分相关的成果中虽然可以或多或少感受到所涉及的记者、报人的职业意识、职业情感、新闻理念、价值追求、职业角色与身份体认等内心与精神世界的情状，但这种对内心与精神世界的观照是非自觉的、间接的、零散的，非各自成果的核心聚焦点与研究目标，因此通过它们无法深入、系统地呈现民国时期新闻从业者的职业心史的全貌和总体趋势。

　　笔者以前的研究中，涉及民国时期新闻从业者之部分只有邵飘萍和史量才二人，因此，无法全面、系统地呈现民国时期新闻从业者职业心态的丰富性、复杂性和变动性，另一方面，由于这些研究主要以"职业认同"为理论工具与视角，对相关新闻史人物的研究都是从职业动机、职业情感、职业认知、职业身份体认等职业社会学考察从业者职业认同时常见的四个维度出发进行的，因此虽然研究本身很大程度上切入了每一个从业者的内心世界，呈现了其从事新闻职业过程中的内在心理状态,但这种呈现主要是"多点透视"式的呈现,缺乏纵向的、"全人"式的系统呈现。陈建云的两部著作虽较为充分地还原了人物所处的社会历史情景和个人人生选择情景,淋漓尽致地再现了人物鲜活而复杂的内心世界,但所涉及的时段却是民国时期最后几年,亦无法展示民国时期新闻从业者心态变化与发展的整个历史过程与全貌。

这些缺憾,正是本研究试图弥补和努力之处。

三、研究意义与价值

本研究的意义与价值主要有三个方面:

(一)弥补现有新闻史研究之缺憾与不足,使新闻史研究能突现"人"

如前所述,改革开放以来,新闻史人物研究取得了显著成绩,但多数成果集中在对一些知名记者、报人新闻思想的归纳、概括、阐发和新闻活动经历的考证、梳理、介绍等方面。这些研究的价值不可忽视,但其最明显的局限就是没有"人",即多停留在人物思想、活动等层面,无法使读者走近某一记者、报人的生活情景和内心世界,感受他们在从事新闻职业过程中的酸甜苦辣、"爱恨情仇"。虽然近年来也出现了一些聚焦于人物内在心态或能在一定意义上显现人物心理脉动的直接与间接性成果,但这些成果总体来说数量还是不大,尚未成为引领新闻史人物研究的一种潮流。基于此,本研究在一定程度上对弥补新闻史研究领域没有"人"之缺憾,促进新闻史人物研究能真正突显"人"将具有不可忽视的意义。

(二)拓展民国新闻史人物研究,丰富新闻史人物研究之领域与层面

民国新闻史人物研究的成果目前已较为丰富,几乎很少存在尚未被研究和关注过的人物。除了各个通史类著作、综论性著作、

对某个报刊进行专门研究的著作和围绕某种特殊问题意识而开展的专题研究著作中或详或略地涉及相关新闻史人物之外,对一些记者、报人进行专门性研究的专著也已不少,对不同记者、报人的某个方面进行研究所产生的各种论文更可谓汗牛充栋。但除了陈建云《大变局中的民间报人与报刊》《向左走　向右走:一九四九年前后民间报人的出路抉择》这两本书和本人的"职业认同"研究中涉及的个别人物之外,基本未看到有专门聚焦于记者、报人内心世界与心理脉动者。就研究视角与层面来说,这无疑是一种缺憾,需要引起更多研究者的重视。本研究对民国新闻从业者职业心态的系统研究,必将引发更多学者关注新闻史人物心灵与心态研究,吸引他们投入这个领域的研究中,从而丰富民国新闻从业者研究的领域与层面,也在一定程度上弥补民国新闻史人物研究领域的现有缺憾。

(三)呈现中国新闻从业者独特的精神世界与职业诉求

经过清末几代新闻从业者筚路蓝缕的探索、发展、育化,进入民国后,新闻业作为一个社会影响巨大、受到广泛重视、为许多人所向往的职业领域开始逐渐形成并趋于成熟。这个时期的新闻从业者虽然血脉中蕴藉着的是中国传统知识分子修齐治平、忠贞报国、以天下为己任的精神,但其在具体职业活动中张扬的却是西方自由、独立、客观、理性等专业主义理念。然而,伴随着民族民主革命的发展,尤其是在民族生死存亡的严峻时刻突然到来时,无论是政党、政府,还是新闻从业者本身,都很快意识到新闻业应有的社会使命与责任。基于这种认识,新闻从业者逐渐放弃了原本张扬的西方新闻理念,开始主动或被动地将自己的职业与救亡图存,与中国革命的总目标结合起来。这个过程中,不可避免地会存在各种理念与思想层面的矛盾、困惑、无奈和各种因内外部因素与力量的冲突而产生的张力。这种矛盾、困惑、无奈、张力及其中所显现出的中国新闻从业者的心理脉动与职业追求,无疑是特殊的,是中国新闻从业者所独有的。而呈现这个过程及其中所蕴含的中国新闻从业者独特的精神特质与职业心理世界，正是本研究的目标。

四、研究思路与主要内容

本研究的最终目标为，探寻民国建立至中华人民共和国成立前新闻从业者的职业心态史。笔者的基本认识是，经过清末几代新闻从业者的艰难孕育，民初新闻从业者的职业意识已经育化并渐趋成熟，但由于新闻救国、挽救国运与专业主义理念这两种不同的职业诉求在从业者内心的冲突、协商、碰撞、博弈及交替影响，使得民国时期新闻从业者的职业心态显现出多元化的景观；然而，由于救亡逐渐压倒启蒙，因此，无论哪类记者、报人，其职业诉求与心理状态均逐渐显现出相同或相似的一面，表现为，其职业诉求与理念大都开始趋向于"以报为器"，即以新闻职业作为救亡图存、挽救国运、宣传各自政治目标的工具，且随着时局、政局的发展和国共冲突的日趋激烈，以自由、客观、独立、理性为标榜与表征的专业主义理念在中国水土不服的一面完全显现，新闻从业者的职业心态遂逐渐走向一统。

为了充分、有效地呈现这一动态发展过程，本研究特选择民国时期最主要的五类新闻从业者——职业记者、报业家、文人论政者、国民党报人和共产党新闻工作者等进行研究。之所以选择这五类新闻从业者，一方面是因为他们基本涵盖了民国时期新闻从业者的最主要类别，借助他们基本可以描画出民国时期新闻从业者群体的整体地图，另一方面是因为他们在民国时期的相继或交替登场中又暗含了一种民国新闻业发展过程中不同时期居于主流地位、具有主流影响的新闻从业者群体前后交叠更替、此消彼长的历史演进逻辑。

"职业记者"成长于民初至北洋政府统治末期中国新闻业初步完成职业化这一时期，他们以新闻为职业，信奉西方自由、独立、客观等理念,属于中国第一代职业新闻从业者。"报业家"的成长与存续基本贯穿整个民国时期,但其最盛和影响力最大的时期主要在20世纪20年代到30年代前期,之后其主流地位便开始逐渐被其他报人取代,他们以投资办报为一种"营业",但又具有较强烈社会关怀与理想,与纯粹商人不同。"文人论政者"与"报业家"群体的兴盛时间相似,但兴盛时间更持久一些,他们以办报论政为职志,具有文人报国之情怀,但秉持论政而不参政和独立、客观等自由主义理念。这两类新闻从业者在进入30年代后虽一直都保有继续发展的势头,"文人论政者"更是继续保持着其在国民心目中的舆论领袖之地位,但在民族危亡形势突然严峻和国民党专制日益加强、新闻统制要求日益严格的背景下,出于或被动或主动的原因,其事业发展方向开始出现一定变化,发展势头也不可避免受到一定影响。

由于国民党新闻事业与共产党新闻事业发展、兴盛的具体时间与历史过程不一样,因此"国民党报人""共产党新闻工作者"在历史舞台上出场和成为主角的时间也不一样。伴随着1927年南京国民政府的建立,国民党新闻事业在进入30年代后很快在全国建立起完整的体系,随之产生了一大批国民党党派新闻人。中国共产党新闻事业出现虽较早,但真正成长壮大并形成成熟的思想理念是在延安《解放日报》改版之后,也是在这个过程中锻炼、成长起了一大批共产党新闻人。这些新闻人在宣传抗战和动员人民推翻国民党反动统治的斗争中,日益走向成熟,成为共产党革命事业得以胜利的重要方面军,也逐渐成为新闻舆论领域的定盘星和主导者。

为了更充分、更具体地呈现这五类新闻从业者各自成长、发展过程中的理想、情怀、理念、追求及各种内心情状,也是为了避免总体描述必然带来的宏大概括、宏大归纳、泛泛而谈,笔者决定在呈现每一类新闻从业者职业心态时,从中选择最有代表性的两位从业者进行解剖麻雀式的个案研究,来管窥该类新闻从业者职业心态的总体情状。在对每一位从业者进行个案研究时,笔者准备深入到从业者各自所处的社会时代情景与个人人生求索情景中,对其新闻职业生涯进行实事求是、不带任何"有色眼镜"的考察,努力呈现其从业过程中心态变化的真实情状,完整还原其新闻职业生涯中的心路。

按照这样的设想,本课题的主体研究部分相应地就由对五类新闻从业者职业心态的具体研究构成。五类新闻从业者的心态研究构成本研究主体部分的五章。在每一章内,先以"引言"形式对该类新闻从业者产生与发展的背景、概貌和类型特征等总体情况进行扫描和勾画,并从该类从业者中选择两位代表,在对其之所以具有代表性进行概要性说明后,以两节内容分别对其职业心态进行探察和呈现,再以"综论"形式对该类从业者职业心灵与心态的特点、动因或制约因素进行综合考辨。在分类研究基础上,最后再专设一章,对民国时期中国新闻从业者职业心态的总体形貌、特点进行概括,对影响中国新闻从业者职业心态的政治、社会及个人因素进行分析,对20世纪40年代末期各类新闻从业者职业步履与心态变化的历史走势及其必然性进行揭示。

五、研究方法与具体设想

本研究所采用的主要方法是文献分析法。研究中将广泛搜集与所研究的新闻从业者有关的尽可能全部资料,包括:记者、报人的自传、日记、演讲、序跋、书信、文集、文存、回忆,记者、报人亲手撰写的发刊词、报刊"告白""社论""致读者",所办报纸的新闻报道、版面,同仁撰写的回忆性文章,与所选定的记者、报人交往密切或对其产生过重大影响的人物的相关资料,对相关记者、报人新闻生涯或某一时期心态有重大影响的国际国内重要事件、政治军事等情况,现有研究民国时期新闻业发展变化、新闻同业组织发育发展、新闻社群聚散离合、新闻教育开展普及、新闻学术活动组织、新闻思想与新闻观念演进、新闻从业者生平事迹及相关历史钩沉等方面的所有专著和论文等,通过对这些资料进行深入的分析研判,去粗取精,去伪存真,从中窥察、感知、触摸、发现相关记者、报人的思想情绪、内在精神与最真实的心理状态,选择最能反映其职业心态的材料对其从业过程中的心态进行还原。在研读文献资料过程中,笔者遵循的原则是:"不重其观点,而重其事实",或者说,"它的材料,我的分析"①。

在具体研究方面,前已述及,本研究将使用个案研究的方法,通过对所选记者、报人进行解剖麻雀式的研究,管窥每类新闻从业者职业心态的总体样貌与情状,即所谓"以点带面、点面结合"②。为了能更充分、更深入、更真实、更完整地呈现每一位记者、报人的职业心态,诚实、客观、理性、求实等学术研究的基本理念是首先必须遵循的。除此之外,范长江早年通讯作品中所表述的探究人生或社会现象及问题的不少观点或指导思想,也正好是本研究试图依从和遵循的可谓更具体、更具指导性的理念。

范长江在《顾颉刚与〈禹贡〉》中说:"从生活过程上去了解一个人,是最深刻的最切实的方法。因为任何人的生活的现势,都是根据各种条件逐渐变化而来的。只有明白了他生活过去发展的经过,才能真切地了解他现实生活的内容。"③这段话是范长江在探究、介绍顾颉刚学术生涯与追求背后的深层思想脉动时所说的,是他在该篇文章中探究顾颉刚学术思想脉动与学术心态时使用的最基本理念和指导方针。这段话对本研究最具启发性指导性,也是本研究在考察所选的每一位记者、报人的思想与心路历程中所要遵从和依循

① 李庄:《新闻工作忆往》,胡愈之、夏衍等:《不尽长江滚滚来——范长江纪念文集》,群言出版社,2004年,第232页。
② 樊亚平:《中国新闻从业者职业认同研究(1815—1927)》,人民出版社,2011年,第14页。
③ 沈谱编:《范长江新闻文集》,新华出版社,2001年,第10页。

的路径,即通过对每一位记者、报人的"生活过程""生活过去发展的经过"的探察,对其职业心态进行探寻和呈现。

　　既然要以"生活过程"为路径和着眼点研究所选记者、报人的心态,那么,将其思想、追求、理念、意识,乃至内心苦闷、矛盾、无奈等放在"变动"的过程中来考察,以"变动"的观念来审视其人生过程,在"变动"中把握其心态,就是非常重要的了。而这也是范长江早期通讯作品中的相关观点给本研究的又一启示。在《西北近影》中,范长江曾说:"我想政治社会的本身,多么富于变动性,我们如果不能以动的观点来观察政治的现象,我们将常被弄得莫名其所以。""吾人但须以'动'的态度,以观察此'变'的行程,则万法归宗,对一切现象皆可以发现其所以然之故,而自身对于各种事物应取之态度,亦可自然知所取舍。"[①]这种对政治社会"变动性"的认识和对认识、观察政治社会现象过程中应坚持的"'动'的态度""动的观点"的强调,也是笔者研究每一位记者、报人生活过程及其中所蕴含的职业心态过程中所遵循的。

　　范长江在《忆西蒙》中曾说:"对于事物的观察,必须是'全的'和'活的',即在空间上必须观察其全体,在时间上必须了解事物本身是不断的变化。所谓'变的'或者'活的'之意义,又包括空间和时间之关联。每一个事物本身是不断的变动,同时它的周遭也无一时停止,因而它们相互间的关系也随时而不同。但是我们不能说到什么时候为止,我们才是全知和真知。我们只要本着虚心,不断的求知,不断的经验,不断的改变自己,不断的接受新知识,才是作人的正确态度。我们对于一种主义、学说和人物的批评,假如在首先接触时,即加以武断的批评,全面的接受或者反对,都是不合理的作法。"[②]依循范长江此段话中的观点,笔者对每位记者、报人的研究,

_____

① 范长江:《塞上行》,新华出版社,1980年,第152、153页。
② 范长江:《塞上行》,第85—86页。

将不仅力求研究和观察之全面,即要将其放在空间和时间的关联、事物间相互关系的变动中来考察,而且将"本着虚心",事先不带任何成见,将所研究的记者、报人视为"活的"、具有丰富而复杂的精神内涵的变化着的综合体来研究,根据研究中客观得来的认识,随时"改变自己"原有的认识。由于受新闻史研究领域革命史叙事和阶级分析视角的影响,现有新闻史人物研究中仍存在单纯地以阶级立场和政治上"进步"与否为标准对相关记者、报人进行考察和评判的研究趋向和简单化认识,与此相应,不少记者、报人研究中存在许多"定论"。在这种情况下要想对这些记者、报人内心世界的真实情况进行研究,理解并依循范长江所强调的观察一个事物时所应有的上述态度和认识,就显得尤为重要。

　　当然,笔者在早期新闻从业者职业认同研究中所强调和使用的"还原历史情境""回归历史现场"等史学研究新方法与路子也是本研究拟继续强调和使用的。按照这种研究方法和路子,在对所选取的记者、报人的职业心态进行研究时,笔者将尽量把每一个记者、报人放置在其个人生活情景和所处时代的社会、文化情景中去考察,以使本研究能尽量呈现出一个"动起来"的记者、报人的心灵史、心态史①。

---

① 樊亚平:《中国新闻从业者职业认同研究(1815—1927)》,第15页。

第一章　晨曦初露：记者职业意识的发育与无奈

引言　新闻职业化与职业记者群的产生

从民国初创到北洋政府统治末期,无疑是民国时期政治最混乱的时期,这个时期的中国新闻业虽艰难曲折,甚至多灾多难,但最终却获得了极大进步和多元化发展。全国报刊数量在清末快速增长的基础上于民国元年陡增至五百多家,"癸丑报灾"后虽一度缩减至130 ~ 150家,但洪宪之乱后又很快上升,并于"五四"前后增至1000种以上[①]。数量增长的同时,报刊种类、性质也更加丰富多样,如资产阶级政党报刊、政客投资创办的报刊、"仰给于军阀之津贴"的"津贴报刊"[②]、"五四"新文化与思想启蒙报刊、"向现代企业化报业方向发展"[③]的商业报刊,抱持"新闻救国"理想的相对独立的民

---

① 李彬:《中国新闻社会史》,上海交通大学出版社,2007年,第97页。

② 戈公振:《中国报学史》,中国新闻出版社,1985年,第149页。

③ 方汉奇、张之华:《中国新闻事业简史》(第二版),中国人民大学出版社,1995年,第192页。

间报刊、中国共产党早期报刊、国民党及国共合作性质的报刊等。另外，"报刊的社会功能更加凸显"，"对政治生活和社会生活发生着巨大的、前所未闻的作用"①。在所有这一切进步背后，"最突出、最熠熠生辉的进步是，职业化的新闻事业的产生"，或者说，是"新闻事业的职业化"。

对这个时期的新闻事业职业化，不同学者有不同的概括。综合不同学者的概括，这个时期新闻事业的职业化主要表现在自由新闻体制确立、新闻报道工作加强、新闻通讯事业大发展、新闻教育与研究兴起、报纸企业化、记者和报人职业化等方面。若就新闻事业职业化藉以孕育、生发的具体报刊类型来说，主要与两类报刊有关，一类是怀有"新闻救国"宗旨与理想、具有反军阀、反官僚及反帝爱国思想的民间独立报刊，如《京报》《社会日报》等，另一类是由清末就出现的商业性报纸实行企业化经营方针发展而来的企业化大报，其中以《申报》《新闻报》等"老树发新枝"②类报纸为代表。

与这个时期新闻事业的职业化相应，一批职业化的新闻记者横空出世，如黄远生、邵飘萍、丁佛言、林白水、刘少少、徐彬彬、张一苇、张季鸾、胡政之等。这些人"大都受过良好的教育，有一定的新闻学修养和办报经验，又有较好的中西学问基础和驾驭文字的能力"③。尤其重要的是，他们绝大多数都对新闻采写业务或办报情有独钟，大都将新闻作为一种有特殊社会功用与价值的职业来从事，许多人以其高超的新闻采访艺术和高水平的新闻通讯享誉社会。其中不少人不但"成为影响社会舆论的重要人物"，而且"越来越被当局所重视"，他们"以笔为剑，纵横捭阖"，"所写的报道都是各自报纸的'招牌'"，这些报道一方面"使报纸新闻得到了更多的重视"，另

---

① 李彬：《中国新闻社会史》，第97页。
② 李彬、涂鸣华：《百年中国新闻人》（上），福建人民出版社，2007年，第304页。
③ 黄瑚：《中国新闻事业发展史》，复旦大学出版社，2001年，第114页。

一方面使"报人的地位也得到提高"①。

　　这些记者往往不仅仅从事新闻采写工作，其大部分也都有独立创办或与他人合办报刊的经历。在这个意义上，称他们为"报人"其实也未尝不可，所不同的只是他们在办报过程中更重视自己的记者身份、经常以"新闻记者"自许而已。那么，这个时期出现的这批以新闻采写为职业、以"记者"身份自许的新闻从业者究竟具有什么样的心态？究竟是怀着什么样的动机和目的选择和从事记者这种职业的呢？在其从事新闻记者职业的过程中，内心究竟有着什么样的梦想、追求、思考和求索？在那个动荡不宁、混乱无序的时世，以新闻为职业的他们内心是否存在着某种苦闷、无奈、矛盾抑或软弱，是否经历过某种内心的挣扎或思想理念的变化？作为"初长成"的职业记者，其对新闻与报刊和自己所选择的新闻工作与职业究竟是如何认识的？与之前的新闻从业者相较，他们的职业心态究竟有着什么样的不同和演进之处呢？为了更好地认识和把握这些问题，本章特以黄远生、邵飘萍为代表，对这些问题进行管窥。

　　黄远生、邵飘萍是这个时期职业记者群体中知名度最高、影响力最大的两位。黄远生被誉为"民国'名记'第一人""中国第一个真正现代意义上的记者"②，其"远生通信"是当时新闻界最知名的品牌，同时他又是一位新文化的先驱。邵飘萍创办的报纸《京报》是当时全国最有精气神、影响力最大的报纸之一，他同时又是中国新闻学和新闻教育的开山者和身体力行者，他对报刊、新闻、记者职业和新闻业的责任与道德等的认识，代表了这个时期记者群体的最高水平。尤为重要的是，他们在各自记者生涯中所面对的问题、所经历的困苦等都是最有普遍性和代表性的，在面对这些困苦、波折时他

① 李彬、涂鸣华：《百年中国新闻人》（上），第141—142页。
② 参见徐铸成：《报海旧闻》，生活·读书·新知三联书店，第43页；张光芒：《民国"名记"第一人黄远生被杀案始末》，《中华读书报》2003年8月20日。

们的应对也是最能体现出这一时期职业记者的气质与风骨的。因此，通过对他们的研究，可以管窥这个时期整个职业记者群体的总体心态。

第一节　职业记者未长成：黄远生的矛盾、无奈与悲剧

汤尔和为邵飘萍《实际应用新闻学》所作序言中有言："中国有报纸五十二年，足当新闻外交而无愧者，以余所知仅得二人，一为远生，一即飘萍；远生以不世之才，横被摧折"，"昔远生操新闻生活而举世忌之，非忌远生，忌远生之才而操远生之业也"[1]。汤氏所言极是！若单从作为新闻记者之才情与能力来看，当时操记者业者确实无人能与黄远生相比。

黄远生，原名黄为基，字远庸，笔名远生，1885年1月15日出生于江西德化（今江西九江）一"诗礼人家"，幼年即受到十分良好的教育[2]。1902年1月，考取浙江南浔浔溪公学。1903年通过江西德化县试高中秀才，同年乡试中举人，1904年会试中进士，为清朝最后一科进士。清政府吏部安排他为"即用知县"候补河南，但他并未就职，而是申请东渡日本，入日本中央大学研习法律。1909年留学回国，先后在清政府邮传部任员外郎兼参议厅行走、在编译局任纂修官。此后参加民社、宪友会、共和党、国事维持会、进步党等政党。因饱受党争祸患，于1913年登报发表"不党"声明："自今以往，余之

---

[1] 肖东发、邓绍根编：《邵飘萍新闻学论集》，北京大学出版社，2008年，第6页。
[2] 李盛铎：《黄君远庸小传》，《东方杂志》1916年第13卷第5期。

名字,誓与一切党会断绝连贯的关系"①。

　　留学回国后的黄远生在做官、从事政党活动的同时,很快开始涉足新闻工作领域。1909年秋,参与李盛铎授意创办的远东通讯社。1910年8月,开始在《申报》等报刊零零星星发表文章。1912年5月被聘为《时报》驻京特约通讯员。同年11月,与张君劢、蓝公武一起创办并主编《少年中国》周刊。1913年10月从《时报》辞职后不久,于1914年1月又被《申报》聘为驻京特派记者。在担任《申报》特派记者的同时,1914年2月至6月,主编《庸言》,间或在《亚细亚日报》《东方杂志》《论衡杂志》《国民公报》等报刊发表文章。在从事新闻工作的同时,他还从事过律师职业。1915年初,袁世凯阴谋改行帝制,逼迫黄远生写赞成文字,万般无奈之下,他不得不于1915年9月3日离京南下至上海,发表宣言,与袁世凯撇清关系。为了躲避袁世凯的进一步追逼,不久又远赴美国。在美国期间,于1915年12月25日,被中华革命党美洲支部负责人林森指使其警卫刘北海刺杀②。去世后,好友林志钧搜集其生前文章整理成《远生遗著》四卷,包括论说、通讯、时评、杂著共223篇。

　　黄远生虽只度过了短暂的三十年人生时光,正式从事新闻记者职业也仅有短短的五六年时间,却以记者之名闻名于当时与后世,被誉为"中国第一个真正现代意义上的记者""民国'名记'第一人"等。那么,他究竟是如何与新闻记者职业结缘并进入新闻领域的呢? 新闻记者职业在他人生各项活动中究竟处于什么位置? 他是否认同这一职业,看重这一职业? 他对记者职业及其新闻工作究竟有什么样的认识? 对记者职业及其工作是否有自己明确的认知与看法? 其认知与看法与其实际行为是否一致? 是否存在某种矛盾

---

① 《黄远生之无党主义》,《亚细亚日报》1913年10月20日。
② 方汉奇:《明星在这里殒落——黄远生被刺现场踏勘记》,《中国记者》1992年9月。

呢？政治作为影响其一生的重要因素，对其职业行为究竟存在什么样的影响？在其南下上海发表与袁世凯、与政治完全脱离关系之宣言后所做的影响深远的"忏悔"中，他究竟忏悔了些什么？从这些忏悔中能触摸到他什么样的思想认识和内心情状呢？究竟能看到他对自己的人生、对其记者职业的何种反思？

一、路漫漫其修远兮：步入新闻领域前的人生求索

作为以新闻记者闻名、以名记者立世的职业记者之先驱，黄远生究竟是如何进入新闻领域的呢？是像国人自办报刊的"拓荒者"王韬那样基于"谋生计""求自见"等现实与精神需求呢，还是像梁启超那样基于维新宣传之需要，抑或是像革命派报人于右任那样"因革命而办报，为革命而办报"[①]？与黄远生有着亦师亦友关系的李盛铎曾有一段记述："君（远生）方肆力于文学，又有志于朝章国故，余语君以西人谙近世掌故者，多为新闻撰述家。君从事新闻记者之业，实基于此。"[②]按李盛铎此说，黄远生之所以步入新闻记者职业领域是因为听了他的一席话和建议。事实果真是如此吗？

在国人自办报刊的"拓荒者"王韬之时代，报纸为"糊窗覆瓿之物"[③]，办报为"文人之末路"[④]，办报者为社会轻视，只有落拓文人为了讨生计才不得已入此门。黄远生步入新闻领域之时代，由于已经历国人办报的第一次高潮、第二次高潮，社会对报人及其他以新闻为职业者的态度，与王韬时代相较，已发生了极大转变，官方和社会已逐渐开始看重报刊之功用，政治精英与知识群体不断进入此行

---

①樊亚平：《中国新闻从业者职业认同研究（1815—1927）》，第44、68、94页。

②李盛铎：《黄君远庸小传》，《东方杂志》1916年第13卷第5期。

③孙邦华编选：《弢园老民自传》，江苏人民出版社，1999年，第191页。

④姚公鹤：《上海闲话》，吴德铎标点，上海古籍出版社，1989年，第128页。

业,举人办报、进士办报者屡见不鲜。但不可忽视的是,大众对于报纸仍存芥蒂,民间对于报纸仍存偏见。即使在民国建立前后,"社会对于报纸之排斥尤甚于政府之压制"①。何以如此呢？原因很简单,毕竟,千百年形成的学而优则仕之思想意识早已深入到读书人和普通百姓的骨髓,"万般皆下品,唯有读书高",这样的独重入仕而睥睨其他职业的观念绝非一朝一夕就能消除。

在新旧杂糅、传统价值观与现代思想意识正处于激烈碰撞的环境与背景下,黄远生怎么可能在事先毫无征兆、毫无准备(如思想、认识、学识、能力等方面的准备)的情况下,仅凭李盛铎的一席话便做出这么重大的关乎其个人生计、理想和前途的决定与选择呢？在李盛铎的"一席话"之前,其早年成长过程中是否已存在诸多促使其后来涉足新闻领域的因素呢？这些因素是如何以一种无意识的方式为其后来步入记者职业领域做好了准备的呢？其早年成长环境与经历为其后来选择并步入记者职业领域客观上做出了哪些准备？要回答这些问题,有必要先回到黄远生早年生活和求学的过程中去,考察他的整个成长经历及在此过程中的追求、探索与心路。

考察黄远生的成长经历和在此过程中的内心求索,可以看出,对其后来步入新闻记者职业领域产生影响或客观上提供了某种准备的因素主要有:年少时期已显现出的性格特点、步入记者职业领域前的学识与思想准备、求学阶段的报刊接触与认知、留日期间参加团体活动过程中的锻炼与人脉资源积累等方面。

黄远生从少年时代开始,就显现出不安定、不安分、不愿走寻常路、不甘居人后等性格特点,同时他又很有主见,有正义感,敢于直斥社会上的陋俗恶习,表现出很强的社会责任感。这些性格特点与品质,无疑是他后来选择新闻记者职业的一个客观因素,也是他能出色地完成新闻工作的重要因素与条件,毕竟,新闻工作变动性强,

---

① 《梁任公之一夕谈》,《中国日报》1912年10月22日。

需要从业者腿勤、手勤；新闻工作求新、求异、求变，需要从业者不拘一格、打破常规、"走异路"；新闻工作讲求社会责任与担当，需要从业者有定力、有主见、有正气、有勇气。可以说，虽然少年时期的黄远生未必有将来从事新闻职业的想法（从其经历与相关史料中确实没有发现其有这方面的任何想法），但其性格特点中却客观上存在着有利于其将来选择和从事新闻工作的因素。

　　黄远生性格中存在"不安分"的特点，从其求学过程中的一些经历及其所参与的活动即可窥得一斑。1902年春，18岁的黄远生考入了由庞青城创办的浙江省湖州府南浔镇浔溪公学。该学堂是在当时创办新式教育的潮流中借鉴日本教育模式而创办的，其教习多为曾在日本留学或考察过的新式知识分子，如杜亚泉、叶翰等，在课程设置、教科书选择方面也都受到日本的强烈影响。黄远生在浔溪公学求学期间，浔溪公学曾发生过两次学潮。第一次学潮发生于浔溪公学开学后"未及两月"，"因校董庞青城对学生演说不满，学生乃有退学之议"，校方和学生双方争执不休，后以照章斥退若干学生乃终[1]。第二次学潮则是因为受到1902年11月16日上海南洋公学退学风波的影响，浔溪公学学生欲在报纸上登告白以"敬贺前南洋公学学生脱离专制学校"，受到总教习杜亚泉的干涉，加之随后英文教习温缉周被辞退事件、公学变更考试奖品事件等，学校与学生双方发生多次冲突，最后以三十五人中"包括黄远生在内的二十九人宣告退学"而告终[2]。尚无资料表明黄远生参与过第一次学潮，但在第二次学潮中他却是"积极参与的弄潮儿"，在与校方的多次冲突

① 王红军：《清末民初思想界的黄远生》，复旦大学2010年博士学位论文，第22页。
② 蔡元培：《浔溪公学第二次冲突之原因》，《选报》第35期，1902年11月20日，第26—30页。

中，他均可谓"身先士卒"①。蔡元培就曾说过："学生黄君远庸，为学潮主动者。"②由于清末维新与革命思想的广泛传播，使自由、民主、民权等观念在许多新式学堂广为流行。受这种新思想影响，"此时学生风气，以罢学为一大功名，自南洋公学发起后，穷乡僻壤，皆受影响，几举全国之学校而破坏之"③。黄远生此时正值年少，血气方刚，又身处新式学堂，极易受到这种新思想影响。在第二次学潮中他是与学校交涉的学生代表之一。他的同学庄天吊后来曾回忆说："壬寅之秋，沪上某公学全体罢学，远生闻之，曰：'某公学素以暴厉名，今各学校已脱离奴隶学校，是安得而不贺？'于是集诸同学于演说厅，醵金邮寄上海《中外日报》，于封面上大书而特书曰：'南浔公学全体学生恭贺南洋公学同学脱离专制学校之苦'云云。"④由黄远生参与浔溪公学学潮事件及其间的言行，以及之后他虽中进士却放弃入仕、远赴日本留学等行为，的确可看出其不安分、敢为人所不敢为、有主见和敢于打破常规、不走寻常路等性格特点。而这些，都是他之后选择从事在时人看来仍非正途的新闻记者职业的重要因素。

　　黄远生罹难后，庄天吊撰写的回忆文章中还曾记述过黄远生在浔溪公学期间的另外两件事。其中一件是，有一次黄远生与同学路经"屋殿森严"的"杨太太庙"，"远生斯时窃至庭前，觅破碗盛水自神头淋而下，众大笑，无不壮远生之胆略。远生又举足取鞋将底向上，徐至神前，向杨太太举手赔罪曰：'神母息怒，余当为汝拂拭。'将鞋底直拍杨太太颊，玱然作声数十响"。另外一件事是，"浔镇有

① 王红军：《清末民初思想界的黄远生》，复旦大学2010年博士学位论文，第190—195页。
② 蔡元培：《杜亚泉传》，高平叔编：《蔡元培全集·第七卷（1936—1940）》，中华书局，1989年，第169页。
③ 黄远生：《忏悔录》，王有立主编：《黄远生遗著》卷一，台湾华文书局，1969年，第94页。
④ 庄天吊：《黄远生君轶事》，《民信日报》1916年1月24—26日。

尼庵,内多秘密卖淫",黄远生对此深恶痛绝,有一天路过时,"远生向衣袋内取算学用剩之白粉笔,大书数语于该庵之黑漆墙门上",以为讽刺①。当时一般民众对类似杨太太庙之类的封建迷信,只知顶香拜礼,认为神道至上,不敢有任何不敬,以为"犯者必立遭严谴,须有家属代为设誓悔罪,方可幸免,然亦有因而不救者",对于像寺庵卖淫之类事也是虽知道却不敢随便置喙。黄远生当时虽尚年少,对这种歪风邪说和不良风气却敢于提出质疑并予以揭露,可充分感受到他思想性格中无所畏惧、不迷信、有主见、勇于揭露社会歪风恶习等特点。成为新闻记者后的黄远生显现出强烈的社会责任感、使命感,敢于针砭时弊、揭露社会中的不公不正,其少年时期形成的这种性格特点实为基础。

从教育背景及其间所获得的知识结构、学识与视野来看,黄远生既接受过中国传统文化教育,又接受过近现代西方文化与科学知识教育,既有深厚的融古今中外思想知识为一体的文化积淀,又有下笔千言、倚马可待、文采飞扬的文字功底,可谓博通古今,融通中外,才华横溢。

黄远生少时即聪慧、勤奋,且"文辞渊雅"。他出生在"书香世家",其祖父中过进士、做过县令,其父亦是秀才;其母也出身于书香门第,为"汉上名族,习礼明诗",黄远生之"问学,实资母教"②。庄天吊回忆说:"远生入校时年仅十七岁,然已博览群书,如历史、地理以及诸子百家,俱登堂入室,并旁及各国之历史民情与夫地理政法,倚马万言,可立而待。"回忆中他还曾说到这样一件事,当时有同学"戏指木凳",让远生以木凳为题"立成巨文","远生仓促就几,执笔立挥,顷刻成四万余言,反覆伸论,旁征曲引,历述其事实及与人生之关系,间作谐谑,笔若生花,在座诸友均为咋舌,无不惊叹其文笔之

---

① 庄天吊:《黄远生君轶事》,《民信日报》1916年1月24—26日。
② 李盛铎:《黄君远庸小传》,《东方杂志》1916年第13卷第5期。

流利,思想之奇特者",此事传为一时佳话,诸同学戏称他为"板凳先生"①。虽已是十多年以后,庄天吊却能将当时情形写得形神具备、活灵活现,可见此事对其留下的印象之深刻。这种广博的学识和深厚的文字功底为黄远生成为记者后写出厚重典雅、入木三分的新闻通讯与论说客观上准备了必不可少的条件。也正是因为有这样的广博学识和深厚的文字功底,他的科举之途可谓一帆风顺,1903年11月中举,1904年4月赴河南参加会试,并于7月赴京通过殿试,高中进士。

　　然而,科班出身的他却放弃仕途,远赴日本留学,接受西方近现代思想文化教育。当然,在赴东洋留学之前黄远生对西方思想文化知识就有一定的了解和把握。1903年参加江西省乡试时,其策问卷题目是《西国学术有形上、形下之分,其已成科学者凡几?要旨若何?何者最为切用?宜审其先后缓急之序,以资采择而收实效策》。面对这个题目,黄远生在答卷过程中,有条有理,纵横开阖,对欧洲各国和日本的文化源流、各国学派、学术分科等进行了全面阐述和系统梳理,可谓如数家珍②。在浔溪公学求学期间,黄远生还曾翻译过日本维新思想家所写的《岩仓具视》一书③。可见,在赴日留学前黄远生的确已对西方文化有较深了解。在日本留学期间,他更是刻苦研读西方文化。据李盛铎记述,黄远生在日本留学期间,"黾勉研索,昕夕无间,且以余力旁及英吉利文字"④;黄席群曾回忆,"有时,他一个人呆在屋子里请别人莫去干扰他,通宵达旦地翻译或者撰写文章","他遇害后,从北京运回了几大木箱的法律、万

①庄天吊:《黄远生君轶事》,《民信日报》1916年1月24—26日。
②王红军:《清末民初思想界的黄远生》,复旦大学2010年博士学位论文,第204页。
③王红军:《清末民初思想界的黄远生》,复旦大学2010年博士学位论文,第202页。
④李盛铎:《黄君远庸小传》,《东方杂志》1916年第13卷第5期。

国历史、世界地理、哲学、文学的日文和中文书籍"①。对西方文化的系统学习和深厚了解，极大地开阔了黄远生的视野，使他具有了多元、多样、开放的文化思想视野，这在客观上为他步入记者职业领域后新闻作品之所以具有那么惊人的思想深度、那么强大的吸引力和那么广泛的影响力，打下了更加坚实的基础。其后来的文章如《遁甲术专门之袁总统》《死门开而生门绝》《法权之论原》等之所以能以其对自由、平等、共和、独立、法治等西方理念的大力提倡和宣扬见称于时，其思想滋养即源于其年少及留学时期已获得的西方思想文化熏陶。

　　从步入记者职业领域前对报纸的接触与认知来看，黄远生少年时期就已接触过报刊，且对报刊及其功能已有相当程度的认知。前已述及浔溪公学第一次学潮中学生曾"醵金邮寄上海《中外日报》"以贺南洋公学学生脱离专制之苦。那么，当时南洋公学发生学潮的消息是怎么传到浔溪公学的呢？蔡元培曾说："彼（黄远生）又日染于译书之理论，日激于新闻之记载，则愤叱狂吃，血涌技痒，不知其所由。"②可以看出，黄远生至少在浔溪公学求学时就已在接触报纸和新闻，对其有一定的认识。而黄远生及其同学之所以能知道南洋公学发生学潮的消息并致贺，原因正在于其经常关注报刊。另外，从其通过上海《中外日报》表达对南洋公学学生脱离专制之苦的祝贺，亦可看出其最迟于这个时期已经对报刊有相当了解。黄远生在《忏悔录》中说："余忆此时读福泽谕吉论集，中有一文，论为人当独立自尊，因译写其训条十余条于壁。"③黄远生所说"此时"正是其在浔溪公学求学时期。而福泽谕吉是何许人呢？福泽谕吉为日本近

①黄席群：《追忆先父黄远生》，《新闻研究资料》总第28辑（1984年），第88—113页。

②蔡元培：《浔溪公学第二次冲突之原因》，《选报》第35期，1902年11月20日，第26—30页。

③黄远生：《忏悔录》，王有立主编：《黄远生遗著》卷一，第98页。

代启蒙思想家、教育家,于1882年在日本创办《时事新报》。既然黄远生在浔溪公学时期已在读福泽谕吉的论集,可以推断他必然对福泽谕吉的生平事迹,尤其是其办报经历和报人身份有了解。由此推测,此时的黄远生对报纸、对新闻应该已有相当程度认知。另外,据相关资料记载,1906年黄远生在日本留学时曾借假期之便回国一次,回国期间他曾在当时九江举行的欢祝立宪会上发表演说,即《九江欢祝立宪会会场演稿》,该演讲稿主要解释了与"立宪"有关的诸多知识与情况。其中曾提到立宪国民养成之方法:"窃以为宜广开演说会、白话报馆、半日学堂。演说会可以县城隍庙之宣讲圣谕之席为之。白话报馆宜以卖《江西官报》之钱为之。"①能在演说中将"办白话报馆"作为立宪国民养成方法之一,说明其对白话报馆的功能与作用已有较深入了解,这种了解不仅建基于其对此类报馆的亲身接触,而且建基于较深入的理性思考与探究。除了这些间接资料之外,还有更直接的资料能证明黄远生此时已常接触报纸,并经常借报刊发表文章。据黄席群《追忆先父黄远生》中之记述,黄远生留日期间,有时"通宵达旦地翻译或者撰写文章,送到报章杂志上发表,换取一些稿费购买各种书籍"②此时的黄远生给报刊投稿虽是为"换取一些稿费",但此行为不仅客观上属于对报纸的接触,而且属于媒介素养研究中所说的"媒介(报刊)使用"。这样的接触和使用必然会不知不觉、潜移默化地带来对报刊的认知。此外,黄远生这一时期还曾参加各种团体组织并在其中担任一定职务,如江西省留东学生会会长、留日学生总会馆执行部书记科科员、留东会馆书记员等。当时此类团体之成员信息皆被刊登于报章,他自己必确知

①黄远生:《九江欢祝立宪会会场演稿》,《社科情报与资料·黄远生学术讨论会专辑》1986年第6期。
②黄席群:《追忆先父黄远生》,《新闻研究资料》总第28辑(1984年),第88—113页。

此中情况。凡此种种都说明，在黄远生正式步入记者职业领域、正式选择记者职业之前，已对报刊有相当程度的接触和认知，这种接触和认知客观上为其后来步入报刊领域、选择新闻记者生涯奠定了基础。

那么，李盛铎给黄远生的"一席话"对其步入记者职业领域是否有影响呢？若有影响，这种影响究竟有多大呢？为什么会有这样的影响呢？这需要从他们二人之间的关系说起。李盛铎，字嶬樵，一字椒微，号木斋，江西德化县（今江西九江）人，与黄远生为同乡，出生于1859年，年长黄远生26岁，为光绪己丑科（1889年）榜眼，出洋五大臣之一，曾充任清驻日本、比利时公使，民国初期又曾担任大总统顾问、参政院参政等职。据李盛铎记述，他与黄远生之关系为"余以葭莩，交君三世"①，也就是说，二人之间有亲戚关系，虽然只是远亲。王红军在其《辛亥前后黄远生和李盛铎交谊考略》中曾在引证李盛铎回忆黄远生留洋归国时情况的文字基础上认为，二人至少在1909年已相识、相交②。那么，黄远生与李盛铎之间的交谊是否深厚呢？李盛铎在其心中究竟具有什么地位呢？

从李盛铎在当时的地位、声望、才能，尤其是其与黄远生在学识、思想、经历、视野上的相似性来看，作为亲戚的李盛铎在黄远生心目中之地位及其对黄远生的影响力必然是举足轻重和不可忽视的。如此有地位、有影响的亲戚，对黄远生来说，不可能不尊重有加。再加上在学识、思想、经历、视野上的接近性，二人投缘的可能性很大。学识、思想方面，以李盛铎清末民初均受尊崇之地位和其出洋五大臣之一、驻外公使等身份，其学识之渊博显然是毋庸置疑的。从经历方面说，二人既有共同的科举经历，又同有在日本工作或学习之经历。1898年，李盛铎曾"以四品京堂候补，充出使日本

————————

① 李盛铎：《黄君远庸小传》，《东方杂志》1916年第13卷第5期。
② 王红军：《辛亥前后黄远生和李盛铎交谊考略》，《新闻爱好者》2012年第3期。

国大臣",前后驻日本三年①。都有过在日本的生活经历,必然会在无形中给彼此的交往交流增加许多共同的情感体验。再加上李盛铎远赴日本、比利时考察学习过西方先进政治制度、文化思想等方面的知识,思想开明、博学多才、见闻广博,且与康、梁等维新派过从甚密②。这一切,无疑使倾心新学的黄远生为之折服。黄远生在辛亥革命后常写信给李盛铎,并称他为"木斋老伯吾师"③(木斋即李盛铎字),可见黄远生对李盛铎之尊重。李盛铎比黄远生大二十多岁,待人处事稳健持重,谈吐风雅,阅历丰富,在官场历练多年,即便是在清廷覆亡之后,在民国政府亦身居要职,足见其对政治、社会谙熟之程度。因此,对于留学归来、准备步入社会的黄远生来说,视李盛铎为"吾师"是很自然的。这样一位与黄远生私交深厚又德高望重的"老伯吾师",其建议必然会对黄远生产生影响,而且肯定会产生重要影响。李盛铎的建议,再加上黄远生本人对报纸已有的接触、认知和其已经具备的丰厚学识与文字功底等,走上新闻记者之路就是必然的了。

　　考察黄远生步入记者职业领域前的生活经历,还可发现他参加过不少团体活动。团体活动对于他步入新闻记者生涯的意义在于,锻炼了他的人际交往能力和社会活动能力,在一定程度上为他以后从事新闻业、游走于政要之间,左右逢源、获取独家信息做了客观上的准备。步入记者职业领域之前,黄远生先后参加过的主要团体有:1908年1月被选为江西省留东学生会会长,1908年2月当选为留日学生总会馆执行部书记科科员,1908年3月当选为留东会馆书

①李志武:《驻日公使李盛铎》,《中山大学研究生学刊(社会科学版)》2001年第2期。

②马一:《晚清榜眼公使李盛铎驻外事迹述论》,《山西档案》2015年第2期。

③《为基致木斋函》,中国社科院近代史所《近代史所藏清代名人稿本抄本(141)》(第一辑),大象出版社,2011年,第74页。

记员。虽然其在参与这些团体活动中的具体工作已不可考,但他对这种活动的热衷却是十分明显的。这也正是他留日归国后频繁参加各种政党和社会团体活动之滥觞。之所以热衷于参加各种团体活动,主要缘于黄远生喜欢热闹、喜欢社交的性格。黄远生是一个不甘寂寞的人。林志钧在《远生遗著·序》中就明确说明了这一点:"他一辈子没有经过孤孤零零的生活,他最怕的是寂寞",他最喜欢的是谈天论地,与友人聚会,"有时朋友尽管几个人在那里乱说话,他自己在旁边随便提起笔来就做那些新闻上的论说或通信","我们所说的话不提防就被他摄入新闻里头去了"[①]。喜欢热闹,喜欢社交,擅长社交,既是黄远生参与团体活动的原因,同时又反过来促进了他的社交能力。而这一切,都客观上为他以后从事新闻记者工作准备了必要的条件。从另外一个角度来说,喜欢热闹,喜爱社交,又使他从心理上更容易倾向于选择新闻记者工作,因为新闻记者工作在一定程度上确实能满足他爱热闹、怕寂寞、好交往的特点。

综上可知,黄远生1909年秋留日归国后步入记者职业领域,一方面与李盛铎的建议有关,另一方面也与其性格特点、之前的学习经历及其间所获得的思想、学识与知识准备,对报刊的接触与认知,团体活动中社会活动能力的锻炼与人脉资源的积累等有关,并非李盛铎所言"君从事新闻记者之业,实基于此",即并非仅仅是受李盛铎"一席话"之影响而突然做出的决定,而是一个偶然中带有必然性的过程,李盛铎的"一席话"只是其中的促发因素。总之,虽然与同时期投身新闻工作领域的邵飘萍很早就"对新闻事业乃有非常趣味,愿终生以之"迥异[②],黄远生的早期生活中并未显现出对从事记者职业的兴趣,但其早期生活和成长经历中却隐含了其以后步入记者职业领域的诸多有利因素,为其以后选择并从事新闻记者工作准

---

① 林志钧:《黄远生遗著·序》,王有立主编:《黄远生遗著》卷一,"序"第1页。
② 樊亚平:《中国新闻从业者职业认同研究(1815—1927)》,第184页。

备了诸多很好的条件。

　　从步入记者职业领域前黄远生的总体心态看，可以说，在步入记者职业领域前，黄远生对自己的未来人生与职业发展道路是没有明确规划、想法，是颇为迷惘甚至是存在诸多矛盾的。一方面他自言本无心科举，另一方面又为惯习所驱而参加科举并中了进士；一方面他从小浸淫于传统文化，沿着传统科举之路步步进阶，另一方面又在进入浔溪公学后带头闹学潮，庆贺南洋公学学生"脱离专制之苦"；一方面他不愿为官，中进士后放弃清廷给他安排的"即用知县"之职赴日留学，另一方面从日本归国后他又入职清廷任邮传部员外郎等。从这一切可以看出，步入记者职业领域前的黄远生内心确实是迷惘的，其生活、行为和人生选择中似乎充满了踟蹰、彷徨、矛盾和不确定性。但无论如何，在这种看似没有头绪、没有方向甚或存在矛盾的生活和经历中，还是存在着诸多最终将他引向记者职业领域的因素。而正是这些因素的共同作用使他最终一脚踏入了记者职业领域。因此，可以说，黄远生步入记者职业领域是一个多种因素综合作用的、偶然中带有必然的结果。

二、心猿意马行无定：游移于政治与新闻之间

　　步入记者职业领域后的黄远生，对新闻工作和记者职业究竟显现出什么样的态度呢？他究竟是如何看待新闻记者职业与新闻工作的呢？

　　黄远生是1909年以参与李盛铎授意创办的远东通讯社为起点开启其记者生涯的。从1909年开启记者生涯到1915年遇害，黄远生的记者生涯只有短短六年时间。从开启记者生涯后前四年中其所参与的新闻职业活动的多样性和频繁度看，他对自己所涉足的新闻记者职业的确显现出极大热情。在这四年中，他以旺盛的精力，或担任报纸特约通讯员，经常穿梭于各种新闻源之间，不断撰写新

闻和评论，或参加记者行业组织活动，发表演说，或亲自创办报刊以论时事。这个时期他先后参与或同时参与的新闻职业活动主要有：1909年秋，参与远东通讯社，负责料理社内事务；1910年8月，开始在《申报》等报刊上发表零星文章；1912年3月，被《东方日报》聘为特约通讯员；1912年5月，被《时报》聘为"北京第一特派员"；1912年11月12日，与张君劢、蓝公武创办《少年中国》周刊；1912年12月，担任《庸言》撰述；1913年5月，担任《论衡》杂志撰述人。与此同时，他还先后加入万国新闻记者大会、万国杂志公会、中日记者俱乐部、中外报纸恳亲会等新闻团体组织。

在频繁、广泛地从事多种新闻活动的同时，这个时期的他也开始对报纸的性质与功能、记者的角色与责任、报纸言论的作用等有了不少属于自己的独特而深入的认识和看法。

在对报纸性质、功能、作用等的认识上，黄远生主要强调了报纸作为"文明机关"之性质和其对"文明之发达"的功能与作用。在《祝之欤　诅之欤》一文中，他开宗明义地说："有所谓报者，文明机关之一也。为之言者曰：报之发达，与文明之发达为比例。"报纸如何促进"文明之发达"呢？他认为，报纸要想促进"文明之发达"，有赖记者明白自己的角色与责任。记者的角色与责任为何呢？他的回答是，记者为"社会之耳目"与"喉舌"。在该文中他说："余辈既以游食四方，而又自为美誉以赞曰：我将为社会之耳目也，喉舌也。物象至繁，耳目至简，汝之所视及汝之所听，皆汝主观，非物真象。况于社会万有、心理繁复，岂汝耳目所能遍。"[1]从表层意思看，此段话似乎是在否认记者能够成为"社会之耳目"与"喉舌"，即似乎是在说，由于"物象至繁，耳目至简""社会万有、心理繁复"，非记者"耳目所能遍周"，因此，记者"所视""所听"皆为"主观"，"非物真象"，也因此，记者不要自以为是地把自己"美誉"为"社会之耳目"与"喉

---

[1] 黄远生：《祝之欤　诅之欤》，王有立主编《黄远生遗著》卷一，第66页。

舌"，然而，若从其上下文和后边所说的另一句话——"汝将益念耳目喉舌之难能，而思懔懔其职责者"即可看出，他的意思其实是说，记者确应为"社会之耳目"与"喉舌"，但要想扮演好此种角色，必须充分意识到自己认识能力的有限性与世界万物纷繁复杂之间的矛盾，在认识到这些情况后，对自己的职业采取敬畏的态度，忠于其业，尽职尽责，即所谓"思懔懔其职责"，如此才能真正发挥耳目喉舌之作用①。

　　在对报纸言论的认识方面，黄远生认为，报纸发挥其作用的方式当为言论而非其他。在《少年中国之自白》开篇述及《少年中国》发行之动机时，他首先叙述了当时言论界之尴尬境地："今外人号我为议论文章之国，固可耻已，然议论文章，亦何尝非国家之元素""故议论文章不足耻，其可耻者，乃系举国言论，趋于暮气，趋于权势，趋于无聊之意识，不足以表见国民真正之精神。"②可以看出，黄远生在此不仅强调了报纸言论的重要性和作用，而且表达了对言论要想发挥其对国家的重要作用所必须坚持的精神方向的看法，即报纸言论必须"表见国民真正之精神"，不能"趋于暮气，趋于权势，趋于无聊之意识"。当然，此处的核心是表达其对当时国内言论界现状的不满。在此基础上，他公开申明，创办《少年中国》周刊的目的便是"定谋于立谈""发挥公论"，为社会和国家"培持元气，固植根本"，以"挽回国家元气于一二"。由此可以看出，这一时期的黄远生对于报纸言论非常看重，认为报刊言论对"发挥公论""培持元气，固植根本""挽回国家元气"有重要作用。正因为对报纸言论的重要性有这样的认识，因此他对言论工作中能否畅所欲言，能否抒发基于良心之言，非常看重。他认为："夫人生之最惨，莫惨于良心之所不欲言者，而以他故，不能不言，良心之所急于倾吐者，而乃不得尽言，而

①黄远生：《祝之欤　诅之欤》，王有立主编：《黄远生遗著》卷一，第67页。
②黄远生：《少年中国之自白》，王有立主编：《黄远生遗著》卷一，第8页。

身死或族灭乃次之。"也就是说,在他看来,能否畅所欲言,能否抒发基于良心之言,比"身死或族灭"都重要①。

　　言论既然如此重要,发挥言论之作用的过程中就须遵循一定原则,符合一定要求。在《少年中国之自白》中,他认为,发表言论时,论说作者要"屏绝因缘,脱离偏移,主持正论公理,以廓清腐秽,而养国家之元气"②。《亚细亚日报》在报道黄远生等创办《少年中国》时也表达了类似要求:"一不敷陈学理,二不上条陈的政策,三每期不得有未完的文字,四不受请托,五不问党派但问公理,六不问恩怨但问是非,七未详";"一当与腐败之政府宣战,二当与腐败之官僚宣战,三当与腐败之政客宣战,四当与世界之眼光对相针,五当呼号困苦社会之不平,六当欢迎有气力有血性的事业,七当欢迎有气力有血性的文字",即所谓的"七不""七当"规约③。从这些文字可看出,黄远生认为,报刊言论要想发挥对国家、社会之作用,必须立足于国家、国民利益层面,必须肩负社会责任,不偏不倚,必须屏绝各种利益关系、党派关系,不加成见,不论背景,与政治力量尤其是政党势力保持距离。除必须遵循这些原则外,他还认为,记者发表言论时必须慎之又慎,发言立论一本实情,不可主观臆断,不计后果,不能"造作文字,遇事生风"。在《平民之贵族,奴隶之平民》一文中,他说:"今日中国是否多数幸福,抑系少数幸福?""若记者之流,亦能造作文字,遇事生风,然何尝稍异于衣食我而恩厚我之同胞。今若有人创议曰此少数者皆可杀,则记者必先自服上刑矣。"④此外,对报纸言论对政府的督责作用,黄远生也十分重视。在《少年中国之自白》中,他主张:"本报对袁之宗旨实系为国家让一步,不愿绝对排

①黄远生:《少年中国之自白》,王有立主编:《黄远生遗著》卷一,第9页。

②同上。

③《〈少年中国〉之'七不'与'七当'》,《亚细亚日报》1912年11月13日。

④黄远生:《平民之贵族,奴隶之平民》,王有立主编:《黄远生遗著》卷一,第2页。

之,亦欲勉袁进一步;而愿普天下皆以公明之正义督责之。而我今则为其前驱者也,为其牺牲者也。"① 即他认为,自己要作为先驱者、牺牲者对袁世凯及其统治以言论"督责之"。

从黄远生步入记者职业领域后前四年的新闻活动及其对报刊的认识可以看出,他不仅频繁穿梭于不同报刊之间,新闻活动形式十分多样,而且对报刊已有了不少独特、深入的认识。他认识到报纸是"社会文明之机关",记者是"社会之耳目"与"喉舌",认识到报纸言论的重要性,同时对于如何发挥报纸言论的作用也提出了自己的诸多看法与要求。

那么,这一时期,黄远生对新闻记者职业是否真的情有独钟?记者职业在其各项人生活动与社会事业中究竟处于什么地位? 其对报刊、记者及言论的相关认识和主张与其新闻职业行为与表现是否一致呢?

考察这一时期黄远生与新闻有关的所有活动和其他社会政治活动,可以看出,他虽然步入了记者职业领域,但与此同时,他还热衷于其他各类社会、政治活动,如担任政府职务,参加政党活动,热心社会团体活动,担任教员、律师等。1909年,回国后的黄远生在参与远东通讯社工作的同时,就曾参加了清政府举行的进士馆"游学毕业考试",获"优等"等次,拟"以直隶州知州留省补用"②,次年奏调邮传部,先后任员外郎兼参议厅行走、图书编译局纂修官、船路邮电四政专律起草员、统计处正科员等,直至清廷覆亡。也就是说,在清廷覆亡之前,他虽已于1909年步入了记者职业领域,但在从事新闻工作的同时却一直在清廷做官,这一时期的新闻记者工作在一定意义上只能说是一种"兼职"。在《忏悔录》中他就曾说:"余

---

① 黄远生:《少年中国之自白》,王有立主编:《黄远生遗著》卷一,第10页。
② 《游学毕业之奖升折》,《顺天时报》1909年12月23日第七版。

既为流氓之官一年有余,亦以余力兼为报业。"[1] 他自己也认为这一时期的记者职业只是一种"兼职"。清廷覆亡前如此,覆亡后又如何呢？在《忏悔录》中他曾说,辛亥革命后自己"立意不做官,不做议员"[2]。辛亥革命后,确实未发现他再进入过官场,然而,他又把目光投向另一政治领域即政党活动领域。自1911年加入帝国统一党开始,他先后加入过宪友会、国民协进会、民社、共和党、进步党等政党并担任相应职务,频繁参与各政党举办的活动,且经常为发起人或重要负责人,有时还参与起草政党之章程。《申报》曾报道过他担任宪友会章程起草员之消息："日前曾由众推定黄为基、雷奋、张国溶、徐佛苏四君为起草员,刻已拟定章程二十九条,政纲六条,并闻已定名为宪友会。"[3] 在参与政党活动过程中,他经常作为特定政党成员在一些公共活动中发言,如1912年9月,他曾作为共和党党员在欢迎张謇的会上发表欢迎词。热衷政党活动一方面基于其对现代政党在社会文明进化和国家发展中的作用的认识有关,另一方面与其和当时很多热衷政党活动、热衷政治的著名人物交谊深厚有关,如雷继兴、汤化龙、李盛铎等。这些人从清末到北洋政府时期一直热衷于各种政治与政党活动,与这些人的交谊使他虽"立意不做官",但对政党政治却一直抱有极大热情。

除担任政府职务、参加政党活动外,这一时期的黄远生还热心参加各种社会团体活动,甚至还担任过教员和辩护律师。这一时期,他曾以留日归国学生身份加入过中日协会、中日国民协会,因留学期间主修法律专业加入过法政同志会、法政研究会、法学会等。作为这些社会团体发起人或重要负责人,他或参与起草其章程(如被推为法政研究会章程起草员),或发表演说宣扬法律知识(如在

---

① 黄远生:《忏悔录》,王有立主编:《黄远生遗著》卷一,第101页。
② 黄远生:《忏悔录》,王有立主编:《黄远生遗著》卷一,第99页。
③《宪友会政党开幕记》,《申报》1911年6月7日第四版。

法政同志会中担任法政科目讲习）。此外，据相关史料记载，他于1910年10月至1912年4月在京师大学堂兼任过经文科教员[①]；他还于1913年1月为《亚细亚日报》揭露农林总长陈振先狎妓一案担任过辩护律师[②]。

综上可以看出，步入记者职业领域后的前四年，黄远生并没有专一于新闻记者工作，新闻记者职业并未成为他人生与职业活动中的最爱。这一时期他的职业活动是十分复杂多样的，新闻活动与新闻工作只是他热衷的众多活动与职业活动中的一种，记者身份也只是他众多社会身份中的一种；当时他尚未显现出对新闻记者职业的特殊偏爱，甚至可以说，当时他对新闻记者职业的看重尚不及其对政治与政党活动的看重程度。《申报》在其不幸遇难后的评论中述及其早年经历时就曾明确说过："远庸君之所谓心愿，最初欲于政治上有所发挥。"[③]

与其对政治、政党活动的看重相关，这一时期的黄远生所参与的新闻职业活动虽然多样且频繁，对报刊及其言论工作的重要性虽已有较深入的认识，但与邵飘萍投身新闻工作领域后"绝不能有三日完全休息，而日夜操作"[④]的投入程度、工作强度和乐此不疲的程度相比较，黄远生对其记者职业的投入程度、卖力程度和乐此不疲的程度等均显得不是很足。

另外，这一时期的黄远生在从事记者工作中还存在其职业行为与其对记者职业的看法、主张相悖之情况。这方面最为人诟病和议论的是，其1913年7月向袁世凯政府呈递秘密条陈，建议对"反对

① 北京大学校史研究室编：《北京大学史料（1891—1911）》第1卷，北京大学出版社，1993年，第342页。
② 王红军：《清末民初思想界的黄远生》，复旦大学2010年博士学位论文，第295页。
③ 默：《竟远庸君之谶语耶》，《申报》1916年1月1日第七版。
④ 肖东发、邓绍根编：《邵飘萍新闻学论集》，第115页。

党""叛党"报纸进行"检阅"和"法律干涉"，以及建议"组织一新闻通信机关，整齐一切论调及记事"。该条陈认为："叛党仍袭故智，专用虚声伪报，淆惑听闻。各地方之不附逆徒者，无所附，最为危险。今日最要关键，在沟通消息，壮大声势"；"一、报纸论调，今日关系最重，而反对党报纸，尤足供我参考。今日号称独立地方之报纸，所记人物、事实，均足为侦缉资料。某意宜令警察厅，组织特殊机关专司二事：①检阅反对报纸，专从法律干涉。②搜集反对报纸所记人事，择要编辑为侦探材料。二、今日宜特组织一新闻通信机关，整齐一切论调及记事，此中有种种作用在内。"[1]就向统治者上条陈之行为本身而言，显然不应是新闻记者之职责，而应是统治者之臣子的职责。尤为重要的是，其所上条陈的内容是建议对反对党的报纸进行压制和利用，对新闻、言论进行统一。这就与其主张的新闻记者应持守的职业操守与工作原则完全相违背了。针对黄远生此条陈，袁世凯十分重视，专门批复此条陈，并转到了内务总长处[2]。此条陈当时产生了十分不好的后果。有人甚至因此认为："1913年的'癸丑报灾'，黄远生负有一定的责任。"[3]

那么，已步入新闻记者职业领域的黄远生何以会有此举呢？其上条陈的动机究竟何在？若综合各方面情况来分析，应该说，此事与其当时的政治立场、其心目中的挽救国家之方式和其对袁世凯个人能力的认识与评价相关。黄远生素来与梁启超等改良派私交甚密（1913年5月黄远生加入的进步党，便是以梁启超、张謇等为骨干的），而此刻的梁启超正欲笼络袁世凯，同时他自身也深受改良思想影响，因此，与大多数改良派一样，他当时对袁世凯怀有特殊期待，与革命派和所有反对党在政治思想和所主张的救国方式等方面存

---

①张克明：《黄远庸是否帝制派》，《历史档案》1982年第1期。

②张宗厚：《黄远生》，《新闻界人物（一）》，新华出版社，1983年，第56页。

③散木：《乱世飘萍：邵飘萍和他的时代》，南方日报出版社，2006年，第303页。

在较大差异，在对国家利益的理解上也存在分歧。面对沧海横流的现实，他期望的救国方式是，由一个开明的、强有力的人统领时局，领导国家摆脱混乱和危局。而在他看来，袁世凯正是他期望的能引领国家走出危局的强有力领导者。在《少年中国之自白》中他曾总结过袁世凯的五个优点："意志镇静，能御变故""经验丰富，周悉情伪""见识宏远，有容纳之量""强悍奋发，勤于治事""拔擢才能，常有破格之举"，并因此认为："袁总统之势力魄力经验，中国今日无可比偶，维持危亡，惟斯人任之"，"吾侪今日所希望于各党派或言论界者，在以公明之心、政治之轨道，忠告袁公以渐迎前途一线之曙光"，吾侪对袁总统"不愿排斥之，亦欲勉袁进一步，而愿普天下皆以公明之正义督责之"①。从黄远生对袁世凯的这种认识和相应主张可以看出，这个时期的他对袁世凯的确怀有相当好感和十分强烈的期待。而这一切正是已步入记者职业领域的他之所以上秘密条陈建议压制反对党报纸的思想因由，由此也可从另一角度管窥其当时对政治的热衷程度。需要说明的是，探究黄远生做出违背其记者身份与理念主张之事的思想因由，并非为其开脱。无论如何，作为新闻记者，上秘密条陈，希望加强对报纸的打压和检查，都是一种与其所主张的记者职业原则相悖的行为。

当然，虽然这一时期的黄远生新闻记者职业活动中确实有知行不一之嫌，但从其步入记者职业领域的前四年中所写文章的内容来看，他倒是在身体力行地践行着其对于报纸之"固植根本""养国家之元气"等功能的认知，践行着其对报纸言论的重要性的认知。这一时期他的文章中，与报刊、言论、新闻、记者等内容相关的文章仅有四五篇，如《北京之党会与报馆》《少年中国之自白》《德昌饭店之又一夕》《祝之欤　诅之欤》等，其余皆为讨论社会、政治、政党等涉及国家重大问题的政论和通讯。如在《一年以来政局之真相》中，他

---

① 黄远生：《少年中国之自白》，王有立主编：《黄远生遗著》卷一，第10—12页。

为"新造而基础未定之国"的建设和发展提出了包括统一军政、厉行法治、恢复租税原额等在内的一系列建议与方略①。由这些建议与方略可以看出，他的确在通过自己的报刊文章身体力行地践行着自己对报刊及其言论之于国家的重要作用的认识。

　　总之，在踏入记者职业领域的前四年中，黄远生所参与的新闻活动虽频繁多样，且对报刊、记者及报纸言论工作有诸多认识，但总体来看，此时他只是将记者职业作为其众多社会活动与事业中的一种，记者只是其诸多社会身份与职业身份中的一种。他当时最看重的事业和活动是政治，政治是他付出热情和精力最多的领域，是影响他这一时期生活与生命的最重要的因素。其从事新闻活动，利用报刊分析时局，议论国家大事的目的和动力也在于政治。换句话说，他之所以选择记者职业，在一定意义上只是源于其参与政治、议论政治的热情，而非基于对记者职业本身的热爱与认同。参与政治固然有助于他在新闻活动中获得更核心、更独家的消息，从而提高其报刊文章的吸引力和影响力，但对政治的过分热衷也带来了其在政治与新闻之间的游移不定、心猿意马，甚至带来其职业行为表现与其所主张的记者职业原则与理念之间的矛盾。需要说明的是，黄远生所热衷的政治并非政治权力，目的并非做官吏、做政客，而是廓清社会腐秽，促使国家摆脱混乱和危局。在此意义上，说他这一时期付出热情最多的领域是政治，记者职业只是他众多社会活动与事业中的一种，并非苛责，而是想突显其作为初代记者人生与社会追求及思想的丰富性、复杂性和其对国家的使命感、责任感。另外，他这一时期对报刊功能与作用等的认识与强调，不仅缺乏明确的职业自觉意识，而且主要聚焦于言论方面，尚未注意到对新闻的重视。从这个意义上说，这一时期他的报刊认知尚停留在清末政论报刊时代对报刊的认识层面。

————————————

① 黄远生：《一年以来政局之真相》，王有立主编：《黄远生遗著》卷一，第69页。

三、倏而梦觉始独行："不党"之后的转变与回避

在政治与新闻之间游走了四年后，1913年10月，黄远生突然发表"不党"通告，宣布与一切政党脱离关系。该通告称："鄙人言论为活，无党最佳，往日有党如无，此后更不须有党，自今以往，请宣告与所隶属之党脱离，并誓言终吾之身，吾之名字永远与党之一字断绝连贯的关系。"[1] 在步入记者职业领域的前四年频繁参加政党活动、醉心于政党政治的黄远生为何会突然宣布与一切政党脱离关系呢？宣布"不党"背后究竟隐含着他什么样的认识发展与变化呢？这种认识对其此后的新闻记者职业活动及其思想认知与观念有什么影响呢？

从通告的内容与表述看，之所以宣布"不党"，显然与其对当时政党活动的失望、灰心、气馁有关。应该说，黄远生对政党的认知一直是颇为积极的，对于真正之政党抱有很高的期望。在《不党之言》中，他说："记者虽无似，亦知法治国之不可无党。"[2] 在《铸党论》中，他说："政党者，舆论政治之下必发生之品也"，"舆论政治与政党既有不可离之关系，则吾人当鼓吹国民研求政党之真义，以期政党之发达"，"夫今既公认政党与舆论政治有附属不可离之关系，将欲巩固国家，莫如发达政党，此无疑也"[3]。可以看出，在他看来，政党是舆论政治发展的必然产物，也是舆论政治必不可少的部分，"欲巩固国家，莫如发达政党"。在其"不党"通告发表前不久，他还撰文强调过建设真正的政党的必要性，他说："盖吾侪固明知政党为时势之必需品，然正以必需，当更精心造作以求合于利用，决不当草率涂附

①《黄远生之无党主义》，《亚细亚日报》1913年10月20日。
②黄远生：《不党之言》，王有立主编：《黄远生遗著》卷一，第16页。
③黄远生：《铸党论》，王有立主编：《黄远生遗著》卷一，第211—212页。

以欺饰耳目。"① 甚至在后来旅美途中对自己的过去进行反思和忏悔时,他还坚持认为,"立国不能无党,国有两党,犹言两力,两力互发,其力相济,而国群乃得中正刚健循序发达之美效。"②

　　然而,令黄远生沮丧的是,现实中的各种政党并非他理想的样子,各种政党在他看来均迷失了其最初之目的,丧失了其真正之机能,变成了藏污纳垢之渊薮,变成了"万恶之傀儡"③"奸民之护符,一切之罪恶归之"④。"各党以图取势力,故遂不能不于稍有势力者皆牢笼之,至其人清流、浊流不暇计也""刁生掠监、奸胥土豪,但肯投诚,无不倒屣"⑤。这种政党完全不是黄远生希望的作为"法治国之必需品"的政党。在《三党合并论》中,他曾历数"中华民国之三大政党"的罪恶,认为"自有此三党""入主出奴,党同伐异,而中国几无公是非、无真毁誉,一般无耻之官僚,反得利用为护符,而立于不败之地""烂头烂胃之徒,纷纷蠢动,皆足分党中之余润以为活,而徒以痛苦吾真正之国民""全国稍有才力聪明之士,各据旗帜,奋矢相攻,彼此立于不共戴天之地,而全国乃骚然内讧,以坐待他人之宰割"⑥。可以看出,在黄远生眼中,此时的中国的主要政党均是劣迹斑斑、污浊不堪。被自己寄予巩固国家之厚望的政党在现实中的真实面目如此,给黄远生所带来心理打击之大,可想而知。正是现实中政党的种种为人不齿的罪恶,使本来对政党翘首企足、满怀厚望的黄远生产生了挫败感、失落感。再加上他所目睹的"上至国家,下至社会,一切现象,无不令人伤心短气"⑦之现实,遂使他对政党

①黄远生:《政党安在》,王有立主编:《黄远生遗著》卷一,第43页。
②黄远生:《反省》,王有立主编:《黄远生遗著》卷一,第106页。
③黄远生:《不党之言》,王有立主编:《黄远生遗著》卷一,第16页。
④黄远生:《一年以来政局之真相》,王有立主编:《黄远生遗著》卷一,第70页。
⑤黄远生:《不党之言》,王有立主编:《黄远生遗著》卷一,第16—17页。
⑥黄远生:《三党合并论》,王有立主编:《黄远生遗著》卷一,第4页。
⑦黄远生:《苦海呻吟录(其二)》,王有立主编:《黄远生遗著》卷二,第134页。

乃至政治彻底绝望,而且对其痛恨之、厌恶之:"民国最近可悲之现象,乃在全国人心渐已厌倦政党,厌倦舆论,厌倦政治,而政界大势日益混沌,腾波造浪,已渐率国运于断横绝流之中。"①哀莫大于心死。在《苦海呻吟录》中,他十分痛心地说:"近日政界,乃不知下笔将从何处说起。其第一处,即吾辈自认已无气力写出此千奇百怪千险万恶之社会也。"②正是在这样的情况下,心灰意冷的他毅然宣布"不党"。

　　除了现实中政党与政治的种种罪恶外,从事记者工作中遭遇到的来自党派的倾轧、压制等也是促使黄远生宣布与各种政党脱离关系的因素。在从事新闻活动尤其是撰述活动的过程中,他经常受到各种来自政党的压制,这些压制经常使其报刊活动沦为政党的工具,使他无法真正以独立记者身份自由发表言论,臧否国是。"既成一党,诚不能不于本党之人,略有隐恶扬善之谊"③。而这显然违背了其心中的记者职业准则与伦理。纵观"不党"通告发表前,黄远生撰稿的报刊几乎都与政党有着千丝万缕的联系,其新闻撰述活动经常被"党之一字"束缚着、牵制着。《时报》为康有为的弟子狄楚青所创办,1914年前一直与康有为、梁启超保持着较密切的关系,《庸言》更属于进步党之喉舌。即使"三少年"自创的《少年中国》周刊,原本无任何政党背景,但因"三少年""热血过度"、言论激烈,也被梁启超"颇致讽劝",最终终止了发行④。可见,在宣布"不党"之前,黄远生的新闻撰述活动确实与政党存在着千丝万缕的联系,其新闻言论活动确实经常受到各种政党的束缚和牵制。这种情况与其对当时政党乃至整个政治的失望、绝望、厌恶合在一起,遂使他毅然宣布

①黄远生:《政海之一勺(其一)》,王有立主编:《黄远生遗著》卷二,第59页。
②黄远生:《苦海呻吟录》,王有立主编:《黄远生遗著》卷二,第128页。
③黄远生:《不党之言》,王有立主编:《黄远生遗著》卷一,第16页。
④《少年中国之少年谈》,《亚细亚日报》1912年11月24日。

"不党"。

宣告与所有政党脱离关系之后的黄远生，对报刊功能、对报纸工作的看法是否发生了某种变化呢？与之前相较，其对报刊及其工作的认知是否显现出什么不同呢？

宣布"不党"之后黄远生在对报刊及其工作的认识方面显现出的最大变化是，从强调言论的重要性开始向强调新闻纪事转变，在继续强调言论的重要性的同时，开始意识到了新闻纪事的重要性，开始强调报刊的纪事功能，认为报刊应更重视事实的真实记述与呈现。在《庸言》创刊首期发表的《本报之新生命》一文中，他说："若令吾人所综合事实，尚未足令吾人下笔判断之时，则吾人与其妄发主张殆后日之忏悔，不如仅仅提出事实以供吾曹及社会异日之参考资料，而绝不急急于有主张。盖吾人此后所发表者，演绎的理论绝不如归纳的事实之多。"[①]也就是说，在他看来，言论、主张应建立在充分事实基础上，当记者所收集的新闻事实不足以支撑其形成判断、发表意见和主张时，与其"急急于有主张"和"妄发主张""不如仅仅提出事实以供吾曹及社会异日之参考资料"。从这样的主张可明显看出，此时的黄远生对报刊的认知的确已发生了由强调报刊立言的重要性向强调报刊的新闻纪事功能的转变。为什么会发生这样的变化呢？之所以发生这样的变化，与其对"改造国群"的重要性、紧迫性和应着力的方向与途径的认识密切相关。在《本报之新生命》中，他说："吾曹以后当力求开拓心胸，放眼以观域外。盖所谓改造国群者，意在使吾国群合于国际上之平等位置""吾之国人，犹复耳目杜塞，不知乡井之外，尚有都会，消息盈虚，动关生死。又如劲甲坚兵，早已充布险要，扼关守险，寸步不易；而斗室之中，尚复别有天地。其为危迫可胜道也。"[②]可以看出，在此时的黄远生看来，救

① 黄远生：《本报之新生命》，王有立主编：《黄远生遗著》卷一，第77页。
② 黄远生：《本报之新生命》，王有立主编：《黄远生遗著》卷一，第78页。

国之道最根本的是"改造国群",而"改造国群"的关键在于使国人能够耳聪目明,"合于国际上之平等位置",改变国人目光短浅、视野狭隘、信息闭塞、"耳目杜塞,不知乡井之外,尚有都会"之现状,因为,"消息盈虚,动关生死",若缺乏对外界的基本了解,不知"斗室之中,尚复别有天地",必然会身处险境却浑然不觉,如此,则国家危矣,国群危矣;正因为如此,在他看来,报纸和新闻记者的最重要工作就是,报道新闻,传递信息,发挥报纸传递信息、去塞求通即新闻纪事之功能。在《新年闲话》中,他更是直截了当地提出:"夫新闻以报道真正之事实为主。"①

　　既然对于报纸和记者来说最重要的工作是传递信息、报道真正之事实,那究竟应该传递什么样的信息、报道什么样的事实呢? 或者说,报纸及其记者应报道的事实究竟应为何种事实呢? 这种对报纸传递事实之功能的认识在黄远生自己主持的报刊中究竟是如何体现的呢? 在《本报之新生命》中,黄远生对报纸应报道的事实进行了明确说明:"是以吾人所综合之事实,当一面求其精确,一面求其有系统,盖由通塞之辨,即在浑画浅智之人,观察万象,万等于一;进化之民,观察万象,一可化万。"②从这段话可以看出,在黄远生看来,报纸报道的事实应精确、系统、典型,使读者可以从有限的事实中看到"万象"。与此相关,他对自己主编的《庸言》的定位也是,系统记载一月内大事,供读者做形成判断之参考:"记者之意,本报既为月刊,凡此一月内之内外大事及潮流,吾人皆负有统系的记载,以供诸君参考及判断之责任者也。"与这样的定位相应,对《庸言》的内容他也提出了与其定位相应的设想:"故于政治的记述以外,凡社会的理论及潮流与社会事实,当为此后占有本报篇幅之一大宗也""吾曹不敢以此区区言论机关据为私物,乃欲以此裒集内外之见闻、综

---

① 黄远生:《新年闲话》,王有立主编:《黄远生遗著》卷二,第290页。
② 黄远生:《本报之新生命》,王有立主编:《黄远生遗著》卷一,第78页。

辑各种方面之意见及感想"①。可以看出，此时的黄远生不仅在思想认识上开始重视报纸的信息传播和纪事功能，而且希望在自己主持的报刊中力求践行之，即希望自己主持的报刊能尽力汇集一切信息，包括政治记述、社会理论、社会潮流、内外见闻、"意见及感想"等。此处所强调的"意见及感想"并非之前的报纸言论，而是社会上广泛存在的针对某些政治、社会议题而产生的各类众议，其功能指向为信息传播与告知，即传播学中所说的媒体的"环境监测"功能。不仅在思想认识和打算方面将报纸的信息传播与事实告知功能放在首位，而且在其主持《庸言》后的实践中切实加大了对各种事实信息的传播比重。

重视报纸的信息传递与新闻报道功能，并非否认报纸发表言论主张的功能即"论辩"功能，但黄远生认为报纸的言论主张必须无涉党派，必须保持独立、客观，不掺杂个人恩怨和党派利益。

报纸应为"公同论辩之机关"，是这个时期黄远生对报纸言论的看法发生变化的出发点。在《本报之新生命》中，他说："吾曹不敢以此区区言论机关据为私物，乃欲以此哀集内外之见闻、综辑各种方面之意见及感想。凡一问题，必期与此问题有关系之人，一一抒发其所信。以本报为公同论辩之机关，又力求各种方面最有关系人士，各将其所处方面之真见灼闻汇为报告，以本报为一供给参考资料之宝库，吾人深信发挥真理、阐扬幽隐之道在是。"② 所谓"公同论辩之机关"，显然既承认报纸是发表言论主张之机关，即所谓"论辩之机关"，又强调报纸发表的言论主张必须是"公"的和"同"的，即必须是公言公论，必须"综辑各种方面之意见及感想"，不能变成个人或党派之"私物"。在这样的"公同论辩之机关"中，任何人都可以公平地发表己见，让报纸成为"各方面"有关系人士意见、观点交

① 黄远生：《本报之新生命》，王有立主编：《黄远生遗著》卷一，第76、79页。
② 黄远生：《本报之新生命》，王有立主编：《黄远生遗著》卷一，第79页。

锋汇聚的场所，最终达到在比较和鉴别中"发挥真理、阐扬幽隐"之功效。

　　与报纸为"公同论辩之机关"之认识相应，黄远生开始强调报纸言论的独立、客观和不偏不党。在其被聘为编辑主任后的《庸言》广告中曾宣称："本报极力保持言论独立之精神，与一切个人关系及党派无涉。"①此广告是在黄远生宣告"不党"后约四个月发布的，可以视为其在继"不党"通告之后在报刊编辑理念层面对"不党"宣告的再次确认。"极力保持言论独立"，意味着报纸言论将摒弃党派利益，意味着立言论事将保持立场独立、态度客观、不再掺杂个人恩怨。这个时期黄远生对言论客观的强调最著名、最有代表性的是其在《本报之新生命》中的一段话："吾曹此后将力变其主观的态度，而易为客观，故吾曹对于政局、对于时事，乃至于对于一切事物，固当本其所信，发挥自以为正确之主张，但绝不以吾曹之主张为唯一之主张，绝不以一主张之故，而排斥其他主张。且吾曹有所主张，以及其撷取其他之所主张之时，其始综合事实，而后下一判断之主张，较之凭恃理想所发挥之空论，尤为宝贵。"②从这段文字中表述的观点看，此时的黄远生不仅非常明确地强调了报纸言论必须客观，而且非常具体地阐述了变主观为客观所应努力的方向和具体的实现方式。他认为，要想做到言论"客观"，在造言立言时不仅须"本其所信""发挥自以为正确之主张"，而且必须不以自以为正确的主张"排斥其他主张"，若存在不同的主张，应在综合各种事实、掌握尽可能充分的事实基础上再下判断。

　　除了对报纸言论的看法转变外，这一时期的黄远生对报纸和记者在社会有机体中的地位也发表了自己较有特色的看法。在《本报之新生命》中，他说，"若使进化之说不妄，则造化为物，实合无量时

---

① 《〈庸言〉大刷新之广告》，《申报》，1914年2月13日第一版。
② 黄远生：《本报之新生命》，王有立主编：《黄远生遗著》卷一，第77页。

期,以成一大机轴,将以一切社会及人物,组成于此大机轴之中""吾曹既日在此大机轴之中,吾此区区之报,亦在此一大机轴之中,其为递嬗乘除,以符于组织精美之公率者,亦岂能外?"①也就是说,在当时的黄远生看来,万事万物都处于不断发展进化之中,这种进化最终形成了社会这个复杂运行的"大机轴",报纸和记者都身处此"大机轴"之中,属于此"大机轴"中的一个部件,也因此,报纸和记者必须"递嬗乘除,以符于组织精美之公率"。报纸与记者是社会"大机轴"一部分之认识,反映出这一时期的黄远生对报刊与社会之间关系的独特认知②。

　　宣告"不党"和由此带来的对报刊、记者、报刊言论等的认识变化,对黄远生这一时期的新闻活动究竟产生了什么样的影响?是否使其改变了前一时期在政治与新闻间心猿意马、脚踩多只船之状态?是否使他真的开始远离政治、专心于新闻记者职业了呢?

　　宣告"不党"和对报刊认知的变化带给黄远生新闻实际工作的最大变化是,开始重视报刊的纪事功能,具体表现为,在其所主持的报纸上国内外新闻纪事类内容的比重明显加大。这一点突出体现在这一时期其所主编的《庸言》杂志上。1914年2月13日,黄远生被《庸言》聘为编辑主任,《庸言》杂志由此进入了黄远生主持之时代。由于这一时期《庸言》的创办者梁启超转去从政,成为熊希龄内阁的司法总长,这就在一定程度上给予了黄远生及其主编的《庸言》以更多的编撰自由。从该杂志的栏目设置看,梁启超主编时期的《庸言》设有通论、专论、杂论、外论、要闻、随笔、谈艺、文录、说部等栏目,而黄远生担任主编以后,取消了通论、专论、杂论、外论等栏目,每期杂志一开始是重大时事评论五至十篇,紧接其后的是海外新潮、本国大事记、文录、诗录、研究资料、重要法令摘要等栏目。两

①黄远生:《本报之新生命》,王有立主编:《黄远生遗著》卷一,第76页。
②宋三平:《从〈庸言〉看黄远生的新闻思想与实践》,《中国出版》2010年6期。

相比较，可以明显看出，黄远生主编后，论说类内容的比重明显下降，而报道新闻、传递资讯等内容的比重明显增加；尤其是海外新潮、本国大事记、研究资料、重要法令摘要等版块，以记录国内外重大事实、提供各类信息、资料为主要目的，充分体现了黄远生特别强调的"裒集内外之见闻"的纪事功能。以黄远生主编后的第一、二号合刊为例，"海外新潮"栏目刊登了《美洲国际主义》《美国之乱象》《墨西哥革命之内幕》等九篇纪事文章，"本国大事记"栏目刊登了《约法会议之出现》《地方议会之将停》《白狼近状》等八篇时事报道，此外还有一些包含数据信息的表格（如民国二年六月以前海关收入数目表、各项岁入抵押外债一览表等）和重要法令的部分摘录。可以看出，此时的《庸言》确实充分体现出了黄远生报刊认知从重言论向重新闻的转变。

宣告"不党"和报刊认知变化给黄远生新闻实际工作带来的另一变化是，他毅然结束了在有一定政党背景的《时报》之工作，选择了没有政党背景、相对独立自由的商业化报纸《申报》，担任其驻京通讯记者。现存史料中找不到黄远生辞去《时报》通讯工作的具体时间，但翻阅当时《时报》可发现，黄远生在《时报》发表最后一篇通讯的时间是1913年10月19日，19日之后他的名字再没有在《时报》出现过。再联系此后不久的11月10日《亚细亚日报》刊登的《黄远生之东游》中关于"北京新闻界著名记者黄远生近忽中止通信业务"之记述，可以推断，黄远生辞去《时报》通讯工作的时间应该是在1913年10月20日至11月10日之间。而这，正是其发布"不党"通告（10月20日）之后。从其结束《时报》通讯工作的实际原因来看，当时的黄远生之所以辞去《时报》的通讯工作，主要原因是《时报》背后的政党——进步党在总统问题上极力主张推举袁世凯，并已确定了拥袁办法，这引起了此时对政治与政党已十分厌倦且已公开宣告"不党"的黄远生的不满，使得他不得不选择离开。由此可见，结束《时报》通讯工作的确是宣告"不党"给其新闻实际工作带来的一个变化。担任《申报》驻京通讯记者的具体时间同样也已无从查考，但从黄远生在该报发表首篇文章《岁暮余闻》的时间——1914年1月5日可以推想，其大致时间应该在1913年底至1914年1月5日前，而这个时间正属于他宣告"不党"之后的两个月左右。这种选择及其时间线背后蕴含的逻辑很明显：既然宣告要与一切政党脱离关系，在当时的报界，显然没有比《申报》更好的选择了。《申报》1912年10月20日被史量才接盘以来，一方面奉行不偏不党的方针，在言论方面持守中立，另一方面又显现出一定的知识分子爱国救国之热忱，对袁世凯复辟帝制"消极抵抗"①。这对此时已宣布"不党"且十分看重报刊言论独立，同时又对袁世凯复辟帝制心存抵触的黄远生来说，显然具有很大的吸引力，选择与之合作也就是必然的了。

　　无论是宣布"不党"，还是报刊认知从重言论向重新闻的转变，抑或是选择没有党派背景的报纸，最核心的目的是使自己尽可能远离政治。那么，宣布"不党"且对报刊工作有了新认知的黄远生在此后的记者职业及其新闻活动中是否真的做到了"不党"？是否真的远离了政治呢？这一时期的他是否真的把记者职业视为其专意的工作呢？

　　考察这个时期黄远生作为新闻记者的具体工作，可以发现，这个时期他虽然宣布"不党"，但在新闻工作中并没有真正做到不偏不党。从这个时期他所撰写的文章看，他并未做到独立、客观地就重要社会政治议题发表自己不偏不党的看法，而是选择了回避，他一直在刻意回避与袁世凯有关的新闻，刻意回避当时社会政治领域中足以撼动政局的核心议题，只是在一些十分具体、微观的议题范围内发表一些就事论事的看法。

　　梳理其发布"不党"通告后至1915年9月与袁世凯完全决裂这

①　马荫良、储玉坤：《史量才接办申报初期史料》，《新闻研究资料》总第五期，中国社会科学出版社，1980年，第153—159页。

一时期发表在各个报刊上的文章，就其所关注的内容、报道的议题而言，与前一时期相较一个最明显的变化是，与袁世凯相关的通讯或评论开始变得少之又少。此时的袁世凯正紧锣密鼓地为其复辟进行舆论造势，国内矛盾日趋尖锐，各种冲突一触即发。就新闻记者监测环境、关注社会政治重大议题的职责而言，这个时候的黄远生理应对这些社会热点、焦点问题进行反映，代表公众发表其主张与看法，然而，此时的他重点关注的却是内阁、盐政、交通、财政、司法、欧战、中日外交等领域存在的各种较为微观、细小的问题，几乎没有见到涉及袁世凯及其复辟潮流中的重要时事的任何文字。可以看出，面对当时国人最关注、影响巨大的袁世凯复辟逆流，黄远生实际上选择了消极回避。在尽力回避各类重大时政议题的同时，这个时期的他多数情况下只能隔靴搔痒地讨论一些相对而言无关生死、不触及核心问题与矛盾的话题。从其报刊文章的言辞来看，也明显不像之前的文章那样言辞犀利和充满激情。这一点从其这个时期所写的《国事维持会》一文即可感觉到。该文只是客观记述了袁世凯的拥趸者对当时存在的既做政党党员又加入某个会做会员之情况的反对态度及其意见，如"此等党员兼会员者，或叛于党而忠于会，或叛于会而忠于党"等，文章通篇没有对这些争执与意见表达自己的任何倾向和主张，仅在文末泛泛而论，称"中国办党既久，而政党之义益晦，余是以知中国之无党也"①。这种刻意回避自己立场的现象反映出的是黄远生在宣布"不党"，主张言论独立、客观、不偏不党之后所遭遇的内心矛盾和无所适从的状态，在一定意义上也是他政治上妥协与无奈的一种表现。这种回避、矛盾、妥协和无奈在帝制事起后其应付薛大可受袁世凯授意要求其写赞成文章之事中体现得尤为充分。袁世凯准备公开宣布实行帝制后，让薛大可以重金和高位为诱饵找黄远生写一篇赞成帝制的文章，黄远生虽反对帝

---

① 黄远生：《国事维持会》，王有立主编：《黄远生遗著》卷二，第351页。

制,却无法做到毅然拒绝,而是做了一篇"不痛不痒""似是而非"的文章虚与委蛇。

这个时期的黄远生也并未完全专意于新闻工作,他在从事新闻工作的同时,他依然在从事律师工作和其他社会活动,如参加救国储金会并任副干事。律师工作方面,自1913年11月起,他先后在沈赓生等争继涉讼案、陈绳被杀案、胡庆余堂案、王纯案、熊垓案等多起案件中担任诉讼代理人或辩护人。可以看出,律师工作一直是他非常看重、难以割舍的工作。对律师工作的这种看重和难以割舍显然缘于其日本留学期间攻读法律之背景。日本留学时期对法律的学习使他对现代法治十分崇尚,而担任诉讼代理和辩护律师正是他实现其法制理念与法律理想的方式,他希望通过其诉讼代理和律师工作,一方面促进相关案件审判工作公平、合法,另一方面以此向国人普及最基本的法律观念。此外,他也开始提倡文学革命,并身体力行撰写过不少剧评。强调这个时期的黄远生仍未完全专意于新闻工作,并非苛求古人,而是想呈现其作为职业记者先驱者的特殊追求与独特心理世界。

总而言之,因对政党失望、绝望而发布"不党"通告后,黄远生的新闻活动及其对报纸、记者等的看法的确发生了较明显变化,开始强调不再与一切党保有关系,宣称将以"言论为活",在报纸内容方面,开始强调"纪事"的重要性,强调造言论事要独立、客观、不偏不党、不掺杂任何党派利益,其所主持的报刊也的确加大了新闻、资讯类内容的比重,开始重视新闻事实与信息的报道与汇集,然而,从其表现出来的具体行动来看,却存在不少言行不一之处和回避、妥协与无奈之行为。他一方面宣称"不党",另一方面却难以隔断与袁世凯的关系;一方面宣称自今以后将以"言论为活",另一方面却热衷其他工作,参与其他社会活动;一方面强调言论独立、客观,另一方面却回避政治、社会领域的热点、焦点问题,不敢就政治、社会领域内的热点、焦点问题发表自己独立、客观的看法。这种状态一直持

续到袁世凯复辟势力对其不断施压,最终让他无可回避不得不彻底
与其决裂之时才正式宣告结束。

四、曲终人散终别离:反思、忏悔后的离歌悲情

　　袁世凯复辟帝制之事愈演愈烈。为给复辟造势,袁世凯极力
收买知名人物为其鼓吹,考虑到黄远生的知名度和影响力,他先是
强聘黄远生担任其御用报纸上海《亚细亚日报》总撰述,继而授意
薛大可拉拢黄远生为其撰写赞成帝制之文章。面对黄远生"不痛不
痒""似是而非"的文章,袁世凯极不满意,派人逼他重写。他尽力拖
延,始终不肯迁就,最终无法拖延过去时,不得不与之摊牌。1915
年9月3日,他秘密离京至沪,赴沪途中就在上海各大报发表与袁世
凯及《亚细亚日报》决裂之宣言;到上海后,又在《申报》等报刊继续
且多次发表与袁及袁系报纸脱离一切关系之声明。为躲避袁世凯
党羽的进一步追逼,1915年10月24日,他乘轮离沪,经日本远赴美
国。途中,发表了著名的《忏悔录》,对之前的人生与思想进行反思、
拷问。1915年12月25日,被革命党人刺杀于旧金山。

　　从秘密离京至沪宣布与袁世凯决裂到被刺殒命异国,前后虽仅
三个多月,在黄远生的人生与记者生涯中却有着非常特殊的意义。
这是他彻底与之前的人生与职业状态完全决裂的时期,也是他对之
前包括记者职业在内的人生与职业活动中的各种"罪孽"进行深入、
彻底的反思与忏悔之时期。从这种反思与忏悔中,可以看到他对自
己之前所有人生与职业活动的全盘否定,也可从中窥察到他对自己
包括记者职业在内的诸多职业的新认识与想法。那么,这一时期的
他为什么要对自己的人生与职业活动进行反思与忏悔? 进行了什
么样的反思与忏悔? 他究竟反思了自己人生与职业活动中的什么
"罪孽"? 从这样的反思中能看到其对记者职业的什么样的认识与
态度转变?

　　这一时期黄远生对其之前人生与职业活动的反思与忏悔主要缘于其对自己在不知《亚细亚日报》"为帝制机关"的情况下"慨然应允"担任其主编之经历①和在袁世凯爪牙威迫利诱下"作了类似赞成筹安会之文"②一事的极度懊悔。这两件事是其为时人诟病的最主要原因，也因此成为他宣布与袁世凯脱离关系后忏悔的初因。正因为此，在《忏悔录》中，他一方面对这两件事的前因后果进行了还原，尽力解释，另一方面对自己在此过程中的"罪孽"进行了剖析。他认为，在这两件事上，自己可谓罪孽深重，不啻为"亡国罪人"，而之所以有这样的罪孽，盖由于自己"本无学术，滥厕士流""见事未明，修省不到，轻谈大事，自命不凡""随士夫之后，雷同而符合"等缺陷与弱点③。这种反思、忏悔中显然有放大自己"罪孽"之嫌，但由此亦可感受到其对自己在这两件事上的极度懊悔和其反思、忏悔之真之深之切。

　　此外，黄远生对自己过去包括记者职业在内的所有人生与职业活动进行了更深入的反思，认为过去所有人生与职业经历皆为"吾个人秽史"④。他历数自己过去人生与职业经历中的各种"罪孽"，认为这一切完全是在"作孽"，认为自己之前的人生只不过是"傀儡"，"此傀儡之名片之衔号，实乃多种：曰学生，曰官吏，曰新闻记者，曰政客，曰律师"⑤。之所以称自己之前的人生为"傀儡"，一方面是因为灵与肉的冲突与割裂，即所谓"身为形役""身动则心不属，块然一身，早同异物，日出日入，一切动静，常若冥然，无有感觉"，另一方面是因为在各种社会事务与职业活动中的无法自主和没有独立人格，

---

①天忏生、冬山编：《八十三日皇帝之趣谈》卷下，文艺编译社，1916年，第9—
　　10页。

②林志钧：《黄远生遗著·序》，王有立主编：《黄远生遗著》卷一，"序"第2页。

③黄远生：《致〈甲寅〉杂志记者》，王有立主编：《黄远生遗著》卷二，第360页。

④黄远生：《忏悔录》，王有立主编：《黄远生遗著》卷一，第99页。

⑤黄远生：《忏悔录》，王有立主编：《黄远生遗著》卷一，第95页。

即所谓"吾本身，另自有人撮弄，作诸动作"①。他认为，最可悲的是，自己一方面是"傀儡"，是被异化了的"非我"，另一方面又是"他人的眼光"，即在一边冷眼旁观的自我，亦即作为"吾真正之灵魂"的"本我"②。这两个"我"相互矛盾、一体两面，却又同时存在于自我里。作为"傀儡"的"我"常现于人，而作为"他人的眼光"的"我"却被桎梏已久、不复能动，徒然注视着作为"傀儡"的"我"在被"撮弄"之下所做的各种令人作呕的行为。这是他反思与忏悔中最大的痛苦，是一种灵与肉相互分裂的痛苦。

　　这样的灵与肉分裂之罪孽与痛苦，在他看来，包含在其一生所热衷的一切社会活动与工作中，即其所谓"此傀儡之名片之衔号，实乃多种：曰学生，曰官吏，曰新闻记者，曰政客，曰律师"。也就是说，在他的反思中，其记者职业身份与活动与其他身份、活动一样，都是囚禁其"本我"、压抑"吾真正之灵魂"的"傀儡"行为。在反思中他认为，作为记者的自己，实际上一直处在党派和其他各种政治势力的驱役和束缚中，自己的新闻、言论活动根本做不到自己内心所追求的公平正义，在这样的工作中自己的心灵根本不可能"复其故所，归其自由"，相反，往往是人为物累，心为形役，"身动而心不属"，思想行为处处受到限制。在这样的境地中，即使自己想解放"本我"于牢笼中，也会因"牢笼之力大，抵抗之力小""百端冲突，皆属无效"，久而久之，"遂意安之"，最终完全变成了"堕落之青年"③。而这，在他看来才是最可悲的。就袁氏复辟时自己的行为看，袁氏倒行逆施之时，自己虽有反抗之心，却"慑于隐祸"而选择了回避、妥协，没有尽到记者职责，"卒以图穷匕见"，而不得不"遁出于此咫

---

① 黄远生：《忏悔录》，王有立主编：《黄远生遗著》卷一，第94页。
② 许纪霖：《从中国的〈忏悔录〉看知识分子的心态与人格——读〈远生遗著〉述感》，《读书》1987年第1卷。
③ 黄远生：《忏悔录》，王有立主编：《黄远生遗著》卷一，第95页。

尺之外"①。"惨哉天乎,不窥则已,一窥则动见吾身种种所为,皆不可耐,恨不能宰割之,棒逐之,综之恨不能即死"。这种迷失自我的"非我"之存在令他痛苦、煎熬,但"愈苦痛则愈堕落,愈堕落则愈苦痛,二者循环相生,扰扰不绝,遂令一生非驴非马,既不能为真小人,亦不能为真君子"②。从这些痛彻心扉的文字,可看到这个时期的黄远生对自己之前人生与职业行为的反思之深入,忏悔之痛切。

　　基于对其过去记者职业活动中各种"罪孽"的反思,他深切意识到新闻自由对新闻工作的极端重要性,非常期望新闻记者能拥有法律保障下的"指斥乘舆,指斥权贵"的自由:"余于前清时为新闻记者,指斥乘舆,指斥权贵,肆其不法律之自由,乃而无害。及于民国,极思尊重法律上之自由矣,顾其自由不如前清远甚。"③在法律科班出身的他看来,法律应为保障新闻记者之自由的基石,但崇尚共和的民国"新闻法制"反不如前清,这令他十分愤激。这种对新闻自由与法律保障重要性的认识,既是他在反思自己之前"罪孽"中认识到的自己之所以以"傀儡"之身冥然"作孽"的环境因素,也是他对当时新闻记者所处从业环境的认知。以他在留日期间所接受的政治社会理念看,尊崇民主、自由、平等,保障新闻自由,原本是他应具有的理念与意识,但缺乏新闻自由的现实却使他长久深陷牢笼中,"遂意安之",从而变成了其反思中所痛恨的那种"一切动静,常若冥然,无有感觉"的"傀儡"。认识到此中关联后,其对有法律保障的新闻自由之于报纸和记者的重要性,自然认识最深,期待也最切。

　　除了对新闻自由及其法律保障的重要性之认识外,从其反思、忏悔中对新闻业和记者工作中各种乱象的痛心描述,亦可感受到其对报刊及新闻记者工作应有的职业规范与伦理意识的认识和期

---

① 黄远生:《致〈甲寅〉杂志记者》,王有立主编:《黄远生遗著》卷二,第359页。
② 黄远生:《忏悔录》,王有立主编:《黄远生遗著》卷一,第100页。
③ 黄远生:《忏悔录》,王有立主编:《黄远生遗著》卷一,第101页。

待。他曾说："余自问为记者若干年,亦一大作孽之事也。以今法作报,可将一无辜良善之人,凭空诬陷即可陷其人于举国皆曰可杀之中。盖一人杜撰,万报誊写,社会心理薄弱,最易欺蒙也。至于凭臆造论,吠影吠声,败坏国家大事,更易为矣。"[1]这段话是他对自己多年记者生涯中"罪孽"的反思与反省。但在这样的反思、反省中,分明可以感受到他心中逐渐清晰起来的关于报纸和记者职业的理想样貌:即尊重事实,言论客观,不凭空杜撰,不凭臆造论,尊重个人名誉,促进国家发展。这其中隐含了其新闻职业意识中伦理道德意识的萌芽。

与新闻伦理道德意识萌芽相关,这个时期的反思与忏悔中,黄远生对职业神圣性的追求及相应意识也开始萌芽。在《忏悔录》中,他明确表示,自己从今开始将努力"提倡个人修养,提倡独立自尊,提倡神圣职业"[2]。当时他回复友人的一封信中也曾明确说:"此后当求所以独立自活之道,实行神圣职业之风。"[3]可以看出,自离京赴沪、开始反思和忏悔开始,提倡职业独立,主张维护职业的独立性、权威性、神圣性,成为他反思、反省和忏悔中产生的又一重要意识。这既是对其所从事的所有职业的期许,更是他对新闻记者职业的期许。他渴望包括新闻记者职业在内的所有职业都能拥有自己的尊严,成为一种"神圣职业",这种尊严和神圣性,既建基于社会大环境的保障,如法律保障下的职业自由,他人的尊重,拒绝他人"撮弄"的权利,也建基于从业者自身身、心、灵的合一与灵魂上的完全自由,即不会"身动而心不属",不会"起居坐卧,常若异人",不会"块然一身,早同异物",不会"一切动静,常若冥然,无有感觉",一句话,不会甘于"作孽",甘于做"傀儡"。这种对"神圣职业"的期

---

[1] 黄远生:《忏悔录》,王有立主编:《黄远生遗著》卷一,第102页。
[2] 黄远生:《忏悔录》,王有立主编:《黄远生遗著》卷一,第103页。
[3] 黄远生:《黄远庸复友人书》,《申报》1915年9月20日第六版。

待、对职业神圣性的期许,实为其反思、反省自己过去各种人生与职业行为基础上产生的一种"物极必反"式的心理反应。换言之,正是因为他深深意识到自己过去所从事的职业——包括记者职业的无尊严、无神圣性,他才产生了对"神圣职业"的憧憬与倡导。

职业应神圣,新闻记者职业与所有职业一样都应"实行神圣职业之风"。然而,"实行神圣职业之风"除了要有社会大环境的保障外,还要求新闻记者自身具备能使自己所从事的职业显现出神圣性的资格与修养。虽然基于对自己之前职业行为的反思,他认为自己"绝无新闻记者之资格""平生所为种种职业,无一而可"[1],但在反思中他还是描画出了他所期待的有"神圣职业"之资格与修养的新闻记者的理想样貌——"须有四能",即"脑筋能想""脚腿能奔走""耳能听""手能写"[2]。从字面看,"四能"似乎是对新闻记者应具备的实践能力和业务操作能力的概括,但若从其对"四能"的具体内涵的阐述可以看出,"四能"其实是处于反思、忏悔期的他为记者职业所编绘的理想人设,是他从实践需要角度对记者能力提出的全方位要求,它反映了处于反思、反省中的他对记者职业素养与资格的新认识。这些素养与资格既包括实践能力与业务技能,也包括面对纷繁复杂的政事人事时"深知各方面势力之所存""闻一知十,闻此知彼,由显达隐,由旁得通"的社会与人生智慧[3],更包括记者新闻业务活动中应具备的自尊自爱、尊重他人、信实守诚、稳重优雅、张弛有度的作风与意识。尽管他认为自己"无一于此",即并不具备这"四能",但从中显然可看出,他十分憧憬将来有一天会有这样的记者出现。倘若他没有殒命异国,倘若他游美考察归来后仍选择做记者,具有高超而全面的新闻实践能力和业务技能,又具有"神圣职

---

①黄远生:《忏悔录》,王有立主编:《黄远生遗著》卷一,第103页。
②黄远生:《忏悔录》,王有立主编:《黄远生遗著》卷一,第102页。
③黄远生:《忏悔录》,王有立主编:《黄远生遗著》卷一,第102页。

业"之资格与理念的"四能"型记者或许会成为那时的他追求的方向。在此意义上说,"四能"是他在反思、忏悔中对其新闻职业全盘否定后所做的重建,是试图对那个时代新闻记者之种种"作孽"行为的拨乱反正,是针对新闻记者"应当怎么样"之问题而提出的畅想。

综上,可以看出,离京赴沪开始反省自己人生与职业活动的黄远生,一方面可以说完全否定了自己之前的人生与记者职业生涯,另一方面,这种对自己之前人生与职业活动中的"罪孽"的剖析、反省、忏悔和否定中又蕴含着其对理想人生与理想的新闻记者的认识与看法,由他对其"不该如何"的"忏悔"可以反窥到其对"应当如何"的认识。然而,他也清醒地认识到,现实并没有给他按自己描画的"应当如何"之方式"改过自新"重新来过的环境和土壤,因此,他的选择是,暂时离开这污浊的、只能造就无数"傀儡"的环境,离开新闻记者职业,离开祖国,远赴美国游学,希望从域外寻求个人的新生和救世的新思路。也就是说,作为以记者闻名于当时当世的他,在对自己的人生与记者生涯进行无情反思和深切忏悔后,实际上放弃了自己赖以成名的记者职业,不再准备从事记者职业工作了。这的确是一个令人惊讶的结果。

这一时期的黄远生决定放弃其新闻记者职业,从其友人的回忆和其离京赴沪途中宣布辞去所有报馆撰述职务直至遇难都未重回报馆及其这个时期的文章议题中,均可以看出。他遇害后,其友人所写的回忆中曾追述过他离京赴沪后曾说过的话:"在都为昏浊之空气所熏染,心时苦之,今幸跳出重围,拟暂辍报馆生涯,别有所图。"[1]从宣布辞去所有报馆撰述职务直至遇难都未重回报馆看,离京赴沪途中他就在上海各大报发表了辞去袁系报纸聘约的声明,抵沪后又在许多报刊多次发表声明,宣布与袁系报纸脱离一切关系。

---

[1]吴贯因:《民国初元名记者黄远生》,《新闻学刊》第一卷第2期(1927年),第29—31页。

不仅宣布与袁系报纸脱离关系,而且宣布与包括《申报》在内的所有报纸"一概脱离"关系①。在沪期间他更是多次在《申报》《时事新报》发布告示,将自己的决定告白于天下,由此可见其离开记者职业领域的决心之笃定。同时,在复友人书中,他还否定了自己以往所有报刊文字,认为自己以往文章虽为"少数流俗所称道",但都不过是"随诸客之后,举旗呐喊,自命不凡",实乃"一钱不值之文章"②。可见其对自己记者职业生涯的完全否定和痛心疾首。这样的痛心疾首之下,急于远离而后快就更可理解了。虽然此后若干月他也有过不止一次投书报刊之行为,但只是一种单纯的投稿行为,与之前以此为职业已不可相提并论。而且,从这些文章的议题看,主要涉及游美见闻和文学革命两方面议题,而非与政治、社会、时势等有关的新闻类议题。

从这一时期他对自己未来的规划看,决定放弃新闻记者职业后,他给自己确定的新的人生目标和努力方向是,提倡新文学,改造自我,重塑人格。在《黄远庸复友人书》中,他曾说:"仆深居独念,以为此后自处,当有二途,一则改革文艺,提倡新文学,以救世牖民""一则做人为第一要义,爱国乃第二义"③。从该人生规划看,提倡新文学和改造自我成为其未来最重要的两个目标。在此规划中,看不到与记者职业有关的任何记述。

之所以将提倡新文学作为未来目标,主要是因为他意识到欲挽救国家、促使国家文明进化,必先从文化思想与精神心理出发对国民进行思想启蒙,而他认为,思想启蒙的最有效手段是新文学,因此必须改革旧文学,提倡新文学。在他看来,"救国之第一义"为"搜求公毒",即国民精神、心理、思想中存在的各种"毒素",他认为,国民

① 黄远生:《黄远庸启事》,《申报》1915年9月6日第一版。
② 黄远生:《黄远庸复友人书》,《申报》1915年9月20日第六版。
③ 同上。

所患之公毒"一言蔽之曰：思想界之笼统而已"①，而他认为，新文学诉诸于国民心理、意识、精神，能"使吾辈思潮"与"现代思潮相接触，而促其猛省"②，因此是搜求"国人之公毒"，打破"思想界之笼统"，对国民进行思想改造和文化启蒙的最有力武器。也正因为此，这一时期的他在对自己之前人生与各种职业进行反思、忏悔，决定放弃新闻记者职业，将提倡新文学、倡导文学革命设定为自己未来人生的重要目标和努力方向。

此时黄远生给自己未来人生确定的另一个目标和努力方向是，改造自我，重塑人格，即所谓以"做人为第一要义"。针对自己之前人生与职业活动中的种种"罪孽"，他将其归因于自己内在思想与人格修养的缺乏。基于这样的反省，他决定，"此后当一意做人，以求忏悔居京堕落之罪""期于恢复人类之价值于一二"③。遇刺后，时人曾撰文回忆说，远生"近方负笈游学于美国，以为呼吸新大陆之空气，而归则庶乎其益进德而修业也"④。可以说，"恢复人类之价值于一二""进德而修业"，是忏悔之后黄远生给自己确定的最迫切的人生目标，也是他赴美游学、"呼吸新大陆之空气"的主要目的所在。

总之，从离京赴沪后黄远生对自己人生与职业活动的反思、忏悔和他当时为自己规划的新的人生目标与救世方向可以看出，以记者闻名的黄远生最终确实完全否定了自己赖以成名的新闻记者职业。之所以如此，一方面是因为他在《忏悔录》中述及的对"牢笼"自己使自己日日"作孽"但"意安之"的污浊环境和自己尚不具备理想的新闻记者之人格与修养的认识，另一方面是因为在他的一生中，新闻记者原本就与其热衷的其他职业一样，只是他"救世牖民"的方

① 黄远生：《国人之公毒》，王有立主编：《黄远生遗著》卷一，第111—112页。
② 黄远生：《致〈甲寅〉杂志记者》，王有立主编：《黄远生遗著》卷二，第360页。
③ 黄远生：《致〈甲寅〉杂志记者》，王有立主编：《黄远生遗著》卷二，第359页。
④ 笑：《悼黄远庸君》，《时报》1915年12月28日第三版。

式和手段之一。正因为如此，当现实环境的"牢笼"和牵绊，使他虽欲在新闻记者职业领域有所作为，却不仅无法作为，而且只有"作孽"时，他只能决定暂时离开，以求在改造自我、重塑人格的同时，致力于文学革命，希望能在与污浊的现实政治距离稍远的文学领域开拓出一种新的"救世牖民"的方式与领域。

黄远生短暂的一生无疑是个悲剧。说是个悲剧，不仅仅是因为其年纪轻轻却不幸殒命异国，而且是因为贯穿其一生的内心的迷茫、无奈与精神痛苦。作为新闻记者，无论是清末步入新闻领域之初，还是民初担任多家报纸撰述并自创报刊，无论是宣布"不党"之后选择无党派背景的《申报》，还是其人生最后阶段的忏悔，他似乎一直没有表现出对新闻记者职业的特殊兴趣，新闻记者职业一直只是他众多职业活动中的一种。从事新闻记者职业同时，他对政治活动一直难以割舍，他内心一直在新闻记者职业与政治之间游移、徘徊。他发誓"嗣后立意不做官，不做议员，而遁入于报馆与律师"[1]，却难以完全割舍与政治之间的关联，只能痛苦地虚与委蛇。即使就新闻记者职业而言，其最终感受也是，其中滋味乃与做官同，即其最终不过是一个"蠢蠢然若不自知其自身"的"傀儡"。在他完全觉醒，决定放弃之前所热衷的一切，远赴美国，"藉增广见闻，以改造思想，期于洗髓伐毛，一新面貌"[2]时，随着生命的戛然而止，一切筹划和想法均化为虚空。游美归国后的他，是否会重新选择进入新闻记者职业领域，已不得而知，因为，历史并没有给他重新选择的机会。

这是黄远生的悲剧，也是民初新闻职业化和混乱时世中许多职业记者的共同宿命。

---

[1] 黄远生：《忏悔录》，王有立主编：《黄远生遗著》卷一，第99页。
[2] 吴贯因：《民国初元名记者黄远生》，《新闻学刊》第一卷第2期，1927年，第29—31页。

第二节　职业记者初长成：邵飘萍的职业激情与悲歌

　　如果说黄远生是"中国第一个真正现代意义上的记者"的话，邵飘萍应该可以被称为第二个。徐铸成在其《报海旧闻》中谈到中国"真正以记者闻名的"人时就曾说，"真正以记者闻名的，首先是辛亥革命后的黄远庸和刘少少，尤其是黄"，"以后则首推邵飘萍"①。

　　邵飘萍1886年出生于浙江省东阳县（今东阳市），5岁开始在其父办的私塾读书，13岁考取秀才，1903年入浙江省立第七中学读书，1906年考入浙江省立高等学堂（简称"浙高"），毕业后回到浙江金华中学堂任教职。1911年辛亥革命爆发，浙江光复，从教两年的邵飘萍辞去教职，开始了其为期十六年的新闻职业生涯。他先是在《汉民日报》任主笔，1912年春开始全面主持该报工作。1913年8月，因利用报纸揭露封建军阀与贪官污吏暴虐和丑行，被以"扰害治安"罪和"二次革命"嫌疑罪逮捕入狱。出狱后，于1914年春东渡日本。他在日本法政学校读书的同时，创办东京通讯社，给国内报纸撰写东京通讯。1916年初，国内护国反袁进入高潮，为加强倒袁力量，上海新闻界电邀他回国。回国后，他负责《申报》《时报》《时事新报》等上海大报的时事短评撰写工作。同年7月，赴京担任《申报》驻京特派记者。抵京后，在为《申报》采写北京专电和"特别通信"的同时，他创办北京新闻编译社，为北京各报纸提供新闻，使"北京报

---

① 徐铸成：《报海旧闻》，人民出版社，2010年，第43页。

纸，顿改旧观"①。1918年辞去《申报》特派记者职务，创办名盛一时
的《京报》。1919年8月，因得罪安福系，报馆被封，他被通缉，不得
已，第二次流亡日本。在日期间，他受聘于《朝日新闻》，得以有机会
全面学习、研究世界报业先进理念与经验。1920年安福系倒台后，
他很快返国，复刊《京报》，用其在日期间研究、习得的世界先进报业
理念与经验对报纸进行全面革新，使之很快成为在全国有重大影响
的独立大报，也使其新闻生涯逐渐走向巅峰，直到1926年被军阀杀
害，"以身殉报"。

邵飘萍生前在与家人、朋友交流中经常谈到自己对新闻职业的
强烈兴趣，或曰：余"百无一嗜，惟对新闻事业乃有非常趣味，愿终生
以之"②，或曰："余百凡不介意，不求爵禄，不事产业，所萦于怀者，
厥惟新闻事业"③。那么，邵飘萍究竟是如何爱上新闻记者这种在当
时并不被社会普遍认可的职业的？他对新闻记者职业是否真的如
他所说的那么挚爱？作为第一代职业记者的他，所追求的最理想的
新闻业和记者职业究竟是什么样的？支撑他一生挚爱新闻职业的
动力因素究竟是什么？在追求其心中最理想的新闻业过程中，其内
心与行动是否存在某种矛盾、悖论或冲突？

一、万事相互效力，引我走向新闻业： 新闻志趣的萌发

邵飘萍自称"百无一嗜，惟对新闻事业乃有非常趣味"，从他投
身新闻业一直到"以身殉报"为止，也的确没有离开过新闻职业。那

---

① 邵飘萍：《我国新闻学进步之趋势》，肖东发、邓绍根编：《邵飘萍新闻学论集》，
　第214页。
② 潘劭昂：《我负飘萍先生》，肖东发、邓绍根编：《邵飘萍新闻学论集》，第249页。
③ 汤修慧：《先夫子言行纪略》，肖东发、邓绍根编：《邵飘萍新闻学论集》，第243页。

么,他究竟是如何走向新闻职业领域的呢? 他何以会对新闻事业与记者职业产生强烈兴趣呢?

在邵飘萍投身新闻职业领域前,虽然由于几代"记者""报人"的努力,尤其是由于维新变法和清末新政以来报纸在政治、社会生活中的重大影响,报纸和报人的社会地位已大大改观,视"每一报社之主笔访员……为不名誉之职业","不仅官场仇视之,即社会亦以搬弄是非轻薄之"①的时代已一去不复返,但总体来说,人们对从事新闻职业者仍不是很看好。这一点,从邵飘萍与祝文秀1917年认识时的一个细节即可看出。据祝文秀回忆,她与邵飘萍刚认识时,"不知道他做什么工作,后来才知道他是办报的,是新闻记者",有人因此劝她"不要嫁给他",但由于相识后邵飘萍经常到她家看望她和她母亲,对她和母亲"都非常好",于是,一年多之后她由母亲做主,与邵飘萍正式结婚②。祝文秀说的这个时间是《新青年》已创刊、新文化运动正在如火如荼展开的时期,此时况且如此,邵飘萍正式投身新闻业之前的发蒙、成长阶段,就更可想而知了。在这样的整体社会氛围之中,邵飘萍究竟是怎么爱上新闻职业的呢?

考察邵飘萍的成长经历,可以发现他对新闻的志趣在"浙高"读书时期就已经确立了③。为什么"浙高"时期邵飘萍就已确立了新闻志趣与理想呢? 这需要从邵飘萍的成长经历及性格、所处时代的氛围、浙江士子的精神传统、浙江省立高等学堂的风气、当时的报业氛围、他本人的报刊接触及梁启超等的影响等方面说起。

邵飘萍出生于中国封建社会急剧解体并且正在沦为半殖民地半封建社会的时代。在他出生之前,鸦片战争、第二次鸦片战争、中

---

① 姚公鹤:《上海闲话》,吴德铎标点,上海古籍出版社,1989年,第128页。
② 祝文秀口述、祝韶华记录整理:《我和邵飘萍共同生活的七年》,《东阳文史资料选辑·邵飘萍史料专辑》(第二辑),1985年10月,第157页。
③ 郭汾阳:《铁肩辣手——邵飘萍传》,浙江人民出版社,2006年,第11页。

法战争等外患外侮接连不断。在他出生后，又有甲午战争、八国联军入侵等。帝国主义的入侵和强迫清政府签订的大量不平等条约及巨额赔款，给中国人民造成沉重负担，再加上贪官污吏无穷无尽的盘剥和巧取豪夺，使普通百姓生活在水深火热之中。邵飘萍出生时，其家境极其贫困，"可谓上无片瓦，下无插针之地"，过着"糠菜半年粮"的日子①。在生计实在困难的情况下，全家只好从家乡东阳迁到了因太平天国运动而人稀地荒的金华。在金华，其父邵桂林利用自己能教书又能替人写诉状的专长，开了一个私塾，靠教书和给人写诉状谋生。邵桂林教书认真，很快教出了一批秀才，因此受到当地器重，经济条件也逐渐改善。邵飘萍后来之所以能读完中学又读大学，正是其家庭经济条件逐渐改善的结果。而读书是其接触并认识报刊进而产生新闻志趣的前提和基础。

从家庭氛围来说，邵飘萍的父亲邵桂林为人正直善良，博学多才，能诗善文，又能替人写诉状，是那个时代乡间的"土律师"，喜欢打抱不平，很有正义感，即使在家境极为贫寒困顿时，亦不卑不亢，一身正气，直率敢言。邵桂林非常喜欢邵飘萍这个顽皮又很聪明的儿子，无论到哪都把他带在身边。邵飘萍常年跟随父亲，父亲的善良、正直、正义感、同情心无形中熏染着他。他常看到那些找父亲写诉状的贫苦人，一个个面黄肌瘦，衣不蔽体，食不果腹，却被贪官污吏、恶霸富豪逼得家破人亡、流离失所。这些，既让他一次次耳闻目睹了百姓的疾苦，又一次次激发了他的无限同情和对一切恶势力的仇恨，养成了他嫉恶如仇的性格。正直善良、嫉恶如仇、富有正义感和同情心，为他此后接触到报刊，认识到报刊能"平社会之不平""为弱者吐不平之气，使豪暴之徒，不敢逞其志"②后，产生投身其中的志趣，无疑发挥了十分重要的作用。

---

① 旭文：《邵飘萍传略》，北京师范学院出版社，1990年，第3页。
② 肖东发、邓绍根编：《邵飘萍新闻学论集》，第214页。

　　邵飘萍因聪慧又刻苦,在读私塾时期即被誉为"神童",以优异成绩于1899年中了秀才。然而,由于甲午战争失败所带来的巨大震撼使国人更加强烈地感受到了所面临的严峻民族危机,亟求"救亡"的维新运动与革命活动随之而来,维新与革命交替所营造的浓厚"救亡"氛围及与此相关的求新、求变主题一时成为当时中国的时代主潮。而地处东南沿海、对时代脉搏历来感应敏锐的浙江地区,迅速感应到了这种求新、求变、救亡图存的时代潮流。生活在浙江、此前早已显示出特殊才情和心志,此时又正处于年少好学时期的邵飘萍,自然不会例外。受时代脉搏与潮流的影响,他不再满足于传统的"四书五经"及以科举为目标的八股文教育,开始向往新式教育。就这样,他先于1903年入浙江省立第七中学,后又于1906年考入浙江省立高级学堂(浙江大学前身)。在新式学堂,尤其是在"浙高"的读书生活,为邵飘萍产生对新闻事业的兴趣并立志从事新闻职业提供了多方面的促发因素与条件,产生了更直接的影响。

　　浙江士子精神传统中素有感时伤国的危机意识、关切社会现实问题的经世意识和舍生取义、讲求气节与精神的道德主义倾向。而这种精神传统在当时的"浙高"传承得最为彻底,体现得最为充分。"浙高"是当时浙江最好的学校,人才济济,以培养振兴国家之才为宗旨和目标。开办者林启推荐给学生的必读书中最重要的是严复的著名译作《天演论》和黄宗羲的《明夷待访录》,由此可看出该校推崇的人才类型。从学风来看,该校创办不久,学风即趋向古人"正其谊,不谋其利,明其道,不计其功"之维度,"孳孳为学,互以敦品励行相勉","如有以功利之说进者,常自笑之"[1]。教师和学生都在常常省思自己的"一己职责"[2]。这种对浙江士子精神传统的传承,再

---

①散木:《乱世飘萍——邵飘萍和他的时代》,南方日报出版社,2006年,第86页。

②郭汾阳:《铁肩辣手——邵飘萍传》,浙江人民出版社,2006年,第14页。

加上对当时求新、求变、救亡图存的时代主潮的更深切、更炽热的感应①，十分有利于邵飘萍新闻职业志向的产生，因为投身新闻事业，正是实现"正其谊，不谋其利，明其道，不计其功"之境界和履行对社会、对国家的"一己职责"的最佳途径。《乱世飘萍》一书之所以说邵飘萍在杭州读书时产生"投身新闻事业"的志向"与他所呼吸吐纳的浙江士风不无相关"②，正是在这个意义上说的。

　　"浙高"对邵飘萍新闻志趣产生的最直接意义在于，它给予邵飘萍接触报刊和初步参与新闻工作的良好环境和机会。进入"浙高"前，邵飘萍通过金华反清革命志士张恭对报纸及其功能已有一定认识。张恭1904年创办的在当时影响深远的《萃新报》离邵飘萍家很近，他又是"邵家的常客"③，与邵飘萍情缘很深，两人几乎无话不谈，因此，他办报的情况邵飘萍肯定十分清楚。正因为此，有学者将张恭和《萃新报》对邵飘萍的影响称为邵飘萍后来萌发新闻志趣的"第一推动力"④。在对报纸已有一定认识基础上，入"浙高"以后，通过大量接触报刊并初步体验新闻工作，邵飘萍对报纸的认识更深入了。"浙高"非常鼓励学生读报，学校明确规定，每天晚上及"休沐之日"不定功课，学生应利用这些时间浏览经史古文和各种报纸。为了方便学生读报，学校专设"书报阅览室"。每晚8点之后阅览室非常热闹，学生在此一边阅读书刊，一边交流阅读心得，纵论国事。这种浓厚的读报氛围，使邵飘萍的思想脉搏时刻保持与时代、社会相通的同时，对其认识报纸、立志从事新闻业也产生了重要促进作用。

---

① 如果说整个浙江因地处东南沿海，是西方列强入侵最早的省份之一，对时代脉搏感应较敏锐的话，"浙高"更是因其位于浙江政治、经济、文化中心的杭州，且毗邻上海，风气尤其开放(参见林溪声、张耐冬著：《报人时代：邵飘萍与〈京报〉》，中华书局，2008年，第11页)。

② 散木：《乱世飘萍——邵飘萍和他的时代》，第74页。

③ 旭文：《邵飘萍传略》，第12页。

④ 林溪声、张耐冬：《报人时代：邵飘萍与〈京报〉》，第10页。

在"浙高"，邵飘萍与同学不仅自己读报，而且集资订购《杭州白话报》①，送到学校附近的茶馆、酒楼，让市民阅读。为了让更多民众了解该报纸，学生们还定期在百姓经常聚拢的地方讲解《杭州白话报》。曾是"浙高"学生后来当了教师的钱家治曾回忆学生们以抽签方式轮流讲解《杭州白话报》的情况："凡同学于每星期日有被抽签举任讲解者，均须前往，不得辞谢。"②公开讲报，肯定要对报纸事先有较为全面、深入的了解，肯定要事先做不少准备。因此，可以想见，这种公开讲报活动对包括邵飘萍在内的每个学生认识报刊、了解报刊，进而产生投身新闻职业之志趣必然具有不可忽视的作用。

"浙高"时期对邵飘萍确立新闻志向的更直接作用是，他"和他的一些同学已经有了一些初步的从事新闻的经验了"③。这个时期，他经常利用课余时间撰写有关杭州乃至浙江的地方通讯寄给上海《申报》。为了写出好稿，他到处采访，甚至跑到鸦片馆去采访④。即使从"浙高"毕业回到金华任教时，为《申报》投寄通讯的工作仍在继续，甚至被聘为特约通讯员。给《申报》撰写通讯之外，"浙高"时期，他还曾有办《一日报》之经历。1908年浙江省开运动会，邵飘萍与同窗好友陈布雷、张任天合作，创办了一个16开的油印小报，邵飘萍、张任天做访员，陈布雷负责编辑，共出二十余期，每期120份，分送给师生及社会名流，很受人们欢迎。虽然这次经历只是配合省运动会创办的临时小报，却无疑是邵飘萍正式投身新闻业前的一

①由"浙高"教师孙翼中任主笔，是当时杭州非常受欢迎的一张报纸，内容涉及揭露和批判社会上的陋俗和黑暗现象，并致力于提倡妇女的人权，鼓吹妇女放足、教育等。

②《求是书院之创设与其学风及学生活动情形》，《浙江大学简史》第一、二卷，浙江大学出版社，1996年，第262页。

③郭汾阳：《铁肩辣手——邵飘萍传》，第17页。

④林溪声、张耐冬：《报人时代：邵飘萍与〈京报〉》，第14页。

次"试水",对培育邵飘萍的新闻志趣无疑起到了不可忽视的诱发作用。

另外,对邵飘萍和后来投身新闻事业的许多"浙高"学子来说,梁启超的影响不容忽视。据浙江大学校史资料记载,当年的"浙高"学子对梁启超可谓情有独钟,"盖梁卓如先后所提倡而求是(即求是书院,为'浙高'前身)读之者极众"[1]。梁启超在戊戌变法时期即以其富有激情的、"带电"的报刊文章闻名全国,变法失败流亡海外期间,接触到更多西方思想学说后,其报纸的吸引力、感染力更加突出,所写文章更加挥洒自如,也更富思想深度。同时,梁启超还写过不少盛情赞美和深入阐述报刊功能与地位的文章。既然"浙高"学子普遍对梁启超的思想主张情有独钟,也就不可能不会注意到其对报刊功能与地位的赞美与阐述。同时,由于梁启超的思想主张大都是通过报刊发挥影响的,梁启超的"舆论界骄子"之地位和大名也是与其办报活动紧密相连,因此钟情和推崇梁启超的思想主张的同时,必然会对其以报刊启蒙民智、谋求社会变革的努力及报刊的巨大社会功能产生更深的体会。因此,在邵飘萍发蒙和确立新闻志向问题上,梁启超的影响怎么估计都不为过[2]。至于梁启超的办报理念对邵飘萍后来从事新闻事业的无形影响,更是无法否认[3]。

正是因为邵飘萍成长阶段的众多因素的相辅相成与合力作用,

---

[1] 史寿白:《求是书院掌故》,《浙江大学简史》第一、二卷,第264页。

[2] 林溪声、张耐冬在其著作中曾说过,邵飘萍利用课余时间给《申报》撰写地方通讯时,就"曾刻意模仿梁启超的文风,以激烈的言论,抨击地方豪绅的种种恶行"(参见《报人时代:邵飘萍与〈京报〉》,第14页)。

[3] 散木曾说:"如果把邵飘萍后来办报的理念与宗旨比对梁启超的新闻思想,这里头分明有一种渊源存在。我想,当邵飘萍撰写《京报》发刊词《本报因何而出世乎》中提出'逼使政府听命于正当民意之前,是即本报所为作也'的时候,一定还有报馆'两大天职'说的遗响。"(散木《乱世飘萍——邵飘萍和他的时代》,第88—89页)

使邵飘萍产生了对新闻事业的浓厚兴趣，并最终确立了投身新闻业的志向。有了这样的志趣后，当他从"浙高"毕业回到金华任教师后，虽然"像一个普通教员一般，兢兢业业地完成自己的教学任务，但实际上，他的心里波涛汹涌。现实的工作与理想的事业之间的差距，让他总是回忆起在杭州求学的时光"①。正是受到杭州求学时期确立的对新闻事业的志趣的召唤，两年后的1911年11月，他毅然辞去金华中学的教职，来到杭州，主动拜见杭州名士、著名报人杭辛斋，与杭辛斋合作筹办《汉民日报》，也由此开始了自己作为职业记者的生涯。

二、冬雷震震夏雨雪，乃敢与君绝：
与新闻的生死恋

开始记者生涯后，邵飘萍对记者职业是否真的如他所说的那么挚爱？是否真的"百无一嗜，惟对新闻事业乃有非常趣味""百凡不介意""所萦于怀者，厥惟新闻事业"？

是否真的"百无一嗜，惟对新闻事业乃有非常趣味"，首先可以从邵飘萍投身新闻业后"生平未曾改业，可谓以新闻记者终其身"②来说明。邵飘萍1911年底以与杭辛斋一起筹办《汉民日报》并担任主笔为标志，开启其新闻职业生涯以来，其新闻生涯一发不可收，直到1926年"以身殉报"为止，从来没有离开过新闻职业岗位，也未表露出对新闻职业的任何犹疑甚或试图打退堂鼓的迹象和念头。从这一点来看，完全可以说，他是"为新闻事业而生，也为新闻事业而

---

① 林溪声、张耐冬：《报人时代：邵飘萍与〈京报〉》，第18页。
② 散木：《乱世飘萍——邵飘萍和他的时代》，第43页。

死"①。仅此一点已经可以说明,他对新闻职业的确非常挚爱。这种对新闻职业的爱,远远超越之前的清末报人。清末报人中,对办报很少从一而终者,寄身外报的蔡尔康、国人自办报刊的拓荒者王韬、"吾爱报刊,吾更爱政治"的梁启超、"以报为'器'的革命者"于右任及各自所代表的报人群体自不消说②,即使汪康年这样的"第一代报业家",对办报工作虽表面上看从一而终,但其精神、心理却总给人一种"身在曹营心在汉"的感觉,似乎随时有弃办报职业而去的可能。邵飘萍却非如此,他对新闻职业不仅从一而终,而且心志、情感非常专一。单由此已经可以看出其对新闻职业的钟爱程度。

邵飘萍对新闻职业的钟爱程度也可从其对记者职业的地位、辛劳与艰险等有十分深入的了解却能满怀热情投入记者职业且矢志不变、尽职尽责中看出。

从邵飘萍投入新闻职业前和从事新闻职业过程中的情况看,他对从事新闻职业所存在的种种危险、当时记者的社会地位等非常清楚。从事新闻职业前,他就通过张恭和其《翠新报》知道"办报之艰险"③。投身新闻职业之初,对办报的艰险了解得就更深刻了——这一点,从他主笔《汉民日报》时期"日与浙江贪官污吏处于反对之地位,逮捕三次,下狱九阅月"④的遭遇和此间他曾说过的"报馆可封,

----

① 汤修慧:《一代报人——邵飘萍》,《东阳文史资料选辑·邵飘萍史料专辑》(第二辑),1985年,第57页。
② 樊亚平:《中国新闻从业者职业认同研究(1815—1927)》,第18、38、79、93页。
③ 旭文在《邵飘萍传略》中谈到年轻的邵飘萍与当时创办有《翠新报》的反清知名人士张恭的交往时说,"年轻的邵飘萍到底是否参与过报事(指《翠新报》),现今尚无从考证。但飘萍从《翠新报》获得报业的最初印象,并知道张恭办报之艰险则是无疑的。"(北京师范学院出版社,1990年,第12页。)
④ 邵飘萍:《实际应用新闻学·余白》,肖东发、邓绍根编:《邵飘萍新闻学论集》,第84页。

记者之笔不可封也。主笔可杀,舆论之力不可蕲也"①等语,即可知
悉。以后他更是深刻认识到,在中国从事记者职业比其他任何国家
都要难,因为记者在许多人心中地位仍较低下②,且"物质上所受之
报酬,每较他种职业为微薄",加之"新闻记者之生活尤有不安全之
恐慌",故若非"坚苦卓绝之士,蒙患难冒危险,知人生于世之真价,
视他人之富贵势力如浮云,且虽幽囚受辱而安之若素"③,很难做好
此职业。

　　同时,对记者职业之辛苦、辛劳,邵飘萍也有深入了解和切身体
会。在《新闻学总论》中他曾说,记者从事的是"精神"与"肉体"的双
重劳动,此种劳动"日夜不休";同时,"记者之业务,每与普通卫生之
原则背驰。其最无法避免者:(一)睡眠时间比常人少,(二)饮食无
适宜之量与时,(三)脑筋之终日不得休息,(四)晨夕奔驰,不能为
适当之休息与运动"④。在1925年写的《京张三日旅行记》中,他更
是非常直白地说:"新闻记者之生活,不眠不休之生活也。"⑤

　　明知记者职业充满风险,缺乏社会尊重,又十分辛劳,却选择这
个职业,这说明邵飘萍选择新闻职业绝非一时头脑发热,也绝非对
新闻职业只有皮毛了解而做出的选择,而是有对各方面利害关系的
明确而充分的认识作基础。明知从事新闻职业的各种不利因素却
依然投身新闻职业,由此可知其对新闻职业的痴爱。虽然邵飘萍对
新闻职业的以上认识大都是在其投身新闻业之后才获得的,但这并

① 邵飘萍:《唤醒虞签事(二)》,《汉民日报》1912年5月10日。
② 邵飘萍在《我国新闻学进步之趋势》中说:"我国之社会欲以新闻记者为职
　　业,乃有时较他国为难,盖我国之各方面故未认识新闻记者之地位为如何尊
　　严,政府中人殆尤甚也。"(参见肖东发、邓绍根编:《邵飘萍新闻学论集》,第
　　214页)
③ 肖东发、邓绍根编:《邵飘萍新闻学论集》,第119页。
④ 肖东发、邓绍根编:《邵飘萍新闻学论集》,第113、115页。
⑤ 方汉奇主编:《邵飘萍选集》(上),第558页。

不影响我们从中获得其痴爱新闻职业之推断，因为，投身之后并非必然能从一而终，若不是真的痴爱，投身之后，当面临一系列困难、遭遇一系列艰险时，完全有可能急流勇退，而邵飘萍却没有。由此可见，其对新闻职业的爱是真爱，由此也可感受到其对新闻职业的爱之程度。

基于明确的志趣投身新闻业后，邵飘萍的实际工作状态如何呢？对自己选择的新闻职业是否全身心投入？是否显现出足够的热情、激情和尽职尽责的敬业精神呢？

邵飘萍是以《汉民日报》为起点开始新闻生涯的。《汉民日报》时期邵飘萍对新闻工作的投入程度和工作状态如何呢？尽管留存下来的这方面的直接资料比较少，但从他办《汉民日报》的同时，担任《申报》《新闻报》通讯员，兼任《浙江军政府公报》编辑，以及因"办报出色""被推为省报界公会干事长"等[1]，完全可以推想到其对新闻工作的热情与投入程度。讨袁时期，他同时"为《申报》《时事新报》《时报》执笔"[2]，对新闻工作的热情更高、劲头更足了，又因"正值壮年，写作甚勤，往往一日能撰写数篇时评"[3]。被派往北京担任特派记者时期，由于同时创办了新闻编译社，工作更忙也更投入了，每天"自朝至午夜，殆无休暇"，"电报日一二千字，通信殆无间日"[4]。《京报》创办初期，为了使报纸尽快站稳脚跟，他更是全身心

---

[1] 散木：《乱世飘萍——邵飘萍和他的时代》，第94页。
[2] 肖东发、邓绍根编：《邵飘萍新闻学论集》，第84页。
[3] 散木：《乱世飘萍——邵飘萍和他的时代》，第117页。
[4] 潘公弼：《纪念飘萍先生》，肖东发、邓绍根编：《邵飘萍新闻学论集》，第247页。

投入,不辞劳苦[①]。从对其不同时期新闻工作的这一简单扫描可以看出,他对自己选择的新闻职业是有极大热情的,是全身心投入的。

邵飘萍对新闻工作的投入从他1919年因被安福系通缉而逃亡时期仍继续撰文、"手不停挥"也可得到较好说明。其三夫人祝文秀曾回忆过邵飘萍逃亡期间仍工作不息之情况。受通缉时他先逃到天津,后潜至上海。在津期间,他虽身处危险,却"继续挥笔撰文"。为写文章,他还曾派祝文秀偷偷回京取过一些参考书。逃到上海后,他曾生过一场大病,但即使患病期间,"仍手不停挥,每天都有大量信件和文稿交祝付邮"[②]。被通缉,到处躲藏,又遭大病,却不中断工作,对新闻工作的热爱和投入,由此可见一斑。

邵飘萍自己对其新闻工作与记者生活也曾做过点滴自述。1921年,在《新年三日旅行琐记》中他曾说:"终日奔驰,……每晚平均睡四五小时,此愚多年以来滥竽新闻界中极可怜不相干之生活也。"[③]1924年,在《新闻学总论》中,他也曾自述:"十三年以来,……从未有五日以上卧床之病;且所处地位,决不能有三日完全休息,而日夜操作。"[④]

朋友们的回忆证明邵飘萍上述自述并无虚言。顾维钧在给邵

[①]《京报》创刊初期之忙,从北大新闻学研究会成立大会邵飘萍无暇出席即可看出,原因很简单:以邵飘萍对北大新闻学研究会之热心,必是实在太忙,否则怎么会不前来参加呢! 关于这一点,邓绍根《邵飘萍与北京大学新闻学研究会》一文中有一段话可以佐证:"邵飘萍因报务缠身并没有与会。其主要原因是:他刚刚于10月5日创办了被誉为'一张承载中国报人光荣与梦想的报纸'——《京报》。但是该报创刊伊始,人手有限,只有他和潘公弼两个人。"(载《新闻爱好者》2008年23期)

[②] 方汉奇:《发现与探索——记祝文秀和她所提供的有关邵飘萍的一些材料》,《新闻学论集》第七辑,中国人民大学出版社,1983年12月,第6页。

[③] 邵飘萍:《邵飘萍通讯选》,新华出版社,1993年,第109页。

[④] 肖东发、邓绍根编:《邵飘萍新闻学论集》,第115页。

飘萍《新闻学总论》做的序中说：邵飘萍对其新闻记者职业"其用心
也，专其致力也，勤其于人也，坦然而无所隐。"①邵飘萍去世后，张
季鸾写的悼念文章中也曾说："余交飘萍久，常叹弗如，夫新闻记
者之资格，首为忠于职务，此亦余所愿能，而精力与勇气，则不逮远
甚。"②可以看出，面对邵飘萍对新闻职业的忠诚与投入、精力与勇
气，连张季鸾这样尽瘁于新闻事业者也自叹弗如。

邵飘萍对新闻职业的热情、激情与投入源于其对新闻职业的强
烈责任心与使命感。张勋复辟时，邵飘萍受职业责任心与使命感驱
使，在当时混乱而危险的情势中，为将最新情况及时告知公众而"亲
赴天津发电"，在丰台火车站利用双方交火导致火车受困之机，冒死
下车了解最新情况③。后来他回忆说："当时之危险状态，至今思之，
尤为心悸。若果死，则责任心命我不得不死也。"④

综上可以看出，邵飘萍虽然对新闻记者职业的危险与劳苦感
同身受、心知肚明，但其对新闻职业的热情却从未曾有丝毫减退，对
新闻工作的投入度也从未曾有丝毫降低。不仅如此，在其投身新闻
记者职业后的十六年里，其职业投入度、责任心、使命感不仅没有减
退，而且一直在与日俱增。由此可见，其经常对家人和朋友所说的
"余百无一嗜，惟对新闻事业乃有非常趣味""余百凡不介意""所萦
于怀者，厥惟新闻事业"之语，的确不是虚言，其对新闻业及新闻记
者职业的爱的确是真挚的，也是深沉而持久的。如果将其对新闻职
业的爱与之前的清末报人相比，完全可以称得上"前无古人""绝无
仅有"。这也正是他能够成为这一时期以新闻职业终其身的职业记
者之代表的重要原因之一，也是其作为职业记者相较于前代记者、

---

① 肖东发、邓绍根编：《邵飘萍新闻学论集》，第99页。
② 张季鸾：《追悼飘萍先生》，肖东发、邓绍根编：《邵飘萍新闻学论集》，第246页。
③ 《中央特别通信》，《申报》，1917年7月11日，见《邵飘萍通讯选》，第109页。
④ 肖东发、邓绍根编：《邵飘萍新闻学论集》，第206页。

报人的历史演进之处。

三、新闻理想国的编织与描画：对新闻事业的
另一种挚爱

邵飘萍对新闻事业、新闻记者职业既然如此挚爱、深爱，接下来需要探究的一个问题便是，他心中所钟爱的最理想的新闻事业和最值得追求的新闻记者职业究竟是什么样的？是以赚钱为目的的商业性报刊和以"啖饭"为目的的记者职业呢，还是以依附权势或党派、做某个政治力量之喉舌的党派报刊和党派记者，抑或其他类型的新闻事业及其从业者？换句话说，他心中的新闻理想国究竟是什么样的？

邵飘萍投身新闻事业后，很快显现出与当时绝大多数报馆从业者的不同之处。他一方面以一种全新的面貌和精神状态投入到自己的新闻工作中，显现出一个对新闻事业和记者职业有独特价值追求的职业记者特有的自由独立、无私无畏、全身心投入、矢志不移等品质，另一方面很快开始以各种方式表达自己对理想的新闻事业与记者职业的期许与追求，探索和描画自己心目中的新闻理想国的样貌。这一点主要体现在其超越个人职业行为之层面、对整个新闻业改善形象、提升地位、实现专业化的呼吁和力谋促进方面。

虽然经过清末十余年的发展，民初报纸与报人的社会地位较之前已发生了显著提升，但就报界作为一个新兴职业的整体社会尊重与影响来说，仍然很不乐观。张季鸾曾说："民国初元，新闻界之幼稚，较今（1929年）尤甚。报馆纪事，不自采访，投稿者向壁虚构，报馆惟取以充满篇幅，其真伪不问也，以故政界轻视报纸，尤鄙夷访员，几于报纸为'谣言'之代称，访员成'无赖'之别号。"[1]作为准备

---

① 张季鸾：《追悼飘萍先生》，肖东发、邓绍根编：《邵飘萍新闻学论集》，第246页。

"以新闻记者终其身"的新型记者,邵飘萍对当时新闻事业的幼稚和新闻职业缺乏社会尊重的情况十分清楚,在以自身职业表现与成绩为新闻职业赢得社会尊重、带动新闻界革新、进化之同时,他还从诸多方面、利用各种机会为新闻业摆脱幼稚阶段、改善职业形象、趋向专业化、获得社会尊重而努力。

在《汉民日报》时期,他就利用各种机会为改变报界不良习气与做法、改善报界整体形象、提升报纸社会地位与专业化水平而呼求。在1911年12月3日《汉民日报·振清随笔（一）》中,他对"海上某报,甘为奴隶之机关,时作妖言以惑众"之行为进行了强烈谴责；在1912年3月9日《汉民日报·振清随笔（一七）》中,他对报界"平日议论甚激昂慷慨之人"因"某司人员发表,乃吞附课员之骥"进行了毫不留情的批评,认为其"非吾同业所应为",且"为吾同业羞",同时认为,报纸的责任应该是,对于"善事"努力"引导维持",对于"恶事"进行"监督纠正",无论"赞扬"还是"痛骂",都须"无丝毫成见于其间"；在1912年3月25日《汉民日报》随笔《哀告》中,他认为："一种职务,须有一种学问,一种才略。对于此种职务,我学如何？我才如何？他人不知,己当知之。"

为《申报》等上海报纸撰写通讯时期和接下来的《京报》时期,他更是以实际行动为促进当时报纸进化、摆脱幼稚状态而上下求索。为改变当时上海报纸新闻专电缺失之状况,他力促这些报纸扩充专电字数。被派赴京任特派记者后,为促进北京报纸摆脱"几无重要有系统之新闻"和他国通信社"任意左右我国之政闻"之状态,他"首创华人自办之通讯社"①。创办《京报》后,为了改变新闻业缺乏自由发展的环境之情况,他对政府不尊重记者职业独立地位、随意取缔报纸、危害报界利益的行为经常进行毫不留情的批评。针对"国务院秘书长""恫吓"《京报》之行为,他立即撰文,对其"丝毫不知""世

---

① 肖东发、邓绍根编：《邵飘萍新闻学论集》,第84页。

界新闻惯例"，"动辄以警厅"恫吓报纸的昏聩进行了义正辞严的批评①。针对"国务院秘书长行文警厅命令报馆更正新闻，且加以种种恫吓，又……将新闻记者分为三等各事"，他立即进行公开批评②。同时，《京报》的创办本身就是为了"供改良我国新闻之实验"，是一种以自己的职业表现带动新闻事业进化的努力③。

　　除了身体力行、率先垂范带动新闻界革新和利用各种机会为新闻业改变形象、革新进化而上下求索、奔走呼号外，邵飘萍为整个新闻业进入理想状态所做的努力中最突出的，是其对新闻学和新闻教育的极力倡导、推动和亲力亲为的研究。北京大学新闻学研究会就是在他的倡议和推动下成立的。成立后，他又与徐宝璜一起应邀担任研究会的导师，徐宝璜讲授新闻理论，他负责讲授新闻采写业务，同时负责学生日常学习辅导④。后来，他又在北京平民大学新闻系给学生讲授新闻学理论。除了在两校上课的讲稿最终以《实际应用新闻学》和《新闻学总论》正式出版外，这个时期的他还写了不少其他新闻学专文。通过其新闻学研究和新闻教育及其所出版、发表的新闻学论著，他为人们编织和描画出了一幅充满光荣与梦想的新闻

---

① 方汉奇主编：《邵飘萍选集》（上），第547—548页。

② 在这次对政府当局的批评中，邵飘萍明确指出："夫新闻社为社会公共机关，在社会上有独立之地位，且此种独立地位，与国家任何机关，皆属平等。故凡关于更正之请求，应由被其误载之机关，直接函达新闻社，不能视为僚属而加以命令。今院秘厅不肯直接致函新闻社，竟滥用威权，以警厅命令更正，是为不承认言论机关独立平等之地位，为新闻界所当抗议。"针对将新闻记者分为三等之行为，邵批评说："我国新闻界尚在过渡时代，故品类至为复杂。然不能谓因有少数人甘受当局之分为三等，而另一部分人即可并新闻机关新闻记者之地位而不争。"（《从新闻学上批评院秘厅对新闻界之态度》，见肖东发、邓绍根编：《邵飘萍新闻学论集》，第218页）

③ 肖东发、邓绍根编：《邵飘萍新闻学论集》，第216页。

④ 罗章龙：《忆北京大学新闻学研究会与邵振清》，《东阳文史资料选辑·邵飘萍史料专辑》（第二辑），1985年10月，第101—110页。

理想国的动人图景,也藉此体现出他自己心中最理想的新闻事业与记者职业之样貌。

他所绘制的新闻理想国的内蕴极其丰富,既有对理想的新闻业整体轮廓、形貌、精气神的勾勒与大写意,又有对新闻事业细部表情、纹理、色彩的深描,既有对新闻事业社会功能、角色定位和记者的人格、品质、精神等的顶层规划,又有对报刊实际运作和记者具体行为规范的细致说明。其中最切要者,为其对新闻事业作为一种社会存在与职业存在的功能、价值、品性、特质、存在方式和运作机理等的描画,以及对记者的身份特性,应具有的人格、气节、精神、品质及应坚守的原则等的强调。

关于新闻事业的性质、功能,《新闻学总论》第一章中给予了集中阐述。在邵飘萍的眼中,新闻事业的第一"特质"是,它属于一种"社会公共机关",具体地说,是与"以营利为目的"的商业机构"完全不同"的"事业",其一切行为"皆以社会公意为标准";第二个特质是,它是反映"社会公意"的"国民舆论之代表","一国国民之言论思想",均可于"新闻纸中求之";其三,新闻事业又是一种"最普遍的教育",含有"教育的特质",具有"最普遍的指导国民之效果",它"以'日日新又日新'之各项消息、趣味、实益与夫一切有关人生之问题及答案,每日供给多数读者之需要","其效力不限于学校中几种教科书之范围,亦决非一二学者、政治家、宗教家之讲授演说所能及。"①

既然新闻事业兼有"社会公共机关""国民舆论之代表""最普遍的教育"之特质,就要发挥维护社会公益、代表公众舆论和教育指导国民之功能,以此体现其特殊社会价值。而在他看来,这些功能与价值的体现,必须以提供新闻为枢纽。正是在这个意义上,他特别强调对新闻之于报纸乃至新闻事业的意义。其《实际应用新闻学》开篇就指出:"报纸之第一任务,在报告读者以最新而又最有兴味,

---

① 肖东发、邓绍根编:《邵飘萍新闻学论集》,第104—111页。

最有关系之各种消息，故构成报纸之最要原料厥惟新闻"，"报纸自身内容之幼稚腐败，于可能的范围内，有急须加以改良者，第一应注意之点即为新闻"①。在《新闻学总论》中，他在赞同"以新闻消息为本位"这种报纸发展的进步潮流基础上，对新闻的"定义""具体成分""材料之来源"等进行了深入分析②。

既然视新闻为"本位"，以采集新闻为职责的记者在新闻业中的地位与重要性自然不可忽视。那么，记者究竟有什么样的社会角色与职责呢？在《新闻学总论》中，邵飘萍认为："新闻记者乃'社会之公人'。"新闻记者在社会中的地位，与"司法机关之法官与学校之教授皆有一部分相同之处"，"司法总长可以任命法官，而不能干涉法官之审判"，"大学校长可以聘请教授，而不能视教授为一普通雇佣之职员"，新闻记者也是如此，他虽为社长聘请，但"不能如其他社员之绝对受社长指挥"，"因其同时对于社会，须负公正无私之责任"，其所负对于社会之责任"有时且较诸社长为重要"，"盖社长仅为一社事务之主宰者，而新闻记者则为社会之公人故也"，因此，"记者之职务，谓其目的在于本社之利益，毋宁谓为在于社会之公益"③。

记者的社会地位与角色既如此重要，则其"人格之尊严与独立"及"品性"，就成为"第一重要者"。基于此，邵飘萍对记者的"人格之尊严与独立"非常强调。在《新闻学总论》中，他认为，记者应努力冲破各种包围，抵御各种诱惑，"以重重铁甲保护其人格"，使其人格"始终完全保存高置于'非卖品'之列"。同时，应坚守"第三者之地位"，不宜加入"任何运动"，也"避免加入于任何名义之团体，以始终立乎筑于真理事实之上之第三者的高垒"。"故新闻记者心目中，无所谓敌，亦无所谓友。""盖彼之态度，与治者及被治者之间，皆无

① 肖东发、邓绍根编：《邵飘萍新闻学论集》，第15页。
② 肖东发、邓绍根编：《邵飘萍新闻学论集》，第131—138页。
③ 肖东发、邓绍根编：《邵飘萍新闻学论集》，第112页。

何等之联属,惟奉其纯诚忠悫之全生涯于真理事实之前"。与此相关,对新闻记者而言,"只许坐而言,不许起而行;若欲起而行,则当辞去新闻记者之职务"①。

同时,基于对新闻记者"有莫大之权威",在履行职务过程中,"种种利益之诱惑"往往"环伺左右","稍有疏虞"极可能"一失足而成千古恨"之认识,邵飘萍对于新闻记者之"品性"也非常强调。他说,"新闻记者为精神生活之伟人",但其"物质上所受之报酬,每较他种职业为微薄","况如我国之社会,则新闻记者之生活尤有不安全之恐慌",因此,"品性"之高下,是能否成为理想记者之"第一要素"。而"所谓品性者,乃包含人格、操守、侠义、勇敢、诚实、勤勉、忍耐及种种新闻记者应守之道德"。对于记者来说,必须具备"贫贱不能移,富贵不能淫,威武不能屈,泰山崩于前,麋鹿兴于左而志不乱"之"品性"。此乃"记者之训练修养所最不可缺者"②。

除了强调记者在社会上的地位、角色及应具备的"品性"及"人格尊严与独立"外,邵飘萍还突出强调了记者在新闻事业内部的地位及应具备的"资格与准备"。他认为,"欲求报纸之改良,当先从根本上注意新闻之材料",而新闻材料之所来全赖"记者之活动",故"记者之养成,尤为改良报纸之根本的根本"。记者对报纸改良的意义如此重要,对记者来说,应如何更好地承担自身职业责任、扮演好自身职业角色呢?其最重要者便是应具备一定的"资格",因为记者"绝非仅恃天才者所能胜任而愉快",同时,必须做许多必要的"准备",因为"其资格之养成,必经种种繁复之准备"③。

要具备什么资格,做哪些准备呢?除尊严、独立、品性之外,邵飘萍认为,记者必须具备必要的"知识与经验",如"知新闻之价值",

①肖东发、邓绍根编:《邵飘萍新闻学论集》,第116—118页。
②肖东发、邓绍根编:《邵飘萍新闻学论集》,第18—25页。
③肖东发、邓绍根编:《邵飘萍新闻学论集》,第18页。

具备"观察力、推理力、联想力",保持"细密与注意""机警与敏捷",保守信息提供者之"秘密",遵守"不发表之预约"等①。另外,"虚怀与倔强"这两种看似矛盾的性格对记者来说也不可少。"虚怀"能够使记者知错就改,具备民主作风,避免"言论专制";"倔强"可使记者"不为污浊之环境所诱惑",即使被"加以种种胁迫",其意志仍能"坚定如故"②。

以后世视角视之,邵飘萍的新闻学研究者和教育者身份与新闻记者身份似乎是两种并立的社会身份,其相应活动也属于相对独立的两种职业活动,但在邵飘萍心目中,它们完全是一体的,是基于完全相同或相似的目的与诉求,冀望自己"终生以之"的新闻业摆脱"幼稚"状态、获得职业权威地位与社会尊重。这一点,从其新闻学论著和给学生授课中时时表露出的指导和促进新闻工作的强烈目的性和明确指向性就可感知。

在其《实际应用新闻学》和《新闻学总论》中,读者随时能感受到邵飘萍对记者和整个新闻业职业水平提高和社会尊重获得的浓重期望。最突出者便是,其所强调的几乎每一则新闻知识、每一个新闻学理均是基于当时新闻界存在的相应问题,均是期冀这些学理与知识能裨益于新闻业,改变新闻事业的幼稚状况。强调新闻业是"社会公共机关",是希望改变党派报纸盛行之状况;强调"新闻本位",是为了改变当时报纸"幼稚腐败"、轻视新闻之状况;强调记者特殊地位,是为了改变向来不重视"访员"之"旧习"③;强调记者之品性,是为了使其能真正履行"新闻记者之天职"④……在对这些学理的阐述中,更是充盈着其以该学理解决相关问题的深切期望。

① 肖东发、邓绍根编:《邵飘萍新闻学论集》,第18—25页。
② 肖东发、邓绍根编:《邵飘萍新闻学论集》,第118—119页。
③ 肖东发、邓绍根编:《邵飘萍新闻学论集》,第15页。
④ 肖东发、邓绍根编:《邵飘萍新闻学论集》,第119页。

这种明确指向性和强烈现实关怀，当时为其两部著作作序者几乎都有深刻感知，这一点只要读过这些序即可清晰察知。仅以给《实际应用新闻学》作序的十余人来看，几乎所有序言中都有对该书如何"有裨于"或"有功于""吾国新闻界"及"事斯业者"等评价。如江庸之序中说："邵君此书，裨益于事斯业者，实非不浅。"黄郛之序中说：邵子此书"直接有裨于新闻界，即间接有造于国家及社会"。颜惠庆的序中说："此书言简意赅，足以振起新闻事业上之精神。"①

这一切，无不说明，邵飘萍通过新闻学研究与新闻学教育活动对其心中所追求的最理想的新闻事业与记者职业的编织与描画，实际上是对新闻事业的另一层面的挚爱，是一种超越个人职业行为之层面的更高层面的爱。

四、知识分子精神与新闻救国：
"终生以之"的动力源

邵飘萍何以能对新闻记者职业有那么炽热的爱，何以不仅自己钟爱新闻记者职业，而且对整个新闻业充满强烈的期待与责任心呢？第一次流亡日本时，邵飘萍在给二夫人汤修慧的一封信中曾说："弟以傲骨天成，岂能寄人篱下，故惟有勉励所为，欲以新闻记者终其身，世不仕王侯，高尚其志。"②从这句话看，"傲骨天成"，不愿"寄人篱下"，是其钟爱新闻记者职业并"终生以之"的原因。在《新闻学总论》中，邵飘萍又曾说："吾人十余年来之所以乐此不疲，非必嗜痂甘蹠，亦因其中有至乐存也。"③从这句话来看，"其中有至乐"，

---

① 肖东发、邓绍根编：《邵飘萍新闻学论集》，第3—14页。
② 邵寿生：《终身不仕的邵飘萍》，转引自华德韩：《邵飘萍传》，杭州出版社，1998年，第50页。
③ 肖东发、邓绍根编：《邵飘萍新闻学论集》，第116页。

也是邵飘萍挚爱新闻记者职业的一个原因。

　　然而，这些自我解释，只是说明了邵飘萍钟爱新闻记者职业、"终生以之"的部分原因或者说表层原因，前者属于从个性、性格出发的解释，后者属于从个人嗜好、兴趣出发的解释，颇有点类似于"你为什么喜欢？因为我非常喜欢"这样的车轱辘式问答。如果突破这种较为表层或部分性的原因说明，深入到其精神、心理深处，深究其何以挚爱新闻记者职业，何以能从新闻记者职业中找到乐趣，其乐趣究竟源于什么，就不能不追溯到其作为近现代意义上的中国知识分子所特有的精神追求与在此基础上产生的新闻救国思想了。

　　中国近现代知识分子最突出的精神特质与追求是，既具有传统中国知识分子"修身、齐家、治国、平天下""先天下之忧而忧，后天下之乐而乐"的强烈社会关怀与爱国精神，有对国家、民族前途命运的强烈使命感、责任感与忧患意识，又具有西方近现代知识分子所看重和宣扬的独立、批判意识与精神，推崇自由、平等、民主、公正、理性等现代价值。邵飘萍无疑是具有这种双重精神气质与追求的新闻从业者，他一方面对国家、民族的危难充满强烈关怀，对帝国主义的压迫与威胁十分警惕，痛斥一切软弱妥协和出卖国家民族利益的行为，同时痛恨军阀官僚、贪官污吏和一切社会恶势力败坏国家、鱼肉人民的恶劣行径，另一方面他崇奉自由、民主、独立，借手中之笔，为追求公正、理性、平等、进步的社会不懈努力，对各种违背自由、民主、平等、公正等的行为与现象，如专制、腐败、以众暴寡、以强凌弱等，总是毫不留情地予以鞭挞。

　　这样的知识分子精神既源于邵飘萍所处的社会与时代，又源于其个人生活与成长的经历。林贤治在给散木的《乱世飘萍——邵飘萍和他的时代》一书所写的"代序"——《自由的灵魂》中说："这是一个无政府、无组织、无秩序的时代，一个自由创造的时代。"① 如果

──────────

① 散木：《乱世飘萍——邵飘萍和他的时代》，"代序"。

说林贤治所说的主要是针对邵飘萍投身新闻业之初即民国初期的情况来说的话，邵飘萍生活与成长过程中的时代则主要可以用李鸿章所说的"三千年未有之大变局"来概括。在这样的时代中，一方面"帝国中兴已成梦"，封闭落后的帝国已步履艰难、老态龙钟，越来越难以显现出任何生机与活力，另一方面外来的压迫与入侵，尤其是甲午战败带来的巨大精神震撼，使民族危亡意识与吁求"救亡"的意识日益浓烈。在这样的意识之下，维新与革命两种力量交相而起，此起彼伏。而无论是维新力量，还是革命力量，其内在的精神红线与动力都是一致的，那就是爱国、救国，探求救国之道。

考察邵飘萍成长阶段的各种经历及所接触的各种人、事，可以发现，无不有助于其爱国、救国意识的发育，无不对激发其强烈的爱国、救国意识有非常明显的作用。邵飘萍小时候常听父亲讲历史故事，讲其祖父跟随太平军反清的历史。历史故事中常常包含各类英雄豪杰侠肝义胆、忠贞报国的事迹，而太平天国更是既包含反抗阶级压迫又包含反帝爱国因素的革命运动。这些无疑在无形中对孕育其爱国、报国的意识发挥了不可忽视的作用。旭文在《邵飘萍传略》中就曾说："邵飘萍喜读历史，十分崇拜历史上坚贞不屈的民族英雄，从少年时代起，便留心古人行事大节。他特别仰慕岳飞、文天祥、林则徐，也常登'八咏楼'，眺望婺江，歌咏李清照'生当作人杰、死亦为鬼雄'的名句激励自己。历史上英雄人物的光辉形象，对他发挥了很大的影响。"[1]

受历史上的民族英雄感染之外，邵飘萍成长过程中，不少当时的知名人物对其爱国思想的孕育发挥了更直接的作用，如梁启超、陈天华、张恭、秋瑾、章炳麟、蔡元培等。这些人物有些是与邵飘萍交谊颇深的革命义士，有些通过其宣扬维新或革命思想的作品对邵飘萍产生过很大影响，有些通过其所办报刊及报刊上充满爱国热忱

---

[1] 旭文：《邵飘萍传略》，第10页。

与思想的文章对邵飘萍产生过影响。梁启超对邵飘萍的影响，一方面来自其"舆论界骄子"之身份，另一方面来自其饱含对国家的赤诚心与激情的作品。陈天华与邵飘萍虽未发现有交集，但其鼓吹近代民主革命的《猛回头》《警世钟》在当时金华、义乌一带曾被编成小戏上演，邵飘萍曾深受其中包含的爱国思想与情感的影响。

　　与邵飘萍有很深情谊的反清革命义士张恭不仅通过其创办的报纸——《萃新报》对邵飘萍初识报纸起到了不可忽视的作用，成为邵飘萍萌发新闻志趣的"第一推动力"，其革命思想、行动对邵飘萍也产生了很大影响①。清末革命派中著名的女革命者秋瑾对邵飘萍的爱国思想与意识同样产生了深刻而直接的影响。1906年末到1907年春，秋瑾曾先后三次到金华会见张恭，与张恭商议策划皖浙起义。当时邵飘萍正在"浙高"读书，两人很快成为"忘年交"，"秋瑾对邵飘萍这样一位热血青年关爱有加，而邵飘萍对秋瑾这位女侠也是尊崇备至，他们之间常有书信来往"②。秋瑾在起义被捕前三日亦即被害前五日还曾给邵飘萍写过一封信③。秋瑾创办的《白话报》

①张恭是晚清时期比较成熟的旧式民主主义革命者，他曾经接受维新改良思想，后受浙东反清会党的影响，开始投身革命，主张以武力推翻清政府，在金华等地创立各种反清革命组织，开展反清活动。其在反清革命活动中曾受到邵飘萍及其父亲的帮助，两家关系很密切。邵飘萍与张恭情谊更深，两人几乎无话不谈。他们谈论的内容，不外乎当时国内及浙江地区的时事、形势。张恭常以通俗易懂的语言，抨击清政府的腐朽、反动与无能，号召有志之士投入反清斗争。他们的交往与交流使邵飘萍受到革命思想的直接教育（参见旭文：《邵飘萍传略》，第11页；林溪声、张耐冬：《报人时代：邵飘萍与〈京报〉》，第8—9页）。

②林溪声、张耐冬：《报人时代：邵飘萍与〈京报〉》，第14页。

③邵飘萍曾在1911年12月31日《汉民日报·振清随笔》中述及秋瑾起义被捕前给自己手书信函之事："偶捡敝箧，得秋女侠手翰。尝忆接到此书时，距秋女侠之死已半月。初闻之而大惊，继审视邮票上之月日，知为秋女侠被害之前五日所发者。欲寄回书，已无从寄矣。呜呼！"

《中国女报》更是"浙高"读书时期的邵飘萍经常阅读的报纸。由此可以想见，秋瑾对国家的赤诚之心和炽热的爱及使命感必然会对邵飘萍产生极大的影响。

不仅当时主张维新或革命的著名人物或直接或间接地对邵飘萍产生了影响，当时许多报人、革命家等，通过其创办的报刊，对邵飘萍的爱国、救国之志也产生了不同程度的影响。在邵飘萍成长的时代，尤其是在其开始频繁接触报刊之时期，正是革命思想与改良思想交相辉映的时期。这个时期创办的报刊，无论是主张改良者，还是主张革命者，几乎都有着明确的救国指向，充满着扶危救亡、忧国忧民的浓厚意识，如杭辛斋在北京创办的《京华报》《中华报》，章炳麟在上海主笔的《亚东时报》，蔡元培在上海创办的《警钟日报》，以及当时革命派与改良派在日本展开大论战时创办的主要报刊如《民报》《新民丛报》等。这些报纸往往"充满着讨论救国之道的文字，飘萍常阅，深受感染"，这些报纸的创办人"因爱国反帝反封建饱受危难，备受艰辛，甚至身遭斧锧"，成长时期的"邵飘萍对他们在清政府淫威之下努力奋斗的革命精神，十分钦佩"①。

如果说当时的仁人志士尤其是革命者对邵飘萍作为近现代意义上的知识分子之精神养成的影响更多地表现在对国家、民族危难的深切关怀，对帝国主义压迫与侵略的反抗与警惕，对软弱妥协和出卖国家民族利益的各种行为的痛斥，对军阀官僚、贪官污吏和一切社会恶势力的痛恨的话，邵飘萍作为近现代知识分子的精神中所包含的对自由、民主、独立等的崇奉和对公正、理性、平等、社会文明进步的追求，则一方面来自以上人物及其作品或其所创办的报刊等，因为当时这些仁人志士、先知先觉者大都从不同渠道、以不同方式接触过西方自由、民主等现代价值观，其思想（无论是改良思想还是革命思想）中，既包含着传统中国知识分子侠肝义胆、爱国报国的

———————
① 旭文：《邵飘萍传略》，第16页。

英雄情怀与追求,又蕴含着追求公平公正、平等自由等西方现代价值理念的成分,另一方面来自进入民国后自由、民主、共和的社会氛围与时代潮流的熏染。

民国建立后胜利果实虽很快被北洋军阀各派轮流占有,并出现各种压制自由、破坏民主甚或企图开历史倒车的闹剧,但总的思想潮流与舆论氛围却是自由、民主、共和①。进入民国前原本已具备了民主、自由等现代意识与理念的邵飘萍,在这样的社会氛围与时代潮流中,其作为近现代知识分子所具有的自由、民主、平等、独立等理念很快被完全激发出来。他对作为独立社会力量的新闻业与作为"社会之公人"的新闻记者职业的社会功能与职业使命的认识,也都是其作为近现代知识分子的精神内涵的重要组成部分。既具备感时忧国、以天下为己任的强烈爱国、报国之情和自由、民主、平等等现代思想理念,又认识到新闻业是挽救国家劫运、促进社会进步、倡导自由民主理念的最有效的力量,"新闻救国"思想的形成便是自然而然、水到渠成的事了。

既然要以新闻来救国,就必然会在其新闻生涯中不屈不挠地创办既不受外国势力左右又不受军阀操纵的具有独立性、自主性的新闻业。既然要以新闻来救国,就必然会在其新闻生涯和办报过程中以"铁肩担道义,辣手著文章"自勉,对各种社会丑恶,诸如专制、腐败、以众暴寡、以强凌弱之行为与现象进行无情的鞭挞,对符合社

①林贤治谈到大清覆亡、民国初兴时期的政局动荡与思想氛围时说:"我们想象不到,大清帝国经过那么多重大战事的冲击可以岿然不动,竟然因为一个小小的排长而颓然坍毁。同样难以想象的是,代之而起的民国会是一个空架子,政权很快由革命党人拱手让给了一位老廷臣。不过,袁世凯意欲称帝到底通不过,此后的接班人匆匆来去,好像也没有谁能在一个弱势政府里站得住脚。儒教作为国家意识形态,贯彻了几千年的基本原则早已无法维系人心,民主共和的空气毕竟弥漫开来了。"(见林贤治《自由的灵魂》,散木《乱世飘萍——邵飘萍和他的时代》,"代序")

会正义与文明进步的事物与现象进行毫不掩饰的盛情颂赞与支持。既然要以新闻来救国，在反对"二十一条"、五四爱国运动等关乎国家民族利益的大事件中，就必然会借助自己的手中之笔，态度坚决、旗帜鲜明地予以全力支持。既然要以新闻来救国，就必然会利用其报刊及文章表达对社会自由、国家民主的无限向往和对公正、理性、公共利益的勠力维持之态度，就必然会在其整个办报过程和新闻生涯中显现出浓厚的现实关怀。

需要指出的是，"新闻救国"这一表述只是后世研究者对邵飘萍投身新闻事业的动机与动力的认识和概括，而非他对自己投身新闻业的动机与动力的自我表述。邵飘萍自我表述中最能体现其新闻职业动机与动力的文字主要有："报纸对于善事，有引导维持之责任；对于恶事，则有监督纠正之责任"①；"必使政府听命于正当民意之前，是即本报所为作也"②；"《京报》每顺世界进步之潮流，为和平中正之指导"③；"新闻记者之天职，在平社会之不平。苟见有强凌弱众暴寡之行为，必毅然伸张人道而为弱者吐不平之气，使豪暴之徒，不敢逞其志，不能不屈服于舆论之制裁"④；"本报同人不惜心力物力，从国人之后，冀得挽回国家劫运于万一，与大多数读者实完全处于同一战线之上，……奋力前行，以共搏最后之胜利"⑤等等。虽然这些话中没有关于"新闻救国"的明确表述与表达，但其中无不体现着以新闻来救国的动机与追求。

总而言之，笔者认为，邵飘萍投身新闻业后，之所以能一直保持

①邵飘萍：《振清随笔（一七）》，《汉民日报》1912年3月9日，见方汉奇主编：《邵飘萍选集》（下），第615页。
②邵飘萍：《本报因何而出世乎》，《京报》1918年10月5日。
③邵飘萍：《〈京报〉三年来之回顾》，肖东发、邓绍根编：《邵飘萍新闻学论集》，第216页。
④肖东发、邓绍根编：《邵飘萍新闻学论集》，第119页。
⑤邵飘萍：《记者与读者》，方汉奇主编：《邵飘萍选集》（下），第646页。

不竭的新闻志趣和职业生机，并显现出越来越强烈的对新闻职业的精神追求，最深层的原因是，在其新闻志趣背后有近现代意义上的知识分子精神作为支撑，有产生于这种近现代知识分子精神的"新闻救国"理想为之持续驱动。换句话说，近现代知识分子精神和"新闻救国"理想，是邵飘萍投身新闻业后之所以能使自己的职业生涯一步步走向巅峰的动力之源和精神之本。近现代知识分子精神使其感时伤国，具有强烈的忧患意识与使命感，以探求独立自主、民主富强之道为己任，"新闻救国"理想使其将个人的职业志趣与作为近现代知识分子所具有的社会理想、报国志向、家国情怀完美地结合在了一起。

需要补充说明的是，邵飘萍的"新闻救国"理想与现实诉求与在他之前的清末报人为扶危救国而涉足报刊领域，虽有相似之处，但更多表现出的却是不同之处。清末报人办报主要是为其扶危救国目标下的政治活动服务的，在他们的心中，办报只是手段，且只是一种手段，但凡有其他更直接有效的手段，他们随时可以弃报他顾。在他们的心目中，政治是"体"，报刊是"用"，报刊并非有自身独立自存之价值与规律的东西。而在邵飘萍的"新闻救国"中，新闻志趣与救国目标合二为一，无所谓"体"，无所谓"用"。而且，在邵飘萍的职业语境中，"救国"并不对应着某种明确的政治目标或方案，而是一种与自由、民主、理性、进步等相关的现代价值体系，只要新闻、言论与这些价值体系所倡导的方向一致，就必然有助于挽救当时中国之劫运，客观上也便是在"救国"。

尤为重要的是，在邵飘萍看来，新闻业是有其自身独立存在价值的职业存在，或者说，"新闻"自亦有道，故其"救国"效用与功能的发挥，只能通过"新闻"特有的方式，以新闻职业能够允许的方式来实现。换句话说，邵飘萍是将"救国"目标与诉求"化"入了"新闻"本身的价值系统中，而非将"新闻""化"入了"救国"的目标中。

五、梦断星沉：初长成的职业记者之激情、悖论与悲歌

作为第一代以新闻为志业的职业记者,邵飘萍身上既充满着许多时代先驱者或社会先驱者都具有的一往无前、初生牛犊不怕虎的英雄豪气与战斗激情,同时又显现出任何先知先觉者身上必然存留的难以完全消除的思想与情感悖论或矛盾。从邵飘萍投入新闻业后对新闻事业的矢志不渝、历久弥坚的爱,和其对新闻记者职业始终保持的热情与激情,以及为改变新闻业幼稚状态、提升新闻业整体水平而做的充满激情的努力,乃至其为实现自己的"新闻救国"目标与理想在新闻实际工作中所表现出的不辞辛苦、不畏艰险、不屈不挠、上下求索的精神中,我们已较为充分地感受到了其作为先驱者所具有的豪情与激情。

方汉奇在《纪念邵飘萍》一文中将邵飘萍的一生概括为"为反帝反封建军阀的民主革命事业奋斗的一生""一个正直的爱国的新闻记者的战斗的一生",认为"邵飘萍的一生,是一个在救国救民的道路上,不断探索,不断前进,生命不止,奋斗不已的一生","他坚持独立的办报方针","在真理面前敢于坚持,敢于斗争,不惜为之献身",其"坚持真理为之献身的战斗精神"与"执着精神""很难能可贵",在新闻事业领域的各个工作环节中,他都能"努力钻研,锐意创新,时时有所发现,有所发明,有所前进","都十分出色当行"。以此为基础,他将邵飘萍一生的"战斗业绩"及其中显现出的精神概括为三个方面:"勇于探索与时俱进的革命精神","坚持真理为之献身的战斗精神","精益求精锐意改革的进取精神"①。

---

① 方汉奇:《纪念邵飘萍》,《东阳文史资料选辑·邵飘萍史料专辑》,1985年,第5—12页。

　　邵飘萍作为先驱者的豪气与激情从其充满激情的自述文字中亦可直接触摸到。邵飘萍在《实际应用新闻学》之"余白"中曾述及其投身新闻业以来的激情岁月，其中有关《汉民日报》时期的寥寥数语记述更是将其一往无前、初生牛犊不怕虎的英雄豪情与精神展露无遗："辛亥革命之岁，遂与杭辛斋君经营浙江之《汉民日报》。忽忽三载，日与浙江贪官污吏处于反对之地位，逮捕三次，下狱九阅月，最后《汉民日报》遂承袁世凯之电令而封闭。"①在《新闻学总论》之"余论"中，谈到新闻记者人格与勇敢的重要性时，邵飘萍的一段话更是豪情万丈，激情满怀："新闻记者之尽职，以道德人格为基础，以侠义勇敢为先驱，而归于责任心之坚固。张勋复辟之役，余因亲赴天津发电，彼时京电局为辫子军所占守，途经丰台，夹杂两军之中，几死于流弹之下。当时之危险状态，至今思之，犹为心悸。若果死，则责任心命我不得不死也。"②

　　邵飘萍作为先驱者的英雄豪情与战斗激情，严济慈写的纪念题词也许是体现得最充分、最有力的："挥毫似剑伐魑魅，开一代报业新风；喋血如丹荐轩辕，树千秋志业典范。"③邵飘萍作为先驱者的豪情与激情，许多研究者已有深刻感知，在此自不必有过多铺陈。那么，其作为先知先觉者思想与情感方面的矛盾或悖论具体表现在哪些方面？又处于何种状态呢？

　　考察邵飘萍投入新闻职业后的各方面情况，可以发现，其作为第一代以新闻为志业的职业记者，作为中国记者、报人职业成长与职业意识发育历史上具有划时代和里程碑意义的先驱者，其思想、情感、意识、行为等方面的确存在诸多悖论与矛盾。方汉奇在《纪念

① 肖东发、邓绍根编：《邵飘萍新闻学论集》，第84页。
② 肖东发、邓绍根编：《邵飘萍新闻学论集》，第206页。
③ 东阳文史资料工作委员会：《东阳文史资料选辑·邵飘萍史料专辑》，1985年，题词页。

邵飘萍》中就曾说："邵飘萍不是一个完人，他有不少缺点，也有一定的历史局限。"方先生所说的"缺点"和"历史局限"指的是什么？包括哪些方面呢？检视该文具体内容，其中述及的可以被视为邵飘萍"历史局限"与"缺点"的方面主要包括：其办报思想与主张"受资产阶级新闻观点影响"；"由于经费困难，有时也接受一些人的资助"；在奉系军阀进京，形势险恶，冯玉祥劝其暂时离京的情况下，他"坚持不去，遂及于难"，此种选择似属"未必明智"①。对邵飘萍"历史局限"与"缺点"的这些论断和阐述都有其道理，但其中最能反映邵飘萍新闻生涯中思想、情感、意识、行为之悖论或矛盾者，显然要属"接受一些人的资助"，即所谓"接受津贴"这一条。

接受他人津贴、拿别人的钱这一点，当时很多人均有述及，此亦可谓邵飘萍职业行为中最为人诟病的一点。《乱世飘萍——邵飘萍和他的时代》中曾全面搜集和详细列举了大量时人关于邵飘萍拿人金钱、接受津贴的记述②。这些记述中有些属于记述者耳闻的，难以确证，有些属于当时与邵飘萍有过节或有过冲突者所述，有些却属于记述者自己亲历的。

如曾任北洋政府财政总长的李思浩在接受徐铸成采访时就曾说过，段祺瑞内阁时期为了结交新闻界，曾给不少报纸（包括《大公报》等）"以相当数目的资助"，有些属按月送、从不间断的，有些属于不定期偶尔送的，给邵飘萍送的方式即属此种——"邵飘萍和段派没有什么关系，但因为他是名记者，大家怕他，也不能不应酬。经常的津贴是没有的。记得两次送他成笔的钱，数目相当大，每次总达

①方汉奇：《纪念邵飘萍》，《东阳文史资料选辑·邵飘萍史料专辑》，1985年，第8—12页。
②散木：《乱世飘萍——邵飘萍和他的时代》，第379—385、395—406页。

好几千吧"①。邵飘萍的学生王之英在回忆中也说："飘萍老师在京都，一方面倾心结纳同仁，……另一方面抨击敌人，挨骂的还得出钱。因为骂了之后，飘萍老师就上门去，敌人便诉挨骂之'苦'。老师听了付之一笑，说确有其事，挨骂难免。你要报纸不登，可以想办法停下来。……受者一听可以停下来，就给报纸送钞票。这是飘萍老师整军阀、政客的一种经济手段。"②

　　后世研究者基本上也都认可邵飘萍拿别人金钱、接受津贴之事。方汉奇在另一篇有关邵飘萍的文章中说到邵飘萍接受他人津贴之事："在旧社会办报，邵飘萍不能免俗，自然也拿过别人的钱，例如冯玉祥的国民军就曾经给过《京报》一定的津贴"，只是方先生认为，邵飘萍在接收津贴方面是有选择的，"他不饮盗泉，拒绝接受反动军阀官僚的收买"③。散木在搜集各种资料、对各种证据进行考证基础上，也认为，"如此看来，邵飘萍接受津贴，是确有其事了"，"可能在《京报》经济上不能独立前，邵飘萍和其他许多报人一样，都接受过北洋政府的津贴"，当时许多记者、报人如黄远生、胡政之、成舍我等，也都是接受津贴的，甚至在当时还发生过一次因政府裁撤给报纸之津贴引起报界集体抗争、选派代表向政府请愿交涉最终获胜的风波，因此，他认为，"津贴"在当时"是制度性行为，也是当时报界的'集体行为'，不必过于苛责邵飘萍一人"，更何况，邵飘萍往往是"拿了人家的却不嘴软"④。

---

①《北洋军阀史料选辑》（下），237页，转引自散木：《乱世飘萍——邵飘萍和他的时代》，第396页。
②旭文：《邵飘萍烈士逸闻一束》，《婺星》1987年4期，转引自散木：《乱世飘萍——邵飘萍和他的时代》，第398页。
③方汉奇：《发现与探索——记祝文秀和她所提供的有关邵飘萍的一些资料》，《东阳文史资料选辑·邵飘萍史料专辑》，1985年，第173—174页。
④散木：《乱世飘萍——邵飘萍和他的时代》，第394—398页。

　　的确，在当时，接受津贴是一种"制度性行为"，同时也属于一种"集体行为"，而且，邵飘萍也确实并未因接受津贴而改变立场，即所谓"拿了别人的却不嘴软"，但这毕竟是一种违背职业伦理、职业精神的行为，的确在一定程度上对其形象有影响。当时许多人攻击他、抹黑他，包括他牺牲后往他身上泼脏水的人，也多以此说事。固然，这些人的攻击未必出于公心，也未必客观，其中不少有泄私愤的成分，但至少说明，即使在当时人看来，接受津贴，拿别人钱，也是一种不光彩的事。最重要的是，这一行为与邵飘萍自己公开倡导的职业理念是相悖的。在《新闻学总论》中，他曾明确说过："津贴本位之新闻纸……既不依真理事实，亦并无宗旨主张，暮楚朝秦，惟以津贴为向背。此传单印刷物耳，并不能认为新闻纸，与世界的新闻事业不啻背道而驰。"[1]一方面反对"津贴本位之新闻纸"，一方面自己却在接受津贴，甚至主动谋取津贴(在其学生看来，这是"整军阀、政客的一种经济手段"，但在另一些人看来这无异"敲竹杠"[2])，这至少属于一种言行不一。

　　除了接受津贴之外，邵飘萍新闻生涯中的另一个突出矛盾是，对"只许坐而言，不许起而行"之强调和实际上的"起而行"之间的矛盾。邵飘萍对新闻记者应使自己尽力保持"第三者之高垒"非常强调，认为新闻报道必须客观、中立，他明确宣称："新闻记者之职务，只许坐而言，不许起而行；若欲起而行，则当辞去新闻记者之职务。"[3]然而，在实际新闻工作中，常可以发现他并未完全坚守自己所宣称的"第三者之高垒"。在其新闻报道或报刊言论中，经常可

----

① 肖东发、邓绍根编：《邵飘萍新闻学论集》，第136页。
② 简又文《东西南北风》中曾提及，奉系教育总长听说平民大学开办新闻系，闻之殊为不满，说："办报敲竹杠，也要公开传授吗？"(散木：《乱世飘萍——邵飘萍和他的时代》，第381页)
③ 肖东发、邓绍根编：《邵飘萍新闻学论集》，第118页。

以发现与其所强调的"第三者"应有的客观、中立之立场与原则相违背之处，如在其牺牲前两年，他对广东革命政府和冯玉祥的军队进行了大量报道，毫不掩饰其公开支持与赞赏之态度，同时对张作霖、吴佩孚等进行了毫不留情的大肆批评和痛骂。这些报道与言论明显超出了其所强调的"从旁观察"之原则。同时，从他1919年"五四"前夜在千名学生大会上演讲鼓动①、1924年应邀给冯玉祥做顾问②、1925年参与策动郭松龄倒戈反奉③以及"三·一八"惨案后在陈毅主持的群众大会上慷慨陈词发表演说④等来看，他也违背了自己所倡导的新闻记者"只许坐而言，不许起而行"之原则。

与违背"第三者"立场和"起而行"相关的是，其与共产党的关系乃至"入党"之问题。据罗章龙相关文章和回忆，邵飘萍是"北方新闻界最早和地下党组织有联系的人"，他1922年以后就和共产党有了联系，"为党做了不少工作"，1924年前后由他和李大钊做介绍人介绍入党，因考虑到邵飘萍是"有社会影响的人，以不暴露党员身份为好"，因此决定让其作为"秘密党员"⑤。方汉奇先生在梳理相关说法基础上，也认为"邵飘萍是共产党员——中共秘密党员"，并从思想基础、言论行动和一定的根据与可能方面对自己的看法进行了分析。由于罗章龙的说法属于"孤证"，虽也有另外一二资料提及，但

① 旭文：《"五四运动"的发难人邵飘萍》，《东阳文史资料选辑·邵飘萍史料专辑》，1985年，第136页。
② 曹金梦、张书元：《新近发现的两件珍贵文物——冯玉祥致邵飘萍亲笔聘书和何香凝致邵夫人信》，《东阳文史资料选辑·邵飘萍史料专辑》，1985年，第148页。
③ 郭根：《关于邵飘萍》，《东阳文史资料选辑·邵飘萍史料专辑》，1985年，第82页。
④ 方汉奇：《鲁迅与邵飘萍》，《东阳文史资料选辑·邵飘萍史料专辑》，1985年，第140页。
⑤ 参见罗章龙《回忆北京大学马克思学说研究会》和方汉奇《关于邵飘萍是共产党员的几点看法》，见《东阳文史资料选辑·邵飘萍史料专辑》，1985年，第113、121页。

多为随意且模糊的一笔带过之记录，方汉奇先生的分析最终也只是一种推断，因此，邵飘萍是否加入了共产党，显然还难以完全确证。尽管如此，邵飘萍与不少共产党人有密切交往，并帮共产党做了不少工作，却是事实。罗章龙在《忆北京大学新闻学研究会与邵振清》中，曾述及邵飘萍对中共北方区许多工作给予的帮助与支持，如支持北方党组织策划非宗教运动，帮助党组织培养训练新闻人才，向党组织提供北洋政府方面的重要政治、经济、军事情报，从东交民巷外交团、外国通讯社等为党组织取得重要新闻消息等①。从这些方面看，说邵飘萍后期开始倾向共产党，与共产党发生了"共鸣"，显然没问题。而这显然与其强调的"避免加入于任何名义之团体""决不从事于实际的何种运动"②等言论相矛盾。

　　需要特别指出的是，之所以出现这样的矛盾，恰恰是因为其对国家、民族的责任感和强烈使命感。如果说其中反映出其职业生涯中的某种"缺点"的话，这种"缺点"其实是，其新闻理念中存在着照搬西方新闻理念之特点与色彩。换句话说，其对"只许坐而言，不许起而行""避免加入于任何名义之团体""决不从事于实际的何种运动"等的强调，本身就是一种对西方新闻理念的生吞活剥，因此注定了与具有"修齐治平"和"先天下之忧而忧"理想的中国知识分子精神特质相悖。

　　此外，攻讦他人阴私，利用报纸过于激烈地骂人、诋毁人，也是与邵飘萍强调的"第三者"立场和"须时时保守客观的态度"③等理念矛盾之处，更是邵飘萍常被诟病的一个方面。《乱世飘萍——邵飘萍和他的时代》中就曾说，"林白水在文章中恣意嘲弄的潘复，是

---

① 东阳文史资料委员会：《东阳文史资料选辑·邵飘萍史料专辑》，1985年，第107—108页。
② 肖东发、邓绍根编：《邵飘萍新闻学论集》，第117页。
③ 肖东发、邓绍根编：《邵飘萍新闻学论集》，第117页。

靠因缘附会起家的,邵飘萍也在文章中不吝诋毁之",“邵飘萍在新闻界素以笔墨犀利和泼辣著称",但“又往往讦人阴私"①。方汉奇在谈到邵飘萍投身新闻业之初的几年里坚持反袁立场时曾说,邵飘萍“言论之激烈、态度之坚决,为同时期的一般革命报人所不及"②。方先生所说“言论激烈"实为骂人“骂得太过份"的一种正向说法。胡逸民在回忆邵飘萍的文章中曾说,“三·一八"惨案后,他出于对邵飘萍安全的担忧,劝他骂人“不要骂得太过份",邵飘萍“只是冷笑几声,并没有显露出畏缩的神态"③。可见,当时他的朋友也觉得他骂人“骂得太过份"。虽然邵飘萍所骂者多为贪官污吏及各种恶势力,但作为信奉“第三者"立场与“客观态度"的名记者,这样的行为毕竟会给人言行不一的感觉。

　　讨论邵飘萍新闻生涯中的上述矛盾与悖论,并非“苛责"古人,而是希望能走进邵飘萍的内心深处,呈现其新闻理念与职业实践的真实状态,深入把握其职业生涯中的理想与困惑、激情与无奈,深刻感知其内心客观存在的理想与现实之间的矛盾与冲突,以此一方面认识其作为“初长成"的职业记者特殊而复杂的心理情状和其新闻理念的不成熟之处甚或照搬西方新闻理念之特点与色彩,另一方面以此把握中国新闻从业者特有的价值追求与精神世界。当以这样的态度与目的审视邵飘萍身上显现出的各种矛盾与悖论时,便不会停留在是非与道德评价层面,便会自然而然地生出历史研究应有的“同情之理解"与“理解之同情",并思考其何以会产生这些矛盾和悖论。当我们抱着这样的态度审视邵飘萍的诸多言行不一之处时,作

①散木:《乱世飘萍——邵飘萍和他的时代》,第52页。
②方汉奇:《关于邵飘萍是共产党员的几点看法》,《东阳文史资料选辑·邵飘萍史料专辑》,1985年,第122页。
③胡逸民:《忆飘萍》,《东阳文史资料选辑·邵飘萍史料专辑》,1985年,第20页。

为研究者，不仅不会产生任何心中的明星"轰然坍塌"或光彩减损之情况，而且会油然而生一种浓郁而深重的悲剧感和强烈而特殊的感动甚至敬仰。

的确，如前所述，邵飘萍挚爱新闻业，十分渴望新闻业能成为独立、有尊严、有社会影响力、受社会尊重的职业，也因此，他强调新闻业为"社会公共机关"，新闻记者是"社会之公人"，他反对"津贴本位之新闻纸"，强调"坚守第三者之高垒"，主张新闻记者"只许坐而言，不许起而行；若欲起而行，则当辞去新闻记者之职务"，但邵飘萍对新闻职业的爱，尽管有个性、环境熏陶等方面因素的影响，但从根本上说，源于其爱国之心、救国之志，源于其对新闻业所具有的"救国"功能的认识，源于其"新闻救国"的理想。既然如此，对邵飘萍来说，"救国"显然是其最高目标与理想，"新闻"因能满足其"救国"目标与理想而变得格外有价值、有意义，也因此格外能令其感到"有至乐"，格外令他痴爱。在这个意义上说，清末维新报人和革命报人那种"吾爱报馆，吾更爱政治"和"为革命而办报""以报为器"之情况，在邵飘萍身上依然存在，即以"救国"为目标，以"新闻"为手段，"救国"为"体"，"新闻"为"用"。

既然爱新闻是因为爱国之情太深、报国之心太切，既然"爱国""救国"是其最高目标与理想，那么，当看到贪官污吏、反动军阀、社会恶势力倒行逆施、祸国殃民时，自然会不由自主地放弃"第三者"立场，毫不留情地予以"言辞激烈""态度坚决"的痛骂，即使有言行不一之嫌，即使"骂得太过份"，也在所不惜；相反，当看到各种有益于社会、国家、人民的"善事"或有助于国家摆脱"劫运"的党派、势力、人物出现时，自然会不由自主地放弃"客观的态度"，"旗帜鲜明"、毫不掩饰地利用报刊表达其赞赏与支持态度，甚至放弃"只许坐而言,不许起而行”之宣示,直接参与相关行动①。既然爱新闻是因为爱国报国之心太深太切,“爱国”“救国”才是其最高目标与理想,当看到十月革命后苏联的巨大变化与成就,当共产党的政策主张与其“救国”理想“发生共鸣”②时,也自然会不由自主地放弃“决不从事于实际的何种运动”之宣示,积极与之联系并密切合作。也正是在这个意义上说,他支持广东革命政府和冯玉祥国民军,受聘担任冯玉祥顾问,参与策动郭松龄倒戈反奉,对反动军阀与政客给予“过份”之骂,和倾向共产党、帮助共产党做很多工作甚至加入共产党等,都不是他的缺点,而是他爱国救国之心和思想进步的表现。

　　就接受津贴来说,表面看似乎与邵飘萍的爱国、报国之志没太大关系,但若从深层看,其间依然存在关联。“新闻”要想成为邵飘萍实现“救国”理想的利器与手段,有效发挥三千毛瑟之作用,首先要能确保自身生存,要能够获得经济上的独立。当一个报纸不能维持自身正常运转,生存都成问题的时候,谈何以此“平社会之不平”? 谈何以此“救国”? 就办报者个人的职业体验来说,也很难从中获得自由、率性地挥洒自己报国热情的职业体验。而当时中国报业的幼稚状况、当时社会经济发展水平与国民阅报情况等,决定了任何报纸即便使出十八般武艺,也很难完全靠自身经营独立生存。在这种情况下,以“新闻”来“救国”也罢,借“新闻”寻求自由、率性之职业体验也罢,也就成了一句空话。邵飘萍所面对的正是这种理想与现实之间的巨大反差。

----

① 邵飘萍的女婿郭根在谈到邵飘萍支持郭松龄、冯玉祥,参与其相关行动时就曾说:“邵飘萍痛感以一支弱笔终不能与恶势力相战,遂常常留意政局变化,希望得以联合进步者,使文武结合而能奏大效。”这句话无疑是对邵飘萍“起而行”背后的心理因素的最深刻揭示(郭根:《关于邵飘萍》,《东阳文史资料选辑·邵飘萍史料专辑》,1985年,第82页)。
② 罗章龙:《忆北京大学新闻学研究会与邵振清》,《东阳文史资料选辑·邵飘萍史料专辑》,1985年,第104页。

　　对中国新闻事业不发达之情况，邵飘萍非常清楚。他曾将"中国新闻事业不发达之原因"总结为"教育不普及""交通不便利""政治不良""实业不发达"等方面。他深知，报业要想自存乃至兴旺发达，教育必须普及，实业必须发达。教育普及，能读报者才可能多，报纸才会有好的发行与社会影响；实业发达，广告源才能丰富，经济上才能独立。但中国的情况却是，"教育不普及，看报的人少"，"社会麻木，任你的报办的怎样好，社会都不起反应"，许多人"惰性大，……不肯看报"，"间或有人去看报，明知自己订阅的报纸不好，懒得更换"。广告方面，由于"实业不发达"，公司类广告来源很少，一般商户习惯于"把广告贴在城门洞内，或通衢的墙壁上"，"不知广告应登在报纸上，虽有登者，亦是'寥若晨星'"；学校的招生广告倒是不少，但又是"最靠不住的"，"不是想着打八折，就是想着按六扣，甚至于不给一文"。面对这样的情况，纵使对办报激情满怀如邵飘萍者，也禁不住哀叹："这样的弊病，在中国改也不好改，守旧的老习气根深蒂固，……谁也不肯改变，谁也不肯翻新。"真是徒叹奈何[1]！

　　新闻业环境既令人无奈，新闻业正常运行所需的投入又非常巨大。最基本的当然是记者编辑的工资、印刷设备、纸张、发行等花费。此外，一些看似特殊但又确实不可或缺的条件，如记者、报人的"行头"、交际、应酬等成本，在当时也是必需的。不看重和讲究这些，在当时特殊而畸形的社会中，即便有新闻也很难获得，遑论其他？"行头"、交际、应酬，这些乍一听难登新闻学大雅之堂、新闻专业教育中不屑谈论的东西，在当时特殊政治环境与社会心理之下，又的确十分重要。就交际、应酬来说，"要发现新闻，就要交际"，就要应酬[2]，而交际、应酬，要靠钱支撑。就必要的"行头"来说，在当

---

[1] 肖东发、邓绍根编：《邵飘萍新闻学论集》，第224—228页。
[2] 散木：《乱世飘萍——邵飘萍和他的时代》，第394页。

时注重外表的势利和畸形社会里，外表寒酸，无足够"气派"和"行头"，想让掌握秘事要闻的达官要人正看一眼都不可得，更不要说进入深宫大院或官员府邸探听新闻了。也许是深谙此道，邵飘萍非常讲究"行头"和必要的交际、应酬，如穿衣服很讲究，备有小汽车，吸特制香烟，其上印有"邵振清"之标志，在交际中出手大方。时人和后世一些人因此诟病邵飘萍生活奢侈、讲排场、滥施金钱，但在其学生及敬重他的人眼中，这一切却是为了给采访带来"方便"，是一种"与人焉亦极厚"的为人豪爽、乐于助人之表现①。但无论如何，这样的"行头"与交际、应酬，无疑需要有更强大的经济力量作支撑。

　　在这种情况下，如何既保持报纸正常生存、运转，又能不断获得重大新闻，使报纸具备引领社会舆论、推动社会进步的能力，成为实现"新闻救国"理想的有效工具呢？联系当时报业实际，这几乎是一个无法破解的难题，是一个死结。面对这个死结、难题，邵飘萍选择了一条很难走得通的道路：既接受一定的津贴，又尽力保持报纸言论独立，即所谓"拿了人家的却不嘴软"。他一方面有选择地接受津贴（接受自己赞赏或与其有"共鸣"的进步势力的津贴），或将迫使对方送津贴作为"整军阀、政客的一种经济手段"（既抨击了军阀政客的丑行，力促其改正，又让其出钱"放血"以弥补自己的资金短缺），另一方面，虽接受了津贴，该批评的还是要批评，该抨击的还是要抨击。散木在其《乱世飘萍——邵飘萍和他的时代》中说："毋庸讳言，政党的活动需要经费，创办报刊也是需要经费的，不管当初自我标榜如何，强项若邵飘萍、林白水等著名报人，当广告和发行尚不能维持报馆时，也只好有条件地接受某些政治势力的津贴。但拿了人的钱未必就一定要嘴软，报馆仍然可以保持独立的舆论。"②

　　由此可见，接受津贴并未影响邵飘萍办报与新闻言论的独立

---

① 散木：《乱世飘萍——邵飘萍和他的时代》，第398页。
② 散木：《乱世飘萍——邵飘萍和他的时代》，第389页。

性。由此亦可见，接受津贴，依然与邵飘萍的爱国、报国之志有关，依然源于其"爱国""救国"的理想与目标，只是其间的关联是间接的，即，其因为"爱国""报国"而挚爱新闻职业，希望通过新闻业实现其"救国"之志，而报纸要想有效服务于其"爱国""报国"目标，首先必须获得基本生存，然而，当时报业与社会幼稚之情况决定了报纸很难靠自身经营维持生存，更不要说以之干预社会不公、引领社会舆论、推动社会进步、实现其"爱国""救国"之志了，因此，为了让报纸能够生存，就必须适当接受津贴，只是必须同时保持报纸的独立性，保持新闻业的"社会公共机关"之角色与性质，这既是"爱国""救国"的目标使然，也是出于对新闻业的爱，是对新闻业的另一个层面的爱。这是一种矛盾，但这又是一种现实，是邵飘萍在其所处的客观环境与时代条件下不得不试图闯出的一条邵飘萍式的近似无奈的道路，也是邵飘萍不得不违背自己鼓吹与憧憬的新闻理念，在接受津贴问题上显现出言行不一之矛盾的内在苦衷与行为选择逻辑。

笔者在此想要强调的是，邵飘萍新闻生涯中的诸多矛盾与悖论，既是一种特殊时代与社会情境下有情怀、有理想的职业记者的不得已，反映出特殊时代"初长成"的职业记者的思想与情感上的无奈，也是导致邵飘萍血溅报坛、"以身殉报"的原因所在。

就不得已来说，让邵飘萍这种以报国救国为己任的仁人志士型职业记者面对社会之不平、不公和反动势力祸国殃民的恶行时，保持纯然客观的"第三者"立场，无异于扼杀他们的生命；让他面对与自己有精神"共鸣"的进步势力与党派的救国行为与努力装聋作哑，即使报道也不冷不热，无异于扼住他喉咙不让他呼吸；让他看着自己挚爱的、寄托着自己救国理想、报国情怀的报纸在当时"幼稚"的社会与报业环境中无以自存、自生自灭而沉湎于"新闻理想国"，独守气节与清高，在坚信自己可以做到"拿了人家的钱但不嘴软"的情况下，依然拒绝任何津贴，包括其赞赏的进步势力之资助，无异于让他变成不食人间烟火的腐儒、呆子，这既不符合其性格和近现代意义上的知识分子之精神，也与他痴爱报纸之心和以报"救国"之理想不完全相合。同样，让他看到有比仅仅"坐而言"更有助于"报国"的事可做，或有比仅仅利用报刊赞赏与自己有"共鸣"的政党更能有利于"救国"的行动可以选择时，却死守"避免加入于任何名义之团体""决不从事于实际的何种运动"之宣示，不加入其活动，不与之密切配合与合作，无疑是一种不合逻辑的事。

　　而正是所有这些不得已而为之和利弊权衡之下的艰难而必然的选择，导致了邵飘萍血溅报坛、"以身殉报"的悲剧。作为以报国救国为己任的仁人志士型记者，在实际新闻生涯中，违背其所宣示的"第三者之高垒"，对反动军阀、社会恶势力毫不犹豫地给予"态度坚决""言辞激烈"的痛骂，且骂得十分"过份"，是一种必然①；对与军阀、官僚不同的进步势力与军队给予"旗帜鲜明"、毫不掩饰的赞扬与支持，是一种必然；违背自己"只许坐而言，不许起而行"之宣示，直接参与有助于"救国"的实际行动，是一种必然；放弃自己宣扬的"避免加入于任何名义之团体""决不从事于实际的何种运动"之戒律，与共产党联系紧密，公开宣传其思想，是一种必然；拿了军阀官僚的钱却"不嘴软"，仍抨击之，痛骂之，是一种必然。这一切"必然"合起来，必然导致"私仇公敌，早伺在旁"。在这种情况下，"横逆"加身、"以身殉报"，对他来说，也就成为一种必然中的必然了。

　　这是邵飘萍的悲剧，也是与邵飘萍相似的所有"初长成"的职业记者的共同悲剧，是他们难以摆脱的宿命。

──────────

① 这种原本信奉客观、理性与"第三者"立场但面对军阀官僚恶劣行径却实在无法保持客观的矛盾与不得已从邵飘萍《〈京报〉三年来之回顾》中的一段话即可明确感知："《京报》出世之日，正安福势力蒸蒸日上之时，吾人初尚事事为善意之观察，不欲加以攻击。嗣见其祸国阴谋，借债愚策，日著一日，《京报》不得已，始以严正态度发为警告。对于安福行动每下彻底之批评。"（肖东发、邓绍根编：《邵飘萍新闻学论集》，第216页）

综论 初生代记者的职业心态
与环境因素分析

　　从黄远生和邵飘萍从事记者职业的经历与心路可以看出，他们的确是民国初期新闻业职业化过程中职业记者群体中的最有代表性的。从他们两人从事新闻记者职业的内心情状和求索历程可以非常充分地管窥到从民国建立到北洋政府统治末期这个时期内不同记者的职业心态。他们两人开始从事新闻记者职业的时间大致差不多，但因两人早年的成长经历、教育背景、性格特点、从事新闻记者职业的地域环境等不同，故使两人从事新闻记者职业过程中的现实表现与心理状态均表现出相当大的不同。

　　黄远生出生于更为传统的书香世家，家庭条件十分优越，幼时受到的教育更为良好，使得他在科举之路上更为顺利，获得的功名也更高一些。也许正是由于他在传统教育和科举之路上的这种成效，使得他虽然少时性格中已显露出不安分、不安定、不愿走寻常路等因素与特点，但与邵飘萍相较，其性格气质与价值观中的因循保守的成分与色彩似乎显得更浓一些。也因此，使得他在进入新闻记者职业领域后，一直与现实政治保持着一种藕断丝连、"剪不断理还乱"的关系。在他从事新闻记者职业工作的过程中，一直游移于政治与新闻之间。清末时，其身份是清政府邮传部员外郎、参议厅行走等，新闻工作只是其"副业"。辛亥革命后，虽未再任官职，但新闻记者职业仍只是他热衷的众多职业活动中的一种。这个时期他热衷的活动很多，尤其对政党活动情有独钟，一直积极参与，乐此不疲。后来虽因对政党彻底失望而宣布"不党"，但仍与现实政治保持着千丝万缕的联系，一直到被逼至墙角、无法再退时，才不得不抽身而去，彻底宣布决裂。除了在新闻与政治之间游移不定之外，在从事记者职业的同时，他还一直对律师等职业十分热衷，难以割舍。纵观其一生，若从职业社会学所讲求的职业认同视角考量的话，可以说，他虽然以新闻记者职业闻名于世，但其内心对新闻记者职业并不是最钟情的，新闻记者职业只是他诸多职业中的一个。

与黄远生相比较，邵飘萍则表现出了完全不同的一面。也许由于受相对贫苦的家庭出身影响，也许由于出生于浙江，思想、性格中熏染了太多的浙江士子讲求气节、舍生取义的精神传统，也许是因为受当时浙江地区革命形势更高涨、革命思想传播更广之影响，从邵飘萍投身新闻职业领域第一天起，其对现存政治就表现出强烈的反叛态度，思想激进，独立意识强，对旧制度、旧势力的批判态度十分鲜明。在其从事新闻记者职业的过程中，一方面对帝国主义的压迫与威胁十分警惕，痛斥一切软弱妥协、出卖国家和民族利益之行为，另一方面对军阀官僚、贪官污吏和一切恶势力败坏国家、鱼肉人民的行径十分痛恨，对各种违背自由、民主、平等、公正等的行为与现象总是给予毫不留情的无情鞭挞。与黄远生在现实政治之间的游移、妥协和难以割舍不同，他与自己所处时代的现实政治似乎一直处于剑拔弩张的对立状态。从他对新闻记者职业的认同度方面来看，他少时即怀揣做新闻记者的职业梦想，投身新闻记者职业领域后更是对记者职业表现出极大热情。与黄远生对新闻记者职业的"三心二意""脚踩数只船"不同，在从事新闻记者职业的过程中，邵飘萍一直全身心投入，激情昂扬，劲头十足，兢兢业业，乐此不疲，"百凡不介意"，"所萦于怀者，厥惟新闻事业"，"百无一嗜，惟对新闻事业乃有非常趣味"。

然而，我们可以由此说这个时期中国新闻记者和新闻业的职业化程度已经很高了吗？显然不可以。单就邵飘萍来说，其固然对新闻记者职业怀有挚爱，且"终生以之"，同时对新闻记者职业和新闻业的认知已达到较为专业的水平，但正如前文所述，其新闻记者职业活动中存在着诸多"历史局限"和言行不一之处，如接受他人津贴、利用报纸攻讦他人阴私、过于激烈地骂人等。虽然如前文所说，这些"历史局限""缺点"和言行不一之处自有其可理解之处和行为选择的逻辑，其中包含着那个时代众多新闻从业者不得不共同面对的难题、不得已和内在苦衷，但对历史人物给予"同情之理解"或"理解之同情"与对历史事实的是非判断是两个层面上的问题。我们不苛责古人，我们对邵飘萍们的"缺点"和职业表现方面的矛盾深表理解，对他们的内心矛盾、苦衷、不得已深表同情，对其在这个过程中所显现出的爱国救国情怀和对新闻业的挚爱深表敬佩，但这无法改变我们作为研究者据此得出的基本判断，即邵飘萍们的新闻职业化是一种不成熟的职业化，是一种扭曲状态的职业化，其所强调的新闻职业理念是一种尚未与中国近现代知识分子精神特质与报国理想很好结合、无法与中国社会现实和文化传统真正契合的职业理念，也因此，作为职业记者，他们只能算是一种初生代的不完全意义上的职业记者。

就邵飘萍最终表现出的不仅"坐而言"而且"起而行"的现实政治参与热情甚或"入党"等行为选择来看，其与黄远生投身新闻记者职业后相当长一段时间内一直热衷政党活动、与现实政治牵连不断、藕断丝连的情况大体相似，彼此间并无太大不同，只是黄远生热衷的是北洋政府体系内的各种政党与政治活动，甚或一度对袁世凯寄予厚望，抱有极大幻想，而邵飘萍热衷的是与北洋政府反动统治相对立的具有革命性质的进步政治活动，尤其是其后期更倾向于共产党的革命思想与行动。在这个意义上说，邵飘萍和黄远生其实都是一样的，他们同样都热衷于现实政治，同样都怀有强烈的政治参与热情，同样都无法抗拒基因和血脉中涌动着的中国知识分子所特有的精神特质之影响。

在新闻与政治的关系方面，他们这一代新闻记者注定了只能属于新闻史上承前启后的过渡一代。他们已开始了对新闻与政治间关系或自觉或不自觉、或深入或较初步的反思，意识到新闻职业应与现实政治保持一定距离，应该"屏绝因缘，脱离偏移"①，与各种政党脱离关系，完全做到"不党"，认为"一旦加入党派之中，每足以致职务上行动之不活泼"②，甚至认为，对于新闻记者来说，"只许坐而言，不许起而行；若欲起而行，则当辞去新闻记者之职务"③。就这方面来说，他们与前一代报人如梁启超们相较已经表现出很大不同，具备了相当程度的职业自觉意识，在职业独立意识方面已表现出较明显的超越，但与他们之后所出现的记者、报人诸如新记《大公报》的记者、报人群体相较，其职业独立意识与理念显然又要幼稚得多，也脆弱得多。他们宣称要"屏绝因缘，脱离偏移"，与现实政治保持一定的距离，但他们并没有找到与现实政治保持一定距离的清晰、明确的理念体系和可能达成的路径，并没有考虑在与现实政治保持一定距离的情况下如何有效实现其报国理想，也因此导致他们一方面基于职业自觉意识极力强调"屏绝因缘"，强调客观和"第三者之高垒"，试图与现实政治保持一定距离，另一方面基于报国理想又总是压抑不住地要去"起而行"，压抑不住地要赞赏、支持甚至加入其

---

① 黄远生在《少年中国之自白》中写道，当时"举国言论，趋于暮气、趋于权势、趋于无聊之意识，不足以表见国民真正之精神，今吾国言论界之可悲，尚未知至此，然其不可不根本廓清以新民气而葆国光"，"盖国家之基础，窳朽极矣，一摧拉之间便可崩折。故吾人今日以为中国优秀分子，必当分二派努力，一派则实际躬亲政治及社会之事业者，以贞固稳健之道持之；一派则屏绝因缘，脱离偏移，主持正论公理，以廓清腐秽，而养国家之元气"。黄远生在这里显然是在强调主持新闻言论工作者应该"屏绝因缘，脱离偏移"，不应该"实际躬亲政治及社会之事业"（黄远生：《少年中国之自白》，王有立主编：《黄远生遗著》卷一，第8页）。

② 方汉奇主编：《邵飘萍选集》（下），第152页。

③ 肖东发、邓绍根编：《邵飘萍新闻学论集》，第118页。

认为有利于国的"团体"，痛骂甚至"过分"地骂那些其认为有损于国的势力或人物。相对于前一代报人来说，他们虽已有较明显的超越，但他们的血脉中还是保留着相当明显的前一代报人的基因。相对于他们之后的记者、报人来说，他们虽具备了对职业独立、职业自尊等的向往与追求，但由于现实政治、社会环境的限制和其职业意识的幼稚、不成熟，这种向往和追求似乎只能是模糊和不清晰的。

就职业认知来说，他们身上所表现出的承上启下的过渡色彩也很明显。就黄远生的情况来看，他投身记者职业的最初时期，并未意识到报纸的新闻纪事功能，在他的心目中，中国本"为议论文章之国"，"议论文章"为构成"国家之元素"①，因此"立谈""发挥公论"无疑是报纸最天然、最自然而然的责任和义务。这种认识显然与清末政论报刊时代的报人对报刊功能的认知无异。一直到其宣布"不党"通告之后，对报刊功能的认知才出现了变化，在强调言论的重要性之同时，他开始意识到了报刊"纪事"功能的重要性，认为报刊应更重视事实的真实记述与呈现，不要"急急于有主张"或"妄发主张"②。即使如此，就其对此问题的认识和表述的充分性和明确性来看，也不能不说相当模糊，其所使用的话语也非现代新闻学层面的专业性话语。

在此方面，邵飘萍无疑显现出相对于前一代报人的很明显的进步，也显现出与同时代的黄远生的很大不同。虽然其新闻记者职业生涯中存在不少言行不一之"缺点"，其对新闻职业的许多认知和理念在其新闻实践中并未做到；虽然其对新闻职业的认知中强调更多的似乎是自由和不受压制，是勇敢无畏，是平社会之不平，存在过分强调自由放任、不受任何约束之嫌；虽然其新闻职业认知系统大部分属于一种外在于其自身的概念与知识系统，是他对经由日本搬运

----

① 黄远生：《少年中国之自白》，王有立主编：《黄远生遗著》卷一，第8页。
② 黄远生：《本报之新生命》，王有立主编：《黄远生遗著》卷一，第77页。

而来的西方新闻专业理念的生吞活剥，并未真正内化为能指导其新闻职业行为的有机性力量，也未与中国传统文化精神与现实土壤有机结合，但他毕竟非常充分地认识到了"新闻"的重要性，非常明确地强调了报纸应以"新闻"为本位，并在这种新闻本位理念下阐述了与新闻纸、新闻记者、新闻工作有关的一整套职业认知与理念体系，这种具备一定专业水平的认知虽然在实践中并未完全做到，但毕竟极大超越了其之前的清末政论报纸时代的报人，且为之后出现的新记《大公报》记者、报人群体将现代新闻专业理念与中国知识分子的精神传统与现实土壤有机融合发了先声，奠定了基础。正是在这个意义上说，黄远生、邵飘萍是中国近现代新闻史上承上启下的一代。

　　就内心职业体验来说，无论是黄远生，还是邵飘萍，他们的新闻职业生涯中无疑都充满了矛盾、痛苦和无奈。黄远生的矛盾、痛苦和无奈从其短暂的新闻生涯中与政党、与现实政治之间"剪不断理还乱"的牵扯不清的关系即可看出，从其论及政治和言论界的诸般不如人意的乱象与问题时具有悲情色彩的报刊文字即可看出，从其与现实政治完全决裂后痛彻心扉的"忏悔"中更可以看出。邵飘萍的新闻职业生涯看似一直充满源源不断的热情、激情、英雄豪情和战斗性，但从前文述及的其记者生涯中存在的诸多思想情感矛盾、诸多不得已与无奈可以看出，其外在表现背后隐藏着的其实是一种面对难以撼动的现实时的苦闷与无奈。这种苦闷和无奈，既来源于面对"危机四伏""陷阱满前"，不得不日日"在万丈悬崖之巅驰其摩托"之现实；来源于面对各种强权与恶势力只能"徒张空拳""多方树敌"，使自己置于"至危之道"的不得已[①]；也来源于其对新闻业整体进步充满期待与热望，却迟迟看不到新闻业"顿改旧观"、摆脱"幼稚腐败"之面貌时的内心无力。因此可以说，内心的压抑、苦闷、矛盾、纠结、无奈、不得已，是这一时期所有职业记者们共同的职业心理体

[①] 肖东发、邓绍根编：《邵飘萍新闻学论集》，第7页。

验。这个时代的职业记者注定了是充满悲剧色彩的一代，除非自甘堕落，随波逐流，以报刊为过渡宝筏和骗取津贴的手段，或以报刊为堕落文人吟风弄月的工具。

这一时期的职业记者何以会显现出如上所述的职业心理状态呢？这既与这一时期自由新闻体制与言论禁锢政策并存、民主共和制度与军阀专制独裁交错的时代背景与社会大环境有关，也与社会经济、文化教育水平等整体比较低之情况下新闻业的发展困境与困难有很大关系。

就时代背景与社会大环境来说，一方面辛亥革命获得成功，民主共和理念深入人心，自由新闻体制得以确立；另一方面革命胜利果实很快被袁世凯等各派北洋军阀势力窃取，专制独裁的本性使得他们虽然不敢完全废除与自由新闻体制有关的法律，却想尽办法采用各种办法对自由新闻体制进行扭曲和破坏，对报纸及新闻言论进行禁锢、限制、压迫甚或摧残。自由新闻体制及相应的理念，使得这一时期的记者、报人自我意识"膨胀"趋向明显，对自身职业角色与身份地位的认知出现偏差，片面强调自身"布衣之宰相，无冕之帝王"之地位，拒绝一切约束与管理（这一点从民初的"暂行报律"事件即可看出），在具体的新闻实践中片面追求放言无忌，绝对自由。这种角色认知导致其常常对政府采取一种天然的对抗姿态，以敢于对各种政治势力进行无惧无畏、淋漓尽致的痛骂为职业荣耀①。这种情况一方面加剧了新闻记者职业环境的险恶程度，常常给政府对新闻业进行压制甚或摧残提供了口实，另一方面也导致政府和各种政治势力鉴于报纸和新闻记者大而可畏之势力而采取收买报纸、报人或直接创办御用报纸之方式，使新闻业内生态出现恶化，各种自甘堕落的报纸、报人大量出现。更何况，各派北洋军阀势力基于其

———————

① 这种自我意识膨胀也会蒙蔽记者报人的心智，使其难以冷静下来深入思考自身职业角色与职业边界。

专制独裁之本性原本就不会允许自由新闻体制正常存在,必然会想尽办法对报纸及新闻言论进行压制和摧残。这一切,就使得这个时期的新闻业职业化只能属于一种非正常状态的职业化,是在非正常的、被污染、被毒化的社会土壤上发育和成长起来的职业化。这样的职业化必然是畸形的。而无论是黄远生,还是邵飘萍,都是在这样的社会氛围和现实土壤中成长起来的,因此其职业生涯、职业认知、职业心态必然表现出与这个时代的社会大环境相一致的不完全、不成熟和悲剧化之处,他们必然是或与政治势力不得已妥协,或永远采取"抗争的态度"①。而无论是妥协,还是抗争,最终都只能面临悲剧化的结局。

就这一时期新闻业的整体发展水平及其所面临的困境与困难来说,由于当时社会经济发展水平相当低,工商业不发达,交通不便利,教育不普及,绝大多数社会大众文化水平很低,再加上缺乏新闻业健康、繁荣发展所需的政治法律环境作为保障,因此导致这个时期新闻业的整体发展水平较低,报纸难以依靠自身独立经营维持生存,只能或依附于政府、党派或其他政治势力而存在,或以激烈抗争的姿态和尽可能"出格"的新闻言论博取社会关注,或利用不同政治势力间的矛盾与相互制约寻求自我保护,在不同政治势力之间走钢丝,或取消社论和论说栏目,以客观记载无关政治敏感话题之新闻为主,最多偶尔发一些不痛不痒的短评,或自甘堕落成为靠津贴生存之报纸,或远离政治社会议题,成为迎合读者低级趣味的"黄色小报"。

了解了当时新闻业的整体生态和发展水平,也就能理解黄远生何以会与政治之间表现出那样的"剪不断理还乱"的状态,何以会明确宣告要远离政治,要与有党派背景的报纸脱离关系,但最终仍未完全脱离党派报纸,甚或在不自知的情况下懵懵懂懂担任了袁世凯

————————
① 散木:《乱世飘萍——邵飘萍和他的时代》,第391页。

御用报纸《亚细亚日报》的总撰述，导致其新闻记者生涯沾染上了几乎无法抹去的污点，其最终被刺殒命也不能不说与此有一定关联。了解了当时新闻业的整体生态和发展水平，也就能理解邵飘萍何以会极力保持一种对一切"恶势力"的毫不留情的放言无忌与痛骂之态度，甚至常常攻讦他人阴私；何以会明确反对接受津贴之报纸却在自己的新闻职业活动中不得已接受他人津贴，甚或不得不走"险棋"，依靠骂军阀恶势力来逼迫其给钱以解决自己报纸的经济问题；何以会常常对新闻业的"幼稚落后"状况忧急有加。

　　总之，这个时期的记者，无论是黄远生，还是邵飘萍，虽然以其各自不同的探索开启了中国近现代新闻史上记者职业化的新时代，但由于社会大环境的限制、新闻业内部生态和其各自从业环境、性格特点等的影响，他们内心的职业体验注定了是矛盾的，纠结的，充满苦闷、无奈与不得已的，他们的职业化注定了是不成熟的、扭曲状态的职业化，他们最多只能被称为"初长成"甚或"未长成"的职业记者，他们的新闻生涯也注定了是悲剧性的。然而，正是在他们的发展基础之上，才有了之后以新记《大公报》的创办为标志的新的记者、报人群体的出现，以及与之对应的将西方新闻专业理念与中国知识分子精神传统有机融合的、蕴含了中国知识分子精神气质的新闻职业理念的形成。

第二章 以报为业：报业家的职业期许与追求

引言 报业家群体的产生与职业追求

民国初年的新闻职业化趋势中，在职业记者横空出世、初露峥嵘的同时，一批对办报情有独钟，以办报为营业之一种，又具有程度不同的社会关怀与理想的报业家逐渐开始育化、成形，并于20世纪20年代中前期脱颖而出。这部分报业家多出现在一些以营业为目标的商业性报纸内，这些商业性报纸或为清末已创办的民营报纸在民国时期的继续发展，或为外国人创办的商业性报纸产权转移于国人手中后的进一步发展。不论属哪种情况，民国初期，借助当时一定程度的新闻自由空间，这些报业家大都在将办报作为一种事业，注重报纸的社会监督、引导与服务职能之同时，在报纸内部实行企业化方针与经营策略，从而使所办报纸发展成了"事业本位"与"营业本位"得到较完美结合的"企业化大报"。换句话说，这些报业家最鲜明的特点是，以投资办报为事业，同时具有较强烈的社会关怀，与中外新闻史上那些纯粹的商人办报有很明显的不同。

邵飘萍《新闻学总论》中就曾说,"现代新闻事业之潮流,一方日趋重于新闻消息,一方又日趋重于正当的营业。以营业所得之利益,维持发展其机关,欲从营业本位而达于理想的新闻事业之境域。其手段则利用社会公器以打倒机关新闻,标榜严正中立,以博社会多数之信仰。"[1]邵飘萍此处所说的"现代新闻事业之潮流",在民初诸多"企业化大报"身上均有较明显的体现。这些报纸大多崇尚客观、公正、独立,在报纸内容方面,重视报纸新闻报道功能,在言论方面,主张持平理性,不偏不党,在报纸经营方面,注重发行和广告,"按照商品生产和流通的规律来经营报纸,并使其达到一定的规模,成为有相当资本的现代化的企业"[2]。民国初期的报业家群体正是在这样的报纸内部产生的。

报业家群体在民国初期出现后,20世纪20年代中前期至30年代前半期这一时段内一度达到鼎盛。此后,伴随着国民党政权对新闻业的操控与打压,和经过北洋军阀时期新闻业之混乱后新闻人对自身理念、价值、角色的反思、重构与自我想象,及在此基础上出现的新闻社群的重构[3],报业家群体在新闻业范围内的领风骚地位逐渐开始被其他类型的报人如文人论政者和政党报人所取代。当然,领风骚地位被取代,并不是说自此以后报业家群体便无所作为。报业家群体的存续贯穿于整个民国时期,只是30年代前期之后其主流与中心地位相较于之前有所下降,同时,进入30年代后,一些与之前经营"商业性大报"的报业家不同的报业家开始成长起来,他们既重视报纸的经济属性与企业化,又具有更强烈的干预政治与社会

---

[1] 肖东发、邓绍根编:《邵飘萍新闻学论集》,第118页。

[2] 秦绍德:《上海近代报刊史论》,复旦大学出版社,1993年,第109页。

[3] 参见郭恩强《重构新闻社群——新记〈大公报〉与中国新闻业》(上海人民出版社,2013年)与曹立新《世间宁有公言? 从"萍水相逢"悲剧到新记〈大公报〉的新生——以林白水的办报与言论为中心》(《兰州大学学报》2017年第6期)。

现实的意识，其报业经营理念与之前的报业家也有了一定不同，开始具备了世界新闻业的经营理念与视野。

　　需要说明的是，由于民国时期中国社会的整体商业化程度与水平不高，邵飘萍所说的导致"中国新闻事业不发达"的五个方面的主要因素——"教育不普及""交通不便利""政治不良""实业不发达"等[①]一直存在，因此导致"以报为业"的报业家群体的数量与规模并不是太大。在这些报业家中，最著名的主要有史量才、汪汉溪、席子佩、狄平子、黄伯惠、汪伯奇、汪仲韦、汤节之、成舍我等。另外，如果说民国初期的报业家主要集中在上海地区的话，进入30年代后成长起来的报业家所处地域明显开始多元化，且随着国家、民族命运、时局与政治中心区域的变化而不断播迁、流动。民初报业家之所以主要集中于上海地区，与上海当时是全国工商业最繁荣的地区有关。报纸的企业化只能出现在工商业较繁荣的地区。上海工商业的繁荣，为"企业化大报"的产生提供了"物质基础"[②]，进而也给报人实现报业家理想提供了可能。

　　那么，作为以报纸营业为本位又较重视社会关怀的新闻从业者，民国时期的报业家群体究竟具有什么样的职业心态？其对报业的兴趣究竟是如何培育、强化并最终确立起来的？他们究竟是怀着什么样的目的和动机从事报业工作的？在办报过程中，其内心究竟有什么样的梦想、追求、思考和求索？其对报业及对自身所从事的报业工作，究竟有什么样的认知？他们究竟是如何平衡报纸营业与现实关怀之间的关系的？在其报业家生涯中，是否存在着某种内心矛盾、冲突、无奈、遗憾，是否经历过某种内心的挣扎或心路的变化？与其他新闻从业者相较，他们的职业理念、价值诉求究竟有什么样的不同？民国初期的报业家与20世纪30年代后成长起来的报

[①] 肖东发、邓绍根编：《邵飘萍新闻学论集》，第224页。
[②] 胡太春：《中国报业经营管理史》，山西教育出版社，1999年，第54页。

业家在职业追求与价值理念方面究竟有什么样的具体差异？为了更好地认识和把握这些问题，本章特选择史量才、成舍我为代表，试图通过对他们报业生涯中的思想、情感、理想、追求及相关表现的考察，管窥民国时期整个报业家群体的职业心理状态。

史量才是民国初期至20世纪30年代中期以前"中国报界的唯一领袖"[1]，通过他可以透视民国初期至20世纪30年代中期以前的中国报业家们的职业状况与内心世界。成舍我于20世纪20年代中期投身报业，进入20世纪30年代后逐渐成长，以办报为事业，既重视报纸的现实关怀，又以报纸为营业之一种，是民国时期最有影响的报业家之一。通过他，可以了解进入20世纪30年代后成长起来的报业家的职业意识和内心追求的特殊之处，也以此透视民国时期报业家职业生涯与心态和国家前途、民族命运及政治社会生活变化之间相互制约、相互连结的动态而复杂的关系。

第一节　史量才：民初报业家的职业理想与报业认知

史量才于民国初始即投身报业，以强烈的事业心与惊人魄力执掌近四十岁"高龄"的《申报》，使其"老树发新枝"，迅速成长为当时中国的"第一大报"[2]，创造了《申报》历史上最辉煌、最鼎盛的发展

---

[1]《关于追悼大会》，《申报流通图书馆第二年工作报告·纪念史量才先生》，申报馆出版，1935年，第189页。

[2] 谢介子：《世界报界名人来华者之言论丛集及与之感想》，《最近之五十季·五十年来之新闻业》，申报馆出版，1923年，第53页。

时期,也使他本人成为当时"全国人士所公认"的"报界权威"①。当时的老报人胡憨珠在后来所写的《申报与史量才》中说:"若要说起上海'报业'和'报人'的前尘往事,为举世人士所共知的,在报业莫如《申报》,在报人莫如史量才。"②那么,史量才究竟是如何步入报业领域的? 在他整个人生追求与事业版图中,办报究竟处于什么样的位置? 他对办报究竟抱着什么样的态度? 具有什么样的理念? 作为民国时期第一代报业家,他所追求的最理想的新闻业究竟是什么样的? 支撑他办报的动力究竟是什么? 其办报事业与其他事业之间,其报业家身份与其他社会身份之间,是否存在着某种矛盾或冲突? 本节试图对这些问题加以探求。

一、报业志趣的萌生:从"教育救国"到"办报救国"

史量才究竟是缘何投身报业领域的呢? 他究竟是像邵飘萍那样在其求学时期就抱定新闻职业梦想、准备将来在新闻事业领域挥洒激情、大显身手呢,还是因为某种偶然的因素"突然"步入报业领域的? 其步入报业领域的动机和目的究竟是什么呢? 考察史量才投身报业之前的人生成长与发展历程,可以看出,其投身报业领域之前并没有显现出明确的对新闻事业、对报业的特殊志趣,在一定意义上说,其步入报业领域属于其人生与事业发展中的"突然"选择。

史量才1880年出生于江苏省江宁县杨板桥村一个中药店家庭。史量才的父亲虽然开中药店,但他非常希望史量才能沿着传统的求取功名的科举之路发展,因此,他早早地就将史量才送进当地

<hr>

① 《悼史量才》,《晨报》1934年11月14日社论。
② 庞荣棣:《申报魂:中国报业泰斗史量才图文珍集》,上海远东出版社,2008年,封底附记。

一个知名私塾开蒙。史量才也确乎不负其父希望，读私塾期间以天资聪颖深得先生夸赞。1899年，19岁的史量才考中了秀才，但因"冒籍"考试，被降为附生。当时正值戊戌变法之后，受康有为、梁启超变法、兴学、育人才等思想的影响，加上"冒籍"被降的挫折，史量才毅然决定放弃科举之路，与在南洋公学就读的龚镜清、雷继兴等青年同好一起研究日文和理化，准备赴日留学，学习真正对国家有用的"新学"。不幸的是，他家却突遭火灾，火灾后家庭经济面临的困难，使他不得不放弃留学梦想，于1901年考入不收学费、伙食费的浙江三大新式学堂之一——杭州蚕学馆。入蚕学馆虽为他不得已而做出的选择，但"新学堂的学以致用的新式教育使他耳目一新，身心得到极大的解放。强烈的求知欲和自强自立的意识，促使他迫不及待地要建功立业"①。当时他萌生的"建功立业"的途径和方式便是，"自己将来也办这类学校"②。

由于"建功立业"之心情实在迫切，在学校放假归乡期间，他就四处奔走，游说地方人士出资，最终创办起"私立养正初级学堂"，初步开启了其以"建功立业"为目的的办学生涯。1903年，从杭州蚕学馆毕业后，他的办学理想得到更充分的实现。他先是被上海王氏育才学堂聘请为理化教员，一个多月后，他就"赤手空拳"办起了中国第一所女子专科职业学校——上海女子蚕业学校。由于经费较为匮乏，在上海女子蚕业学校创办起来后，他继续在上海王氏育才学堂（不久即改为南洋中学）、江南制造局兵工学堂、务本女校等学堂兼职担任教习。

这个阶段史量才这一切人生努力背后的动机与动力究竟是什么呢？就其个人生活背景与当时所处的思想发展阶段与视野来看，如果说创办"私立养正初级学堂"时，其思想动机与动力还主要停留

---

① 庞荣棣：《申报魂：中国报业泰斗史量才图文珍集》，第9页。
② 庞荣棣：《史量才：现代报业巨子》，上海教育出版社，1999年，第8页。

在希望有所作为的青年不甘平庸、"自立自强"和传统知识分子个人性的"建功立业"之目的与思想层面的话，赴上海担任数个新式学堂教习并创办上海女子蚕业学校之后，其心志和精神中就已明显具有了强烈的"教育救国"思想与社会关怀。当时，正值清末新政时期，对国家、民族怀有强烈责任感的仁人志士纷纷探寻各种扶危救国之方法与道路，"教育救国"便是当时不少人极力主张和探索的扶危救国道路之一。在这样的社会背景与时代氛围下，以培养切实有用的专门人才为目的、醉心办学的史量才，不可能没有更高层面的动机及相应的思想诉求——"教育救国"。

史量才这一时期醉心办学背后的"教育救国"动机与社会关怀，从其在务本女校的学生、章太炎的夫人汤国梨之回忆中即可窥见。汤国梨曾回忆说："我在务本女学肄业，史量才为教师，……他讲课很认真，间或涉及时局和国家大事，则富有正义感。"①史量才当时担任的主要是理化课程的教习，却时常在课堂上谈论时局与国家大事，由此可以推知，当时的他已绝非不关心社会与国家的纯粹的理化教员或者说纯业务工作者，而是一名有社会关怀、心系国运的爱国者了。这一时期他大量接触和结识文化教育界志士仁人，当时文化教育界人士中涌动着的"教育救国"思想必然对他有影响。最初延聘他任教习的育才学堂校长王培孙就是当时上海十分知名的教育家、教育救国者，王培孙的新式教育思想和其中隐含的救国诉求与热忱对史量才的影响相当大。由于育才学堂在培养人才方面非常有成效，许多新式学堂创办者或主事者经常前来观摩取经，史量才藉此又结识了更多身处教育领域的爱国者。

对史量才的教育救国思想产生尤为重要的熏染作用的是息楼。息楼是狄平子在上海《时报》馆开辟的一个专门供来宾及馆内同仁休息和交流思想看法的场所，是当时上海知名的精英荟萃场所和

---

① 汤国梨：《太炎先生轶事》，转引自庞荣棣：《史量才：现代报业巨子》，第17页。

小型"公共领域"。许多思想文化领域的一时之秀经常来往、出入于此，如袁希涛、沈恩孚、黄炎培、张謇、朱少屏、黄伯惠、龚杰、黄公续、叶养吾、熊秉三、叶誉虎、杨白民、杨廷栋等，均为当时上海思想文化领域关心国事、热衷救国的一时俊才，且"由于学界人多，每每多谈学校教学事宜"①。当时的史量才正是经常光顾息楼的宾客中的一员，因此，借助息楼，原本以谋求"自立自强""建功立业"为目标与思想支点而从事的办学活动，开始与"教育救国"的时代潮流汇合。

与办学指导思想的转变与提升相应，史量才的精神气质也发生了从传统向现代的飞跃与升华，由一个虽谋求反叛传统但眼界较狭小、思想较狭隘的青年转变成了一个具有扶危救困、爱国救国之志的仁人志士。这种转变从1905年他与黄炎培等人发起、组织江苏学务总会，1906年与息楼众宾客创办、组织"宪政研究会"，1907年作为江苏铁路公司董事参与为沪杭甬铁路筹资争取自主权的斗争，1910年发起、组织全国农务联合会并被推为总干事，1911年辛亥革命爆发后参加江苏省独立运动等社会活动，均可看出。

综上所述，民国建立之前，他的全部心志似乎都集中在办学上，正如许多人所说，其"最初的理想是教育救国，志在办学"②。甚至，在心怀教育救国理想、热衷办学时期，他还曾有过从事政治活动的心志与努力。他曾参加过的上述能体现其爱国救国思想的诸多社会活动，在一定层面上已经反映出他曾一度热心于政治。上海光复后，他更是直接进入官场，被任命为上海海关清理处处长和松江盐政局长之职，只是在发现自己的性格并不适合官场规则后很快急流勇退而已。既然至民国建立之前史量才尚未显现出对报业的任何

---

① 庞荣棣：《申报魂：中国报业泰斗史量才图文珍集》，第12页。

② 傅国涌：《守护"报格"的报业巨子史量才》，http://www.bullog.cn/blogs/fuguoyong/archives/94197.aspx。

志趣，那他究竟是如何"突然"涉足报业，并一步步变成"中国报界的唯一领袖"的呢？他涉足报业之初和以后的办报过程中所显现出的对办报事业的动机和目的究竟是什么呢？

从表面看，史量才涉足报业确实显得十分突然，连他自己说起时都是用"偶然"一词来描述的："民国肇始，我与申报偶然合作。"①然而，若仔细研究便可以发现，他放弃自己原本醉心的"教育救国"志向，转而投身办报领域，其实有一定的认识基础，同时也是有较为明确、清晰的背景与原因的。从认识基础看，在他"突然"萌发办报心志之前，他对报纸及其社会功用其实已有一定认知了，这一点从清末报刊，尤其是上海报刊的兴盛及报刊社会影响力的日益突显，当时与报刊或报人有关的各种重大事件在社会范围内产生的广泛影响，其作为息楼常客每日必到的忠诚，其与当时著名报人诸如狄平子、陈景韩、包天笑等的密切交往，以及其在《时报》馆的"兼职"经历等就可以推知。

清末十年，一方面出现新闻史上著名的第二次国人办报高潮，另一方面，各种与报刊、报人有关的重大事件，尤其是报案，如"苏报案""沈荩案""民呼报案""民吁报案"等，不断爆出。报业的兴盛和各种与报业相关的事件的频频爆出，一次又一次地向社会昭示了报刊所具有的巨大社会影响力。而从当时史量才作为息楼常客并与众多心怀扶危救国志向的精英人士的交往推想，对这种日益突显出来的报刊的巨大社会影响力，他不可能感知不到，只是这种感知最初的时候尚处于无意识状态，尚没有转化为明确的投身报业领域的职业想法而已。

从史量才与当时报馆中人的个人交往来看，《时报》编辑雷继兴、陈景韩是他在松江的同学、好友，因这些人的介绍，他又认识了《时报》的主人狄平子和另一位编辑包天笑。史量才喜好交际，一旦

---

① 史量才：《最近之五十季·自序》，申报馆出版，1923年。

与这些报馆中人认识,彼此的交往便十分密切、频繁。女子蚕业学校办起之后,由于经费颇为困难,所聘专职教师比较少,史量才就经常请《时报》的几位编辑们去兼课。由于资金拮据,因此他只给所聘的编辑们一半报酬,另一半由他替编辑们编写稿子作为交换。与编辑们的交往本身已在不知不觉中增加了史量才对报刊及报馆工作的了解,替编辑们编写稿子,更是进一步加深了他对报刊工作的认识。

在与报馆中人的频繁交往过程中,对史量才认识报刊乃至"突然"投身办报领域影响最大的要数狄平子。史量才研究专家庞荣棣就曾明确说:"《时报》对史量才走上报界有着举足轻重的作用,总经理狄平子对他同样有着重要的影响和启发。"[1]狄平子是一位世家子弟和名士,又是举人、报人、党人、才子。他英俊潇洒,风流倜傥,诗文书画兼通,同时又热情好客,交游广泛。与狄平子认识后,史量才对其十分仰慕。他之所以每日必到息楼,仰慕狄平子的学识和为人,是重要原因之一。在与狄平子的交往中,因狄平子的身份为报人,交往地点又经常在位于《时报》馆二楼的息楼,因此,他们的交往过程中必然会有意无意间传递给史量才关于报纸及其工作的诸多印象和知识[2]。

从史量才投身报业时所处的背景和其对救国道路的探索历程看,他与《申报》的"作合"、投身办报领域的时间是1912年九月至十月间[3]。这时民国虽已成立,但政权很快落入袁世凯之手;许多清朝的巡抚摇身一变披上了民国新督军的外衣;革命者迅速分化,或向袁世凯俯首帖耳,以谋取一官半职,或组成众多党派,为争夺各自党

① 庞荣棣:《史量才:现代报业巨子》,第27页。
② 庞荣棣:《申报魂:中国报业泰斗史量才图文珍集》,第30—31页。
③ 史量才从席子佩手里购买《申报》的合约签订时间是在1912年9月23日,正式移交是1912年10月20日。

派利益互相争斗。政局的混乱和革命者的分化乃至堕落，使之前为了救国曾在办学之余参加过相关政治活动的史量才大失所望。在这种情况下，他遂开始重新思考和选择自己的救国道路。

　　政局的令人失望和史量才已有过的官场经历，显然已将借助政治活动救国这一选择从史量才的救国选项中删除了。而"教育救国"、办学堂，在报国心志愈来愈迫切的他看来，收效无疑"太缓慢了"[①]，而根据他已经获得的对报业的认识和对舆论界在民国建立后一日千里的发展势头的观察，他开始认识到，办报才是收效最快、见效最广的强有力救国选项。在这样的认识转变背景下，从"教育救国"毅然转向"办报救国"，投身办报事业，也就是自然而然的了。当然，对当时"民气方张"之形势的认识和判断，也是史量才选择"新闻救国"道路的重要原因之一。在《最近之五十季·自序》中，史量才曾说："民国肇始，我与申报偶然作合。时民气方张，舆论界之精神为之一振，申报亦奋其老马千里之志，愿为民国驱驰。"在这个意义上，可以说，史量才之所以"突然"转向"新闻救国"之路，与其投身办学和参与社会政治活动时期早已显现出的擅于审时度势、明敏干练、勇于决断等性格因素也有不可忽视的关系。

　　必须指出的是，与邵飘萍的"新闻救国"理想一样，史量才投身办报事业的"救国"动机也是后世研究者通过对史量才报业生涯的动机分析而获得的一种概括性认识，属于一种基于后世视角的盖棺论定，史量才本人并未留下关于自己当初投身报业的动机与认识等的较为直接的文字表述。尽管如此，用"办报救国"一语来概括史量才投身报业领域的思想动机，仍可以说是较为准确的。

　　这一点，只要从史量才后来描述其办报思想与宗旨的片言只语和当时同人对其办报职志的认识与回忆中即可看出。从前面引述

------

①顾承卫等：《新闻巨擘史量才的传媒观探析和启示》，《西安电子科技大学学报（社科版）》2006年第3期。

的史量才在《最近之五十季·自序》中所说的"民国肇始，……申报
亦奋其老马千里之志，愿为民国驱驰"之语中"为民国驱驰"几字中
即可感受到其以办报"救国"之意。在申报流通图书馆一周年纪念
册序言中，史量才曾说:"我国崇儒道，而史在官府;及其弊也，治化
集于廊庙，文艺私于学者，以揆兹今通俗之说，几不可通;积弱所在，
其在于此。迨海通以还，往失可鉴，发扬民智，唯恐不逮，即凡申报
六十余年来论政事，蒐史料，兢兢业业，排日无间于之者，亦正尽其
发扬民智之能事而已。"[1]这里说到的办报目的虽然为"发扬民智"，
但"发扬民智"的办报目的显然基于对国家"积弱所在"之认识而来，
由此可进一步感知到史量才投身办报事业的救国意旨。另外，史量
才在对《申报》同人谈及自己办报目的时也曾说过，自己办报"非为
私，而为社会国家树一较有历史之言论机关"[2]。从此语中同样可以
感受到其投身办报的救国成分与意旨。

　　从当时同人对史量才办报职志的认识、回忆也可以明显感知
到史量才以办报扶助国家、监督启导社会的救国志愿。史量才被害
后，《申报》同人撰写的《史先生传略》中就曾说:"先生独着眼社会事
业，以为一国之兴，文化实其基础;而促进文化，尤以新闻为前驱，遂
以民国二年接办申报。"[3]瞿绍伊在其撰写的《史先生办报之志》中
也曾说:"先生之事业，初非涉于个人，而萃精荟神于社会国家。……
孳孳为社会谋福利，尽国民之天职。……一本良心，监督启导，博得
社会之信任。"[4]在史量才被害后的追悼大会上，赵叔雍说:"史先生

---

[1]《史先生写在本馆一周年纪念册上的序》，《申报流通图书馆第二年工作报
　　告》，申报馆出版，1935年。
[2]瞿绍伊:《史先生办报之志》，《申报月刊》第3卷第12号《追悼史总经理特辑》，
　　1934年12月15日。
[3]申报馆编印:《申报概况》，1935年5月，收藏于中国人民大学图书馆。
[4]瞿绍伊:《史先生办报之志》，《申报月刊》第3卷第12号《追悼史总经理特辑》，
　　1934年12月15日。

开始办报是在民国元年,那时一般人对于报纸差不多看作一种公文和零碎事项的记载,很少注意;但史先生的见解却不同,他很感觉到教育的重要;教育需要舆论的提倡,于是他不顾人的讪诮,从事新闻事业了。"①马荫良、储玉坤数十载后的文章更直接地说出了史量才最初办报的"救国救民"之旨②。

当然,需要强调指出的是,史量才的"办报救国"是在认识和坚持报业自身独立性的基础上,主张以"报业"特有的方式实现救国之志,因此,其"救国"目的与诉求,不会像清末"报人"的救国之志那样,牵制和消解其对办报职业的价值认同。在这一点上,史量才与邵飘萍是十分相似的。

二、"突然"投身但非三分热情: "爱报之心甚于生命"

最初丝毫未显办报心志、"突然"涉足报业的史量对办报工作是否全身心投入? 其对办报工作是否只显现出三分热情,热情过后很快便提不起兴趣,甚或像部分早期报人那样弃报而去呢? 在他整个人生追求与事业版图中,办报事业究竟处于什么样的位置? 他对办报究竟怀有什么样的态度和职业情感呢?

张竹平在《申报》发行二万号纪念演讲中曾非常动情地说过这样一段话:"顾今馆主爱报之心甚于生命,赖乎平日个人之信义,得

---

① 赵叔雍:《追悼大会上的演讲词》,《申报流通图书馆第二年工作报告·纪念史量才先生》,第196页。

② 马荫良、储玉坤在《史量才接办申报初期史料》中说:"从他的早期经历看来,可知史量才所受的基本上是封建教育,但也受到西方资本主义文化的启蒙,使他向往西方资产阶级的自由民主,并认为救国救民之大道,在于兴教育、办报纸,把'启迪民智'视为'当务之急'。"(《新闻与传播研究》1980年4期)

友朋助力而竟与之。当此累累盈握之庄票面交检察官也,手不期而颤,旁观亦愤形于色。在当时一般人揣测本报必不能忍受而履行……初不料,今馆主只知有报,不知其他,仍得与同人力行不替也。"①此段话描述的是史量才在接办《申报》后突然遭受剧创深痛时的情景。1912年史量才与席子佩签约购得《申报》产权后迅速采取一系列有效措施,使得《申报》在短期内即显露出勃勃生机。然而,令史量才没有料想的是,1914年,席子佩突然向公共租界会审公廨提出控告,认为当年他转让给史量才的只是申报的产权,而报纸还有版权,因此,要求史量才赔偿;租界会审公廨在判决中偏袒席子佩,判令史量才赔偿席子佩25.5万两银子(后经上诉挽回了4万两)。张竹平的这段话就是对当时情景的追述。

对一个心怀"救国"理想,好不容易拥有了自己的报馆,准备雄心勃勃大干一番的人来说,这样的事无异于"天外飞来之奇祸",尤其是二十余万两银子的赔偿,无异于天文数字,对史量才的打击几乎是摧毁性的。张默在《六十年来之申报》中曾说:"当时申报当局愤极,几欲抛弃其三年来经营之心血而去,经同人等激以忍辱奋斗,必可补偿损失……塞翁失马,焉知非福。"②从张默此段记述可以想见此事对当时的史量才精神与心理的打击之程度。宋军在《申报的兴衰》中也曾说:这种情况对"当时尚无足够财力的史量才来说压力十分沉重,几欲抛弃三年来的苦心草创,从此不干。后来觉得弃之可惜,任何事情总是开头难,于是决心把报纸办下去"③。

史量才究竟是因为同人"激以忍辱奋斗,必可补偿损失"等劝导,还是因为自己对办报事业的不舍之情,最终扛住了巨额赔款的打击,决定把报纸办下去的呢?关于这个问题,若能回归到当时的

①转引自庞荣棣:《申报魂:中国报业泰斗史量才图文珍集》,第60页。
②《申报概况》,申报馆编印,1935年。
③宋军:《申报的兴衰》,上海社会科学院出版社,1996年,第87页。

历史情景，必可推知，抛弃自己三年来心血之念头在那样的情景之中一度闪现，应该是自然的，但出现这样的念头未必就意味着真的准备抛弃，它很可能只是人在"愤极"状态中的一种情绪发泄与排解方式。既然只是一种情绪发泄与排解方式，当报馆同人"以忍辱奋斗，必可补偿损失""塞翁失马，焉知非福"等对其进行劝导时，必然会起到一种帮助其舒缓情绪、平息愤怒、坚定信心的作用。基于这样的分析，在回答究竟是史量才对报纸的热爱还是同人的劝导对其终未弃报产生了作用之问题时，笔者宁愿相信，两种因素都产生了作用，但最终起到决定性作用的，是史量才对办报事业的热爱。

从史量才接办《申报》后所遭遇的这场意外打击可以看出，史量才涉足办报领域在其人生发展历程中虽然显得很"突然"，但在他正式投身办报领域后却很快对自己选择的办报事业表现出非常强烈的令人惊异的感情。也正是在此意义上，张竹平才会满怀深情地说出"今馆主爱报之心甚于生命""只知有报，不知其他"等话。当然，张竹平所说的"今馆主爱报之心甚于生命"等语，肯定不仅仅是针对这一件事说的，它反映的应该是张竹平对史氏此前十多年办报生涯的总体认识与评价。以张氏追随史量才十多年，为史量才最为倚重的膀臂等情况来推想，他对史量才"爱报之心甚于生命"的评价，应该不是虚言。从史量才自己留下的相关文字中同样也能感受到其对报纸的态度与感情。在《最近之五十季·自序》中谈到办《申报》过程中的艰辛时，史量才就曾说："人纵视为无足轻重之事，而在亲历其境者，若有无穷之情绪不能尽举以告人。无他，周旋久而感情深，更事多而感慨系之矣。"①爱报之心如此深切，如此强烈，说其对自己"突然"选择的办报事业已具备相当程度的认同，就完全是可以站住脚的了。

史量才对报纸的热爱乃至认同也可以从其接办《申报》之初重

---

① 史量才：《最近之五十季·自序》，申报馆出版，1923年。

金收买过去四十年的旧《申报》这件事中深切感受到。接办《申报》不久,史量才发现创办历史已达四十年的《申报》自己的报馆内竟未存留一份,他非常痛心,立即决定不惜重金征收1872年《申报》创刊以来的全份《申报》。为了实现自己的心愿,他怀着对此事的极大重视和诚心,反复在报纸上刊登广告。他的诚心和重金征收行动中所隐含的对办报事业的情怀最终感动了沪南的一位老先生。这位老先生"断定这位征收者必有着不凡的抱负"①,因此,将自己订阅、收藏了四十年的《申报》(仅缺七张)全部奉出。这种重视对所办报纸自身历史及相关资料的整理、留存之行为,虽是基于史量才办报生涯中的"史家"情怀和对报纸历史功能的重视,但若能换一个角度看,不能不说,该行为中其实也透射着史量才对自己所办报纸及办报工作本身的价值认同。这一点,只需将史量才的这种行为与当时及后世那些在办报过程中从未想到留存所办报纸、整理所办报纸之历史的办报者相比,便会获得更清晰的认识。

与重金征募全套报纸所隐含的价值诉求相似,史量才非常重视在报纸发展的每个重要"节点"举办各类纪念活动。如在报纸发行到一万号、二万号,报纸创刊满五十周年、六十周年等日子,史量才都曾举办过大型的纪念活动。这些活动一般都包括搜集、整理报纸发展中的历史资料,总结、追忆报纸工作中的酸甜苦辣等环节。这种资料搜集、整理活动与追忆、总结活动所产生的成果大都以纪念专刊或特刊的形式得以反映并留存。尤其是在报纸创刊50周年纪念时,他更是以极大的魄力和超人情怀,邀请海内外知名专家学者,同时动员全馆同人,编写、出版了一部包括三编内容的大型百科全书式著作《最近之五十季》。虽然该著作的三编内容中只有第三编专门涉及报纸——即"五十年来之新闻业",但整个书的编写、出版却开宗明义地申明是为了纪念《申报》的,即如史量才在该书《自序》

----

① 庞荣棣:《申报魂:中国报业泰斗史量才图文珍集》,第51页。

中所言,此书之诞生,"盖为申报而作也"①。

　　梁启超曾经说,世界上的各种"祝典"、纪念活动一般都是为了"记已往,振现在,厉将来",这种"祝典"与纪念活动往往与"历史的思想,精神的教育"和"爱团体、爱事业之感情"相关联②。按照梁启超的观点,结合笔者认识,可以说,对一项事业或工作的纪念,既有助于培育和增强从事该事业者对其事业或工作的感情,促进其对该事业或工作的价值认知,最终促使其产生对该事业或工作的价值认同,同时,这种纪念活动之举办本身,也反映出举办者对该事业或工作的内在价值之认同。从这个意义上来看,可以说,史量才对《申报》发展过程中每个重要"节点"上的纪念活动的重视,从另一个角度反映出其对自己所从事的办报事业的高度认同——一种价值层面上的认同。

　　史量才对办报事业的珍视与认同,还可从其投巨资修建《申报》新馆这件事中得以窥见。1915年史量才还清因席子佩的官司而不得不偿付的巨额债务不久,即开始斥资70万筹建申报馆大楼。经过三年的紧张施工,一栋占地736平方米、建筑面积达3680平方米的欧式报馆大楼,于1918年"双十节"前落成,并于"双十节"举行了盛大的大楼落成与乔迁庆典。该大楼结构崇闳,气派不凡,完全可谓"世界一流"。这一点从当时印发的《申报馆纪念册》中的许多颂词和随后来访的一些世界著名新闻家们参观时的赞语即可感受到。

　　上海总商会在为申报馆大楼落成写的颂词中赞叹说:"……结构崇闳,建春申浦共和旗而独立。气象轮奂,与华盛顿自由厅而争辉。荀子曰:美意延年。庄子云:美成在久。若是者可谓二美合具,

---

① 史量才:《最近之五十季·自序》,申报馆出版,1923年。
② 梁启超:《本馆第一百册祝辞并论报馆之责任及本之经历》,《中国新闻史文集》,第43—44页。

延年而在久矣，其为中华报章之师法也。"①陈景韩在为大楼落成写的《双十节申报新馆落成赋》中也赞叹说："……览气势之辉煌兮"，"漫拾级以叩扉兮，知群英之翠聚"，"凭朱栏而望全宇兮，忽念苌弘之碧血，一时不觉灯火为之失明，天地为之顿窄"②。

密苏里大学新闻学院院长威廉博士来华访问赴《申报》参观时赞叹说："此次游历各国虽多佳处，但报馆能如贵馆者实不多觏。"美国新闻学家、《泰晤士报》记者麦高森来访时说："予当敬祝贵报成效卓著，不特在中国堪称第一大报，即于世界各国，似贵报规模之宏大者，殊不多见。"世界报业泰斗、《泰晤士报》主人北岩勋爵参观《申报》馆时说："'百闻不如一见'，此次广观贵国情形，对于贵馆方面，深抱乐观。"③

早期《申报》主笔雷瑨也曾在回顾报纸初创时期办公环境的狭小恶劣基础上说："鄙人完全脱离报界已逾十年，……偶独游春江畔，徘徊于申报馆旧址，早已房屋变迁大有沧桑之感。而迤东转角处，重楼高耸，气象巍峨，即为民国时代重建之申报馆。以外表觇之，已令人耸然惊异。"④由此亦可进一步推想史量才倾力打造的这栋报馆大楼的王者气象。

从这座世界一流的报馆大楼的修建，可以充分感受到史量才对办报事业的看重与高度认同。如此说的理由很简单：如果一个办报者内心并不真正看重并认同报纸事业，并不想将办报视为终生事业，而只是将其视为其人生过程中某种特殊情境下的权宜之计，或只是想用办报进行某种临时性的投机，或只将办报作为一种政治上

---

① 庞荣棣：《申报魂：中国报业泰斗史量才图文珍集》，第72页。
② 庞荣棣：《申报魂：中国报业泰斗史量才图文珍集》，第73—74页。
③ 谢介子：《世界报界名人来华者之言论丛集及与之感想》，《最近之五十季·五十年来之新闻业》，45—56页。
④ 雷瑨：《申报馆之过去状况》，《最近之五十季·五十年来之新闻业》，第28页。

的"过渡宝筏"的话，他显然不会投入巨额资金修建如此崇闳豪迈、
"气象轮奂"的世界一流报馆大楼；只有那些视报馆为自己真正事
业，决意"将报业进行到底"①，对办报事业真正认同的人，才会不惜
代价，建造报馆大楼。

　　同样的道理，从史量才获得《申报》产权后在设备与技术上的不
断投入，也可看出其对报业的认同。《申报》大楼落成后，在资金尚
十分紧张的情况下，史量才紧接着开始对报馆的设备、技术进行更
新改造。1918年他高价购入了一台每小时可印3万份报纸的美国
最新式印报机，1919年、1922年又添置3台，使印报能力达到了10
万份报纸两小时内即可印完的速度。同时，铸字机、纸版机、铅版机
以及制铜版锌版设备等，也都得到了全面更新。技术设备方面连续
不断、与时俱进的投入，所昭示出的同样是史量才以办报为永久事
业的坚定信心和对办报的义无反顾的决心，也从另外一个角度显示
出他对办报事业的挚爱和认同。

　　此外，能显现史量才对报业的挚爱和认同的又一个重要方面，
是其强烈的事业心和敬业精神。从史量才接办《申报》后的种种表
现看，他虽然在经营管理方面采用的是企业化的方式，但在他的心
中，办报更是一种事业，且首先是一种事业。他完全是将办报作为
自己立身社会、实现自我价值的事业——一种社会事业来做的。在
此需补充并强调的是，史量才不仅视办报为自己的事业，而且在具

---

①庞荣棣在《申报魂：中国报业泰斗史量才图文珍集》中说："史量才不惜巨资建
　造申报新馆大楼，决不只为'以壮观瞻'，而是为《申报》企业化现代化打下牢
　固的物质基础，……也是向社会宣告自己要将报业进行到底的誓言和决心。"
　（上海远东出版社，2008年，第51页）秦绍德在《上海近代报刊小史》中曾说：
　"建造新馆，固然不是为了以壮观瞻，但显示了经营者的雄心和魄力，在社会
　上树起了威望和信任。"（复旦大学出版社，1993年，第113页）

体办报中不辞"险阻艰难"①，"奋力经营"②，不躲避，不妥协，兢兢业业，竭尽所能发展报馆事业，显现出"很强的事业心"③和敬业精神。

雷瑨在谈到《申报》在史量才接办后所获得的翻天覆地的变化时曾经说："非主持其事者有特异才能与非常学识，乌能一跃而遽登峰造极若此耶！"④雷瑨此处主要强调了史量才在办报方面的"特异才能与非常学识"。但若更客观、全面地来看的话，《申报》在史量才手中所获得的翻天覆地的变化，其实不仅仅是因为主持其事的史量才在办报方面具有"特异才能与非常学识"，而且因为其所具有的特异的事业心与高度的敬业精神。

张默在《六十年来之申报》中说："史君入馆后，筹划一切行政事务，并罗致实心办事者数人为助，将馆务次第扩充，……故斯时之申报，更有欣欣向荣，大踏步向上发展之势。"⑤史量才被害后，《东南日报》同人在社论中也曾说：史量才"接办申报，对于报纸之发展，报务之进行，苟属力之所能，无不勉力以赴。……其坚卓之毅力，与敏活之手腕，不特足为我报界中人之榜范，即全国各界各业，亦应奉为楷模"⑥。《申报》的一篇时评中也曾说：史先生主持《申报》以来，"一切艰险毅然处之，数十年来未尝少渝。……盖天下任事，非专不成，先生二十余年，笃志于此，不仅为舆论事业之成功，实且为社会

---

① 史量才：《最近之五十季·自序》，申报馆出版，1923年。
② 伍特公：《墨儒实录》，《最近之五十季》，申报馆出版，1923年，第7页。
③ 曾宪民：《中国报人发展之路》，远方出版社，2003年，第285页。
④ 雷瑨：《申报馆之过去状况》，《最近之五十季·五十年来之新闻业》，申报馆出版，1923年，第28页。
⑤ 张默在《六十年来之申报》，《申报概况》，申报馆编印，1935年。
⑥ 《悼史量才氏》，《东南日报》1934年11月14日。参见《申报流通图书馆第二年工作报告·纪念史量才先生》，申报馆出版，1935年，第271页。

上成功之标准"①。从这些记述中可以看出,史量才在办报方面的事
业心和高度的敬业精神是当时许多人所公认的。

总之,虽然史量才在投身报业之前的相当长人生阶段和求索历
程中并没有显现出明显的办报志趣与强烈的报业理想,其投身报业
不能不说十分"突然",但其正式投身报业领域后,却很快显现出对
办报事业的珍视、挚爱、强烈的事业心、敬业精神和高度的认同。何
以如此呢?若欲探究其原因,不能不说,这是中国近现代新闻从业
者——包括报业家的共同特质,那就是,心怀报国、救国之志,一旦
认识到办报是报国、救国的最有力武器,是其实现报国、救国之志的
有效手段,便会毫不犹豫地全身心投入。

三、"玉碎我也自愿":从报刊功能认知
到"报格"认知

史量才"突然"选择办报事业并表现出对其强烈的挚爱,从动机
与目的层面看,固然是因为意识到办报是报国、救国的最有力武器,
是其实现报国、救国之志的有效手段,然而,若是对报刊和办报事业
本身的功能、价值、性质、特征、品格等缺乏一定程度认知的话,单凭
一腔爱国报国热情,最终也是难以持久的,在办报事业上也难以获
得巨大成功。那么,成长阶段从未显现出报业志趣与理想的他"突
然"涉足报业领域后是否拥有对报刊与办报事业的认知呢?若有,
其认知究竟是什么样的认知呢?

与历史上任何一位获得相当突出成就的办报者一样,史量才在
报业领域取得的巨大成就和其对办报事业的热爱,都是以其对报刊
的一定程度的认知为基础的。这种认知,既是其最初涉足办报领域

---

① 《为本报史总经理致哀》,《申报》1934年11月14日。参见《申报流通图书馆
　　第二年工作报告·纪念史量才先生》,第273页。

的认识基础，也是决定和影响其职业成就、职业认同度与职业忠诚
度的重要因素。当然，与中国新闻教育正式诞生之前的任何其他报
人一样，史量才对报刊和办报事业的认知在其投身办报之前不可能
十分深刻、系统，其对报刊的认知是在其投身办报事业之后才逐渐
获得系统化和深化的。总体上来看，可以说，史量才对其所投身的
报刊事业的认知，经历了一个从报刊功能认知到报刊品格认知的逐
渐发展的过程；他挚爱新闻业，也深知报刊具有多方面的重大社会
功能，但他更重视"报格"，若要让他牺牲报纸品格来办报，他宁愿
放弃。

　　史量才对报刊功能的认知，经过了一个逐渐丰富、深化和清晰
化的过程。从他涉足报业前的情况看，有可能对其报刊认知产生有
形、无形的促进作用的因素主要有，清末十余年报刊日益兴盛和社
会影响力日益彰显的形势，与报刊有关的各种重大事件的日益广泛
的社会影响，狄平子及其所办的《时报》与息楼，与陈景韩、雷继兴、
包天笑等报刊编辑的密切交往等。这些因素一方面使史量才对报
人生活常态、报纸工作方式、报馆基本结构等有了相当程度的认识，
另一方面，使其在一定程度上获得了对报刊的社会功能与价值的鲜
活而直观的认识。

　　清末新政以来，报刊的数量日益增加，其对重大政治事件与改
革问题的反映乃至干预越来越大胆，报刊正日益显现出相当强大的
社会影响力。一方面，各种贪官污吏残民害民的事件在报刊上经常
能得到较充分的反映，另一方面，许多重大政治、外交问题发生后报
界也都能予以臧否和论评，形成不可忽视的舆论力量；另外，各种
与报界有关的事件，如各种报案等，也都能经常见诸报端，使公众
在了解政府对报刊的迫害、压制的同时，从另一角度感受到报纸所
具有的重大力量。报界的情况及其所显现出的社会影响力与功能，
对作为息楼常客且每日必到的史量才来说，不可能没有相当深切的
感受。

　　庞荣棣曾说，由于史量才每日必到息楼，因此，"《时报》创办的经过、关键，他都耳闻目睹。《时报》于1904年为粤汉路建筑权刊发争回路权的论说及1905年报道美人虐待我华工消息的连载，发出国人造国货、买国货的时评，在国人中所起的振奋人心的威力，都使史量才身临其境地体会到舆论的作用远胜过学堂教育"，使他认识到，"一个学堂与一张报纸的功力不可同日而语"[1]。虽然庞荣棣有关史量才早期投身办报之前报刊功能认知的这段话属于一种推断，但这种推断显然是建立在事实基础上的。

　　对史量才报刊功能认知产生更大促进作用的应是辛亥革命的成功。辛亥革命之所以能在武昌城头义旗一举后应者云集，使延续千年的封建帝制很快土崩瓦解，一个很重要的原因就在于报刊之宣传。这一点，孙中山、梁启超等当时的重要人物都曾公开承认过。孙中山在就任临时大总统后曾高度肯定过报刊宣传对革命之所以能迅速获得成功的巨大作用[2]；1912年，梁启超在北京报界欢迎会上也曾说："去秋武汉起义，不数月，而国体丕变。成功之速，殆为中外古今所未有，南方尚稍烦战事，若北方则不劳一兵、不折一矢矣。问其何以能如是，则报馆鼓吹之功最高，此天下之公言也。"[3]不仅孙、梁有此认识，报刊对革命的巨大影响，当时许多人都认识到了，这也是梁启超之所以称"此天下之公言也"的原因所在。既然当时许多人都认识到了，精英荟萃的息楼同仁，包括史量才，自然不会例外。

　　国人对报刊的认知，直到五四时期我国新闻学正式诞生前，都主要停留在报刊功能、作用等认知层面。既然如此，史量才自然也不太可能例外。

————————

[1] 庞荣棣：《史量才：现代报业巨子》，第29页。
[2] 《孙中山全集》第二卷，中华书局，1982年，第495页。
[3] 梁启超：《在北京报界欢迎会之演说词》，杨光辉等编：《中国近代报刊发展概况》，新华出版社，1986年。

那么，当时史量才对报刊功能的认知究竟包括哪些方面呢？虽然史量才未留下相关文字记述或资料，但从当时中国报刊呈现出的主要社会功能和当时报界所推崇的有关报刊功能的阐述来看，史量才当时认识到的报刊功能不外乎梁启超所说的"维新吾国""维新吾民""监督政府，向导国民""第四势力"等。此点从史量才开始办报后的片言只语中即可看出，如在《最近之五十季·自序》中他说，《申报》"愿为民国驱驰"，在其为申报流通图书馆一周年纪念册所写的序中他说，自己之所以"兢兢业业"经营《申报》，主要是为"发扬民智"，在美国新闻学家、新闻出版协会会长格拉士来华演讲后所作的回应发言中他说，《申报》尚在"劝导舆论"阶段①。这些片语只言中所显现的对报刊的社会功能的认知显然具有梁启超的影子，由此亦可以推想其投身报业前有关报刊功能认知的基本面相。

投身办报事业之后，史量才的报刊功能认知获得进一步的丰富和深化。概括来看，这种丰富和深化主要表现在对报刊所具有的新闻传递功能、历史功能、其他社会职能的全方位的认识。

就新闻传递功能来看，从史量才先后聘请黄远生、邵飘萍任北京特约记者、驻京特派记者和慨然同意邵飘萍增加专电字数之要求②，即可看出其对报刊应具有的新闻传递功能及其重要性的充分认识。史量才对报纸新闻传递功能的充分而清醒的认知，也可从其回答密苏里大学新闻学院院长威廉博士"中国办报除经济外其最困难之点何在"之问题时，认为"最困难之点"在于中国"新闻界尚少忠

---

① 谢介子：《世界报界名人来华者之言论丛集及与之感想》，《最近之五十季·五十年来之新闻业》，第52页。

② 邵飘萍《我国新闻学进步之趋势》中说："当愚之继黄君远生而为《申报》北京特派员也，在沪商议之顷，即先提出增加专电之请。申报社慨然允许之，……"（肖东发、邓绍根编：《邵飘萍新闻学论集》，第213页）当时专电费用昂贵，增加专电意味着办报成本会较大增加，而史量才能够慨然允许增加，说明其对报纸的新闻功能的深刻认识和重视。

诚之通讯员",故使消息的"抉择"非常困难这一回答中得以窥见①。在"申报发行二万号纪念"中,史量才曾有"非借镜报纸又将何从得其消息耶"之语②,从这句话中可以更明显地看出其对报纸的新闻功能的重视。

就报刊的历史功能来看,史量才非常重视并强调报纸的历史保存功能,"把报纸看成现代的史记,认为今日的新闻明日将成为历史"③。他曾明确指出,"报为史家之别裁,编年之一体"④,"日报者,属于史部","盖历史本为人类进化之写真,而此(指日报)则写真之程度,且更超于陈史之上,其所以纪载行迹,留范后人者,又与陈史相同"⑤。既然认为报纸是"史家之别裁""属于史部",报人就应"以史自役"⑥,力求新闻记载的真实、全面、翔实,发挥报纸保存历史资料之功能,以使"此戈戈报纸或将为修史者取材"⑦。

在明确认识报刊的上述功能并极力强调之外,随着史量才办报生涯的扩展,他对报刊功能的认知越来越丰富,越来越趋于多样化。张蕴和曾追记过史量才对其办报生涯中的各种"罪孽"的陈述。按张的追记,史量才认为自己办报生涯中有很多罪孽:"夫所谓罪孽云者,非仅如社会新闻之诲淫诲盗与代人欺骗污人名誉之类也。报馆

---

① 谢介子:《世界报界名人来华者之言论丛集及与之感想》,《最近之五十季·五十年来之新闻业》,49页。

② 庞荣棣:《史量才:现代报业巨子》,第68页。

③ 宋军:《申报的兴衰》,第63页。

④《史先生写在本馆一周年纪念册上的序》,《申报流通图书馆第二年工作报告》,申报馆出版,1935年。

⑤ 史量才:《申报五十周年纪念》,转引自张育仁:《自由的历险:中国自由主义新闻思想史》,云南人民出版社,2002年,第389页。

⑥ 史量才:《创刊申报年鉴的旨趣》,《申报月刊》第3卷第12号《追悼史总经理特辑》,1934年12月15日。

⑦ 史量才:《申报发行二万号纪念》,《申报二万号特刊》1928年11月19日。

之责,在辨明是非,是非苟稍颠倒,即罪孽也;报馆之责在提倡公道,公道苟不伸张,即罪孽也;国家赖舆论以匡救,苟稍失职,即罪孽也;社会赖舆论以改进,苟稍不力,即罪孽也;它若贫民之如何救济,水旱天灾之如何防救,苟不热心倡导,尽力设法,亦即罪孽也。……报纸之威权愈大,则其所造成之罪孽亦愈大。"①这里说的虽是所谓办报过程中的"罪孽",实际上反映出的却是史量才对报刊应发挥的包括明辨是非、伸张公道、匡救国家、改进社会、倡导济贫救灾、扶危救困等在内的各种社会功能的认知。这种对报刊社会功能的认知可以说是一种全方位的认知。

正式投身办报后对报刊功能的认识逐渐深化和全面化的同时,史量才对报刊和报人的精神品格的认识也开始日渐清晰,并逐渐成为其报刊认知结构中非常重要的一翼。史量才经常告诫其报馆内的同人:"人有人格,报有报格,国有国格。三格不存,人将非人,报将非报,国将非国。"②史量才所说"报格"既包括报纸的精神品格,又包括报人的精神品格。

史量才所强调的报纸和报人的精神品格具体包括哪些方面呢?其所谓精神品格中最重要的便是"独立精神"。他办报最讲求独立精神,痛恶那种无原则、无气节、无"报格"的报纸,坚决反对政治势力对报纸的干预和操纵。他最看重的报刊,是那种具有独立精神与品格,不受强权和社会势力控制和操纵,以自由、独立、理性之精神和理念服务社会、推进社会的报刊。他认为,报纸只有具备独立精神,做到不偏不党,不依附任何集团、党派,不受任何经济力量辖制与挟持,才能充分发挥应有的各种社会功能,履行自身天职。

在与格拉士的会谈中,史量才对格拉士所说报纸只有完全独

---

① 张蕴和:《办报果罪孽耶》,《申报月刊》第3卷第12号《追悼史总经理特辑》,1934年12月15日。
② 王升远、庞荣棣:《史量才的新闻家"私德"观》,《新闻记者》2006年12期。

立才能做到"得惟人民之幸福是谋"的观点非常认同,认为这也正是《申报》和他自己一直勠力追求和坚持的。他说:"敝人办此报,现历十年。……虽十年来政潮澎湃,敝馆宗旨迄今未偶迁。孟子所谓'贫贱不能移、富贵不能淫、威武不能屈',与格拉士君所谓'报馆应有独立之精神'一语,敝馆宗旨似亦隐相符合,且鄙人誓守此志,办报一年即实行此志一年也。"[①]这段话中,史量才对报刊独立精神与品格的认识和重视可谓表露无遗。

　　袁世凯时期,为使报纸归顺他,他大肆收买报纸。试图收买《申报》时,史量才不仅严词拒绝,而且把派来收买他的"臣记者"薛大可痛骂一顿。为了打消读者心中对《申报》可能被收买的担心和疑虑,他专门刊登了一则启事,告诉读者:"本馆同仁,自民国二年十二月接办后,以至今日,所有股东,营业盈余外,办事人员和主笔等除薪水、分红外,从未受过他种机关或个人分文津贴、分文运动,此次来人,为必终守此志。"[②]

　　1932年,《申报》因报道和评论南京中央大学学潮被蒋介石下令"禁邮"。蒋介石后来派人提出三项解除"禁邮"的条件:《申报》时评必须改变态度;陶行知等必须离开《申报》;国民党派员对《申报》进行指导。为了保存继续斗争的阵地,史量才不得不接受前两项条件,但坚决拒绝国民党派员指导。他说,《申报》是自力更生的报纸,倘若政府派员指导,他宁愿将报纸停办。事后,有人问他,何以敢跟蒋介石唱对台戏?史量才说:"《申报》产业属我个人,玉碎我也自愿,苟且取巧,我素耻恶。"[③]

　　从这两件事可以看出,史量才对办报事业虽非常钟爱、珍视,

①谢介子:《世界报界名人来华者之言论丛集及与之感想》,《最近之五十季·五十年来之新闻业》,第49页。

②《申报》1915年9月2日、4日。参见宋军:《申报的兴衰》,第88页。

③夏林根主编:《近代中国名记者》,福建人民出版社,1990年,第140页。

即所谓"爱报之心甚于生命",但他所爱的是具有自由独立精神的报纸;如果这些精神品格无法坚守,他"宁为玉碎,不为瓦全",决不"苟且取巧"。

需要进一步指出的是,史量才不仅认识到报刊和报人的独立精神的重要,对这种精神的理解也非常深刻:他不仅强调报刊和报人在政治思想和价值观念上的独立,而且强调报刊自身经济的独立,并认为经济独立是其他独立得以实现并保持的前提。这也正是他何以一方面试图借办报实现救国之志,另一方面又坚持企业化经营的深意所在。

除独立精神外,史量才对报刊精神品格的认识还表现在其对"新闻家的私德"的强调方面。在《庸报新屋落成纪念增刊》中,史量才曾写过一篇意味深长的贺文,该文鲜明阐述了其"新闻家之私德观"。他说:"新闻家,国医也,黄连苦口而不能死人,一日不死,则国医之重任,一日不容息其肩。吾知报界中不乏年富力强饱学深思之士,当此国病垂危,必能并力同心诊察其症结所在,处方下处,起死回生,挽救浩劫于万一。世俗有言:医家有割股之心,可知医者不仅以诊治为本旨,而要皆以私德为依归。新闻家既为国医,国魂民命系焉,其私德可不重乎? 新闻家私德唯何? 慈、廉、忠、实而已。"[1]可以看出,史量才此处不仅强调了新闻家"私德"之重要,而且指出了这种"私德"应该包含的具体内容,即"慈、廉、忠、实"。

此文中,史量才虽未具体阐述"慈、廉、忠、实"这四种"私德"之内涵,但后世研究者综合史量才办报生涯中的各种言行,对这四种"私德"的具体所指给予了解读,认为,史氏之"慈"指的是对民族命运、国家社稷和百姓生活的关注;"廉"指的是拒绝一切收买,即所谓的"不饮盗泉之水";"忠"指的是忠于国家、民族,同时,忠于新闻事

---

[1] 庞荣棣:《申报魂:中国报业泰斗史量才图文珍集》,第84页。

业；"实"指的是新闻报道要真实、客观、公正①。这种解释应是符合史量才当时认识的。

综上可以看出，史量才对报刊的认知与同时代的邵飘萍相比，虽然在全面性、系统性、学理性方面存在一定距离，但与以汪康年为代表的"第一代报业家"②相比，其进步之处却是明显的；而且，虽然与邵飘萍相较尚存在一定差距，但其报刊认知却不能不说自有其作为报业家的特色所在。这种特色最主要的就是，对报刊独立，尤其是经济独立的真心实意且言行一致的强调，和对报刊所具有的历史保存功能的重视。

四、报业家乎？实业家乎？多重身份间的最爱

如上所述，史量才不仅对办报事业非常珍视、热爱，而且对报刊功能、报人品格等有着自己清晰而富于特色的认知。然而，一个人珍视，喜爱某一个职业的同时，完全有可能同时珍视、喜爱其他职业。那么，对史量才来说，是否如此呢？热爱报刊、从事办报事业的同时，他是否同时热爱并从事着其他职业和社会事业呢？若同时从事着其他事业，他究竟更喜爱哪一个？更认同自己的何种身份呢？

热爱报业的同时热衷其他职业或社会事业之情况，在近代报业发展史上并不稀见，从作为个体的人谋求社会存在与人生价值的最大化实现层面来说，也无可厚非，因此，探求和谈论此问题似乎并无必要，但考虑到对此问题的探究，有助于从一个特殊视角把握一个人更深层次的职业心理，因此，还是很有必要对此问题做一些探讨的。

那么，投身办报事业后的史量才是否专一于报业，是否同时热衷于其他事业及其工作呢？考察史量才当年的职业行为与社会活

① 王升远、庞荣棣：《史量才的新闻家"私德"观》，《新闻记者》2006年12期。
② 樊亚平：《中国新闻从业者职业认同研究（1815—1927）》，第120页。

动,可以发现,其一生事业并非仅仅局限于办报事业。虽然史量才一生的主要成就在办报方面,但他一生为社会做了许多事情,如创办《申报月刊》、编辑《申报年鉴》、创设申报业余补习学校、申报新闻函授学校、申报流通图书馆、申报妇女补习学校等;另外,他还自己创办或与他人合办有汤山兴业公司、上海民生纱厂、中南银行等许多企业,并在很多企业有股份。在他被害后上海81个公团为他举办的追悼会上,上海市市长吴铁城就曾说:"史先生对于上海社会的各种事业,凡是有利于国家社会的,他无不参加、提倡","上海社会上许多事业,因为他的资财来参加、提倡、辅助,发达不少"①。

　　也正因为如此,关于史量才的职业身份与社会角色,后世史家与不同研究者持有各不相同的认识。多数研究者称他为"报人""报王""报业家""新闻泰斗""舆论权威"等②,但也有部分研究者或相关人士并不仅仅认同其报业身份与角色。如夏征农认为:"不能把史量才只局限在'一代报王'上面,他为社会做了许许多多事情,有文化教育事业和其他事业。"③恽逸群也认为:史量才"一身兼舆论权威、金融家、实业家"等身份,同时也是公认的"社会领袖"④。胡太春《中国报业经营管理史》中曾有一句话:"史量才作为一个企业家,十

---

① 庞荣棣:《申报魂:中国报业泰斗史量才图文珍集》,第195页。
② 如庞荣棣认为:史量才"是人们心目中闪闪发光的新闻泰斗"(《史量才:现代报业巨子》,第233页),又是名副其实的"报业巨子""报业泰斗"(《申报魂:中国报业泰斗史量才图文珍集》)。夏林根主编的《近代中国名记者》中,在介绍史量才时也称其为"报业权威",并认为史氏当时以自己的这种"报业权威身份,在社会上享有极高地位"(福建人民出版社,1990年,第140页)。马荫良、储玉坤在其1980年发表的文章《史量才接办申报初期史料》中称史量才为"上海报业的领袖"(《新闻与传播研究》1980年第4期)。
③ 庞荣棣:《史量才:现代报业巨子》,第232页。
④ 恽逸群:《杜月笙论》,陆炳炎主编:《恽逸群同志纪念文集》,上海三联书店,2005年,第498页。

分重视报馆设备更新。"①这句话的重心虽然不在对史量才身份的说明上，但给人的印象却是，史量才虽然在办报，但终究是一位企业家。

后世研究者对史量才职业身份与社会角色的概括与定性，虽然对我们探求史量才本人对其办报事业的认同程度与职业心理没有直接关系，但它提示我们，史量才一生是有多重身份的，不仅仅有"报业家"这一种职业身份与角色。既然在办报的同时，他确实从事着不同的社会活动与事业，有着不同的身份与角色，那么，他究竟更看重哪一个事业，更认同哪一个身份呢？

要回答这个问题，必须回到当时情景中，考察史量才所处时代绝大多数人对其职业身份与角色的认知和他本人对自身职业身份与角色的认知。史量才所处时代的多数人士对他的职业身份与角色究竟是如何认知的呢？从这些认知可以看出，当时的人们更认同他的哪种身份与角色呢？对这个问题，首先可以从其被害后社会各界对其所做的评价或评价中显现的与其身份相关的称谓中考察。

史量才被害后，《晨报》的一篇社论中说："就事实而言之，史氏在中国报界，已为唯一之权威者，殆为全国人士所公认。"②上海各日报访员公会所致的悼词中说："此不仅全国报界同声悼惜，尤以敝会同人顿失导师，悲悼更甚。"镇江《三山日报》与顾祝同共致的唁电中称："先生新闻巨擘，社会重心，伟业高名，震烁环海。"申报馆为其被害所召开的追悼会上，周瘦鹃在声讨"暴徒"刺杀"我报界权威者"之罪孽基础上称："量才先生为当代名流，报界先进。"申报新闻函授学校在其纪念刊物中称史氏为"中国新闻界的权威者"。外国人士及外国媒体对史量才的报界身份更是赞赏有加。苏联驻华大使称："史总经理乃中国舆论界之硕彦。"《东京日日新闻》《大阪每日新闻》称："惊悉中华民国言论界之权威者史量才先生，路遇不幸，……同

---

① 胡太春：《中国报业经营管理史》，第60页。
② 《悼史量才》，《晨报》1934年11月14日社论。

业失此导师，殊深悲痛。"《上海泰晤士报》更是称其为"中国报界领袖""中国之北岩勋爵"①。可见，当时各界人士中的绝大多数视史量才为报人、报界权威，新闻界或舆论界权威，认同的是其在办报领域的职业身份。

从"禁邮"事件中潘公展、朱家骅控告史量才的信和其报告中的用语，也可以说明当时社会对史量才报业家身份的认知与认同。"禁邮"事件中，蒋介石之所以亲手签发命令，批准"禁邮"，缘于上海特别市党部执行委员潘公展和教育部部长朱家骅的联名诬告。潘、朱二人的联名诬告信和报告中说："上海报阀史量才利用他的报业权威，勾结上海一班无聊文人，专做危害党国的事……"②这段话中包含的"上海报阀"一词虽然带有贬损和污蔑史量才的意味，但换一个角度看，从中倒可以看出，在当时许多国民党高层人物眼中，史量才确是一个报人；而且，其中的"报业权威"一词，又更进一步说明，在他们的心目中，史量才这个报人并非普通办报者，而是报业领域的权威人物和领袖。

当然，在史氏被害后的唁电、悼词或纪念文章中也有将史量才视为"社会领袖""文化界先辈""民众导师"者③。不过，严格说来，这

---

① 庞荣棣：《申报魂：中国报业泰斗史量才图文珍集》，第155页、185—186页、190页。

② 庞荣棣：《申报魂：中国报业泰斗史量才图文珍集》，第121页。

③ 苏联塔斯社唁电中称："素仰史先生为贵国文化界先辈、舆论界权威，今遽谢世，举世同悲。"在广东报界公会等团体举办的追悼史量才大会上，西南政务会代表谭惠泉说：史先生"一方以报纸为民喉舌，一方提倡文化事业、社会事业，为民众谋福利。其魄力之大，不愧为民众导师"。在上海市参议会、市商会、日报公会、地方协会等81个公团举办的史量才先生追悼会上，当时的上海市市长吴铁城说："史量才先生是社会的一个领袖……他的影响于国家，影响于社会是很大的。他从事于文化事业……"（庞荣棣：《申报魂：中国报业泰斗史量才图文珍集》，第185页、192—193页、195页。）

些称谓均非对史量才职业身份与角色的定性与认定，而是一种宽泛意义上的综合性社会评价。而且，之所以给予这些评价，在很大程度上也与他在报业领域的贡献与作为有关，也大都充分肯定了其作为报界权威的身份或作为舆论权威的功绩。

由此我们可以得出一个初步结论，对当时的绝大部分人来说，尽管史量才当时确实在同时从事很多工作，但大家似乎都更认同其作为报人或报业家的身份与角色。这种对史量才报业权威身份的来自社会多数人群的认知与认同，必然会对史量才本人的自我身份认同产生积极的作用，必然会强化或加深史量才本人对自己报人或报业家身份的认知和认同。当然，这个结论只是一种合理推断，是否真的如此，还须通过对史量才本人自我职业身份认同的考察来证明。

那么，在史量才同时从事的多种社会活动与工作中，他是否真的更认同自己的报人和报业家身份呢？

由于史量才生前留下的文字较少，尤其是自述其心志、经历的文字更少，因此使得我们在试图探究其对自身作为报人或报业家身份的认同时，发现确实有点无迹可寻。但通过广泛搜集其留下的极少量的文字和报馆同人对其言行的追记，还是能够看到办报在其所有事业中的核心地位及其对办报事业的特殊重视，进而也能感受到其对自己报人和报业家身份的认同状况。

按照张蕴和的追记，史量才在历数其办报的种种罪孽后，接着说了这么几句话："此种种罪孽，绝非出于有心，而每成于不知不觉环境逼迫之中。以如此广大之报纸，如此繁复之人事，日积月累，无意中酝酿此种罪孽者，不知凡几，此非皆余个人负之耶？报纸之威权愈大，则其所造成之罪孽亦愈大。年来余尝思所以忏悔之，然忏悔之道，念佛非所用，小小善事亦无济，因思在社会上做些文化建设等事业。明知不能消减我罪孽,以聊尽余忏悔之心耳。"①这段话非常明白地告诉人们,史量才之所以在办报的同时从事各种社会文化事业,主要是为了"消减"办报过程中存在着的"无意"之"罪孽"。若这段话出于真心,由此显然可以得出这样一个结论:在史量才心目中,他所做的各种社会文化建设事业只是对其办报事业的一种补充。既然是补充,则被补充的事业即办报事业显然是其最看重的事业;既然办报事业是其最看重的事业,报人和报业家身份显然就是其最看重、最认同的身份了。

在《创刊申报年鉴的旨趣》中,史量才说:"国难以后,申报同人感触维殷,激励以起,乃益谋事业之发展, ……外觇时代之需要,内课本身之使命,先有月刊之发行。……以月刊辅日报,乃又益之以年鉴。俾日报月刊为经,年鉴为纬……论时治史者得日报为之备载无遗,月刊为之征引提举,而年鉴则又包日报月刊而增补其未能详于旦夕之间者……求治者以史为鉴,同人则以史自役,容有贡献之处,用为嚆矢之资。"②从这段关于日报、月刊、年鉴之间关系的阐述中,虽然看不出日报、月刊、年鉴三者中孰重孰轻,但其对月刊和年鉴的叙述,却是在"申报同人感触维殷,激励以起,乃益谋事业之发展"这一话语框架中展开的,因此,可以看出,无论是月刊,还是年鉴,都不过是《申报》谋求"事业之发展"中的一环,即《申报》是其整个事业的核心,是其"事业之发展"中的主业,月刊、年鉴都只是其延伸和辅助性事业。

除月刊、年鉴等社会文化事业外,史量才还拥有不少实业。那么,这些实业在其一生所从事的众多事业中究竟处于什么样的位

①张蕴和:《办报果罪孽耶》,《申报月刊》第3卷第12号《追悼史总经理特辑》,1934年12月15日。
②张梓生:《个人记忆中的史先生》,《申报月刊》第3卷第12号《追悼史总经理特辑》,1934年12月15日。

置？他是不是更认同于自己的实业家身份及其事业呢？由于史量才的实业多为与他人合资，一些企业他也只是拥有股份，即使他自己创办的企业，也基本上采用的是总经理负责制，自己很少干预具体事务，因此完全可以说，实业很少成为史量才职业生活和社会活动的中心和重心。史量才为之奋斗的一切事业的核心，是其办报事业。办报事业寄托着他个人的情感、理想和对社会荣耀感、成就感的期待，负载着他作为知识分子的现实关怀和社会担当，包含着他对谋求"多数人民之幸福"的责任意识和使命感。涉足实业，对他而言，至多属于一种"客串"，大概类似于今天许多传媒所实行的多种经营。在这个意义上也可以说，其实业同样是一种对其办报事业具有辅助作用的事业，它能够为其报纸保持经济独立进而保持政治和精神上的独立提供更切实的保障。

　　综上可以看出，办报事业的确是史量才一生所从事的一切事业的核心；虽然他一生涉足诸多活动与事业，包括社会文化事业与实业，但他最喜爱的事业还是报业，他最认同的职业身份还是报人和报业家身份。

　　史量才对其报人身份的认同程度，从《申报》事业当时达到的令人惊异的发展程度和西方报界泰斗、著名新闻家对《申报》及史量才本人的称颂、肯定中，也可推知。

　　20世纪20年代初，《申报》在史量才的倾力经营下已显现出现代报馆的王者气象。借用雷瑨的话来说就是："以外表觇之，已令人耸然惊异，而况内部之组织整齐严肃，规模秩然，其魄力之伟大，资本之雄厚，人才之众多，在上海各报中洵然堪首屈一指。"[1]任何事业本身的兴旺繁荣都必然会催生出从事该事业者对其事业的信心和荣耀感，最终带来其对自己因从事该事业而产生的相应职业身份的认同。密苏里大学新闻学院院长威廉博士参观《申报》后也曾说：

---

[1] 雷瑨：《申报馆之过去状况》，《最近之五十季·五十年来之新闻业》，第28页。

"今日获来贵馆,见一切设备皆甚壮观而有精神,引起一种对于报界之荣光,使人知报之为业,为一种甚有光荣之职业也。"[1]威廉博士这种见过"大世面"的人看到《申报》的盛况,都不由得赞叹有加,且生出"一种对于报界之荣光",作为《申报》主人的史量才以《申报》为荣,并因此产生"报之为业,为一种甚有光荣之职业"的感觉,更是完全可以推知了。既然以办报为"光荣之职业",必然会更认同其报人和报业家身份。

不仅《申报》的发展、"荣光"本身促进了史量才对其办报职业的身份认同,众多"慕名而来"的世界报界著名人物的参观、交流和在参观过程中对《申报》和史量才本人的赞颂、肯定,也必然会一次又一次地促进史量才对其办报事业及其身份的认同。除了前述的威廉外,20世纪20年代初,许多世界著名新闻家,诸如世界报业泰斗、英国《泰晤士报》主人北岩勋爵,美国新闻出版协会会长、新闻学家格拉士,《泰晤士报》记者、美国新闻学家麦高森,美国新闻家联合通讯社社长诺彝斯,美国《太阳日报》主笔史密斯等,都曾莅临《申报》交流、访问。与这些世界知名新闻界人物平等交流本身,必然会在很大程度上强化史量才作为报业家的身份意识,更何况这些著名新闻界人物来访时,大都对《申报》和史量才赞赏有加,这就更有可能激发其对自身报人身份的自豪感,进而强化其对自身报业家身份的认同了。

综上所述,可以说,虽然史量才一生既投身办报事业,又从事于其他文化事业,还兴办有不少实业,但他最终最看重的还是自己的办报者角色,最终更认同自己的报人身份或报业家身份。当然,不可否认的是,过多的社会活动和角色,必然会或多或少地带来多种角色之间的冲突,从而对其报刊职业身份认同产生一定的负面影响,尤其是在这些角色间的相关性较弱的情况下。

---

[1]谢介子:《世界报界名人来华者之言论丛集及与之感想》,《最近之五十季·五十年来之新闻业》,第50页。

第二节　成舍我:"我们真不幸做了
这个时代的报人"

　　在民国时期的报业家群体中,缺乏资金、没有背景、无党无派却创造了报业神话的成舍我一直被视为一个奇迹般的人物。与史量才这样的经营"商业性大报"的报业家更侧重于报业经营活动有所不同的是,作为报业家的成舍我无疑既"重于正当的营业",也"重于新闻消息"①,一方面将报纸当成营业之一种,重视报纸的经济属性与企业属性,另一方面又似乎更多了一份"为正义,为公理,为社会,为国家"②的期许与情怀。

　　成舍我原名希箕,又名汉勋,就读北京大学时改名为平,舍我为其笔名。成舍我祖籍湖南湘乡,1898年出生于南京下关,幼年时一直随父母生活,生活清苦却也安稳。直到1908年,其父"破狱案"发生,打破了他平静安稳的生活,使他对"既能颠倒黑白,置人于死地;又能仗义执言,还人于清白"③的新闻记者产生了初步印象。此后不久,他开始在记者方竞舟的指导下向安庆《民嵒报》投稿。因文笔较好,1913年被正式聘为外勤记者,从此开始了其七十七年的新闻职业生涯。离开《民嵒报》后,他依旧选择从事新闻业,先后在沈阳《健报》、上海《民国日报》、北京《益世报》等担任校对、编辑、主笔等职务。1918年,他通过旁听生考试,进入北京大学,开始为期三年

---

① 肖东发、邓少根编:《邵飘萍新闻学论集》,第118页。
② 马之骕:《新闻界三老兵——曾虚白·成舍我·马星野奋斗历程》,经世书局
　　股份有限公司,1986年,第195页。
③ 陈龙:《书生报国——民国那些大记者》,湖北人民出版社,2011年,第207页。

的学习。北大的三年生活,"尚称顺适。无论是人格修养及思想见识,均由萌芽、茁壮、益臻成熟"①。1924年,他以二百大洋的资本创办《世界晚报》,开启了其自办报刊的报业家生涯。1925年他又创办《世界日报》,同年将《世界日报》第五版即画报版改为单张出版,使其变成独立的《世界画报》,从而初步形成了一社三报的"世界报系"。1926年他因报道林白水遇害事件被张宗昌逮捕,后因孙宝琦奋力营救才免于一死。事后他韬光养晦,噤声一年有余。南京国民政府成立后,他于1927年在南京创办《民生报》,成为当时南京发行量最大的民营报纸。1930年,他赴欧美游历考察,学习国外报馆先进经验。回国后,因感到国内外新闻业差距太大,认为改变的关键在于人,因此创办"北平新闻专科学校",藉以为新闻事业培养人才。1935年,他在上海创办小型报《立报》,两年后发行量超过20万份,创我国日报最高发行纪录,也使其办报事业达到了一个高峰。全面抗战爆发后,随着大片国土沦丧,其名下各报相继停刊,他本人也随着战争局势不断播迁、辗转。其间也有办报、办校活动,但都是小打小闹,未能再有什么起色。国民党政权垮台时,他不愿留在大陆,先在香港观望一年多时间,后于1952年举家迁往台湾。到台湾后的四十年左右时间中,多数时间无法继续自己的办报梦,直到去世前两年才创办了其一生最后一份报纸——台湾《立报》。1991年4月,在台北逝世,享年九十四岁。

在成舍我七十七年的新闻职业生涯中,除一些特殊时期因外部环境因素使他无法办报之外,其余时间他一直都在努力办报,或日思夜想地筹划着如何办报。可以说,办报完全融入了他的日常生活,成为他人生中不可或缺的部分。从幼年时期确立"欲终身操记者业"②之目标,到面对汪精卫的强势逼迫,发出"惟其不怕头破血

①马之骕:《新闻界三老兵——曾虚白·成舍我·马星野奋斗历程》,第145页。
②舍我:《先考行状》,《世界日报》1931年9月4日、5日。

流，才配做新闻记者。彼汪某权倾一时耳，岂能终身为行政院院长，我则可终身为记者也"①的疾呼，再到晚年以九十一岁高龄创办其一生最后一份报纸台湾《立报》，可以说，成舍我的人生无时无刻不显现出其作为中国新闻史上的著名报人对办报的挚爱与真情。那么，成舍我究竟是怎么一步步走进报业家生涯的？促使他报业志趣产生的因素究竟有哪些？其正式步入办报领域后对办报事业究竟投入了多大热情？是否全身心投入？其挚爱办报背后的思想认识基础是什么？是什么力量推动着他对报业保持这样的情感状态与投入度？挚爱报业、怀揣新闻理想与报业梦的他，在践行自己的理想、追求自身报业梦的过程中，是否存在着某种无法避免的妥协、矛盾与无奈？作为有着宏大无比的报业梦想的报业家，他对自己的报业生涯究竟是否满意？晚年回顾自己一生的时候，他心中充满的究竟是满足、欣慰，还是遗憾、失望？本节试图对这些问题进行探求和考察。

一、从新闻兴趣的萌发到笃志办报：
报业家志趣的产生

1924年，在北京报业市场"摸爬滚打"多年的成舍我，辞掉了《益世报》和"联合通讯社"等处的工作，以手中仅有的两百大洋创办了一份属于自己的报纸——《世界晚报》。虽然成舍我创办这张立志以"说自己想说的话，说大众想说的话"②为目的的报纸时"一穷二白"，但在他的苦心经营下报纸还是艰难地生存了下来，且有了盈余。借助《世界晚报》获得的盈余，一年之后他又相继创刊《世界日报》《世界画报》，形成当时中国独一无二的"一社三报"的"世界报系"格局。两年时间创办三份报纸，在当时北京报业市场不景气、众

---

①叶明勋：《成舍我传》，《"国史馆"馆刊》复刊第13期，1992年。
②马之骕：《新闻界三老兵——曾虚白·成舍我·马星野奋斗历程》，第151页。

多报纸生存极为困难的情况下,可以想见其中的不易,也可由此推想到作为其创办者的成舍我所具有的对办报事业的特殊兴趣与热情高涨之程度。

与史量才等报业家直接涉足办报事业不同的是,成舍我步入办报生涯的路显然更为漫长和曲折一些。考察成舍我的人生经历,可以发现,他是先对记者职业产生了特殊的兴趣——"欲终身操记者业"①,伴随着其在不同报纸中的长期淬炼、磨砺,最终发生了从对记者职业的兴趣到成为报业家的志趣的转化。那么,成舍我的记者职业兴趣最初是怎么产生的?热衷于记者职业工作多年后,又是什么因素促使他产生了想要自己办报的志趣?开始自己办报后他又是怎么产生了创办系列报刊的想法?

梳理成舍我早年生活及其经历,可以发现,他第一次与报纸及记者发生接触和关联是因事关其父成心白命运的"破狱案"。"破狱案"是一个因监狱犯人集体逃跑引发的责任案件。1908年夏,安徽舒城监狱发生了一起囚犯集体暴动事件,数十名重刑犯冲破监狱,集体逃跑。事件发生后,按规定要追查责任人。按照当时大清律令,囚犯逃跑的责任追究有两种情形:若逃跑是因为看守人员疏于防范而导致,曰"越狱",则典史负主要责任;若逃跑是因为囚犯武力暴动而导致,曰"反狱",则知县负主要责任。根据案件发生时的情况,该案属于"反狱",应由知县负主要责任。当时知县陆某为了逃脱责任,企图贿赂时任典史的成心白为之顶罪,遭到成心白断然拒绝。知县见行贿不成,便在给上级的呈中诬陷成心白,同时找到上海某报驻安庆的记者,要其发文报道此次破狱事件乃成心白之责。报道发出后,对成心白十分不利,成心白不久被免职。为洗刷冤屈,成心白多方奔走,除了向主管机关陈情外,经朋友介绍,他结识了上海《神州日报》派驻安庆的记者、湖南同乡方石荪,方石荪了

---

① 舍我:《先考行状》,《世界日报》1931年9月4日、5日。

解实情后撰写了一篇长文，寄回《神州日报》发表。由于《神州日报》的巨大影响，舆论很快被扭转。成心白的冤屈最终得到了"平反"。

该案中，报纸在知县陆某和成心白的纠纷中扮演了重要角色。一方面，知县陆某为逃避责任，利用上海某报驻安庆记者抢先在报纸上散布不利于成心白的言论，试图蒙蔽真相，减轻责任，另一方面，成心白也"不甘示弱"，多方奔走，最终通过《神州日报》的报道，使舆论很快反转，为自己洗刷了冤屈，赢得了清白。在这个过程中，报纸的舆论影响力与社会干预作用展露无遗。这个案件发生、发展的整个过程中，成舍我一直全程参与。他亲历并目睹了此案从开始时其父的被动到后来获胜的全过程和报纸在这个过程中所发挥的重要作用。案件发生之初，父亲在官府和相关部门间"奔走求告"[1]，却没有什么实质性进展，知县利用报纸的诬陷更使其处境雪上加霜。就在他一筹莫展之际，靠方石荪的一条新闻，舆论竟在瞬间被反转，案件也随之胜诉。苦苦寻求清白未果与不费吹灰之力胜诉，强烈的对比给成长中的成舍我以巨大的心理冲击，使他对"既能颠倒黑白，置人于死地；又能仗义执言，还人于清白"[2]的报纸及记者职业的巨大影响力有了最直观的认识和印象。

需要指出的是，虽然"破狱案"使成舍我对报纸及其新闻记者职业的巨大影响力有了相当程度的认识，但并未立即使其产生将来从事新闻记者职业的兴趣，只是播下了一颗种子。由于当时的他还未接受过正规的学堂教育，只是凭之前从父读书识字，读《三字经》《百家姓》《千字文》"四书五经"等，拥有"一定的旧学基础"[3]，这样的旧学知识显然不可能成为促使他萌生新闻记者职业兴趣的知识基础。

---

① 世新大学舍我纪念馆：《大事年表》，http://csw.shu.edu.tw/Article/age
② 陈龙：《书生报国——民国那些大记者》，第207页。
③ 刘家林、王明亮、陈龙、李时新：《成舍我新闻学术论集（下）》，暨南大学出版社，2012年，第226页。

"破狱案"后不久，他告别之前从父读书识字的生活，进入安庆"湖南旅皖第四公学"，开始在该学堂接受正规教育。在该学堂学习期间，他凭借自己的刻苦努力和所显现出的聪慧，在短短两年时间内从初小二年级连跳两级进入初中。两年后，因学费问题，进入初中后不久，他不得不辍学。辍学后，他以顽强毅力，"刻苦勤学，自修不懈"，使自身知识"与日俱增"[1]。

那么，"破狱案"在他心中播下的萌生新闻记者职业兴趣的种子，最终究竟是如何萌发的呢？要回答这个问题，还是要将目光转回到"破狱案"得以获胜的关键人物方石荪的儿子方竞舟和成父成心白这两个人身上来。可以说，"破狱案"在成舍我心中播下的萌生新闻记者职业兴趣的种子之所以能最终萌发，与方竞舟和成心白对他的长期的、持续不断的影响分不开。

方竞舟是"破狱案"中帮助成心白洗刷冤屈的重要人物、上海《神州日报》驻安庆记者方石荪的儿子。"那篇'平反冤屈'的特写稿，就是方竞舟所写。"[2] 由于感念方家在"破狱案"中给予成家的帮助，"破狱案"后成家与方家来往频繁，两家的下一代方竞舟与成舍我很快成为很好的朋友。方竞舟为人正直，仗义执言，能文善写，不知不觉中变成了成舍我的"人生偶像"。彼此交往中，方竞舟"发现'成小弟'对作文很感兴趣，所以就以'大哥'的关系，时加鼓励，并讲解报纸言论对社会人心之影响，以及转移社会风气之功用等"[3]。这种讲解，无异于在给成舍我进行初步的新闻专业教育。这种"新闻专业教育"使成舍我在不知不觉中获得了不少关于报纸、新闻、新闻记者等的基本认知。这种认知对促使其最终产生记者职业兴趣具有十分重要的作用。

---

① 马之骕：《新闻界三老兵——曾虚白·成舍我·马星野奋斗历程》，第137页。
② 马之骕：《新闻界三老兵——曾虚白·成舍我·马星野奋斗历程》，第141页。
③ 马之骕：《新闻界三老兵——曾虚白·成舍我·马星野奋斗历程》，第142页。

　　除了指导成舍我初步认识报纸和记者的角色、社会功能之外，方竞舟还经常对成舍我进行新闻采写训练和指导，指导其"就日常见闻，撰写新闻稿"。每每写出新闻稿，方竞舟总是为其认真修改，并"代向报馆投稿"。这些投稿"常被采用"①。可以看出，在此过程中，方竞舟不仅对成舍我进行着新闻采写业务训练，而且还将他实实在在引入了报界大门，使他与报纸开始发生较为深入的接触。对尚为学生的成舍我来说，新闻稿能被报纸采用，无疑"是一个莫大的鼓励"②。虽然这时的成舍我与报纸之间还只是一种投稿者与被投稿刊物间的关系，但这样的投稿及在此过程中所受到的来自方竞舟的指导和投稿成功所带来的鼓励，无论是在实践技能层面，还是在思想认知层面，都使其与新闻记者职业的心理距离更靠近了。如果说"破狱案"中的亲身经历为成舍我播下了新闻记者职业兴趣的种子的话，"破狱案"后与方竞舟的亲密交往及其间方竞舟所给予的指导、帮助和鼓励，则使其记者职业兴趣最终得以萌发。

　　与方竞舟不同的是，父亲成心白给成舍我的更多是一种在其人生道路选择的关键时刻的干预和对其新闻兴趣与新闻记者职业选择的鼓励与支持。因受方竞舟的影响而产生新闻记者职业兴趣后，成舍我并未直接选择投身新闻记者职业，而是在当时革命思想和辛亥革命浪潮的影响下，选择加入了当时以年轻学生为主体，以巡夜、查旅馆、维持治安、积蓄革命力量为主要目的的革命党青年军。革命党青年军在当时混乱的局势中被解散后，他又准备随一部分青年军成员前往南京，参加由黄兴在南京组织的青年军。按照这样的发展轨迹，若不是其父成心白在其乘坐的开往南京的船马上就要开动时突然赶来，强力干预，果断阻拦，他很可能会沿着这样的道路最终走上一条与此后的新闻记者之路完全不同的军旅之路。成舍我

————————
① 马之骕：《新闻界三老兵——曾虚白·成舍我·马星野奋斗历程》，第142页。
② 马之骕：《新闻界三老兵——曾虚白·成舍我·马星野奋斗历程》，第142页。

后来的回忆中说："我已上船准备开走时，被我父亲知道了，他及时赶到船上，把我抓下船来，硬是不让我去，说现在就做军人，年纪太小，还得好好读书，所以就没去成功，不然的话，我就变成职业军人了。"①

可见，正是成心白在成舍我即将正式"从军"时的"临门"拦阻，扭转了成舍我的人生与职业发展方向。当然，成心白对成舍我军旅之路的拦阻，直接原因当然不是因为想要让成舍我去当记者，而是其儒家正统思想影响的结果。浸淫于儒家旧学的成心白怎么能放任自己的儿子弃文从武呢？正是因为此，他一方面阻止了成舍我"从军"的决定与选择，另一方面对成舍我的学业非常重视，督促有加，"每有讯示，辄无不以平年少失学为虑"②。他常对成舍我说："汝两兄已长，读书不易求进，然吾疏不忍再使汝不读书也。"③父亲对其从军之路的拦阻和对其读书求进的重视，使成舍我重新回到了读书生活中。

这样的读书生活，一方面使他的文字能力不断提升，另一方面也使他开始重续之前已经萌发的对新闻记者职业的兴趣。当然，这两个方面是相互促进的，文字能力的提升，一方面是他刻苦读书的一种结果和对其刻苦读书的"奖赏"，另一方面也是他重续新闻记者职业兴趣后产生的一系列投稿行为能够频频获得良好结果的基础。正是这些因素的良性互动对其新闻记者职业志趣的确认和强化产生了不可忽视的促进作用。成舍我在上述回忆中说到自己的从军之路被父亲拦阻后说："既然没有去南京，就在安庆待下来，没事就写稿，由于向《民嵒报》投稿，结果，就被《民嵒报》聘为记者。我的新

① 马之骕：《新闻界三老兵——曾虚白·成舍我·马星野奋斗历程》，第139页。
② 舍我：《先考行状》，《世界日报》1931年9月4日、5日。
③ 舍我：《先考行状》，《世界日报》1931年9月4日、5日。

闻记者生涯,就是从这时候开始的。"① 这段记述显然过于简约,它省略了其父成心白在此过程中对其新闻记者职业志趣确认和强化的促进作用。当时的具体情况是,成心白看到成舍我在他重视读书求进的观念影响下经常"喜读报,好议论""没事就写稿",就正式询问其志向,成舍我以将"终身操记者业"答之,成心白以"甚喜"肯定了成舍我的人生与职业志向②。对父亲极为尊重的成舍我,感受到父亲对其新闻志趣的积极支持后,自然十分激动,也因此更加坚定了他选择新闻记者职业的打算。

可以看出,正是方竞舟与父亲成心白的影响,使成舍我的新闻记者职业兴趣从初步萌生逐步发展到日益强化进而发展到越来越明确、越来越坚定,最终变成了他明确的人生目标与追求,也变成了他人生追求与职业探索中的一种具体行动。这种行动最初五年表现为从十岁起在方竞舟的指导、帮助、鼓励下给报纸投稿之行为。五年后,这种业余投稿行为以被《民嚣报》聘为记者为标志变成了一种正式的新闻职业行为。如果说五年的业余投稿反映出的是其新闻兴趣与记者职业志趣从初步形成到逐渐明确的过程的话,被《民嚣报》聘为记者过程中由最初被聘为"外勤记者"到不久被聘为"正式记者"的转变,反映出的则是其新闻记者职业志趣的完全确认。

然而,对新闻的兴趣和记者职业志趣的产生与完全确认,只是作为报业家的成舍我最终产生自主办报、做报业家之志趣的酝酿与过渡阶段。考察成舍我的职业经历,可以发现,其新闻职业志趣正式确立并成为正式记者十一年之后,其办报志趣才得以正式产生并成为一种明确的志向。那么,实现了新闻记者梦想的他在从事新闻记者工作中为什么会产生强烈的自主办报的志向和决心呢? 是什么因素使其职业志趣从仅仅在他人创办的报纸中做记者、编辑最终

① 马之骕:《新闻界三老兵——曾虚白·成舍我·马星野奋斗历程》,第139页。
② 舍我:《先考行状》,《世界日报》1931年9月4日、5日。

转变到想要创办自己的报纸且要努力创建自己的报业王国之梦想呢？要回答此问题，必须回到其成为记者后的十一年中的人生与职业历程中去。

从成为记者后的十一年中成舍我的经历看，他共参与过七家报纸和两家通讯社的记者、编辑等工作，一度还是其中两家报纸和一家通讯社的筹创人。他的职业足迹遍布中国南北，包括安庆、沈阳、上海、北京等地。他的工作内容囊括了从采编到排版再到校对等报纸生产过程的每一环节，先后担任过记者、编辑、印刷工、校对、主笔等各种职业角色。这些工作经历使他积累了丰富的报纸和新闻工作经验，也使他对报纸工作有了更加深刻的认识和独特的职业理念追求。然而，十一年的工作中，他越来越强烈地感受到在他人所办报刊中从事新闻工作的压抑和因难以按自己的想法和理念开展工作而产生的苦恼，便逐渐催生了其创办自己报刊的想法。

这一点，从其正式进入记者职业领域后的十一年中"频繁跳槽"就可得到说明。在这十一年中，除了两次试图自主创办报纸和一次试图自主创办通讯社的努力外，成舍我共参与过五家报纸和一家通讯社的工作。除了转换单位过程中的"空窗期"之外，他在每一家报纸或通讯社工作的时间平均只有一年多。究竟是什么原因让成舍我如此频繁地"跳槽"呢？考察成舍我这一时期在不同报纸或通讯社的工作经历，可以发现，除了一部分原因在于时局和外在环境的影响外，多数情况下都是因为其新闻职业认知、理念与追求和其就职的报纸之宗旨与风格发生冲突造成的。

成舍我步入新闻记者生涯过程中虽然没有接受过系统而特殊的新闻职业理念教育，但也许是由于其天生所具有的有主见和敢于坚持自己观点这一个性特点，步入新闻记者职业领域后的他很快就形成了自己对报刊工作和新闻职业的特殊理念与追求，且在不同报刊工作过程中总是希望按自己的想法和自己认为理想的方式开展工作。这就必然会与各个报纸内部原有的理念、宗旨、工作方式、方法与"行事"风格之间产生不协调与矛盾。以《民嵓报》为例，该报作为成舍我步入记者职业领域后就职的第一份报纸，他只在其中工作了一年多。虽然他在该报的工作很努力，表现也颇良好——"由于职责所在，越发努力。无论是写作方法，或采访经验，都有一日千里的进步"①，但该报给他的总体感觉却是"不合意"——"对报馆的政策，觉得不太合意"②。再加上这期间他曾两次参与讨袁秘密活动，引起军阀关注，使得他在《民嵓报》正式工作一年多时间后便毅然告辞。"更换东家"过程中他曾供职和更换过的一个很重要的"东家"是上海《民国日报》。在上海《民国日报》，他依靠自己辛勤的付出和突出的工作能力，很快成为其副刊主编，但不久却因为不满"南社内讧"中叶楚伧、邵力子对柳亚子与闻野鹤、朱鸳雏的争论之处理，愤而离开。"南社内讧"本来和他没什么关系，他之所以不满并愤而辞职，主要是因为其心中有自己观人论世的特殊价值观和坚定的思想理念。"道不同不相为谋"，与自己价值观和理念不同者，他宁愿选择远离。可以看出，此时的他已经成长为一名有明确而坚定的理念、人生观和价值观的新闻记者，形成了一种其所特有的"不服输"和"求真理"的风格。

《益世报》是成舍我办报志向与决心确立前就职的最后一个报纸，也是他就职过的报纸中工作时间最长的报纸。考察成舍我在《益世报》的工作经历，可以发现，他在该报纸工作期间的内心感觉和职业体验总体上是不错的。《益世报》的办报方针、宗旨及其新闻理念与当时已形成较明确的新闻理念与报纸理念的成舍我还是较为相合的。同时，作为社长的杜竹萱对他也十分看重，一开始让他担任总编辑，后因他在北大的学业繁忙，主动提出辞去总编辑，只希望担任主笔，杜竹萱不仅同意，而且让他领全薪。即使担任主笔期

间因刊载《安福与强盗》惹怒当局,导致报馆被封、总编辑潘云超被
抓,社长杜竹萱也没有因此责怪和解聘他,而且还请他重新代行总
编辑职务,直到潘云超刑满出狱为止。因此,可以说,无论从哪方面
看,《益世报》之于他都是一份很不错的践行其记者志趣的选择。

　　然而,他最终还是选择离开了。何以如此呢?主要原因固然是
当时他自主办报的想法已越来越明确,但在他人办的报纸中工作不
能完全"随心所欲"也是其中很重要的原因。用他自己的话说就是,
《益世报》"究竟是另有老板,不能随心所欲"①。据马之骕《新闻界三
老兵》记述,《益世报》虽然在传播新思潮、促进中国社会进步方面相
当用力,但"终有他们的立场","对当时政治问题,也是有相当的分
寸的","更不愿意与政治上的当权派,有正面冲突","尤其杜竹萱社
长,一向小心谨慎,每对成先生(成舍我)写的社论,他认为言论过于
激烈时,必加删改",《安福与强盗》之所以能够刊出,也是因为刊发
前的晚上杜竹萱刚好回家去了②。可以看出,《益世报》总体上来看
虽属于当时难得的进步报纸,但其政治上依然较为保守,言论自由
度有较大限制,对于对自主办报和办报中的"随心所欲"十分渴望的
成舍我来说,这显然无法成为他最终的选择,也无法成为安置其理
想的最终目标。

　　总之,从根本原因来看,离开《益世报》与成舍我原本已经产生
的自主办报想法有关,从直接原因来看,又与《益世报》"究竟是另有
老板,不能随心所欲"有很大关系。当然,这两个方面其实是有关联
的、相促相生的,因为已有了自主办报的想法,故对《益世报》"究竟
是另有老板,不能随心所欲"的感受就会更强烈,因为感受到《益世

---

①贺逸文、夏芳雅、左笑鸿:《北平〈世界日报〉史稿》,张友鸾等:《世界日报兴衰
　　史》,重庆出版社,1982年,第42页。

②马之骕:《新闻界三老兵——曾虚白·成舍我·马星野奋斗历程》,第149—
　　150页。

报》"究竟是另有老板，不能随心所欲"，因此又在很大程度上强化了原本已产生的想要自主办报的想法。

需要说明的是，《益世报》对强化成舍我原本已产生的想要自主办报的想法之作用，不仅体现在"不能随心所欲"的反向促进方面，而且表现在正向激发方面。这种正向激发主要表现在，在《益世报》工作期间他一直备受社长杜竹萱重视和信任，借助《益世报》这样的在当时有相当大社会影响的"主流报纸"他积累了更为丰富的经验，凭借像《安福与强盗》这样的引起巨大社会影响的报道，他一方面获得了声名，另一方面更充分地认识到了报纸及其报道可能给公众和社会带来的巨大影响，这一切在使他职业快感、满足感和自信心大大提升的同时，更进一步刺激和激发了他的职业雄心和"野心"，使他不再满足于仅仅做"雇员"，而是渴望立即创办自己的报纸，自己做"老板"。

促进成舍我自己办报、办自己的报之志向最终成为现实的过程中，其在北京大学的求学经历所产生的作用和影响不容忽视。当时，走在自由风潮前列的北大，聘请在美国学过新闻学的徐宝璜给文科各系开设《新闻学》选修课，主要介绍欧美新闻业的概况和系统的新闻学理论知识，同时还创办北京大学新闻研究会，聘请邵飘萍、徐宝璜等定期授课。成舍我当时读的虽然是国文系，但徐宝璜的《新闻学》选修课和新闻研究会所开设的课程却成了他的最爱，对他了解世界新闻业的现状和趋势，具备较为系统的新闻学专业知识，发挥了十分重要的作用。在学习新闻学专门知识的同时，在北大学习期间，他还广泛参加北大校内的各种新闻实践活动。当时，处于"五四"新文化运动领风骚地位的北大校园，自办刊物的氛围异常浓厚。"单在国学门一个班内，就产生了《新潮》《国民》《国故》三个刊物。"[1]原本早已步入记者职业生涯、有较丰富的新闻工作经验的成

---

[1] 黄志辉：《追梦与幻灭：报人成舍我研究》，中国社会科学出版社，2017年，第72页。

舍我,身处这样的环境,其新闻热情自然更加高涨。他先是成立新知翻译社翻译出版各类外国著作,之后又成立新知书社出版图书,后又与张恨水合办了一张名为《真报》的四开小报,只是"由于缺乏资金和人力""无法支持下去",因此很快宣告失败①。由于当时北大的自由环境给他大量时间和机会写稿、投稿、办兴趣社、办小报,再加上老师的鼓励和同学间的相互合作,成舍我对新闻的热情愈加高涨,"野心"也越来越大。

从北大毕业后的成舍我,依然在《益世报》工作了相当长一段时间。在这期间,一方面由于他自主办报的志趣日益浓厚,决心日益坚定,另一方面面对当时北京多数报馆接受军阀津贴、缺乏社会正义感等自甘堕落之情况,具有现代新闻业理想,且已形成"敢言""不服输""求真理"之理念与风格的他不堪忍受,决心亲自创办与当时大多数报纸不一样的能够"说自己想说的话、说社会大众想说的话"②的报纸,以便能多少改变当时北京报业市场的污浊空气。正是在这样的情况下,办报志趣与决心萌生多年的成舍我终于完成了由仅仅做记者向报业家的转变,其标志便是1924年《世界晚报》的创办。如果说仅创办一份《世界晚报》尚不能说他已变成了一个报业家、已完全显现出了报业家的志向和理想的话,一年后创办《世界日报》和《世界画报》,形成"一晚一日一画报"的"世界报系",无疑说明其报业家生涯已完全开启。

讨论成舍我办报志趣与决心的萌生,就不能不对其从事记者职业工作的十一年中曾试图创办2家报纸和1家通讯社之历史加以说明和辨析。1914年,在国内"反袁"斗争高涨的背景下,成舍我曾产生过创办《长江报》和"中国通讯社"的想法,并付诸实施,但最终尚

---

① 吴范寰:《成舍我与北平〈世界日报〉》,张友鸾等:《世界日报兴衰史》,第15页。

② 马之骕:《新闻界三老兵——曾虚白·成舍我·马星野奋斗历程》,第149页。

未面世即遭失败。1921年,处于北大读书时期的成舍我又曾利用新知书社失败后余下的本金与张恨水合办四开小报《真报》,但由于学业太忙,加上创办后资金缺乏,很快宣告失败。

笔者之所以在此对成舍我之前试图创办2家报纸和1家通讯社的历史特意进行说明,是想要强调,不能根据他1914年就曾试图创办报纸和通讯社便认为那时的他已经产生了蕴涵着其特殊报业志向与理想的自主办报之想法。当时的他虽试图自己办报、办通讯社,但更多的是将其作为"反袁"斗争的工具,为"反袁"斗争服务,而非蕴涵有自主办报的职业自觉意识与理想。1921年办《真报》时,虽然基于自己在他人报纸工作过程中不能"随心所欲"而产生的自己办报、办自己的报之想法与志趣已经产生,但就《真报》而言,其创办动机显然并非在此,而是出于给新知书社失败后的剩余资金找一用场之想法,即反正有这么一笔钱,姑且用它做点事,没准成功了呢! 另外,从当时的他主要精力和关注点尚在学业,办起报来肯定无暇顾及,也可看出,那时的他并没有将办这个报纸太当一回事。

综上所述,可以看出,成舍我对新闻业的兴趣的确经历了从新闻记者职业兴趣到报业家志趣的转变。其对新闻记者职业的兴趣初步萌发于与其父相关的"破狱案"时期。此案一方面使他对报纸和记者的重要作用有了切身的认识和体会,另一方面因此案结识的方竞舟对他的指导、帮助和鼓励使他的文字能力和新闻写作能力大幅提升,进而开始给报纸投寄新闻稿。这两个方面的因素合起来促使了其新闻兴趣的初步萌发。这种新闻兴趣在他此后的人生选择中虽曾有过偏离趋势,但总体来看却一直在逐渐加深、加强。在兴趣加深、加强的过程中,他坚持给报纸投稿,继而被聘为正式记者。成为正式记者后的他在不同报纸辗转工作了十一年。这十一年的工作经历,一方面使他积累了较为丰富的新闻和报纸工作经验,另一方面使他形成了自己特殊的有关新闻工作和报纸工作的理念、认识和其应对现实问题的风格与特点。在这个过程中,他常常感到,在他人创办的报纸中工作,总会因为理念、宗旨、立场、价值观等方面的不同而产生"不合意"或无法"随心所欲"的被压抑和束缚的感觉。在这种情况下,伴随着他在不同报纸工作过程中和在新文化运动发源地北大学习期间思想、视野的扩大和新闻专业知识的习得,其原有的仅仅满足于在他人的报纸中从事包括记者、编辑、主笔等在内的各类工作的志趣开始向自主办报、拥有自己的报纸产业之理想与志趣转变。这种理想与志趣越来越强烈,最终以《世界晚报》的创办和"世界报系"的成型为标志,得以完全实现。

二、风刀霜剑难抑报业梦：不竭的办报热情
和对报业的挚深之爱

成功创办了自己的第一个报纸后,成舍我的报业家生涯正式开始。由此开始的成舍我的报业家生涯中,充满了艰难,充满了各种各样的凶险,充满了波折与无奈。在这样的过程中,他相继创办了包括《世界晚报》《世界日报》《世界画报》《民生报》、上海《立报》、《立报》香港版等在内的一系列在民国时期具有重要影响的报纸,也使自己成为民国时期报业家群体中引领舆论关注的最重要的人物之一。

那么,在成舍我几十年的报业家生涯中,办报在他的心中究竟处于什么样的位置? 他对自己的办报事业究竟抱有什么样的态度? 他究竟是像清末"第一代报业家"汪康年那样"以办报为事业""视报馆为性命"①呢,还是像史量才那样虽十分看重其办报事业和报业家身份却同时热衷诸多社会活动与职业领域甚或投资了很多实业也因而多少给人留下对办报事业不专一之感觉?

---

① 樊亚平:《中国新闻从业者职业认同研究(1815—1927)》,第136页。

　　方汉奇在《一代报人成舍我》一文中对成舍我充满传奇的一生曾做过较全面的概述。该文用简短的五句话总结了成舍我的办报人生和报业生涯，认为成舍我是中国新闻史上"从事新闻事业时间最长的人；参与和创办新闻媒体最多的人；为了办报受到挫折最多的人；旧中国发行量最大的报纸的创办人，和旧中国时期北京地区发行量最大的日报的创办人；中国历史上培养人才最多的新闻教育机构的创办人"①。从成舍我办报生涯的这些基本事实已经能够看出其对办报事业的热爱与投入。成舍我在五十八岁时为《报学杂著》写的"自序"中，述及自己四十多年新闻生涯中勤勉写作、笔耕不辍的情况："从十四岁做'职业记者'那时起，已经过四十年继续不断的工作，虽然每天平均至少要写一千字，每年三百六十五天，四十年总写了一千四百多万（字）。"虽然此处说的是其做记者和后来的办报生涯中在写作方面的兢兢业业之程度，但这种写作无一不属于其新闻职业活动的重要部分，因此从其步入记者职业领域以来四十多年勤勉写作、笔耕不辍之情况，显然可以看出，其一生对新闻工作和办报事业身心投入程度相当高。

　　1931年，成舍我从欧美考察结束归国，"在海轮上，一个外国人问他：可抽烟？可喝酒？可爱赌钱？可爱玩女人？他一一做了否定的回答。那个外国人就说：'那你为什么活着？'"②成舍我当时是怎么回答的，今天已不得而知，但成舍我已经用他一生的行动回答了这个问题，即活着是为了办报。纵观成舍我的一生，从1924年4月16日《世界晚报》创刊到1991年其离世的近七十年中，除了政局、时局和其他环境因素的影响使他无法办报之外，可以说，他从未停止过办报，他对自己的办报事业完全可谓心心念念、从一而终。这一点从其一生先后创办的报刊清单及其创办时间即可说明：1924年

①方汉奇：《一代报人成舍我》，《新闻学论集》第18辑，1999年。
②张友鸾：《报人成舍我》，张友鸾等：《世界日报兴衰史》，第11页。

创办《世界晚报》，1925年创办《世界日报》《世界画报》，1927年创办《民生报》，1935年创办上海《立报》，1938年在香港复刊《立报》，1945年5月复刊《世界日报》重庆版，同年10月复刊上海《立报》，同年11月复刊北平《世界日报》，1950年创办香港《自由人》三日刊，1957年在台湾创办《小世界》周刊，1988年创办《台湾立报》。除了一生几乎不停地办各种报纸外，他还在办报过程中或在因环境限制暂时无法办报时投身与报业有关或对办报事业有促进的其他事业，如创办新闻专科学校、组建中国新闻公司等。从其报业生涯中显现出的这种同时办数个报纸和一个接一个办报之行为与努力中可以充分感受到其对报业的执着与挚爱。

若单从成舍我投身报业生涯后所办报刊之清单和所获的成绩来看，其办报生涯似乎顺风顺水，然而，当我们深入到其报业生涯中每一个阶段的历史情境去审视时，即可发现，其办报生涯中承载了太多令人难以想象的困难、压力和凶险，在很多情况下，他甚至要面临生命危险。在他的办报生涯中，封报馆、进监狱的次数令人瞠目（他的家中常备有一个装着生活用品的洗漱包，以备被捕时随身带到监狱使用）。然而，无论遇到多大困难，遭遇多大凶险，承受多大压力，只要有一丝一毫可能，其办报活动都会竭力继续，其对报业的付出与努力一刻都未停止。

除了不得不经常面临封报馆、进监狱之凶险和压力外，成舍我的办报生涯中还经常面临其他非常现实的困难。在其最初创办《世界晚报》时，资金问题就曾成为他面对的第一大困难。虽然他当时想尽办法凑了两百大洋，但租房子、购置桌椅板凳、笔墨糨糊、购置办报所需白报纸、支付印刷费等，两百大洋如何能够？事实证明，两百大洋根本不经用，仅租房子、购置桌椅板凳、笔墨糨糊等几乎就将二百大洋花光了，更不要说购置白报纸、支付印刷费了。在这种情况下，成舍我面临的压力之大可以想象。当时白报纸的购买"不能像现在报馆，几十几百吨的整批购进，而是向纸行多则三五令，少则一两令零星购买。送纸的工人，将纸背在肩上，走进大门，先将纸款拿到手，才肯把肩上的纸卸下。如果你说一句待明天来取钱，他连头也不回，就背着纸走了"。即使能买到足够的白报纸，印刷也是大问题。投身报业之初的成舍我自然没有自己的印刷厂和印刷机，"只能委托印刷厂代印，……如果拖欠印费，工头马上就不准排稿"①。没钱就出不了报，而出不了报就更加没钱，恶性循环之下最终可能导致报馆很快关门。为了解决资金困难，当时的成舍我几乎用上了他能想到的所有手段，甚至是典当。由于早年他在上海《民国日报》做编辑时曾多次见社长叶楚伧为印报而典当衣物，他对此事一直"记忆犹新"，因此，"当他告贷无门时"，自然就想到了典当②，并最终靠典当克服了困难，使报纸成功出刊。在后人的记述中，凭借两百大洋办报，似乎是成舍我报业生涯中值得骄傲的神来之笔，是新闻史上的一段佳话，但若回归到当时的历史情境，便会深深体会到成舍我当时所承受的令人难以想象的巨大压力和窘迫。若是没有对办报事业的强烈的爱，面对那样的几乎难以解决的困难，谁能坚持下来呢？

　　创办《世界晚报》之初成舍我面临的另一个困难和窘迫是人手不足。严格说来，报纸创办之初只有两个半人可用，"龚德柏是采访记者，张恨水是副刊编辑，而成舍我则无论编辑、采访、写社论、办发行，一天到晚什么都要做，既无时间观念，也无工作范围"③。资金缺乏，条件简陋，人手又如此的捉襟见肘，使得当成舍我试图拉他的"忘年交"王新命与他合伙办报时，这位好友当即表示，这样办报无

---

① 张功臣：《民国报人——新闻史上的隐秘一页》，山东画报出版社，2010年，第66页。
② 马之骕：《新闻界三老兵——曾虚白·成舍我·马星野奋斗历程》，第152页。
③ 马之骕：《新闻界三老兵——曾虚白·成舍我·马星野奋斗历程》，第153页。

异于"叫花子过日子",因此恕不奉陪①。王新命历经多年办报生涯,对报业的了解与成舍我相比只多不少,故其对成舍我当时状况的判断,应该说是客观的,符合当时一般人的认识。在当时一般人的认识中,这么艰苦和捉襟见肘的条件,怎么可能创办并维持一个报纸呢? 然而,成舍我最终还是靠着其对办报事业的热爱和不屈不挠、不畏惧任何困难的精神,以拼命三郎式的激情和干劲,坚持了下来。

　　当时的他上午当编辑,下午当"印刷工",傍晚出去卖报。由于担心报纸的印刷质量,他索性住在印刷机旁的一间小屋里。这间小屋"既是编辑部,也是他的卧室,几张椅子拼起来就是床"。他的生活非常简单,"几个烧饼也能将就过一天",每天心心念念的只有自己的报纸:"每天看完大样,报纸付印,机器轰轰震动,他竟能在'床'上酣然睡去","因机器老旧,常出故障",但"只要声音一停,他马上惊醒"②。写稿、编报、印报之外,面对创刊半年多发行量只有三千的"惨状",他不得不亲自上阵搞发行,用尽浑身解数扩大销路。他经常"自销自买",混在人群中争购自己的报纸。为了扩大销量,他还在报纸内容上耍起小心思,吸引读者购买其报纸,如主动挑起与其他报纸的"笔战",专门攻击权贵人物等。报纸创办第二年经营情况好转之后,他还是亲自挂帅,无所不做,无所不管。

　　成舍我对办报事业的热情、激情与挚爱,从其不满足于仅仅办一张报纸的雄心和"野心"亦可充分感知。《世界晚报》创刊一年后,原有的资金困境虽有好转,但仍可以说捉襟见肘,更不要说创办第二份报纸了。然而,在成舍我的心中,仅一份《世界晚报》完全不能满足其在办报事业上的追求和野心。凭借他对报业市场的准确判断,在资金依然不是很宽裕的情况下,他很快开始谋划下一盘更大的棋,即决定创办《世界日报》。《世界日报》办起来后,他又很快决

①马之骕:《新闻界三老兵——曾虚白·成舍我·马星野奋斗历程》,第152页。
②张功臣:《民国报人——新闻史上的隐秘一页》,第62页。

定将第五版画报版独立出来，出版了《世界画报》。创办《世界日报》时，为了解决资金困难，他将自己的报馆抵押给了东陆银行，陆续得到了4000元贷款。报纸办起来后，虽有《世界晚报》的盈余支撑，但资金问题依然严峻。为了维持两个报纸的运行，负债累累的他不得不再次典当。他心里当然清楚，典当显然不是长久之计，要摆脱资金困难，唯有迅速扩大名声，提升发行量，为此，他继续开足马力，事必躬亲，全力以赴，全身心投入到报纸工作的各环节中。为了获得独家卖点，以扩大报纸发行，他甚至亲自深入鸦片贩子中，探听各种"一手新闻"。面对资金、人才、管理方面的巨大压力，他只能默默扛着，从不表露自己内心的疲惫与劳累。他用日夜不停的工作掩盖自己心中的压力，只将他坚毅、刚强的一面呈现给周围的人。

　　然而，巨人也是人。靠着对办报事业的挚爱和雄心，成舍我可以做到在多数情况下尽力保持一种百折不挠、对任何困难也不怕的乐观与坚毅，但长期重压之下他内心之疲惫与苦楚毕竟客观存在，在特殊情境中必会表露出来。一位曾在《世界日报》工作过的员工回忆成舍我时曾说："我记得是1948年旧历除夕，街上鞭炮声声，而我们却坐在编辑部编报。意外的是，成舍我也到编辑部来了，显然，他要和我们共度除夕。到了12点多钟，工作空闲下来，大家便围着火炉聊天，东拉西扯，话题很多。当总编辑张慎之为了祝贺春节，说了句：'成老板，你这几十年事业有成啊！'成舍我却好半天没答话，凝神望着熊熊燃烧的炉火，眼睛里却含着晶莹的泪水，气氛一下子沉重起来。过了好一会儿，成舍我才感慨万端地说：'你们怎么会懂得办民营报纸的艰难啊！'"①这一句话，将成舍我办报生涯中的疲惫与苦楚表露无遗。需要说明的是，尽管办报生涯中充满疲惫与苦楚，但他并未气馁，并未放弃对报业的爱与追求。他对办报的痴情由此更可窥见。

---

① 孙景瑞：《报业巨子成舍我》，《文史春秋》1997年第4期。

　　成舍我体会到的"办民营报纸的艰难",不仅仅表现在前述方面,而且表现在当时政治环境的险恶方面。成舍我开始办报的时代无疑是近代以来中国政局最为混乱的时代。"北洋军阀政客分给新闻界的一点残羹剩饭(津贴),只是一种手段。实际上所有的报社、通讯社都在军阀刺刀下过活,说不上言论自由、出版自由。北洋政府既订有出版法,定出种种限制条文,又由警察厅逐日检查报纸大样,动辄禁登,所以报纸几乎每天都有大大小小的'天窗'。"①军阀张宗昌更是在一次记者会上放言:"今天我请你们大家来,没有别的话说,就是你们报上登载的消息,只许说我好,不许说我坏。如果哪个说我坏,我就以军法从事。"②在这样的时代办报,处境之艰难难以尽述。然而,面对这样的环境,成舍我似乎从来都没有怕过,而是凭借其对办报事业的挚爱,勇敢面对。为了应对凶险的政治环境,他利用各方面关系和军阀、政客间的矛盾,如"走钢丝"般小心翼翼地进行着各种各样的权衡,绞尽脑汁地浇灌着自己的报业梦想。面对险恶环境,他很快形成了一套属于自己的特殊原则与技巧:"对于社会的丑陋面、腐败现象尽管揭露,只要事实存在,就照样刊登,不怕得罪衙门甚至打官司;但是如果涉及具体的人,特别是军阀、权贵之类,则左右考量,慎之又慎,尽量避其锋芒,以免引火烧身。"③这种为应对政治凶险而总结出的报道原则与技巧,不仅仅在他开拓报纸事业之初的北洋军阀时期经常运用,在后来的国民党政府时期也成为他应对政治风险的主要原则和方法。这种报道原则与技巧的核心在于,调查中小心求证,报纸上大胆评论。

①贺逸文、夏芳雅、左笑鸿:《北平〈世界日报〉史稿》,张友鸾等:《世界日报兴衰史》,第45页。
②贺逸文、夏芳雅、左笑鸿:《北平〈世界日报〉史稿》,张友鸾等:《世界日报兴衰史》,第46页。
③张功臣:《民国报人——新闻史上的隐秘一页》,第67页。

在南京创办《民生报》时，面对孙传芳势力和国民革命军对南京的反复争夺及其造成的南京城内一片混乱之状况，成舍我内心虽有过畏惧和担心，但终不愿放弃创办《民生报》的执念。"《民生报》刚开始时，每天都是提心吊胆的，因为几乎每天都在打仗，很危险！差点儿就办不下去，后来硬挺，总算撑住了。"① 上海《立报》创刊时，来自上海黑社会的威胁成为必须面对的最大困难。黑社会"不讲理不讲法只讲势，而且'不听我的'，就要你'好看'"②。面对这样的情况，成舍我毫无畏惧，沉着应对。张友鸾曾回忆说："就在那几天里，报社里相当紧张。有股风声，说帮会中人将矛头指向成先生和我。果不其然，我连接几封要我'吃生活'的匿名信。我告诉成先生，他却说：'在上海滩上办报纸，要站住脚，必须战胜这帮流氓，绝不能让步。'"③ 总之，无论是面对混乱政局，还是复杂的社会环境，成舍我都无所畏惧，不屈不挠。他克服一切困难，抛开一切杂念，坚定自己的报业梦想，拼尽全力开拓自己的报业市场，开创自己的报业人生，也以其面对各种凶险时所表现出的勇敢、坚强，不断书写着自己对办报事业的深情。

成舍我对办报事业的爱，不仅表现在克服各种困难，面对各种凶险，竭尽全力、想尽办法办好自己的报纸方面，而且表现在对整个中国新闻事业整体水平提升、整体力量壮大的关心、关注和为此所付出的心血、汗水及各种不懈的努力方面。他不仅仅只是期望办好自己的报纸，不仅仅只是期望自己的报纸事业兴旺、繁荣，而且期望整个中国新闻事业能够兴旺、繁荣、发达、进步。投身报业领域的他发现，中国新闻业的整体水平实在太低，力量实在太弱小，生存和发展环境实在太差，因此，亟待变革。于是，在努力创办自己的报纸、

---

① 马之骕：《新闻界三老兵——曾虚白·成舍我·马星野奋斗历程》，第208页。
② 马之骕：《新闻界三老兵——曾虚白·成舍我·马星野奋斗历程》，第235页。
③ 马之骕：《新闻界三老兵——曾虚白·成舍我·马星野奋斗历程》，第235页。

扩大自己的报业版图的同时,他将很大精力投注在了为提升整个新闻事业整体水平、改善整个新闻事业整体环境而做的各种努力方面。为此,他赴欧美考察西方新闻事业,创办新闻学校,革新报纸生产管理技术,利用在报纸上开设新闻学专栏,或在新闻学校上课,或在新闻界各种集会上发表演讲等方式,宣讲自己的新闻事业理念,宣讲自己对于新闻事业改良、发展的意见和建议。为增强中国新闻事业的整体实力,提高中国新闻事业的整体地位与水平,他还产生了成立中国的报业托拉斯的宏大目标与愿望。这些努力中所表现出来的对包括报业在内的整个新闻事业的爱,已经超越了个人的职业行为与理想,上升到了对整个新闻事业之整体的爱。

1930年春,为了了解欧美新闻事业的整体状况,以便为中国新闻事业的改造与变革提供参照,成舍我与好友成沧波一起经日本转赴欧美访问。访问前后历时近一年,于1931年初回国。访问期间,他先后考察了英、法、德、比、瑞士、美国等国家的著名报纸与通讯社,参加了在日内瓦举办的"万国报界公会",在布鲁塞尔举办的"报界公会"发表了演讲,在美国参观了密苏里大学新闻学院,与威廉博士讨论了与新闻事业有关的许多问题。"远游期间,成舍我仔细观察各国新闻业的动态,深羡各国新闻业对社会的巨大影响和所享有的自由,对于政府与新闻业建立起的良好互动关系赞叹不已。"[1]同时,在全面了解欧美新闻事业兴旺发达的情况基础上,他深入探究了其之所以发达的原因,认为主要有五个方面原因:"(一)资本主义发达;(二)教育发达;(三)交通发达;(四)工商业发达;(五)言论有保障。"[2]当然,对欧美新闻自由理念与发展模式,成舍我并未全盘接受。他认为:"在民治潮流日见发皇之今日,新闻事业,本代表多数国民,如彼等特殊阶级人物,绝不足当领导平民的无产阶级的新

---

[1] 黄志辉:《追梦与幻灭:报人成舍我研究》,第151页。
[2] 李磊:《报人成舍我研究》,中国传媒大学出版社,2011年,第204页。

闻事业之任。"①针对西方报业的过度资本化，他批评说："他们只知道自己如何投机发财，对于社会公众的福利，几乎是毫未想到。"②考察欧美新闻事业的目的是为了给中国新闻事业开药方。基于对欧美新闻事业商业化及其弊端的认识，他给中国新闻业开的药方是，中国的报纸"在营业方面还可以商业化，但编辑方面却应该绝对独立，不受'商业化'任何丝毫的影响"③。以此认识为基础，他后来又进一步提出了"资本家出钱，专家办报，老百姓说话"的著名办报思想。在报纸具体业务方面，他将在欧美考察过程中了解到的有关报纸经营、报社组织、技术设备与报社管理体制机制等方面的先进经验引入到了中国。如他在自己的报馆中率先设置总管理处，运用欧美报纸的科学管理方法运营和管理报纸；受欧美报纸技术设备先进之启发，他亲自动手设计排字桌，用以提高排字工人的效率；由于他一直提倡的"精编""改写"等编辑策略在不少欧美报纸上得到了印证，使他在此方面不断探索，最终促成了其小型报编辑思想的成熟。可以说，欧美考察后的成舍我的报业梦中已经注入了西方的血液。这种血液一方面使他自己创办的报纸在诸多层面得到了革新，而且对当时整个中国报业也产生了显著影响。由他引入或在引入基础上创造的部分报馆经营理念和报纸样态为其他报纸学习、模仿，从而在一定程度上促进了中国新闻业的整体进步。

　　除了赴欧美考察新闻事业外，成舍我对新闻教育事业的热心及付出，也是其对整个新闻事业怀有挚深之爱的一个重要表现。成舍我办新闻教育的想法和努力最早可追溯到1929年北平大学拟在

---

① 舍我：《在伦敦所见——英国报界之新活动》，《世界日报》1930年11月18日第三版。

② 黄志辉：《追梦与幻灭：报人成舍我研究》，第152页。

③ 成舍我讲，荣涛、于振纲记：《中国报纸之将来》，《世界日报》1932年5月7日第七版。

法学院添设新闻专修科时期。当时,成舍我被聘为专修科教授兼主任,并领取了一千元开办费,还商定了教授和讲师人员,甚至列出了详细计划书。在该计划书中,他说:"我国新闻事业,现已日见发达,社会上对于此项人才,需要日见增加。查各国大学本多有新闻学系或新闻学院的设置,独我国除二三私立大学,偶有此项名以外,各国立大学沿付阙如,现为造就此项专门人才,及使新闻学科得一高深研究之机关起见,拟就法学院中设新闻专修科,招收高中毕业生,讲授新闻学概论,各国新闻业组织法、营业法、编辑法、采访学、广告学、摄影学、速记学、小说作法、漫画及特别研究等学科。"[①]这次开展新闻教育之努力虽因计划过于宏大,实施起来有诸多困难等原因,最终失败,但从中却已能看出成舍我对新闻教育之重要性与意义的认识和身体力行的努力。这种认识和努力中蕴含的期望以新闻教育为整个新闻业造就专门人才的心愿显现出的正是他对整个新闻事业的爱。

　　成舍我对新闻教育的想法在欧美考察归来后最终得以实现。欧美考察中感受到的中国报业与欧美报业之间存在的巨大差距,使他对中国报业的现状与未来充满担忧。这种担忧促使他思考如何能尽快改善。而在他看来,兴办新闻教育,提高新闻从业者素质,是提高新闻业水平、革新新闻业面貌的最基本的途径,也是作为报人的他最容易做到的工作。基于这样的考虑,归国后的他迅速重启了自己两年前已试图实施的为新闻业培养专门人才的计划,具体表现为北平新闻专科学校的创立。马之骕在《新闻界三老兵》中曾说:成先生"在他漫长的记者生涯体验中发觉一些问题,当然都是与发展新闻事业有关的问题,有些是属于'人'的问题,有些是属于'事'的问题"[②]。成舍我发现的新闻事业中的属于"人"的问题具体是指什

---

① 黄志辉:《追梦与幻灭:报人成舍我研究》,第258页。
② 马之骕:《新闻界三老兵——曾虚白・成舍我・马星野奋斗历程》,第297页。

么呢？最大的问题是记者的品德问题。成舍我发现有些记者"积习已深，难以救药，长此以往，不但有伤整个新闻界的名誉，而且足以影响新闻事业之发展"[1]。其次是排字工人习性问题。"那时候的排字工人，都是由学徒出身，没受过什么教育，识字不多，工作效果很差。""排字工人多半有些坏习气，今天不高兴，明天就不来上班，时常闹情绪，缺乏敬业精神，很难管理。"[2]这些问题严重阻碍着报业的发展。因此，要想促进报业发展，就必须从新闻教育做起。创办北平新闻专科学校的目的和认识逻辑正在于此。（遗憾的是，北平新闻专科学校的创办，只是部分地实现了成舍我的目的和想法，他的借助新闻教育为新闻业培养人才以促使新闻业整体进步的愿望和想法直到他在台湾创办世界新闻专科学校时才得以最终实现。）在《我所理想的新闻教育》中，他说："我的原意，是想替中国今后的新闻事业训练一些手脚并用的小朋友。假使这些小朋友，真能完成他们的学业，那么，他们将来的技能，是一方面穿上长衫，做经理，当编辑，一方面也可以换上短衣，到印刷工厂中，去排字，铸版，管机器。当然这种理想，难免不失败，然而这确是我现在对于新闻教育所怀抱的意见，也就是我们创办新闻专科学校的唯一动机。"[3]对北平新闻专科学校及其学生，他抱有极高期望："我们的学校是一个工厂，同时又是一个报馆，希望将来凡在本校毕业的，能作一个用脑的新闻记者，同时也能作一个用手的排字工人。""在座的诸位同学，虽然都还很年青，将来长大了都可以成一个完全手脑并用的新闻记者，或新闻事业的支配者。我们的事业将来就会要让给你们去做。

---

① 马之骕：《新闻界三老兵——曾虚白·成舍我·马星野奋斗历程》，第298页。
② 马之骕：《新闻界三老兵——曾虚白·成舍我·马星野奋斗历程》，第298页。
③ 刘家林、王明亮、陈龙、李时新编著：《成舍我新闻学术论集（上）》，第91页。

所以各位的希望和责任，都是重大而无穷的。"①正是通过对新闻教育的重视和身体力行的努力，成舍我一方面为自己创办的报纸输送了许多具有专业能力的新闻从业者，另一方面为其他报馆培养了许多有专门知识、有实践经验的专业人才，从而促进了新闻业的整体发展和面貌改观。在他看来，任何事物的发展都是一个新陈代谢的过程，而新闻从业者的新陈代谢会使整个新闻业不断迈向现代化和专业化，使新闻事业摆脱陈旧落后的面貌，迎来不断发展的新机遇。这样的认识和在此认识下其在新闻教育方面所付出的努力，体现出的无疑是一种更高层面的对新闻事业的爱。

除了从事新闻教育之外，开设新闻学专栏专刊、发表新闻学文章等，也是体现成舍我对整个新闻事业之大爱的重要方面。他利用这些方式，传播自己的报业发展理念，宣讲自己对革新、发展新闻事业的意见和建议，希望以此浸润当时的新闻业，改善新闻业发展状况。为普及、传播现代新闻学理念与知识，在北平新闻专科学校成立后，他将原《世界日报·教育界》副刊改版为《新闻学周刊》，使该周刊成为民国时期珍贵的新闻学专刊。他在《新闻学周刊》创刊号上对创办该刊的目的和旨趣做了这样的陈述："第一，我们认定，新时代的报纸，不但一派一系的代言性质，将成过去，即资本主义下，专以盈利为本位的报纸，亦必不能再为大众所容许。新时代的报纸，他的基础，应完全真确，建筑于大众'公共福祉'的上面。""我们这个刊物的第二目的，即在唤起大众，如何对于一切报纸，能有精确的认识。谁真能拥护大众利益，即谁应受大众所拥护。""欺骗大众，愚弄大众者，故当为大众所唾弃，而拥护大众利益者，大众亦不能听其任人摧残，然后新时代报纸，才有确实建立的可能。"新时代报纸的"新闻记者，虽然不是直接受了大众的委任，但他的心中，应时时

---

① 成舍我讲、愿景信记：《如何使报纸向民间去》，《世界日报》1933年4月11日第4版。

刻刻，将自己当作一个大众的公仆。不要再傲慢骄纵，误解'无冕帝王'的意义。他只知有大众的利益，不知有某派、某系或某一阶级的利益，更不知有所谓报人政治或营业的利益。所以报纸上的言论、记载，一字一句，均应以增进'公共福祉'为出发点。他并当时时刻刻，了解报纸对于大众利益影响之重大。"就报纸与读者关系而言，"只有全国报纸与全国大众打成一片，通力合作，才可以小之增进社会的福祉，大之完成民族的复兴"①。《新闻学周刊》创刊后发表了大量传播新闻学理念、知识，介绍和讨论报刊采编与经营业务的文章，其中不少为成舍我本人所写，这些文章对普及新闻学理论与知识、更新新闻从业者意识和观念发挥了不可忽视的作用。此外，成舍我还经常通过在自己创办的北京新闻专科学校讲课和在新闻界或新闻教育界其他活动上发表讲演的方式尽力传播现代新闻学理论知识，宣讲自己对新闻事业各方面问题的看法，冀望以此推进新闻事业的整体进步与提升。

　　总而言之，从现实行动到思想认识，又由思想认识到现实行动，自从正式步入报业生涯的那一天起，成舍我就一直将办报视为其一生中最重要的事业，将促进整个新闻业进步视为义不容辞的使命。为此，他不怕困难，不畏凶险，不辞重担，无论压力和困难有多大，无论环境多么凶险，他一直不屈不挠，勇往直前，生命不息，奋斗不止，用他的整个生命演绎了对报业、对新闻业的挚深之爱，以极大的热情、激情与才情演绎了对整个新闻事业的赤子之情和大爱。他是办报达人：他一生参与和创办过近二十家新闻事业形式，包括报纸、期刊、通讯社、广播电台，其中直接创办的达十二家。他是"打不死的小强"：他一生遭遇数次报馆被封、十几次被捕入狱之经历，却始终对新闻事业不离不弃，可谓爱到极致。他是新闻事业的掌灯者：

①成舍我：《我们的两个目的》，《世界日报》1933年12月14日第十三版，《新闻学周刊》创刊号。

他开学校、办小型报、进行报业改革,试图从根基上改造中国新闻业。他的新闻事业之路虽有诸多坎坷,但他对新闻事业的挚深之爱促使他克服各种艰难险阻,成为"近代中国新闻史上一位伟大的斗士,同时也是中国自由史上一位勇敢而独立的斗士"[1]。"依托报馆兴办新闻学校,学校培养的人才又源源不断输送给报馆。在旧中国民营报人中,能够做到办报、兴学相辅相成,齐头并进,成舍我一人而已。"[2] 他对报业的爱完全超越了个人职业选择层面,是对整个新闻事业的整体之爱,是一种大爱。他对当时中国新闻业整体发展似乎天生就怀有一种责任与担当,他希望中国报业、新闻业发展的整体环境越来越好,希望中国报业、新闻业整体水平尽快提升。欧美考察归国后的他,根据当时中国实际,认为中国新闻业落后的主要原因在于专业人才不足,于是,抱着培养合格新闻从业者的目的,他克服各种困难创办新闻专科学校。针对许多新闻从业者未受过系统教育、许多读者缺乏现代新闻业知识所带来的对新闻业发展的阻碍,他创办《新闻学周刊》,利用一切机会,传播现代新闻学理念,普及新闻学知识,希望以此影响新闻从业者和读者的理念和行为,改善新闻事业的整体环境。这种从行动到思想又由思想而行动的、系统又深入、具体又有针对性的努力,在使他成为民国时期报业家群体中的一个"另类"的同时,也使他对整个新闻业的大爱毫发毕现。

① 程沧波:《中国自由史上一位独立的记者——祝成舍我先生六十寿》,《自由人》1957年8月14日。
② 陈建云:《向左走 向右走——一九四九年前后民间报人的出路抉择》,福建教育出版社,2010年,第239页。

三、热情与挚爱背后的思想认识基础：
报业理想与爱国情怀

　　考察成舍我人生成长经历和报业生涯中的求索过程与思想发展历程，可以发现，成舍我之所以对自己的办报事业和整个新闻事业具有非常深挚的爱，主要是因为他所具有的爱国思想和家国情怀，是因为他内心一直充盈着一种"为正义，为公理，为社会，为国家"①的理想和强烈的现实关怀。在这样的爱国思想和家国情怀之下，一旦认识到报纸乃至整个报业对社会、对国家的重要意义与价值，意识到可以通过办报——办自己理想的、既符合世界新闻业潮流与规律又切合中国社会现实问题的报纸，促进社会文明进步，推动国家发展，履行自己对社会、国家的责任，实现自己心中的社会理想，其对自己的办报事业必然会投注极大热情，对整个新闻业的整体进步必然会牵肠挂肚，魂牵梦萦，也必然会为之不辞劳苦，竭尽所能，上下求索。

　　那么，成舍我的爱国思想和家国情怀究竟是如何产生的呢？要回答这个问题，首先要从其家庭影响说起。成舍我出生于传统官宦家庭，其祖父、父亲均为官，以廉正、恪直、安贫见称于时人。祖父成策达曾因曾国藩带领湘军征战东南而放弃故业，佐曾国藩之弟曾国荃，历官江浙，"性廉正"，"以廉宦倾家"。父亲成心白一直任职地方，先后任安徽舒城县典史、宿县凤台县警务长等，"位卑禄薄，月俸银二两九钱，合县署津助，仅勉之口腹"，"虽亦能非法致赀财"，但他"安贫守分""恪直""以得免饥寒为已足"②。"破狱案"中，面对八千

----

① 马之骕：《新闻界三老兵——曾虚白·成舍我·马星野奋斗历程》，第195页。
② 舍我：《先考行状》，《世界日报》1931年9月4日、5日。

金的贿赂，他"以饰词纳贿，有亏士行，坚不可"①为由，严词拒绝。
祖父和父亲的廉正、恪直给成舍我的影响主要是，使其浸染了一种
"在其位谋其事""贪婪欲望不可有"和"忠孝仁爱信义和平"的价值
观。这种价值观与其此后的成长过程中逐渐育化产生的爱国思想、
报国情怀等虽有较大不同，但其中所包含的为国尽忠和仁爱信义等
思想中无疑蕴含了有利于其爱国思想、报国情怀萌发的因子。

　　家庭给予他的这种影响因子在清末仁人志士纷纷以各种方式
探求国家出路的氛围中迅速被激发了出来。这一点从辛亥革命前
后他报名参加革命党青年军和民国初期积极参加"讨袁""反袁"斗
争、成为其中活跃分子即可看出。成舍我当时参加革命党青年军的
出发点和原因，客观来看，不能不说相当朴素甚至可以说较为模糊。
也许是由于"破狱案"给他的印象太深，冲击太大，让他非常直观地
感受到了官场的污秽、腐败，也许是成长时期的他对当时社会"坏人
坏事太多"的认识与感受太深，因此使他内心有一种十分朴素的希
望能铲除"坏人坏事"的想法。在这种情况下，革命风潮兴起后，革
命党摧枯拉朽的发展势头，使他"觉得只要参加革命，就能铲除'坏
人''坏事'"②，这时又恰逢革命党要成立青年军，"希望爱国青年，
都参加革命阵营"，于是他马上"抢先报名投考"，并以优异成绩被招
录。虽然参加革命的这种出发点显得较为朴素，但其中显然蕴含了
一种社会使命感和责任感，而这种使命感和责任感显然是近现代意
义上的爱国思想、家国意识得以产生的基础。从军未果后成舍我很
快开始了新闻记者生涯，而其从事记者职业的原因一方面与"破狱
案"中对报纸和记者的作用与影响等的认识有关，另一方面也是基
于其报效国家的志愿，即所谓"从军既未如愿，才决心做新闻记者，

───────────

① 舍我：《先考行状》，《世界日报》1931年9月4日、5日。
② 马之骕：《新闻界三老兵——曾虚白·成舍我·马星野奋斗历程》，第138页。

期以万钧之力，以达报效国家之目的"①。如果说辛亥革命时期参加青年军时其思想出发点尚较为朴素的话，"讨袁""反袁"时期他主动、自觉参加"讨袁""反袁"活动说明此时的他之脉搏已经和当时具有最先进的爱国思想的革命志士们的脉搏跳在了一起。换句话说，此时的他已经具备了强烈的爱国思想和报国情怀。这种爱国思想与报国情怀，一方面是其之前的已经具备的朴素的社会责任感与使命感的发展，另一方面也与其已开始的新闻记者生涯有关。1912年开始给报纸撰写文章后不久，1913年他即被《民嵒报》聘为校对，继而正式受聘为记者。从事报刊与记者工作，意味着必然会开始关注社会时事、国家大势，意味着必然会与各种人士——尤其是具有现实关怀的人士接触、交往。无论哪种情况，必然会在不知不觉中促使其关心社会、国家，进而促使其爱国思想与意识的产生。"讨袁""反袁"时期后，他更频繁地在不同的报纸之间奔波、转换，包括一些在当时社会影响力巨大的报纸，如《民国日报》。在这样的报纸工作，使他一方面得以更充分地了解到中国社会的各种问题、国家面临的各种危局与情势以及仁人志士的各种爱国救国思想、主张，另一方面得以结识许多在当时社会乃至历史上都具有重要影响的人物，如陈独秀、李大钊、刘半农、柳亚子、叶楚伧等。这种情况必然使其爱国思想和关注国家前途命运的意识被更大程度地培育和激发出来。在北大读书的三年（1918—1921），由于北大在"五四"新文化运动中的特殊地位，又是"五四"爱国运动的策源地，身处其间的他，爱国思想、报国意识被完全激发出来，更成为一种必然。

　　入北大学习前成舍我已具有数年的新闻记者从业经历，对报纸的功能与作用已有一些属于自己的切身体会和认识，在北大学习期间，徐宝璜的《新闻学》选修课和新闻研究会所开相关课程成为他的最爱，这些课程使他对新闻事业的性质、功能、社会意义与价值等有

①马之骕：《新闻界三老兵——曾虚白·成舍我·马星野奋斗历程》，第140页。

了更全面、更系统的认识，认识到报纸、报业乃至整个新闻业对社会公众的思想、意识、视野、文化水平，对一个国家的政治民主、社会文明进步等的重要意义与作用。这一切使他认识到，社会要发展，国家要变革，文化运动应是前驱，而他认为，文化运动要有效开展，"非有各种大规模的组织不可"，在他的眼中，各种大规模组织中最重要的就是"大报馆"。在《文化运动的意义与今后大规模的文化运动》一文中他曾说："以中国现在情形看起来，各方面均很需要大报馆发声。所以要使中国文化运动有效，办大报馆最为紧要。"[1]他认为，报馆要想成为文化运动的推动者和前驱，掌管报馆的舆论家，即"报业家"，必须有借助自己的报馆推动国家发展、社会进步的意识和责任感，必须主动承担起"社会向导"之责任，"秉公理""顾道德""据事实""主知识"。他说："舆论家是要往前进的，不可以随后走的；他是要秉公理的，不可以存党见的；他是要顾道德的，不可以攻阴私的；他是要据事实的，不可以凭臆想的；他是要主知识的，不可以尚意气的。"[2]此处强调的虽是掌管报馆的"舆论家"们应具备的职业规范与伦理道德意识，但从中也可以看出其对报馆功能、作用、意义和价值的认识。

正式投身办报生涯后，他对报纸之于国家、社会、民族的意义与价值的认识更深刻了。在他看来，报纸事关政治民主、社会正义、民众福祉、国家文明进化，是促进政治民主、社会进步，培育国民民族意识和国家意识，提高民众文化知识水平的最有效的工具。这些认识虽因不同时期政局、时局的变化和其对社会矛盾与问题的认识焦点的不同在强调重点上显现出一定差异，但其间所反映出的成舍我将报纸、报业乃至整个新闻事业作为爱国、报国之工具的想法和大方向却一直是相同的。

---

[1] 刘家林、王明亮、陈龙、李时新：《成舍我新闻学术论集（下）》，第32页。
[2] 舍我：《舆论家的态度》，《时事新报》1920年4月15日第一版。

　　在此需要补充说明的是,这种以报纸为报国之工具的想法,将对社会、对国家的责任与使命融进报纸工作中之理念,一方面与成舍我自己的个人职业求索、职业目标与理念的发展等有关,另一方面也与其父亲成心白的影响有不可忽视的关联。成心白不仅在成舍我爱国报国思想的早期发育中发挥了不可忽视的作用与影响,而且在成舍我成为记者后还以其对忠信仁义等价值观的崇奉与信守鼓励并支持成舍我"为正义、为公理、为社会、为国家"勇敢地履行其报人职责。最有代表性的例子是1926年成舍我因刊登林白水遇害新闻被张宗昌逮捕并拟枪毙、后经孙宝琦营救幸免于难后成心白对他的鼓励。当时的成舍我因经此番凶险,又念及操记者业以来所经历种种忧危恐怖,对办报职业一度产生怀疑。看出儿子的内心惶惑与犹豫后,成心白就以忠信仁义等传统纲常鼓励、劝勉儿子要"忠其所职,信其所守"。他说:"吾先人虽无大功德,然吾不信及吾之身,将见汝有非命之惨。且直言纵可实祸,然士君子读书所应尔也。"①与一般家庭做父母的最担心儿女安危,每遇涉及生命危险之事往往劝阻、"拖后腿"相较,成心白对成舍我的这种鼓励实在弥足珍贵。在成心白看来,"直言""忠其所职,信其所守"应是士君子的本分,士君子读书的最大用途就是"直言",就是为国发声,以报国为职志,不能因为有可能"实祸"就退缩不为,或改变立场。在父亲的鼓励下,成舍我最终不仅没有放弃办报事业,而且对办报事业的重要作用认识得更加清楚,从事新闻事业的信心也更加坚定。关于父亲在此事上对自己的影响,成舍我在《先考行状》中曾十分明确地说:"当系狱时,平追念十余年中之忧危恐怖,辄思一旦得释,必弃此他图,及闻先考训,夙志益坚。"②成心白不仅在因报道林白水被杀之新闻而蹈险之事上对成舍我进行鼓励、劝勉,而且在每一次政局动荡、危机四

---

① 舍我:《先考行状》,《世界日报》1931年9月4日、5日。
② 舍我:《先考行状》,《世界日报》1931年9月4日、5日。

伏的危急关头都会对成舍我进行鼓励、劝勉:"自十四年,先考奉养留平,暑寒六更易,每当政局递嬗之际,则以此见勉。故虽国民政府定都南京,平或为大义公益所迫,或感于师友爱好之殷,偶为所业以外之役事,然终不忍一日离去,固由天性习好,而感于先考训诚者实泰半也。"①

既具有"为正义、为公理、为社会、为国家"的思想意识、社会关怀和爱国精神,又认识到报刊、报业乃至整个新闻业对社会、对国家的重要意义与价值,在这种情况下,将二者有机结合起来,为了实现自己的爱国报国之志而勉力办报,借办报实现自己的爱国报国之志、挥洒自己的爱国报国热情,就是自然而然的了。既然办报活动中既融汇着自己的职业志趣与理想,又寄托着自己"为正义、为公理、为社会、为国家"的精神追求与爱国报国志向,在办报过程中,不畏凶险,不辞劳苦,竭尽所能,全情投入,挚爱、深爱有加,努力使其发挥对社会、对国家的意义、价值与作用,也就是很可以理解的了。

这种因爱国而爱报、因报国而办报、因心中深藏着的"为正义,为公理,为社会,为国家"之精神追求而在办报过程中不辞劳苦、不畏凶险、全身心投入之情况,从成舍我办报生涯中的一系列具体实践和理念宣示即可看出。

1924年创办《世界晚报》时,成舍我对外宣示的目标是,希望用这份报纸"说大众想说的话,说自己想说的话"②。"说大众想说的话",就是为大众服务,做大众的喉舌;"说自己想说的话",对此时已具有强烈爱国思想的成舍我来说,"自己想说的话"自然是那些有助于社会进步和国家发展的话。1932年4月在燕京大学的演讲中,成舍我称报纸为"最重要的社会公器",认为"它实在兼有公园、图书馆

---

① 舍我:《先考行状》,《世界日报》1931年9月4日、5日。
② 马之骕:《新闻界三老兵——曾虚白·成舍我·马星野奋斗历程》,149页。

两种不同的性质。一方面给人愉快，另一方面给人知识"[1]。在1936年《立报》创办时的发刊词中，他认为，报纸是民众日常生活中的必需品，"报纸对于读众，乃一种无形的食粮，和无形的交通工具"[2]。40年代以后，在报纸对社会、国家的意义和使命的认识方面，他强调，"报纸有传播文化，普及大众的使命"，"人类之需要报纸，正与需要阳光、空气、水相似"[3]。从成舍我不同时期对办报的这些理念宣示可以看出，他更看重的似乎是报纸对于启迪社会大众思想、供给大众精神食粮、提升大众思想文化水平的作用。这样的理念宣示与目标，与民国时期许多记者、报人理念与目标宣示中的激情昂扬和强烈的现实批判精神相较，虽然显得有些平和中正，缺乏政治干预和现实批判精神，但其最终目标与指向同样是为了爱国、报国，同样与其为社会、为国家的总目标相一致。

　　成舍我之所以十分看重报纸对于改变和提升社会大众思想、意识、精神、观念等的意义，且利用自己的报纸身体力行，一方面是基于其对当时许多报纸对社会大众的忽视之认识，另一方面是基于其对个人与国家之间关系的深刻认知。通过自己投身办报之前和报业生涯开启后对当时报界情况的观察和感受，成舍我认识到，当时很多报纸存在着一个"致命"的问题，那就是"从来不注意向多数国民动员，使他们了解民族意义，个人和国家的关系，及中国现今的威迫。致使他们始终坐在漆黑的暗室，不知道屋外大势"[4]。在《报纸救国》一文中，他说："中国真正的根本毛病，究竟在什么地方？说破

①成舍我讲，荣涛、于振纲记：《中国报纸之将来》，《世界日报》1932年5月7日第七版。

②《我们的宣言》，《立报》1935年9月20日第一版。

③成舍我：《由小型报谈到〈立报〉的创刊》，成舍我《报学杂著》，"中央"文物供应社，1956年，第124页。

④成舍我讲、愿景信记：《如何使报纸向民间去》，《世界日报》1933年4月11日第四版。

了,老生常谈,一文不值,但我们却坚定不移的认定,只有开发中国最大多数国民的知识,让他们都能了解个人和国家的关系,这才能有起死回生的希望。因为中国真正的根本毛病,只是最大多数的国民,知识太低,不认识国家,过分缺乏了国家的意识。"① 针对国民不认识国家、缺乏国家意识、两耳不闻国家事之状况,成舍我认为:"我们新闻界,实在应该负重大责任。"② 基于这样的认识,他认为,报人应将使大众充分意识到"国家的荣辱存亡,就是自己的荣辱存亡"作为自己的重要使命和追求,努力提升大众的民族意识和国家意识。他说:"新时代的报纸不仅要刊载大众需要的,应站在大众立场说话,并且也应是对大众有益的,有益于增进他们对国家与个人之间关系的了解,有益于培养健全的国民素养,从而实现'报纸救国'的理想。"③ 在他看来,报人"必须借着报纸的力量,使每一个中国人,都知道国家和个人,是一而二,二而一"的关系④。为此,他明确提出"报纸向民间去"之口号⑤。

成舍我对报纸之于社会公众的意义与使命的这种认识,在其对《立报》办报宗旨所做的阐述中有更充分说明:"我们认为不仅立己立人不能分开,即立国也实已包括在立己的范围以内。我们要想树立一个良好的国家,我们就必先使每一个国民,都知道本身对于国

---

① 成舍我:《报纸救国》,《十日杂志》1935年第3期(《世界日报》1935年11月14日第十二版)。

② 成舍我讲、愿景信记:《如何使报纸向民间去》,《世界日报》1933年4月11日第四版。

③ 黄志辉:《追梦与幻灭:报人成舍我研究》,第182页。

④ 成舍我:《报纸救国》,《十日杂志》1935年第3期(《世界日报》1935年11月14日第十二版)。

⑤ 成舍我讲、愿景信记:《如何使报纸向民间去》,《世界日报》1933年4月11日第四版。

家的关系，就是我们今后最主要的使命。"①成舍我对报纸的这种认识既承继了近代以来许多报人和先知先觉者对报纸"启迪民智"之功能的认识，又具有鲜明的个人特色与时代烙印，体现出时局混乱、国家危难背景下心怀爱国报国理想的他对报刊之于国家、民族、社会的特殊意义与作用的认识和其作为心怀理想的报业家爱国报国的特殊方式。

　　抗战时期到来之前，成舍我办报活动中熔铸的更多是希望以报纸更新和改变大众思想、意识、精神和观念，使其成为具有健全的国民素养的国民。进入抗战时期后，面对民族生死存亡的严峻形势，成舍我对于报纸之于社会、国家的功能与作用的认识开始显现出较大变化，开始将目光从对报纸对于国民思想、意识、精神和观念的更新的关注转移到了报纸的抗战动员使命方面。1932年4月，作为报人，他曾应邀出席洛阳国难会议并发表宣言："标举对外必须有独立自主之外交，对内必须充实国防之准备。"②当年10月，他被国民政府主席林森、行政院长汪精卫联合具名聘为国难会议会员。与这样的立场与行动的转变相应，他开始呼吁各个报纸抛除罅隙，将国家、民族利益摆在更重要的位置，响应政府抗战号召，着力进行抗战动员，参与政府组织的各种救亡活动。

　　全面抗战爆发后，成舍我在各地创办的报纸相继被迫或自动停刊。失去报纸的他虽无法运用自己的报纸直接进行抗战动员与宣传工作，但他仍利用一切机会全身心投入到其他形式的抗战宣传工作中，不遗余力地为抗战宣传献计献策。面对抗战初期国军节节败退、"大多数老百姓浑浑噩噩""汉奸多，征兵困难""不但看不见抗战的准备，连抗战气氛，都无处寻觅"等"大家痛切感到的不良现象"，他认为，导致这一切问题的很重要原因在于宣传动员工作没有做

---

①《我们的宣言》，《立报》1935年9月20日第一版。
②关国煊：《锲而不舍的新闻界老兵成舍我》，《传记文学》1991年5月总第384号。

好,用他自己的话说就是,这一切令大家深感痛切的现象均是"宣传失败的表现"。他认为,"'纸弹'亦可歼敌",而"我们由过去以至现在,忽略了孙先生一个很宝贵的遗训,把宣传太看轻了,宣传没有和军事配合,军事进展,而宣传落后,所以造成眼前种种不良的现象",因此,他主张,"抗战宣传应与军事并重",我们要想"抵抗到底,博取最后的胜利,军事以外,还必须从宣传方面作极大的努力"[①]。

　　宣传既然如此重要,那如何做好宣传呢? 在成舍我看来,抗战宣传应包括对敌国的宣传、对友邦的宣传和对本国民众的宣传三方面,而在这三方面中,应以对本国民众的宣传为重,只有让本国民众了解自己和国家荣辱存亡之间的关系,民众才能将自身命运与国家命运紧密联系起来,才能团结一致,共同抗战。在宣传的组织与指挥方面,他认为,宣传的指挥必须统一,最高决策和宣传方向必须绝对统一;宣传目标必须集中,要让人人都清楚、明白,且照着这个目标共同去做;宣传对象必须面向全国大众,使全国的每一角落都受到宣传的影响。为了达到这样的目标,他设计了一个能使五千万人阅读"同一张报"的方案,希望通过这个方案,使战时宣传工作一方面尽可能做到统一、集中和普及,另一方面尽可能"适应战时流动性极强的特点",不会因一城一地的失陷而使宣传被迫中断[②]。成舍我的这个方案受到当时主导政治部设计委员会的陈诚的极大赞赏,曾在一定范围内进行了实践,只是由于所需经费过于庞大和一些其他问题,没有继续下去。

　　抗战胜利前夕,面对抗战胜利后应如何建立一个全新国家这一任务,成舍我迅速调整其之前对新闻业责任与使命的特殊认识,认为:"我们不需要'建国'则已,如真要'建国',则'精神建设'确比

---

① 舍我:《"纸弹"亦可歼敌——抗战宣传应与军事并重　动员民众应先使报纸到乡村去》,《大公报》1938年5月13—15日第三版,5月18日第五版。
② 黄志辉:《追梦与幻灭:报人成舍我研究》,第247页。

'物质建设'重要百倍","精神建设"的两大目标是"改造国民心理,转移社会风气","而精神建设最主要有利的工具,是报纸","我敢大胆而肯定的作一论断:即'建国'之必成与否,要看我们'建报'的成就如何。换一句话说,就是'建国首需建报'"。"建国首需建报",但关键是建什么样的报和如何建这样的报。针对这一问题,在借鉴西方新闻业经验又充分考虑他所认识到的中国国情基础上,他提出了"资本家出钱;专家办报;老百姓说话;政府认真扶助,依法管制"这一著名的四位一体办报模式①。抗战胜利后,北平《世界日报》顺利复刊。在复刊词中,他对报纸与报人在新的历史时刻应承担的任务和使命进行了新的阐述,认为抗战虽已全面胜利,中国也被列为世界四强之一,但"威胁国家民族生存的内外危机,在今日并没有整个消除,甚至还更比以前严重",报纸和报人必须对这种"危机"有清醒的认识,"绝不能有丝毫忽视",应"站在国民立场","充分发挥舆论权威",以便"使这种危机,归于消灭";同时,在抗战全面胜利、建国任务急迫而艰巨的形势下,报纸和报人必须努力承担起对建国工作来说最重要的"心理建设"之任务,致力于"社会风气的转变和国民心理的改造"之工作,因为在他看来,"我们不谈建国则已,要建国,心理建设,其重要实远过于物质",而"心理如何改造,风气如何转变,这一重大任务,除了教育以外,就完全落在我们这一代报人的肩上"②。

　　从成舍我不同时期对报纸功能、作用、责任、使命的认识和其办报生涯中为践行这些认识而做的各种努力可以看出,虽然不同时期的他对报纸功能、作用、责任、使命的认识随着政局与时局的发展变

---

① 成舍我:《报纸必如何始"真"能代表"民意"——"言论"与"资本"分立的一个创议》,《中国新闻学会年刊》1944年11月20日第2期。

② 成舍我:《我们这一时代的报人——北平〈世界日报〉复刊词》,《世界日报》1945年11月20日第一版。

化而有所不同，不同时期的他给报纸赋予了不同的使命与任务，在这种使命与任务之下其所进行的具体努力也有这样那样的不同，但这些认识和努力的总目标却是相同的。这种相同之处就在于，他总是将民族复兴、国家发展、社会文明进化等大目标视为报纸和报人最根本的职业目标和使命，认为报纸应该主动承担起"为正义，为公理，为社会，为国家"的任务和使命，认为报人唯一的责任和使命便是以报救国、以报报国。在他的思想认识与报业生涯中，办报就是救国，救国就要办报，二者有机统一，不可分割，其关系完全可谓一体两面。这种关系既是他一生职业心理与精神世界的最简洁、最充分的写照，也是他一生之所以对办报事业不辞劳苦、不畏凶险、终其一生挚爱有加的原因之所在。

四、混乱时世，英雄气短：无法避免的矛盾、无奈与悲凉

纵观成舍我作为报人、报业家的一生，完全可以说是对报纸至诚至忠的一生，是将爱报进行到底的一生。"他的报人生活，丰富多彩，流光溢彩。"[1]从他身上我们能发现一种不同于其他报人的特质，那就是愈挫愈勇，不屈不挠。他的报业生涯中，既有经营极度困难，却坚持不懈，苦心孤诣，靠自己的智慧和毅力，最终走出困境的传奇经历，也有在政治夹缝中备受逼迫、压制，承受各种艰难和凶险，却能以一支孤笔向强权社会挑战的惊人战绩。同时，他也以其一生办报生涯持续时间之长，办报热情持续之久，创办和参与创办报刊数量之多，成为报刊史乃至新闻史上不可多得的标杆式人物。然而，我们不禁要问，在他看似不屈不挠、无惧无畏、"流光溢彩"的

---

[1] 张功臣：《民国报人——新闻史上的隐秘一页》，第45页。

报业生涯背后是否存在着某种无以言表的无奈？其办报生涯中的诸多言行是否存在矛盾或因现实逼迫而不得不做出的妥协？其内心思想、情感中是否存在着某种矛盾、无奈、悖论、苦衷或悲凉？

抗战胜利后成舍我在为北平《世界日报》所写复刊辞《我们这一时代的报人》中曾明确说："我们真不幸，做了这一时代的报人！"为什么这么说呢？在开宗明义说出这句话后他说："单就我自己说，三十多年的报人生活，本身坐牢不下二十次，报馆封门也不下二十次。"接下来在对《世界日报》如何在"内有各种军阀的混战，外有日本强盗的劫掠"的多灾多难的时代中因"和这许多恶魔苦斗"而遭遇的各种"厄运"进行记述基础上再次重申："我们真不幸做了这一时代的报人"，并将这种"不幸"概括为这样一句话："做一个报人，不能依循规范，求本身事业正常的发展，人与报，均朝不保夕，未知命在何时。"① 可以看出，成舍我对自己报业生涯中的矛盾、无奈和苦衷是有明确感知与认识的，而他所认识到的其报业生涯中的主要矛盾、无奈和苦衷就是，作为报人，"不能依循规范"，使自己的报纸事业获得正常的发展，且"人与报，均朝不保夕，未知命在何时"。

那么，从成舍我报业生涯中的具体境遇与表现来看，其矛盾、无奈与苦衷具体表现在哪些方面呢？总体上来说，主要有：不得已接收津贴的矛盾、无奈与苦衷，面对军阀野蛮威逼与迫害的矛盾、无奈与苦衷，借助"同人"谋求报纸之安全保障的矛盾、无奈与苦衷，面对民族危亡不得不被迫"中断"自己"报纸"之生命的矛盾、无奈与苦衷，心中怀有报业托拉斯梦想却不得不频频埋葬自己报纸的矛盾、无奈与苦衷，一生以抠门出名的他却一次次看着自己辛苦挣来的报业资产随动荡时世而遭受重大损失的矛盾、无奈与苦衷，面对国共两极政治斗争不得不权衡利弊、思虑进退得失的矛盾、无奈与

①成舍我：《我们这一时代的报人——北平〈世界日报〉复刊词》，《世界日报》
　　1945年11月20日第一版。

苦衷,国民党当局垮台时究竟应何去何从的矛盾、无奈与苦衷,到台湾后在长期的"党禁""报禁"背景下不能自由办报的矛盾、无奈与苦衷等。

　　成舍我以初生牛犊不怕虎的勇气和热情投身办报生涯之初,面临的一个巨大困境是资金问题。面对这个困境,除了靠其自身努力竭力予以缓解之外,成舍我还做了哪些努力呢? 前文述及,《世界晚报》创办时,报纸尚未印出一张,手中的两百大洋即已用尽,他只能靠精打细算和典当来应付。但再怎么精打细算,也不能维持一家报馆和一张报纸的正常运转;且对成舍我来说,其所拥有的能够典当的东西又能换来多少钱呢? 在当时情况下,能最终解决资金难题其实另有因素。据吴范寰回忆:"1923年秋间(成舍我)又加入李次山所办的北京联合通讯社任编辑。那时正值旧国会在北京复会,记者采访新闻的目标集中于议员俱乐部。成舍我因联合通讯社采访新闻的关系,结识了不少议员,如众议院议长吴景濂和议员陈策等。1924年即由吴的关系入众议院任一等秘书,又因和彭允彝的关系,当过教育部的秘书,其后又结识了外交界的宋发祥等,由宋介绍给当时财政总长王正廷,又当上了华威银行监理官。"[1]正是借助这些只挂名不干事的兼差所得之空饷,使成舍我完成了"资本的原始积累",提供了其最初办报的原始资金。贺逸文等在《北平〈世界日报〉史稿》中曾明确说:"成舍我利用北京的混乱局势,以几处挂名差事所领干薪二百元为资本,先创办了《世界晚报》;以后又因得了段祺瑞政府财政总长贺德霖的三千元,出版了《世界日报》《世界画报》,成为日、晚、画三报的所有人。"[2]这样的资金来源显然不是很"干

---

[1] 吴范寰:《成舍我与北平〈世界日报〉》,张友鸾等:《世界日报兴衰史》,第16页。

[2] 贺逸文、夏芳雅、左笑鸿:《北平〈世界日报〉史稿》,张友鸾等:《世界日报兴衰史》,第45页。

净"。利用这样的资金办起报来之后，如何处理与这些议员之间的关系，就成为成舍我此后办报过程中不得不常常思虑的难题和不得不面对的尴尬。

除上述方式之外，当时北京报界还存在一种较为普遍的解决资金问题的方式，那就是，接受政府津贴，甚至主动向政府"索要"津贴。贺逸文等在《北平〈世界日报〉史稿》中曾对当时北平报界的乱象进行了描述："这几年政界混乱，新闻界也是混乱的。许多军阀政客为了吹捧自己，攻击他人，纷纷办报纸、开通讯社。据《晨报》在1925年底公布北洋军阀政府六个机关赠送'宣传费'的报社、通讯社就有一百多家，加上那些空立名目，市面上见不着报纸的报社和不发稿的通讯社就更多了。大约总在二百家以上。那时北京的人口只有一百万左右，居然有这么多的报社、通讯社，实在是畸形，难怪有人说北京的报纸泛滥成灾了。"而"当时所有的报社都有后台老板。某家报社或通讯社由某人或某派出资创办，当事人并不隐讳，挂名领干薪也没人引以为怪。而通讯社专事敲诈勒索，并不发稿，也是无独有偶的。有的报纸竟和他报合用铅版，只是各用各的报头印刷，印上二十多份，赠送给出资的军阀政客，并不在市面上出售。若遇到政局有大动乱，更是投机者敲竹杠的时机。……有的报社竟得到两万元或几千元的津贴，得几百元的就更多了。"[1]这里描述的当然是当时北京报界的总体情况。那么，在这样的整体环境中，成舍我是否做到了出淤泥而不染和独善其身呢？

实际情况是，面对报社条件的简陋、人员的短缺、白报纸和印刷费的巨大开销，面对报纸"断炊"的困境，成舍我只能屈服。据北平《晨报》当时的报道："北洋军阀政府的参政院、国宪起草委员会、军事善后委员会、财政善后委员会、国民会议筹备处、国政商

---

[1] 贺逸文、夏芳雅、左笑鸿：《北平〈世界日报〉史稿》，张友鸾等：《世界日报兴衰史》，第44—45页。

榷会六个机关,在1925年底向新闻界赠送的'宣传费'共分四级:
1.超等六家,每家三百元;2.最要者三十九家,每家二百元;3.次要
者三十八家,每家一百元;4.普通者四十二家,每家五十元。总计
款一万四千五百元,一百二十五家。内有日报四十七家,晚报十七
家,通讯社六十一家。"① 那么,成舍我此时已拥有的《世界日报》和
《世界晚报》是否名列这四级中的某一级中呢? 答案是肯定的。两
报不仅名列其中,而且被列为这四级中作为"最要者"的三十九家之
中②。也就是说,这两个报纸每月分别可从北洋政府获得津贴二百
元,即每月共可获四百元。这当然说的是1925年的情况。那么,在
《世界晚报》初创并面临"断炊"困境时的1924年是否已有此津贴制
度呢? 从散木《乱世飘萍——邵飘萍和他的时代》中所记述的1922
年北京报界曾发生过的一次因北洋政府董康内阁裁撤给各报之津
贴而引发的报界向政府请愿的"抗议"风波即可知道,北洋政府给各
主要报纸津贴是早就存在的一个现象③。成舍我1924年创办《世界
晚报》时,给报纸"津贴"的政策就已有了。既然如此,面临"断炊"
困境的成舍我不可能不从这方面谋求解决之道。因为对当时不得
不通过典当衣物来维持报馆生存的他来说,这样的津贴无异"救命
钱","人穷志短",成舍我显然没有拒绝的理由。

　　除了接受津贴之外,成舍我投身报业的最初几年里,还存在另
一种变相接受津贴的方式。由于成舍我心中怀揣着宏大的报业梦
甚或可谓野心,因此,他并不满足于只拥有《世界晚报》这一份报纸,
他期望尽快扩大规模,扩张自己的报业地盘。而这,必然意味着需
要更多的资金。为了获得创办第二份报纸的资金,他利用与财政总

---

① 贺逸文、夏芳雅、左笑鸿:《北平〈世界日报〉史稿》,张友鸾等:《世界日报兴衰
　　史》,第44页。
② 散木:《乱世飘萍——邵飘萍和他的时代》,第398页。
③ 散木:《乱世飘萍——邵飘萍和他的时代》,第397页。

长贺德霖的关系,将报馆抵押给东陆银行,得到三千元"贷款"及其后陆续提供的资金,总计约四千元。这些资金极大缓解了他所面临的几乎所有资金压力。利用这些资金,他购置了印刷机等急需的技术设备,同时对报社环境与办报条件进行了极大改善。从这笔资金本身的性质看,它似乎属于"贷款",与津贴的性质不同,但实质上也是一种津贴,只是属于一种变相的津贴而已。现有许多相关研究中,大都将这次接受"贷款"的行为与接受政府津贴的行为视为同一性质的行为。

利用与政府要人间的关系兼差领空饷,接受政府津贴,或接受变相津贴,是成舍我早年办报活动中的常态,也是他作为报业家的一种"原罪"。笔者在此想要探究的是,作为对新闻事业有浓厚兴趣,且在北大接受过新闻学专业教育,熟悉现代新闻理念、原则,具备基本的新闻伦理道德意识的职业报人,对自己不得不接受津贴这样的行为,究竟怎么看? 会将其视为当然吗? 显然不会! 从当时他面临的无法摆脱的困境来看,从实现自己报业梦想的迫切心情来看,他不得不接受,但从他心中的新闻理念、原则和报业理想来看,在接受津贴的同时,他的内心必然是痛苦的、无奈的,是有矛盾和挣扎的。他并非不知道接受政府资助是要付出代价的,但他能有什么办法呢! 他只能在内心盘算,先接受津贴,将报纸办起来,让报纸能够活下去,甚或强大起来——总不能让自己的报业梦永远遥不可及吧! 总不能眼睁睁看着自己的报纸因没有钱而"中断生命"吧! 至于拿了"别人的钱"是否一定要替别人说话,或一定要"嘴软",只能走着瞧了。按他心中的盘算,与邵飘萍一样,他似乎是准备"拿了别人的钱却嘴不软"的。

那么,在拿了"别人的钱"后,成舍我是否做到了"嘴不软"呢? 面对当时军阀的蛮横、不讲理和各种逼迫,他究竟是怎么应对的呢? 在这个过程中,他内心究竟处于什么样的状态呢? 成舍我投身报业之初,正处于北洋军阀统治时期。这一时期中国社会异常混乱,各个军阀争权夺利,社会动荡不安,许多报馆无形中已变成一些军阀的工具和帮凶。成舍我虽不得不接受北洋军阀政府方面的津贴,但他并不想因此受到其辖制,更不想成为其代言人和工具。他之所以离开《益世报》,创办自己的报纸,正是希望能按自己的理念与想法办报,按自己的理念与想法从事新闻工作。《益世报》当时虽然在促进思想启蒙、社会进步方面有不少有益的探索和可圈可点的成绩,"但它终有他们的立场"①,而这显然与成舍我理想的办报方式和理念有相当距离,因此他毅然决定离开,创办自己的报纸。办起自己的报纸后,他是否真正实现了按自己的理念与想法办报的初衷呢?从接受津贴这一点看,可以说他未做到。其心中怀有的"拿了别人的钱却嘴不软"的小算盘又是否成功了呢?从后来"政府向报社提出警告"之情况看,他的这种投机取巧的小算盘、小把戏显然瞒不过精明的政府当局,只是多数情况下他对这种警告并未真正当回事而已。然而,这毕竟是一步"险棋",其中蕴含着凶险。选择这种"棋路",内心常存某种特殊压力自不必说,一旦"钢丝"未走好,遭遇凶险自是一种必然。

在这样的"险棋"中,从总体来看,可以说他确实是勇敢的,在其报业生涯之初就以"敢言"著称。他经常在报馆中对编辑、记者做出承诺:"只要保证真实,对社会没有危害,什么新闻都可以刊登。如果出了什么事,你们不负责任,打官司、坐牢归我去。"在他心中,新闻只要真实,对社会无危害,就应勇敢地报道,这"是新闻记者的天职,是新闻事业的目的",如果不这么做,"就不配做新闻记者,更无资格谈新闻事业"②。但勇敢归勇敢,真正面对军阀的凶暴,感受到军阀的可怕时,他的内心还是会有畏缩和软弱的。1926年4月,张学良统率奉军、张宗昌统率直鲁联军进入北京。"城头变幻大王

---

① 马之骕:《新闻界三老兵——曾虚白·成舍我·马星野奋斗历程》,第149页。
② 马之骕:《新闻界三老兵——曾虚白·成舍我·马星野奋斗历程》,第181页。

旗"，北京城又一次迎来了新的主人。新的军阀进入北京城后，为了震慑异己，在新闻界立威，于4月26日杀害了邵飘萍，8月6日又杀害了林白水。在其他报纸集体噤声的情况下，成舍我在《世界晚报》发表了一篇根据外勤报告写成的《林白水先生遇害经过》。报纸出版后，引起强烈反响。宪兵当晚冲入成舍我家中将其逮捕，准备很快枪毙。后经孙宝琦尽力说情，他才没有成为继邵飘萍、林白水之后的又一个被害者。幸运逃过一死后，他在此后长达一年的时间里，没有再写过一篇稿子，只是小心翼翼地维持着报社的日常运转。贺逸文等《北平〈世界日报〉史稿》中就曾说："成舍我在1926年8月间，从军阀张宗昌的刀下逃生后，即深居韬晦，很少活动。1927年4月间，李大钊被害，成极感自危，到南方去活动，说是为《世界日报》采访新闻，实际是寻找出路。"①由此可见此事给他内心带来的巨大冲击，由此也可推想这件事之后的一年里他内心的恐惧、担忧、畏缩、软弱之程度和其对自己办报事业的犹疑。

　　正是因为这次事件，再加上国民政府时期所遭遇的其他类似挫折，使成舍我意识到，在中国办报，不考虑报纸政治上的保障，不仅有可能使报纸置于不可知的命运，而且会使自身遭遇或丢性命或蹲大牢的危险。于是，他开始有意识地考虑从政治层面为自己的报纸寻求一定保障，一方面试图通过经常参与政治领域的某些活动、亲自担任某些政府工作职务的方式，为自己的报纸提供一定保护；另一方面，他放弃之前单打独斗与权力阶层斗争之方式，在办报过程中开始注意"物色"有可能对其办报活动提供帮助的党政军要员，将他们结合进自己的报业"同人"中来，试图通过"同人"之间"抱团取暖"的方式来分担政治风险，冀以在特殊情况下能为自己的办报事业提供一定保护。就前者而言，在国民政府时期，他曾一度担任

---

① 贺逸文、夏芳雅、左笑鸿：《北平〈世界日报〉史稿》，张友鸾等：《世界日报兴衰史》，第71页。

北平大学区秘书长,与此同时也经常在各种政治势力间游走、周旋,试图以这种参与政治和与各种政治势力交往的方式保障自己报纸的安全。就后者而言,他开始探索"同人办报"的道路和模式。黄志辉在其《追梦与幻灭:报人成舍我研究》中曾对成舍我的这种探索及背后的动机考量进行过较具体的介绍和阐述。他说:"从《世界日报》系到《民生报》,虽不能说尽力摆脱了同人办报的色彩,但是一直都是以成舍我为主,根本上说,成舍我的命运决定了这些报刊的命运。《民生报》被查封及个人的牢狱之灾,使成舍我认识到,在中国的当前情形下,创办事业除了要有政治作为保护色,为了进一步分担风险,还须联合一批朋友来加入。因此,后来的上海《立报》是'同人办报',台湾新闻专科学校是'同人办校'。""这种同人创办事业的道路至少在两个方面产生了影响。其一,在成舍我所搜罗的'同人'中,在成看来,大多都应是对他所从事的事业有帮助的,或借助其社会地位,或借助其政治背景。其二,在成舍我看来,这种同人创办事业的道路,不应像以往一样简单停留在仅仅由志趣相投的朋友所构成的组织阶段,而应该照现代西方企业制度建立,以保证组织决策和意志的执行。按照这样的构想,后来的上海《立报》组织为股份有限公司,并成立了董事会,在企业化经营方面进行了积极的探索。"①这种直接参与政治或周旋于各种政治势力间的方式和对"同人办报"模式与路子的探索,"其性质还说不上依附政治力量,但由此导致他在漫长的办报生涯中长期处于两难的境地"②。在这种两难中,他一方面为了报纸的言论公正,为了自己心中的新闻理念与报纸理想,不得不仗义执言,因此得罪一些高官;另一方面又不得不尽力与另外一些政治势力保持较亲近的关系。这种情况必然导致其内心会产生程度不同的矛盾、痛苦、无奈、纠结,当然,这种矛盾、

①黄志辉:《追梦与幻灭:报人成舍我研究》,第171—172页。
②黄志辉:《追梦与幻灭:报人成舍我研究》,第220页。

痛苦、无奈、纠结，只有像他这样的对自己的办报事业怀有特殊追求与理念的人才可能真正体会到。1948年旧历除夕，成舍我面对报社同仁所说的那句"你们怎么会懂得办民营报纸的艰难"①之语中，显然包括这方面的体会与感受。而这种矛盾、痛苦、无奈在其此后的办报生涯中一直存在。

　　成舍我此后的报业生涯中，一直面临着与政治力量、与权力阶层间关系亲疏远近的权衡与拿捏之矛盾和纠结。从表面上看，在此后创办其他报纸的过程中，他与政治力量尤其是权力阶层表面上似乎想尽力保持一种较和谐的关系，但在他的内心深处，则充满着对权力阶层、对党派的厌恶和不满，希望尽可能与他们保持距离。这一点从南京国民政府成立后国民党重新登记党员信息时他拒绝登记和南京国民政府时期蒋介石想拉拢他但他"两度拒绝会见蒋介石"②即可看出。另外，从抗战时期他拒绝《中央日报》和《扫荡报》的"入伙"邀请也可窥见。抗战时期，退到重庆的他"以参政员身份暂作寓公"。那时CC系控制下的《中央日报》和军方控制下的《扫荡报》都办得很不好。两报的后台因此都曾想拉他去接办，希望能搞出点名堂来，一方面为官报增光，另一方面减轻赔累。两报之所以拉他，固然是看中了他的办报才干，但更重要的却是想拖他下水。针对这件事，他曾多次告诉自己的同事和朋友，说在这个问题上，他"不但有很审慎的考虑，也确有保留，不愿轻易下水"，也因此，"在几方面都想拖他入伙时，他就乘机提出，若要他'再作冯妇'，最好拿出钱来让他去办'民营'报纸，作用更大"③。从这件事可以看出，在如

---

① 孙景瑞：《报业巨子成舍我》，《文史春秋》1997年第4期，转引自黄志辉：《追梦与幻灭：报人成舍我研究》，第220页。
② 成舍我先生纪念文丛编辑委员会编《成舍我先生纪念文丛——百岁诞辰专辑》，世新大学出版中心，1998年，第130页。
③ 陈云阁：《重庆〈世界日报〉纪实》，张友鸾等：《世界日报兴衰史》，第220页。

何处理与政治力量、与权力阶层、与政府间关系问题上,他的内心的确存在着较大程度的矛盾与无奈,一方面,他难以完全割断与政治力量、与权力阶层之间的关联,似乎想尽力维持与他们之间的表面和谐,另一方面他似乎又不想与政治力量、权力阶层过于亲近,总是试图与他们保持一定距离,甚或想有意识疏远之、拒绝之。这种关系权衡、分寸拿捏及其中显现出的既妥协又拒绝、既接近又疏远之情况,将其内心潜藏的矛盾、纠结与无奈显露无遗。

　　需要说明的是,抗战时期的成舍我在与政治、与政府、与党派继续尽力保持一种既拒绝又妥协,既疏远又接近的关系的同时,出于抗战时期特殊需要,基于服从抗战利益之考虑,与其报业生涯的其他时期相较,其与国民党及国民政府间的关系从总的趋向上来看的确是明显接近了。抗战时期,他主动放弃对新闻自由理念的追求,要求一切报纸服从抗战要求,着力宣传团结抗战思想,“督促各党派和国民党内部不同派别以民族大义为先,放弃各自私利,配合国民党的统治,得以形成一个精诚团结的政府,使之能毫无顾虑地一致对外”。“在他看来,在民族危迫的关键时期,强而有力的政府是抵抗外来侵略的前提条件,个人的得失、党派之争都应抛开不计,应主动配合当局,减少对他们工作的纷扰。”[1]面对国民党政府实行的战时新闻检查制度,在抗战救国思想驱使下,他暂时搁置内心原本存在的自由与统制间的矛盾与冲突,主动接受新闻检查,认为:“新闻记者的唯一使命,在拥护整个国家和民族的利益。我们在平时,要集中全力,来要求我们的言论自由,……但在战时,则新闻记者个人的言论自由,当不能不为争整个国家民族对外的自由,而相当牺牲。……所以新闻记者,在平时应当争取自己的自由,但在对外作

---

[1] 黄志辉:《追梦与幻灭:报人成舍我研究》,第221页。

战时，则应当争取整个国家和整个民族的自由。"①这种以民族大义为先，主动放弃自己原有理念，要求报纸配合国民党统治，接受新闻检查的做法，虽看似与其一贯理念相悖，但在团结抗战的思想背景下，这样的相悖显然是不会引发其内心矛盾与纠结的。

　　在抗战时期与政治、与政府、与党派间短暂的没有内心冲突与矛盾的岁月之后，抗战胜利后，成舍我又开始不得不面对如何面对与政治力量、与政府、与党派间关系这一令他矛盾、纠结的难题了，他又不得不竭力权衡利弊，拿捏分寸，费尽心机找平衡。抗战胜利，举国欢腾。因日本侵略而被迫关停了许多报馆的他认为："回归民间报人、实现其新闻梦想的时机已经到来。"②基于此，他立即积极行动，准备复刊之前被迫停刊的报纸，尤其是北平《世界日报》。但他从战后国民党对各类报纸的处理，尤其是对上海申、新两报的接收，很快把握到国民党对不同报纸的态度。为了能既确保北平《世界日报》顺利复刊，又保证其民间报纸身份，他一方面毅然放弃上海《立报》的复刊权，以维持与当局的良好关系；另一方面"撇开与'中国新闻公司'的联系，以重新获得民间报人的身份"③。北平《世界日报》如他所愿顺利复刊，但复刊后的报纸究竟应如何面对国共很快开始的内战和日益两极化的政治选择，成为又一个令他十分矛盾、痛苦、纠结、无奈的难题。复刊后的《世界日报》"在不断蔓延的国共内战烽火里，只能算作苟延残喘"④。虽然他的理想是要办一份无党无派的"超然报纸"，但面对日益两极化的国内政治格局与走势，作为有社会使命感和家国情怀的报人，他又如何能避得开面对这种格

---

① 舍我：《南京〈民生报〉停刊经过如此！！！ 敬请全国国民公判》，《民生报》1934年5月29日第二版。

② 黄志辉：《追梦与幻灭：报人成舍我研究》，第326页。

③ 黄志辉：《追梦与幻灭：报人成舍我研究》，第327页。

④ 张功臣：《民国报人——新闻史上的隐秘一页》，第97页。

局与走势的选择呢?"报纸作为言论机关,在和平谈判与军事冲突变幻交替的形势下,无论新闻还是评论,要对政局的变化作出及时反应,则必然要亮出自己的政治立场和态度。"①面对这种形势,他只能在其中进行比之前更艰难、痛苦的权衡与分寸拿捏。考察这一时期的《世界日报》,国共双方消息并存。从政治立场倾向方面看,似乎一直想尽力保持一种不偏不倚的态度。针对国共两党,报纸极力主张:"国民党还政于民,共产党还军于国。"他说:"共产党如不改变政策……则政府用兵,无法阻止。若国民党不能痛切觉悟,彻底改革,而仍蹈故袭常,因循泄沓,贪污腐败,则人民反抗,势所必至。"②可以说,当时其报纸上有关国共两党的消息和言论一直在随着国共双方在战场上的厮杀进行着立场和倾向的平衡。这种权衡、拿捏与平衡背后蕴藏着的是处于历史大变局中的民间报人的内心痛苦、矛盾和无奈。当然,虽然这个时期他试图尽力保持一种对国共两党不偏不倚的中立立场,甚至一度主张"走第三条道路",但仔细研究《世界日报》可以发现,其立场倾向与感情色彩还是有所偏向的,那就是较多偏向国民党一方。这显然与其所谓要办一份"无党无派的超然报纸"的理想相悖。这种相悖想必也是这个时期他的内心矛盾与无奈之一吧!

更让他矛盾与无奈的是,伴随着国民党日益走向溃败,他必须面对究竟何去何从的选择。从政治立场与态度方面看,由于他早年就曾加入过国民党,此后又与国民党及其政府有更多接触、往还,抗战时期一度担任过国民政府的参政员,抗战胜利后又于1946年参加了当时的制宪国民大会,1948年被选为立法委员,因此,若与共产党相比,他与国民党的关系显然要更接近一些。但现实情况是,

---

① 张功臣:《民国报人——新闻史上的隐秘一页》,第97页。
② 陈建云:《向左走 向右走——一九四九年前后民间报人的出路抉择》,第293页。

国民党政权大势已去。与共产党的关系，原本就较疏远，又因北平和平解放后军管会查封其北平《世界日报》并宣布没收报社资产，使他十分生气，以致草拟声明自掏腰包在《申报》发表通告表达不满①。在这种情况下，究竟是留在大陆，还是跟国民党前往台湾，抑或选择其他道路，他不得不慎重思考、斟酌权衡。对留在共产党即将掌握政权的大陆这个选择，他似乎没有过任何犹豫，他明确决定不留在大陆。但要跟着国民党溃逃台湾，以他对国民党及其政权的腐败无能的了解，他心中也着实不愿意。无奈之下，他最终选择去香港观望。在香港期间，为维持生计，他与一些朋友合作创办了一份《自由人》半月刊。从这份刊物的名字就能看出他对能真正做一个"自由人"的内心期盼。在香港观望了两年后，他最终还是选择前往自己很不情愿去的台湾。这种历史大变局中的艰难选择及其中的痛苦、无奈，只要稍稍回归成舍我当时人生与社会情境，便能清晰感知。

　　到台湾后，成舍我的第一件事依然是试图办报。然而，就在他积极准备，希望在台湾复刊《世界日报》时，才知道"党禁""报禁"期间，任何办报申请都不会被批准。他的如意计划又一次遭遇失败。本以为离开大陆后，能得到自由办报的机会，到台湾后才知道，自己想错了。这对视办报为生命的他来说，可谓备受打击。灰心丧气的他为维持生计只能进大学教书。此后，在朋友的建议和支持下，他重新开始创办新闻教育，创办了世界新闻职业学校，并在校内创办了主要供学生实习的《小世界》周刊。既然办不了报，办新闻教育，总还算是在自己挚爱的新闻领域工作，因此，也算多多少少给他提供了一些安慰。世界新闻职业学校在他的努力下，先是升格为世界新闻学院，后又升格为世新大学。与此同时，他利用一切机会参与新闻界的各种活动，以此寻求内心安慰，如应邀赴美交流访问，对

---

① 成舍我：《对北平世界日报被封事成舍我发表声明》，《申报》1949年3月1日。

美国新闻事业进行实地调查，经常发表一些有关时事或报纸工作的文章或演讲等。然而，这一切，在他心中，似乎只能是一种暂时的安慰而已。他的心中最终还是期望着能重圆自己的办报梦。这个梦，在"报禁"宣告解除后的1988年终于实现了。那一年，已九十高龄的他在台北创办了他一生中最后一份报纸：台湾《立报》。然而，此时的台湾，经过几十年"报禁"之后，报业市场已由几家巨头垄断，新办报纸除非有雄厚财力支持，否则根本无法与它们较量。在这种情况下，成舍我的这份报纸注定了只能是一个无论如何努力都无法有大作为的报业小角色，其所具有的价值也只是使成舍我胸中长期憋着的那口要在台湾办报的"气"最终吐了出来而已。历史的大局势注定了紧随国民党来到台湾的他，无论是其人生还是办报事业，都已走上了末路。抱着做"自由人"的梦想来到台湾的他，只能蜷缩在台湾这样的"小世界"中做一些小打小闹、自娱自乐、聊以自慰的"小游戏"。失去"大世界"的他，天地变小，舞台变小。在这样的天地和舞台中，心中纵有千般梦想，都永远不可能再实现了。这是成舍我的悲剧，也是在历史的大变局中选择跟随国民党的所有报人的悲剧。

纵观成舍我的一生和其报业生涯，虽曾有过怀揣二百大洋成功闯入报业市场且迅速创造"一社三报"的传奇式经历，虽曾有过在混乱时世面对军阀和权贵阶层的压迫横刀立马不屈不挠的豪气，但其人生和办报经历呈现在世人面前的更多的却似乎是悲哀、悲凉。虽然他曾充满豪情地说过："我们有笔，要写文章；有口，要说话"，"我们虽曾遭受各种军阀的压迫，现在这些军阀，谁能再压迫我们？""报纸是发表意见最著功效的工具，我们一定要竭心尽力，珍重爱护"[1]，然而，若努力进入他的内心深处，必然能够发现，这个打

---

[1] 成舍我：《我们这一时代的报人——北平〈世界日报〉复刊词》，《世界日报》1945年11月20日，第一版。

不死的"小强"的内心没有哪个时期不是充满着矛盾、痛苦、纠结与无奈。他心中有着明确的现代新闻理念，但现实中为了维持报纸生存，他却不得不接受津贴，不得不在不同时期与政府、政治力量——尤其是国民党保持若即若离的关系，不得不探索"同人办报"路子以为报纸提供安全保障。他虽宣称："身为真正的新闻从业员，应具备面对强权不屈，伸张正义不畏的勇气"①，但在突然面对军阀的血腥威胁时，他却不由自主地会惧怕、担忧、怀疑、退缩。他渴望在报业大市场尽情挥洒自己对报业的挚爱，但在历史的大变局中却不得不紧随国民党之后到达台湾，使自己的报业之梦中断的同时，只能在天地和舞台都要小得多的"小世界"中做些自娱自乐的"小游戏"，聊度残年。

除此之外，他一生最大的悲剧和痛苦也许更在于，一个有着报业托拉斯梦想的报业家，原本期望自己的报纸越办越多，规模越来越大，但在动荡的岁月中，却不得不经常忍受自己的报纸一个一个被迫停刊的痛苦。先是在南京创办的《民生报》被南京宪兵司令部以泄漏军事秘密为借口永久停刊。接着，在日本侵略的魔爪不断蚕食中国版图的背景下，其在北平、上海等地所拥有的所有报纸相继停刊。好不容易在香港复刊了《立报》，却在三年后伴随着香港的沦陷不得不停刊。抗战胜利前夕，好不容易以招股方式在重庆复刊了《世界日报》，但不久抗战胜利，因急切希望返回上海、北平复刊其之前报纸，故不得不弃之而去。在上海复刊了《立报》，却很快被国民党CC系潘公展控制，因此不得不完全转让。在北平复刊了其最看重的《世界日报》后没几年，伴随着国共军事冲突和政局的变化，最终还是失去了。可以看出，心怀报业托拉斯梦的他，终其一生，不仅未能实现自己的报业托拉斯梦，而且不得不经常面对自己辛辛苦苦

---

① 成舍我先生纪念文丛编辑委员会编：《成舍我先生纪念文丛——百岁诞辰专辑》，世新大学出版中心，1998年，第108页。

办起来的报纸被迫"中断生命"之痛苦。在这个过程中，让他痛心的还不仅仅是一次次看着自己的报纸"中断生命"，不仅仅是自己的报业托拉斯梦越来越渺茫，这其中还包含有自己的报业资财一次次流失，自己却毫无办法的痛苦与无奈。这种痛苦，对一生以"抠门"著称的他来说，其感受显然要比常人痛切得多。但所有这一切，都是他的命定，他无法摆脱，只能面对，也只能忍受。

成舍我的一生，若用抗战胜利后他为北平《世界日报》写的那篇著名的复刊辞《我们这一时代的报人》中的话来概括，也许是最准确、最恰当的："我们太幸运，做了这一时代的报人！""我们真不幸，做了这一时代的报人！"①"太幸运"，是因为在社会动荡、国运衰微的时代风云中，他曾凭借自己的报纸，为国家、为民族倾情呐喊过，且赢得了时人和后人的认可与赞赏；"真不幸"，是因为其人生与报业生涯中充满了太多难以言表的痛苦、无奈与悲凉。

综论　从营业本位到事业本位：报业家的历史演进

史量才和成舍我无疑是民国时期报业家群体中影响最大、最著名的两位，从他们投身新闻业的动机与目的、对办报事业的珍爱度与投入度、对办报事业的认知和对自己报业家身份的认同等，的确可以管窥到民国时期报业家群体从事办报事业的不同心理诉求与内心状态，也可以感受到在民国时期社会动荡、政局混乱、国家危急的历史情势中那些有社会担当和爱国情怀的报业家们共同的命运。

---

① 成舍我：《我们这一时代的报人——北平〈世界日报〉复刊词》，《世界日报》1945年11月20日第一版。

从投身报业的背景、办报活动所处的地域、具体的办报过程、对新闻业的具体认知、报业生涯的终局等方面看,他们二人确实存在着较大差异,但作为报业家群体的代表,其职业心理与精神世界却显现出诸多共同之处。

首先,二人投身报业的动机与总体追求一致,都怀着以办报为救国、报国之工具与手段的目的、诉求。如前文所述,史量才在投身办报事业之前并未显现出对办报活动及其事业的任何志趣,而是将全部心思与精力集中在办学上,其投身报业之行为多少给人以十分"突然"之感。史量才何以热衷办学呢? 他之所以热衷办学,主要目的是为了救国,即"教育救国"。既然其办学活动是为了救国,救国是其人生追求的最高目标,那么,当通过各种渠道和方式认识到办报是相较于办学更直接、更有力、更有效的救国方式时,涉足其中、投身其中,便是自然而然的事了。因此可以说,史量才投身报业的目的是办报救国。与史量才投身报业前从未显露出任何办报或与报刊工作有关的兴趣不同,成舍我年少时即因其父的"破狱案"而初步认识到了报纸的重要作用,产生了对新闻记者职业的兴趣,并在之后很快投身报纸工作领域,先后在不同报纸担任记者、编辑、主笔等工作。由于长期在他人所办报纸中工作,深感不能按自己的志向和心愿自由从事新闻工作,遂逐渐产生了自己办报、办自己的报之愿望。在开始自主办报后,很快又产生了办系列报纸乃至组建新闻托拉斯的理想。从其投身报业的这种简单经历来看,似乎给人一个印象,成舍我投身报业的目的主要源于家庭遭遇带来的刺激和由此引发的对新闻的兴趣,然而,若考察其家庭精神传承与成长经历及最初投身报纸工作领域时的社会政治关注和其对当时此起彼伏的各种革命活动所投注的热情,显然可看出,其内心同样怀有强烈的爱国报国热情,其之所以投身报业同样是因为报业所具有的救国、报国功能。

其次,二人对办报事业的珍爱度与投入度都非常高。虽然史量才投身报业领域前没有显现出任何对办报事业的志趣,其投身报业似属"突然"之举,但由于其将办报视为相较于办学来说更直接、更有效、更有力的救国方式,因此在"突然"投身办报事业之后,仍然对办报事业投注了极大热情,表现出了非常强烈的爱,他将报纸事业视为自己的生命,甚至看得比生命还重要,即所谓"爱报之心甚于生命"。他对办报事业的珍爱虽不像成舍我那样表现在对报纸内容采集制作、经营管理、资金筹措、内外部关系应对处理等工作环节的全方位、全身心投入方面,而是表现在对报纸事业的拓展、报馆大楼的筹建、技术设备的更新、大型纪念活动的筹划和报纸历史的传承与口碑提升等方面,但其中所显现出的对报纸事业的看重和深厚情感却是相同的。由于与史量才以十二万元巨资购买《申报》、投身报业生涯不同,成舍我办报之初只有区区二百大洋,这么少的资金使得他投身办报事业后所面临的困难极大。同时,由于办报追求与理念方面的不同和投身报业之初身处北洋军阀统治中心北京,使得他在办报过程中所面临的政治风险与压力等非常大。为了克服所面临的一切困难,应对各种政治风险与压力,他不仅要全身心投入一切工作环节,一人承担尽可能多的工作,而且要想尽一切办法、用尽一切手段应对可能发生的一切问题,极力维持报纸之生存。他对办报事业的特殊感情与爱也主要表现在这里。

其三,二人都对自己的报人身份、报业家身份高度认同。如前文所述,史量才除办报之外的确还拥有不少实业,但这些实业多为与他人合资,不少企业他也只是拥有股份,即使自己创办的企业,采用的也均是总经理负责制,他自己很少干预具体事务。他为之奋斗的一切事业的核心,是办报事业。办报寄托着他个人的情感、理想和对社会荣耀感、成就感的期待,负载着他作为知识分子的现实关怀和社会担当,包含着他谋求"多数人民之幸福"的责任意识和使命感。涉足实业,对他而言,至多属于一种"客串",类似于今天许多传媒所实行的多种经营。因此完全可以说,虽然他一生涉足诸多社会事业与实业，但他最珍爱的事业还是报业，他最认同的职业身份还是报人和报业家。在这方面，成舍我更是无须多言。从年轻时期很早涉足报纸新闻工作，"欲终身操记者业"，到后来自主办报，成为以办报为职志的报业家，再到晚年以九十高龄创办台湾《立报》，在七十七年的新闻职业生涯中，除一些特殊时期因外部环境等因素使他无法办报之外，其他时间他都在努力办报，或苦苦寻找着办报的机会，他的人生无时无刻不显现出对办报事业的挚爱。因此，可以说，办报已完全融入了他的血脉，是他人生不可或缺的部分，他对办报事业终生认同，他最认同的职业身份是报人和报业家。

如果说办报动机、职业情感和职业身份认同等方面反映出的主要是民国时期报业家群体职业心理世界中相同或相似的一面的话，从二人对报纸职能、角色、工作原则与要求等的认知和处理报纸营业与事业间关系中显现出的侧重点与特色看出的，则主要是民国时期报业家群体职业心理世界的多样性、丰富性和民国时期前后两代报业家群体职业认知的阶段性特点和历史演进特色。

从对报纸职能、角色、工作原则与要求等的认知看，由于史量才投身报业前人生与思想的塑形期主要处于新旧思想交汇、传统士人刚开始向现代知识分子转型的清末，且其教育经历与背景也只是传统的私塾教育和清末出现的新式学堂，其投身报业前虽对报纸已有接触和认识，但多停留在感性认识层面，因此其开启办报生涯后所显现出的职业认知和理念与成舍我相较不能不说显得较为传统，且主要基于其个人的经验性认知与感悟，缺乏系统性、现代性、专业性，即使与同时代的邵飘萍相比也存在一定差距，与稍后成长起来的成舍我就更存在较明显差异。在报纸的功能认知方面，他主要看重的是报纸保存历史、启迪民智、明辨是非、伸张公道、改进社会、济贫救灾等功能。在办报过程中他主要注重的是报纸的独立性，"报格"与"人格"。在"新闻家的私德"方面，他主要强调的是"慈、廉、忠、实"等。可以看出，这些认识和强调明显较为感性，其所使用的话语也相对传统。与史量才不同的是，由于成舍我成长经历、教育背景及其思想形塑期内所接受的来自新文化运动、五四运动等重要历史事件的思想洗礼，尤其是北大时期所接触到的新闻学教育，再加上投身报业后又曾赴欧美深入考察过西方现代新闻业的发展情况，因此他对新闻、对新闻工作、对报纸、对报业等的认知不仅全面、系统，涉及报纸、报业、新闻、新闻工作、报业经营管理、报业发展与国家、民族、社会之间的关系等方方面面，而且因其长达七十多年的报业生涯中所经历的时代主题与社会政治背景的不同而显现出特殊的丰富性、多元性和不断随时代演变而发展的特点。

从处理报纸营业与事业之间的关系方面看，如果说在史量才的报业生涯中办报既是一种事业也是一种营业，但其个人关注程度和投入度更偏重营业的话；成舍我办报生涯中对这二者的关注程度和投入度则是平衡的，如果非要分出个孰轻孰重的话，成舍我相对来说更偏重于将办报视为事业。由于史量才投身办报的目的是为了扶助国家、启导社会，办报负载着他作为近现代知识分子的现实关怀和救国理想，因此对他来说办报绝不仅仅是为了赚钱，而是为了实现其社会理想，即办报对他来说显然是一种事业，但由于他年轻时期就读的毕竟是与实体经济有关的职业类学校，后来又创办和参与了许多实业，因此使得他在办报过程中总是自觉不自觉地会首先考虑到报纸的整体运营与发展问题，其观念、意识、思维方式和处理问题的方式也多多少少显现出与纯粹的新闻人不同的更偏重于营业问题之色彩。在此方面，成舍我显然有所不同。也许是由于他最初曾有十余年从业记者、编辑之经历，也许是由于在北大时期接触了现代新闻学理念，也许是由于他投身报业之初资金奇缺使他充分意识到经营问题的重要性与紧迫性，因此使得他在其报业生涯之初就显现出既重视报纸新闻采编等业务工作又重视报纸自身营业、努力将二者完美结合之特点。此后的报业生涯中，这种完美结合更是一直在延续。在他心目中，办报既是他报国的工具与手段，是他实现社会价值与理想的平台和途径，也是一种营业。相对于史量才将主要精力和注意力投注于办报事业的整体规划、事业拓展、活动策划、品牌推广等，成舍我表现出的则是对一切办报环节与工作的亲力亲为、全盘负责、全盘考虑，他既考虑印刷、发行、资金筹措等与报纸生存有关的经营活动，又亲自参与报纸的日常采编等业务工作，报纸经营管理与具体业务在他的办报生涯中完全是合二为一、融为一体的，不分彼此。

另外，从二人报业关注的层面与范围看，史量才投身办报领域后对办报事业虽一直十分投入、十分关注，对报纸的诸多功能也不乏有见地的阐述，对报纸的报格、报人的人格和私德等也不乏明确的宣导，但其报业家生涯中心心念念、日思夜想的一直是如何谋求自己的报纸事业的扩大，其对报纸功能、报格、报人人格、私德等的宣示、宣导也大多是针对自己办报过程中的某个措施、某种行为、某项活动做出的，总体来看，其报业关注的层面与范围较为微观、具体，较集中在其自身办报活动与自身报纸发展层面。与此形成鲜明对比的是，成舍我对办报事业的关注，不仅仅聚焦于自己办的报纸和自己的报纸事业，而且扩展到当时中国报业的整体发展层面。他不仅全身心投入自己的办报事业和工作中去，努力挥洒着自己的办报热情，描画着自己心中的报业蓝图，而且时刻关注、关心整个报业的兴衰变化与存亡，希望以自己的报纸事业推动整个社会报纸事业的进化、繁荣。在一定意义上说，史量才对报业的关注是一种以我为主的关注，而成舍我的报业关注着眼的是整个报业的发展进步和报业的整体繁荣；史量才的报业关注是一种非自觉的基于个人经验的关注，而成舍我的报业关注则是一种自觉的蕴含着现代报业情怀与理念的关注。

总之，从史量才和成舍我二人投身报业的目的、动机，对报业的珍爱、投入，对办报事业的认识、认知，报业关注的层面、范围和对报业家身份的认同等，既可以看到民国时期报业家群体职业心理与精神世界的共同之处，也可以看到他们职业认知、视野与具体目标方面的诸多不同。这种不同更多反映出的是民国时期不同阶段成长起来的报业家群体客观存在的不同阶段性特点，反映出的是20世纪20年代后期开始出现并逐渐成长起来的报业家群体相较于民国初期成长起来的报业家群体在职业理念与职业自觉意识方面的历史演进之处。

这种历史演进之处从总体上来看就是，民国初期的报业家更多关注的是自己创办的报纸的生存与发展，尽管这种关注中蕴含着报国救国的情怀，但由于这一时期报纸的整体生存环境较为恶劣，生存问题为最严峻问题，故使每个报业家必须先关注和谋求自身的生存与发展，才谈得上其他价值追求与情怀，也因此使得其作为报业家的职业关注视野相对微观、狭小和具体，其报业生涯中更多显现出的也是对"营业"问题的关注；而20世纪20年代后期开始出现并逐渐成长起来的报业家群体，由于民初以来新闻业发展中经验与教训的持续积累和现代新闻理念在报人职业意识中的逐渐内化及其与知识分子传统价值追求的逐渐融合，其报业生涯中开始逐渐显现出对整个报业发展进步的整体关注和对报业对国家、民族、社会的使命与责任的全面而深刻的认知，他们不仅关注自己创办的报纸的生存与发展，关注自身报业梦想的实现，而且开始关注报业整体面貌的改变与进化，关注中国报业的整体现代化和总体发展方向，不仅强调报纸和报业的某一层面的价值与社会功能，而且认识到报纸对国家、民族和社会的整体推进功能；与此相关，其办报过程中也更多显现出一种将报纸视为"事业"的偏倚。

换句话说，虽然民国初期出现并成长起来的报业家与20世纪20年代后期出现并逐渐成长起来的报业家均以办报为实现报国之志、家国情怀的方式与工具，与此相应，他们既以办报为自身"事业"，又重视报纸本身之"营业"，基本做到了"事业"与"营业"的有机融合和大体平衡，但从各自作为报业家的价值重心与职业偏倚方面看还是存在一定差异的。前者在报国救国目标和报业家职业考量之间稍偏重于"职业",在"事业"与"营业"之间稍偏重于"营业",以报业家的职业成功为前提实现报国救国之志,以报纸"营业"为基础成就其"事业"雄心,后者则稍偏重于报国救国之志与"事业"雄心,为了使自己的报国救国之志与"事业"雄心有成就的基础和保障而重视报纸"营业"。如果说"报业"二字在前者的职业心理中稍偏于"业"的话,在后者的职业心理中则稍偏于"报"。

　　须指出的是,虽然民初报业家与20世纪20年代后期开始成长起来的报业家的职业心态存在这样那样的差异,但从他们追求各自报业梦过程中的遭际看,其最终命运却是相似的,那就是,其报业生涯中都充满了无法言说的不得已和无奈,其最终结局也都是悲剧性的。史量才民国初期的报业成就只能依托于上海特殊的环境和他自己不得已采取的相对中立的言论方针与立场,及至南京国民政府建立,新闻统制政策逐渐加强,而其本人基于国家、民族危急命运逐渐放弃相对中立之立场,开始变得逐渐激进时,等待他的就只能是被残害的命运。就成舍我来说,其报业生涯中就更是始终充满了各种矛盾、无奈、悲凉和不得已。

第三章　文人论政者的职业理想与心路

引言　文人论政报刊及其报人群体

文人论政是中国近现代报刊的重要特色之一。与此相应,文人论政类报刊也是中国近现代报刊群体中十分重要的一类。关于文人论政类报刊的历史源流与发展脉络,不同学者存在不同的认识。

吴廷俊认为,文人论政类报刊出现的时间相当早,国人自办报刊开始出现时所创办的诸多报刊,如《汇报》《述报》《广报》《昭文新报》《循环日报》等,即为文人论政类报刊,即其所谓文人论政类报刊"与国人自办近代报刊同时开始"。他认为,"创办这些报纸的人,大多数是关心国家前途,关注时政变化的读书人","这些读书人办报的主要目的是想凭借这种可以面向社会的大众媒介宣传他们的深切的爱国思想和不甚成熟的救国主张"。他同时认为,"能够代表这一时期'文人办报'最高水平的当推王韬1874年2月4日创办的《循环日报》"。不过,他认为,这些早期文人报刊出现后不久很快就被"党人办报"所取代(包括资产阶级维新党人和革命党人),一直到新文化运动时期才得以复苏,具体表现为一批"以从事国民性改造为己任的""非党非派"的"启蒙报刊"的出现,只是这种复苏势头由于国共两党新闻事业的快速发展和成为"主流"而逐渐退居次要地位，"作为一种个别现象而存在"①。

李金铨在其主编的《文人论政：知识分子与报刊》一书中将文人论政类报刊的源头追溯到维新变法时期的梁启超。他认为，在文人论政类报刊发展历史上，对后世影响最大、可以称之"第一人"的要数梁启超。他说："论办报和论政风格的影响之大，梁启超可谓晚清到民国以来的第一人，无有出其右者。"他认为梁启超是中国近代史上"知识分子以报纸为突破口转换身份，试图重新进入政治舆论中心"的起始点和象征。这些知识分子在一定程度上接受了西方文化思想的熏染，同时又具有中国传统知识分子修齐治平思想和"以天下为己任"的精神，"企图以文章报国"，实现自己的报国理想和对社会的担当。他认为，梁启超之后，文人藉办报论政者还有陈独秀、胡适、储安平、张季鸾、胡政之、王芸生等，且认为，《大公报》是文人论政报刊发展的"高峰"②。

笔者认为，若从较宽泛的意义上说，吴廷俊、李金铨对文人论政类报刊的认识和阐述都有一定道理，早期的"国人自办报刊的先觉者和拓荒者"③固然可被视为文人论政者，藉报纸宣传维新变法和改良思想的梁启超们、藉报刊推动新文化运动的陈独秀与胡适们也都可被视为文人论政者，但若从这些办报者是否以办报为自身职业理想和职业目标为标准来看的话，无论是早期国人自办报刊的拓荒者们，还是藉报纸宣传特定政治、文化主张的梁启超、陈独秀们，均不能被视为本研究所说的"文人论政者"，其所办报刊也不能被视为"文人论政报刊"。

本研究所谓"文人论政者""文人论政报刊"必须同时满足吴廷

①吴廷俊：《论中国文人办报的历史演变》，《新闻春秋》1998年9月，总第6辑，第86—88页、91页。
②李金铨：《文人论政：知识分子与报刊》，广西师范大学出版社，2008年，第2页。
③樊亚平：《中国新闻从业者职业认同研究（1815—1927）》，第38页。

俊概括、总结的文人报刊的四个特征,即"论政而不参政""营业而不营利""以文章报国""代民众讲话"①,同时,还必须满足笔者在《中国新闻从业者职业认同研究(1815—1927)》一书中对"记者""报人"的特殊界定和基本认识,即,这些办报者必须能称得上职业社会学意义上的"报人"②。而所谓职业社会学意义上的"报人",首先必须以办报为职志,以办报为唯一职业,其次必须在一定程度上具备职业报人所应有的专业理想与理念。

以这个标准来看,文人论政报刊及其报人的出现时间显然只能是在北洋政府统治末期了,具体地说,便是以新记《大公报》的创办及其报人群体的形成为标志。从民国建立到新记《大公报》创办之前,虽然新闻事业已在一定程度上出现了"职业化",但由于这一时期袁世凯和各派北洋军阀均实行严厉的新闻统制和言论禁锢政策,经常对新闻界进行打压、摧残,再加上当时新闻从业者自身职业认知方面存在偏差,片面追求绝对的、没有任何规范、约束和管理的自由,极力宣扬在民主制度下"报馆与国务院、总统府平等对待,其性质与参议院均同为监督公仆之机关","共和国之最高势力在舆论",新闻记者为"不冠之皇帝,不开庭之最高法官"③,故使当时许多记者、报人或实行重新闻、轻言论的方针,或以"无冕之王"自居,以淋漓尽致、放言无忌的批评、揭露、痛骂为志趣和追求,或自甘堕落,以报纸为过渡宝筏或骗取津贴之工具,也因此导致这一时期的新闻业混乱不堪,其职业化在一定意义上说尚处于不成熟阶段甚或畸形与扭曲状态。在这样的职业化中,显然不可能出现上述意义上的文人论政报刊及报人群体。

北洋政府统治末期,基于对民初以来新闻业出现的各种乱象和

---

① 吴廷俊:《论中国文人办报的历史演变》,《新闻春秋》1998年9月,总第6辑,第86—88页、91页。

② 樊亚平:《中国新闻从业者职业认同研究(1815—1927)》,第2—5页。

③ 方汉奇等:《中国新闻传播史》,中国人民大学出版社,2002年,第154页。

不正常现象的反思,一部分对新闻业健康发展和未来前途有担当、有情怀,期望报刊能真正担负起救国责任的报人,开始思考中国的新闻业究竟应如何发展,报纸和报人究竟应如何自处,报纸和报人究竟应如何担当起作为知识分子的报国责任。在这样的反思中,逐渐开始出现个别能真正体现吴廷俊所总结的"论政而不参政""营业而不营利""以文章报国""代民众讲话"等特点的文人论政类报刊。这些报刊,以其所显现出的不同于以往报刊的全新理念与运作方式,在当时社会和新闻业迅速引起广泛关注,产生了良好的示范效应。伴随着国民政府建立后政治社会环境的整体变化和此后全面抗战时代的到来等,这类报刊的职业目标与理念虽因时代的发展而有一定变化,但其以报刊论政报国的知识分子情怀和报纸的总体定位与价值追求基本没有变化。这类报刊之先导便是1926年创办的新记《大公报》。除新记《大公报》之外,《文汇报》《新民报》《观察》周刊等既有知识分子救世报国情怀又有职业报纸之理念的许多民营报纸均属这类报刊。也就是说,笔者所说的文人论政报刊必须同时具备有报国理想和职业理念这两个特质①。与这类报刊的出现相

① 按照笔者对文人论政报刊的这种界定,不仅吴廷俊教授所说的早期国人自办报刊时期出现的报纸不应被视为文人论政报刊,李金铨所说梁启超、胡适等也不应被视为文人论政报刊。梁启超虽然对中国报刊文人论政传统有重大影响,但他"意有所在,凡归政治而已",一生游移于政治与办报之间,就其对办报职业的认同与否而言,他其实并非报人(参见拙著《中国新闻从业者职业认同研究(1815—1927)》,第68—87页)。胡适虽然办过不少报刊,但他一生"未曾以报人自居",只是"在教学、治学和短暂的从政之余,拿起笔写时评,建立言论事业",办报论政只是其诸多"成就的一部分",只能算其"副业"(李金铨:《文人论政:知识分子与报刊》,第2页)。因此,按笔者的界定,他也并非报人。他的身份是学者,是文人,他的目的是论政,报刊只是他论政的工具。这就与张季鸾等真正的文人论政报人显现出很大不同。张季鸾们的身份首先是报人,同时也是文人、知识分子,他们办报的目的虽也是论政,但办报本身也是其目的。

应,一批以报刊论政报国的职业报人、职业新闻从业者开始出现,如张季鸾、胡政之、王芸生、徐铸成、邓季惺、储安平等。

与之前的办报者相较,他们既具有浓厚的以天下为己任的报国救国情怀,期望借报纸议论国事、匡时救世,使国家摆脱劫运,走上民主、自由、独立的发展轨道,又对新闻业的发展充满责任感,希望新闻业能尽快脱离混乱无序的发展状态,希望报人能自尊自爱、具备现代新闻人应具有的独立、公正、客观、理性之精神。与之前时代的梁启超"意有所在,凡归政治而已"相较,他们"议政而不参政";与黄远生、邵飘萍、林白水等初代记者相较,他们的职业伦理意识和建构职业规范的意识更强烈、更明确、更成熟;与五四时期的陈独秀、胡适等"未曾以报人自居",只是以办报为宣扬其特定思想主张之工具者相较,他们已完全以办报为业,以报人自居、自认。

那么,这些报人究竟是如何产生这样的职业意识的? 他们对新闻业究竟具有什么样的认识和独特理念追求? 他们的职业意识和理念追求究竟是怎么一步一步育化并确立起来的? 在其从事新闻职业的过程中,内心究竟有着什么样的梦想、追求、思考、求索? 面对"九一八"后日益严重的民族危机,面对全面抗战时期战局和政局的变化,面对抗战胜利后国共两党政治军事斗争的渐趋激烈和政局、时局的风云变幻,他们的职业意识、理念追求、政治理想、政治倾向等是否随着政局、时局与环境的变化而不断发生着变化? 发生着什么样的变化? 从这些变化中能看出文人论政类报人的何种内心律动和精神特质? 为了探察这些问题,本章特选择张季鸾、徐铸成作为代表,试图对这些问题进行管窥。

之所以选择张季鸾、徐铸成,是因为,张季鸾、徐铸成分别为民国时期先后创办的最著名、影响力最大的两家以文人论政为目标的报纸——新记《大公报》和《文汇报》的创办人,是民间报人群体中知名度最高、影响力最大的两位。张季鸾被公认为"文坛巨擘""报界宗师",不仅亲自起草了著名的"四不"方针,而且以其"谋国之忠,立言之达",成为"文人论政的典型"①。徐铸成的新闻职业生涯和其对新闻职业的理念认知原本就肇端于《大公报》,其在《大公报》的工作和所取得的成绩原本就已颇为时人瞩目,后来更是凭借其创办的《文汇报》而成为民营报人群体中以报纸扶助国家、匡导社会的最著名、最有成就的报人之代表。他们二人虽有师承关系,在思想理念、性格特质、论政风格等方面存在一定相同和相似之处,但彼此间又存在相当大的不同,且其最终的人生、职业与政治走向也各不相同。因此,通过对他们进行研究,既可以管窥这一时期文人论政报人的总体心态,又可以把握不同文人论政报人间思想追求与命运走向的不同。

第一节　张季鸾:"国士"与报人的风骨

　　清末科举制度废除后,"中国的知识阶层逐渐边缘化",失去了接近政治舞台中心的途径,一部分知识分子遂通过报纸杂志试图重新进入政治与社会中心,清末民初许多报人便是在这种背景下产生的②。这些报人在实现其身份和角色转型的过程中,虽然具备了近现代意义上的知识分子之精神气质,但依然保持了很浓厚的士大夫意识。正如余英时所说:"'士'的传统虽然在现代结构中消失了,'士'的幽灵却仍然以种种方式,或深或浅地缠绕在现代中国知识人的身上。"③正因为如此,这一时期的很多报人都有很强烈的国家意

识,怀抱着"以天下为己任"的政治理想,虽为报人,其目的却是以文章来论政、报国。这其中最为突出者,便是张季鸾。

张季鸾,原名炽章,祖籍陕西榆林。自明代开始,先辈便在榆林当兵,到其父张楚林这一代才弃武从文,在山东多地任知县等。1888年3月20日,张季鸾出生于山东邹平。1900年其父楚林公在济南病逝后,其母王氏于次年携十四岁的张季鸾和两幼女千里扶柩返归榆林。王氏平和坚韧,重视子女教育,张季鸾便是在母亲督责和鼓励下求学并成长的。他先后师从当地名儒田善堂与关学大师刘古愚,研习传统诗文、经典,同时开始接触西方文化。1902年冬,因刘古愚欲赴兰州任甘肃大学堂总教习,张季鸾遂转至三原宏道高等学堂学习。1905年秋,经当局批准,被派赴日本留学,先后入济美学堂、东京经纬学堂、东京第一高等学校学习。1911年回国后,经于右任推荐,任总统府秘书,曾为孙中山撰写《临时大总统就职宣言》。孙中山卸任后,退出政坛。

早在留日时期,张季鸾便开始接触报刊,为《夏声》《关陇》等留日学生刊物撰稿或任编辑。1911年11月9日留日归国后,受于右任之邀,担任上海《民立报》编辑,由此开启报人生涯。1912年,与曹成甫一起创办北京《民立报》,同时继续为上海《民立报》撰稿。1913年3月,宋教仁案发生,他秉笔直书,抨击袁世凯。同年6月,又撰文揭露袁世凯"善后大借款"。袁世凯恼羞成怒,查封北京《民立报》,逮捕了张季鸾、曹成甫。张季鸾获释后到上海,应胡政之之邀担任《大共和日报》国际版主编,同时兼任上海吴淞公学教师,讲授日语和外交史。1915年冬,袁世凯谋划称帝,张季鸾、康心孚等于12月25日在上海创办《民信日报》,对袁世凯进行猛烈抨击,报纸很快被查禁。1916年8月,张季鸾被政学会机关报《中华新报》北京版聘为总编辑;1918年,报纸因抨击段祺瑞政府被查封,张季鸾再陷囹圄;出狱后因经营不善,报纸于1924年冬停刊。由同乡胡景翼推荐,回到上海,出任上海《中华新报》总编辑,被北洋政府内阁张绍曾任命为陇海铁路会办，但不足一月即挂冠而去。再次失业的他辗转至天津，与胡政之、吴鼎昌商议盘下《大公报》，1926年9月1日新记《大公报》正式出版。新记《大公报》创办后，他一直任总编辑，主持笔政。在他和其他《大公报》同仁的努力下，新记《大公报》很快成为中国新闻史上"文人论政"的典型，他自己也被当时和后世公认为"报界宗师"。然而，就在事业如日中天之时，他却因积劳成疾于1941年9月6日溘然长逝。

综观张季鸾的一生，可以看到，从1911年留日归国后投身报界开始，他的一生便与报刊工作紧紧连结在了一起。他的一生是办报的一生，他的人生完全可以说是为报而生的人生。那么，作为中国新闻史上最著名的报人，作为文人论政类报人的代表，他是如何步入新闻工作领域的？步入新闻职业生涯后的三十年中，其职业发展历程及其间的心态发生过什么样的变化？在其报人生涯的不同阶段中，对报纸、报人、新闻工作、新闻职业的认识和看法有没有什么变化？若有变化，这种变化背后隐含着他什么样的情感、精神和心理脉动？支撑他一生献身新闻业的动力究竟是什么？

一、瓜熟蒂自落：选择新闻事业之缘起

张季鸾是如何进入新闻职业领域的呢？ 1941年，张季鸾在接受美国密苏里新闻学院给新记《大公报》颁发的最佳新闻事业服务荣誉奖章时发表的致辞中曾提到，自己最初进入新闻职业领域缘于"于右任先生之启迪"①。张季鸾与于右任初识于1906年，即于右任因第一次办报被查封而流亡日本时期。前已述及，张季鸾留日时期就已接触报刊，为《夏声》《关陇》等留日学生刊物撰稿甚或担任编辑。留学归国后，正式投身报界也是因受于右任之邀担任上海《民

---

① 李玉勤：《于右任与张季鸾的莫逆之交》，《湖北档案》2013年1期。

立报》编辑开始的。在这个意义上说,张季鸾的说法总体来说应是
符合事实的。然而,其进入新闻职业领域仅缘于于右任的影响吗?
是否还有其他因素在有意无意中为其走向新闻领域奠定了某种基
础、积累了某种条件呢?

考察张季鸾进入新闻职业领域前的成长背景与经历,可以发
现,其成长过程中的很多因素都对他进入新闻职业领域产生了或直
接或间接的影响。许多有利于其选择新闻职业的条件和因素,在其
成长过程中一直在不知不觉中渐次积累。这些条件和因素积累到
一定程度时,便产生了其选择新闻职业之结果。若无这些条件和因
素的渐次积累,单凭于右任一人之"启迪",未必能引他进入新闻职
业领域。即使一时进入,也可能很快"挂冠而去"。在这个意义上
可以说,张季鸾进入新闻职业领域是各种有利因素与条件积累到一
定程度后瓜熟蒂落、水到渠成的结果。

从家庭教育的滋养看,家庭给予张季鸾的最主要精神滋养首
先是心怀天下的思想意识和家国情怀。张季鸾祖籍陕西米脂,祖父
一辈始迁居榆林,其祖辈"世代习武",可谓军戎世家。军戎世家
传统一直延续到其父张楚林一辈。张楚林原本也是志在从军,但因在
考试中摔伤,不得不弃武从文。从军戍边、献身报国的军戎世家传
统与精神血脉使张季鸾从小就在一定程度上有了心怀天下的家国
情怀。家庭给予张季鸾的第二种精神滋养是清廉正直、宽厚仁善、
感恩图报的精神品格。张楚林弃武从文后,受到总兵刘厚基、知府
蔡兆槐赏识,在其栽培下高中进士;中进士后被派赴山东邹平等地
任县令。任县令期间他一直清廉正直,宽厚仁善,为官一任,造福一
方,同时对栽培过他的刘厚基、蔡兆槐一直心存感恩、感念。二人去
世后,他还在家中为其设立牌位,令家人祭拜。耳濡目染之下,父亲
清廉正直、宽厚仁善、感恩图报的精神品格对成长中的他产生了深
厚影响。进入新闻职业领域后其所显现出的包括"报恩主义"在内
的诸多精神品格与理念追求均与此相关。此外,母亲王氏的刚强坚

韧、内柔外刚、重视子女教育的品性对张季鸾的影响也很深。张季鸾身上所具有的坚韧不拔、百折不挠、看似柔弱却刚强无畏的精神气质，正源于母亲的影响。这种精神气质使得进入新闻职业领域的他在面对权势阶层的各种威胁、打压甚或生命危险时总有一种凛然正气，总是显现出一种无惧无畏的气概。

　　1901年父亲去世后，张季鸾随母亲回到陕西老家，先是跟着关中名儒田善堂读书，之后在关学大师刘古愚创办的烟霞草堂求学。关中求学时期，他一方面熟读传统经典，研习传统儒家思想文化，深得关学精神要义与真谛，另一方面对西方近现代科学文化知识和启蒙思想有了较深入、系统的了解。这种教育一方面使其具备了传统知识分子所特有的强烈的经世报国思想，另一方面也造就了其特有的思想深度和分析问题的宏阔而高远的视野，同时，也为其以后投身新闻工作打下了深厚的文学与文字功底。

　　就儒家思想尤其关学精神的习得来说，由于张季鸾天资聪慧、才思敏捷，在阅读儒家传统经典的过程中很有悟性，深得老师喜爱。儒家思想尤其是关学中重名节、尚力行、践履笃诚、质直好义、强调经世报国、躬行实践的思想与价值观对张季鸾人生观与价值观的形成起到了十分巨大的作用。老师刘古愚的个性气质和精神对张季鸾的影响尤大。刘古愚是一个胸怀天下、忧国忧民的人，张季鸾在《烟霞草堂求学记》中曾这样描述："先生酒后谈国事，往往涕哭。常纵论鸦片战役以来至甲午后之外患，尤悲愤不胜。"①可以想象，这种心忧国事、为国家与民族前途命运悲愤交集、痛哭流涕的情景对年轻的张季鸾内心的冲击和影响会有多么强烈！

　　刘古愚还是当时陕西乃至整个西北地区提倡学习西方思想文化和科学知识、倡导维新救国和放眼看世界的著名维新派领袖，常

①张季鸾：《烟霞草堂求学记》，见《张季鸾先生纪念文集》，陕西人民教育出版社，1991年，第128页。

与康有为、汪康年等维新人士有书信往来,当时曾有"南康北刘"之说。作为维新派领袖,刘古愚在设馆授徒时非常重视给弟子传授西方近现代思想文化与科学知识。张季鸾在《烟霞草堂求学记》中曾说:"庚子以还,东南新书籍入关,先生得则浏览。公子瑞游学上海归,先生命译英文诗歌大意,读之欣然。其勤索新知,老而弥笃如此。"①刘古愚不仅要求自己的弟子要大量阅读西学书籍,而且还要求他们"能通其意"②。

　　这种中西文化兼容、中学西学并重的环境,使张季鸾无论是思想学识、眼界视野,还是胸襟气度、精神气质等均得到了极大提升,客观上为其以后选择新闻职业、步入新闻职业领域提供了必要的条件,奠定了所必需的基础。一方面,传统儒家经典的滋养和关学精神的浸润造就了他厚重的品性、横溢的才华和心怀天下的胸怀,为他后来从事新闻职业奠定了雄厚的基础,其投身新闻职业后所写社评中蕴含的特殊的历史厚重感、强烈的现实关怀和思想与情感并重的文风,正得益于传统儒家思想和关学精神的熏陶;另一方面,西方近现代思想文化又开阔了他的眼界和视野,使他步入新闻职业领域后在看待和臧否任何现实问题时均能显现出更加多元的视角和维度,均能具备更加开放的眼光和格局。这一切,使他既具有了传统文人和士大夫的胸襟和气度,又具有了近现代知识分子的思想视野和时代精神。陶希圣就曾评价他说:"他的风度是老式的,他的眼光与思路是现代的。"③这种传统文人精神气质与近现代知识分子思想视野的结合,客观上为他以后选择新闻职业、指点江山、激扬文字

————————

① 张季鸾:《烟霞草堂求学记》,见《张季鸾先生纪念文集》,第128页。
② 高时良、黄仁贤编:《洋务运动时期教育》,上海教育出版社,2007年,第739页。
③ 陶希圣:《遨游于公卿之间的张季鸾先生》,《传记文学》第十三卷第六期,第18—21页。

准备了必要的条件。

　　关中求学时期对张季鸾之后选择新闻职业更值得一提的影响是，初步接触了报刊，对报刊的功能和作用有了初步认识。刘古愚设馆授徒时十分看重报刊的作用，授徒过程中他要求学生经常阅读报刊，讨论报刊所载时事。甲午战争后，刘古愚就曾在味经书院发起组织"复邠学会"和"时务斋"，并指示"时务斋"刊印一种名为《时务斋随录》的刊物①。他在《时务斋章程》中说："欲知时务，非阅报章未由。《京报》《申报》《万国公报》以及新出各报，时务斋均拟购一份，俾诸生分阅。而时务斋须设法购活字铅版及印书器具一架，择各报之有用者，每月排印一册，散给时务斋诸生及会讲友人各一册，余存刊书处货卖。凡不阅报者，不准入斋会讲。"②认为"欲知时务，非阅报章未由"，且明确规定"凡不阅报者，不准入斋会讲"，并专购印刷设备摘录排印报刊有用文章，可见其重视阅报之程度。

　　不仅要求"会讲之人"必须阅报，而且要求其所有弟子阅报，不仅要求其所有弟子阅报，而且要求他们在阅报过程中要深入思考，要带着特定的问题意识去阅读，并对所知所获进行较系统的归纳与概括："阅报纸几何，其是非得失若何，其利害有关于中国否，见某人讲论何事，其言可取与否，均一一抄为一册。"③要求弟子和"会讲之人"都须读报，一方面有利于其弟子和"会讲之人"在不知不觉中获得对报刊这种新生事物的一定程度的认识，另一方面也在客观上起到了为当时社会培养潜在的办报人才的作用。"1906年之后，陕西办报风行，主要成员多出于刘古愚之门下"④，即可在一定程度上证明这一点。作为刘古愚门下弟子的张季鸾，在这样的重视报章、重

①梁经旭：《刘古愚与〈时务斋随录〉》，《报刊之友》1995年4期。
②梁经旭：《刘古愚与〈时务斋随录〉》，《报刊之友》1995年4期。
③高时良、黄仁贤编：《洋务运动时期教育》，第740页。
④梁经旭：《陕西近代新闻事业的奠基人——刘古愚》，《新闻知识》1990年9期。

视读报的环境中生活、学习，必然会在耳濡目染中获得对报刊、报刊文章和报刊功能与作用的初步认知。这种认知对其之后选择新闻职业、投身新闻职业领域无疑具有不可忽视的影响。

刘古愚门下培养的有办报经历甚或热衷办报的同门师兄弟对张季鸾认识并最终选择办报的影响同样不可忽视。如刘门弟子邢瑞生，1898年戊戌变法前就曾与刘古愚一起办女学、"行报章"之事①。1901年邢瑞生不幸去世后，刘古愚曾在为其所写的祭文中说，"报章为救中国之奇"，应"以戒缠足、劝读书为词而行报章"②。刘门另一弟子毛昌杰也曾于1897年在西安与阎培棠一起创办过以宣传维新变法为宗旨的陕西最早的报纸《广通报》，后又于1902年创办了《时务丛钞》③。1906年陕西办报高潮一度涌现，其办报者多为刘古愚之弟子或深受其影响者。虽然这些有办报经历或热衷办报的弟子在刘古愚门下学习的时间与张季鸾进入刘门的时间相较有先有后，但由于这些弟子与刘古愚的交往一直密切，因此，即使张季鸾未曾与他们同时在刘古愚门下受过教，他们的办报活动及事业应该也会为张季鸾所熟知，进而对他产生影响，毕竟，从古至今，在同一老师门下受教，除了拥有相同的学习经历与记忆之外，人脉资源的获得和社会交往网络的建构原本也是同门受教的题中应有之义，而一旦进入某种社会交往网络，该网络中每一个成员之间的相互影响就成为一种必然。

如果说关中求学时期的张季鸾对报纸的认知尚较初步、尚停留在作为读者的感性认识和外在感受层面的话，日本留学时期无疑给了他获得对报刊的更深入认识的机会，甚至给他提供了尝试参与

---

① 梁经旭：《陕西近代新闻事业的奠基人——刘古愚》，《新闻知识》1990年9期。
② 梁经旭：《陕西近代新闻事业的奠基人——刘古愚》，《新闻知识》1990年9期。
③ 朱文杰主编：《西安城墙（文化卷）》，陕西科学技术出版社，2012年，第102页。

报刊的机会。当时正值资产阶级革命思想在日本如火如荼传播之时期。受资产阶级革命思想影响，很多在日本的中国留学生大都倾向革命、追随革命。在倾向革命、追随革命的过程中，许多学生选择以报刊为阵地，宣传革命思想，鼓动革命行动，当时的留日学生群体中，创办报刊成为一种普遍现象。同乡同好之间切磋思想见解、巩固同乡情谊，也依靠报刊，报刊成为许多留学生激扬文字、交流思想、维系和加深同乡情谊的纽带。当时各省留日学生几乎都办有自己的刊物，有些省的留学生甚至办有好几个刊物，如陕西的留日学生就同时办有《秦陇》《关陇》《夏声》等数个刊物。

《秦陇》的创办者为党积龄、郗朝俊等，《关陇》的创办人为郗朝俊、谭焕章等，他们均为与张季鸾一起留日的陕西学生。《夏声》由张季鸾的好友井勿幕等创办，属于同盟会陕西分会会刊。张季鸾虽未参与创办这些刊物，却常为《秦陇》和《关陇》撰写文章，且担任《夏声》主编。"《夏声》一共出了九期，只有三期没有张季鸾的文章，另外六期都有他的文章。"[1]他曾以"少白"为笔名在《夏声》上发表了《日本教育发达史论》等多篇文章，在当时产生了较大影响。当时留学日本东京帝国大学、后成为左翼作家的郑伯奇曾回忆说，他正是通过张季鸾在《夏声》发表的文章注意并了解到张季鸾的[2]。除了为留日学生刊物撰稿甚或担任主编外，张季鸾此时已开始为远在国内、由于右任创办的《民立报》等报纸撰稿[3]。留日时期这种初步的报刊参与经历，更进一步加深了张季鸾对报刊功能与作用的认识。

亲身参与报刊实践、加深对报刊认知的同时，当时发生在日本的保皇派和革命派之间借助报刊进行的激烈论战对张季鸾深入认识报刊功能与作用意义也很重大。当时保皇派和革命派分别以《新民丛

① 刘宪阁：《报界宗师张季鸾》，陕西师范大学出版总社，2015年，第14页。

② 刘宪阁：《报界宗师张季鸾》，第14页。

③ 刘宪阁：《报界宗师张季鸾》，第27页。

报》《民报》为阵地进行论战，时间长达两年之久。这场论战曾引发海
内外广泛关注，影响深远。张季鸾虽未加入同盟会，但与同盟会会员
井勿幕、赵世钰等人十分要好，交往密切，因此对这次论战的过程和
报刊在这次论战中展现出的强大功能与作用，有非常深切的了解。

　　留日时期，除了对报刊的初步参与和与此相关的认识深化之
外，对张季鸾此后选择新闻职业具有一定条件积累与资质准备意义
的另外一个方面的重要因素是，对当时西方近现代思潮、知识的进
一步了解。在初步参与报刊实践和广泛接触各种进步刊物的过程
中，张季鸾对西方近现代思潮、知识和世界大势的了解更趋深入。
这种了解，为其投身新闻领域后能够以更开阔的视野、更深刻的见
地讨论各个时期的时政与社会问题客观上提供了更加丰厚、充分的
理论资源与思想基础。与此同时，留日期间，张季鸾还结交了不少
日本友人，对日本的政治、经济、社会、文化、地理乃至风土人情等有
了较深入的了解，这为其投身新闻职业领域后面对与日本有关的问
题之所以能提出更深入、更有针对性的见解，成为有名的"知日派"
打下了坚实的基础。

　　留日期间接触和结交的许多热衷办报的朋友对其之后投身新
闻领域的影响更为直接，如《关陇》杂志的创办者之一谭焕章，《夏
声》杂志的创办者井勿幕、茹欲立、李子逸、杨西堂、康心孚、康心如，
日本记者神田正雄等。谭焕章、茹欲立、李子逸、杨西堂等均为刘古
愚的弟子，受教于同门，又身处异国，同时又有报刊这种藉以经常
交流思想、增进情感的纽带，彼此的关系自然更加密切。在这种具
有特殊关系的交流、交往中，这些热衷办报的同门师兄弟的办报情
况及其对报刊的认识、态度等不知不觉中对张季鸾后来选择新闻职
业产生了影响。除刘门弟子之外，其他人也都以其与张季鸾的特殊
情谊与交往，对张季鸾以后投身新闻工作领域产生了或大或小的影
响。如井勿幕，作为与张季鸾十分要好的朋友，就曾将《夏声》杂志
委托给张季鸾来编撰，使这个时期的张季鸾有了编撰报刊的尝试。

康氏三兄弟中的康心孚当时与张季鸾一起参与《夏声》杂志的编撰工作，对张季鸾的影响自然不小。

　　除上述因素之外，清末新政至辛亥革命前国内办报环境的改观也在一定程度上为包括张季鸾在内的知识分子选择新闻职业创造了良好的外部条件。主要表现在，"报禁""言禁"解除，第二次国人办报高潮到来，报纸越来越凸显出其对政治、社会变革的影响力，报人地位相较之前有较明显的提升。之前"惟落拓文人、疏狂学子，或藉报纸以发抒抑郁无聊之意兴"①的情况已成明日黄花，选择办报不再是左文襄公所言"无赖文人，以报馆主笔为其末路"②，也非"被动的就业"抑或为"噉饭而来"③，报人职业也已不是之前社会所谓的"不名誉之职业"或"下等艺业"④。不仅革命派、保皇派和有一定地位身份的有识之士纷纷投入办报，许多政府大员也十分重视报纸。这样的环境，对张季鸾这样的既具有传统知识分子的家国情怀、修齐治平理想又具有全新的视野、思想与知识结构的有志之士来说，只要时机成熟，选择进入新闻行业就是一种自然而然的事了。对张季鸾来说，这种时机便是国内革命形势的日益高涨。

　　由于革命派和保皇派大论战中革命派的胜利和革命派办报活动在海内外的燎原之势，资产阶级革命思想得到了更大范围的传播，革命活动在国内此起彼伏，在日本的中国留学生的革命情绪也日益高涨。在这样的背景下，虽未加入同盟会，但一直热心国事、怀揣一颗报国之心的张季鸾遂迅速结束在日本的留学生活，于1911年匆匆回国。"书生报国无他物，唯有手中笔如刀"，当于右任向他抛出橄榄枝，邀请他担任《民立报》编辑并承担撰述工作的时候，他

---

①雷瑨：《申报馆之过去状况》，《最近之五十季》，申报馆出版，1923年，第27页。

②姚公鹤：《上海报纸小史》，《东方杂志》第14卷第6号，第197页。

③樊亚平、王小平：《早期寄身外报者的职业认同》，《当代传播》2010年6期。

④姚公鹤：《上海闲话》，吴德铎标点，上海古籍出版社，1989年，第128页。

便欣然接受了。

二、新闻界的斗士：以笔为刀，臧否时势

辛亥革命前后，国内革命形势如火如荼，具有爱国报国思想的青年学子按捺不住内心的激情，纷纷以不同形式参与到这场即将到来的时代巨变中来。张季鸾1911年归国后，应于右任之邀担任《民立报》编辑，由此开启了长达三十年的报人职业生涯。在这三十年的报人生涯中，从进入《民立报》开始到1926与吴鼎昌、胡政之一起创办新记《大公报》前的十五年，是其报人生涯的第一个时期。这个时期，他先后在多家报纸供职，或担任编辑、记者，或被聘为主编，或与他人一起自主创办报纸。在这个过程中，他常以编辑或记者身份游走于不同政要之间，不仅见证了当时中国政局的动荡与混乱，而且经历了这一时期中国记者、报人所经历的几乎所有压迫和摧残，也使自己迅速历练成了这一时期新闻从业者的代表。

综观这个时期张季鸾的办报活动与新闻活动，可以发现，他的新闻职业活动是多样而且频繁的，通讯记者、编辑、主笔、主编等工作他都做过，而且几乎没有中断过，一家报纸停办或被封，很快受聘于另外一家，甚或联合同道自主创办报纸。在这个过程中，他一方面经历和体验过不同报纸的创办、编辑和日常运作实践，广泛参与报纸内容采集、制作等不同环节之工作，使自身具备了十分出色的新闻业务能力和社会活动能力，另一方面也初步形成了对报刊、报人、新闻业和新闻工作等一系列既具时代性又具有自身个性的认识和看法。在具体的办报过程和新闻活动中，他不畏强权，经常利用报纸对一切关乎国家前途命运、国民利益的重大事件、重要问题及相关人物进行无惧、无畏、无私的论评和臧否。为此，他经常受到各种各样的逼迫、陷害，甚至不止一次身陷囹圄，面临生命危险。然而，他总是愈挫愈奋，越战越勇，办报活动更加积极，手中的笔更加

犀利、深刻。

1911年张季鸾受邀担任上海《民立报》编辑，正式开启了自己的新闻职业生涯。在《民立报》工作期间，他既担任编辑，又撰写文章，以其辛勤而富有成效的工作，对革命宣传和民国的最终成立做出了较大贡献。为了与上海《民立报》相互配合，南北呼应，鼓吹革命思想，1911年4月，他与曹成甫一起北上创办了《民立报》北京版。由于宋教仁被刺案发生后其主持下的北京版《民立报》言辞激烈，不顾政府颁布的"新闻检阅签字令"，借助其主持的报纸发表檄文，以十分激越的姿态为宋教仁案慷慨陈词，矛头直指袁世凯，导致其与曹成甫双双下狱。曹成甫惨遭杀害，张季鸾因好友康心之多方奔波运作，才侥幸捡回一条命。多年后在一篇文章中提及此次经历时，他曾十分感慨地说："下狱七十二天，隔死只差一点。"①

依照常理，刚入社会不久就经历这样的生死考验，由此引发内心的强烈震动是必然的，更甚者很有可能引发一个人重新思考自己的职业选择，然而，这次险境并没有使他停下手中之笔。出狱后的他很快开始为康心孚主编的《稚言》杂志撰写文章。与此同时，受胡政之邀请，开始担任《大共和日报》国际版主编，同时负责日本报刊论文的翻译工作。袁世凯复辟帝制事起后，他又与康心如一起在上海创办《民信日报》，自任总编辑，进行反袁宣传。1916年黎元洪上台后，他再次到北京，与康心如一起创办北京《中华新报》，同时担任上海《新闻报》北京特约通讯记者。《中华新报》因披露"一万万大借款"②遭段祺瑞政府查封，他再次身陷囹圄，最终被判拘役二十天。

---

① 方汉奇、王润泽等：《民国时期新闻史料汇编》第三册，国家图书馆出版社，2011年，第507页。
② "一万万大借款"指1917年至1918年间段祺瑞政府与日本签订的一系列公开和秘密借款的大致总和。段祺瑞政府通过西原龟三向日本借了一系列款项，其中最大的八次借款总额达1.45亿日元。

出狱后，他回到上海，加入上海《中华新报》，直至1925年冬《中华新报》停刊。《中华新报》停刊后，胡政之邀他主持《国闻周报》，他认为一周才写一篇文章不过瘾，因此婉言谢绝①。

　　从张季鸾的上述经历来看，完全可以说其初入新闻职业领域便备尝艰难，屡遭凶险。仅从两次因言获罪身陷囹圄而其中一次差点丢掉性命来看，其中甘苦已是尽悉，更不用说日常新闻活动中所遭受到的各种压力和逼迫了。除了亲身经历的办报活动之艰难、凶险之外，当时整个新闻界时不时发生的各种封报馆、抓记者、杀报人等事件，也使他对从事新闻职业可能遭遇的各种危险有着十分深刻的认识，并因此认为，在"中国做新闻记者，是一种危险职业"②。

　　可贵的是，面对这种动辄得咎、随时可能面临凶险的环境，他却从来没有退缩过，几乎没有任何中断地腾挪辗转于不同报馆间，一家报纸停办或被封，很快就去另一家，或自己创办报纸。在这个过程中，他一直激情满怀，信心满满，不知疲倦。他以超乎寻常的精力努力工作，笔耕不辍，甚至经常同时为不止一家报纸服务。如1916年办北京《中华新报》时，他以"少白"为笔名负责该报社论和短评的撰写，同时兼任上海《新闻报》北京特约通讯记者，以"一苇"为笔名为《新闻报》撰写北京通讯。当时几乎每隔三两天就会有他写的北京通讯见诸《新闻报》报端。据笔者粗略统计，1916年8月至1917年6月底是他为《新闻报》撰写通讯数量最多的时期，共计约一百四十余篇。此后在南下担任上海《中华新报》编辑的九年左右时间里，他更是以十足的干劲和超常的勤勉撰写了大量时评类文章，几乎无事不评，无时不评。从正式选择新闻职业后显现出的这种不畏艰险、勇往直前、尽心尽力、尽职尽责之情况可以充分感受到

---

① 徐铸成：《报人张季鸾先生传》，生活·读书·新知 三联书店，2018年，第78页。
② 方汉奇、王润泽等：《民国时期新闻史料汇编》第三册，第507页。

张季鸾对新闻职业的痴情与特殊认同。

　　考察这一时期张季鸾新闻职业活动之外的其他活动，可以看出，他其实有多次机会可以离开新闻记者职业，走上传统士人所钟爱的从政之路，但他最终还是选择继续从事新闻记者职业。民国成立之初，他就曾在于右任的举荐下赴南京担任过一段时间的临时政府秘书，因其特殊才情受到孙中山青睐，并曾为孙中山撰写过彪炳史册的《中华民国临时大总统宣言》。当时的他年仅二十四岁，若一直留在政界，以他的才能、成长经历、教育背景，前途可谓不可限量。然而，孙中山辞去临时大总统后，他也毫不犹豫地选择离开，重新回到了新闻职业领域。1924年冬，上海《中华新报》因经营不善停刊后，在同乡好友、时任河南军务督办的胡景翼推荐下，他获得了陇海铁路会办之职。"陇海铁路会办"之职大致相当于陇海铁路局副局长。考虑到当时铁路在国家安全和沿线地区经济发展方面的特殊重要性，这样的职位在地位、权力、待遇、发展前途等方面应该是相当不错。徐铸成在回忆中就曾认为这个职务在当时应是"肥缺"[①]。然而，获此职位不足一个月，张季鸾便毅然离去，且声称："不干这个劳什子，还是当我的穷记者去。"[②]

　　由这两件事可以看出，若不是对新闻职业有特殊情感和心理认同，若对从政、当官、金钱、实益等有特殊看重，这一时期的张季鸾完全有机会放弃新闻记者职业，转去从政、当官，追求金钱和现实利益，然而，他最终还是留在了新闻职业领域。胡健中曾说："他（张季鸾）那时名望很大，如要做官，'拖青紫如拾芥耳！'""可以做官而一辈子不做官，这表示他的敬业精神，表示他对工作岗位的锲而不舍。"[③]

---

①　刘宪阁：《报界宗师张季鸾》，第28页。
②　徐铸成：《报人张季鸾先生传》，第63页。
③　李瞻：《报业巨星张季鸾先生》，《国际新闻界》2010年9期。

　　钟情于新闻记者职业、一直坚守在新闻职业领域的他,究竟在用报纸、用其手中的笔干什么呢? 其所办报纸、所写新闻通讯和评论性文章的内容究竟集中在哪些方面呢? 考察这一时期张季鸾为各个报刊撰写的新闻通讯与其他文章和他自己创办的报纸之内容,可以看出,这一时期的他主要在利用报纸揭露社会、政治领域的各种黑暗,利用报纸臧否人物、评论时事、讨论各种国计民生问题。

　　就这一时期其以"少白""一苇"笔名发表在《民立报》《新闻报》《中华新报》等报纸上的通讯和评论看,其内容主要聚焦于政党问题、选举问题、腐败问题、政府政策、外交局势、社会乱象、文化教育等关乎国计民生、国家兴亡的重大议题方面,如对政党问题、选举问题的分析,对官员贪污受贿问题的揭露,对社会问题(如鸦片问题)的讨论,对时政新闻、政府外交政策(如借款、对外政策等)的品评,对自由民主、文化教育和开通民智的呼吁等。

　　就其投身新闻领域之初新闻通讯与评论文章的具体关注点来看,利用手中之笔发表对时局、政局、政府施政措施的看法,揭露当权者卖国行径,是其最重要的关注点之一。如1912年,他就曾以"少白"笔名在上海《民立报》撰文揭露袁世凯"善后大借款"之事。在该文中,他虽认为政府财政入不敷出,借款乃"不得已之举"①,但对出卖国家主权换取借款之事表示坚决反对。担任《新闻报》北京特约通讯员时,其"一苇通信"也主要聚焦于时局、时政议题,且以批评揭露为主。如1917年1月5日之"北京特约通信"题为《残腊之北京政局》,该通讯开篇即以两句略带嘲讽的文字表达了其对"半通不通"之共和政局的不满与批评,接着对政治、外交两个领域许多"可纪"之"大事"进行了较详细的记述和较深入的评析。由这篇通讯可以管窥到这一时期张季鸾新闻通讯及评论性文章中充盈的那种对时局、政局的特殊关注和对政治、外交领域诸多现状的不满,也可以

---

① 少白:《监督财政问题》,《民立报》1912年5月13日。

感受到其强烈的现实批评精神。

　　这一时期张季鸾服务时间最长的报纸是《中华新报》，从1916年开始受聘北京《中华新报》到后来受聘上海《中华新报》，前后约九年时间。在这九年中，张季鸾一直担任总编辑，经常以"一苇"为笔名负责该报社论撰写。在这些社论中，他就像一个英勇无畏的斗士，利用手中的如椽之笔，毫无顾忌地评论时局，臧否人物。这些文章的关注范围很广，上至世界大势、国家形势、政府施政、各省改革、外交财政，下至社会问题、教育问题、学潮问题、诉讼案件、百姓生活，可谓无所不包。从这些内容可以充分感受到他对政治民主、政府清明、社会进步、民众幸福、各种社会事业步入正轨的强烈期待，也可以感受到他对自己作为知识分子的责任、对自己所选择的新闻职业的认知与自我期许。

　　从这一时期张季鸾新闻通讯与时评类文章所显现出的精神气质与行文特色来看，他既表现出与同时期许多怀着报国理想的记者相同或相似的特点，也表现出与他们不同的鲜明特色与个性。这种相同或相似的特点是，无论是新闻通讯，还是时评类文章，均透射着一种秉笔直书、放言无忌、恣肆批评的敢言精神与自由底色。就其个性与自身特色来说，其新闻通讯与评论在无惧无畏、无所忌惮的大胆揭露和激烈批评的同时，往往能注意有理有据，有条有理，不发无来由之空论和主观随意之断语，感情色彩和言论尺度均相对克制和理性。其"一苇通信"之所以能在当时名噪一时，一方面在于其所聚焦议题和内容的重要、重大和自身吸引力，另一方面也在于其中所显现出的无所畏惧的敢言精神和放胆批评中蕴含的有理有据、有条有理的理性特色。

　　就敢言与批评精神来说，与同时期的邵飘萍、林白水等名记者相较，张季鸾对当权者和政治领域乱象的批评虽然没有邵飘萍、林白水们那么激烈，但总体上来说仍是比较激进的，无论是对政府不当行为与政策措施的揭露，还是对某个当权者丑恶言行的批判，都能够态度鲜明,毫不留情,绝不会因其位高权重而畏首畏尾、轻描淡写。如在担任上海《中华新报》总编辑期间,他就曾先后利用报纸抨击过孙洪伊、段祺瑞、徐树铮、曹锟、倪嗣冲、王揖唐、张作霖、吴佩孚、张敬尧等政坛重要人物。

针对曹锟贿选一事,他毫不留情地批评说:"极恶之专制,犹胜于今日之贿选","专制虽恶,犹为一种政体,贿买元首,则绝非一种政体,试阅尽二十四史,几曾见开国皇帝用金钱买来?""历史上之统治者,大抵皆强取而来,其创业之人,多为盗国之辈。然盗固可恨,而犹不如诈取窃取者可恨之甚"。显然,在他看来,曹锟比历史上的"盗国之辈"还要可恨,这样的批评毫不留情,不可谓不激烈。他进一步把曹锟与袁世凯进行比较:"袁氏之伪造民意,为其增加民恼之一大原因,然以今较之,其劣尤甚。盖袁所图者,皇帝也。皇帝则显然叛国,尚不能盗其名。曹所贿买者,总统也,是既犯法而复居合法之名,故民国之名,乃真为其所盗也。"①

针对孙洪伊挑动风潮之行径,他也进行了非常激烈的批评:"若但以挑风潮论,孙氏不可谓非圣手矣。"他认为,挑动国会与政党激烈冲突,实为祸国行为,这样的冲突最终必然导致"万流赴壑,风浪掀天",这种情况"任如何观察,绝非国家佳兆",而"此种种冲突中,除陈树藩查办案为纯粹地方问题外,余皆间接直接与孙洪伊之政策有关"。他认为,导致国会与政党间激烈冲突的罪魁祸首就是孙洪伊②。

对其他权倾一时的人物的批评同样激烈,同样毫不留情,一针见血。如批评王揖唐"盖王最初来绝无诚意,要保存安福国会,要挑拨南方内争,舍功名正大之路而用种种陋劣之手腕,则其终至于僵、

① 一苇:《反对曹锟总统之两个理由》,《中华新报》1923年9月2日第二版。
② 一苇:《政党与政局》,《新闻报》1916年11月10日第三版。

终至于不得不去者，固自取之失败也"①；批评段祺瑞"不惟为军阀之代表，且为一般奸滑官僚之代表"等②。

　　这种无惧无畏、放言无忌、激烈批评是贯穿张季鸾这一时期的新闻通讯与评论性文字之始终的风格与特点。这种特点一直延续到其创办新记《大公报》之后的两三年内，在其创办新记《大公报》两三年之后，才逐渐变得持重、老到。需要说明的是，这一时期张季鸾新闻通讯与评论性文字的这种风格与特点不仅是其新闻实践中自然显现出的一种特点，而且是其自觉追求的结果。在《新闻报三十年纪念祝词》中他曾说："今者，其他报纸本身基础且未巩固，无可求其改良，深望《新闻报》以此三十年纪念之机会另定第二步营业计划，以应时势之要求，客观记载，愈求其详，主观论断，更期其勇。"③也就是说，他认为《新闻报》的三十年历史中固然获得了很大成绩，有许多可圈可点之处，但在纪事之"详"和论断之"勇"方面，还应进一步加强。显然，他是把"客观记载，愈求其详，主观论断，更期其勇"视为一个报纸应追求的方向。这里所说的报纸在"主观论断"方面的"勇"，实际上就是在强调报纸言论要勇敢，要有批判精神，要有战斗性。

　　虽然强调报纸造言论事的勇敢无畏，但与当时经常利用报纸毫无顾忌地"痛骂"的记者相比，张季鸾应该说是一个"另类"。他的批评固然激烈、大胆、疾言厉色、一针见血，但同时又是较为理性、克制的。与同时期邵飘萍、林白水等记者、报人相比，他更重视摆事实，讲道理，有理有据，不发理性分析不足之论，绝少主观臆断、过度揣测，他的批评大都建立在坚实的事实基础上，依据客观存在的事实而发，其批评的有力在于其分析的透辟和深入，而非情绪和

①一苇：《行矣王揖唐》，《中华新报》1919年11月18日第二版。
②一苇：《鸣呼黑暗之北京》，《中华新报》1920年7月17日第二版。
③张季鸾：《季鸾文存》（下），上海书店，1947年，"附录"第4页。

言辞的激烈。以《反对曹锟总统之两个理由》为例,此文之批评虽给
人字字诛心、刀刀见血之感,但反复细读必会发现,其批评完全是建
立在对事实的分析、对同类事实的比对等基础上,绝少情绪化的"痛
骂"。同时,在对曹锟贿选一事的"可恨之甚"之处进行分析和痛批
之后,他又退了一步,对于那些支持曹锟的议员动之以情、晓之以
理,认为他们之拥曹"虽违反公论,而其罪犹不若卖票之甚",在此基
础上希望他们若"诚心拥曹",就当"不受贿,不犯法,而竟举曹"①。
这样的记述和态度表达中蕴含理性、克制,具体问题具体分析和有
批评也有规劝等特点更进一步毕现。

　　综上可以看出,虽然张季鸾选择和从事新闻记者职业的初始时
期的新闻从业环境十分恶劣,甚或充满凶险,但自从他投身这个领域
开始就再也没有犹豫过,可谓义无反顾、一往情深,虽然其间因一度
失业而短暂从事过其他工作,但很快重新回到自己喜爱的新闻记者
职业。在这个过程中,他虽经常遭遇各种困难、逼迫,甚至"隔死只差
一步",但依然毫不犹豫地坚守在新闻记者职业领域,执着勤勉,全身
心投入,用自己的如椽之笔,以无惧无畏的勇气,对关乎国家、民族和
社会的各种事件、问题进行大胆揭露,深入分析,无情批判。

　　那么,究竟是什么力量使张季鸾在投身记者职业之初屡屡遭受
压迫、打击甚或差点丢掉性命的情况下依然坚守在新闻职业领域、
执着勤勉、全身心投入呢？究竟是什么力量使他在从事新闻工作的
过程中能够做到无惧无畏、对任何当权者都敢于进行淋漓尽致的
"痛骂"和批评呢？他的批评为什么能够显现出与同时期其他记者
不同的既激烈、勇敢、毫无顾忌又理性、克制、有理有据的特色呢？
支撑其激烈与理性并存的文字风格背后的理念是什么呢？

　　之所以执着勤勉、全身心投入、始终坚守在新闻职业领域、不离
不弃,既与其成长时期即已形成的家国情怀、报国理想有关,又与其

---

① 一苇:《反对曹锟总统之两个理由》,《中华新报》1923年9月2日第二版。

对报纸和记者职业的社会功能、职业角色与社会担当的认识有关。从张季鸾的家庭教育与求学经历来看，他首先是一个有着浓厚士大夫意识的传统知识分子，家国情怀，报国理想，"先天下之忧而忧，后天下之乐而乐"，始终是他血脉中流淌着的最鲜明色彩和心中跳动着的最强音，"报国"始终是他人生选择的出发点。他虽然拥有丰富的西学知识，受到过西方思想文化的熏陶，但其精神内核还是儒家的，"以天下为己任"始终规制着他的思想和行动。就其所处的时代来说，他成长和投身新闻职业的最初十五年中，国势衰微，民族危亡，政局混乱，社会动荡。面对这样的环境，作为怀有家国情怀和报国理想的传统知识分子，他不可能不奋起，不可能无所作为。当时，作为新生事物的报刊正以摧枯拉朽之势显现出对政治和社会变革的强大冲击力和影响力，也为由于科举废除正在逐渐被边缘化的知识分子提供了一种新的参与社会、报效国家的方式与途径。也正是因为此，张季鸾毫不犹豫地选择进入了这个能藉以挥洒自己报国热情的新的职业领域。

进入新闻记者职业领域是因为报国理想，进入之后面对各种磨难、逼迫甚或生命危险之所以能够始终坚守，不离不弃，全身心投入，同样是因为报国理想。这一点既可从他这一时期新闻通讯与评论性文字的议题与内容的聚焦点深切感受到，也可从那些能显示其对报刊职责、使命之认知和能显示其从事新闻记者职业之理想的相关文字中窥得。

在《新闻报三十年纪念祝词》中，他曾说："盖报纸性质，一面应作商业经营，一面则对于国家社会负有积极的扶助匡导之责任，新闻报者，第一层已著成功，第二层尚有余地。盖今日态度，只为反映社会一部分之现象，尚少扶助匡导之事。"① 从此段话可看出，在他的眼中，报纸固然"应作商业经营"，但绝不能仅仅局限于此，而是要

---

① 张季鸾：《新闻报三十年纪念祝词》，《季鸾文存》（下），"附录"第4页。

承担起更重要的责任,那就是,应"对国家社会负有积极的扶助匡导之责任"。所谓"扶助匡导之责任",实际上就是要求报刊必须干预社会、承担社会责任。笔者以为,这种认识和强调中蕴含的正是张季鸾在从事新闻记者职业过程中的理想,即报国理想,也是他之所以坚守在新闻记者职业岗位的思想认识原因。

从能显示张季鸾从事记者职业之理想的其他文字中也可以管窥到其之所以坚守在新闻记者职业领域的内心缘由。曾经的友人兼同行、日本《朝日新闻》特派员太田宇之助在回忆张季鸾的文字中曾说,张季鸾尝谓"余生涯以新闻事业为唯一之天职",且谓自己"辛亥以来,尝努力尽新闻记者之天职,以期贡献国族"①。由太田宇之助的话可以看出,张季鸾之所以始终坚守在新闻记者岗位、不离不弃,主要原因在于以此"贡献国族"。这里的"贡献国族"就是我们常说的报效国家。因此,可以说,"贡献国族"正是张季鸾之所以选择新闻记者职业且不离不弃、全身心投入的深层原因。张季鸾写于1920年的《我的平凡救国论》中有这样一句话:"不肖在新闻界彷徨了十年,饱看世变,阅尽沧桑,到现在觉得一切学说,一切主义,一切理论,俱不足以救中国。"②就这段话的表层意思来看,似乎是在说"一切学说,一切主义,一切理论,俱不足以救中国",但从这句话中无疑也可以很清楚地看到,张季鸾之所以"在新闻界彷徨了十年",核心目的就是要"救中国",或者说,"救中国"正是他之所以在新闻界"彷徨"、求索的核心目的。正因为"救中国"是他从事新闻职业的目的,因此才使得他能做到始终坚守,纵使遭遇千般逼迫,万般凶险,依然毫不退缩,不离不弃。

救国、报国既是张季鸾始终坚守在新闻记者职业领域、全身心

---

① 〔日〕太田宇之助、克林:《张季鸾之死》,《两仪》(月刊)1942年第2卷第2期,第44—47页。
② 张季鸾:《我的平凡救国论》,《新中国》1920年第2卷第5期,第150—153页。

投入、不离不弃的重要原因，也是他在新闻通讯和评论性文章中对当权者的倒行逆施和各种社会乱象能做到放言无忌、无惧无畏，进行毫不留情的激烈批评的内在原因。爱国之情深，报国之心切，面对祸国殃民之人和事，才能疾言厉色，大义凛然，痛陈心中所想所思。当然，之所以能够放言无忌、无惧无畏，也是建基于民国初期总体上的自由新闻体制这一事实和在此背景下新闻界抱持的言论自由绝不应受到任何限制与约束之认识，及张季鸾本人对言论自由的认识和将争取言论自由视为促进国家民主进步的重要方式之认识。

中华民国成立后，以孙中山为首的南京临时政府立即通过立法手段建立起了与西方国家接轨的自由新闻体制，并以其对自由新闻体制的切实尊重、对言论出版自由原则的恪守和对报界承担舆论监督责任、发挥舆论监督职能的热情鼓励，使言论出版自由一时成为共识。之后的袁世凯和北洋军阀各派系虽然对新闻言论自由极为仇视，试图对自由新闻体制进行扭曲和破坏，但由于自由新闻体制业已形成，新闻言论自由神圣不可侵犯的观念已经深入人心，再加上袁世凯及北洋军阀各派系自身在思想文化方面存在软肋和不足，无法公然对抗甚或彻底推翻自由新闻体制，因此其对自由新闻体制的扭曲和破坏只能以发布总统令、出台政府部门或地方性法规等方式进行，并未公然否定新闻言论自由的总体原则与体制。

在这种大环境之下，新闻界普遍以"舆论之母""舆论之父""四万万民众共有之舆论机关"自居，极力宣扬民主制度下"报馆与国务院、总统府平等对待，其性质与参议院均同为监督公仆之机关"，"共和国之最高势力在舆论"，新闻记者为"不冠之皇帝，不开庭之最高法官"[1]。在这样的认识之下，认为新闻言论自由绝不应受到任何限制与约束成为新闻界普遍认识。这种认识在"暂行报律事

---

[1] 方汉奇：《中国新闻事业通史》（第二卷），中国人民大学出版社，1992年，第1015页。

件"中表现得最充分。南京临时政府成立后基于"补偏救弊之苦心"草拟了一部法律,即《中华民国暂行报律》。草拟该法律的目的是希望以此对新闻界可能出现的流言惑众、破坏共和国体、调查失实、污秽个人名誉等行为进行限制和约束,但未曾想到的是,该法律颁行后却引起新闻界的强烈反对,最终不得不取消,史称"暂行报律事件"。从这次事件一方面可以看出新闻言论自由绝不应受到任何限制与约束之认识在当时新闻界被普遍接受之程度,另一方面也反过来强化了新闻界对新闻言论自由神圣不可侵犯的认识。

自由新闻体制和新闻言论自由神圣不可侵犯的认识是这一时期的张季鸾在其新闻通讯与评论中之所以放言无忌、无惧无畏的外在环境因素。就张季鸾本人的思想认识来看,当时的他和同时期的其他记者、报人一样,将言论自由视为新闻工作的最高原则,认为新闻言论自由神圣不可侵犯,不能有任何限制。在《论国民公报案》中,他曾说过这么一段话:"言论自由在各国皆为绝对的,此为国民权利之最重大者。虽在战时戒严检查之下,而所予之自由极宽,纵触犯法律,最大罚停刊一二日或没收当日之报纸。封禁之说,从无所闻。何也?钳制言论即不啻剥夺思想自由,与人民之根本权利不能并容也。"[1]显然,在他的眼中,言论自由是一种"绝对的"自由,是"国民权利之最重大者","钳制言论即不啻剥夺思想自由"。既然如此,在新闻通讯与评论性文字中放言无忌、无惧无畏、痛快淋漓地痛骂,就是必然的了。

一方面认为言论自由应是"绝对的",不能有任何钳制,另一方面又深刻认识到言论自由对国家走向民主进步、社会和谐稳定的益处。在《论国民公报案》中,在强调了言论自由的"绝对性"之后,他又进一步强调了言论自由对国家内政外交和社会上潜在的革命行动与危险思想之消除与化解等可能带来的好处,认为言论自由将使

---

① 一苇:《论国民公报案》,《中华新报》1919年10月29日第二版。

"国家内政外交蒙利极大"。为什么这么说呢？"盖人民之思想主张皆正当传播而交换之，宪政由是进行，外交因此胜利。因而人民思想俱已宣泄之。故革命之行动、危险之思想反而因之减少，皆由正轨之中求其主张之胜利。"在此基础上，他认为："欧美各国之国基较固者，言论自由之赐也。"①显然，在他看来，言论自由对国家的好处极大，若人人享有"言论自由"，人民的思想将畅通无阻、自由交换。在这种思想、观点交流、碰撞的过程中，危险思想自然会被剔除，"革命之行动"也将被化解，国家发展中的一切都将步入正轨，国家的基础也才能稳固。

可见，这一时期的张季鸾不仅认为言论自由是"绝对的"，而且把言论自由视为对国家内政外交、对社会有极大益处的事。由于对言论自由有这样的认识，因此使得他一方面希望用自己无惧无畏的新闻实践，努力促进这种自由的落实，希望用自己放言无忌的批评，尽力扩大言论自由的边界，另一方面大声呼吁言论自由，对一切试图牵制言论自由的行为进行谴责、批评。

在对牵制言论自由的行为进行批评方面，这一时期的张季鸾一面为"言论自由"鼓与呼，一面痛斥当局钳制言论自由的各种行径。1917年4月13日，他以"少白"为笔名为《中华新报》（北京版）撰写时评，针对当时政府提交的《报纸法》，发表了他的看法。他说，"报纸法将提交国会矣，吾人之意，终以为报纸法不妨有，而如法制局之原案则万不宜有。何则？彼起草者之本意专在防报纸作恶，其视言论自由为一种特许之恩惠。使原案实施，则业新闻者将日日诉讼、时时禁刊，惟有相率封锁而已，乌所谓言论之自由哉。"②从这段叙述可以看出，他虽然认为"报纸法不妨有"，但认为钳制言论自由的报纸法绝对不能有，因为，在他看来，报纸法应是保障新闻言论自由

①一苇：《论国民公报案》，《中华新报》1919年10月29日，第二版。
②少白：《报纸法》，《中华新报》（北京版）1917年4月13日，第三版。

的，而不是牵制新闻言论自由的。在《论国民公报案》中，他开篇即控诉了北洋政府在摧残言论自由方面的罪恶，称"北京政府之罪恶多矣，而最显著者，尤莫若摧残言论自由"，进而历数了其压制、摧残言论自由的各种罪孽①。

　　然而，与这一时期许多记者报人不同的是，在强调"言论自由在各国皆为绝对的""为国民权利之最重大者"并对北洋政府摧残言论自由的行为进行批评的同时，张季鸾又对报界因滥用自由而产生的各种乱象进行了批评。在他看来，"言论自由"绝非不受限制，更非捏造谣言、恣意妄断、枉顾事实、颠倒是非、损害名誉、泄露秘密、挑拨政潮。在主持《中华新报》(北京版)时期以"少白"笔名撰写的"时评"《自由与放纵》中，他曾说："吾国民数年呻吟于暴力压制之下，自共和再造而复言言论自由，此至可庆之事也。然观今日舆论庞杂，谣言百出，以损害名誉为常事，视颠倒是非若固然甚。且扰害金融泄露秘密，造动摇国本之危词，逞挑拨政潮之能事。若中国真有法律，则触犯刑律之报馆已不知有若干家矣，岂非国民之大耻哉。""中国人误解放纵为自由者也，此种根性不除，则永无享受自由之一日。且横决之极，必起反动，前事具在，可为隐忧。夫根性不可一日改，则惟有诉诸法律矫正其弊。""吾人于此仅祝我同业之反省，且要求法院之行法。盖自由生死一击于此，非区区一时之政治问题矣。"②他认为，枉顾法律、毫无底线的"自由"是人民追求真正自由的绊脚石，因此，他热切期望新闻同业能反省自身行为，杜绝"放纵"，防止滥用自由。

　　期望新闻同业反省，自己必然率先垂范，在自己的新闻、言论工作中，张季鸾一方面无惧无畏，对一切不利国家、损害国民者进行放言无忌的批评、谴责，另一方面注重新闻、言论的理性、克制，尽量做

---

① 一苇：《论国民公报案》，《中华新报》1919年10月29日第二版。
② 少白：《自由与放纵》，《中华新报》(北京版)1916年12月6日第三版。

到有理有据，有条有理。这一时期张季鸾新闻通讯与评论性文字中显现出的既激烈、勇敢、毫无顾忌又理性、克制、有理有据的风格特点即与其对新闻言论自由的这种认识有关。

当然，这一时期张季鸾新闻通讯与评论性文字中激烈批评与理性克制并存的风格特点，也与他对报刊与报人应承担的责任与使命的认识有关。从其《新闻报三十年纪念祝词》中"盖报纸性质，一面应作商业经营，一面则对于国家社会负有积极的扶助匡导之责任"等表述可以看出，在他看来，报纸自然"应作商业经营"，但他又认为，在注重商业经营的同时，报纸还必须"对于国家社会负有积极的扶助匡导之责任"，即："客观记载，愈求其详，主观论断，更期其勇。"[①] 由此可见，在他的眼中，报纸、报人必须有对国家的使命感和社会担当才有自身价值，而对报纸、报人来说，要想承担这种使命和社会担当，一方面其新闻记述必须追求客观、详确，另一方面其评论性文字必须尽可能无惧无畏。如此的话，新闻通讯与评论性文字必然会既显现出激烈批评的风格，又蕴含着理性克制的特点。

纵观张季鸾步入记者职业领域后的前十五年，可以看到，虽然这一时期政局动荡，报业环境恶劣，但他甫一步入，便全身心投入其中，勤勤恳恳，兢兢业业，不辞辛苦，不避凶险，虽常常面临性命之忧，依然坚守其中，绝不退缩；其新闻言论既激烈大胆，无惧无畏，又理性克制，有理有据，既显现出与这一时期许多记者、报人相同或相似的特点，又显现出其自身个性特色。之所以如此，核心原因在于，他是一个具有浓厚的家国情怀和近现代知识分子报国理想的人。作为近现代知识分子，他对报刊的社会功能有较为深入、全面的认识和理解，因此，报刊之于他，实为承载他作为知识分子的报国理想的工具。既然报刊承载着他作为知识分子的报国理想，投入其中后他自然会勤勤恳恳，兢兢业业，不辞辛苦，纵使面临凶险，也始终不

---

① 张季鸾：《新闻报三十年纪念祝词》，《季鸾文存》（下），"附录"第4页。

离不弃。既然报刊承载着他作为知识分子的报国理想,在从事报刊工作中,他自然会一方面无惧无畏,对一切不利于国、不利于民的人和事毫不留情地痛斥之,另一方面又认识到,绝不能运用自己手中的工具造谣中伤、肆意妄言、危害社会、动摇国本,而应理性克制,有所节制。这正是步入新闻职业领域的前十五年张季鸾新闻职业活动及其内心情状的简笔画和其从业过程中的情感与心理逻辑。

三、不媚强御,不阿群众: 构建新闻职业专业化的努力

在经历并见识了北洋军阀对报人的迫害、对言论自由的摧残和报界滥用自由、枉顾道德底线、利用报刊肆意攻讦之乱象后,张季鸾开始反思报刊与报人应如何既保持独立又确立职业权威与尊严之问题。这种反思带来了其新闻生涯成熟时期的到来。其标志便是1926年9月新记《大公报》的创刊。由此开始到全面抗战爆发,可谓其新闻职业生涯的第二个时期。在此时期,他勤勤恳恳,尽职尽责,将所有精力倾注在新记《大公报》及整个新闻业的健康发展上,围绕新闻职业专业化与职业权威建构展开了一系列不同于以往的努力与实践。他一方面秉持"不党、不卖、不私、不盲"理念,抵制各方干扰,反对当局对新闻言论的钳制,努力维护《大公报》的独立性与权威性,试图走出一条代表新闻职业专业化方向的道路,另一方面,将新记《大公报》所追求的新闻理念与职业意识,以不同方式推而广之,使之成为整个新闻职业共同体的共有理念和意识。那么,这个时期的他围绕新闻职业专业化与职业权威建构所开展的探索与实践的具体情况究竟如何呢?他究竟做了哪些努力?在这个过程中,其内心究竟秉持着什么样的理念与职业追求呢?

新记《大公报》是张季鸾、吴鼎昌、胡政之等人在反思民国初期

报界堕落现象的基础上创办的，是其追求新闻职业专业化发展的产物。民初以来，报界一直存在着收受津贴、依附党派、利用报刊骂人、攻讦他人阴私等乱象。与此相关，权力当局残害报界之事屡屡发生，如各种封报馆、抓报人的事件、"萍水相逢百日间"之类的报界喋血事件，张季鸾本人更是两度入狱，险遭戕害。正是因为目睹了报界种种乱象和报纸报人屡遭当权者荼毒等事件，张季鸾等人开始了对报界自身问题的深刻反省，力图在这种反省中思考如何能找到一个使记者、报人摆脱对权力与金钱之依赖的有尊严、有道德的"政治独立、经济自主"的办报之路[1]。新记《大公报》及其"不党、不卖、不私、不盲"的理念便是在这种背景下诞生的。

　　"四不"理念是张季鸾在新记《大公报》创刊号上发表的《本社同仁之志趣》中详细阐述并极力倡导的新闻职业理念。该理念集中体现了张季鸾等人对新闻职业的新思考、新追求，体现了其试图使新闻职业规范、有序、健康发展的努力，从中可以看出张季鸾等人心目中理想的新闻事业之样貌与蓝图。从"四不"理念可以看出，在这一时期的张季鸾眼中，现代报纸必须尽自己"应尽之职务"，这种"职务"最主要的就是"服务社会"，而要想更好地"服务社会"，业此者首先应做到"不媚强御，亦不阿群众"。具体来说，就是要做到"四不"，即"不党、不卖、不私、不盲"。所谓"不党"，就是不依附任何党派，有自己独立的政治立场和政治倾向，"纯以公民之地位发表意见，此外无成见，无背景"，使报纸成为社会公器。所谓"不卖"，就是要求报纸"不受一切带有政治性质之金钱补助，且不接收政治方面之入股投资"，不以报纸言论做交易，保持报纸经济独立。所谓"不私"，是指报纸要忠于其固有之职务，无私图，不将报纸作为个人谋取私利的工具，愿向全国开放，使之成为公众喉舌。所谓"不盲"，是

————————

① 曹立新：《世间宁有公言？从"萍水相逢"悲剧到新记〈大公报〉的新生》，《兰州大学学报（社会科学版）》2017年6期。

指报纸的"立言""造言"必须理性、真实、持重、有主见、不卑不亢，不随声附和（盲从），不一知半解（盲信），不因感情冲动而不事详求（盲动），不昧于事实评诋激烈（盲争）①。总体来看，"不党""不卖"强调的是报纸要远离政治力量和经济力量的束缚，强调的是报纸和报人的政治独立性、经济独立性和最基本的社会伦理操守，而"不私""不盲"强调的是报纸要为公众负责，发公正、理性之论，不能成为个人宣泄情绪、攻讦阴私的工具。这些方面合起来，共同构成了这一时期的张季鸾心目中的新闻职业的理想样貌。从纵向的历史演进视角看，"四不"的确是张季鸾在对民初以来许多报纸政治不独立、经济不独立、新闻言论不事详求、昧于事实、感情冲动、评诋激烈等乱象进行反思基础上的一种理念反拨。方汉奇主编的《中国新闻事业通史（第二卷）》中曾这样评价"四不"理念："它是对民国初期新闻界全面堕落的一种否定，也是大公报主持人对自身经验的一种总结，是中国资产阶级舆论界走向成熟的一个标志。"②

　　那么，张季鸾是否做到了其所提出的"四不"呢？为了实现"四不"理念他和他担任总编辑的新记《大公报》究竟做了哪些方面的努力？由于当时张季鸾一直倾心于新记《大公报》的发展，试图将新记《大公报》打造成自己心中最理想的新闻事业模式，因此其"四不"原则和理念的践行主要是围绕新记《大公报》而进行的。总体上来说，这一时期的张季鸾完全践行了"四不"理念与原则，他像养育自己的孩子一样怀着十分敬畏的态度，以"四不"原则和理念精心呵护和哺育着新记《大公报》的成长，使新记《大公报》迅速变成了既能保持政治独立，又能保持经济独立，能够以独立、客观之立场，详尽记述事实，公正理性发声的，同时受政府、新闻界和社会公众尊崇的专业性大报。

---

① 张季鸾：《本社同人之志趣》，《大公报》（天津版）1926年9月1日。
② 方汉奇主编：《中国新闻事业通史》（第二卷），第460页。

　　那么，他究竟是如何做到这一切的呢？考察这一时期张季鸾与《大公报》同人为做到这一切所付出的努力，可以看出，其努力的方向和着力点是多方面的。从这一时期新记《大公报》新闻报道所聚焦的议题、内容方面看，皆为关乎国计民生、社会利益的重要议题和内容，"从百姓疾苦到政府腐败，从时局变化到前方战事，从国内事变到国际形势"等①。正如《本社同人之志趣》中所强调的，报纸应以"其服务社会之诚"，"尽现代报纸应尽之职务"，"报业天职，应绝对拥护国民公共之利益，随时为国民贡献正确实用之知识，以裨益国家"②为目标。这一目标可以说是"四不"理念与原则的总纲。从新记《大公报》最初的版面设置可以看到：第一版为社评，第二、三版为国内外要闻，第四版为经济新闻，第五版为广告，第六版为各地通讯，第七版为本地新闻，第八版为副刊。这样的版面安排显然是按议题、内容的重要性来编排的，从中能明显看出其对政治、经济方面内容的特殊"关注并强化"之意味③。在这样的版面安排之下，无论是国内各省之局势，还是东洋欧美之近闻，无论是政治局势、外交关系、经济状况，还是社会文化、教育现状等等，皆囊括其中。而政治、经济方面议题由于是与"国民公共之利益"关联最紧密的领域，因此被置于最重要版面。单就经济方面内容来看，新记《大公报》创办后"一直重视经济报道"，专门设有一个整版的"经济新闻"，详细报道每日物价商情、公债股票等信息。这种对重要经济信息的翔实报道体现出的实际上是张季鸾及其《大公报》同人为实现其"随时为国民贡献正确实用之知识，以裨益国家"之目标的努力。

　　如果说报纸创刊之初由于资金、人员、版面等的限制，报纸议题

① 刘宪阁：《报界宗师张季鸾》，第76页。
② 张季鸾：《本社同人之志趣》，《大公报》1926年9月1日。
③ 郭恩强：《重塑新闻共同体：新记〈大公报〉职业意识研究》，复旦大学2012年博士学位论文，第65页。

和内容主要聚焦于政治、经济、外交、文化、教育等领域的重大议题方面的话，随着报纸创刊后实力的不断提升和版面的不断扩大，新闻报道议题的涵盖范围不断扩展，报纸的内容聚焦点也变得更加丰富、多样。除了政治、经济、外交、文化、教育等重大议题外，当时社会的现实状况与民生问题，尤其是农村和城市普通百姓的疾苦也开始纳入其关注范围。如报纸经常委派旅行记者或写生记者深入民间，了解普通百姓疾苦；同时，重视刊登读者来信，一方面希望借此了解读者对报纸相关报道的反馈，另一方面藉以反映民间声音。这种对现实状况、民生问题与民众呼声的重视，反映出的是张季鸾及其《大公报》同人对"报纸无私用，愿向全国开放，使为公众喉舌"之承诺的努力践行。

这一时期新记《大公报》社评类内容或聚焦于政治改革与社会建设领域重大问题，或揭露日本对华野心，呼吁国人不忘国耻，积极准备抗战，或提倡社会教育，关注民智提高，倡导民风改良，可以说，其关注和聚焦点同样为关乎国家发展、民族生存和人民利益的重大议题。如《中国的文明在哪里》对政治领域存在的各种问题——如奢侈浪费问题、苛捐杂税问题、购械增兵问题等对当时人民生活的影响和"贻害人民之程度"进行了揭示，敬告"政治家、实业家、学者"关注农村问题和农民问题[1]。《人民与政府》针对政治领域存在的腐败、渎职、党同伐异等现象和问题进行了揭示，表达了对"政府变成人民的政府"的强烈期待[2]。可以看出，这两篇社评关注和聚焦的都是关乎社会、国家和人民的重大议题。类似的聚焦政治与社会领域重大议题的社评还有很多，如《刷新地方行政之亟务》《政治之正轨与常道》等[3]。揭示日本侵略野心、讨论国人应对之策的社评在这一

---

[1]《中国的文明在哪里》，《大公报》1930年11月2日第二版。

[2] 张季鸾：《季鸾文存》（上），第17页。

[3] 张季鸾：《季鸾文存》（上），第13、21页。

时期的《大公报》中占比也不少，数其要者如《国家真到严重关头》《兴亡歧路生死关头》《促日本国民急切反省》《自卫之策》等①。聚焦社会教育、民智民风等议题的社评也有相当多的数量，如《青年思想的出路》《应于西安建设教育中心》等②。这些社评或关注青年群体的生存与发展，或讨论青年对国家、民族之未来的作用，或为青年群体的教育与发展建言献策，或站在抗战全局高度讨论文化教育问题。从这些议题及其内容可以充分感受到张季鸾等《大公报》同人对报纸应承担的社会责任与使命的深刻体认和为践行其职业新理念所做的切实探索。

就这一时期《大公报》在报道、评论各类事件或议题时所显现的立场、态度看，无论是新闻报道还是社评，均蕴含着前一时期报刊中稀见的理性、客观、"不媚强权"、不随从流俗之态度与立场，显现出与当时多数报刊不同的精神禀赋与气质。尤其是其社评类内容，往往能以事实为基础，不卑不亢，冷静分析，注重逻辑，力求公正，"表现出一种客观、公正的取向"③。胡政之在回忆《大公报》新闻、言论中秉持的立场、态度时曾说："我们自来论事都力求深刻切实，绝不随俗唯否，纵因此甘冒危险，受人攻击，亦所不辞。在北方的反动潮流中，我们敢于同情革命；济南惨案发生……我们敢于揭布蔡公时被害的消息。"④这种理性、独立、不随从流俗的态度与立场，从《大公报》面对日本侵华议题时依然能以理性客观之态度进行分析中可以更充分地感受到。如1935年6月17日之社评《日本的认识》中就曾做过这样的阐述和分析："过去中国对日着着失败，殆由不认识彼

①张季鸾：《季鸾文存》（上），第60、74、77、96页。

②张季鸾：《季鸾文存》（上），第26、112页。

③方汉奇等：《〈大公报〉百年史》，中国人民大学出版社，2004年，第273页。

④胡政之：《回首一十七年》，王瑾、胡玫编：《胡政之文集》，天津人民出版社，2007年，第1150页。

邦许多事实，尤以对于军人，初则轻视，继则厌恨，不敢与之接触，亦不肯考起究竟。"社评认为，这种应对态度存在很大偏颇："日本军人绝非中国国民心中之旧式军阀，彼号为少壮派者，初非幼稚新进，乃属中年之人，经过长期教育，对世界大势具相当认识，对国家利害非无相当打算。总有少数极端分子，一似卤莽放恣，漫无理解，实则内心不尽如是，抑一二人亦不足以代表全体。"[①]基于此，社评主张对日本军人不能盲目排斥，要深入了解，因为知己知彼，方可百战不殆。可以看出，这样的阐述与分析的确十分理性，绝非随从流俗之论。不仅如此，一些社评中甚至呼吁国人要抛弃成见，主动研究日本人，向他们学习之，从他们身上寻找资鉴。如1935年6月18日的社评《日本国力的根柢》中就对日本人的国民性、日本政治的特点、日本工业之发达等情况进行了详尽阐述，号召"国内各种企业家与技术人才，稍稍注意东邻产业界之重要性，多往研究，当更能发见许多新事实，不特他山之石，可资攻错，亦于日本前途全局之判断，可得正确之认识，此真饶有意义之工作也"[②]。在日本侵略中国之步伐日趋加快、国内反日情绪日益高涨的1935年，报纸社评中仍能保持这样的理性、客观、冷静之立场与态度，不随从流俗，不宣泄情绪，不盲目排外，不能不说非常难得！

　　对当时国民党、共产党等政治力量进行报道和评论时秉持公正不偏、客观平衡之态度，是这一时期张季鸾及其《大公报》同人践行"四不"理念的又一表现。虽然按一些学者所说这一时期张季鸾已逐渐显现出较明显的"拥蒋"倾向，但姑且不论这种"拥蒋"的实质究竟为何，单就最终结果来看，并没有影响到其本人和《大公报》建构新闻职业专业化的努力，并未影响到《大公报》对公正不偏、客观理性等专业理念与职业操守的坚守。这种坚守很重要的表现就是，在

①《日本的认识》，《大公报》1935年6月17日第二版。
②《日本国力的根柢》，《大公报》1935年6月18日第二版。

对国民党、共产党等政治力量进行报道和评述时一直坚持着公正、理性、客观、平衡、独立的态度与原则，该批评的批评，该肯定的肯定，该赞扬的赞扬。如1929年5月蒋介石与冯玉祥发生冲突，国民党中央发表了对冯玉祥的"查办令"，但当天的《大公报》却发表了冯玉祥的《冯复蒋哿电》，其中骂蒋介石为"假革命者"，称其"诡计阴谋，自掘坟墓，一时获逞，终必为革命势力所消灭"[1]。在对国民党、蒋介石进行公正客观的报道和评述之同时，对处于国民党新闻封锁之下的共产党及其红军的相关情况却坚持进行了尽可能客观、翔实的报道和评述。其中最典型的是，刊发范长江有关红军长征的通讯和"西安事变"后所写的《动荡中的西北大局》及西安、延安之行的通讯。当时正值国共激烈冲突的敏感时期，在当时，对有关共产党的新闻不报道或少报道，是许多报纸基于现实考量的常规选择，但《大公报》却没有显现出任何顾虑，从1935年到1937年初，它先是刊登范长江写的客观反映共产党及红军真实情况的、对共产党和红军不无赞赏与同情的通讯，接着在西安事变爆发、许多人在国民党欺骗之下将罪责一股脑归到共产党头上的时候大胆刊登范长江写的揭示西安事变真相的《动荡中的西北大局》，对事变原因和共产党在事变解决中所起的积极作用进行深入的分析与揭示，继而又刊登了范长江赴延安采访所写的系列通讯《西北近影》，对共产党及其控制区的真实情况进行了更加充分、具体的介绍。这些报道，不可能没有张季鸾的支持，至少是他所默许的。因此，从有关国共的报道和评述中的这种公正不偏、理性客观，可以从另一个角度窥测到张季鸾对新闻职业专业化的追求，对新闻专业理念与职业操守的坚守。

　　不仅在新闻报道和社论中坚守"四不"理念，努力建构职业专业化与职业权威，而且将自身理念具体化为对记者、编辑业务行为进行规范和约束的准则和报社日常管理规定，对违反报社原则和管理

---

[1]《冯复蒋哿电》，《大公报》1929年5月25日第三版。

规定的行为进行坚决惩罚,毫不姑息,以此宣示其对"四不"理念的坚守,对新闻职业专业化的追求。如1935年7月12日刊发的《本社声明》就针对有人反映的记者张逊之涉嫌参与暗杀、损害记者道德之情况,明确宣示:"果有涉及暗杀行为,自属违反本社章程",即违反本社制定的"职员不得有损失新闻记者名誉道德之行为"之规定,报社将予以坚决惩处①。公开宣示报社关于记者行为的准则与规范、明确表示对违反记者行为规范者一经查实即坚决予以惩处的同时,对无端指控其记者违背职业道德之情况,也通过报端为其澄清,以此宣示报社对新闻业道德和记者操守的重视和坚守。如1930年4月24日刊登的《本报特别启事》就为被指控接受了蒋介石贿赂、为蒋说话并常有"攻击阎总司令之言论"的"本报驻平记者"白某进行了基于事实的辩护,澄清事实的基础上,明确宣称:"本报自有其历史,同人自有其人格,独立营业,海内共知,贿赂津贴,向所不受","本报绝不变其独立公正之立场,绝无受任何方面贿赂之情事"②。不仅对记者、编辑有十分明确的体现"四不"理念的行为准则与规范性要求,作为报社高层的张季鸾、胡政之、吴鼎昌三人也都坚定信守"四不"原则。如1932年国民党中央宣传部曾密谋以15万元收买张季鸾及《大公报》,遭到张季鸾的严词拒绝,不仅严词拒绝,而且公开发文称:"文人要穷,文穷而后工。"③

　　通过《大公报》践行"四不"原则、宣示"四不"理念、努力将《大公报》打造成报界同仁尊重、敬仰、赞赏的专业化、权威性大报之样板的同时,张季鸾还以多种灵活且有效的方式将《大公报》尊崇和极力践行的理念推而广之,力求使《大公报》追求和崇奉的理念成为整个新闻职业共同体的共有理念,使《大公报》所遵守的职业原则与规

---

①《本社声明》,《大公报》1935年7月12日第四版。
②《本报特别启事》,《大公报》1930年4月24日第三版。
③刘宪阁:《报界宗师张季鸾》,"前言"之第3页。

范成为整个新闻职业共同体共同遵守的原则和规范。这方面的努力主要表现在，这一时期的张季鸾在以全副精力办好《大公报》的同时，经常在不同场合以各种方式，面向社会和新闻界公开申述自己的新闻职业理念。如借助新记《大公报》和其他报刊，或利用参加各种新闻界团体活动等方式，发表自己对报纸、对新闻、对记者职业等的看法，试图通过这种多样化、公开化的理念宣示，使广大新闻同业认可并接受其对新闻职业的看法与理念。这方面，除了报纸创刊之日明确宣示其办报理念的《本社同人之志趣》之外，自此以后的办报过程中，他还经常通过自己的报纸对外宣示其有关报纸责任、新闻职业的理念与原则、新闻业的道德操守等认识与看法。

　　这一时期张季鸾发表的公开宣示其新闻职业理念的文章数量较多，其中分量较重、影响较大的有《国府当局开放言论之表示》《关于言论自由》《今后之〈大公报〉》《改善取缔新闻之建议》《本报复刊十年纪念之辞》《论言论自由》《〈国闻周报〉十周年纪念感言》等[1]。这些文章中与言论自由有关的文章比重较大。这些文章或批评政府对言论的过度管控，或阐述言论自由的重要性，或对政府在言论自由方面的某些开放措施表示赞许，或兼而有之。如《国府当局开放言论之表示》一文首先对政府以往对言论界的法西斯式管理进行了批评，在此基础上认为："奖励言论自由愈早，所减除社会危机愈多，故于党国利益愈大。"[2]《关于言论自由》一文对国民党五中全会制定的关于新闻检查的"意见决议原则"中所包含的"凡对于党政设施有事实之根据，而为善意之言论者，除涉及军事或外交秘密或妨碍党国大计者外，均得自由刊布之"之规定表示了由衷"赞佩"，认为新闻言论界今后当乘此东风，发"勇敢切实之言论，以辅助政府，纠

---

①除《〈国闻周报〉十周年纪念感言》见于《季鸾文存》（下）"附录"第5页外，其他六篇分别参见《季鸾文存》（上），第1、159、189、192、202、239页。

②张季鸾：《国府当局开放言论之表示》，《季鸾文存》（上），第1—2页。

绳官吏,鼓励社会"①。之所以对言论自由如此强调,是因为在张季
鸾看来,要想真正做到"不党、不卖、不私、不盲",新闻界必须拥有足
够的新闻言论自由,若无足够的新闻言论自由空间,要做到"四不"
是不可能的。

　　这一时期的张季鸾还利用《大公报》和新闻界一些专业期刊宣
示自己的新闻职业意识和专业理念,发表自己对新闻、新闻业、记者
与报人使命担当等的看法和主张。如在1937年2月发表的《今后之
〈大公报〉》中,在重申新记《大公报》1926年创刊时的理念追求与原
则基础上,他表示,要努力使《大公报》"永为中国公民之独立言论机
关",同时号召言论界肩负起"贯通国民思想感情"之责任,使自己的
工作能"裨益"于"国事",能对国家有所贡献②。1931年,借助其刊发
于《新闻学研究》上的《诸君为什么想做新闻记者》一文,他对于新闻
记者职业可能面临的艰难与危险、新闻记者应确立的职业目标、应
具备的思想素养与资格条件等进行了细致而深入的阐述,认为,新
闻记者职业充满艰难,充满凶险,要选择这个职业,必须"立下了救
世的决心",必须以"对社会大众服务"为目标和出发点,必须对"中
国同胞"乃至"人类大众""有深厚的同情",若"他们有苦痛,应该给
申诉,应该设法安慰。凡社会的不平和罪恶,应该反对,应该冒着危
险,去替人类们、同胞们用言论斗争。不应该屈服于恶势力,甚至与
其同流合污","总而言之,一切都应该以'对社会大众服务'作出发
点"③。

　　除了利用报刊发表文章传播自己的新闻职业理念外,张季鸾
还通过参加类似燕京大学新闻讨论周、平津新闻学会等报界团体活
动之方式,向参加活动的新闻学子和同行宣示自己关于新闻职业、

①张季鸾:《关于言论自由》,《季鸾文存》(上),第159页。
②张季鸾:《今后之〈大公报〉》,《季鸾文存》(上),第190页。
③方汉奇、王润泽等:《民国时期新闻史料汇编》第三册,第507—511页。

记者角色担当、新闻人才要求等方面的观点、看法。如1931年4月他就为燕京大学新闻系举办的新闻讨论周投寄了题为《新闻记者根本的根本》的演讲稿①。在这篇演讲稿中，他首先以自身经历和民国以来报人被杀害的诸多惨案为例来敬告想做新闻记者的人，"中国做新闻记者，是一种危险职业"，接着以社会上存在的两种观念为切入点，强调不要期望靠做记者"得物质上优厚的享受"甚至"发财"，不要觉得做记者"好玩、有兴趣"，"有趣的另一面是格外辛劳"。他认为，"新闻学，是教技术教智识的"，"不过，技术智识是工具，不是根本"，"要做一个有能力的记者"，固然"需要诸多技术和智识"，如文字要"好而快"，政治、经济、文学、历史、地理方面的"智识"等"都不能少"，但这些都"不是所以做记者的根本"，做记者的"根本"，是"要对人类大众，小一点说，先对于中国同胞们有深厚的同情，因而立下了救世的决心"②。

从新记《大公报》创办之初高调宣示"四不"理念，详尽表明其对民初以来报界存在的依附政党和仅求"生意经"这两种报刊生存样态的批评，为整个新闻业树立起新的职业标杆以来，将《大公报》塑造成新闻界的"领袖"和"领头羊"，自觉以新闻界代表身份与权力当局协商、交涉，为新闻界发声，维护新闻界整体利益，就一直成为张季鸾的职业自觉。他一方面通过努力践行"四不"原则和在《大公报》上不断宣示自己新闻理念等方式展示《大公报》的职业权威形象，另一方面经常通过在报纸上展现《大公报》与权力当局交涉、谈判的具体过程的方式树立《大公报》在新闻言论界的"领袖"形象。如他多次就国民党的新闻控制政策和钳制言论的行为公开宣示其意见、主张。这些文章大多采取的是一种为整个新闻言论界发声音、谋利益的姿态，其言说中往往自觉地以"吾人""言论界人""报

①方汉奇、王润泽等：《民国时期新闻史料汇编》第二册，第229—235页。
②方汉奇、王润泽等：《民国时期新闻史料汇编》第二册，第229—235页。

界""言论界"等具有共同体意义的统称展开自己的言说,用这样的
统称来指代与政治权力阶层对立的新闻言论界,以新闻职业共同体
的名义向政府发问,或号召新闻业界进行自我反省、反思,以此唤起
整个新闻界的共同体意识。这种用具有共同体意义的统称展开言
说的方式,其意义在于,向整个新闻界内部及社会各界宣告,新闻界
是一个整体。既然是一个整体,新记《大公报》的理念自然也就应该
是整个新闻界的理念,新记《大公报》的职业原则自然也就应该是整
个新闻界的职业原则了。

　　除了通过以新闻界代表身份维护新闻界整体利益、为新闻界
发声确立《大公报》的新闻界"领袖"和"领头羊"地位之外,张季鸾
与《大公报》同人还通过高调发起社会公益活动等方式,设置公众议
题,吸引新闻同业关注,带动新闻界普遍行动,从而达到以特殊方式
提高《大公报》职业权威地位的目的。如1931年《大公报》就曾发起
过针对南方水灾的大型捐款活动。《大公报》上设立宣传救灾活动
的专版"救灾日",在复刊五周年纪念日的时候,又高调宣布将当天
"全天的营业收入和职工薪金的三十分之一捐出"①。《大公报》的这
一系列报道和宣传行动很快产生了示范效应,远在沈阳的《东三省
民报》《新民晚报》迅速响应,北平新闻界也加入其中,组织了"北平
中外记者水灾筹赈大会",共同为灾区募捐②。《大公报》的这一系列
做法既为自己树立了具有社会担当意识的形象,又在一定程度上强
化了新闻界的共同体意识。

　　在培育和强化新闻界职业共同体意识方面,这一时期的张季鸾
所做的另外一个努力是,参与筹备或组织新闻界职业团体,积极参
加业界团体活动。如1931年4月应燕京大学新闻系举办的新闻讨

---

①《本报发起"救灾日"运动》,《大公报》1931年8月26日第二版。
②郭恩强:《重构新闻社群——新记〈大公报〉与中国新闻业》,上海人民出版社,
　2013年,第91—92页。

论周之邀，投寄《新闻记者根本的根本》的书面发言，向讨论周同仁发表其对新闻记者的社会责任、新闻人的角色担当、新闻人才培育等的看法[①]。1936年元旦，以"谋充实新闻内容，促进新闻事业，及解除新闻束缚""联合我们全国的同志先进，来为我们现阶段中国新闻事业的光明而奋斗"为宗旨的"平津新闻学会"在北京成立，张季鸾作为该学会筹备委员，主动参与了学会的许多工作[②]。由于他当时"不仅在新闻界，就是当时的政治界也是著名人物"，因此"成了这个会的中心人物"[③]。另外，1938年成立的"中国青年新闻记者学会"，张季鸾也曾被邀担任名誉理事[④]。

　　这一时期的张季鸾还通过为受到不公正待遇的新闻人鸣冤叫屈、反对当局新闻统制、为整个新闻界争取言论自由等方式，努力维护新闻职业的独立地位和整体利益，促进有利于新闻业专业化建设的良好环境的形成。新记《大公报》创立后不久，国民党成为当时中国的统治者。为加强其独裁统治，国民党的言论钳制、新闻控制愈演愈烈，经常打压、迫害记者报人。这种情况严重影响着崇奉"四不"理念的新闻业的发育与生存，为此，张季鸾进行了持续不懈的斗争。在他的主持下，新记《大公报》经常通过报道新闻界悲惨遭遇和不平等待遇等方式，揭露当权者对新闻界的打压和蛮横无理，如《报劫：南京新京日报失检，海军部拿人封报馆》《重庆报潮之经过：西蜀晚报揭发某军长隐私，捣报馆殴记者各报总罢工》《何时得自由：青岛时报奉令停刊》等[⑤]。以《报劫：南京新京日报失检，海军部拿人封

①方汉奇、王润泽等：《民国时期新闻史料汇编》第二册，第229—235页。
②贺逸文：《平津新闻学会史料》，《新闻研究资料》1981年1期。
③贺逸文：《平津新闻学会史料》，《新闻研究资料》1981年1期。
④庄廷江：《"战时新闻学"研究（1936—1945）》，湖北人民出版社，2014年，第25、27页。
⑤郭恩强：《重构新闻社群——新记〈大公报〉与中国新闻业》，上海人民出版社，2013年，第123页。

报馆》为例，该文对《新京日报》因报道一日本军舰暂时停泊之情形时使用了"汗颜""旧耻""媚外劣根性"等词句而遭受海军部严重惩罚之情况进行了细致而充分的揭示，对海军部"不适用法律程序，而即捕人停报"的蛮横无理进行了愤怒声讨①。

不仅对各种压迫新闻界的事件进行报道，而且利用其社评栏目对权力当局钳制言论自由的罪恶进行抨击，为争取新闻界的自由权利而呼号。如1930年4月7日之社评《哈尔滨国际协报被捣案》，针对发生在哈尔滨的"晨光报被捣毁"事件和"国际协报案"等两起打压报界的事件，对"中国政界，压迫言论，习为故常"之惯习和新近出现的"花样翻新""变畴昔之漠视仇恨为利用玩弄"之情况进行了义正词严的批评，在此基础上，对压制新闻言论自由的恶果进行了深入分析："言论界之评骘，乃亦如市贾悬牌之起落无定，此固新闻家之苦痛，夫亦社会之隐忧，诚以公是公非不彰，则强权暴力，何所施而不可。言论家悉变为仗马寒蝉，则正义息，人心死，天下大乱。"②再如1930年5月27日之社评《极度压迫言论之恶影响》，首先对当时压制新闻言论的各种有形、无形之手段进行了揭露，以此为基础，对这种压制可能带来的后果进行了分析："近年因当局者滥用宣传、恶化新闻之故，经营新闻业者不得不于新闻之外，别求出路，以图维持销路，发展事业。于是相率搜求奸盗邪淫之社会新闻，绘影绘声，竞争描写。"③类似的反对压制新闻言论、倡导言论自由的文章在当时张季鸾笔下可谓不胜枚举，如《国府当局开放言论之表示》《关于言论自由》《今后之〈大公报〉》《论言论自由》等均属此类。

一方面报道当权者对新闻界的压制，揭示压制新闻言论自由可

①《报劫：南京新京日报失检，海军部拿人封报馆》，《大公报》1930年4月20日第四版。
②《哈尔滨国际协报被捣案》，《大公报》1930年4月7日第二版。
③《极度压迫言论之恶影响》，《大公报》1930年5月27日第二版。

能带来的恶果，另一方面通过报道西方国家尊重新闻界自由权利的情况来反衬中国当权者的专制与蛮横，如《言论自由之保障：报纸任务在为民众说话 公平评论不受任何限制——可作模范制之美国新判例》。该文翔实记述了美国一地方"钢业工人组合秘书""以明星报主笔之言论控告于该地方法院"，陪审委员会在充分调查后认为，"该文所述，并无恶意，而为真实公正之评论"，因此宣告该明星报及其主笔无罪之事的原委与经过，以此凸显美国社会对新闻界言论自由权利的尊重和保护，也以此与国内当权者对新闻界基本权利的藐视进行对比，试图向当时中国的当权者宣扬"公平评论不受任何限制"之理念①。

　　综上，可以看出，从新记《大公报》创办到全面抗战爆发前，张季鸾心心念念的核心目标一直是新闻职业的专业化和新闻业独立性、权威性的建构。为了达到这一目标，他一方面利用各种方式，试图将新记《大公报》办成符合自己理想的新闻业之蓝图与样貌的专业化大报，办成能真正秉持"四不"理念的既保持政治独立、经济独立，又能在一切事上做到不盲从、不盲信、不盲动、不盲争的，受社会尊崇的权威性大报，另一方面通过各种方式努力使新记《大公报》所崇奉的职业理念与意识成为整个新闻界共有的理念与意识。这一切努力的成效无疑是显著的，新记《大公报》很快变成了这一时期中国新闻界的"领袖"和"领头羊"，其所信奉和坚守的职业理念与一整套职业规范也很快成为新闻界共同认可并崇奉的理想化目标与方向，新闻界以新记《大公报》为核心凝聚而成的职业共同体意识逐渐形成。虽然在与蒋介石的关系上，当时张季鸾的确如一些学者认为的已显现出一定的"亲蒋""拥蒋"倾向，但总体来看，他与蒋的关系只是停留在"私交"层面，并未影响到其新闻言论的理性、独立，并未使

① 《言论自由之保障：报纸任务在为民众说话 公平评论不受任何限制——可作模范制之美国新判例》，《大公报》1930年7月14日第四版。

新记《大公报》陷于盲从、盲信、盲动、盲争，并未影响新记《大公报》"以公民之地位发表意见"的公众舆论机关之性质。

四、为抗战而宣传：全面抗战爆发后的新闻活动及其理念转变

从全面抗战爆发到1941年张季鸾逝世，可以视为张季鸾新闻职业生涯的最后一个时期。这一时期，中国大地笼罩在日寇侵略的乌云之中，《大公报》及其同人随着战争的形势不断播迁，《大公报》天津馆、上海馆、汉口馆在战火的威胁下不得不先后关闭，最终西迁建立了《大公报》重庆馆，同时先后创办了香港馆和桂林馆。张季鸾先是负责汉口馆的工作，汉口馆关闭后又主要负责重庆馆的工作，并对其他馆在言论上进行指导。由于身处全民族抗战的时代环境，这一时期张季鸾的新闻活动迅速完成了由追求新闻职业专业化、谋求新闻职业专业性、独立性向为抗战救亡鼓与呼、努力使新闻业成为进行抗战动员、谋求民族解放的武器转变。报纸内容方面，他一方面利用报纸充分揭露日寇的暴行，另一方面号召全国民众团结在抗战的大纛之下，为谋求抗战胜利、民族独立而努力。与此相应，其新闻理念，包括对言论自由和新闻统制、对报纸和报人的角色使命等认识都发生了巨大转变。同时，其个人行为甚至新闻职业行为也逐渐超越过去所坚守的独立底线，开始参加某些政治活动，参与政府一些政策的制定，成为蒋介石的谋士，甚至曾担任蒋介石的特使，参与与日本的秘密媾和活动。

那么，这一时期张季鸾新闻活动的具体情况究竟如何呢？这些新闻活动背后蕴含的新闻理念与之前相较究竟发生了什么样的变化呢？这些活动及其理念变化背后究竟蕴含着他什么样的心路历程与情感变化呢？

　　就新闻活动来看,这一时期张季鸾新闻活动的一个最重要的方面,是为保护来之不易的《大公报》事业,为《大公报》各馆的播迁和建设,不断奔波劳碌,忘我工作,呕心沥血。全面抗战爆发后,天津对外交通断绝,《大公报》只能在市内发行。尤为严重的是,随着平津局势日趋恶化,张季鸾倾注心血浇灌出的《大公报》事业面临落入敌手之危险。在这种情况下,为了挽救《大公报》事业免遭日本人染指和亵渎,天津版《大公报》于1937年8月5日毅然宣布停刊,张季鸾等《大公报》同人将主要精力迅速转移到上海版的工作中来。然而,随着日寇侵略的魔爪很快伸向上海,上海版《大公报》也岌岌可危。在此情况下,张季鸾等人开始紧急筹备《大公报》汉口版的工作。曹谷冰曾对筹创汉口版的情况进行过记述:"（1937年）九月初,季鸾先生率同编辑经理两部主要同人,冒敌人炮火,离沪赴京。及抵京,遇敌机空袭,本社驻京办事处房屋悉为炸毁,季鸾先生以次同人幸各平安。越日即渡江北上,转陇海平汉两路赴汉。时汉馆筹备工作已粗有端绪,汉口版遂于九月十八日问世。"① 汉口版创办并运行一年左右的时候,随着日军进逼武汉,武汉形势危急,张季鸾等同人基于对形势的判断决定再次西迁,转赴重庆创办《大公报》重庆版。经过紧张而周密的筹备,重庆版于1938年12月问世。此后一直到1941年因病去世,张季鸾一直将全部心血投注在重庆版的工作中,使重庆版成为这一时期《大公报》各版中影响最大的一版②。从这样的简单扫描可以看出,当时张季鸾完全是在为延续《大公报》的火种而不断地播迁、不断地创办新的报馆的过程中度过的,尤其

① 曹谷冰、金诚夫:《大公报八年来的社难》,《大公报》(上海版)1946年7月7日第十一版。
② 这一时期的《大公报》还创办有香港版、桂林版等,但这些版的创办主要由胡政之负责,张季鸾只是在言论方面做过一些宏观指导,或在赴香港养病期间对香港版的一些具体新闻、言论业务进行过指导。

是在开始的一年多时间中。

在报馆不断播迁的过程中,张季鸾的工作状态如何呢?曹谷冰曾回忆过汉口版创办时期张季鸾全身心投入、呕心沥血工作之情况:"汉口版初期的三个多月,每晚写社评由季鸾先生一人执笔,此外还要写上两三段短评。消息好,他兴奋,消息坏,他忧愁,深夜就寝,仍在用脑筋,且时为痰咳所苦,以至睡眠情形很坏,身体也就吃了大亏。"① 汉口版从创办到停刊虽仅存在了一年零一个月,但由于张季鸾与同人殚精竭虑的付出,"销数竟达53000份,创汉口报业史上发行最高之记录"②。西迁重庆后,张季鸾依然毫不顾惜自己身体地拼命工作,曹谷冰回忆:"先生本患肺病,早应休养,然以国事报事时萦于怀,不肯休息。六月以后,日发高烧不退,同人轮流往南岸问疾,先生尤时以把报纸做好为勉。并不时以字条致芸生兄,谆谆讨论某事宜如何立言。及逝世之前二日,蒋委员长莅临医院慰视,先生尚问野村、来栖在美商谈如何,国际局势有无转变。"③

在自己亲手创办的汉口版、重庆版工作中殚精竭虑,对由胡政之先后创办的香港版和桂林版,他也是不分你我,尽心尽力,为之牵肠挂肚,操心不已。香港版问世于1938年8月13日,胡政之为此付出极大努力,希望把此馆创办成自己的"事业基地",但从创办前的实地考察到创办后的运行,张季鸾出力也不小,"张季鸾每年总要住港数月,指点言论,襄赞馆务"④。对张季鸾给予港版的关心,胡政之曾有生动记述:"港版开办,张先生一部分眷属驻港,他每三五月来港一次。他以休息的意味为多,但因他太热心国事了,每好自告奋

---

① 周雨:《大公报人忆旧》,中国文史出版社,1991年,第19页。
② 方汉奇等:《〈大公报〉百年史》,第233页。
③ 曹谷冰、金诚夫:《大公报八年来的社难》,《大公报》(上海版)1946年7月7日第十一版。
④ 方汉奇等:《〈大公报〉百年史》,第235页。

勇,记新闻,撰社评,我们劝他节劳,但是不大肯听。尤其每次见面必与我畅谈时事,从国外谈到国内,谈必一二小时不休,非我劝他休息不肯终止。"①在后来的桂林馆筹建过程中,张季鸾同样十分关心:"他到渝以后,一面挂念着桂林馆筹备的艰苦,一面也为桂林版创刊而兴奋,几乎天天发电报,并且写了几篇通讯,署名'老兵'。"②高强度的工作使他积劳成疾,殚精竭虑的操劳和投入更加重了他的病情,1941年9月6日张季鸾因病医治无效,溘然长逝。

　　这一时期张季鸾新闻活动的另一重要方面是,将个人命运、报馆未来和国家存亡结合起来,以《大公报》为阵地,揭露日本侵略者的残忍暴行,讴歌前线抗日将士英勇献身的英雄壮举,抨击投降卖国言行,宣传团结御侮共同抗战,为全民抗战和抗战建国大声鼓呼,力求使自己主持的《大公报》成为"国家的忠卒""政府的铮民"③。全面战争爆发不久,张季鸾很快撰写了《对战事前途应有的认识》一文,向社会各界分析战争未来结果,呼吁放弃幻想,坚决抗战:"这一战,中国必胜,但附有条件:必须用力毂,苦吃毂,断无便宜的胜。"他认为,幻想"中途罢手"已万不可能,中国的命运只有两条:"一条是胜利","一条是灭亡","中国走前一路,则不但收复失地,并且保住了子子孙孙千代万代做自由人类。中国从此成为强盛独立的国家,永保和平,永享幸福。中国走后一路,则政治的经济的自由者皆被剥夺净尽,我们子孙要做奴隶,受宰割,只能做日本军阀的苦力,替他们效犬马之劳,作他们征服世界的工具。"④由这些分析可深切感受到张季鸾试图利用报刊帮助国民认清形势、丢掉幻想、坚定信心、

① 胡政之:《回首一十七年》,王瑾、胡玫编:《胡政之文集》,第1152页。
② 周雨:《大公报人忆旧》,中国文史出版社,1991年,第19页。
③ 王学振:《〈大公报〉重庆版简论》,《重庆师范大学学报(哲学社会科学版)》2006年3期。
④ 张季鸾:《对战事前途应有的认识》,《季鸾文存》(下),第19—20页。

全力抗战的炙热之心。

在《感谢卫国军人》一文中，张季鸾对前线卫国将士为国献身的精神进行了尽情赞颂，号召后方民众贡献资材，以各自方式支援前线，消除前线军人后顾之忧："今天南北战场上，是争着死，抢着死，因为大家有绝对的信仰，知道牺牲自己是换取中国民族子子孙孙万代的独立自由"，对于这些"正在战场上浴血拼命的武装同胞常要衷心感谢"，感谢的最主要方式是贡献"资材"，"共同维持军人家族的生活"，消除他们的后顾之忧①。在《勉全国公务员工》一文中，他号召"各部门的公务员工诸君"努力工作，以自己忠实有效的工作服务抗战，树立"后方即前线，职务即战场"的观念②。在《中国民族的严重试验》《置之死地而后生》《中国国民应有的自信》《妇女与抗战》等文章中，他或分析中日双方资源、国力、人心向背等方面的优劣势，或对民众进行激励和动员，或呼吁国人坚定抗战决心和自信心，显现出强烈而浓厚的以手中之笔投身抗战动员、服务抗战大局的意识③。

除坚定信心、鼓舞民气、讴歌英雄壮举外，张季鸾还十分重视对社会上存在的"卖国投降"言行进行抨击。1938年12月29日，汪精卫在河内发表了《致国民党中央党部诸同志公开信》即所谓的"艳电"，公开赞同日本首相近卫文麿等人提出的"善邻友好、共同防共、经济提携"等主张。《大公报》立即发表题为《汪兆铭氏违法乱纪，中央予以除籍撤职》的报道，并配发社论《汪兆铭违法乱纪案》，对汪精卫的卖国投敌行为进行谴责④。1939年3月，汪精卫指使其下属高宗武与日本签订《汪平沼协定》，《大公报》又发表社评《汪精卫的大

---

① 张季鸾：《感谢卫国军人》，《季鸾文存》（下），第6—8页。
② 张季鸾：《勉全国公务员工》，《季鸾文存》（下），第9页。
③ 张季鸾：《季鸾文存》（下），第31、38、58、60页。
④ 方汉奇等：《〈大公报〉百年史》，第248页。

阴谋》,呼吁:"中央再不容姑息,应速查明事实,发动国法,各治应待之罪。"①1940年,日本与汪精卫密谋签订"日支新关系调整要纲",妄图将中国完全变成日本之附庸,港版《大公报》在得到高宗武、陶希圣秘密携带到香港的日汪密约文件后,接连发表《高宗武、陶希圣携港发表汪精卫卖国条件全文》与《日本对所谓新政权的条件》等独家报道,同时,重庆版《大公报》也发表社评《敌汪阴谋的大暴露》,对日本的阴谋进行揭露,对汪精卫的卖国行为进行严正批判,称汪精卫"丧心病狂",认为其"所谓'和平救国'就是整个的亡国"②。

　　这一时期的张季鸾利用其主持的《大公报》宣传倡导的另外一个重要内容是"国家中心论"。全面抗战爆发前,张季鸾已显现出较为明显的倡导"国家中心论"的倾向。1937年元旦他为《大公报》撰写的题为《祝岁之辞》的社评中宣称:"国防及外交,则吾人以为蒋委员长执行之方针完全适当,唯望全国同胞无条件的信任拥护。"③在1937年6月23日的社论《对于国事之共同认识》中,他呼吁各界人士"一致认识拥护国家中心组织为建国御辱之前提条件",并认为这个"国家中心组织"就是蒋介石领导下的国民政府④。全面抗战爆发后,张季鸾更是将蒋介石及其国民党政府视为抗战取得最终胜利的关键和前提之一。基于这种思想,他利用自己主持的《大公报》不遗余力地宣传"国家中心论",号召全国所有力量统一在蒋介石为中心的国民党政府周围。在他看来,要想击败日寇,纾解国难,必须要有一个强有力的领导核心,必须"路线统一,政治统一,军事统一,规模统一,形态统一",而这一切统一的核心就在于服从蒋介石政府的

①方汉奇等:《〈大公报〉百年史》,第249页。
②《敌汪阴谋的大暴露》,《大公报》(重庆版)1940年1月23日第二版。
③张季鸾:《祝岁之辞》,《大公报》1937年1月1日第二版。
④张季鸾:《对于国事之共同认识》,《大公报》1937年6月23日第二版。

领导①。需要说明的是,张季鸾对"国家中心论"的倡导是其利用报纸进行抗战动员的有机组成部分,与其将全国民众团结在抗战这一根本目标下之愿望一致,只是他对真正的国家中心未有清醒认识,所托非人而已。

总之,就这一时期张季鸾的新闻活动来看,一方面,为了延续和保存自己用心血浇灌出来的新记《大公报》事业,为了不让自己的报馆落入敌手、遭受亵渎,他忍受着常人难以理解的苦痛,不断关停自己辛苦创办的报馆,又不辞劳苦地奔波劳碌,不断地创办新的报馆,在这个过程中,他将全部心力和汗水都投注在了报馆的发展中,为每一个报馆的发展殚精竭虑,忘我工作。另一方面,面对全面抗战爆发、民族生死存亡的严峻形势,他一改前一时期对新闻职业专业化的追求和对报纸独立性的强调,开始义无反顾地利用自己的报纸为全民族抗战鼓与呼,使自己的报纸完全变成了打击敌人、鼓舞民心、宣传抗战的武器,显现出一个以服务国家、民族利益为至高目标的报人的特殊情怀。

具体的新闻活动与之前相较发生了如此大的变化,新闻职业理念是否同样发生了巨大的甚或是翻转性的变化呢?

考察全面抗战爆发后张季鸾的新闻职业理念,可以看到,与其新闻实践方面显现出的变化相应,其新闻思想与职业理念,包括对记者、报人角色定位的认识、对报纸性质与功能的认识、对言论自由与新闻统制之间关系的认识等,均发生了重大变化。就对记者、报人角色定位的认识而言,他开始由过去强调记者、报人应是具有独立性的自由职业者向强调记者、报人应是"战时宣传工作人员"转变②。既然是"战时宣传工作人员",就应自觉接受国民党中央宣传部的领导,做抗战宣传的"急先锋"。既然是"战时宣传工作人员",

①方汉奇等:《〈大公报〉百年史》,第243页。
②张季鸾:《抗战与报人》,《季鸾文存》(下),第150—154页。

其主要职责就应由监督政府转变为动员民众、团结民众、宣传抗战。既然是"战时宣传工作人员"，就要尊重政府的统一指挥，严守战时宣传纪律。在《中国新闻学会宣言》中，他明确地说："是以严格言之，战时之中国报人，皆为国家之战时宣传工作人员，亦非复承平时期自由职业者可之比矣。"① 在《赠战地记者》中，他说："战时的一切新闻是应当受统制的，何况前线。所以战地记者应当先自认识发表新闻的性质范围与程度，使我们全国的宣传都确实有利于抗战。"② 在《抗战与报人》中他说："我们愿与诸爱国同业共同履行国民精神总动员纲领的旨趣，维护国家抗战建国政策，努力向各方同胞与国际友人作正确之宣传"，"我们尽忠于这个言论界的小岗位，以传达并宣扬中国民族神圣自卫的信念与热诚。"③ 在《本报移渝出版》中，他主张办报的人要"贡献一张报于国家，听其统制使用"，甚至强调："假若国家需要我们上战场，依法征召，我们便掷笔应征，不然便继续贡献这一枝笔，听国家有效的使用。"④ 在《中国新闻学会宣言》中他倡议："今日抗战建国之大义，即在牺牲个人一切之自由，甚至生命，以争取国家民族之自由平等"，吾侪报人，要"以社会之木铎，任民众之先锋，更应绝对以国家民族之利益为利益，生命且不应自私，何况其他"⑤。可以看出，在他看来，面对国难，所谓职业的独立性、专业性等皆为无意义；国难面前，人人都是肩负使命之国民；若为救国计，记者、报人的自由、生命及之前崇奉的独立、客观等职业原则皆应抛弃。

---

① 张季鸾：《中国新闻学会宣言》，《新闻学季刊》1941年第1卷第4期，第92—94页。

② 张季鸾：《赠战地记者》，《季鸾文存》（下），"附录"第19页。

③ 张季鸾：《抗战与报人》，《季鸾文存》（下），第150—154页。

④ 张季鸾：《本报移渝出版》，《季鸾文存》（下），第91—93页。

⑤ 张季鸾：《中国新闻学会宣言》，《新闻学季刊》1941年第1卷第4期，第92—94页。

　　对记者、报人职业角色及其职能的认识发生了转变,对报纸的性质、功能与职责定位的认识同样发生了转变。在这一时期的张季鸾看来,战时的一切报刊都应是承担国家宣传责任、接受政府统一管理的"公共宣传机关",而不应是"具有自由主义色彩的私人言论机关"①。在《抗战与报人》中,他十分明确地说:"抗战以来的内地报纸,仅为着一种任务而存在。"这个任务就是"为抗战建国而宣传"。他认为:"现在的报,已不应是具有自由主义色彩的私人言论机关,而都是严格受政府统制的公共宣传机关。国家作战,必须宣传,因为宣传是作战的一部分,而报纸本是向公众作宣传的,当然义不容辞的要接受这项任务",对每一报人来说,"精神上要将这一张报完全贡献给国家,听其统治使用"②。在《中国新闻学会宣言》中,他在重申以上观点基础上进一步强调,中国新闻学会同人应"以文字劳动为职业,以战时宣传为责任"③。既然认为战时的报纸是"公共宣传机关",其功能与职责定位是"为抗战建国而宣传",甚至认为"宣传是作战的一部分",那么,接受国民党中央的指导就是必然的了:"中央宣传部本是指导报界的最高机关,抗战以来我们更竭诚接受其指导。"④不仅要"接受指导",而且要"更竭诚接受其指导",单就这一点看,已可充分感受到这一时期的张季鸾新闻思想与理念的变化之巨。

　　与前两个时期极力强调言论自由、奉言论自由为圭臬的情况相较,这一时期张季鸾的认识可谓发生了翻天覆地的变化。他开始强调记者、报人要牺牲自己的一切自由,主动接受新闻检查,完全服

①张季鸾:《抗战与报人》,《季鸾文存》(下),第151—152页。
②张季鸾:《抗战与报人》,《季鸾文存》(下),第151—152页。
③张季鸾:《中国新闻学会宣言》,《新闻学季刊》1941年第1卷第4期,第92—94页。
④张季鸾:《抗战与报人》,《季鸾文存》(下),第152—153页。

从政府的新闻统制。在回忆自己初入报界时之情况时,他说最初中国报人和报界的确都是以自由主义为理想,"反统制反干涉",追求职业独立,走的是"英美路线",但如今敌寇入侵,国危民辱,抗战建国成为压倒一切的最高目标,国家"成败兴亡,匹夫有责",为了"抗战建国"大业,每个人,包括记者、报人都要"牺牲个人一切之自由,甚至生命,以争取国家民族之自由平等"①。国破家亡之际,遑论自由? 对言论自由的认识既然发生了这样的变化,对政府新闻统制政策的认识和态度自然会发生相应变化。在《赠战地记者》中,他对战地记者提出了一系列要求,其中很重要的一条便是接受统制:"战时的一切新闻是应当受统制的,何况前线!"②在《抗战与报人》中,除了强调"做报的人"要"贡献一张报于国家,听其统制而使用"外,他还以十分诚挚的态度说,《大公报》无论"在汉在渝,都衷心欢迎检查"③。新闻统制和新闻检查,以前张季鸾视为钳制言论的手段,"是剥夺新闻自由的直接手段和方式",其后果是使"人民神经久而麻痹""全国言论单调化,根本上是使人民失读报之兴味"④,这时他的态度却发生一百八十度大转弯,不仅自己对其诚挚欢迎,而且极力呼吁新闻界接受统制,可见其新闻思想与理念转变之巨大。

这一时期的张季鸾与国民党政府、与蒋介石的关系也进入了一个全新的阶段。继前一个时期个人关系层面上显现出较明显的"亲蒋""拥蒋"色彩与倾向之后,这时他不仅"亲蒋""拥蒋"色彩更加明显,立场更加坚定,而且直接表现在了其报纸内容和版面上。西安事变发生后,为营救蒋介石,他亲自撰写了一系列社论,如《西安事

---

① 张季鸾:《中国新闻学会宣言》,《新闻学季刊》1941年第1卷第4期,第92—94页。
② 张季鸾:《赠战地记者》,《季鸾文存》(下),"附录"第19页。
③ 张季鸾:《抗战与报人》,《季鸾文存》(下),第152—153页。
④ 张季鸾:《国府当局开放言论之表示》,《季鸾文存》(上),第1页。

变之善后》《再论西安事变》《给西安军界的公开信》《国民良知的大胜利》等,这些社论已开始"将'拥蒋'的论调提高到空前的高度"①。全面抗战爆发后,他更是不遗余力地为蒋介石及其控制下的国民政府宣传造势,如经常在其新闻版头条刊发蒋介石支持抗战或国民党军队取得显著战绩的新闻,且大都配发社论,一方面以此鼓舞军心民心,另一方面极力塑造蒋介石与国民党政府积极抗战之形象。如1940年1月《大公报》一整月的新闻头条中就有二十八条属于报道国民党军队取得大捷或蒋介石关心战事的新闻,如《蒋委员长新年致辞　勉国民加紧实行精神总动员》《中枢举行元旦庆典　林主席以四事助勉国民》《粤汉南段我军大捷》《湘鄂赣我军续攻中　晋南方面捷报频传》等。这些新闻的标题中,"告捷""捷报""续传捷报""歼灭""围歼"等词频频出现,正文中对敌人的描述十之八九都是"分路溃窜""受重创"等。这种新闻很显然都是在试图营造一种"我军"正在以摧枯拉朽之势迎击日寇之氛围,为国民党及其军队宣传造势的意味明显。从这一时期《大公报》新闻报道的总体内容看,明显侧重于对战争形势的正面报道。关于国内战场的报道多集中在领袖英明、将士英勇、战事报捷等方面,关于国外战场的报道多集中在苏联等盟国援华、欧洲战场捷报等方面,对政府问题的批评大大减少。

除了报纸内容和版面上显现出鲜明而坚定的"拥蒋"立场外,这一时期张季鸾的个人行为与社会活动也开始了与蒋介石及国民政府之间的深层互动,一些活动显然已超出了职业报人应有的活动范围,显现出明显的不仅要"坐而言"而且愿"起而行"的特点和趋向。当时张季鸾不仅在个人层面上与蒋介石走得比较近,而且已变成了蒋介石的"谋士"和座上宾,为蒋介石在内政、外交等方面出谋划策,并深度参与了1938年至1941年蒋介石与日本的多次"和谈"。俞凡在其研究中就指出,从1937年到1941年间,张季鸾多次奉蒋介

① 方汉奇等:《〈大公报〉百年史》,第241页。

石之命，与日本相关负责人秘密接触，充当双方媾和的信使①。1937年七八月间，受蒋介石指示，他与日本驻津总领事田尻爱义及日驻华大使川越茂有过接触。1938年8月，他受命赴香港，与《朝日新闻》编辑局顾问神尾茂等秘密谈判。1939年，他又与日本菅野长知等进行了秘密接触。参与"和谈"的同时，其所主持下的《大公报》相应地也开始经常释放和谈讯息，配合其参与"和谈"的进程，营造良好的"和谈"氛围。同时，多次申论日苏关系、英国在华利益等问题，对日方施压。蒋介石与日本秘密接触、谈判之事在当时显属重大机密，国民政府高层也鲜有人知，如此重大活动却委托给了张季鸾，可见二人关系之密切。

　　这一时期张季鸾与蒋介石及国民党政府的深层互动，除了担任蒋介石对日媾和之信使、与日方秘密谈判外，还有不少方面。如给蒋介石写信专门就一些内政外交政策提出自己的建议，参加蒋介石召开的智囊团会议，为其建言献策，利用报纸社论将蒋介石心中一些隐而未显的想法明确化、"理论化"，供蒋介石采纳的同时，使蒋介石坐收"尊重舆论"之美名等。刘宪阁《报界宗师张季鸾》中记述过郭沫若的一段回忆：1939年2月日本入侵海南岛前，蒋介石曾召集智囊团会议，张季鸾在会上发言称："日军入侵海南岛的话，就约等于太平洋上的'九一八'事变"，此后的事实证明，该次会议后蒋介石发表的有关日军入侵海南岛的不少讲话中，果然使用了"太平洋上的'九一八'"之说法②。刘宪阁著作中还记述了这样一件事：1940年7月，针对日军占领安南后国府的对外政策，张季鸾曾专门给蒋介石写信，就相关问题提出了自己的建议③。李伟《张季鸾与蒋介石

---

① 俞凡、陈芬：《试析报人在抗战"和谈"中的角色与作用——以"张季鸾—神尾路线"为中心的考察》，《新闻与传播研究》2019年2期。
② 刘宪阁：《报界宗师张季鸾》，第124页。
③ 刘宪阁：《报界宗师张季鸾》，第195页。

的特殊交往》中记述过青年党"党魁"左舜生的一段有关张季鸾的回忆。据该文所述左舜生之回忆,张季鸾非常了解蒋介石的为人和想法,因此经常将自己认为十分重要同时蒋介石必然也会认同的事写成社论在《大公报》发表,发表后,"蒋觉得有道理,往往照此实行,因而《大公报》常得风气之先,蒋也因此收'尊重舆论'之誉"①。当然,蒋介石并非对张季鸾的所有建议都言听计从。如西安事变后,张学良被蒋介石囚禁,张季鸾因此事专门上庐山,"冒颜力谏释放张学良,称'千军易得,一将难求'",但蒋介石并未听从②。另外,他还向蒋介石推荐邵力子担任驻苏联大使,也未被采纳③。然而,即便如此,当时张季鸾与蒋介石之关系十分亲近、非同一般这一点,可以说是毋庸置疑的。另据俞凡教授相关研究,抗战时期蒋介石曾试图组织"类似智囊团之组织","以备咨询决策",现收藏于台北蒋介石档案中的《事略稿本》中就开列有当时蒋介石拟网罗的智囊团的具体人员名单,张季鸾的名字赫然在列④。

总之,无论是从当时张季鸾新闻活动的主要聚焦点、目标诉求与行为表现来看,还是从其对记者、报人的角色定位,报纸的使命、责任与功能,言论自由与新闻统制之间关系等的认识方面看,抑或是从其与蒋介石及国民政府的深层互动方面看,这一时期的他均显现出与前一个时期追求新闻职业专业化时的职业理念、内心追求及行为表现完全不同的另一种情状。这一时期的他心心念念的一切均围绕着一个主题,即抗战。抗战,是他此时内心深处的最强音。为抗战宣传,以笔抗战,甚至不惜放弃之前崇奉的"不党"信条,亲自参与到与抗战相关的一些实际工作中,是他这一时期一切工作的主调。

①李伟:《张季鸾与蒋介石的特殊交往》,《文史春秋》1999年1期。
②李伟:《张季鸾与蒋介石的特殊交往》,《文史春秋》1999年1期。
③田斌:《张季鸾与蒋介石的恩怨》,《炎黄春秋》2004年4期。
④俞凡:《新记〈大公报〉再研究》,中国社会科学出版社,2016年,第210页。

五、报人之爱与"国士"之心：钟情新闻业的
精神和思想动因

　　1941年9月6日，因长期积劳成疾，正逢盛年的张季鸾在重庆溘然长逝，终年五十三岁。纵观张季鸾的一生，可以说是为新闻职业而求索的一生。从1911年以受邀为《民立报》撰稿并担任编辑为起点开始其新闻生涯，到1941年盛年遽逝，可以说，他的一生完全献给了新闻事业，他的一生就是为新闻事业而奋斗的一生，他为新闻事业而生，他为新闻事业而死。

　　回顾张季鸾的新闻人生，可以看到，其正式投身新闻职业领域前的求学阶段，虽然尚未显现出邵飘萍少时那样的十分明确的新闻志向和做记者之梦想，但一切有利于其最终选择记者职业的因素却在不知不觉中积聚和潜滋暗长，如关中时期即开始接触报刊、研读报刊，日本留学时期见证革命派与改良派利用报刊进行的大论战，给留日学生报刊撰稿等。1911年受于右任之邀担任上海《民立报》编辑、正式步入新闻职业领域，到1941年去世，除了因失业不得不暂时从事过其他工作外，再未离开过新闻领域。在上海《民立报》工作不久，为了与上海《民立报》呼应，他很快赴北京，与他人合作创办《民立报》北京版，因在宋教仁案发生后发表檄文，言辞激烈，矛头直指袁世凯而被下狱。侥幸捡回性命后，他立即开始给《稚言》杂志撰稿，同时，受胡政之邀请担任《大共和日报》国际版主编。袁世凯复辟帝制事起后，他与朋友一起创办《民信日报》，自任总编辑。黎元洪上台后，他再赴北京，与朋友合作创办北京《中华新报》，同时，担任上海《新闻报》"北京特约通讯记者"。《中华新报》因披露"一万万大借款"被封，他再次身陷囹圄。出狱后他回到上海，加入上海《中华新报》，直至1925年冬《中华新报》停刊。《中华新报》停刊后，暂

时失业的他曾担任过不到一个月的陇海铁路会办之职务,之后不久便与吴鼎昌、胡政之共同商议,创办了新记《大公报》。新记《大公报》创办至去世前,虽然他内心经历了为建构新闻职业专业化而奋斗和为抗战建国鼎力宣传这两个时期,但以新闻为唯一事业、为新闻事业贡献一生的状态却一直没有变过。可以看出,他的确对新闻职业终生不渝、钟爱一生。

他不仅对新闻事业终生不渝,而且每个时期的新闻工作中均保持着极高的工作热情,可谓激情澎湃、全身心投入,职业投入度非常高。其新闻生涯的第一个时期,面对民国初期的混乱时世和北洋政府对新闻业的各种压迫,他无惧无畏,以斗士的姿态,不屈不挠地奋斗在新闻工作舞台上,一家报纸被封,立即去另一家,或自办报刊。在这个过程中,他一直以超乎寻常的精力努力工作,笔耕不辍。在从事新闻职业过程中,他似乎永远不知疲倦,永远激情满怀,信心满满。尤其需要强调——也是最难能可贵之处是,这样的激情满怀,这样的信心满满,这样的不知疲倦,这样的职业投入度,是在北洋军阀统治时期十分动荡、十分凶险的新闻言论环境中显现出的。虽然在这样的环境中,经常会耳闻目睹到很多记者、报人被戕害的事,他本人更是两次下狱,其中一次差点丢掉性命,但他对新闻职业的热情却丝毫未受影响,手中的笔一直没有停息。

新记《大公报》的创办者虽有三人,但不能不说,新记《大公报》更多体现的是张季鸾对新闻事业的理念追求与职业想象,更多寄托的是张季鸾的新闻事业理想①。正因为如此,新记《大公报》创办之

---

① 据胡政之回忆:"民国十五年夏,我因事旅行天津,张季鸾先生亦适在焉。我住日租界熙来饭店,张先生住息游别墅,相去不远,每日过从,必自《大公报》馆经过(注:此《大公报》馆乃王郅隆时期的《大公报》,此时已停办多半年),张先生辄励我收回老巢,恢复就业。"(胡政之《回首一十七年》,王瑾、胡玫编:《胡政之文集》,第1148页)由此可见张季鸾在新记《大公报》创办中的启导性作用。另外,从为新记《大公报》定向、立魂的"四不"方针出自(转下页)

后，张季鸾为新记《大公报》事业呕心沥血，殚精竭虑，将全部心血都投入到了新记《大公报》的发展中。对此，胡政之在文章中回忆："在复刊后五年间，中国政治军事情形变动最多最大，余与季鸾于分任撰述之外，并须随时外出采访。在时局紧张时期，往往于深夜二时后得北平电话而抽换社评，另行撰稿。季鸾体质素弱，然通宵工作不厌不倦。他最健谈，深夜会客，俨成癖好。会客后提笔疾书，工友立前待稿，写数百字辄付排，续稿待毕，而前文业已排竣，于是自校自改，通篇完成，各分段落，一气呵成。"[①]关于新记《大公报》创办后张季鸾每日的工作任务与状态，王芸生也有记述："（季鸾）主要兴趣在编辑和言论方面。他每天下午主持编辑会议，首先，研究当天京津各报言论新闻的内容和版面安排，评比短长，吸取优点。其次，对编辑人员分配工作，如涉外来稿的审阅、当前重要问题的研究等等。并就京津各报评比的结果，择要电告各地采访机构，凡前一天发来的重要电讯，为它所无或较他报为佳的，予以表扬；反之，如遗漏了重要消息或较他报逊色的，则唤起注意。最后，估计当天可能发生的重要新闻，预选配合资料，初步考虑第二天报纸版面的轮廓。"[②]新记《大公报》创办后张季鸾的工作任务之重、工作节奏之紧由此可见一斑。而这，还只是他每日下午到晚上之前的工作任务与节奏，晚上的工作更繁重、紧张。"每晚的工作是很繁重的。他同吴、胡谈时局，谈社务，写社评，或为吴、胡所写的社评润饰定稿，还亲自处理重要的新闻，主要标题，版面安排，都要斟酌推敲，反复考虑。他每

（接上页）张季鸾之手，更可看出张季鸾在新记《大公报》创办中的作用，以及新记《大公报》之于张季鸾新闻事业理想的意义。

① 胡政之：《回首一十七年》，王瑾、胡玫编：《胡政之文集》，第1155页。

② 王芸生、曹谷冰：《一九二六——一九四九年的旧大公报》，《新闻业务》1962年8期。

夜工作到次晨的二三时,遇有重大问题,也常熬到天亮见太阳。"①

全面抗战爆发后,张季鸾的心血除了要融注在前后播迁数次的报馆日常新闻采编、社评撰写等繁杂工作方面,还须每每怀着极大的内心苦痛,拖着原本孱弱的身体,为在日寇炮火下岌岌可危的《大公报》事业的播迁、延续奔波操劳,费心劳力。先是忍着极大的痛苦关闭了自己用全部心血浇灌出来的天津版《大公报》,将工作重心转移到上海,全力投入上海版的新闻采编、社评撰写和日常运行工作。在上海形势日益严峻的情况下,又不得不率领同人,冒着日军炮火,奔波劳碌,紧急筹办汉口馆。汉口版创办初期,他的身体状况已大不如前,经常因肺病引发的咳嗽所苦恼,但他仍每天坚守在岗位上,不仅负责撰写社评和两三篇短评,还要总体筹划,指挥报纸采编等业务工作。到重庆后,工作环境更加艰苦,"七月十日报馆被炸,经理部大楼直接中弹,半遭焚毁,半成瓦砾。编辑部大楼则被震过猛,屋顶分裂。炸后适逢大雨,全部员工雨中露宿者两夜"②。此时的他身体情况每况愈下,但工作热情却未减半分。他不仅总揽重庆版所有业务,亲自指导社评撰写,提示社评"中心意见",而且经常惦念并关心港版发展,"每年总要住港数月,指点言论,襄赞馆务"③。桂林版筹备之时,他也十分关心,并时时地为其撰写社评或通讯④。直到病重之时,依然记挂着报纸工作,就最新重大议题,指导报道方向,嘱咐社评撰写重心。

从张季鸾对新闻记者职业的终生不渝和其新闻职业生涯每个时期均显现出对新闻职业的热情、激情、工作状态与投入度可以看

---

① 王芸生、曹谷冰:《一九二六——一九四九年的旧大公报》,《新闻业务》1962年8期。

② 方汉奇等:《〈大公报〉百年史》,第238—239页。

③ 方汉奇等:《〈大公报〉百年史》,第235页。

④ 周雨:《大公报人忆旧》,中国文史出版社,1991年,第19页。

出，他对新闻职业的确充满着最深挚的爱和最强烈的认同。他在遗嘱中说："余生平以办报为唯一之职业。自辛亥以还，无时不以善尽记者天职自勉。"①

那么，张季鸾为什么会对新闻职业怀有如此深挚的爱呢？为什么会如此认同其新闻记者职业呢？促使他一生钟情新闻职业、认同新闻记者职业的思想与精神动因究竟是什么呢？

张季鸾的一生之所以会对新闻职业产生如此深挚之爱，之所以会如此认同新闻记者职业，最根本的原因在于其诚挚的爱国心和强烈的报国情。正是由于他对国家和民族怀有极其深切的爱和强烈的报国热情，才促使他一生钟情新闻职业，认同新闻记者职业。其遗嘱中"余生平以办报为唯一之职业"一语之后紧接着说："期于国族有所贡献。"②由此即可见其钟爱并认同新闻职业的内心缘由与核心目标。

前文已述及，张季鸾出生于军戎世家与"学而优则仕"之家庭相结合的家庭中，其祖辈"世代习武"，从军戍边，具有浓厚的卫国报国传统，其父弃武从文后高中进士，为官一方，宽厚仁善，清正廉洁。这样的家庭传统使张季鸾内心从小就埋下了一颗爱国报国的思想种子。关中求学时期，受关学思想的影响和精神熏陶，更是具有了传统文人修齐治平的思想与精神追求。再加上其成长时期正值国势衰微、国运不畅之时代，对国家前途、民族命运稍怀责任者，均以各自方式，为挽救国运，前赴后继，上下求索，甚至抛头颅，洒热血。在这样的时代氛围中，他的报国热情自然很快被激发了出来，选择新闻职业，便是这种爱国报国之心促发的结果。

进入新闻职业领域后，张季鸾的新闻生涯虽几经变化，不同时期显现出不同的特点，不同时期有不同的具体聚焦点和关注点，但

① 《本报主笔张季鸾先生昨逝世》，《大公报》1941年9月7日第二版。
② 《本报主笔张季鸾先生昨逝世》，《大公报》1941年9月7日第二版。

爱国报国这一核心目的却从未有过任何变化,爱国报国一直是其从事新闻工作的核心追求和精神红线。从其进入新闻职业领域后的第一个时期看,这时他的新闻记者职业活动多种多样,创办或参与过的报纸达六七种之多,但无论参与哪一家报纸,无论创办什么报纸,核心目标都在于干预现实,评骘时政,促进社会革新与进化,谋求国家富强与民主。这一点从其新闻通讯及时评皆聚焦于关乎国计民生、国家兴亡的重大议题即可看出。同时,虽然当时报界尚无明确的职业道德与规范意识,无论新闻还是评论性内容,均以激烈批判为主,主观论断、情绪宣泄有余,客观、理性地分析评判与建设性讨论不足,但他的新闻、言论却与这种较为普遍的情况有明显不同,其新闻、言论大多以客观评判和理性分析为主调,其目的多指向问题的解决和如何实现善治,而非以对抗为目的。何以会有这样的不同呢? 原因同样与其对国家的挚爱和强烈的报国心有关。

新记《大公报》成立后,虽然他以"四不"原则为核心追求,将主要关注点放在了谋求新闻职业的专业化和职业权威建构方面,但他对新闻职业专业化和职业权威建构的追求,核心目的却是为了能更好地论政,为了更好地实现其报国理想。秉持"四不"原则,是为了能使自己在保持政治独立、经济独立的基础上更独立、更理性、更客观地报道新闻、造言论事,为了能使自己对现实情况的反映更真实、更全面、更深入、更具建设性,为了能使自己对现实问题的分析评判更深刻、更公正、更理性、更具对现实的穿透力,也更能有力、有效地推进社会和国家各方面进步与发展。全面抗战爆发后,其爱国报国热情更加高涨,也更为直接、明显。面对亡国灭种的威胁,为了挽救民族危亡,为了更好地服务抗战建国大局,他毫不犹豫地放弃之前一直着力强调和追求的职业独立性与自由职业者身份,主动接受新闻检查,主动接受政府对新闻的统制,自愿将自己的报纸置于国民党政府领导之下,无论是其报纸新闻,还是言论,均以是否有利于抗战大局,是否有利于激励、团结各族民众共同抗战,是否有利于坚定民众抗战决心、信心，是否有利于消除不利于抗战的因素为旨归。更有甚者，为了能更直接地实现其爱国报国之志，他放弃之前的独立报人身份，抛弃之前坚守的"不党"信条，以"国士"和蒋介石"幕僚"之身份，亲自参与国民政府部分内政、外交政策的制定等。这一切变化中，无不蕴含着其对国家的挚爱和报效国家的殷殷之情。

因此，可以说，张季鸾的一生虽一直尽心尽力于新闻职业，虽一直耕耘、奋斗、献身于新闻事业，其职业身份虽一直为记者、报人，但其真正的身份却是心怀报国理想的"国士"，是对国家、对民族、对人民怀有炽热深情的爱国者，爱国报国才是他一生最终极的追求，是他尽心尽力、终生不渝地耕耘在新闻记者职业领域的终极原因，是他之所以能一直在新闻记者职业岗位上呕心沥血、殚精竭虑、舍身忘我工作的最深层的思想与精神动因。

既然其一生的最高理想是报国，对处于传统科举入仕之途已经断绝、知识分子接近政治权力中心的途径已变得越来越窄的时代环境中的他来说，又能有什么样的实现报国理想的最佳途径呢？书生报国无他物，唯有手中笔如刀。更何况，对于他这一代知识分子来说，之前时代的知识分子如王韬、梁启超们和那些为宣传革命而办报的革命者们已经展示了办报这种近现代知识分子的新型报国途径所具有的巨大魅力，也展示了报刊这种新生事物对社会、对国家所具有的强大的扶助匡导功能。在这种情况下，心怀报国热情的他选择办报作为实现自己报国理想的通道和方式，且在其办报生涯的各个时期时时刻刻以"裨益国家"为最高目标，就是十分自然的事了。

总之，张季鸾的一生，是知识分子借助报刊实现报国理想的一生。"文人论政""文章报国"是他一生新闻生涯的最具概括力的写照。他是记者，是报人，但报刊、新闻只是他实现报国理想的工具。他在不同阶段的新闻活动，对报纸、新闻、新闻职业的认识，所追求的目标，所秉持的理念，无一不是围绕其报国理想展开的。他为新闻事业呕心沥血,但新闻事业在他内心一直都只是一种"工具"。余英时曾说:"1905年废除科举以后,中国的知识阶层逐渐边缘化,传统士大夫转型为现代知识人,但他们'以天下为己任'的情怀始终没有稍减,于是透过报刊、大学和学会干预政治。"①这是对那个时代许多知识分子的写照,更是对心怀报国理想的张季鸾一生的最好写照。

第二节　徐铸成:爱国心与名位利的交响

　　如果说张季鸾属于本研究所界定的文人论政类报人中开风气之先的第一代的话,徐铸成则属于第二代。他1907年出生于江苏省宜兴市。六岁开始跟从汤次雅先生启蒙。十五岁开始就读于无锡省立第三师范(简称"无锡三师")。因不想毕业后以小学教师为职业,于1925年暗中投考东南大学。投考未果后,复于1926年假借他人文凭投考清华大学,被政治系录取。半年后,因借文凭之事被母校追究而无奈退学。1927年又考取北平师范大学国文系。在北师大就读期间,利用课余时间担任国闻通讯社抄写员。因给胡政之写信建议改变国闻通讯社在北京采访重点,被胡政之赏识,遂被胡政之指派赴定县采访晏阳初平教会。因采访十分成功,被聘为国闻通讯社兼《大公报》记者,从此投身新闻界。

　　投身新闻界后,在胡政之的培养和指导下,他很快在《大公报》同人乃至新闻界崭露头角。1928年,在胡政之启发下,他成功采访

---

① 参见余英时:《中国知识分子的边缘化》,余英时:《中国文化的重建》,中信出版社,2011年,第32—45页;李金铨主编:《报人报国——中国新闻史的另一种读法》,香港中文大学出版社,2013年,第1页。

报道了华北地区篮球赛。1929年，在三下太原探秘冯玉祥行踪的时政报道中获得了更引人注目的成功。当年底，被胡政之调至天津，负责教育和体育新闻的编辑。1932年春，被派前往汉口，担任《大公报》武汉特派记者，兼汉口办事处主任。1934年，受胡政之嘱咐，帮助国闻通讯社旧人赵惜梦筹办武汉《大光报》，参与编辑其要闻版，并为之撰写社论。1936年奉命筹办《大公报》上海版。上海版创刊后，任要闻版主编。1937年11月12日上海沦陷后，《大公报》因拒绝日方检查，于12月14日自动停刊，徐铸成等作为被遣散人员，离开了《大公报》。1938年1月25日《文汇报》创刊后，徐铸成被邀为《文汇报》撰写社论。不久，因胡政之向《文汇报》投资一万元，明确提出以请徐铸成主持《文汇报》言论工作为条件，于是徐铸成得以担任《文汇报》主笔并负责整个编辑部。1939年5月，《文汇报》被英方董事克明以十万元价格出卖给汪伪，为了保护《文汇报》声誉，徐铸成本着"宁为玉碎、不为瓦全"之信念，联络同仁宣布《文汇报》停刊。

　　1939年8月，在胡政之多次函电邀请下，徐铸成奔赴香港，成为港版《大公报》编辑部主任。1941年12月12日，日军占领九龙，港版《大公报》停刊。25日，香港沦陷，他顶住日军限期复刊之压力，巧妙周旋，最终得以逃出香港，奔赴桂林。1942年，《大公报》董监事会决定《大公报》重庆版、桂林版分设总编辑，徐铸成被任命为桂林版总编辑。任总编辑期间，他凭借桂林战时"文化城"氛围和较宽松的政治环境，多次撰文批评政府腐化等问题。1944年，衡阳失守，湘桂大溃决，桂林版于10月13日宣布停刊。徐铸成辗转多日到达重庆，开始负责编辑《大公晚报》。1945年抗战胜利后，他即被派往上海，负责《大公报》上海版复刊筹备工作。11月1日，上海版正式复刊。

　　1946年3月，因言论倾向激进，他与胡政之产生龃龉，加之对当年被遣散一事耿耿于怀，遂离开《大公报》，重新进入《文汇报》。《文汇报》在他到来之后，很快面目一新，销量直线上升。但因新闻言论日趋激烈，于1947年5月25日，被淞沪警备司令部以"连续登载妨碍军事之消息，及意图颠覆政府破坏公共秩序"①为由，勒令停刊。1948年3月，他只身赴香港，希望在共产党和李济深等国民党左派人士的支持下，在香港恢复《文汇报》。在共产党和李济深等国民党左派人士的支持下，香港《文汇报》很快创刊。创刊后的香港《文汇报》新闻言论更加激进，色彩也变得越来越"红"。1949年2月，受共产党邀请，他乘轮船北上，经烟台等地，到达北京。上海解放时，他随解放军进入上海，于6月21日在上海复刊《文汇报》。9月，他作为新闻界候补代表，赴京参加了第一届中国人民政治协商会议。

之后，徐铸成先是以《文汇报》管委会主任和总主笔身份继续负责《文汇报》工作。《文汇报》转变为《教师报》后他被任命为总编辑。不久，《文汇报》准备复刊，他受命负责复刊工作。1957年反右开始后，他被划为"右派"。两年后"右派"帽子被摘取。1959年，他被调往上海出版局审读处，负责审读历史与教育书刊。此后，他虽还被调往多个部门工作，但基本都属于文字和文化教育类工作。1991年，他因心肌梗塞猝然去世，享年八十五岁。

"生平最得意事，也像最失意、最倒霉、最意外的境遇一样，是一辈子都不会轻易忘怀的。"②这是徐铸成在《报海旧闻》中忆及自己1929年三下太原采访阎锡山冯玉祥联合反蒋的曲折变化这一令其得意的经历时说的一句话。在他的多部著作中，也都可以看到他对此次采访的记述，而且，每次提及此事，他都会加上"最得意"之类的修饰语。由这些记述可以深切感受到这件事在他一生中的重要地位和这件事带给他的难以抑制的自豪、得意之情。这件事确实是他步入新闻职业领域之初所进行的成功采访中的一次，是他真正获得

① 文汇报报史研究室编：《文汇报史略》，文汇出版社，1988年，第186页。
② 徐铸成：《报海旧闻》，生活·读书·新知 三联书店，2010年，第156页。

《大公报》重视的起始点。此后的新闻生涯中产生的为其一生津津乐道的得意之作和得意之行为不可尽数,如《大公报》工作期间的许多成功的新闻业务活动,《文汇报》工作期间的种种辉煌。从他对自己新闻生涯中种种得意活动和得意之作的津津乐道,可以深切感受到其对新闻职业的强烈认同。

徐铸成究竟是怎么走上新闻职业之路的? 在进入新闻职业领域之后他究竟是以一种什么样的状态对待自己的职业和工作的? 是否真的如他回忆中所说的那样痴情、痴爱和一往情深? 国共内战爆发后的前两年还一直强调要抱持其民间报人身份的他,何以会在上海《文汇报》被勒令停刊后突然"左转"? 其中蕴含了他什么样的思想认识变化与情感变化? 本节将试图对这些问题予以回答。

一、因爱国而读报,因困厄而投稿:
新闻志趣的滥觞

徐铸成是在二十岁时进入新闻界大门的,进入后便一直耕耘其中。用他自己的话说就是:"三十年来,一直在《大公报》和《文汇报》这两家报馆兜来兜去。"[1] 考察徐铸成的成长经历,可以发现,其少年时代便有了读报习惯,在无锡三师读书时期就对新闻记者职业产生向往。那么,是什么因素使他从小就爱上了读报,且在无锡三师时期就确立了新闻志趣呢? 其新闻志趣又是如何转化为具体的行动进而踏入新闻职业领域的呢? 要回答这些问题,需要从徐铸成所处的时代、个人的成长经历、自身媒介接触、无锡三师的风气、家庭经济状况、自身能力积累及当时新闻业发展环境等方面进行探察。

徐铸成出生于中国封建帝制土崩瓦解之时代。在帝国主义的

---

[1] 徐铸成:《报海旧闻》,"前言"第2页。

欺辱和清王朝的腐朽统治下,当时社会民不聊生,各地起义消息此起彼伏,革命浪潮风起云涌。仁人志士在寻求中国出路的过程中不断探索,维新思想与革命思想彼此交锋,交相辉映。那是一个中华民族开始苏醒的时代。徐铸成孩提时代至少年时代,辛亥革命、五四运动等影响中国的大事相继发生,社会上弥漫和充斥着强烈的民主与革新思想。近代以来的江浙对时代脉搏的感应一直最敏锐,也最强烈,宜兴自然不会例外。在徐铸成的记忆中,那时的宜兴街头,"'誓死反对二十一条''抵制日货、收回青岛''严办曹、章、陆三大卖国贼'等到处张贴的红绿标语,像惊雷似的震醒着人们"①。

这样的环境与时代氛围,加上成长过程中受中国历史和小说中诸多英雄人物与故事的熏陶与影响,使得徐铸成从小便具有较强烈的爱国思想。考察徐铸成少年时期的经历,可以清晰看到爱国思想在其心中育化养成的过程。据徐铸成自己回忆,1917年他十岁时,正在敦本小学念初小的他,曾利用课余时间"游岳堤及堤畔岳亭,展读岳武穆英勇抗金事迹之碑文","爱国思潮油然萌发"②。之后,在自家大庭院里与曾祖母一起听堂伯唱、读《精忠说岳传》《七侠五义》等的时光,更增长了他对国家、民族的较为朴素的认识。提到这段经历时,他曾说:"我开始对旧小说发生兴趣,开始有一点历史知识,开始萌发爱国主义思想,懂一些忠奸之辨,都是在这个场合引起的。"③十一岁那年,他对小说的爱好甚至到达迷狂程度。这种爱好促使他偷借了堂兄的许多小说如饥似渴地阅读,《水浒传》《三国演义》《精忠说岳传》等,都在他当时的涉猎范围。这一切,都在不同程度上对他的爱国思想的形成产生了或大或小的影响。

爱国思想形成后,对国家、对社会、对时局的变化自然更为关

---

① 徐铸成:《旧闻杂忆补篇》,四川人民出版社,1983年,"前言"第1页。
② 徐铸成:《徐铸成回忆录》,生活·读书·新知 三联书店,1998年,第9页。
③ 徐铸成:《报海旧闻》,第112页。

注。在这样的情况下，报纸便很快变成了徐铸成知晓"窗外事"的最直接、最便捷的渠道。在回忆第一次看报经历时，徐铸成说："我在少年时代就爱看报了，这倒不是我对新闻有什么天才，当然更不是我命里注定要吃半辈子新闻饭。实在是一个偶然的机会，引起了我看报的兴趣。"[1] 这个偶然的机会是什么呢？据徐铸成介绍，是直皖战争引发的关于吴佩孚的"传言"引起了他对吴佩孚的好奇。1920年，吴佩孚突然发动直皖战争，推翻了亲日卖国的段祺瑞政府，坊间一时视其为英雄。这样的传言不断发酵，感染了此时刚十三岁的徐铸成。在好奇心驱使下，他千方百计想知道这位"大英雄"的事迹，于是便前往城隍庙附近的育婴堂，在此处的公共阅报处通过《申报》《新闻报》对吴佩孚进行了了解。

　　第一次读报后，徐铸成的读报兴趣一发不可收拾。"每日饭后，即抽暇赴育婴堂内附设公共阅报处，陈列隔日之《申报》《新闻报》，时间匆促，翻阅要闻大意而已。"[2]1922年，他考进无锡三师后，"看报的兴趣更浓了，涉及的面更广了"，也不再只是之前的"翻阅要闻大意"，而是有了"认真看报的机会和识别能力"[3]。当时的无锡三师阅报室共有五份上海报纸，分别是《申报》《新闻报》《时事新报》《时报》《民国日报》。对徐铸成吸引最大的是《申报》的"飘萍北京特约通信"、《时报》的"彬彬特约通信"、《新闻报》的"一苇特约通信"。在他看来，"这些通信，有最新的消息，有内幕新闻，剖析入里，绵里藏针而又文词秀丽，各有特色"[4]。

　　从最初把报纸当作获取时局信息的工具，作为满足其爱国心促使下的好奇心的手段，到逐渐学会比较不同报纸的优劣，感受各

---

① 徐铸成：《旧闻杂忆》，生活·读书·新知 三联书店，2009年，第21页。
② 徐铸成：《徐铸成回忆录》，第14页。
③ 徐铸成：《旧闻杂忆》，第122、14、23页。
④ 徐铸成：《徐铸成回忆录》，第15页。

自的文辞特色,徐铸成的读报行为不知不觉中发生着变化。在这样的报纸接触和阅读过程中,徐铸成逐渐认识到了报纸最基本的功能与社会作用。从小学阶段很难读懂报纸,对其编排不能理解,到无锡三师时期,大量接触报纸,学会分析报纸新闻,比较不同报纸的内容、形式、笔触及样貌特点,说明徐铸成的读报过程已逐渐完成了从以了解新闻信息为目的的普通读者之视角向带有一定"职业目的"的专业学习者视角的转变。

　　读报引发对报纸的"专业"兴趣之同时,许多历史著作更是被他视为新闻纪事类作品来阅读,并产生了对这种新闻纪事类工作之向往。"我那时初读《史记》,深感前述这些优秀的新闻记者,具有史家的品质学养,是救国不可少的崇高职业,从心底开始向往这种工作。"①同时,《扬州十日》《嘉定屠城》、稗官野史及江阴阎典史抗清故事等,也都被他作为与报纸新闻纪事同样性质的东西而痴迷其中。与此同时,梁任公《饮冰室文集》中的政论文章,也引起了他的关注和喜爱。在梁任公影响下,他真正开始"向往这种'文人论政'的工作,立志以记者为终身的职业"②。从刚开始只是将报纸作为了解时政信息的渠道到逐渐认识报纸这种存在物本身,从认识报纸本身到将报纸与历史、与爱国、与自己的职业兴趣联系起来,正是在这种对报纸的接触与认识不断加深的过程中,对新闻职业的向往逐渐产生,从事新闻职业的决心也在不知不觉中得以树立。

　　无锡三师当时的学风、同学和老师的影响也是不可忽视的。无锡三师的第一任校长顾树之先生为无锡三师确定的校训为"弘毅"。"弘毅"二字取义于"士不可以不弘毅,任重而道远……",其意在于教导学生要"立志做一个于国于民有用的人"③。这样的校训及

①徐铸成:《徐铸成回忆录》,第15页。
②徐铸成:《新闻丛谈》,生活·读书·新知 三联书店,2011年,第6页。
③徐铸成:《徐铸成回忆录》,第13页。

其蕴含的教育方向和所带来的整体校风，对于爱国思想本已十分强烈的徐铸成来说，无疑具有重要的强化作用。

无锡三师浓厚的读报氛围和学生们普遍具有的强烈读报兴趣正与此相关。这种普遍的关心时事、喜读报纸的氛围无疑是徐铸成痴迷读报并由此萌生新闻"专业"兴趣的环境因素。在回忆当时无锡三师阅报室之情景时，徐铸成用"抢"来形容当时浓厚的读报氛围。这种氛围对身处其中的徐铸成本人来说，自然是一种正向的促进。不仅如此，当时无锡三师高年级同学中向报纸投稿之行为对徐铸成激励、影响也不小。徐铸成进无锡三师之初，高班的同学就常常给《时事新报·学灯》投稿，更有同学已开始与北大教授探讨美学问题，这些情况对徐铸成的影响在某种程度上可以说更大："初进师范时，很羡慕高班同学袁家骅、顾绥昌等已能在《学灯》上发表洋洋洒洒的长文"[1]，"这给我的触动很大，决心要自己也埋首研究，有所建树"[2]。

校风、同学的影响之外，无锡三师的老师对他的影响也很大。其中最值得一提的是教他史地的钱宾枫。这位先生授课不拘泥于课本，常常引用野史、小说中的材料补充课本内容，由于徐铸成少年时代就对小说、历史等方面的知识有浓厚兴趣，之后更一直保持着阅读报刊、关心时事的兴趣，因此对于其他同学为之苦恼的野史、轶史类材料，他不仅不为其烦扰，反而兴味盎然，老师讲的很多历史故事、材料，他都牢记于心，因此每次考试他都被老师"拨置第一"。被老师"拨置第一"，更进一步增进了他对历史类作品与材料的兴趣。而在他当时的认识中，是把历史与报刊新闻纪事类文章视为一回事的，因此，对历史的兴趣又进一步加深了他对报纸新闻的兴趣。

---

① 徐铸成：《报海旧闻》，第144页。
② 徐铸成：《徐铸成回忆录》，第13页。

他曾说:"这也更提高了我对读报的兴趣"①,"这也许是我发愿有朝一日从事新闻工作的另一原因"②。

如果说无锡三师时期,徐铸成的新闻职业志趣虽已产生,但还只是埋藏在心中的一颗种子,并不是十分明确和强烈的话,大学阶段便是这颗种子萌发的时期。1926年,徐铸成假借文凭考入清华大学政治系就读。虽然在清华学习的时间仅半年,但对埋藏在其心中的新闻志趣的影响却十分深远,因为正是在清华读书时,他开始了叩击新闻界大门的尝试。《庸报》的征文比赛是他在报刊上发表文字的起始点。这次征文他获得了十个大洋的奖金。这直接改善了他的生活:"十元,对我这样一个穷学生来说,是不小的一笔钱,至少可以支付两个月的零花。"③

家境不好的他因为一篇投稿一下子获得了十元奖金,可以想象其冲击之强烈。那时候,徐铸成家只有父亲在京汉铁路保定站当小职员获得的一点微薄收入。当时其父"月薪只有三十元,而且欠薪往往达半年以上"④。徐铸成考入清华时,学费共二百元,全部是"经母亲竭力筹措,纠会并借贷"⑤的。到清华后,他和同学合租一间房,吃饭只能"打游击"。有钱的时候一碗刀削面,或一碗炸酱面,多数时候只能是一碗猪肺汤、一碗豆腐脑,"总之一天花不上两毛钱"⑥。其他方面也捉襟见肘,冬天没钱买煤,时不时还要去当铺当旧皮袍,晚上看书靠着花生挑剩的空壳和开水果腹……可以想见,在这样的情况下,十元钱对于他所产生的冲击和影响会是多么的巨大。因此,在一定意义上说,这十元奖金对于徐铸成走上新闻职业

①徐铸成:《报海旧闻》,第144页。
②徐铸成:《徐铸成回忆录》,第15页。
③徐铸成:《报海旧闻》,第144页。
④徐铸成:《报海旧闻》,第145页
⑤徐铸成:《徐铸成回忆录》,第20页。
⑥徐铸成:《报海旧闻》,第134页。

道路的促发尤为重要。

　　如果说这次投稿以前萌生的新闻职业志趣属于一种心理上的准备，"稻粱谋"则是促成徐铸成准备从事新闻职业的直接诱因。被清华退学之后，徐铸成费尽周折终于在北平师范大学重新开始了大学生活。为了不再给父母增添负担，他决定自食其力。有了获《庸报》征文奖金的经历，在看到上海"日日新闻社"发布的"一经聘用，暂给月薪三十元"①的招聘广告时，他立即决定努力争取。可是，写了好多次稿，却只收到过一次钱，只好作罢。但这样的失败并未影响其继续寻找投稿机会的热情。一方面，从事新闻工作的决心已下，另一方面，对于他这样的还在读书的学生来说，若能利用课余时间靠写文章挣一笔不菲的收入，无疑是最佳选择，于是便有了给《国闻周报》投稿的尝试。

　　这次他获得了成功，而且获得的报酬比《庸报》那次征文的奖金还多，竟然有二十元。两次成功的经历，使他对进入报界、从事新闻工作的向往达到了顶点。他在《回忆录》中说到这次成功后的心情时说："我谋求新闻工作益亟。"②在这种情况下，当听说国闻社需要一名抄写员，月薪二十元，只是在傍晚工作两三小时时，他自然"闻而心动"，立即托人介绍，希望加入，因为在他看来，这个工作"一则可跨入新闻界之门，二则可纾经济之困厄"③。因为有人介绍，再加上之前已给《国闻周报》等投过稿，因此很快得以如愿。担任抄写员期间，因给胡政之写信建议改变北平采访的重点，获胡政之重视，并被委派赴定县采访晏阳初中华平民教育促进会（简称"平教会"），成功后遂被聘为国闻社兼《大公报》记者，由此正式踏入了新闻界大门。

---

① 徐铸成：《报海旧闻》，第145页。
② 徐铸成：《徐铸成回忆录》，第28页。
③ 徐铸成：《徐铸成回忆录》，第28页。

　　总结徐铸成进入新闻界的原因,可以看到,最明显的原因有二:第一是他从少年时代起就萌生的新闻与文字兴趣,第二是报纸与新闻工作能提供较优厚报酬从而纾解其经济困厄的诱人可能性。当然,他最终之所以能走进新闻界,也与他少年时期就已逐渐习得和育化的诸多素质和能力有密不可分的关系,如较好的文字能力、扎实的文史基础、因读报而获得的宽阔的视野与知识面和对社会动态与时势的敏感性与把握能力、"咬定青山不放松"的性格和果敢坚定的捕捉机会之能力等。

　　以他正式踏入新闻界大门的起始点——被聘为国闻社兼《大公报》记者之事为例,当时的他只是国闻社的一名抄写员,之所以能够被胡政之注意到并最终获得信任从而被聘为正式记者,起始于他给胡政之写的信。为什么仅仅是一个抄写员的他敢于给高高在上的老板写信提建议呢?这一方面缘于他不甘屈居于不起眼之地位的心性和果敢坚毅、聪慧机敏的性格特点,另一方面缘于他少年时期因关心历史、时事等而习得的对时势变化的敏感性和把握能力。建议得到重视后,之所以能获得胡政之的最终信任、被聘为国闻社兼《大公报》正式记者,是因为他圆满完成了胡政之交给的赴定县采访晏阳初"平教会"的"面试"任务。为什么他能够圆满完成这次采访任务呢?主要原因就在于其之前已具备的文字能力、历史知识和读报过程中获得的对新闻类文章特点的认知和把控,另外,之前的投稿经历也为他圆满完成这次任务打下了良好的基础。

　　除了自身因素之外,徐铸成进入新闻界前后新闻业的兴旺和渐趋成熟以及记者、报人社会地位的日益提升,也给其下定从事新闻职业之决心并不遗余力想办法进入新闻业提供了良好的外部环境因素。在徐铸成正式成为记者的1927年,中国的报业正开始进入全面抗战爆发前报业发展的"黄金十年"。根据黄天鹏《中国新闻事业》中的记载:"民国十四年至十五年之两年间,全国日报、晚报、午报计六百二十八种",而仅三四年之后的1929年,"若合以华侨报纸，学校校刊，公私政治社会学术团体之报纸及一切属于游艺性质等出版品而言，其数当在二千种左右"①。报纸行业的繁荣所带来的吸引力和所提供的就业空间无疑给徐铸成新闻职业兴趣的催化提供了良好土壤。从记者、报人地位的提升来看，这一时期的记者、报人已不仅拥有相当高的社会地位，而且民国初期记者、报人时时面临的蹲监狱、掉脑袋之危险也已大大减少。张静庐《中国新闻记者与新闻纸》中曾这样描述这一时期记者、报人的社会地位："出入于伟人、政客之门，来往要津，似乎一切政局的变动，与新闻记者都有一些关系似的。又如富商巨贾的宴集，名流学者的演讲，也总有新闻记者的足迹。于此可想见新闻记者的声气之广。这时从新闻记者的行动上，可以想象他所处的地位之高。"②记者、报人社会地位的提高和跻身高官、巨商、名流之列的荣宠，无疑给对尊荣之地位颇为向往的徐铸成以极大的吸引力。

　　总之，徐铸成进入新闻记者职业领域的过程是多种因素综合作用的结果。既有新闻业迅速发展、繁荣和记者、报人地位提升、待遇相较其他职业较为优厚等外部因素的吸引，也有他从小受民族英雄与历史故事中充盈着的爱国精神熏陶和民国初年仁人志士为挽救国运、改良社会上下求索、奔走呼号的精神感染而习得的关心国事、喜读报纸之习惯的促发，更有其将报纸、新闻、历史与爱国报国之方式联系起来的特殊的"职业发育"方式之影响，另外，也有其自身良好的文字能力与文史基础，宽阔的社会视野与知识面，为追求理想而不懈追求、不遗余力、不达目的誓不罢休的精神和改善自身经济条件的强烈需求等因素的影响。

---

① 黄天鹏：《中国新闻事业（下）》，芮必峰主编：《中国近代新闻学名著系列丛书》，中国传媒大学出版社，2018年，第172页。
② 张静庐：《中国的新闻记者与新闻纸》（上编），光华书局，1930年，第11页。

二、曾经沧海难为水，除却巫山不是云：
对新闻职业的挚爱

　　无论是因为哪些因素的影响，徐铸成终归是于1927年正式成为了新闻界的一员。那么，基于多种因素、怀抱多种兴趣与目的、想尽办法终于进入新闻业的徐铸成，在踏入新闻界大门之后，是从此全情投入、一发不可收拾、越干越起劲呢，还是三分钟热情，进入之后便高枕无忧、按部就班、四平八稳地干了一辈子呢？综观徐铸成进入新闻职业领域后的表现，可以看出，他显然属于前者，即进入之后便一发不可收拾，职业兴趣越来越浓，干劲越来越足，对新闻职业的钻研和理解也越来越深，对新闻职业的爱和情感越来越炽烈。

　　罗承勋在为祝贺徐铸成八十大寿所写的诗中说："金戈报海气纵横，六十年来一老兵。"[1]说徐铸成投身报海六十年，不免有恭维的成分，但从1927年二十岁时进入新闻界大门至1957年离开新闻界之间的三十年，徐铸成的确一刻也未曾离开过新闻职业领域。风华正茂的年纪进入新闻业，对一个人来说，未来究竟会怎么发展，其实是充满了许多种可能性的，然而，徐铸成自此开始却一直坚守在新闻职业领域，从未另谋他就，也从来没有因为某些时期环境的险恶而打退堂鼓。在三十年的新闻生涯中，他前前后后就职、创办或参与创办的报纸达五家以上，也曾在不同报纸的不同岗位干过。就职和创办过的报纸方面，他"曾参加开创（组织编辑班子，领导编辑工作）五个（次）报馆，——抗战时初创的上海《文汇报》，胜利后的上海《大公报》，香港《文汇报》、《教师报》和1956年复刊的上海《文汇报》。"[2]曾经干过的工作岗位方面，"从当练习记者开始，直到主

---

[1] 李伟：《报人风骨——徐铸成传》，广西师范大学出版社，2008年，第306页。
[2] 徐铸成：《旧闻杂忆》，"自序"第3—4页。

持'笔政'，中间从采访体育新闻到政治新闻，从国内到国外——朝鲜和苏联，并曾编辑过教育、经济、副刊、要闻各种版面，也可以说从跑龙套到生、旦、净、末、丑各种角色都扮演过了。"[①]由这样的简单描述可以看出，在三十年新闻职业生涯中，新闻职业及其工作的确是他一切人生活动中乐此不疲的重心。

除了坚守新闻职业岗位且乐此不疲之外，从遭逢困厄时的坚守也可感受到他对新闻职业的特殊情感。1938年上海沦陷之际遭逢《大公报》遣散，生活一时失去依托的同时，他的自尊心亦受极大打击，但他并未离开新闻界另谋他就，而是在杜协民的邀请下，很快成为《国民周报》驻沪记者，重新开始了新闻工作。1939年，《文汇报》被迫停刊后，他不计前嫌，接受胡政之邀请，立即赶往香港，主持香港《大公报》工作。1945年在重庆饱尝被人排挤、寄人篱下之苦，却依然选择坚守，勉力主持《大公晚报》业务。1948年，《文汇报》被封之后，他想方设法，利用一切机会，试图再办一张报纸，无奈胎死腹中。1956年，当得知《文汇报》可以复刊后，他四处奔走，兴奋异常。可以看出，虽然其职业生涯中多次面临困厄与挫折，但他从未有过打退堂鼓的念头和打算，相反，每次遭遇困厄或挫折，他总是想办法重续自己的职业追求。

邵飘萍在《新闻学总论》中曾说过，记者从事的是"精神"与"肉体"的双重劳动，此种劳动"日夜不休"；同时，"新闻记者之业务，每与普通卫生之原则背驰。其最无法避免者：（一）睡眠时间比常人少，（二）饮食无适宜之量与时，（三）脑筋之终日不得休息，（四）晨夕奔驰，不能为适当之休息与运动"[②]。一句话，新闻记者工作十分辛劳，要干好这份工作必须要有肉体与精神的双重投入。那么，在这方面，徐铸成做得如何呢？

① 徐铸成：《旧闻杂忆》，"自序"第4页。
② 肖东发、邓绍根编：《邵飘萍新闻学论集》，第113、115页。

　　1932年,徐铸成被派往汉口担任《大公报》驻汉口特派记者兼汉口办事处主任。回忆起这一时期的工作时,他曾说,刚到汉口的时候,"从采访、写稿到翻成电码,都由我唱独角戏"①。后来,虽然办事处职工增加到了七八人,但新闻通讯一直由他负责采写,一周左右一篇,同时还兼为沪、杭两家报纸寄发电讯。后来被调到上海复刊《大公报》时,他更是全身心投入。回忆起这一时期每日的工作时,他曾说:"天亮上床,下午1时起身,4时要赶到报社看各报和新到的书刊,两小时匆匆过去,赶回家吃完晚饭,8时就要上班,先做些准备工作,然后开始发稿,直到深夜。"②除此之外,还有一份额外的工作需要他做,那就是,每周必须有两个晚上帮《国闻周报》编写《一周时事述评》和《每周大事记》。回忆起这段经历时,他说:"那两天,回家时总是日上三竿,有时,我的大儿子已背着书包上学了。"③

　　时间与工作节奏上的紧张之外,还要承受巨大的心理压力。当时派报公会的汽车唯《申报》《新闻报》两报马首是瞻,他们的报纸送到,车就开走了,因此其他报馆都必须赶在这两家报纸之前送到,每天只有听到送报人员回来说一声"赶上了"之后,他悬着的心才能放下来。"八一三"后不久,汉口时期就患有的慢性阑尾炎忽然发作。医生告诉他三天内必须做手术,割掉阑尾,否则后果不堪设想,但为了工作,他却决定"挺"过去,因为他"顾虑到当时的工作,如换个人编,会受影响"④。无论是从肉体上付出的辛劳,还是从精神上承受的压力,抑或是从因担心影响工作而拒绝手术等,都可以看出其对自己从事的新闻职业的确是全情投入。

---

① 徐铸成:《报海旧闻》,第206页。
② 徐铸成:《报海旧闻》,第244页。
③ 徐铸成:《旧闻杂忆》,第149页。
④ 徐铸成:《旧闻杂忆》,第224页。

　　"每天绞心血，担风险，熬夜到天明"①，这是徐铸成对"孤岛时期"工作状态的描述。上海沦陷后，他继续留在上海，从事新闻工作。这一时期，他除了主持《文汇报》笔政，利用《文汇报》传达抗日消息、鼓舞"孤岛"人民外，还须承受更大的心理压力。这种压力不仅来自敌伪的威胁与恫吓，还来自国民党方面的收买，不仅有外部环境的凶险和波诡云谲，而且有报社内部的钩心斗角。对于一直伺机出卖《文汇报》的克明的警惕与防备是他每天必须面对的。这一切无疑都加重了"孤岛时期"的他每日面临的压力之强度。身体上得不到好的休息，精神上还要承担这么多的压力，内心紧张焦虑之程度可想而知。在对比香港《大公报》时期与"孤岛时期"的工作与精神状态时，他曾说："我当时（香港《大公报》时期——引者注）战战兢兢，而精神很愉快。一如在'孤岛'时的发挥全力，且精神没有'孤岛'时的紧张。"②可见，在所承受的精神压力方面，"孤岛时期"的确应是最大的。

　　当然，香港《大公报》时期，徐铸成也并非轻松自在，完全放松。在回忆起香港时期的工作时，他曾说："熬夜每至天色熹微，午间难以起身。每日午后盥洗毕，即令工友赴对门之'士多'购豆奶一樽、面包一枚充饥。然后盘山穿过兵头花园下山，至报馆看报、审稿，构思次日社论题材。迄下午四时，例至哲人咖啡馆与仲华等家叙谈。"③"我和仲华同年，当时都年富力强，精神都十分旺盛，事无巨细，都亲自过问，常常忙到夜里很晚。"④

　　从香港逃到桂林后担任《大公报》桂林版总编辑，工作仍然十分

---

① 徐铸成：《徐铸成新闻评论集》，生活·读书·新知 三联书店，2011年，"前言"第13页。

② 徐铸成：《徐铸成回忆录》，第85页。

③ 徐铸成：《徐铸成回忆录》，第87页。

④ 徐铸成：《报海旧闻》，第349页。

辛苦，每天熬夜。"当时桂林的印刷条件是土纸、平版机，加上要等"中央社"最后一批稿子，等新闻检查处发回检讫稿，等到看最后一版大样时，天色已经大亮了。"① 由于徐铸成的辛苦付出和努力，桂版《大公报》的影响力迅速提升，"不数月便跃居桂林各报及桂粤湘赣黔等省之第一位。三十二年(1943年)最多时，曾达到35000份的高峰。"② 由于桂版《大公报》在当时的巨大影响力，蒋经国写的一篇文章不愿意在《正气日报》上发表，却专门送到桂林，希望能在《大公报》桂林版刊发。《大公报》桂林版的成功背后凝结着的无疑是徐铸成的辛苦付出与无私奉献。桂林工作期间，除了《大公报》桂林版工作之外，徐铸成还要抽时间为晚报副刊《大公园地》写杂文和小品文之类文章，其工作热情与投入度可以想见。

抗战胜利后，徐铸成被派往上海负责《大公报》复刊工作。上海《大公报》复刊不久，他就辞别而去，回到《文汇报》。回到《文汇报》后，他立即召集宦乡等人商量改版事宜。为了改版，他多方努力，劳心劳力，费尽心血，很快使《文汇报》成为当时"蒋管区内的一盏明灯"③。除了操心报纸内容之外，他还要操心报纸的资金来源、经营管理、人事任免等事，可以说十分忙碌、辛劳。在1947年元旦那一天的日记中，他写过这么一句话："今明两天，报馆休息，这是抗战以来，十年中仅有的休息。"④ 十年中仅有两日休息，可见其对新闻职业的持续而恒久的辛苦付出与投入。在他1947年的日记中，经常可看到他对报社各方面工作的思考、筹划、经验总结、得失分析。从这些思考、筹划、经验总结和得失分析中可以看到，他日思夜想的都是新闻工作。

---

① 徐铸成：《徐铸成回忆录》，第104—105页。
② 周雨：《大公报史(1902—1949)》，江苏古籍出版社，1993年，第332页。
③ 徐铸成：《徐铸成回忆录》，第131页。
④ 徐铸成：《徐铸成日记》，生活·读书·新知 三联书店，2013年，第5页。

上海《文汇报》被封后,他立即准备在香港恢复《文汇报》。为此,他更是日夜操劳,资金筹措、人员招募、人事部署、社址选择、广告招揽等原本应是经理部门操心的事全部落在他头上。白天紧张筹备,晚上席地而卧,洗澡只能关灯后在水喉之下冲冲而已。面对这样的生活,他在回忆中却说:"此中苦境,别有一番风味也。"[1]在回忆起这段日子时,他说:"我那时白天为经理部操劳,晚上写作及审稿、撰写,工作恒至晨曦初上,每天平均只能入睡四五小时。我座位背后,为报馆之保险柜。每至精神不继,两眼昏昏时,辄靠保险柜之柄打一个盹,然后又精神振作,继续执笔。回忆我在新闻界服务六十年中,这一段为最辛苦劳累之时期。"[2]

呕心沥血,全身心付出,不管有多大压力,都乐此不疲,甚至以苦为乐,这一切,充分显现出他对新闻职业的深挚之爱。若再了解到其新闻生涯的各个时期面对来自国民党政府和日本侵略者的压迫、威胁甚至生命危险时所表现出的不屈不挠、毫不退缩的态度与精神,就更能感受到其爱之深、之切了。在徐铸成投身新闻工作的三十年里,时局、政局波诡云谲,先是国民党政府专制独裁日益加强,接着是日本侵略者的魔爪不断伸展,再后来是抗战胜利后国民党一党专制与独裁卷土重来且变本加厉。这其中的每个阶段都给矢志爱国的新闻工作者的职业活动带来重重困难和危险。徐铸成曾不无感慨地说,"办报是一桩危险的事,在半封建、半殖民地的旧中国,尤其如此。"[3]然而,面对各个时期遭遇的不同困难与危险,他却从来没有屈服过,畏缩过。

徐铸成进入新闻界的初期正值国民党专制独裁政府后对新闻言论界的控制日益加强的时期。这个时期,文网日密,国民党政府

---

[1]徐铸成:《徐铸成回忆录》,第167页。
[2]徐铸成:《徐铸成回忆录》,第168页。
[3]徐铸成:《徐铸成新闻评论集》,"前言"第13页。

钳制新闻言论的方法层出不穷。即使对《大公报》这样的位于租界内的报纸,国民党政府也会利用流氓和党部势力,贿通洋人,实行各种各样的压迫。与此同时,日本侵略者也不断挑起事端,在中国领土上横行霸道,对抗日爱国人士进行残酷迫害。"夜深人静,正想急急回家,冷不防从后面某个角落里窜出一两个日兵和便衣汉子,当你正想回身看时,一个硬邦邦的东西,已顶紧你的背部,'举起手来!'一声吆喝下,被从上到下搜一遍。"[1]这一切,正是徐铸成参加新闻工作之初面临的现实情况。然而,面对这样的环境,徐铸成从来没有后悔过自己的选择。

汉口时期,虽然距离日本侵略者远了一些,但是又不得不面对国民党地方势力的压迫与威胁。在回忆汉口工作的经历时,徐铸成说,汉口工作时期,他先后碰过两次大的"钉子"。第一次是被当时武汉绥靖主任何成濬"押解"到绥署质问他为何为"匪"张目。面对气势汹汹的质问,徐铸成从容应对,何成濬没有办法,只好借故退去,其秘书最后苦笑着打圆场说:"对不起,这是一场误会。"第二次是汉口警备司令叶蓬的"霸王请客"。叶蓬因自己擅自枪毙国民党市党部一名干事的事被徐铸成和《新闻报》的刘斯达公开报道而怀恨在心,故邀请除刘斯达之外的所有驻汉口的外埠记者到家中赴宴,在宴席上对记者们大发淫威。面对叶蓬的威胁,徐铸成义正词严又不无智慧地予以回应,挫败了对方的嚣张气焰[2]。

"孤岛时期"的危险更为直接、凶险。用徐铸成的话说就是:"当时的斗争是相当激烈的,真可说是刀光剑影、血肉横飞。"[3]1937年,日本占领上海,《大公报》被迫停刊,徐铸成被遣散。遣散后的他先是受邀给《文汇报》写社论,不久正式加入《文汇报》,主持编辑部并

---

① 徐铸成:《报海旧闻》,第195—196页。

② 徐铸成:《报海旧闻》,第208页。

③ 徐铸成:《报海旧闻》,第285页。

负责撰写社论。其社论《告若干上海人》见报后的第二天,报社就接到了署名"正义团"的恐吓信:"贵报言论激烈,识时务者为俊杰,今后务望改弦更张,倘再有反日情绪存于其中,即将与对付蔡钧徒[①]者同样对付。"[②]恐吓信后不久,报馆便被挨了手榴弹,营业员陈桐轩殉职,另有两名同仁受伤。面对这样的威胁,徐铸成大义凛然,不为所动,继续坚持其抗日爱国立场:"如果要改变态度,我就不准备写了。"[③]

由于徐铸成不屈服,敌伪的报复活动接踵而来。在其社评《无题》发表后不久,报社收到了一个装有腐烂手臂的热水瓶,并附了一张条子写道:"主笔先生,如不改你的毒笔,有如此手!"[④]过了一两天,又有人送来一筐毒水果,其中用意很明显,仍是威胁。公共租界工部局也派人送来这样的消息:"我在处长的玻璃板下看到一张由日方送来的黑名单,说是隐藏租界的抗日分子,要我们协同对付。第一名是陈鹤琴,第二名就是你,希望你千万注意。"[⑤]除了直接针对《文汇报》的威胁之外,日伪还利用残酷迫害其他爱国人士的方式对包括徐铸成在内的所有爱国人士与新闻工作者进行威胁。与徐铸成相识的沪江大学校长刘湛恩便在出弄堂时被暗杀了,《大美晚报》的朱惺公也被暗杀于这一时期。然而,面对这一切威胁,徐铸成依然坚守在自己的岗位上。《无题》之后,一篇篇脍炙人口的社评不断推出,对日伪阴谋的揭露不遗余力,对汉奸的痛骂酣畅淋漓。在《良心的麻醉》中,他一方面控诉日本侵略者用毒品戕害中国人民,另一方面奉劝汉奸们"早早把自己清醒过来,切勿再做这种杀人的

① 蔡钧徒为《社会晚报》社长,曾和日方有过来往,后因所求不遂,在报上登了一些"反日"消息,被日本特务杀害,悬首于薛华路电线杆上。

② 文汇报报史研究室编:《从风雨中走来》,文汇出版社,1993年,第5页。

③ 文汇报报史研究室编:《从风雨中走来》,第5页。

④ 徐铸成:《旧闻杂忆》,第230页。

⑤ 文汇报报史研究室编:《从风雨中走来》,第22页。

刽子手,使你们的子孙永久见不得人"①。在《出卖民族的汪兆铭》中,他大骂其为"万众所不齿的败类"②。

《文汇报》报馆被炸后,《世纪风》上曾刊文称:"炸弹可使得奴隶者屈膝,但不能使真理者低首。"③徐铸成正是这样的"真理者"。作为敌伪多次威胁的直接对象,他一直坚守在新闻岗位上,甚至做好了牺牲的准备。他说:"我曾在宁绍保险公司保了五千元的人寿险。这样,万一出事,家属可以生活下去,以减轻我的'后顾'之忧。"④这种大无畏气概背后,显现出的是其对新闻工作的最深挚的爱和对新闻职业的价值认同。

"孤岛时期"面临的威胁、危险不仅仅来自敌伪,还有来自国民党的压力和报馆内部克明的出卖。在第三次拒绝国民党方面的收买之后,报馆很快便结不到官价外汇了,只能在黑市购买,纸张成本因此陡然提高,这对销路日广的《文汇报》来说不啻致命打击。面对这种打击,徐铸成依然没有低头。在看到法国公园水池旁看报人的手里十之八九都是《文汇报》时,他暗暗发誓:"尽管我十分幼稚,我一定尽力办好这张报纸,尽力跟周围的恶势力斗争,决不辜负读者的鼓励与期望。"⑤面对克明的出卖图谋,徐铸成寸步不让。在报馆最终被出卖后,他宁为玉碎,不为瓦全,联络同人,及时宣布报纸停刊,以保全报纸声誉。

如果说上海时期面临的主要是人身危险,那么在香港、桂林时期则主要是与新闻检查部门斗智斗勇。香港时期,所处环境没有上海时那样紧张,可是报纸所受删减、压制则比上海时期更加严厉,报

---

① 徐铸成:《徐铸成新闻评论集》,第30页。
② 徐铸成:《徐铸成新闻评论集》,第59页。
③ 郑重:《风雨文汇(1938—1947)》,生活·读书·新知 三联书店,2008年,第31页。
④ 文汇报报史研究室编:《从风雨中走来》,第23页。
⑤ 徐铸成:《旧闻杂忆》,第236页。

纸版面上甚至存在社评"全文被扣"的情况。然而,徐铸成的工作热情并未因此减退,他一方面经常和金仲华一起讨论如何避免检查,另一方面坚持不懈地撰写社评,努力发出新闻人应该发出的声音。在新闻言论空间逼仄的情况下,《近卫内阁的寿命》《意大利做什么梦!》《不与侵略者谈和平》等社评,依旧态度鲜明,有血有肉。

桂林时期,每天都要与新闻检查部门打交道。为了避免他们吹毛求疵,徐铸成想了很多办法应对,"或利用他们的无知、无能,挑不出'毛病',蒙混过关,或钻条例的空子,写些大题小做、小题大做、指东说西、指桑骂槐的文章,使他们无从捉摸,抓不住把柄"。除这些办法之外,他还把"那些又长、字又难辨,并不想采用的稿子,尽量送往检查,使他们疲于应付"①。这种面对困难与阻力不屈不挠、迎难而上、斗智斗勇的态度及应对背后,一方面显现出的是高超的智慧,是大智大勇,另一方面是徐铸成对自己所从事的新闻工作的热爱与价值认同。

抗战胜利后,国民党政府对新闻言论的压制不仅未减轻,而且大大加重。全面内战爆发后,对新闻界的压制更为严重,查抄没收报刊、抓捕记者报人、禁止报纸发售等压制、摧残报刊人的事件时有发生。但徐铸成不为所动,依然遵从自己内心的声音,坚持从事新闻工作。无论是在《文汇报》,还是在《大公报》,他发出的正义之声从未停息。在国民党企图收买《文汇报》的"鸿门宴"上,他毅然顶住压力,拒绝了国民党收买。在沧白堂事件、较场口事件、昆明血案发生时,他没有因害怕触怒当局而沉默,也没有因为刚刚遭逢《文汇报》被封闭、麦少楣被逮捕而有任何迟疑,而是勇敢发声,毫不犹豫地对惨案进行揭露、批判。这一切,无不显现出其对新闻职业的挚爱和认同。

三十年如一日的坚守与不离不弃,肉体与精神双重压力之下的

---

① 徐铸成:《徐铸成新闻评论集》,"前言"第22、23页。

全情投入、乐此不疲,内外部压迫、凶险之下的不为所动、毫不退缩,从不同方面,共同演绎出了一部徐铸成与新闻职业之间的爱的交响曲。除此之外,进入新闻职业领域后,在工作中不断思考,不断学习,不断摸索,不断提高自己的业务能力与水平,以便能使自己的工作更出色,方向更明确,更契合时代要求,更能推动民族独立、社会进步等,也从另外一角度显现出其对新闻职业的爱与认同。

民国时期多数记者报人在进入新闻领域前均未接受过新闻专业教育,徐铸成也是如此,只是在无锡三师养成的读报习惯中经常自己对比、琢磨过报刊文章的内容与行文特点,并对梁启超的报刊政论文章关注并喜欢过而已。以这样的基础进入新闻领域后,为了能很好地完成采写任务,为了能在新闻职业领域做得更出色,他一直保持着十分高涨的学习热情。进入报馆之初,对胡政之给他讲述的邵飘萍的采访轶事,《朝日新闻》《每日新闻》"偷"新闻、"抢"新闻的故事,他均牢记于心,并注意在每次采写过程中自觉运用。与此同时,在无锡三师时期关注和痴迷梁启超政论文章基础上,进入新闻领域不久,他开始主动学习、模仿张季鸾等《大公报》同人的社评,"抱着先练习基本功的决心,常常在业余试写,和他们写的对照,从中量出我和他们在目光、推断、学识、文笔上的差距,作为进一步努力的指针"[1]。

主动学习新闻采写、社评写作等技巧的同时,为了进一步增加自己新闻工作的知识与思想底蕴,他还广泛阅读文史方面的书籍。汉口四年,时间相对自由,他就将所有业余时间都用在读书上,读历史书籍,读古典小说,读鲁迅、茅盾的作品,也读各地报纸和杂志的文章。对报刊评论的练习当然更未中断,练习的同时,他利用一切机会实践,如给《大中报》《大光报》写社论,给《国闻周报》写专论等。这一切,为他此后在新闻职业领域不断取得新的成绩、创造新

---

[1] 徐铸成:《新闻丛谈》,第7页。

的高度打下了坚实的基础。

除了自己读书、琢磨、练习之外，他还十分注重在交流中学习。"孤岛时期"，他经常和恽逸群交换情况，讨论对付敌伪和应付租界当局的策略。他曾直言："他（恽逸群——引者注）是我前进的一个引路人。"[1]香港《大公报》时期，他经常和金仲华"交换时局消息和各自的看法"[2]。可以说，从进入新闻界开始，到后来离开新闻界，三十年中他从未停止过对新闻工作相关知识、经验、技巧、技能的主动学习，从未停止过对自身作为新闻人应具有的素质、素养的提高[3]。这种为了将工作做得更好、更有专业水准而不断积极、主动学习的态度和一丝不苟、精益求精的钻研精神背后，显现出的同样是其对新闻职业的爱。

徐铸成的新闻生涯中，不仅一直十分重视新闻工作的具体经验、技巧的学习和能力的提高，而且非常重视记者、报人应有的立场、理念、原则的坚守。在他的心目中，新闻工作不仅仅是个技术活，而是有自身明确理念、原则和社会关怀的文人论政之事业。在他看来，有经验、有技巧、作品写得好，固然重要，但核心是要有自己的理念、原则、立场和方向。他的新闻职业理念、原则等除了来源于其少年时期就育化、形成的心志、禀赋和报国理想外，主要来源于其步入新闻职业领域之初在《大公报》习得的"四不"原则和理念。在《大公报》获得初步的新闻职业理念与原则后，在此后的长期实践中，在坚定秉持《大公报》的"四不"原则与理念的同时，对新闻职业应承担的使命、责任，应坚持的立场、原则，尤其是记者、报人应有的

---

[1]徐铸成：《风雨故人》，生活·读书·新知 三联书店，2011年，第45页。

[2]徐铸成：《报海旧闻》，第349页。

[3]20世纪80年代，徐铸成之所以能在一些大学讲授新闻业务课程的过程中生动具体、经验丰富、各种感悟与例子信手拈来，所写的介绍新闻采写编评之经验的文章中之所以能做到内容饱满、细致入微、深入浅出，正源于其三十年新闻生涯中的积极思考、主动学习和对经验的不断总结。

修养、品格等,他有了自己更丰富、更深入的理解,并在自己的职业
实践中一直坚定恪守,在一些方面甚至比《大公报》做得还要彻底,
尤其是在抗战胜利后国共冲突渐趋激烈时期。

在为张季鸾写传时,他曾表达过自己对报纸、报人和新闻的责
任与使命担当的理解:"历史是昨天的新闻,新闻是明天的历史。对
人民负责,也应对历史负责,富贵不淫,威武不屈;不颠倒是非,不哗
众取宠,这是我国史家传统的特色。称为报人,也该具有这样的品
德和特点。"①抗战胜利后,伴随着国共冲突的日趋激烈,《大公报》
昔日的锐气和荣光有一定程度的减弱,在国共冲突的夹缝中,试图
寻找所谓的"中立"立场。然而,抗战后很快复刊的《文汇报》却在徐
铸成的主持下,继续恪守其作为民间报纸的独立立场。1946年复
刊一周年时徐铸成所写的纪念文章《一年回忆》中说:"一张真正的
民间报,立场应该是独立的,有一贯的主张,而勇于发表,明是非,辨
黑白,绝不是站在党派的中间,看风色,探行市,随时伸缩说话的尺
度,以乡愿的姿态,多方讨好,侥幸图存。"②

可以说,一直到徐铸成"左转"之前,他都一直坚定恪守着这种
原则与理念,恪守着自己对报纸、报人应有的立场、原则、品格的认
识。无论处在什么样的环境中,他都能坚守自己的独立立场,仗义
执言,从不畏畏缩缩,依违两可,同时,他也一直竭力保持与各种党
派的距离,始终站在人民一边。孤岛时期,他不畏敌伪的威胁,坚持
为民发声,积极报道民众最渴望的抗战信息,坚定民众信心,鼓舞民
众斗争。同时,拒绝日伪和国民党的收买。桂林时期,他一方面坚
守自己的独立立场,为民发声,另一方面坚决拒绝陈布雷代表国民
党伸来的橄榄枝——加入国民党的邀请。抗战胜利回到上海后,面
对国民党的再次收买和对新闻界的迫害,他不为所动,在1947年元

---

① 徐铸成:《报人张季鸾先生传》,第6页。
② 徐铸成:《新闻丛谈》,第274页。

且的日记里,他自我勉励:"就国家说,需要这个民间报坚韧努力,守住岗位,发挥其威力。这一点是绝不容犹豫,而必须不顾一切(全力)以赴的。"①对记者、报人应有的立场、使命、原则、理念的深刻认识和坚守,说明徐铸成对新闻职业的爱并非盲目的爱,而是以社会关怀与价值追求为基础的爱。这样的爱更加珍贵,也更值得敬佩。

总之,从徐铸成进入新闻记者职业领域后的各方面表现均可看出,他对自己所选择的新闻职业确非三分钟热情,而是一直保持着持续不断的热情,而且是越干越起劲,越干越有热情,越干越热爱。在此期间,无论遭遇多大的困厄、压迫、压力、困难、凶险,他都毫不退缩,勇往直前。尤为可贵的是,他对新闻职业的爱,是有立场、有理念、有社会关怀、有明确的价值追求的爱,而非无原则、无立场的盲目之爱。

三、英雄血尽余遗垒,三千毛瑟笔作刀: 对爱国心的诠释

徐铸成何以会对新闻记者职业产生如此深挚的爱呢?他的这种挚爱背后的动力是什么呢?是什么力量促使他在自己的新闻职业生涯中始终热情洋溢、激情澎湃、全身心投入,纵使面临生命危险也毫不退缩、勇往直前的呢?支撑他在新闻职业领域如此勇敢无畏的坚守的动力因素究竟是什么呢?考察徐铸成在新闻职业领域的奋斗历程,可以看出,与民国时期绝大多数心怀报国理想的记者、报人一样,其如此挚爱、如此坚守的最重要、最深层的原因和动力因素是他对国家、对民族的爱,是其爱国之心和报国之志。

徐铸成少年时期就已具有了朴素的爱国思想。读小学时就利

---

① 徐铸成:《徐铸成日记》,第236页。

用课余时间"游岳堤及堤畔之岳亭,展读岳武穆英勇抗金事迹之碑文",受岳飞抗金事迹影响,"爱国思潮油然萌发"[1]。之后在自家大庭院中接触到的一些唱本和《精忠说岳传》《三门街》《七侠五义》《水浒传》《三国演义》《薛仁贵征东》《薛仁贵征西》《包公案》《彭公案》等小说,更加深了他的爱国思想,如反对侵略、保家卫国、安邦定国的报国思想,忠诚爱民、关心民间疾苦的爱民情怀,惩治贪官污吏、痛斥奸佞权臣的反抗精神,清正廉明、大公无私的浩然正气等。十二岁时,又亲身感应过五四时期特有的反帝爱国情绪。这一切因素相互应和,共同在徐铸成的心中播下了朴素的爱国思想的种子[2]。他最终走上新闻职业道路,爱国思想是很重要的促发因素之一。

爱国思想何以会引导他最终走上新闻职业道路呢?换句话说,为什么有爱国思想的他会最终选择新闻职业作为实现其报国理想的方式呢?这其中最显性的逻辑大抵如此:爱国思想促使他关心国事,关心国事促使他喜爱读报,喜爱读报促使他获得了对报纸这种近现代知识分子论政报国的新工具的初步认知,并促使他初步萌生了从事新闻职业的志趣,最终在多种因素的综合作用下,走进了新闻记者职业领域。此外,他之所以选择新闻职业来满足自己的爱国心,也与其之前诸多报人、学者对报纸功能的认识、论述和清末民初几代记者、报人新闻救国实践的引领有十分重要的关联。

关于报纸的功能与作用,在他之前的许多报人、学者已有较充分论述,如梁启超的"耳目喉舌论",徐宝璜的供给新闻、创造舆论、促问题之解决论,邵飘萍的引导维持善事、监督纠正恶事、平社会之

---

①徐铸成:《徐铸成回忆录》,第9页。
②徐铸成曾说:"我们这一辈普通的知识分子,大概就是在这样严峻的现实教育下,逐步增强爱国、救国的思想,希望自己的聪明才智,对国家的富强、进步,有所贡献。"(徐铸成《旧闻杂忆补篇》,"前言"第1页)

不平论，张静庐的制造舆论、宣传主义、促革命之发生论等。其中，梁启超的"耳目喉舌论"的影响最为深远。在其《报馆有益于国事》中，他将报馆比作国之"耳目喉舌"，认为它能"有助耳目喉舌之用而起天下之废疾也"①。徐宝璜在其《新闻学》中更是全面阐述了新闻纸所具有的功能，认为新闻纸最基本的功能是供给新闻，给社会提供"正当之根据"，"社会有正当之根据，自发生正当之舆论，诸事自可得正当之解决"；同时，新闻纸也可以创造舆论，社会上"如果有营私舞弊或拍卖国家权利之人，新闻纸只须标其劣绩，振臂直书，'和盘托出'，则舆论必起而攻之"②。邵飘萍对报纸功能的论述更是振聋发聩、掷地有声："报纸对于善事，有引导维持之责任；对于恶事则有监督纠正之责任"③，"新闻记者之天职，在平社会之不平，苟见有强凌弱众暴寡之行为，必毅然伸张人道而为弱者吐不平之气，使豪暴之徒不敢呈（逞）其志，不能不屈服于舆论之制裁。"④民国出版人、学者张静庐更是指出："新闻纸有制造舆论、宣传主义的能力，所以中国的革命，实与中国的新闻纸有密切的历史的关联。"⑤

除了报人、学者对报纸功能的阐述与强调外，清末民初几代记者、报人以前赴后继的新闻救国实践，向社会宣告了报纸所具有的救国功能。无论是汪康年、梁启超等创办的《时务报》，章太炎、蔡元培等创办的《苏报》，于右任创办的《民呼报》《民吁报》《民立报》等，还是陈独秀、李大钊等人创办的《新青年》，陈其美、叶楚伧创办的《民国日报》，邵飘萍创办的《京报》等，都在用各自前赴后继的鲜活实践，述说着报纸对于挽救国运、探求国家与民族出路的重要作用。

①梁启超：《论报馆有益于国事》，见复旦大学新闻系新闻史教研室编《中国新闻史文集》，上海人民出版社，1987年，第24页。

②徐宝璜：《新闻学》，中国人民大学出版社，1994年，第4页。

③方汉奇主编：《邵飘萍选集（下）》，第615页。

④肖东发、邓绍根主编：《邵飘萍新闻学论集》，第119页。

⑤张静庐：《中国的新闻记者与新闻纸》（上编），第24页。

对报纸之于社会变革乃至革命的作用,孙中山、梁启超等在辛亥革命胜利后都有过十分清晰、充分的论述,他们都将辛亥革命成功的重要原因之一归结为由于报纸多年来的宣传、浸润之功。

那么,报人、学者关于报纸功能的论述和前代报人的新闻救国实践,徐铸成是否有感知或有相当程度的了解呢?考察徐铸成进入新闻领域前的成长情况,可以说,答案是肯定的。徐铸成十三岁即喜欢上了读报,进入无锡三师后更是痴迷。借助报纸,他不仅了解了各种新闻和社会动态,而且获得了各种各样的知识。另外,由于当时许多记者、报人的行踪,报界动态与掌故也常常刊登在报纸上,许多记者、报人对报纸、报人职责、使命、功能、作用的阐述也往往是借助报纸对外宣示和表达的,因此,当时记者、报人的情况,记者、报人对报纸、报人、记者社会责任与使命担当的宣示和强调,必然会在不知不觉中为每日痴迷报纸的徐铸成所感知和了解。徐铸成在回忆中就明确说到过其读报过程中深受邵飘萍、徐彬彬、张季鸾等人影响。

同时,徐铸成从小喜欢各种历史与社会知识,一方面中国历史中往往记载着大量文人以手中之笔尽忠言、斥奸佞、干预现实、尽忠报国的故事,这些故事无疑会对已具有爱国心的徐铸成选择新闻职业实现报国之志产生启发,另一方面对社会、历史知识的广泛涉猎决定了徐铸成的知识面与同龄人相比要广很多,对于阅读面与知识面较广的他来说,对前代不少著名记者、报人的实践与事迹显然更有可能获得了解。如他回忆说:“那时,我也开始看梁启超的《饮冰室文集》,特别欣赏他的政论文章,爱国忧民,真知灼见,而又‘笔锋常带感情’。”①既然阅读梁启超的作品,欣赏他的文章,对其“舆论界骄子”之身份和“耳目喉舌”“报馆有益于国事”等观点,也应该会有所了解,自然会受到其影响。他曾明确说:“在这些影响下,我向

---

① 徐铸成:《新闻丛谈》,第6页。

往这种'文人论政'的工作，立志以记者为终身的职业。"①

　　既然爱国心是引导徐铸成走上新闻职业道路的重要原因之一，正式进入新闻职业领域后就必然会以此为其职业实践之目标与方向，爱国心也自然就会成为其在新闻职业领域几十年如一日坚守并挚爱有加、乐此不疲的动力之源。徐铸成在回顾自己的新闻生涯时就十分明确地说："在旧社会，我是一个职业的新闻记者，觉悟不高，所追求的，只是国家独立、富强，人民摆脱贫困和欺压。为此，曾以秉笔直言自许……"②那么，实际情况是否如此呢？考察徐铸成的新闻生涯，答案是肯定的。

　　从徐铸成投身新闻职业领域后各个时期新闻报道和评论的内容即可看出，其中始终蕴含着强烈的爱国心和报国志，借助新闻报道和评论来报国始终是他新闻职业活动的核心目的。从其1927年进入新闻界之初所进行的令其一生都津津乐道的主要新闻报道看，其内容或聚焦于社会改良议题，或聚焦于与国民体格强健相关的体育议题，或聚焦于政治格局变化等时政议题。可以说，这些内容的中心指向均围绕着如何谋求社会进步、民族复兴、国家发展等主题。

　　这一时期他完成的第一个新闻报道是与当时社会上正流行的社会改良议题相关的对晏阳初及其中华平民教育促进会的报道。晏阳初是民国时期著名的平民教育家，1921年留学回国的他为了根除中国"愚""贫""弱""私"四大病源，开始在国内倡导并推行以不识字青年为主要对象的平民教育活动，并于1923年组建了中华平民教育促进会。之后，他提出"到农村去"和"到基层去"之口号，将"平教会"推向农村，并以河北定县翟城村为试点，实践其平民教育思想，很快做出了很多成绩。徐铸成正是在这样的背景下到定县开始其首次采访的。在定县停留了三天后，其新闻生涯中的第一篇

①徐铸成：《新闻丛谈》，"前言"第12页。
②徐铸成：《徐铸成新闻评论集》，"前言"第12页。

通讯《定县平民教育村治参观记》隆重推出。在这篇通讯中,徐铸成对定县平民教育试验区的组织编制、识字运动的推广、翟城村的平民教育等进行了翔实而全面的介绍,给这项工作以"最前线之革命工作"①之评价。这篇通讯所蕴含的裨益国家的意义在于,它给当时正在探索中国出路的众多知识分子提供了一份新的探求中国出路的维度,让许多知识分子能更清楚地认识到从中国社会最基层做起、扎扎实实、实实在在地进行民智启迪工作的重要性,同时这种对社会改良方面的有效探索及其成功经验的宣传报道也为各地的平民教育活动提供了最便于借鉴的范本,具有在无形中推动平民教育发展的作用。

　　进入新闻职业领域后徐铸成所做的另一个令他津津乐道的报道是对体育赛事的报道。今天的体育赛事似乎负载着更多娱乐因素,但在中国因积贫积弱、被帝国主义随意欺凌而被视为"东亚病夫"的近现代社会环境下,发展国民体育事业无疑具有改良国民体质、增强国民体格的谋求民族复兴、国家强盛之意义。有学者就曾说:"这一时期的中国体育确实在强烈的民族色彩文化背景下演出了一台荡气回肠的'正气歌'。我们的民族始终把体育与追求民族的解放、独立、振兴联系在一起,使其成为象征民族生命力的一条脉息。可以说,我们体育的发展动力来自于民族的忧患意识,而又反作用于民族的自强意识。"②正是因为此,对体育赛事的报道相应地也就具有了促进民族复兴、国家强盛的新闻救国之意义。徐铸成进入新闻记者职业领域后,先后采访报道过的体育赛事主要有1928年太原举办的华北球类运动会和1929年沈阳举办的华北运动会。

---

① 徐铸成:《徐铸成通讯游记选》,生活·读书·新知三联书店,2011年,第15页。
② 刘中正:《清末及民国时期北京地区举办运动会的初步研究》,《中国体育科技》2011年47卷3期。

在这两次运动会的报道中,徐铸成都尽心尽力,利用自己果敢机敏之性格,多方筹划,巧妙安排,使自己的报道既快捷及时,又图文并茂,使"《大公报》体育版放出异彩"[1],为增强国民体育观念、普及强身健体意识发挥了重要作用。

进入新闻记者职业领域后徐铸成所做的第三个令他自豪了一生的报道是三下太原探秘冯玉祥行踪、揭示中原大战内幕之报道。在三下太原探秘冯玉祥行踪的采访中,徐铸成审时度势,巧妙周旋,成功获得了外界和其他报纸无从得知的冯玉祥之行踪和阎锡山、冯玉祥之间关系的变化,巧妙地揭示了中原大战的内幕,预示了时局的可能发展方向,使外界对太原局势有了较深入了解,对当时国内局势的发展有了较清晰预判。这次报道的成功极大提升了徐铸成在时政新闻领域用心用力以求裨益国家的信心[2]。

虽然这三次报道的议题聚焦领域均非徐铸成自主确定,而是源于胡政之和张季鸾的指派,但一方面,胡政之、张季鸾之所以把这些报道议题交给徐铸成去完成,必然是建基于对徐铸成个性与思想的了解,即判定这些议题是徐铸成关注甚或热心之领域,如对晏阳初及其"平教会"之议题就是在胡政之与徐铸成第一次见面、听取了他关于国闻社在北平的报道重心调整的建议后当场将该任务交给他的,另一方面,胡政之、张季鸾只是给他交代了任务、提供了线索,具体的采访方向与报道主题之确定及报道最终展现出的内容等,都是徐铸成自主完成的。因此,从这三次令徐铸成一生都津津乐道的新闻报道的主题聚焦点,完全可以看出其背后蕴含的徐铸成新闻职业活动背后的爱国心、报国志。

---

[1] 徐铸成:《徐铸成回忆录》,第31页。
[2] 这次采访,连张季鸾也为之自豪并"津津乐道"。他曾用转述二集团驻津代表林叔言的话——"你们的记者真是神通广大"之方式对徐铸成进行了表扬(参见徐铸成:《报海旧闻》,第163页)。

除了这三次最得意的采访外,在徐铸成进入新闻职业领域后的前十年里,还有不少令他自豪的独家新闻报道经历,如对于张学良的两次报道。1933年热河沦陷,张学良本想与蒋介石商议怎样反攻热河,未曾想蒋介石假抵抗、真谋和,一心想的是尽快找一个人来平息全国民众的不满,而当时民众对此并不是十分清楚,他们所看到的只是热河沦陷等表象,对其背后的端倪只能是雾里看花。在这样的背景下,徐铸成率先报道张学良被迫下野的消息,无疑是在某种程度上将这件事背后的端倪揭示给了国人,让国人看清了蒋介石找人当替罪羊之阴谋,对国人了解蒋介石的"不抵抗"本质具有很重要的意义。第二次关于张学良的报道中,徐铸成巧妙地通过宋子文的行踪揭示了张学良到达汉口的消息,帮助民众了解了当时局势的发展,看清了蒋介石政府的颟顸。这两次独家报道均获得了胡政之的赞赏。

总之,无论是报道晏阳初"平教会"以推动了平民教育、促进社会改良,还是报道运动会以推动国民体育事业、培育国民强身健体意识,抑或是报道重大时政新闻以帮助国民判断时局和国家未来发展走向等,都具有借助新闻推动社会进步、裨益国家的意义。这些报道之所以让徐铸成终生难忘且津津乐道、自得自豪之情溢于言表,很重要的原因之一便在于其背后所蕴含的极大的裨益社会与国家之意义以及由此带给他的极大的职业成就感和满足感。而正是这种将自身职业与推进社会、裨益国家的高远意义有机结合所带来的职业成就感与满足感,促使他在新闻职业领域终生奋斗、不畏困难、不避艰险、乐此不疲。

全面抗战爆发后,徐铸成新闻职业活动背后的爱国报国指向与目的更加明显。当时上海、南京和沪宁沿线等政治、经济、文化中心地区纷纷沦丧,这些地区的"人民被一种低迷沉重的气氛所笼罩;再加上侵略者和汉奸在上海出版的报刊气焰嚣张,散布种种不利于我国抗战的新闻和言论，有些人难免彷徨动摇，戚戚不可终日”①，在这种情况下，特别需要能有报纸报道抗战真实情况，发表正确言论，以鼓舞人心，增强斗志。但由于日本侵略者的压制，当时上海原有的许多报纸如《救亡日报》《立报》《大公报》等均宣布停刊，处于“孤岛”的民众无法获知全面、准确的抗战信息，一时陷于十分低落的情绪中。鉴于这种情况，留在上海的徐铸成以《文汇报》为平台，报道抗战消息，分析战局形势，揭露侵略者的阴谋，痛斥汉奸走狗的卖国言行，激扬民众爱国热情，坚定民众必胜信心，以自己的实际行动奏响了一曲新闻抗战、报人报国的奏鸣曲。

这一时期，由于日本侵略者的言论管控和高压，上海各大报纸均无社论，但《文汇报》坚持每天一篇社论，就民众关心的国内外大事和抗战中出现的问题进行深入剖析，对汉奸走狗的卖国行为进行揭露，告诫一些可能误入歧途的人切勿迷失自己。这些社论如空谷足音给了上海民众强大的精神支柱，给予很多人在艰难的环境中继续坚持下去的理由。尤其难能可贵的是，这一时期他的评论中对八路军的抗日活动和共产党的抗日民族统一战线政策给予了十分积极的评价和高度赞扬。正是在这个过程中，徐铸成对国家、对民族的炽热情感得到了充分释放。徐铸成曾回忆起这一时期有一次他下班回家路过霞飞路法国公园时，看到水池旁正在读报的人手里十之八九拿的都是《文汇报》时，内心涌出更强烈的报国热情，当时他心中暗暗发誓：“尽管我十分幼稚，我一定尽力办好这张报纸，尽力跟周围的恶势力斗争，决不辜负读者的鼓励与期望。”②

《文汇报》被迫宣布停刊后，徐铸成奔赴香港，主编《大公报》香港版。香港时期，他继续以笔为刀，用一篇篇脍炙人口的社评，分析形势，评判得失，揭示问题，打击敌人，也以此展示着自己的爱国之

———————————
① 文汇报报史编辑室编：《文汇报史略》，第11页。
② 徐铸成：《旧闻杂忆》，第236页。

心、报国之志。这一时期,其新闻评论的策略根据环境的不同发生了明显转变,不再像"孤岛时期"那样对民众一味进行正面鼓舞,简单灌输抗战必胜信念,而是在客观报道、理性分析的同时,让人们看到抗战必胜的前景。但无论评论策略如何变化,其背后的目的都是一样的,那就是用自己手中的笔报效国家。他或分析国际形势,帮助民众认清时局,或对政府运作过程中出现的问题给予提醒建议,或对前线战士进行勖勉鼓励,无论什么内容,其重心始终不离抗战,不离抗战建国。例如,当大汉奸梁鸿志、温宗尧在日本侵略者支持下沐猴而冠、粉墨登场时,他立即用《无题》予以无情抨击。在这篇评论中,他痛快淋漓地说:"一切自暴自弃的废物,让他们去暴尸露体,供人玩弄,受人唾弃罢! 所有有灵魂的人,都应足踏实地,发奋自雄,为未来的光明世界,增加一些光辉。"①

除了借评论助益抗战之外,及时报道重大新闻、动员民众、打击敌人、提示国人注意重要问题等,依然是徐铸成以笔抗战、以笔报国的方式,如对"日汪密约"这一重大新闻的报道。当时汪精卫集团的重要人物高宗武、陶希圣在时局发展的紧要关头幡然悔悟,将汪精卫集团与日本政府秘密签订的卖国条约透露给了杜月笙,杜月笙与张季鸾熟识,于是密约很快到了《大公报》手中,徐铸成主持的《大公报》香港版和张季鸾自己主持的重庆版立即对这条重大新闻同时进行了报道,同时还配有徐铸成就此新闻写的一篇评论。这个报道和徐铸成写的评论,对日本侵略者的野心和汪伪集团的卖国行为进行了充分揭露和批判,沉重地打击了日本侵略者和汪伪集团。

从香港撤到桂林后,较为宽松的政治环境使得徐铸成相对来说可以"畅所欲言"。这一时期的他除了报道和评论与抗战有关的国际国内新闻外,也开始"着眼于国内政治、经济、社会、文化等诸多方面的问题。特别是对国民党统治区暴露出的贪污盛行、物价飞涨、

①徐铸成:《徐铸成新闻评论集》,第22页。

市政腐败等尖锐问题,更是不遗余力地在报纸上公开揭露,以引起公众的注意和讨论"①。这种公开揭露是特殊环境背景下关注抗战前途、牵心民族命运、以笔报国的另一种形式,其背后蕴含着的依然是作为报人的徐铸成对国家生死存亡、民族前途命运的强烈责任感与使命感。也正是这种责任感与使命感,牵引着他在自己的新闻职业岗位上长期坚守,矢志不渝。

　　这种以笔报国的责任感与使命感从他这一时期所撰写的许多评论中均可充分感知到,如《论贪污案》《救灾！救灾！》《重建新桥》《论养廉》《敬告读者》等。这些评论往往小心翼翼地提出现存的问题,仔细地分析其原因与后果,期望引起当局重视,以谋求妥善解决之策。如在《论养廉》中,徐铸成指出,贪污案之所以层出不穷,主要原因不外乎"待遇低,生活高,不足以仰事俯畜,或者经费太少,上级机关不予增加,以致不能维持,迫得自求生路"。在分析原因基础上,对如何养廉他提出了一系列饱含赤子之情的建议②。在《敬告读者》中,他对导致桂柳大撤退的各方面原因进行了深入分析,认为,连桂柳这样的大后方都需要撤退,这无疑说明我们的问题绝不仅仅停留在表面:"这样的局面,绝非一朝一夕所致,而政治的原因,更多于军事。"③桂林时期的徐铸成正是以这样的揭示问题、分析问题并试图提出解决问题的思路与对策的方式,履行着自己作为报人的责任感与使命感,也展示着自己对国家、对民族的热爱。而正是这种对国家、民族的爱不断激发着他对新闻职业的爱,支撑着他在新闻职业领域不断奋斗。

　　抗战胜利后,徐铸成回到上海复刊上海《大公报》。面对国民

---

① 靖鸣、杨晓佼:《抗战时期徐铸成在桂林的新闻实践初探》,《新闻大学》2011年3期。

② 徐铸成:《徐铸成新闻评论集》,第145—147页。

③ 徐铸成:《徐铸成新闻评论集》,第165页。

党对学生运动及其他民主运动的镇压,徐铸成本着强烈的爱国热情对国民党违背民主、倒行逆施的行为进行了毫不犹豫的揭露和愤怒声讨。昆明血案发生后,徐铸成接到一位青年人送来的传单及其所写的报道,他立刻以此为基础对昆明血案的真相进行了报道,成为当时报道这一血案的第一份报纸。他撰写短评质问国民党当局:"像昆明这样的后方都市,'暴徒'从哪里得来手榴弹之类的凶器?"①昆明血案之后,较场口事件、沧白堂事件等相继发生。对彭子冈、徐盈等人撰写的揭露这些事件真相的通讯,徐铸成每次都立即照发,并配社论加以强烈谴责。到《文汇报》后,他继续坚持其爱国民主立场,始终站在人民一边,不断刊发反对内战、支持民主运动、抗议政府暴行、揭露政府腐朽问题的社论。这些新闻报道和社论,一方面对各种爱国民主运动进行热情支持与鼓励,另一方面对国民党当局漠视民众呼声和倒行逆施的行为进行无情揭露和批判,让人们一次又一次地看清了国民党"真内战,假民主"的真面目。

在1947年的日记里,徐铸成说:"就国家说,需要我们这个民间报坚韧努力,守住岗位,发挥其威力。这一点是绝不容犹豫的,而必须不顾一切(全力)以赴的。"②这是当时徐铸成之所以坚定站在新闻工作最前线,以鲜明的民主立场,无惧无畏,对国民党当局进行大胆揭露和无情批判的最深层心理原因的自我确认与写照,即他最看重的是自己这个岗位对国家发展和社会民主进步的意义,他最看重的是可以借助这个岗位实现自己对于国家、民族的责任与使命。换句话说,正是因为这个岗位可以满足自己的爱国报国之心愿,才使得他始终坚守在这个岗位上。

上海《文汇报》被封后,徐铸成被迫再次到达香港。在共产党和国民党左派人士的帮助下,《文汇报》在香港得以重新创办。在香

---

① 《昆明不幸事件》,《大公报》(上海版)1945年12月4日第二版。

② 徐铸成:《徐铸成日记》,第3页。

港重新创办的《文汇报》政治态度与立场较上海时期更为鲜明,对国民党当局的揭露、批判成为其新闻和评论的重心。单从这一时期他写的报纸评论的标题即可看出这一点,如《残棋一局》《人心与大势》《哀金圆券》《陈布雷之死》《孙科的病》《金陵末日》《蒋介石走了!》等。从这些题目中,可以看出他对国民党已不抱希望,他已经在有意识地唱衰国民党,不断制造国民党政权已被人民放弃的舆论氛围,不断宣告国民党政权的末日即将到来。之所以如此,核心原因还是基于其爱国心,基于他对国民党政权本质的清醒认识。由于已看清国民党政权的本质,对其已经不抱希望,因此他希望以自己手中之笔,使人民早日摆脱国民党的反动统治,早日走上民主建国的道路。

总之,爱国心、报国志是徐铸成在新闻职业领域坚持奋斗、终生不渝的力量源泉,是其之所以能在新闻职业岗位上无惧无畏、不怕困难、不惧凶险、乐此不疲的深层心理原因。正是因为他在新闻职业岗位上体验了爱国之心、报国之志得以充分满足的快乐,才使得他一直奋斗在新闻职业岗位上,且越干越起劲,越干越有热情,越干越难以割舍。

四、大江东去,长安西去,为功名走遍天涯路:对名位利的追逐

徐铸成之所以能终生坚守在新闻职业领域且不怕困难、不惧凶险、乐此不疲的原因,除了新闻职业可以带来爱国心、报国志的满足之外,是否还有其他原因呢?其几十年坚守的背后是否还有其他力量在吸引着他、支撑着他呢?考察徐铸成新闻生涯中显现出来的其他目标诉求和徐铸成的性格特点,可以发现,对名声的追求,对优越的社会地位与生活品质的看重,对职业所能带来的物质回报的重

视,也是他在新闻职业领域终生坚守、矢志不渝的重要原因。

考察徐铸成的成长经历,可以看到,其少年时代已显现出较明显的看重声名地位,喜欢被人赞誉、夸奖,期望能生活在他人的关注之中,对其他同学获得的令学校和老师自豪、在全校闻名的成绩非常羡慕等性格趋向。读小学时,他就特别重视老师和同学的赞誉。小学毕业时,蒋子轩对其幼弟说的一句话——"你考中学时,如有幸坐在徐铸成附近,或可得其指点"①,就曾使他自豪不已。考中学时,他同时考上了两个学校,其曾祖母逢人便说"小小年纪,两榜都高中,等于秀才了"②,这一赞语使他尝到了被人羡慕、夸奖的甜美滋味。无锡三师时期,袁家骅和顾绶昌两位同学因在《时事新报》投稿和与北大教授探讨美学问题等在全校颇有名气,他便羡慕不已。历史课程的考试中,其他同学每每为老师超出课本的试题苦恼不已,他却因历史知识方面的优势每次考试都如鱼得水,被老师"拨置第一",这让他内心无比喜悦和满足。在学校推选级长的过程中,第一次选举时他被同学选为正级长,但被校长宣布无效,他内心十分失落。第二年再选,最终如愿时,他立即欣喜万分。

无锡三师是培养小学教师的学校。徐铸成当初选择无锡三师是因为其可以免除学费,但他内心绝对不甘于以小学教师终其身,一心想着将来能继续上大学。为此,在临近毕业之时,他不惜假借他人文凭,报考大学。第一次投考东南大学,未果。后来又投考清华大学,终于如愿。为什么不愿以小学教师为职业呢?主要是因为当时的小学教师社会地位不高,一生只能做默默无闻的工作。这样的职业对于十分看重声名、希望能为他人瞩目、希望能让家乡父老刮目相看、希望能活在他人羡慕的目光中,一心想着去见大世面去闯大世界的他来说,显然不具有任何吸引力。当然,父亲的经历可

①徐铸成:《徐铸成回忆录》,第12页。
②徐铸成:《徐铸成回忆录》,第13页。

能也是提醒徐铸成不能从事教师职业的一个原因。徐铸成的父亲曾是教师,但干了好多年教师职业,却既未能为家庭提供较优越的经济条件,也未曾给自己带来任何声名和地位,一直默默无闻,最终转行当了铁路职员,靠微薄收入补贴家用。这样的"前车之鉴"是徐铸成不愿从事教师职业的直接原因。

徐铸成何以要选择投考东南大学和清华大学呢? 在提到自己报考东南大学之经历时,徐铸成说:"该校为东南最高学府,校长为郭秉文,校舍宽大,其孟芳图书馆及工字房、田字房尤有名。"①可见,他报考东南大学,是因为其乃"东南最高学府""有名"。报考清华大学的原因,有名自不必说,对徐铸成来说,吸引他的另外一个重要因素在于,若能上清华,留洋的可能性极大。徐铸成对出国留洋何以如此看重呢? 若回到徐铸成当时生活的时代和社会氛围中,即可看到,出国留学一方面能使一个人完全超越他一直以来生活的狭小空间,瞬间进入一个充满无限遐想的大世界中,另一方面,自清末留学潮不断高涨以来,那些留洋回来的人无论是从自身视野方面看还是从现实的社会地位与影响方面看,大都发生了脱胎换骨的变化,很快成为中国社会各领域的中坚力量甚至风云人物。而这些,正是徐铸成从小就梦寐以求的。

除了对名位的重视之外,从徐铸成的成长经历也可以看出,他对物质生活和现实的物质回报十分看重。由于家庭经济的拮据,幼年时期的徐铸成充分体会到了经济条件对一个人及其家庭的重要性。他曾因家贫无法参加学校组织的远足活动,这让他十分失落。无锡三师时期,他每月的零花钱只有五元。在北平师范大学读书时期,生活更是艰苦,经常因为没有钱而饿肚子。正是基于对拮据甚或贫困之生活的深刻体会,他对有可能改变这种生活境况的机会一直极为看重,一旦看到改变自己生活境况的机会,立即趋之若鹜。

①徐铸成:《徐铸成回忆录》,第18页。

如看到《庸报》征文通告中说明若征文获奖将给付不同等级奖金时，他立即撰文尝试，并最终成功。收到十元奖金时，他的兴奋无以言表，几乎将其视为巨款。这次获奖既激活了他心中已经潜藏着的新闻职业之种子，也成为他日后沿着这个方向不遗余力地继续努力并最终走进新闻职业领域的最现实的驱动力。可以说，在他走向新闻职业的过程中，经济报偿因素产生了不可忽视的促进作用。

　　他不愿从事小学教师职业的原因，除了社会地位不高、一生默默无闻之外，一个很重要的方面是小学教师收入待遇较低。民国初年颁布的《师范学校规程》中说：师范学校的"本科毕业生，应在本省小学校服务，其期限自受毕业证书之日起算，第一部公费生七年，半费生五年，自费生三年，第二部生二年"①。徐铸成曾在回忆中说，无锡三师"不收学费，膳食费也全免"②，显然属于"第一部公费生"。既然是公费生，按规定毕业后他必须在小学至少服务七年。根据民国时期教职员薪金标准和江苏省具体情况，"无锡县高等小学教员月薪约四十元，国民学校（即初小）主任、教员月薪是二十元，乡区教员月薪少则十三元，多则十五元"③。可以看出，这种收入是相当微薄的。一方面服务时间至少要七年，另一方面薪资收入微薄，这是徐铸成绝对不能接受的。为了不当教师，他故意放弃两门课的考试，以便能被学校退学，避免不得不当教师的命运。他最终如愿了。从徐铸成这个选择过程，可以更充分地看出其对物质回报和经济收入的看重。

　　总之，从徐铸成进入新闻职业领域前的成长经历及其诸多行为表现均可以看出其对名位利的看重。他希望出类拔萃、为他人所瞩

---

① 江苏省地方志编纂委员会：《江苏省志·教育志》，江苏古籍出版社，2000年，第762页。
② 徐铸成：《徐铸成回忆录》，第14页。
③ 江苏省地方志编纂委员会：《江苏省志·教育志》，第912页。

目、为他人所夸赞、为他人所羡慕。由于从小生活拮据、艰辛，他对优越的生活条件、优厚的物质生活充满向往。他不愿以收入低、地位低、一辈子默默无闻的小学教师为终身职业，希望能选择一个能使自己过上有声名、有地位、有优越的物质条件的生活之职业。他之所以要想尽办法敲开新闻职业的大门，除了新闻职业可以实现其爱国报国之心愿外，很重要的现实因素便是，新闻职业有可能使他过上有声名、有地位、有较优越的生活条件之生活，可以使他经常获得他人的瞩目、赞誉、喝彩，可以让他实现物质需求与精神需求的双重满足。

　　进入新闻职业领域后不久，喜欢被人赞誉、被人夸奖的心理诉求就得到了满足。华北篮球赛报道中，他提前安排，第一个发出关于比赛结果的电讯，使得守在《庸报》门前的南开学生垂头丧气地纷纷退订《庸报》，改订《大公报》。华北运动会报道中，他如法炮制，而且图文并茂，再次打败诸多新闻同行。《庸报》总主编一怒之下，通知前往采访的记者停止再发电讯，说："收到你的来电，还不如转载前一天的《大公报》报道详实。"[1]等到他采访结束回到天津时，胡政之专门设盛宴招待他，给他"隆重地介绍总编辑张季鸾和其他同事"，此后胡、张两位均设家宴招待他，并与他"作了长谈"，胡政之还给了他一百元奖励。他在回忆中坦言："对我这样一个穷学生来说，这的确是一笔不小的财富。"[2]可以说，两次运动会报道，既满足了他渴望被人赞誉的心理诉求，又满足了他对物质回报的向往。

　　尽管那时报纸新闻报道均不署名，因此他在两次运动会报道中的成功表现未必能使其在社会公众与新闻界内获得声名，但是，能在当时地位尊崇、被众多新闻同业仰视的《大公报》社内获得重视，对于初入新闻领域的他来说，无疑已是一种极大的心理满足。更何

①徐铸成：《报海旧闻》，第154页。
②徐铸成：《报海旧闻》，第154、155页。

况这种重视之程度十分了得。这无疑说明他已完全获得了胡、张这两位新闻界前辈、宿将的认同和肯定。这对于初出茅庐的他来说，其心理满足感可想而知。另外，虽然当时的报纸新闻不署名，"徐铸成"三个字不会被读者知晓，但几次新闻竞争中屡次拔得头筹，他的名字在新闻圈内应该会有一定反响，被打败的报界同行及其报馆主笔、总编们应该会知道他们究竟输给了谁。这一点从学生群体和《庸报》总主笔的反应便可知悉。这也会在一定程度上给徐铸成带来心理上的满足。更何况，这两次成功，除了正常的薪资报酬外，还使他获得了一笔不啻为"不小的财富"的意外奖励，这对改善他一直以来的拮据生活意义可谓重大。

可以说，这两次采访，既使徐铸成在报馆内外获得了一定声名、地位，也给他带来了真切的物质回报，其职业满足感瞬间骤增。在几十年之后的回忆中，他对这两次成功自得不已："这两次采访，'初出茅庐'的年轻记者，总算给《大公报》立下了'汗马功劳'。"[1]初出茅庐的他很快获得了这样的精神与物质上的双重满足，自然会给其接下来的新闻职业活动带来不可估量的激励作用。

受到这样的激励之后，徐铸成接下来的新闻采访活动一次比一次出彩。在三下太原采访中原大战之动向时，他凭借自己机敏果敢的性格、良好的新闻敏感和张季鸾提供的人脉资源，十分出色地完成了任务。第一次到太原时，他就见到了行踪神秘的冯玉祥，写出当时颇受瞩目的《晋祠访冯记》。第二次去太原时，他不仅见到了冯玉祥，而且还开创出了太原新闻界历史上"破天荒的创举"——采访到了连外国记者都采访不到的阎锡山。最让他得意的是第三次采访中，他和张季鸾巧妙配合，对冯玉祥离开太原这一关涉中原大战走向的重大事实的巧妙披露。这次采访带给他的职业满足感更强烈，因为这是他第一次涉足时政新闻领域，而时政新闻是当时绝

---

[1] 徐铸成：《报海旧闻》，第155页。

大多数以论政、报国为职志的报纸和绝大多数读者最关注的新闻领域，初出茅庐的他首次涉足此领域便获得如此成功，这无疑让他兴奋不已。

这次报道的成功，从事后收到的张季鸾转述而来的二集团驻京代表林叔言对他的赞誉——"你们的记者真是神通广大"[1]即可看出，同时，从报道过程及报道结束后中张季鸾的赞赏与表扬更可看出。在第一次下太原写出《晋祠访冯记》和其他几篇电讯稿时，张季鸾就给他写信，对其表现进行了赞扬："自兄抵并，所盼消息、电讯，应有尽有，殊深佩慰。"[2]报道结束回到天津后，张季鸾之所以给他转述林叔言的赞叹，也是对他这次报道中的出色表现的一种赞扬："他对我转述这句话，自然带有表扬的意思。"[3]能够被新闻界前辈、宿将、报社总主笔、赫赫有名的季鸾先生赞扬，对于从小就喜欢被人赞誉、夸奖的徐铸成来说，其心理满足感可想而知。他曾将这次采访称为他生平最得意的一次采访，并在几十年后写的回忆如此说："我跑政治新闻，第一炮算是打响了。"[4]从这样的回忆中也可以感受到他内心的自豪感和满足。

在不断获得胡政之、张季鸾赞扬和肯定的同时，徐铸成在报馆内的名声、地位乃至在整个新闻圈内的地位，也在快速提升。被胡政之、张季鸾赞扬、看重的同时，徐铸成也受到了社长、报馆三巨头之一的吴鼎昌的看重、厚待和礼遇。1930年春夏之交，徐铸成被派往广东采访与反蒋非常会议有关的新闻，在火车上与吴鼎昌不期而遇。吴鼎昌一路上对他关怀备至、礼遇有加，不仅将他由二等车厢换到了头等车厢，还邀他一起坐专轮到上海，到广州后更是亲自安

---

① 徐铸成：《报海旧闻》，第163页。

② 徐铸成：《报海旧闻》，第159页

③ 徐铸成：《报海旧闻》，第163页。

④ 徐铸成：《徐铸成回忆录》，第43页。

排他住到盐业银行广州分行。这对于当时刚刚二十四岁的他来说，真可谓是受宠若惊。在后来的回忆中他多次述及这次经历，在感叹地位尊崇的吴鼎昌对初出茅庐的自己竟"如此'平等待人'、谦虚和气地对待"①的同时，都对自己当时所受到的礼遇和所享受到的高规格待遇津津乐道。他心里自然很清楚，之前未曾谋过面的吴鼎昌对自己如此尊重和礼遇，正是因为自己在报馆内的地位和在新闻圈内的声誉。

初出茅庐便获得令自己十分满意的地位和良好声誉，职业满足感可想而知。一个人的职业满足感强烈，必然会促使其更加挚爱自己的职业。徐铸成此后的新闻职业生涯正是如此。进入新闻界后的几次重大成功，使徐铸成在报馆内的地位和声誉日升，而且在社会上也逐渐开始具有了知名度。此后的每次采访中，别人在介绍他时都会强调"名记者"三个字。这对于从小就看重声名、地位的他来说无疑是一种极大的满足。而正是这样的满足，促使他对新闻职业越来越热爱，对新闻工作越来越投入，最终乐此不疲地干了几十年。

前几年的成功使徐铸成很快成为报馆的中坚力量之一。他先是被调回天津任报馆编辑，继而又于1930年春被调到北平任国闻社主任，让他有"进一步发挥才能的机会"（虽然他只干了三天就径自回到了天津）②，两年后（1932年）又被派往武汉，担任《大公报》驻汉办事处主任，成为《大公报》的"方面大员"和"一方诸侯"。短短几年里的职务变化背后，显现出的是他在报馆内地位的上升。这种地位的上升，从这个过程中胡政之对他一些缺点的宽容和他自己在报馆内的率性而为亦可看出。1929年秋，徐铸成回宜兴老家结婚，由于婚礼办得隆重"阔绰"，蜜月未满，包括胡政之送的一百元贺礼在内的所有钱款就花光了。在这种情况下，他给胡政之写信，要求

① 徐铸成：《报人六十年》，学林出版社，1999年，第13页。
② 徐铸成：《报人张季鸾先生传》，第86页。

给自己再寄一百元钱，否则他就"只能在南方另谋职业矣"。面对徐铸成的"要挟"，胡政之"立即汇寄百元"，并说已决定调他"到津馆任编辑，月薪当增加"①。在报馆内以"方正""严厉"著称的胡政之能宽容初出茅庐的徐铸成的"要挟"，一方面说明他识才爱才，另一方面也说明了徐铸成在他心中的地位。而初出茅庐的徐铸成敢于以"撂挑子"相"要挟"，也说明他对自己在报馆中已取得的地位的充分认识与自信。从他被调到北平任国闻社主任时干了三天却"径自回到了天津"这件事及事情发生后胡政之最终的容忍，也可看出上述两点。

　　声名渐起、地位提升的同时，新闻职业给他带来的物质回报和生活条件的改善也十分巨大，他的薪资收入和生活质量步步提高，甚至可以说发生了翻天覆地的变化。他成长时期经济拮据，生活艰苦，省吃俭用，还要经常饿肚子。他选择新闻职业后，生活开始变得"阔绰"，且以喜好"阔绰"之特点自认，并以此为自己的"自尊"②。结婚时，胡政之致贺礼一百元，加上自己的存款和父母代筹的钱，共二百五十元，蜜月未满竟然花光，可见其婚礼之"阔绰"③。日常生活消费之"阔绰"、大方之例子，更是不可尽数。薪资收入方面，记者时期原本就不少，任报馆编辑后薪资又有增加；成为报馆"一方诸侯"后，收入更是剧增。他曾自述过其在武汉时期之月收入："我那时每月收入逾三百元。除薪给二百元外，又兼为沪、宁两家报纸发新闻电，共为百元。加上湖北分馆之津贴（年有一千余元），生活颇为富裕。"④这样的收入之下，生活品质自然提升，日常生活之外，家庭旅游、宴乐、探亲等生活调味品也就成为其生活常态。如1935年夏，

①徐铸成：《报人张季鸾先生传》，第85—86页。
②说到胡政之时，徐铸成说："他很了解我的阔绰，能尊重青年知识分子的自尊心。"（见徐铸成：《报人张季鸾先生传》，第85页）
③徐铸成：《报人张季鸾先生传》，第85页。
④徐铸成：《徐铸成回忆录》，第66页。

他就曾与妻子同游南京、上海、苏州、杭州等地,旅游结束后又回宜兴老家探望祖母①。在1935年9月接到胡政之来信要求他尽快到上海参与筹备上海版时,他回信说必须要等到妻子11月份生小孩并满月后才能动身。孩子满月后,他又赴保定与父母、妻儿一起过完年后,才于1936年初到上海。可见当时他对个人生活的品质与"幸福指数"的重视。

声名、地位、物质回报、生活质量,都因新闻职业而渐次获得,甚或十分显著,这样的职业回报自然带来其对新闻职业更加深挚的爱,使得他在新闻职业道路上不管面临多大困难、挫折、压力乃至危险,都会毫不退缩。

全面抗战爆发后,《大公报》天津版、上海版先后停刊,作为"抗战时的非常举措"之一,徐铸成被遣散。遭遇失业之苦的他一时陷于困顿中,但基于对新闻职业之回报的认识,他继续坚守在新闻职业领域,并很快加入《文汇报》。在《文汇报》,他获得的职业回报更上了一层,最主要的是他在包括新闻界在内的各界人士及读者中的知名度更大了。如果说,在《大公报》时徐铸成虽然很受胡、张二人器重,且已成为《大公报》的"一方诸侯",但也只是《大公报》众多人才和中坚力量中的一员,但在《文汇报》,他已经变成了总主笔即灵魂人物,人们已经开始把《文汇报》与"徐铸成"三个字紧密关联起来。如果说之前的他只能称为"名记者"的话,这时的他既是一个知名记者又成为一个知名报人。"《文汇报》这朵新花,我是一个主要灌溉人。"②这句话中流溢出的作为"报人"的自豪感、满足感,隔着纸面都能深切感觉到。

"孤岛时期"的《文汇报》不仅使徐铸成因在报馆内外地位与声名的扩大和提升而带来极大职业满足感,而且使得他以知名记者、

---

① 徐铸成:《徐铸成回忆录》,第68页。
② 文汇报报史研究室编:《从风雨中走来》,第17页。

报人身份开始跻身于著名社会人士与新闻界人士群体。他凭借其名记者、名报人身份广泛结交业内著名人士，如《申报》的冯柳堂、胡仲持、《新闻报》的李浩然、严独鹤、《立报》的萨空了、成舍我等，之后还结识了恽逸群等，一时可谓"谈笑有鸿儒，往来无白丁"。这对于十分看重身份、地位的他来说，内心自然十分满足。当《文汇报》在他的努力下销量超过5万份、广告超过1万元的时候，尤其是当严独鹤告诉他"《文汇报》的销量已经超过《新闻报》，这是多年来从未发生过的事"[①]时，若不设身处地站在当时的他的角度就很难想象他的自豪感和成就感，因为在当时的很多同行和他自己心目中，《文汇报》的成功就是他的成功，说《文汇报》就是在说他，相反，说他也就是在说《文汇报》，他已变成了《文汇报》的代名词。这也就是为什么当他看到公园水池旁的百姓十之八九拿的都是《文汇报》时他心里生发出更大力量的原因所在。

　　正是因为"孤岛时期"的《文汇报》给徐铸成带来的行业内外的声名与地位，使他进一步感受到了自己所从事的新闻职业对自己的意义和带给自己的巨大成就感与满足感。而正是这种对新闻职业之于自己的意义的进一步认识和所带给自己的成就感与满足感，激励着他在暗流涌动、刀光剑影的"孤岛"上不辞劳苦、无惧无畏地坚守着、奋斗着。

　　到香港主持《大公报》后，其职业心理体验与满足感更加良好。虽然他是在《文汇报》被迫宣布停刊后被胡政之邀请到香港主持《大公报》香港馆的，但他心中丝毫没有穷途末路受人救拔的心理，相反，从他的相关回忆中可以深切感受到，赴港主持《大公报》时的他有一种强烈的为自己当时被胡政之遣散而郁结在胸中的闷气终于有机会痛痛快快抒发出来而带来的满足感。虽然他曾说过当时被胡政之遣散是抗战时期不得已的"非常举措"，但他一直对此耿耿于

---

① 徐铸成：《旧闻杂忆》，第235页。

怀,因为这实在是大大地伤害了当时感觉自己已是《大公报》离不开的重要人物的他的自尊心。被遣散后他在《文汇报》的出色表现和在业内获得的地位与声名更进一步强化了他对之前被遣散的愤懑——在他的心目中,胡政之当时遣散他实在是"有眼无珠"。在这种情况下,当《文汇报》宣布停刊、胡政之回头向他伸出橄榄枝、诚恳邀请他到香港主持《大公报》香港馆事务时,他心中的自得与满足感自然十分强烈,因为这实际上等于是胡政之主动向他承认了自己当时的错误,这无疑让他颇有报了一箭之仇的快感。

　　主持《大公报》香港馆时期,胡政之、张季鸾二人对他一方面更加器重,另一方面更加尊重。这一时期的他真正开始感受到了成为《大公报》"一方诸侯"的感觉,有了一种被张季鸾、胡政之视为其传人的感觉。同时,在张季鸾的引荐下,他逐渐进入了一些政治高层人物的视线和社会交往圈中。这对于十分看重身份和社会地位的他来说,无疑是非常良好的职业体验。

　　桂林时期,桂版《大公报》在他的主持下所取得的"不数月跃居桂林各报及桂粤湘赣黔等省第一位"①之成绩让他在业界的声名更盛,给他带来十分强烈的职业满足感②,此时他逐步找到了那种跻身于高官名流之列、"出入于伟人政客之门"③的记者、报人之感觉。这一时期的桂林由于特殊的政治和文化环境,政界精英、文化界知名人物云集,这些人物对于徐铸成大都尊重有加,不敢轻慢,徐铸成也常以名报人身份与他们平等交流,成为这些人物的座上客或彼此往还的朋友,如政界显贵人物李济深、白崇禧、陈劭先、宋云彬,文化

---

① 周雨:《大公报史(1902—1949)》,第332页。

② 徐铸成在述及《大公报》桂林版的成功时说,当时桂版《大公报》"发行等于桂林各报之总和,日销达六万余份,不仅桂、湘、粤到处畅销,即与重庆等距离之滇、黔各地,亦几成桂版之市场。"(参见徐铸成:《徐铸成回忆录》,第106页)

③ 张静庐:《中国的新闻记者与新闻纸》(上编),第10页。

名人千家驹、张锡昌等。连蒋经国也特意从江西赶到桂林，拜访徐铸成，希望能在《大公报》桂林版发表自己的两篇文章。

从1943年徐铸成的重庆之行更能看出其社会地位。1943年，胡政之让徐铸成去重庆代王芸生主持重庆版笔政，后来事情虽发生变化，但他还是在重庆停留了一段时间。这期间他接连拜访了邵力子、陈布雷、戴季陶、董显光、林彪等国共两党要人。这种出入名门、往来要津之感觉对他来说显然是十分受用的。在和陈布雷见面时，陈布雷一再夸赞他和王芸生都是张季鸾的得意传人，并力劝他加入国民党，自己愿意给他当介绍人。在和林彪见面时，两人更是滔滔不绝谈了两个半小时。其后的"东南之行"中在经过江西时受到蒋经国的隆重接待与礼遇，更是让他有了已进入社会上层之感觉。

抗战胜利回到上海后，在国民党当局镇压民主运动的一系列血案中，徐铸成在《大公报》及时而勇敢的发声，更进一步成就了他在新闻界与政治文化界的声名。重回《文汇报》后，他利用《文汇报》呼吁和平、民主，反对内战和专制独裁，使《文汇报》变成了"广大蒋管区内的一盏明灯"，也使自己成为战后民主运动中著名的新闻斗士。同时，他在《文汇报》报头下明确标明了"总主笔：徐铸成"，将《文汇报》的声名与他自己的个人声名紧密联系在了一起。此后随着《文汇报》的影响越来越大，声誉越来越好，他的声名与地位也随之越来越高。

1947年春节，徐铸成和顾颉刚同桌联席，顾颉刚对徐铸成说："我回顾几十年内国家报纸，总有一家最受知识界和广大读者欢迎，成为舆论重镇。它的销数不必是最大的，但代表公众意见，开创一代风气，成为权威。辛亥前后的《民立报》——包括《民呼》、《民吁》，民国初年狄平子主持的《时报》，'五四'前后的北京《晨报》，20年代中期以后的《大公报》，当前的《文汇报》，都起了这个作用。"[1]

---

[1] 徐铸成：《报人张季鸾先生传》，"引言"第1页。

由于在这时的政治、文化界人士眼中,《文汇报》就是"徐铸成","徐铸成"就是《文汇报》,因此顾颉刚此语看似在赞扬《文汇报》,实际上是在赞扬徐铸成。也正因为如此,徐铸成在《报人张季鸾先生传》中述及这件事时由衷地说:"他这番话,对我是极大的鼓励。"[①]受人夸赞,尤其是受到文化界著名人士夸赞,这对从小就喜欢别人夸赞的徐铸成来说,当然是一种极大的职业满足。

《文汇报》被封后,徐铸成辗转到香港创办了香港《文汇报》。当时他可以说已功成名就,香港《文汇报》发出的诸多令"全港沸腾""全世界震动"的"独家新闻"与民主爱国立场鲜明的评论对他的地位和声名来说只是锦上添花的事。与其地位与声名相应,这一时期他接触的人物也更趋多元化。除了之前经常接触的国民党政界人物、文化界知名人士之外,当时他的社会交往圈多了很多共产党人、国民党左派人物和影响时局的重要人物,如何香凝、潘汉年、龙云等。共产党高层经常以各种方式与他建立了行动与相关信息层面的互动。

纵观徐铸成在新闻职业领域不懈奋斗的过程,可以看出,对声名、地位、物质回报的追求和新闻职业在这些方面给其带来的丰厚回报,的确是吸引和激励着他在新闻职业领域终生不渝、乐此不疲的重要动力因素。

声名、地位方面,由于他从小喜欢被人赞誉、夸奖,喜欢生活在他人的瞩目中,喜欢被人尊崇,喜欢成为班级、学校的名人——这也成为其之所以想方设法上名校进而想尽办法进入新闻职业大门的重要因素之一。在进入新闻职业领域之后,这些方面随之成为他非常看重的新闻职业目标,而新闻职业的确很快让他在这些方面得到了满足。他先是经常被胡政之、张季鸾这两位报馆"巨头"、新闻界宿将赞赏、表扬,被地位尊崇的吴鼎昌厚待、礼遇,在报馆内地位节

①徐铸成:《报人张季鸾先生传》,"引言"第1页。

节上升,成为《大公报》"一方诸侯",继而在外出采访中经常被人作为"名记者"看待,礼遇有加。之后,更是在"名记者"身份之外增加了一重"报人"身份的光环。在这个过程中,他的知名度越来越高,影响越来越大。

与声名不断提升相应,他的社会接触面和交往圈也在不断扩大,经常与许多权势人物或著名人士相互接触或往还。从早期采访中接触的冯玉祥、阎锡山、李书城、王鸿一,到武汉时期接触的当时湖北地方实力派人物及其他军政界人士,再到上海、香港、桂林等时期与何香凝、潘汉年、李济深、龙云、白擎天、陈劭先、宋云彬、蒋经国、千家驹、张锡昌、马叙伦、夏丏尊、郑振铎、傅雷、顾颉刚等政界、文化界重要人物或知名人士相互接触、往还,其接触和交往的显要人物越来越多,也越来越多元。这对于一直十分看重社会地位与交往圈的他来说,无疑是一种十分美好的心理体验[1]。在这种接触和往还中,他对自身社会地位的感知也越来越良好,逐渐找到了跻身社会上层的感觉。张静庐在《中国的新闻记者与新闻纸》中曾说:"提起新闻记者这四字,好像这是多么阔的一种职业,无论什么大人先生的宴会,伟人政客的寓邸,都常有新闻记者们的足迹。若不是地位高尚,哪能办到这一层呢?"[2]在徐铸成的心中,对自己的新闻记者职业,大抵也是这种感觉。这一点从其很多回忆中谈及自己接触、交往的许多重要和显贵人物时所显现出的骄傲、自豪、自得即可说明。

---

[1] 徐铸成曾对自己这一生交往过的重要人物进行过如数家珍般的列举:"在革命领袖方面,毛主席曾接见过我一次;周总理曾三次约我亲切交谈;曾听过恽代英十分动人的演说","至于国民党方面,从蒋氏父子、二陈、孔、宋到正牌、杂牌军人,而政客、官僚,接触过的就更多了","总之,三十年来的接触面是相当广的"。由这段回忆可见他对自己的接触面和交往圈的重视(参见徐铸成:《旧闻杂忆》,"自序"第4—5页)。

[2] 张静庐:《中国的新闻记者与新闻纸》(上编),第10页。

声名和社会地位的不断提升，使徐铸成自得不已。而他心里很清楚，这一切都是因由自己的新闻职业而来，因由自己的记者、报人之职业身份而来。若不是《大公报》《文汇报》记者、主笔、总主笔身份，他根本不可能接触和结识那么多显贵和知名人物。若不是《大公报》《文汇报》的巨大影响，那些翻手为云、覆手为雨的权势人物，那些政界精英、文化界名流，根本不可能对他尊重有加、礼遇有加，与他平起平坐、相互往还。正如张静庐所说，"若不是地位高尚，哪能办到这一层呢？"正因为如此，他的内心才得以不断生发出无穷的激情、热情与力量，使得他在新闻职业道路上一往无前，乐此不疲。

新闻职业在满足徐铸成对于声名、社会地位的需求之同时，在物质回报、生活条件的改善和提升方面，也给徐铸成以极大的满足。由于徐铸成成长时期的家庭经济条件较为拮据，生活较为艰辛困难，在他的求学过程中备尝生活的艰难，这在无形中形塑了他对优越的物质生活的向往，其之所以想尽办法想进入新闻行业，与物质回报带来的冲击和吸引有十分紧密的关系。从事新闻职业后，不断增长的薪酬一方面满足了他内心对物质利益与经济回报的看重，使他不仅可以不再为柴米油盐发愁，而且还能讲究生活的品质，满足他对优越的物质生活的内心向往，另一方面，丰厚的薪酬待遇和优越的物质生活的获得，也为他跻身社会上层人物圈提供了坚实的物质基础。既然他十分看重跻身社会名流与上层社会之地位与身份，那就要有与社会名流与上层社会人士相匹配的物质生活方式，而这一切都必须有一定的经济基础作为支撑，而新闻职业确实将这种经济基础提供给了他。

徐铸成刚入《大公报》时每月收入为三十元。这对于当时还是一个学生、每月生活费只需要几元钱的他来说，已经算是"巨款"了。第二次成功采访华北运动会后，在月收入之外，胡政之又给了他一百元钱让他添补衣服。他结婚的时候，胡政之先给他送了一百元贺礼，后又给他汇了一百元。1929年结婚后回到天津做编辑，收入增长到了每月七十元。1930年，在担任《大公报》采编职务的同时，他暗中答应邵飘萍之妻汤修慧的请求，经常给其提供新闻稿件，汤修慧每月给其五十元。此后，胡政之知悉了此事，未对他惩罚的同时，将他的工资提到了一百元。到汉口后，如前所述，他"每月收入逾三百元"[1]。到《文汇报》当总主笔时，每月工资应发四百元，由于报纸处于困难时期，每月实发一百六十元。之后，伴随着他声名越来越高，无论是被邀主持香港《大公报》，还是回到桂林主持桂林版《大公报》，抑或是后来先后主持《大公晚报》、《大公报》上海版、《文汇报》上海版、《文汇报》香港版，其工资收入都应是各个时期报纸总主笔中最高的了。

　　当时新闻行业的总体薪资收入如何呢？据相关学者的研究，当时新闻职业的收入总体上呈现出明显的两极分化现象，知名记者、编辑的收入可达到二三百元甚至五百元，而一些不知名的小记者、小编辑的收入只有二三十元。而"根据当时报界大报少小报多的实情，收入高的新闻记者终究是少数，月薪在五十元以下的应该是大多数"[2]。由此可以看出，进入新闻职业领域后的徐铸成的收入，除了最初两年低于五十元之外，其他各个时期都属于民国时期新闻从业者中的高收入，武汉时期之后，更是基本上属于最高了。

　　收入步步提高的同时，对优越的物质生活十分向往的他，迅速地、甚至是超越其一些阶段收入标准地不断提高着自己的物质生活标准，不断改变着自己的生活方式。华北运动会后胡政之给了他一百元钱让他添补衣服，他立即用这笔钱给自己买了一块手表，还买了一些土特产孝敬父母，让父母分享自己成功的喜悦。结婚时，

---

[1] 徐铸成：《徐铸成回忆录》，第66页。
[2] 田中初、刘少文：《民国记者的职业收入与职业意识——以20世纪30年代为中心》，《新闻与传播研究》2015年第7期。

他把自己的婚礼办得隆重奢华,"一时轰动全城,围观者如堵"①。工资涨到七十元后不久,他立即将妻子接来,开始享受小家庭的甜蜜与幸福。汉口时期,他月收入三百元以上,而那时候的物价很低,"白米三元余一石,鸡蛋一元可买一百二十个"②,但据其日后的回忆,这个时期他竟然没有存下一点钱,其生活品质之高、花销之大,可以想见。

　　从其相关回忆文字中可以看出,在成为"一方诸侯"、著名主笔、著名报人后,他的生活方式几乎发生了翻天覆地的变化。他时常带着妻子出去旅游,外出旅游中他总是住最高档的宾馆。他喜欢买摄像机把玩,喜欢大摆筵席。他舍得花百元买一块手表,托人代买当时贵州最有名的"华茂"。四十大寿时,他在花园洋房大宴宾客,大摆宴席。他开始学习跳舞,与文人雅士一起看戏,将十里洋场当作自己的安乐窝。"1947年1月至3月间记下的五十篇日记之中,自己'请客',以及受邀参加各种'酒会''宴会''汤饼宴''便餐'的次数达十九次。"③

　　这样的生活,一方面满足了他对优越的物质生活的向往,另一方面满足了他进入上流社会、过上流社会之生活的愿望。而他知道,这一切,都是新闻职业带给他的。也正因为此,他不可能不对自己的新闻职业钟爱有加,不可能不在新闻职业道路上越干越起劲,越干越有热情,越干越投入。

①徐铸成:《徐铸成回忆录》,第47页。
②徐铸成:《徐铸成回忆录》,第66页。
③路鹏程:《论民国新闻记者交际费用的来源、使用与影响》,《新闻大学》2017年第2期。

五、莫怪无心恋清境，已将书剑许明时：
从独立到"左转"之路

徐铸成曾将张季鸾称为自己的"本师"，张季鸾也一直将徐铸成和王芸生视作自己的传人。张季鸾对徐铸成的影响之深，从徐铸成所写的《报人张季鸾先生传》即可深刻感知。张季鸾曾说："我是一个文弱书生，以文章报国。我认为，做记者的人最好要超然于党派之外，这样，说话可以不受约束。宣传一种主张，也易于发挥自己的才能，更容易为广大读者所接受。"①张季鸾的这种思想对徐铸成影响极大，从他1927年进入《大公报》后开始，他就一直处在这种思想的熏染之中。1938年到《文汇报》后，这种思想更被他发扬光大。他曾将当时《文汇报》的成功总结为"敢说话，无私见，无党见"，并称之为"文汇精神"②。抗战时期，陈布雷曾主动邀请他加入国民党，他以恪守"独身主义"为由婉拒之。1946年5月1日《文汇报》改版时，更是严正申明："今后的言论方针，是坚守独立的民间报立场，绝不伪装中立，依违两可；一切以人民意旨为意旨，明辨是非，绝不颠倒黑白，屈于权势。"③可以说，在他进入新闻职业领域后的相当长时间内，他一直都恪守着"独身主义""超然于党派"之原则。用他自己的话说，他"一心只想以超然独立之身，办好报纸，为人民说话"④。然而，及至1947年《文汇报》被勒令停刊多半年后，在筹办香港《文汇报》的过程中，他却突然放弃一直以来恪守的"独身主义""超然于党派"之原则，欣然接受共产党的帮助，主动接受共产党的领导。正如

---

① 徐铸成：《报人张季鸾先生传》，第34页。
② 徐铸成：《新闻丛谈》，第270页。
③ 徐铸成：《徐铸成新闻评论集》，"前言"第29页。
④ 文汇报报史研究室编：《从风雨中走来》，第15页。

陈建云教授所说:"香港时期的徐铸成和《文汇报》已经'左转'。"①

　　令人奇怪的是,在此之前,徐铸成似乎从来没有显现出任何"左转"的迹象,相关资料甚至徐铸成自己的回忆文字中,都没有说明这种转变的具体发生过程。与徐铸成相关的研究对此问题也没有任何明确的探求和清晰的解答。那么,徐铸成的"左转"究竟是怎么发生的呢? 他究竟是如何完成从强调"超然于党派"的民间报人到亲近共产党、主动接受共产党的帮助与领导的进步报人的转变的呢? 在这个过程中其心路历程究竟是什么样的呢? 要回答这些问题,必须从他对国民党和共产党的认识与态度的转变以及他对中国的前途命运与现实问题的最终认识说起。

　　纵观徐铸成进入新闻职业领域后对国民党和共产党的认识与态度的转变过程,可以看出,其对国民党的认识与态度经历了一个从赞扬、拥护到不满、批评再到失望、绝望的转变过程,对共产党的认识与态度经历了一个从敌视、误会到逐渐了解、有一定程度的好感再到认识逐渐加深、产生一定程度的心理与情感接受的转变过程。在这个过程中,他对中华民族的前途命运和他自己何去何从的问题也在探索、思考。在这种探索、思考中,他最终认识到,接受共产党的领导,既是他自己的唯一选择,也是中华民族的唯一出路。正是在这种情况下,他毅然"左转"。那么,这个过程具体是如何发生的呢?

　　从徐铸成加入《大公报》后最初几年的情况看,由于这一时期国内反共、反"赤化"的风气十分浓厚,受这种环境、氛围的影响,徐铸成对共产党的态度充满敌视与偏见。与当时大多数不了解共产党的人一样,他视共产党为"洪水猛兽",认为共产党的存在是影响国家走上正轨甚或引发民族危机的"祸乱之源"。在1936年撰写的评论《时局之展望》中提到共产党时,他总是称之为"赤匪",且将其视

────────────

①陈建云:《大变局中的民间报人与报刊》,福建教育出版社,2008年,第28页。

为国家的"内乱"，甚至将"共党势力之滋蔓勃发"和"对俄战事之失败"同视为"九一八"祸乱的根源，且认为"赤匪的逐渐消灭"是必然的，因为"完整、统一"，国家"渐入于一个大一统的局面"，是所有国人"最低限度的期待"，是不可阻遏的历史大势，任何阻遏这个大势的力量"定被摧毁"①。从他这一时期写的诸多时事评论均可看出，在他的眼中，共产党是影响国家"完整、统一"的最重要的"祸乱"因素之一，因此，只有完全消除"赤匪"，国家才有可能走上了正轨。在1937年1月1日所写的回顾前一年大事的评论《这一年》中，他对共产党倡导的旨在反对国际法西斯主义的"人民阵线"运动充满误解，对"在这祖国尚在危殆挣扎着生存的时代，来奢谈什么国际"充满不屑。他说："即如所谓'人民阵线'的活动，所表现于行动言论上的，是如何的浅薄、空虚，其所标榜侈谈的，是如何的不切实际，稍有常识的人，一望便知。"面对共产党"人民阵线"之主张"竟能号召不少青年"、"得着"很多群众之情况，他称之为"奇迹"，对出现这种"奇迹"的原因，他的解释是，这是因为共产党是一群"乱开支票的人"②。

　　对共产党心存敌视和偏见的同时，他对国民党及其政府却充满了拥护和肯定。在《这一年》中，对国民党政府的赞誉和肯定随处可见，如"政府一年的措施，处处可以看出在为全民谋幸福安定，同时也确已具有充分行使职权的力量和勇气"，"中央政府的机关，日趋健全；各项庶政建设，多有完密的规则整顿"，"我当局一变从来的忍耐的态度，从容应对，指挥若定"，"政府对于教育的整顿，已日渐有成绩，一般学生之程度，多已提高，学风亦日见纯良"等。对国民党政府肯定、赞扬的同时，对蒋介石也极尽赞美之词："蒋委员长数年

①徐铸成：《徐铸成新闻评论二集》，生活·读书·新知 三联书店，2011年，第8-9页。
②徐铸成：《徐铸成新闻评论二集》，第21页。

的苦心孤诣,以前还有许多人未能谅解,这一年中经过许多次惊涛骇浪,屹然自持,任劳任怨,为国忧劳。更因几年的努力,增加许多经验,在修养上、操守上、气度上,多已无愧一个伟大创业的领袖。"同时认为,西安事变后之所以发生"全国爱护领袖的热烈"现象"绝不是偶然的",而是委员长"几年来为国为民的呕心沥血、艰苦奋斗的精神换来的"①。

对共产党的敌视、误解和对国民党及其政府的拥护、赞赏和肯定,在全面抗战爆发、民族生死存亡问题成为中华民族面临的首要问题的背景下,均开始发生了十分微妙的变化。就对共产党的态度来说,由于这一时期基于对民族生死存亡时刻团结问题的重要性之认识,无论《大公报》,还是《文汇报》,对一切有利抗战的新闻都积极刊登,用徐铸成的话说就是,"不论从哪方面传来的抗战胜利新闻,我们都大肆宣传、突出刊载"②,这一时期他主持的报纸上开始出现不少有关共产党的正面消息和赞扬八路军、新四军英勇作战之精神的社论,如共产党关于抗战的政策、主张和八路军、新四军英勇抗战的消息。尤其是在"孤岛时期"其主持的《文汇报》上,经常可看到大量宣传国共合作一致对外的新闻,报道共产党的政策、主张及其所取得的成就的通讯,赞扬八路军、新四军英勇精神的社论,描述西北地区抗战生机与活力的读者"来鸿",以及史沫特莱的长篇报告文学《中国红军在前进》等。同时,这一时期的《文汇报》副刊《世纪风》也在许多共产党及进步作家的支持和帮助下成为"孤岛"上的抗战文学堡垒。《文汇报史略》就曾说,在抗战时期的《文汇报》内,所有的人,"无论自觉或不自觉,都愿意发表有关共产党的新闻、通讯及文章"③。如此多的有关共产党的正面消息出现在徐铸成主持的报纸

---

① 徐铸成:《徐铸成新闻评论二集》,第18—21页。
② 徐铸成:《徐铸成新闻评论集》,"前言"第17页。
③ 文汇报报史研究室编:《文汇报史略》,第17页。

上，一方面说明他对共产党的认识开始有了一定程度的变化，如他在1938年所写的《西北大战之展望》中说，共产党及其八路军"经多年之苦斗，万里之长征，耐劳苦，守纪律，有浓厚之政治意识，高速之政治理想，每一个士兵，均能成一个作战单位。日军如一旦深入，必遭严重之挫败"[1]，另一方面这么多有关共产党的正面消息也会在不知不觉中进一步促进其对于共产党的了解。

借助大量有关共产党的消息增加对共产党的了解之外，这一时期的徐铸成也开始利用闲暇时间看一些与共产党有关的进步书籍，以增加对共产党的了解，如《西行漫记》等。同时，这时他也开始接触到不少左翼人士和共产党员，如恽逸群。他与恽逸群的交往始于1938年春，刚开始时只是互"通电话"，后来很快发展到"秘密晤面"，"不时交换情况，讨论如何对付敌伪和应付租界当局的策略"等。他在《风雨故人》中谈到恽逸群时说："可以说，他是我前进的第一个引路人。"[2]虽然当时徐铸成并不知道恽逸群的共产党员身份，但在彼此交流、交往中，他不可能不受到恽逸群思想上的影响。除恽逸群外，《文汇报》创刊之初就在报社工作的左翼作家柯灵"孤岛时期"也和徐铸成一起工作过一年多时间。另外，《文汇报》创刊初期曾给予大力支持且与徐铸成私交甚笃的李平心当时也是入党十余年的"老党员"。这些共产党人与进步人士必然会在不知不觉中以各种方式影响徐铸成对共产党的看法。

"孤岛时期"的《文汇报》停刊后，徐铸成到香港主持《大公报》香港版。在香港，与徐铸成接触和交往的共产党人和进步人士更多了，如金仲华、羊枣、曹亮夫妇、徐明诚夫妇等。金仲华当时是《星岛日报》主笔，徐铸成与他交往最多，每晚都要打两三次电话。"有时，我们还相约，在看完大样后，一起到香港开市最早的高升茶楼去饮

---

① 徐铸成：《徐铸成新闻评论集》，第15页。
② 徐铸成：《风雨故人》，第44页。

早茶。"[1]当时的《星岛日报》以进步态度著称。金仲华在与徐铸成讨论社论内容时经常会带着著名左翼作家、共产党员羊枣一同前来。在这样的交流、讨论中,金仲华、羊枣对徐铸成的影响不言自明。此外,为了更好地采访新闻,徐铸成开始学习跳舞,而给他教跳舞的曹亮夫妇都是共产党员。另外,在宜兴旅港新春聚宴上认识并在之后日子里频繁来往的徐明诚夫妇,也都是共产党员。与这些共产党员的交往,必然会增加徐铸成对共产党的了解,也在不知不觉中改变他对共产党的看法与态度。

在对共产党的态度发生改变的同时,全面抗战爆发后徐铸成对于国民党的态度也开始发生变化。虽然因考虑到"抗战第一"之原则,"孤岛"时期的《文汇报》对国民党还是以正面报道为主,但这个时期他与国民党已开始产生龃龉。由于《文汇报》抗战时期的影响力,国民党对其十分重视,相关宣传内容很希望能在《文汇报》刊登,但对国民党方面送来的夸大宣传和只为邀功的文章,徐铸成经常拒绝刊登,这就引起了CC系和孔、宋等的不满。同时,为防止《文汇报》落入政学系之手,CC系迫切希望把《文汇报》抓在自己手里。为此,他们先后三次试图对《文汇报》进行收买。

第一次收买的情况是,潘公展派代表企图用一台五万元的印报机控制《文汇报》的大部分股权。这一阴谋被徐铸成识破后自然流产。第二次的情况是,孔祥熙试图以五万元投入为条件,给《文汇报》派一名副总编辑和一名会计主任。在恽逸群的提醒下,这次阴谋也归于失败。第三次的情况是,宋子文表示愿意给《文汇报》投资若干万,同时"给报馆所需的全部官价外汇",并表示可"放宽条件在中(国)、交(通)等银行调动'头寸'(即货币)"。这样的条件在当时可谓十分优越,可宋的要求是"派人当包括协理等在内的重要职员,还要改组董事会",这等于是要将《文汇报》变成他的报纸。几经考

---

[1]徐铸成:《报海旧闻》,第349页。

量后，徐铸成等人最终拒绝①。几次收买未成后，报复随之而来，《文汇报》的官价外汇全部被取消，报纸所需的白报纸全部"要用比《新闻报》高出三分之一的价钱去向黑市购买，这不啻置《文汇报》于死地"②。如果说前两次收买尚属平等协商意义上的商业投资——"巧取"的话，第三次收买就完全属于以权势压人的"豪夺"了。这就引起一直崇奉"独身主义"的徐铸成的强烈反感，之前对国民党的良好印象因此大打折扣。

主持《大公报》香港版时期，由于继续遵行"抗战第一"原则，再加上张季鸾时常来港指导言论工作，而全面抗战时期张季鸾一直倡导"国家中心论"，主张对国民党要少"骂"，因此，从香港《大公报》的新闻、评论等内容中尚看不出对国民党的较明显批评与不满。然而，若深入体会香港《大公报》上新闻与评论的视角，还是能看出他当时对国民党的许多工作已产生不满。最明显的是，当时香港《大公报》新闻或评论中认为国民党许多方面的工作亟待改进并为之提供建议的内容很多。如在《文化食粮亟需调整救济》中，徐铸成希望当局不要漠视文化建设的重要性；在《囤积与居奇》中，希望当局准确辨明囤积的界限；在《培养中国之新血液》中，希望当局不要让"特务制度"渗入学校……③可见，此时的徐铸成对于国民党当局的不少做法已心存不满，只是出于"抗战第一"之原则，直接性的"骂"比较少，较多采用的是正面建议的方式。

主持《大公报》港版时期，虽然较少直接报道或评论共产党和八路军抗战的内容，但在对欧洲战场和国际局势的报道和分析中，经常会涉及对苏联红军战况的报道与分析。这些报道与分析中，经常可见对苏联红军战绩进行高度评价的内容，显现出对苏联红军的良

① 文汇报史研究室：《从风雨中走来》，第19页。
② 徐铸成：《徐铸成回忆录》，第83页。
③ 徐铸成：《徐铸成新闻评论集》，第69—72、84—85、95—97页。

好印象。如《光荣的苏联战绩》一文就对苏联红军的战绩进行了充分阐述和高度评价①。对苏联红军的良好印象,客观上有利于进一步改变徐铸成对共产党的刻板印象和成见。

香港沦陷前,徐铸成对国民党虽已开始产生一定不满,但尚不强烈,对共产党虽已有了一定了解与好感,之前的误解、敌视消除了,但了解和好感尚不深入。香港沦陷后,徐铸成回到桂林,创办并主持《大公报》桂林版。在此时期,他对国共两党的态度都发生了极大转变,尤其是对于国民党的态度。

到桂林之初,徐铸成就曾拜访过当时桂林名义上的最高军事首脑——军委会桂林办公厅主任李济深,倾向开明进步的李济深不仅直言其对国民党之不满,而且还在暗地里保护进步人士。这样的态度,一方面直接影响了桂林的政治生态,使得在当时的桂林对国民党政府存在的各种问题进行批评成为一种风气,另一方面也使得之前对国民党政府已产生一定不满的徐铸成找到了共鸣,强化了其对国民党存在的诸多问题的认识。与此同时,被徐铸成称之为“亦师亦友”和前进道路上的两盏明灯的陈劭先、宋云彬对他的影响也很大。当时在桂林主持文化供应社的陈劭先一直站在反蒋立场,曾出版过不少进步书籍。此外,云集桂林的文化界、新闻界著名人物如郭沫若、茅盾、柳亚子、范长江、恽逸群、夏衍等也都以各自方式不断表达着对国民党的批评和不满。在这样的氛围中,徐铸成对国民党的态度发生了很大改变。认识到国民党政府存在的很多问题,又有较为自由、宽松的环境做保障,于是诸多对国民党政府表达不满和批评的文章便借助其主持的《大公报》桂林版表露了出来。

如在《如何振作政风》中,徐铸成对国民党政府“整个的政治风气,都流露空虚与虚伪的病态”之情况表达了强烈不满②;在《论贪

---

① 徐铸成:《徐铸成新闻评论集》,第100—102页。

② 徐铸成:《如何振作政风?》,《大公报》(桂林版)1942年7月8日第二版。

污案》中,对国民党政府内部因"机构不健全,组织欠严密","掩饰蒙蔽之风盛行",监察机关失职渎职等造成政界贪腐"层出不穷""积重难返"之状况进行了强烈批评[1];在《不忘耻辱》中,对国民党政府的不满和批评表达得尤为强烈:"在反侵略各国中,我们所受的苦痛最深,牺牲最大,遭遇的敌人也最残酷,但我们今日苦斗的空气,反日见淡薄,贪腐案层出不穷,国难商到处活跃,后方都市,依然纸醉金迷,狂吃滥用,恬不知耻,而一般人民,因高物价之压迫,颓丧消沉,抗战初期那种紧张的情绪,仿佛已烟消云散。""我们过去受了这样的奇耻大辱,刻刻想反抗,要雪耻。现在已打出了光明的路,耻辱眼看可以洗涤了,但在这为山九仞的关头,反而大家腐败的腐败,叹气的叹气,这样的国家,还想自强自奋?还配称'四强'?"[2]

从抗战初期开始共产党就同新桂系保持着紧密的联系,周恩来曾三次到桂林,与新桂系的重要人物进行接触、交流,给他们做了很多工作,使得桂林变成了当时政治环境较为自由、开放的城市,共产党的思想在当地影响相当大,由共产党指导和推动的活动很多。当时云集在桂林的许多从事抗日民主活动与宣传工作的著名文化人、新闻人,如郭沫若、茅盾、柳亚子、范长江、恽逸群、夏衍、陈劭先、宋云彬等,大都是共产党员或倾向共产党的进步民主人士,只是一些共产党员的党员身份未公开而已。在这样的环境、氛围中,徐铸成不可能不受到共产党思想的影响,对共产党的态度不可能不发生改变。他到重庆时曾特别期望能拜访周恩来,只是当时不凑巧,周恩来临时有事,他只好和林彪谈了两个多小时。特别期望拜访周恩来,至少说明他对共产党不仅不再敌视,而且已怀有一定好感,并强烈的希望深入了解共产党。

如果说在桂林期间徐铸成对国民党的不满还只是停留在对其

---

[1] 徐铸成:《徐铸成新闻评论集》,第125—127页。
[2] 徐铸成:《徐铸成新闻评论集》,第155页。

存在的问题的批评层面,目的是希望其能改进的话,1944年湘桂大撤退过程中,他对于国民党的态度则已是强烈的失望了。他在桂林版《大公报》停刊前最后一篇社评《敬告读者》中说:"我们抗战七余年,当此世界大局一片光明之际,我们却抵抗不住敌寇的进攻,甚至如桂柳那样重要的后方,还不得不疏散,不得不做焦土的准备。这样的局面,绝非一朝一夕所致,而政治的原因,更多于军事。"①在随后开始的逃难过程中,他辗转流离,一路上受尽磨难。逃难过程中的遭遇和亲眼看见的混乱情况,使他对国民党政权本身存在的合理性开始产生怀疑。他1984年为其新闻评论集写的"前言"中记述湘桂大撤退和逃难过程时,用几句话描述其一路辗转流离过程中的心情:"前方是抢,后方是乱,心中窝了一肚子火。这在我的思想上,也经历了一场洗礼。如果以前对国民党政权还存有一丝幻想,在事实的教育下,从此像肥皂泡一样完全破灭了!"②说此时对国民党政权的幻想已破灭,可能有言过其实之嫌,但对国民党的态度由过去虽看到许多问题却仍抱有希望、期望其改进开始转变为失望和对其政权的合法性、合理性的怀疑,则是可以肯定的。

对国民党政府开始失望并开始怀疑其政权合法性之后,抗战胜利后发生的一切更是让这种失望、怀疑一步步演变成了绝望。抗战胜利后,徐铸成受《大公报》董监事会之命回上海复刊《大公报》。"受命"后,他就暗自决定,以前在"抗战第一、胜利第一"之原则和其"本师"季鸾先生的态度影响下不得不对国民党以正面报道为主、尽量少"骂",现在抗战已胜利,作为民间报,今后当以"民主第一"为新闻言论之中心③。在这样的认识和原则之下,当沧白堂事件、较场口事件、昆明血案等违背民主、破坏民主的事件一个接一个发生的

---

①徐铸成:《徐铸成新闻评论集》,第165页。
②徐铸成:《徐铸成新闻评论集》,"前言"第24页。
③徐铸成:《徐铸成新闻评论集》,"前言"第27页。

时候,他立即进行报道,对国民党的倒行逆施进行毫不留情的批评。他之所以很快离开《大公报》,转到《文汇报》,正是因为其对国民党政府毫不留情的"大骂"引起了《大公报》当局的不满。转到《文汇报》后,他对国民党及其政府的批评就更激烈了。

考察这一时期的《文汇报》,可以看出,他对于国民党不仅经常"骂",而且是"大骂""痛骂"。从"警员警管区制",到羊枣事件、下关事件、李闻事件等,徐铸成不仅均给予了快速报道,而且及时发声,对国民党当局进行声色俱厉的质问。在"大骂""痛骂"的同时,对与国民党紧密相关的美国问题他也开始有了更深刻、更清醒的认识。他不断抗议美国在中国的暴行,要求美国退出中国。在《反对警员警管区制》《告马歇尔将军》《对南京暴行的抗议》《为美国设想》《饥饿的教师》《汤也没有换》等评论中,他或分析或建议,或嘲讽或痛骂,一次又一次地表达对美国在中国的暴行的不满,也以此方式对国民党政府依靠帝国主义的本质及其软弱无能进行了批评。

这样的立场和行为自然引起国民党的不满,他与国民党的矛盾、冲突随即发生。国民党当局先是勒令《文汇报》停刊一周,进行警告,后来又和"孤岛时期"对待《文汇报》的做法一样,先后三次试图收买《文汇报》。徐铸成持守民间报的本色,不仅拒不接受其投资,而且对国民党政府的批评更激烈了。在《善处当前的学潮》中,他毫无顾忌地批评政府当局:"物价如泛滥的洪水,米风潮如燎原的野火,正使人民惶惶不安。然而当政者似乎唯恐这场面不热闹,还要多弄些事情出来。"①这样的言论态度之下,《文汇报》的命运可想而知。1947年5月25日,《文汇报》与另外两家进步报纸一起被勒令停刊。徐铸成对国民党的态度也因此彻底转为绝望。

对国民党彻底绝望的同时,对共产党的认识却在进一步加深。在这一时期的《文汇报》上,有关共产党的消息与声音不断增多。共

---

① 徐铸成:《徐铸成新闻评论集》,第249页。

产党的政策、主张、声明,中共领导人对局势的看法和相关谈话等
经常在报纸上出现。这些内容虽不一定都因为徐铸成而产生,但至
少是他允许或默许的。同时,这些有关共产党的内容也必然会对他
进一步认识共产党的思想、主张产生不可忽视的促进作用。从这一
时期《文汇报》内的情况来看,当时的《文汇报》内已有一批共产党
员和倾向共产党的进步人士。在徐铸成尚未转到《文汇报》前的复
刊之初,由于当时的总主笔储玉坤政治觉悟不高,对国民党极力吹
捧,远离了民间报的立场,导致报纸销量持续低迷,严宝礼不得不试
图进行调整。当时中共上海市委文化方面负责人姚溱得知这一消
息后,立即决定让陈虞孙出面动员宦乡去《文汇报》。之后陈虞孙、
张若达、唐海、孟秋江等人也陆续进入了《文汇报》。这样,就在《文
汇报》内形成了一个以共产党员为核心的进步团体。至徐铸成回到
《文汇报》时,《文汇报》已完全处在了共产党员和进步人士的影响之
下。这样的环境氛围,对增进徐铸成对共产党的了解必然会发挥十
分重要的影响,而且使他不知不觉中在心理与情感层面逐步接受了
共产党。

　　虽然对国民党已开始绝望,对共产党也已有了进一步的了解,
并开始有一定程度的心理、情感接受,但仅仅这些并不能让徐铸成
放弃其坚持了二十年的"独身主义",也未能使其主动走向共产党并
毅然接受共产党的帮助与指导。其最终放弃"独身主义",主动接
受共产党的帮助和指导,要等到"第三条道路"彻底宣告破产之后。
"第三条道路"是在全面内战爆发、国共冲突日益激烈的背景下,由
一批既反对国民党一党专政又不赞成共产党领导的人民民主专政
的民主人士提出并倡导的一条既不同于国民党专制独裁道路又不
同于共产党领导的人民民主专政道路的类似于英美资产阶级专政
的道路。"第三条道路"的主要倡导者是一些民主党派,尤其是民
盟。徐铸成虽非民主党派成员,但也是"第三条道路"的倡导者和积
极支持者。

　　徐铸成对"第三条道路"的倡导和支持从其1946年回到《文汇报》后《文汇报》刊载的一系列鼓吹"第三条道路"的文章和其日记中的相关记述即可看出。1946年10月到12月间，《文汇报》曾陆续发表过《勖第三方面》《第三方道路》《再论第三方面》《所望于第三方面者》等文章和社论，这些文章和社论或极力鼓吹"第三条道路"，或对"第三方面"如何赢得国人尊重、发挥其应有作用建言献策。如《勖第三方面》一文就从三个方面为"第三方面"建言献策："首先，第三方面必须无论如何团结一致，不要自己内部起分化。其次，第三方面必须坚持政协路线，决不妥协。最后，第三方面应该随时将谈判经过的情形公开报告，让民众明白谁有诚意，谁无诚意，谁应付破裂的责任。做到了一二两点，第三方面才能受到国人的尊重；做到了最后一点，国人将会以行动反对那破坏和平的人，强迫他们走回政协的道路上去。"[1]从这种建言献策可明显感受到他对"第三方面"确实有着强烈的思想、心理认同。另外，从他1947年初的不少日记中，经常可以看到他与倡导"第三条道路"的诸多民主人士相互交流、往还的记述和对"第三条道路"或倡导"第三条道路"的民主党派的认同与期望。如1947年1月21日的日记中记述了主张"第三条道路"的民盟中央委员"邓初民先生来访"，彼此"相谈甚欢"之情景，和交流中谈及的国内外对民盟寄予的"极大期望"及民盟的"前途之光明"[2]。1月10日的日记中记述了他与倾向"第三条道路"的民革成员郭春涛共餐过程中郭对当时中国何去何从问题的看法："国共都拥有武力。两种武力到相等的时候就对销，那时才是中间力量膨胀的时候。目前军事力量尚未平衡，故和谈不能发现新基础，或者三月、半年后，军事打得稍有眉目，那时第三方面可坚强起来，创导真

---

[1] 徐铸成：《徐铸成新闻评论集》，第221页。
[2] 徐铸成：《徐铸成日记》，第17页。

正的民主和平。"①由这些日记可以看出此时的徐铸成对"第三条道路"的认同和对"第三方力量"创造"真正的民主和平"的深切期待。

然而,徐铸成寄予厚望的"第三条道路"及其活动并没有存续多久就在事实的教育下破灭了。1947年1月7日,在华调停国共内战的美国特使马歇尔发表离华声明后,无功而返。1月29日,美国宣布放弃斡旋,退出国、共、美三方组成的军调部。2月21日,中共在国统区各地代表全部撤离。重庆《新华日报》也于2月28日被迫停刊。所有的和谈大门渐次关闭,"第三方力量"发挥作用的可能性日见渺茫,最终归于无有。随着和谈大门的关闭,内战全面爆发。在这个过程中,徐铸成对"第三条道路"心存的希望逐渐幻灭。在1947年1月29日的日记中,他无奈地说:"美国宣布放弃斡旋,退出军调部,尽快撤退美驻军,至此以美国为中心之和谈工作告一结束,从此将为赤裸裸之内战,一切取决于战场矣。"在2月1日的日记中,他说:"三十六年又过了一个月了,大局还是不断恶化;自从政府宣布和谈绝望后,一切取决于战场,……"②由这些记述可以深切感受到其在面对"第三条道路"成功的可能性越来越渺茫时的无奈。

伴随着内战的全面爆发,国民党政府对民主党派的压制、迫害也日益强化。1947年10月,国民党政府宣布民盟为非法组织,强制民盟总部宣布解散。11月,民盟总部被迫宣布解散。民盟的解散宣告"第三条道路"彻底破产。伴随着"第三条道路"的破产,倡导和支持"第三条道路"的知识分子希望在国共之外找到一条既不选择"国"也不选择"共"的中间立场的个人发展道路之努力,也成为不可能了。在这种情况下,究竟是"向左走",还是"向右走",就成为摆在每一个抱持"独身主义"立场的知识分子面前的亟须正视的现实问题。对徐铸成来说,由于之前对国民党政权已经绝望,对共产党的

① 徐铸成:《徐铸成日记》,第13页。
② 徐铸成:《徐铸成日记》,第21、23页。

思想主张已有较深入了解，且内心对共产党已有了一定程度的好感和心理、情感接受，在这种情况下，当只能在国民党和共产党之间二选一的时候，毅然"左转"，选择共产党，就是一件很自然的事了。

　　当然，不能否认，徐铸成的"左转"中的确蕴含着现实的权衡与考量之因素。这一点从其1948年2月与国民党要员吴绍澍的台湾之游中给吴的个人建议即可看出。上海《文汇报》被封后，吴绍澍曾邀请他担任《正言报》总编辑，他以劝"新丧的孀妇"改嫁不近人情为由婉拒之。台湾之游结束时，吴又旧话重提，再次提出邀请。徐铸成认为，国民党政权很快就会灭亡，因此不仅未答应吴的邀请，反而建议吴应为自己早做打算，言下之意，不要与国民党"偕亡"，应及早与共产党接触。这样的建议中，显然隐含着他自己已做好了个人打算的意味。在吴绍澍对自己的国民党五子登科接收大员身份表示担忧和无奈，担心共产党不会"要"自己时，徐铸成开导他说："这几年我交了不少进步朋友。据我所知，中共已明白宣告，不咎既往，只要赞成革命，谁都是欢迎的。"①从这样的建议一方面可以看出在此之前徐铸成已经有了自己明确的选择——即准备"左转"、走向共产党，另一方面也说明，其选择"左转"确实蕴含着对形势的判断和与之相应的现实考量因素。陈建云在探讨徐铸成"左转"的原因时，将主要原因归于徐铸成"对时局的判断"②，正是因为此。

　　然而，"对时局的判断"只是徐铸成毅然选择"左转"的直接原因和表层原因。徐铸成之所以毅然选择"左转"，核心原因还是对于共产党思想、主张的认可和国共对比之下共产党给他留下的良好印象。陈建云在把徐铸成"左转"的主要原因归于其"对时局的判断"后曾补充说："当然，徐铸成选择'左转'，并不是见风使舵，搞政治投机，而是其政治观念一直比较进步的必然结果"，"国民党腐败颠顶，

①徐铸成：《徐铸成回忆录》，第147页。
②陈建云：《大变局中的民间报人与报刊》，第34页。

人心背离;共产党得道多助,众望所归。做了几十年新闻工作,世事洞明如徐铸成者,取舍之间自然不会犹豫不决。"①

除了对国民党腐败颟顸的不满和对共产党思想、主张的认可之外,共产党和国民党在对待《文汇报》的方式上显现出的不同及其带给徐铸成的对于共产党的良好印象也发挥了很大的作用。当《文汇报》有困难时,国民党总是想着如何将其据为己有,而共产党与倾向共产党的民主、进步人士总是想着如何去帮助这张报纸解决困难,走出困境,而且不附加任何条件,不强迫其改变立场,失其本色。1946年,当得知《文汇报》读者股筹备不足时,周公馆立即送来1000块银洋钿,而倾向进步的李济深更是让李澄渔与徐铸成接洽,主动帮其渡过难关,而这一切帮助都是不附加任何条件的。国民党一方面倒行逆施,丧失人心,另一方面对《文汇报》百般逼迫,无情摧残;共产党一方面以其思想、政策赢得人心,另一方面对《文汇报》给予热情而无私的帮助和支持,两相对照下,毅然"左转",走向共产党,就成为一个最理性、也是最必然的选择。

总之,徐铸成的"左转",从表面看,似乎出于时局变化下的不得已,但若仔细分析,就会发现,其"左转"完全可说是一种具有历史必然性的选择;其"左转"表面看似乎是突然的,但若放在其新闻生涯的整个过程来考察,放在其对国民党和共产党的认识与态度的历史演变过程中来看,其实并不突然,而是有一个认识与态度逐渐转变的过程。从这样的过程中,既可以看到一个一直恪守"独身主义"和"不党"立场的民间报人乃至整个自由主义知识分子在中国革命和中国历史的大变局中的心路及其政治思想发展演变的历程,又可以看出国民党政权溃败的必然性和共产党获得人心与天下的必然性。

①陈建云:《大变局中的民间报人与报刊》,第34—35页。

综论 报国理想与职业理念：论政报人的追求与矛盾

从张季鸾和徐铸成从事新闻职业的历程及各个时期内心追求的变化，既可以管窥到民国时期职业记者、报人的较完整的职业成长与发展过程，也可以较为充分地感受到文人论政类报刊及其报人的特殊精神追求与职业意识。文人论政报刊是民国时期以追求自由、独立为基本诉求的民营报刊中的一类，它与民国初期以黄远生、邵飘萍等为代表的发育中的职业记者所办的报刊有着理念与时间上的源流关系。与此相应，文人论政类报人也就与创办、主持这类报刊的初生代记者、报人在精神追求与职业意识方面存在着相同的代际传承关系。在一定意义上，可以说，文人论政类报人的出现是民国时期职业记者群体自然发展的结果，是民国初期"未长成"和"初长成"的职业记者们在职业化发展道路上进一步发展的成熟状态，是总结其经验和教训基础上发育成长起来的新闻职业群体。

这个成熟状态的职业群体与之前"未长成"和"初长成"的职业记者们的相同之处主要是，他们都有着强烈的爱国报国理想和新闻救国情怀，而其不同之处从总体上来说主要是其对新闻职业专业化的更自觉且明确的追求及与此相关的更为明确的职业专业化理念。也就是说，他们与民国初期初生代的职业记者们相比较，对新闻职业应秉持的原则、应具备的理念、应遵守的规范有了更明确的意识，能将自己的爱国报国理想和新闻专业理念有机地结合起来，能用新闻业特有的方式来实现其报国救国理想，能在遵循新闻业特有的规范、不超越新闻职业边界的前提下实现自己的报国救国理想。在一定意义上,可以说,他们的新闻救国才是真正的"新闻救国",是与民国时期其他仁人志士的救国活动、救国努力及其方式不同的救国,是用新闻人所特有的方式开展的救国实践。这种救国最主要的特点就是用报刊来"论政",但在"论政"过程中绝"不参政",至少以"不参政"作为自己明确的职业原则。

无论是张季鸾,还是徐铸成,都可以说基本做到了这一点。他们都有强烈的爱国报国理想,爱国、报国不仅是他们最初选择新闻职业的重要原因,也一直是他们从事新闻活动的目标,是其新闻报道和报纸版面上显现出来的核心主题和最强音。就张季鸾来看,其新闻生涯中的爱国、报国理想似乎更为强烈,爱国、报国目标似乎更为突出。由于少年时期受关学思想影响,在他的身上,传统儒家知识分子所具有的"经世报国""修齐治平""先天下之忧而忧,后天下之乐而乐"等的思想与精神特质更为明显。他投身新闻工作领域后的各个时期,职业目标与理念追求虽然有较大差异,但其新闻活动与报刊内容的爱国、报国指向却一直既鲜明又突出,其以报刊为救国、报国手段的目的性非常强,且一以贯之。

就徐铸成来看,虽然吸引其进入新闻职业领域的因素较多,既有以文章报国的因素,也有求声名、求地位、求个人功名的因素,更有求经济回报与生活条件改善之因素,但爱国、报国无疑是诸多因素中最突出的一个方面。尤其是全面抗战爆发后他被《大公报》遣散,转到《文汇报》担任总主笔之后,他借助报纸及其新闻、评论报国救国的目的更加明显。这一时期,他以手中的报纸新闻、言论为工具,报道与抗战有关的各种新闻,分析战争形势的变化,揭露日本侵略者的阴谋,坚定沦陷区人民的信心,鼓舞全国人民的斗志,成为全面抗战时期闪耀在"孤岛"上的一盏明灯。《文汇报》被迫停刊后,他虽先后辗转于香港、桂林、重庆等地,但用报纸抗战,借助报纸促进抗战、服务抗战建国大业的目的一直没有变。抗战胜利后,他继续奋战在新闻工作岗位上,利用手中的新闻武器,批判国民党专制独裁，揭露国民党政府压制、摧残民主的行为，为民主、和平大声疾呼。

　　在用新闻救国、实现其新闻救国、报人报国理想的过程中所秉持的新闻职业理念方面，文人论政类报人与民初"未长成"和"初长成"的记者、报人们的区别在于，他们虽然也标举言论自由之旗帜与口号，但在强调言论自由的情况下，他们更强调独立，更强调新闻职业的伦理道德规范，更强调新闻职业的专业化建设和职业权威建构。在实现新闻救国、报人报国理想的过程中，他们既强调报纸要不依附任何党派，有自己独立的政治立场和政治倾向，又强调要保持报纸经济独立，不以报纸言论做交易，"不受一切带有政治性质之金钱补助"，既强调报纸和报人要忠于其固有之职务，不将报纸作为个人谋取私利的工具，使报纸成为社会公众之喉舌，又强调"立言""造言"的理性、真实、持重，有主见，不卑不亢，不随声附和，不一知半解，不因感情冲动而不事详求，不在昧于事实的情况下论评和臧否，即《大公报》所倡导的"四不"理念与原则①。

　　这些理念与原则是张季鸾最先提出并倡导的，是新记《大公报》率先垂范、身体力行，在其日常新闻言论和记者报人的新闻职业活动中鼎力践行与彰显。它们是在总结和吸取民国初期新闻业存在的诸多问题和教训基础上提出的，既借鉴了"五四"以来传入中国的西方新闻专业理念，又融合了中国传统文化与知识分子的精神传统。新记《大公报》因秉持这种原则与理念而迅速获得了良好声誉与社会影响力，新记《大公报》同人们以各种方式对这些原则与理念进行推广，使得这种原则与理念很快变成了北洋军阀统治时期结束后众多怀抱新闻救国之志的记者、报人的共同理念，成为南京国民政府建立后信奉自由主义的记者、报人们在"重构职业社群"过程中共同追求的职业核心理念与原则，成为该时期新闻职业共同体意识得以形成的理念基础。

――――――――
① 张季鸾：《本社同人之志趣》，《大公报》（天津版）1926年9月1日。

在对这些理念与原则的践行与坚守方面，无论是张季鸾，还是徐铸成，可以说基本都做到了。虽然张季鸾在20世纪30年代已逐渐显现出与蒋介石较为亲近的个人关系，全面抗战爆发后与蒋介石的个人关系更为亲密，且明确宣扬"国家中心论"，拥护蒋介石的"中心"和"领袖"地位，拥护国民党政府的统一领导，维护国民党政府的形象与权威，但总体来看，其与蒋介石的关系并未从根本上影响新记《大公报》作为文人论政类报刊应具有的独立与客观，也未影响新记《大公报》作为民营独立大报的专业性、权威性和报界领袖地位。

尤其在对待国民党和共产党的态度上，从全面抗战爆发前的情况看，他对蒋介石和国民党政府依然是该批评就批评，对共产党依然是该肯定就肯定，不会因为国民党极力反共就对共产党的情况要么不予报道要么极力抹黑。全面抗战爆发后，虽然张季鸾与蒋介石的关系更为亲密，对国民党政府、国民党军队的正面宣传多了很多，且公开宣扬"国家中心论"，拥护国民党政府的统一领导，但总体来看，其报纸所持立场依然是民族的立场、国家的立场，其新闻言论的独立、客观、理性和公众立场依然是主流。而且，从具体新闻理念来看，这一时期其所倡导的新闻职业理念属于战时新闻学的有机组成部分，而战时新闻学理念是全面抗战爆发后所有的爱国记者、报人们基于救亡图存之考虑，从内心深处自发且自觉地迸发出的一种带有时代必然性的共同理念。其原因和内在逻辑很简单，在民族生死存亡的关键时刻，一切思想、行动当以是否有助于团结抗战、取得抗战胜利为标准。在民族危亡的严峻时刻，若依然追求自身职业的独立性、客观性，显然是不合时宜的。

就徐铸成的情况来看，张季鸾、胡政之等新记《大公报》同人是他的新闻职业技能获取和职业理念建构的领路人及导师，尤其是张季鸾，一直被他视为"本师"，他也一直自称是张季鸾的"传人"。他进入新闻职业领域后，也一直奉张季鸾、胡政之等为新记《大公报》树立的职业理念与原则为圭臬。

　　虽然未见到他进入新闻职业领域的最初十年中有过关于新闻职业的认识阐发或理念表达,但从这十年的新闻职业表现来看,可以说完全是在新记《大公报》倡导和秉持的新闻工作理念与原则范围内工作的。之后,由于他成为《文汇报》的总主笔,接着又先后主持《大公报》香港馆、桂林馆,《大公晚报》,《大公报》上海版,最后又重回《文汇报》,先后担任上海《文汇报》、香港《文汇报》总编辑,作为报纸或报纸分馆的负责人,其新闻职业理念自然经常以宣示报纸创办目的、宗旨或其对某些重大问题的态度的方式对外表达。从这些能显示其新闻职业理念与原则的对外宣示文字看,他所张扬和坚持的基本上是张季鸾等新记《大公报》同人信奉的那些基本原则与理念,如自由、独立、公正、理性、"以文章报国""代民众讲话"等①。与《大公报》同人不同的是,徐铸成自始至终一直强调"敢言",尤其是在全面内战爆发后《大公报》进退失据、日益陷于保守中立的情况下,他依然明确强调独立、敢言,强调"绝不伪装中立,依违两可;一切以人民意旨为意旨,明辨是非"②。在这个意义上可以说,徐铸成不仅习得了张季鸾为新记《大公报》和整个新闻界确立的新闻职业原则和理念,而且在一些层面上发扬光大了。

　　从这些方面来看,在文人论政类报刊与报人们身上,报国理想与新闻职业的专业化理念似乎做到了完美结合、没有任何冲突和矛盾了。事实是否如此呢? 从张季鸾和徐铸成这两位以文人论政为职业目标的报人的新闻生涯之具体情况看,答案显然是否定的。

　　虽然包括张季鸾、徐铸成在内的以论政报国为最高目标的报人们以自由、独立、公正、理性、代民众立言等为最基本的价值与理念追求,强调"不党、不卖、不私、不盲",强调"论政而不参政",但由于

---

① 吴廷俊:《论中国文人办报的历史演变》,《新闻春秋》1998年9月总第6辑,第86-88,91页。

② 徐铸成:《徐铸成新闻评论集》,"前言"第29页。

身处民国时期特殊的政局、时局之中，先是面临国民党日益严格的新闻统制压力，接着是民族危机日益严重，国家面临生死存亡之选择，再接下来是国共冲突、全面内战、国共两极政治格局日益形成，所有的记者、报人们都必须面对非此即彼的选择，这一切使得所有以自由、独立等为基本追求的文人论政类报人们在践行和坚守其职业理念与原则的过程中或多或少会存在诸多无奈或打折扣之处，如主动或不得已放弃对言论自由的强调与追求，不得不在一些问题上有所妥协，不得不为自己设置一些不能"碰"的报道与言说领域，不得不放弃"论政而不参政"的信条，不得不在两极政治格局中进行艰难的思想斗争与抉择等。这些无奈或不得已，有些是出于挽救民族危亡的需要，有些是出于不得不直面的现实压力，有些是出于报人自身的文化心理与价值选择。

就张季鸾来说，他是新记《大公报》"四不"理念与原则的直接提出者和最主要的倡导者与践行者，虽然总体上来看他自始至终在践行和坚守着其心中的职业原则与理念——这一点从新记《大公报》在国内外都享有的盛誉和他逝世后国共两党及社会各界对其做出的高度评价等即可看出①，但针对一些特定问题或特定时期内在一些特殊原则与理念的坚守上，他还是有妥协和打折扣的时候，最主要表现在与蒋介石的关系和全民族抗战背景下的新闻理念变化方面。在与蒋介石的关系上，虽然在新记《大公报》创刊之初他曾因"痛骂"蒋介石等举动确立了其独立、敢言之形象，但之后不久，他与蒋介石之间即开始了逐渐亲近的过程。如果说1935年12月吴鼎昌

---

① 1941年《大公报》获密苏里大学新闻学院颁发的当年最佳新闻事业服务荣誉奖章，这既是对《大公报》所获得的成绩的认可，也是对张季鸾新闻职业表现及其所坚守的原则、理念的认可。张季鸾逝世后，国共两党领导人都十分重视，蒋介石唁电中称其"一代论宗，精诚爱国"，毛泽东唁电称其"功在国家"，周恩来称其为"文坛巨擘，报界宗师"，社会各界都对其一生坚守新闻岗位、言论报国的热忱与情怀称赞不已。

担任国民党政府实业部部长之前,这种逐渐亲近的过程尚较迟缓,张、蒋之间的关系尚保持在一种若即若离的范围的话,此后由于张季鸾逐渐接替吴鼎昌开始了与蒋介石的直接互动,彼此之间关系的升温开始加快①。及至全面抗战爆发后,张季鸾更是很快成为蒋介石的"谋士"和座上宾。

如果说全面抗战爆发前张、蒋之间的关系尚未影响到其新闻言论的独立、客观,并未改变其之前倡导和坚守的新闻理念与原则的话,全面抗战爆发后,不仅其之前倡导并坚守的新闻理念发生了很大程度的变化,开始支持国民党政府的新闻统制,经常为蒋介石及国民党政府进行宣传,努力把蒋介石塑造成"国家中心"和"领导奋斗之领袖"。他之前坚守的"论政而不参政"之原则与底线也被突破,开始经常在内政、外交等方面为蒋介石及其国民党政府出谋划策,并直接参与蒋介石政府的一些外交工作,如与德国人陶德曼斡旋,与日本人秘密"和谈",另外还曾为蒋介石起草部分文告,如《抗战周年纪念日告全国军民书》《国民精神总动员纲领》等。当然,全面抗战爆发后的新闻理念变化和"论政而不参政"之职业行为底线的突破,并非仅仅缘于他与蒋介石之关系的日益亲近,更深层次的原因是他在民族生死存亡的关键时刻爆发出的挽救国家、民族前途命运的急切心情及对争取抗战胜利、谋求抗战建国之途径的认识。当然,其中也有他作为儒家知识分子好名重节、感恩图报的思想性格之原因。但无论什么原因,他新闻生涯中存在报国理想与新闻职业专业化理念与追求之间的矛盾与冲突这一点,显然是毋庸置

---

① 吴鼎昌担任国民政府实业部部长之前,张、蒋关系中有两个标志性事件:一是1933年张被蒋授"专电奏事之权",二是1934年蒋大宴宾客将张奉为首座。吴鼎昌任部长后,张、蒋"互动升级",关系升温加快,从俞凡对蒋介石档案的研究即可发现(见俞凡:《试论新记〈大公报〉与蒋政府之关系——以台北"国史馆"藏"蒋介石档案"为中心的考察》,《新闻与传播研究》2013年5期)。

疑的。

就徐铸成来说,应该说,在他突然"左转"之前的二十余年新闻生涯中,总体来看并没有显现出像张季鸾那样的报国理想与新闻职业专业化理念之间的太明显冲突。他进入新闻职业领域后的前十年,主要从事的是记者、编辑之工作(1932年之后虽然被派担任驻武汉办事处主任,但所从事的依然是新闻采写等工作),其工作基本上是在胡政之、张季鸾的指导下进行的。作为记者、编辑,他无须考虑报纸与政府之间的关系问题,只需要按照报纸的总体理念、要求做好自己的新闻采编与言论撰写工作。在这个过程中,他要考虑的主要是如何想尽办法获得重大新闻、独家新闻,如何按照报纸的总体立场、理念对相关新闻或现实问题进行深入、客观、理性的评论,以便能在社会上获得更大的反响和影响力。

从1938年担任《文汇报》总主笔开始到1948年突然"左转",虽然这个阶段的他先后主持《文汇报》、《大公报》香港版、桂林版、《大公晚报》、《大公报》上海版,掌握这些报纸的新闻言论大权,但他一直保持着民间报人、独立报人的立场与身份,未显现出与任何党派的过于亲密的关系,也未显现出像张季鸾那样的因团结抗战之需要和与蒋介石的特殊关系而放弃之前倡导的新闻专业理念之情况。冯英子就曾评价他说:"他敢于说真话,也善于说真话,几十年来,他写的文章,都知无不言,言无不尽,虽书生论证,却大义凛然。"[1]如果说在此期间他的内心曾有过某种妥协和不得已的话,这种妥协和不得已便是,在主持桂林《大公报》时期,他虽已对国民党政府的许多方面的表现产生强烈不满,但迫于"抗战第一、胜利第一"之原则和自己敬仰的"本师"张季鸾的"国家中心论"及其对国民党政府要尽量少"骂"之主张与要求,他只能适当压抑自己的不满,对国民党政府存在的许多问题采用相对克制的方式进行期望和建议式的

---

[1] 李伟:《报人风骨——徐铸成传》,封底。

批评。

　　然而，从其新闻生涯发展的完整过程来看，他最终还是无法保持其民间报人、独立报人的立场与身份。在民国时期中国社会发展的历史终局和历史大变局来临之际，他最终还是要面对究竟是应该选择国民党还是选择共产党这样的两极化选择，虽然他最终做出了正确的选择，但这个过程无疑是艰难的，甚至是痛苦的。这是民国时期所有民间报人、独立报人都必须面临的选择，是民国时期中国社会政治发展的必然结果。

第四章　国民党新闻人的
职业追求与无奈

引言　国民党新闻事业与从业者群体的
产生与发展

　　在民国新闻史上,国民党新闻事业因其所属政党在中国近现代史上的特殊地位与角色无疑具有十分重要的地位。国民党新闻事业的源头最早可以追溯到民国建立以前的资产阶级革命时期。早在1900年革命派就在香港创办了自己的第一份机关报《中国日报》。此后,大批革命派报刊在海内外迅速创办并传播。1905年同盟会成立后,资产阶级革命派报刊更是大量涌现,先后出现包括《民报》《神州日报》《民呼日报》《民吁日报》《民立报》等在内的一大批影响巨大的著名报刊。这些报刊在宣传革命思想、推翻清朝统治方面做出了不可磨灭的贡献。辛亥革命胜利后孙中山曾明确宣称:"此次革命事业,数十年屡仆屡起,而卒成于今日者,实报纸鼓吹之力"，"革命之成功，革命军队之力半，报纸宣传之力半"①。

民国建立后，伴随着同盟会改组为中国国民党，国民党"机关报和党人经营的报刊蓬勃一时，遍布于京津沪汉及各主要省会"②，这些报纸为巩固革命胜利果实，反对袁世凯篡权和复辟，进行了不懈斗争。但由于革命胜利果实很快被篡夺，国民党及其报刊首当其冲，被大肆摧残。"五四"新文化运动时期，伴随着各种新思潮、新学说的广泛传播，中国社会进入新旧交替的历史时期。在此背景下，各派政治力量重新分化组合，民主革命力量逐渐集中到了孙中山主张的"国民革命"旗帜之下。在这个过程中，以《民国日报》等为代表的国民党人主办的报刊，积极宣传各种新思想、新文化，广泛传播包括马克思主义与社会主义思想在内的各种政治思潮，发挥了十分重要的舆论宣传和思想引领作用。

第一次国内革命战争时期，尤其是第一次国共合作开始后，在共产党的帮助下，国民党办报活动与宣传事业与之前各时期相较有了更大起色。除了以《民国日报》命名的数家国民党报纸外，国民党中央和各地方组织也创办了一系列报刊，如《政治周报》《中国农民》《楚光日报》等。据马光仁《第一次国共合作与报刊》一文介绍，国民党中央组织部曾做过一次调查，调查表明，至北伐战争前夕，由国民党各省市党部出版的报刊总数达到66种③。

南京国民政府建立前，国民党的办报活动虽已有较长历史且在不同时期发挥了不可忽视的历史作用，但由于国民党尚未成为具有优越政治地位的执政党，其活动范围和经济力量较有限，故使其总体上尚未成为新闻业的主导力量。伴随着1927年南京国民政府

---

① 孙中山：《孙中山全集》第二卷，中华书局，1984年，第337页。
② 蔡铭泽：《中国国民党党报历史研究(1927—1949)》，花木兰文化出版社，2013年，第15页。
③ 马光仁：《第一次国共合作与报刊》，《新闻大学》总第9期，1985年3月。

的建立,国民党新闻事业依托其所属党派的执政党地位和雄厚的经济实力,迅速在全国范围内建立起了完整体系,"形成了以《中央日报》、中央通讯社和中央广播电台为主干,从中央到地方的党营新闻事业网"①,并很快变成了民国时期新闻事业整体版图中的主导性力量,至少从政治地位和规模层面可以这么说。

抗战时期,国民党新闻事业虽在抗战初期一度"蒙受惨痛损失"②,但由于国民党在战时实行新闻统制,借助战时体制,"一方面扩张自己的新闻阵地,……另一方面强化新闻检查制度,压制不同政见的报刊",使其新闻事业总体"实力反倒超过战前,影响力渗透到战前未及达到的西南后方,一时间,形成了官方新闻独霸之势"③。抗战胜利后,国民党一方面迅速将其新闻事业的重心东移,另一方面借助接收沦陷区敌伪新闻机构、以"附逆"罪名改组一些民营报刊和实行党报企业化经营管理,使其新闻事业版图相较战前更加扩大。但由于国民党奉行一党专制,内战很快爆发,国民党在军事上节节败退,大陆政权很快丧失,其新闻事业体系也随之退出了大陆版图。

国民党新闻事业之所以能有这样一个从兴起到持续发展的历史过程,并在民国时期新闻事业版图中一度成为居主导地位的力量,除了依托其所属政党在中国近现代史上的特殊地位之外,也与其内部不同时期都存在着大批有志于新闻或宣传、对新闻宣传工作怀有极大热情、具有相应才干并勤力为之的新闻宣传工作者群体有十分密切的关系。这些新闻宣传工作者多是不同时期有革命热情、有社会关怀、有报国理想的爱国者,只是在寻求报国之路过程中因某些或偶然或必然的因素被国民党绘制的革命路线图所吸引,进入

---

① 向芬:《国民党新闻传播制度研究》,中国社会科学出版社,2012年,第52页。
② 蔡铭泽:《中国国民党党报历史研究(1927—1949)》,第153页。
③ 向芬:《国民党新闻传播制度研究》,第61页。

到了其阵营中，成为其各个时期的思想、主张、政策、目标与具体任务的宣传者、鼓吹者。纵观这个群体之成员，从早期的陈少白、冯自由、于右任、陈布雷等，到后来的叶楚伧、程沧波、潘公展、董显光、曾虚白、萧同兹、马星野、冯有真等，均可谓新闻界之俊才。

这些新闻人的共同特征是，均属于国民党新闻人，具有国民党新闻从业者群体共有的党派性，为国民党在不同时期的工作目标与任务鼓与呼。但由于国民党在中国革命不同时期的历史地位和所起的作用不同，其革命性与进步性存在较大差异，因此使得不同时期的国民党新闻人的历史贡献和所发挥的作用不尽相同，同时，也使得不同时期的国民党新闻人从事新闻工作过程中的职业心态与情感状态存在着较大差异。

总体来看，从清末到南京国民政府成立前，由于国民党在中国民族民主革命过程中发挥着明显的进步作用，因此使国民党新闻人能以极大的革命热情和对自己所属政党政治目标与革命任务的认同，全身心投入其所属政党的革命宣传事业中，基本做到革命理想、政党目标与新闻宣传工作的有机融合与统一。从南京国民政府成立到1949年退出大陆为止，国民党新闻人虽然在抗战时期曾经"和全国爱国的新闻工作者一道，团结奋斗，历经磨难，为坚持抗战、反对投降、争取民族独立写下了可歌可泣的篇章"，也创造了"国民党党报历史中最有光辉的时期"[1]，但由于这一时期国民党总体上走的是一条专制独裁道路，许多政策、做法是违背国家和人民利益的，再加上其政党自身的软弱性和内部派系的复杂性，使得这一时期的国民党新闻人在从事新闻工作过程中的职业心态表现出较为复杂多元的面貌。

为呈现这一时期国民党新闻人的职业心态与情感状态，笔者特选择马星野和萧同兹作为代表，试图通过对他们的人生求索经历和

---

①蔡铭泽：《中国国民党党报历史研究（1927—1949）》，第145页。

新闻职业生涯中的目标追求、实际表现、努力过程、最终结局及其间的情感转变过程等的考察,管窥民国时期尤其是南京国民政府成立后的国民党新闻人的职业心理状态、心路历程与职业发展宿命。之所以选择马星野和萧同兹,一方面是因为他们俩分别执掌过国民党党报《中央日报》和"中央通讯社",且均以其特殊新闻理念或管理才能取得显赫成绩,也使自己成为这一时期国民党新闻人群体中的俊杰;另一方面是因为他们的出身、风格、理念、能力各异,一个很早就有志于新闻业,具有新闻专业理想,因各种因缘最终进入国民党党派新闻人队伍,一个原本为国民党党人,精于党内事务与人事关系,因工作需要被派主持所属党派新闻事业,最终成绩斐然。因此,通过对他们的职业心态与职业情感发展过程的考察,可以更全面地把握不同类型的国民党新闻人的职业心理与情感状态。

第一节　马星野:党派新闻人的新闻理想与悲剧

马星野属于这一时期国民党新闻人中具有新闻专业理想,希望在政党新闻事业的框架、体系内演奏自己新闻理想之歌的众多新闻人之代表。他本着对新闻职业的热爱和对国民党的忠诚,试图将自己的新闻专业理想与国民党的党派利益和宣传目标有机结合起来,并为此进行了不懈探索,取得了较突出的成绩。但由于新闻专业主义理想与国民党党派利益之间、新闻人与党人之间必然存在着某些无法调和的矛盾,因此导致他不仅在职业生涯的求索与选择中经常面临矛盾与无奈,而且其新闻职业生涯本身也一波三折,充满不得已而为之的苦恼和在具体的新闻实际工作中不得不尽力折中、平衡的无奈以及因折中、平衡失败遭遇的人生挫折。

在探究马星野新闻职业生涯中的这种内心矛盾与情感状态之前，有必要对其一生经历进行一个大致扫描。马星野1909年出生于浙江省平阳县万全乡陈岙村。十三岁时被浙江省立第十中学录取。上中学期间，负责主编校园刊物并撰写文章，由此开始逐渐对新闻工作萌生了兴趣。因为表现出色，得到了朱自清与杜志文两位老师的鼓励和资助，进入厦门大学学习。在厦大第二年，因革命军北伐，厦大爆发学潮，他不得不离开厦大。不久后，他赴南京投考国民党中央政务党校（简称"中央政校"），被录取①。从中央政校毕业后进入国民党中央党部训练部工作，但到当年年底即选择离开。次年春天，经罗家伦介绍，他赴清华大学任校长室秘书兼《清华校刊》编辑。在清华不及半年，因罗家伦的离开，再加上中央政校电召其"回校服务"，他遂返回南京，担任中央政校校刊主编，并兼任国民党中央陆军军官学校校刊《党军日报》主编。在此期间，他对新闻工作的兴趣进一步加深。担任此工作近一年后，他获得中央政校选派毕业生出国留学深造资格，遂赴美国密苏里大学新闻学院，开始了为期三年多的留学生活。在密苏里大学学习三年多之后，他"荣誉卒业，得新闻学学士学位"，于1934年回到上海。回国后，他本想在新闻界大干一场，却因蒋介石的指派，进入中央政校从事新闻教育工作，继而于1942年调任国民党中宣部新闻事业管理处处长。抗战胜利后，他被蒋介石点名担任《中央日报》社长，直到1949年国民党政权垮台，随国民党退出大陆。此后，除了被派赴巴拿马几年外，基本都在新闻领域任职。1964年开始担任国民党"中央通讯社"社长，并从1980年开始兼任大众传播教育协会理事长，直到1985年退休。1991年在台北逝世。

---

① 马星野：《自述》（1952年4月12日），手稿，《马星野档案》009-01-01-01-001，台北"中研院"近代史研究所档案馆藏。

纵观马星野的一生,可以看出,除了新闻兴趣萌发前和外派巴拿马等时期之外,其他时期他的几乎所有工作都是以"新闻"为中心或与之有密切关联,"新闻"完全可以说是他整个生命的底色。那么,他究竟是如何对新闻职业逐渐产生兴趣并最终将其确立为自己的人生理想的? 他又是如何步入国民党阵营并逐渐成为其体制内新闻人的? 在实现自己新闻理想过程中,兼具党人和新闻人身份的他内心究竟存在过什么样的矛盾? 遭遇过什么样的无奈? 面对这些矛盾与无奈,他究竟是如何平衡和处理的? 败退到台湾后其新闻生涯和人生最终发生了什么样的变化?

一、春风化作雨,无声润"星"梦:新闻理想的萌生与确立

1934年,当蒋介石问起留学回来的马星野未来人生规划和打算时,马星野毫不犹豫地回答说"办报"[1];1952年,他仍在《自述》中写下"余毕生愿致力之事,为建立中国的新闻事业"[2];他晚年的时候,仍然强调"把我烧成了灰,还是一个新闻记者"[3],并诚恳表示:"希望来生也能做新闻记者。"[4]可以说,马星野不仅用自己一生与"新闻"的不离不弃向世人诠释了自己对新闻职业的浓厚兴趣,而且用十分直白的语言不止一次公开宣示了他对新闻职业的深爱。

---

[1] 马星野:《我从事新闻教育经过》,《政大校友通讯(庆祝母校卅八周年纪念专刊)》1965年5月20日,第20页。

[2] 马星野:《自述》(1952年4月12日),手稿,《马星野档案》099-01-01-01-001,台北"中研院"近代史研究所档案馆藏。

[3] 杨倩蓉:《马星野老师——新闻教育拓荒者》,载政治大学传播学院编:《提灯照路人:政大新闻系75年典范人物》,政治大学传播学院,2010年,第1页。

[4] 马星野:《五十年前新闻学生的回顾》(1984年),手稿,《马星野档案》099-01-02-02-050,台北"中研院"近代史研究所档案馆藏。

人的兴趣的育化和产生都是有原因的,也大都要经过从萌生到明确再到越来越浓厚的过程,甚或要经历从仅仅是兴趣向明确的理想、志向层面转变的过程。马星野对新闻工作与新闻职业的兴趣也是如此。标志着马星野新闻志向与理想完全确立的最典型的事件是1930年他获得出国留学深造名额后主动申请改换专业的事。当时,中央政校选派毕业生赴美国留学原本设定的专业是教育学,但考取此资格的他却主动提出申请,要求将专业改为新闻学,并自陈"当时中国新闻事业缺点很多,我有志将它改进"①。从这种主动要求改换专业的行为可以看出,当时他对新闻职业已不仅仅是感兴趣,而是已具有了十分明确的新闻志向。志向一般都不可能凭空确立,志向往往经由兴趣逐渐发展而来。那么,马星野对新闻的兴趣究竟是什么时候开始萌生的? 其对新闻的兴趣究竟是如何一步步地发展成为明确的新闻志向的呢? 在此过程中究竟有哪些因素对他产生了影响甚或驱动作用呢? 要回答这些问题,必须深入到马星野的成长经历与求学时光中去探察。

马星野出生于浙江省平阳县的一个书香世家。"祖父莲屏公为浙南大儒,治经学"②,"伯父、父亲及叔父也都是书院的院长"③。幼年时期,他"从祖父莲屏公读四书五经"④,"每于晨昏寒暑,祖父监教甚严,故四书、左传、诗经、杜诗等,十龄前均已成诵","如古风,

<hr>

① 马星野:《五十年前新闻学生的回顾》(1984年),手稿,《马星野档案》099-01-02-02-050,台北"中研院"近代史研究所档案馆藏。

② 马星野:《自述》(1952年4月12日),手稿,《马星野档案》099-01-01-01-001,台北"中研院"近代史研究所档案馆藏。

③ 马星野:《我生之初》,《马星野档案》099-01-02-02-073,台北"中研院"近代史研究所档案馆藏。

④ 马星野:《自述》(1952年4月12日),手稿,《马星野档案》099-01-01-01-001,台北"中研院"近代史研究所档案馆藏。

如七月,如氓之蚩蚩,如六月栖栖"[1]。这样的家庭氛围,不仅使他养成了喜爱读书的习惯,而且使他从小受到了良好的国学教育和浓郁的传统文化与价值观熏陶,尤其使他对包括诗词在内的传统文学产生了浓厚的喜爱之情和价值观层面的理解与认同。这样的国学教育不仅形塑了他包容、平和的性格气质,对他进入新闻职业领域后的漫长岁月中面对各种矛盾、无奈和不得已时的应对和处理方式产生了一定影响,而且使他具备了扎实的文学修养与文字功底,而这种修养和功底是他进入中学后之所以能被老师挑选出来参与壁报和校刊工作并由此促发其新闻兴趣的基本条件。

马星野在中学时期因为负责主编校园刊物并经常撰写文章,已初步开始对新闻萌生了兴趣。在《回首少年时》中他记述了初中和高中阶段办壁报和校刊的事:"在初中,办壁报曰《春雨报》,在高中办杂志曰《秋籁》,又办校刊",不仅主编,而且自己动手"写了很多文章"[2]。孔珞撰、邵余安整理的《介绍平阳马星野先生》一文中也曾记述了马星野在浙江省立第十中学读书期间主编《十中自治会会刊》并给各报投寄文章的事[3]。正是这些办壁报、办校刊的经历初步促发了其对新闻工作的朦朦胧胧的兴趣。

壁报与校刊虽不是面向社会的媒体,但在校园环境中无疑也是人们注目的中心,能够将自己的才华与能力通过这些平台展示给师生,获得师生的注目甚至赞赏,无疑会给自己带来莫大的满足感与成就感,而这种满足感与成就感必然会在不知不觉中引发其内心对这种使其才情、能力与思想得以展示给众人的媒体形式的兴趣乃至

① 马星野:《自述》(1952年4月12日),手稿,《马星野档案》099-01-01-01-001,台北"中研院"近代史研究所档案馆藏。
② 马星野:《回首少年时》,台北《新生报》1978年9月22日。
③ 孔珞撰、邵余安整理:《介绍平阳马星野先生》,《温州图书馆学刊》2013年第1期。

产生认同。也许正是在这个意义上,马星野十分明确地将中学时期
"主编学校之刊物"视为其"对新闻事业发生兴趣之原因"[①],认为自
己对新闻事业之兴趣,那时已开始了。

　　中学时期马星野对新闻的兴趣初步萌发的另一个重要因素是
朱自清先生对其产生的影响。中学时期,朱自清对马星野十分欣
赏,经常鼓励他"多读一些文学方面的书",多写文章。马星野的作
文经常受到朱自清的表扬。有一次,朱自清曾在马星野的作文后
边写上了"何事荆台百万家,独教宋玉擅才华"之评语[②]。杜威曾说
过:"人类本质里最深远的驱策力就是希望具有重要性,希望被赞
美。"[③]老师将自己与才子宋玉相媲美,这对于尚处于求学时期、只
有十几岁的马星野而言,是极大的赞美和无上的荣耀。这样的赞美
与荣耀,必然带给马星野心理上的极大满足。而这种心理上的满足
感必然会反过来激发他对于文字工作的浓厚兴趣。这种对文字工
作的兴趣也必然促使他在后来面对与文字工作直接相关的各种接
触报纸工作的机会时会不知不觉、有意无意地选择接受甚或主动去
争取。这种接触和争取又会进一步强化其新闻兴趣,使其兴趣越来
越明确,越来越强烈。

　　从马星野中学时期所处的时代背景与社会氛围来说,当时正值
"五四"新文化运动兴起和发展时期。这一时期,整个社会掀起了一
场"空前激烈、深刻的思想革命"[④],而这次思想革命主要依托各类
报纸、刊物得以发酵和在社会上广泛传播。由于浙江属于近代以来

————————

①马星野:《自述》(1952年4月12日),手稿,《马星野档案》099-01-01-01-001,
　台北"中研院"近代史研究所档案馆藏。
②马星野:《中国国民党干部个人培案登记表与自传》(1973年5月),手稿,《马
　星野档案》099-01-01-01-003,台北"中研院"近代史研究所档案馆馆藏。
③〔美〕戴尔·卡耐基:《卡耐基写给女人的幸福忠告全集》,晓鹏、穆阳译,天津
　科学技术出版社,2012年,第155页。
④熊月之:《中国近代民主思想史》,上海人民出版社,1986年.第502页。

开风气之先的地区,因此对这场"启动思想文化现代性的一次文化复兴"①感应迅捷,尤以"教育界搞得最为热烈"②。表现在报刊创办方面,据相关资料记载,1916至1923年,浙江全省创办的报刊数量达到了195种③,其中学生报刊占全省报刊总数的近20%④。身处这样的时代、社会氛围中的马星野,必然会受到很大影响。这一点从朱自清等新文化翘楚当时正好在马星野所在中学任教并对他产生重大影响即可看出。在这样的环境氛围中,马星野与这些新文化翘楚常相往来,经常聆听其教诲,肯定会通过这些人物接触到各种传播新思想新文化的报刊。在这个过程中,一方面会使其思想脉搏与时代的脉搏跳在一起,另一方面也会使其感受到报刊在传播新思想新文化、启迪人们心智、促进社会变革方面的重要作用,从而使其对报刊产生一定层面的功能认知,进而促使其新闻兴趣更加浓厚。道理很简单,对事物价值与功能的认知必然会催生或促进对该事物的兴趣甚或情感,因为,情感是在认知基础上产生的,没有认知就没有情感。从这个意义上说,马星野中学时期的社会、时代氛围,尤其是借助报刊传播新文化新思想的氛围,对其产生对新闻的兴趣具有不可忽视的影响。

高中一年级的时候,在朱自清、杜志文两位老师的资助下,马星野考入厦门大学攻读社会学,但不久却因厦门大学发生学潮而不得不于1927年春离开。关于厦门大学当时的学潮与马星野离开之间的具体缘由,马星野的相关自述材料中均未详述,他只是用"狼狈不

①杨义:《百年"五四"与思想革命》,《杭州师范大学学报(社会科学版)》2019年1期。

②沈雨梧等:《五四时期浙江的新文化运动》,《杭州师范学院学报(社会科学版)》1979年1期。

③赵晓兰:《论五四时期浙江报刊的特征》,《浙江师范大学学报》2005年1期。

④赵晓兰:《论五四时期浙江报刊的特征》,《浙江师范大学学报》2005年1期。

堪"几个字描述其离开一事①。离开厦大后，他一度感到失落，但并未因此气馁。不久之后的1927年7月，他便奔赴南京考取了国民党中央党务学校。

国民党中央党务学校成立于1927年5月，马星野属于该校第一期学生。由于学校刚刚成立，各种教学设施与条件非常艰苦，但马星野丝毫未受到影响，在他看来，能在那样一个"动乱不安"的时代得到这样的"读书机会"，实属"不易"，因此他在学习方面"十分认真"。也正因此，当时许多教授都对他"另眼相看"，学校许多文字工作经常找他做②。如有一次蒋介石与宋美龄来学校视察，便由马星野为蒋介石的演讲做速记。尤为重要的是，还专门让他担任学校校刊主编。尽管中学时期他就曾办过学校的壁报和校刊，但其规模和工作流程与这时的中央党务学校校刊相比可谓小巫见大巫。在编辑校刊过程中，马星野较为全面地熟悉了报纸工作的流程，对报纸工作的认识与中学时期相比更全面、更深入了。这种认识的加深，进一步增强了他对新闻的兴趣。

在国民党中央党务学校学习一年后，1928年，马星野以第一名的成绩毕业，被分配到国民党中央党部训练部担任编审工作。当年年底，他离开中央党部训练部，于次年春赴清华大学半工半读，任校长室秘书，兼《清华校刊》编辑，同时旁听英国文学与社会问题等课程。半年后，因介绍他进入清华大学的罗家伦辞去清华大学职务，母校中央政治学校（由中央党务学校1929年改组，简称"中央政校"）又要求他返回南京担任中央政校校刊主编，因此，他匆匆结束在清华大学的工作和学习，回到南京，担任政校校刊主编的同时，兼任国民党中央陆军军官学校校刊《党军日报》主编。

---

① 马星野：《回首少年时》，台北《新生报》1978年9月22日。
② 马星野：《回首少年时》，台北《新生报》1978年9月22日。

重回南京做校刊编辑工作的他,对报纸工作的热情和兴趣更高了。他一人承担报纸的多项工作,通过对新闻业务操作环节的把控,加深了对报纸工作的认识,增强了自己的新闻实践能力,对新闻工作的兴趣更加浓厚了。尤其是《党军日报》,可以说为他提供了一个"大展身手"的舞台,让他身心倍感愉悦。他后来回忆这段时光说:"毕业后,就担任《党军日报》主编,那时候的南京真是年轻人的世界,像我才十九岁,就包办了报纸的大部分重头工作,写社论,作标题,还编报。这许多工作充实了我办报的经验,也提高了我对新闻事业的兴趣。"①

关于这一时期《党军日报》工作在强化马星野新闻兴趣方面的作用,《马星野奉献新闻工作五十年》中也有过相关表述:"马星野之所以热衷于新闻事业,是因为他在赴美之前,曾在南京黄埔军校办过两年的《党军日报》,这段意气风发、年轻积极的办报回忆,是促使他一直坚守工作岗位的动力。"②

正是基于回到中央政校后在编辑政校校刊和《党军日报》过程中所获得的美好体验以及对新闻兴趣的强化,1930年获得政校选派毕业生出国留学深造名额后,马星野毅然申请放弃当时被安排的教育学专业,主动要求赴美国密苏里大学新闻学院学习新闻学。对此时的马星野来说,"新闻"已不仅仅是一种兴趣,而是非常明确的人生目标、志向与理想了。

马星野在《我从事新闻教育经过》中说,当时之所以主动要求将专业由教育学改为新闻学,一方面是因为自己当时"对教育没有太

①　王善初:《中外名人传之马星野(1909—1991)》,《中外杂志》2000年第76卷第2期,第71—76页。
②　张世民:《马星野奉献新闻工作五十年》,《自由青年》第14卷,1955年8月16日,第11—14页。

大兴趣"，另一方面是因为自己之前"办过报，有兴趣研究新闻"[①]。在《五十年前新闻学生的回顾》中，在谈到去密苏里大学学新闻的目的时，他更明确地说："当时中国新闻事业缺点很多，我有志将它改进。"[②]由此可见，在赴密苏里大学学习新闻之前，他对新闻的兴趣已完全变成有自觉而明确的认识和目标的人生理想了，他对新闻的兴趣不仅更加浓厚、强烈，而且已非常明确且笃定地将从事新闻事业、改进中国新闻事业的缺点作为其未来的人生目标了。

二、种的是龙种，收的是跳蚤：从密苏里留学到回国后的无奈

1931年8月，带着明确的目标与人生理想，马星野由上海出发，经日本、加拿大、西雅图等，最终抵达密苏里大学新闻学院。经过在密苏里大学新闻学院两年多的学习，他顺利毕业，并获得新闻学学士学位。密苏里大学新闻学院的学习岁月，无疑是马星野新闻志趣与新闻理想确立后的进一步形塑和具体化阶段。如果说赴密苏里大学之前其新闻志趣与理想只是建基于其中学时期和大学时期的文字工作兴趣和多次校刊经历，尚停留在较为朴素、笼统和浅显层次的话，密苏里大学新闻学院学习时期无疑是使其新闻志趣与理想具备具体而丰富的内涵和新闻专业理念的时期。1984年，年逾古稀的马星野在回首密苏里留学时光时曾说："我在密苏里虽然只有短短三年多，但我终生从事的教育与事业，都是受密苏里基本方针

---

① 马星野：《我从事新闻教育经过》，《政大校友通讯》（庆祝母校卅八周年纪念专刊），1965年5月20日，第20页。
② 马星野：《五十年前新闻学生的回顾》（1984年），手稿，《马星野档案》099-01-02-02-050，台北"中研院"近代史研究所档案馆藏。

的影响"①，"我得益于密苏里新闻教育，实在不浅"②。那么，密苏里的求学时光究竟给马星野的新闻志趣与理想注入了什么样的内涵呢？密苏里的学习究竟在马星野的心中种下了什么样的种子？形塑出了什么样的新闻理想之树呢？

　　考察马星野赴密苏里大学新闻学院留学时中国新闻业发展情势，可以发现，随着清末民初至南京国民政府建立前无数记者、报人与报业家的探索和努力，随着"五四"前后新闻教育出现后的蓬勃发展，中国新闻从业者的职业孕育之路在20世纪20年代末30年代初"已基本成熟"③，新闻学作为一门新兴学科也已"逐渐在中国各大学普遍确立"④。但当时新闻业自身问题也很突出，如"大多数新闻从业者周旋于权势、'讦人阴私'、以报纸为'讥笑人或痛骂人'的工具"等⑤，这种情况引起不少人的重视，他们希望能借鉴美国等西方国家新闻业的先进经验和理念对中国新闻业进行改良，以使中国新闻业获得更健康的发展，使报纸真正"有益于国事"，更好地完成"报人报国"之愿望。从国民政府之需求来看，当时国民党政府正在实行新闻统制政策，急需一批具有新闻宣传才干的人帮助其建立党营新闻事业体系。正是基于对这种情势的认识，加上其之前已经育化的对新闻的志趣，马星野才决定将赴美留学的专业改为新闻学，并毅然选择当时许多有志学新闻的青年心目中最好的"新闻学殿堂"——密苏里大学新闻学院，希望在此学习到世界上最为先进的

① 马星野：《密苏里教育对中国新闻事业之贡献》，手稿，《马星野档案》099-01-02-02-051，台北"中研院"近代史研究所档案馆藏。
② 马星野：《五十年前新闻学生的回顾》（1984年），手稿，《马星野档案》099-01-02-02-050，台北"中研院"近代史研究所档案馆藏。
③ 樊亚平：《中国新闻从业者职业认同研究（1815—1927）》，第262页。
④ 林牧茵：《移植与流变——密苏里大学新闻教育模式在中国（1921—1952）》，复旦大学出版社，2013年，第119页。
⑤ 樊亚平：《中国新闻从业者职业认同研究（1815—1927）》，第268页。

新闻工作经验与理念。

　　带着这样的目的来到密苏里大学的马星野，内心无疑是极为欢愉的。五十年后回忆自己抵达美国时的情景时，他曾自陈有"一股豪迈爽朗的神情"。在到达密苏里大学新闻学院后，作为首批中国官费留学生，他受到沃尔特·威廉博士的热烈欢迎。校方还在《密苏里人报》上刊登他的照片，对他进行介绍。训导处主任也很热心地帮他找住处。"老师、同学、同镇的美国人、华侨，尤其是中国同学，莫不友善和好。"①这一切，使第一次远离故土的他倍感愉悦。而正是在这种令他倍感愉悦的环境与氛围中，马星野开始了在密苏里大学新闻学院的学习生活。

　　初到国外，与众多留学生一样，马星野遇到的第一个困难便是语言上的障碍，但他没有气馁，而是以饱满的热情从头开始学习英语。靠着"一股牛劲"，他很快掌握了最基本的英语口语和阅读能力，且"渐入佳境"，从而为其在密苏里的学习奠定了较好的语言基础。密苏里大学新闻学院当时秉承的教育理念是"做中学、学中做"，即将理论知识传授与业务实践融合在一起，一方面在常规课程教学中开设有形色各异的理论课，包括文化学、社会学、历史学、心理学等通识性课程和新闻写作、采访、编辑、广告、新闻史、新闻伦理等专业性课程，另一方面创办有《密苏里人报》，作为学生新闻业务实践的平台与基地，让学生始终处在新闻理论与实践相互关照的学习环境中。这样的教育模式为之前从未接受过系统、专业的新闻学训练但怀有极大新闻热忱的马星野打开了一扇令其耳目一新、倍感新鲜的新闻学大门。如久旱逢甘露一般，他如饥似渴地投入到了密苏里大学新闻学院为其提供的各种学习活动中，克服各种困难，以使自己尽可能全面地获取各种新闻学知识、技能、经验、理念。从马星野后来撰写的回忆文章《我的留学时光》中的一段描述，便能感

① 马星野：《五十年前去国情》，《我的留学生活》，台北"中华日报"社，1981年。

知其在密苏里大学学习期间的勤勉刻苦之态度："当我在学校里感到力不从心,面对着那几大本,尤其是马特院长的《美国报业史》,二十五开本,厚八三五页,……白天念不完,半夜里爬起来开夜车,而我就是靠着这股牛劲,终于'渐入佳境',……而最后我居然能从马特院长手中获得一个 A,真叫我有点喜不自胜。"①

正因为拥有这种奋发进取的精神与旺盛的热情,使得马星野的学习成绩十分优异。无论是在知识体系的构建方面,还是在思想理念的确立方面,抑或是在视野的扩大、精神的提升方面,他都收获颇丰。密苏里大学的学习,既使他掌握了新闻学方面的基础知识与原理,也使得他了解了美国新闻专业主义理念,更使他从内心深处深切地认识到,要想成为一名出色的记者绝不是一件简单轻巧的事,它不仅需要具备扎实的文字功底,而且要求对新闻业内在的发展规律了如指掌,同时还必须拥有足够的理论知识储备与宽阔的视野等。除了在新闻专业理论、知识、技能方面的收获外,密苏里的留学生活,也使他对美国社会的民主、自由理念及社会运行机制与方式有了感同身受的理解和体会。

在所有这一切收获中,最值得强调的是,密苏里大学新闻教育中蕴含的新闻理念与新闻伦理道德信条对他产生的影响与熏陶,尤其是威廉博士草拟的《新闻记者信条》对他影响最大,也最深刻,它深刻而直接地形塑出了马星野此后新闻职业理念与新闻伦理道德观念的最基本框架,也影响着他此后新闻生涯的最基本色调。威廉博士在《新闻记者信条》中阐述了关于新闻业、新闻工作、记者职业的一整套思想认识和理念原则,包括新闻自由,新闻业的公共性,新闻的真实性、独立性、纯洁性,记者的品德与修养,好新闻的评判标准等。其中所蕴含的思想理念和所张扬的精神诉求使马星野备受启发与感慨,也使他深深折服。五十年后,他在相关回忆文字中说:

———————————

① 马星野:《五十年前去国情》,《我的留学生活》,台北"中华日报"社,1981年。

"我自入密苏里大学后,即敬佩威廉博士的精神,尤其是他手著的《新闻记者信条》"①,"威廉的《记者信条》便是我们最好的教科书,教我们如何做事,还教我们做人,做个有益国家、社会及人类的纯洁报人"②。

威廉博士对马星野的影响,除了《新闻记者信条》外,还包括亲身接触与交流。在密苏里大学期间,威廉博士曾亲自召见过马星野。在与马星野的谈话中,威廉博士曾深切地说:"当你选定新闻作为你的职业时,就好像自己已许过的姑娘,你决不可反悔!"威廉博士是密苏里大学新闻学院首任院长,是享誉全世界的世界新闻教育之父,能够被自己崇拜的人接见且如此寄予厚望,可以想见马星野内心所产生的影响和激励之程度。如果说赴密苏里大学留学前马星野心中对新闻业已产生了浓厚的兴趣,那么威廉博士的这段话则对他以后确立新闻理想并决定矢志不渝地为新闻业奋斗终生起到了关键性的驱动作用。

总之,在密苏里大学新闻学院的学习,一方面使马星野获得了系统、深入的新闻专业知识,另一方面使他习得了有着西方自由民主内蕴的新闻专业理念,从而在其心中播下了一颗有着清晰、明确的自由主义精神内蕴的新闻理想之"龙种"。

1934年春,在密苏里大学新闻学院经过三年多学习的马星野学成归国。作为习得了美国新闻专业主义理念、怀揣以自由为主要表征的新闻理想之"龙种"的青年,归国之初的他可谓踌躇满志、壮志凌云。他非常期待能将自己在密苏里学到的知识、经验在中国的新闻实践中付诸实施,非常期望能按照自己在密苏里习得的新闻理

---

① 马星野:《密苏里教育对中国新闻事业之贡献》(1984年),手稿,《马星野档案》099-01-02-02-051,台北"中研院"近代史研究所档案馆藏。
② 马星野:《五十年前新闻学生的回顾》(1984年),手稿,《马星野档案》099-01-02-02-050,台北"中研院"近代史研究所档案馆藏。

念在中国的新闻业淋漓尽致地大干一场。他曾在其为《申报》撰写的文章《南行小记》中自陈回国后的理想："我现在已在中国。人家说中国是一个修罗场，我却愿意在修罗场中转一转。"[1]从该段记述可以真切地感知到马星野当时的踌躇满志之状态。然而，令他无奈的是，之后的一切，并没有按照他所期望的方向发展。

1934年7月，马星野返回中央政治学校。当蒋介石在校长官邸亲自召见他，询问他未来人生规划的时候，他毫不犹豫地回答说："办报！"然而，蒋介石却劝导他说："办报很重要，但是办报没有人帮忙是不行的，……应该先训练一批新闻记者。"[2]在这种情况下，他不得不放弃之前所怀有的回国创办报刊的理想，不得不搁置自己的新闻理想，听从蒋介石的指示，开始了在自己的母校国民党中央政治学校从事新闻教育的生活。对一个怀有自由主义新闻理想、热切希望在新闻领域一试身手、大干一场的人来说，这不能不说是一种无奈。

这种无奈，主要源于其所入职的学校并非燕京大学新闻系这样的以灌输美国自由主义新闻理念为教育目标的新闻院系，而是国民党中央政治学校。一方面，国民党中央政治学校当时尚没有新闻系甚或新闻专业，马星野入职之初只能在外交系给学生开一两门新闻学课程，从当时世界上最著名的新闻学殿堂留学归来，不仅不能干自己最期望的新闻工作，而且只能在一个连新闻系都没有的很不成熟的事业空间里当老师，心中的落差不言而喻；另一方面，国民党中央政治学校是培养国民党干部的学校，属于典型的"党校"，在这样的学校教授新闻学课程，从事新闻教育，虽然在采写编评等技能性培训方面与密苏里大学新闻学院不会有太大差异，但在人才培养目标和新闻理念方面，必然存在很大不同，国民党中央政治学校希望

---

[1] 马星野：《南行小记》（上），《申报》1934年7月13日第十五版。

[2] 马星野：《我从事新闻教育经过》，载《政大校友通讯》"庆祝母校卅八周年纪念专刊"，1965年5月20日，第20页。

培养的是具有鲜明的党性的国民党体制内新闻宣传干部，其所灌输和张扬的新闻理念并非自由主义理念，而是国民党党派新闻宣传思想，而马星野在密苏里习得的却是以自由、民主、独立等为核心价值的新闻专业主义理念，因此在政校从事新闻教育工作必然存在其已经习得的自由主义新闻理念与国民党党派新闻思想及立场、目标之间的冲突，这样的冲突也必然带来内心的无奈。

马星野曾在一篇题为《蒋介石先生会见记》的文章中表达了自己对蒋介石的建议的认同和自己愿意从事新闻教育的心情[①]，但在笔者看来，这更多的是出于其年轻时期所接受的儒家思想教育及与此相关的因被"领袖"亲自召见而产生的受宠若惊与报恩心态。另外，在马星野的心里，他认为自己能够出国留学与蒋介石的支持是分不开，他希望能够报答蒋介石的知遇之恩，因此面对蒋介石的建议，他不能不欣然接受。

总之，只要我们能设身处地地回到马星野当时的个人心理情景，即可感受到，从密苏里留学归来、满怀新闻专业主义理念、踌躇满志地准备在中国新闻业的"修罗场"一展身手的他，只能在尚无新闻系或新闻专业的中央政治学校担任一名老师，只能一切从零开始开创新闻教育，且只能违背自己心中已经习得的自由主义新闻理念，培养国民党所需要的党派宣传人才的时候，其内心的无奈会有多么深，这种无奈若用"虚负凌云万丈才"来形容，应该不为过。

无奈归无奈。任何人一生中总是要面对各种程度不同的无奈，总是要不断调适自己的人生目标与心理预期。现实中完全按照自己的理想和期望选择自己生活和工作的人大概不是太多。那么，怀着无奈和不得已进入中央政治学校开始从事新闻教育的马星野，在实际工作中究竟是怎么做的呢？在国民党中央政治学校从事新闻教育过程中，他究竟是如何调适自己内心的无奈，平衡其已习得的

---

① 马星野：《蒋介石先生会见记》，《国闻周报》第12卷第6期，1935年2月18日。

自由主义理念与国民党党派思想、立场间的矛盾的呢?

追溯马星野在中央政治学校将近十年的新闻教育生涯便可发现,从1934年9月踏上中央政治学校讲台开始,他很快就雪藏了自己心中怀有的"办报"理想,将其工作目标由"办报"转变到了为自己所属的国民党培养所需要的新闻宣传人才方面来,并在此后的十年间全身心地投入到了新闻教育工作中。经过一年的酝酿、准备,马星野才逐渐打好了创办新闻学系的基础,并于1935年9月正式组建了新闻系。新闻系建立后,马星野被任命为系主任,全面负责新闻系的各种实际工作。

尽管从事新闻教育并非马星野之夙愿,但从搜集到的资料来看,从正式到政校任教的第一天起,马星野就开始竭尽全力希望把自己的工作干好,并积极投入到新闻系的筹办中来。从招聘优秀新闻学教授到选拔优秀生源,从课程设置到新闻系系歌的确立,从组建政校新闻学会到指导学生实习实践,与新闻教育有关的几乎所有工作都由他一人全权指挥与负责,完全可谓兢兢业业,尽心尽力,全身心投入。

为了平衡国民党党派新闻人才培养要求与其内心已习得的美国式自由新闻理念之间的冲突,使政校的新闻教育既能在很大程度上满足为国民党培养新闻宣传人才之需求,又能尽可能多地倾注自己心中的自由主义新闻理念,也能使自己的办报理想在一定程度上得到实现,在政校新闻系的创办和日常新闻教育教学中,他进行了颇费心力与心思的探索。

这种颇费心思的探索最主要地体现在他悉心创造的"政校新闻教育模式"[①]中。在这个模式中,无论是课程内容设置,还是教育教学理念,都显现出与密苏里大学新闻学院极为相似的特征,如"应

---

① 王继先:《坚守与徘徊:新闻人马星野研究》,南京师范大学出版社,2018年,第49页。

用密苏里新闻学院的课程编制、实习方式、教导原则，尤其是'新闻道德信条'"等①。在他的主导下，政校新闻系始终秉持"新闻离不开实际"的教育理念与原则，尽心竭力地将密苏里大学新闻教育"做中学，学中做"的教学理念贯穿在政大新闻系整个教育活动中。尤为重要的是，他仿照《密苏里人报》的形式，在政校新闻系创建初期，就主持创办了一份名为《中外月刊》的刊物，发行人、总编辑都由他亲自担任，杂志的宗旨与性质也由他自己亲自确定。尽管在一些学者的笔下，马星野创办这份刊物的目的只是其仿照《密苏里人报》的形式给政校新闻系学生的新闻实践、实习提供方便而已②，但笔者认为，《中外月刊》实际上也是不得已放弃办报夙愿从事新闻教育后的马星野给自己提供的一个实现自身办报梦想的平台。尽管它只是一份校刊，但对于马星野而言，它也是当时中国报刊家族中的一员，更何况他非常看重这个报纸，从日常采编业务到发行等，他总是亲力亲为，并没有因其仅仅是政校校刊而有丝毫轻视或马虎处之。无论是内容还是形式，《中外月刊》都与美国《时代周刊》有很多相似之处。可以看出，《中外月刊》虽是一份校园刊物，实际上却承载了马星野心中怀有的自主办报理想，是马星野践行其新闻理想的一个小小的"修罗场"。所有这一切反映出马星野虽身处中央政校这样的"党校"，但仍不遗余力地希望向自己心中原有的理想靠近，并希望将自己的新闻专业理念和办报愿望付诸实践。

在从事新闻教育活动期间，除了通过创办校园刊物弥补自己不得已放弃办报理想的心理落差外，马星野还针对当时中国新闻业现实状况与问题，将自己在密苏里大学新闻学院学习到的新闻专业理念和在美国观察、感悟到的西方新闻业的精神特质与中国知识分子

①马星野：《密苏里教育对中国新闻事业之贡献》（1984年），手稿，《马星野档案》099-01-02-02-051，台北"中研院"近代史研究所档案馆藏。
②王继先：《坚守与徘徊：新闻人马星野研究》，第66页。

的价值追求、精神世界及国民党的相关训示与要求相结合,阐发了一系列关于新闻业角色、任务、社会担当和新闻伦理道德等的观点,希望以此方式既使学生明确自己的职业角色与担当,具备优秀新闻人应有的理想、理念,又间接地影响中国新闻业的实践,改进新闻界所存在的各种现实问题。在这方面,他草拟并手订的《中国新闻记者信条》便是最典型的代表。

在《中国新闻记者信条》主体部分的十二则内容之前,马星野申明其拟定该信条的目的、诉求与依据:"值此国族危急存亡之日,正吾报界奋起报国之时。言可兴邦,笔能扫敌。同人等为无负于邦国之期望,公众之信托,与职业之使命,特根据'国父'与'领袖'之训示,及抗战建国纲领与精神总动员纲领等,制为中国新闻记者信条十二则。"①这里虽然只突出强调了其制定该信条时主要考虑的民族危机与国民党"训示"等因素,但从其接着列述的十二则信条的具体内容与表述看,显然也融合了其在密苏里所习得的新闻专业理念与理想,是美国式的新闻专业主义理念、中国知识分子的报国情怀和国民党党派思想、立场与要求的融合。这一点只要稍稍研读一下《中国新闻记者信条》十二则的具体内容即可明显感知。

总之,无论是从设置政校新闻系的课程,还是从亲自创办《中外月刊》之刊物,抑或是从借言论阐发有关新闻记者职业角色、社会责任、专业素养、伦理道德等主张,都可以看出,马星野在中央政治学校虽然从事的是国民党党派新闻教育工作,但他总是在以自己力所能及的方式传扬着自己从密苏里大学新闻学院所汲取的新闻理念,总是试图将其与中国知识分子的精神追求、社会担当及国民党的党派立场与要求结合起来,以尽力调适自己因不得已放弃办报理想而产生的失落与无奈。他默默地向着自己的新闻理想尽力靠近,其为

---

① 马星野:《敬向全国新闻界提出:新闻记者信条之拟定问题》,《新闻战线》1941年第1卷2期。

此付出的艰辛努力和坚持不懈的精神如萤火虫散发的光亮，虽然微小却也迷人。这样的坚持与努力，一直持续了八年，直到1942年他被调离中央政治学校为止。

离开中央政治学校新闻系的马星野是否立即实现了自己的办报梦想呢？答案是否定的。离开中央政治学校的他被蒋介石亲自任命为国民党中宣部新闻事业处的处长，变成了国民党宣传系统的一个"新闻官"①。从回国之初一心想要办报到不得已从事新闻教育工作，到如今被指令从事新闻行政管理工作，办报梦想似乎离他越来越远。尤其令他无奈的是，从事新闻教育期间虽不能直接实现在新闻业的广阔天地大显身手的梦想，但在很大程度上还可以以各种方式靠近和触摸自己的新闻理想，而从事新闻行政管理工作，几乎彻底地搁置了其心中的新闻理想和办报梦想。

由于当时恰逢国民党实行战时新闻统制，蒋介石对国民党体制内新闻宣传系统很不满意，希望能以一种全新的方式对这些体制内新闻机构进行管理和控制，国民党中宣部新闻事业处的职责和任务便在于此。因此，作为处长的马星野就任后的工作目标和核心任务便是想尽办法对现有新闻事业进行管控，以便控制"宣传的方向"②。在密苏里大学新闻学院汲取的更多是自由主义新闻理念，他心中所秉持的信条也始终是"维护新闻自由，善尽新闻责任，于国策作透彻之宣扬，为政府尽积极之言责"③，如今却要与自己的信条背道而驰，去执行管控新闻的任务，这显然与其在密苏里所习得的自由主义新闻理念存在矛盾、冲突。当一个人的工作与自己内心的认识、

①马星野：《蒋校长与政治大学》（1974年10月14日），手稿，《马星野档案》099-01-02-02-018，台北"中研院"近代史研究所档案馆藏。

②马之骕：《新闻界三老兵——曾虚白·成舍我·马星野奋斗历程》，第377—378页。

③马星野：《释〈中国新闻记者信条〉》（1950年1月25日），吉人编：《马星野先生纪念集》，第190—192页。

理念存在矛盾却不得不每天面对这样的工作的时候,可以想象其内心的无奈与苦闷。这种理念冲突所带来的无奈正是导致他从事行政工作前后虽有三年之久却始终未能适应的思想认识层面的原因。

　　除了理念方面的冲突让马星野在新闻事业处工作的三年里"郁郁不欢"之外,新闻事业处所从事的具体活动也让他深感愁闷,这种愁闷甚至影响了其"个人之健康",使其健康"蒙受重大损失"[1]。就任新闻事业处处长以后,马星野竭尽全力发挥自己在新闻专业层面的专长,试图对国民党党报系统进行改革和整顿。除了对抗战背景下的各报发出国民党的宣传指示,对其新闻宣传活动进行管制之外,他还希望尽可能给它们提供相关扶持与协助,如"主动提供文字或图片等资料供各报参考"等[2]。遗憾的是,由于其工作的核心依然是管控报纸,而新闻管控工作从马星野个人性格特点等多方面来看均非其所长,因此导致他的各种工作努力在当时大都没有收到期望的效果。从管控方面看,无论他怎样努力地依照国民党的指示对报纸进行管制,各种报纸毅然是"我行我素"。缺乏行政管理经验的他面对这种窘状,几乎束手无策,根本无法从这份工作中找到成就感与愉悦感。晚年的时候他在回忆自己的这段经历时曾写道:"对于党报管理,毫无办法,毫无进步,为余毕生最惭愧之事。党报风气之恶劣,至三十四年(1945)接收而总暴露。"[3]

　　总之,无论是从被指派到新闻事业处后与自己办报理想的远离来看,还是从新闻管控工作与其心中的自由新闻理念之间的矛盾与冲突来看,抑或是从其试图在此岗位上替国民党管控好报纸却总是

[1]孔珞撰、邵余安整理:《介绍平阳马星野先生》,《温州图书馆学刊》2013年第1期。
[2]马之骕:《新闻界三老兵——曾虚白·成舍我·马星野奋斗历程》,第377—378页。
[3]马星野:《自述》(1952年4月12日),手稿,《马星野档案》099-01-01-01-001,台北"中研院"近代史研究所档案馆藏。

收效甚微甚或事与愿违来看，都可以看出，被调到新闻行政管理工作岗位、成为"新闻官"的马星野内心其实是更加无奈与苦闷了。这样的无奈和苦闷一直延续了三年，直到1945年离开新闻事业处处长岗位为止。

纵观马星野从密苏里留学归来后最初十一年的工作经历与情况，可以看出，这一时期的他的确经历了由怀揣新闻理想、希望在新闻业的大江大海里一试身手到理想被搁置、不得不听从"领袖"建议从事新闻教育工作，再到更加远离自己办报梦想、不得不从事与自己的新闻理念冲突的新闻管理工作的过程，在这个过程中，他的内心的确充满着个人职业理想在现实中一次又一次被挤压的无奈和苦闷。虽然密苏里大学新闻学院的留学生活在其心中种下了充满瑰丽色彩的新闻理想的"龙种"，但由于其身为国民党人，身处国民党体系内，因此，当他怀揣着新闻理想的"龙种"归国后，此"龙种"却并没有如他所愿地在现实中生根发芽，并结出自己期望的硕果，正所谓"种的是龙种，收的是跳蚤"。

三、在党人与新闻人之间：
主持《中央日报》期间的矛盾与冲突

由新闻教育到新闻行政，密苏里留学归来后经历了两次"不得已"的工作经历后，马星野心中的办报梦想基本上已是"草色遥看近却无"了，他逐渐"收起了他的'办报'理想"，甚至已有了"继续从事新闻教育的打算"①。然而，1945年，日本投降的喜讯传来后不久，他却突然接到担任南京《中央日报》社长的任命。接到这一任命之时，他的心情却并没有想象中的那种兴奋和激动，而是"喜忧参半"，因

---

① 王明亮、秦汉：《从记者到"新闻官"：国民党新闻管理者的职业抉择和职业悲剧——以董显光、曾虚白、马星野为中心的探讨》，《国际新闻界》2015年10期。

为,作为国民党体制内新闻人,他心中十分清楚《中央日报》的性质和任务,十分清楚担任国民党中央机关报的社长意味着什么,也非常清楚担任《中央日报》社长必然面临的各种两难处境。在他被任命担任社长之前,《中央日报》社在不到七年的时间内走马灯似的更换过五任社长,这些社长很少有善终者,他们或以"不得已"的方式被动离职,或因"无法承受之重"而主动"逃离",这些情况使得当时许多人把《中央日报》社长看成是"国民党最难当的官"。

那么,马星野何以会被任命为《中央日报》社长呢? 由于之前几年里《中央日报》社长的频繁更替,使得《中央日报》社的社长人选问题一度成了让国民党中宣部倍加苦恼的事。蒋介石也曾愤懑地说:"党中竟无一人能办报,实属可耻。"[①] 当然,蒋介石所说的"党中竟无一人能办报"并不是指国民党体制内真的没有一个办报人才,而是指很难找到一个符合国民党心意的、既有高超办报能力又能满足国民党宣传需要的人,因为,作为国民党中央机关报,《中央日报》"不仅是代表党与政府发言,且被认为是最高当局每天的书面发言人,其动见观瞻固为人瞩目,而其立言论事,更不免授人以柄"[②],因此其社长人选的确定必须考虑更多因素。首先,由于《中央日报》是国民党的"喉舌",其新闻、言论必须符合国民党的思想、立场与宣传要求,因此,其社长人选必须是国民党体制内新闻人,必须忠诚于国民党,必须具备高度的政治敏锐性和感知力,主动维护国民党利益。其次,在抗战胜利、政治形势复杂的背景下,能否把握舆论引导的主动权,实现国民党的政治意图,对作为国民党机关报的《中央日报》

---

① 王世杰:《王世杰日记》,台北"中研院"近代史研究所,2012年。转引自王明亮、秦汉:《从记者到"新闻官":国民党新闻管理者的职业抉择和职业悲剧——以董显光、曾虚白、马星野为中心的探讨》,《国际新闻界》2015年10期。

② 楚崧秋口述,吕芳上、黄克武访问,王景玲记录:《览居沧桑八十年:楚崧秋先生访问纪要》,《"中研院"近代史所口述历史丛书》(78),台北"中研院"近代史研究所,2002年,第104页。

来说显得十分重要，因此，其社长人选就必须既考虑党性立场，要求具备国民党的思想、立场，遵守国民党的宣传要求，还要考虑其是否熟悉新闻宣传规律，是否具有高超的新闻宣传和舆论引导水平。

从马星野的经历和诸多资质来看，他无疑符合国民党《中央日报》社长人选必须考虑的这些因素，一方面他是国民党党人，毕业于国民党中央政务学校，受过三民主义思想的洗礼和严格的国民党党性教育，对国民党有极高忠诚度，对蒋介石心存敬仰，另一方面他曾在密苏里大学新闻学院留学，接受过系统全面的新闻专业教育，回国后又从事过新闻教育和国民党新闻宣传管理工作，熟悉国民党在新闻宣传方面的思想、政策和要求。正是基于马星野所具有的这些特点、资质与条件，国民党高层最终选定马星野作为抗战胜利后政治形势更加复杂背景下的《中央日报》社长。有学者认为，马星野被蒋介石钦点为《中央日报》社长是一种找不到更加合适的人选后的"病急乱投医"①。基于以上认识，笔者认为，事实并非如此。马星野之所以被任命为《中央日报》社长，确实是因为他满足了蒋介石心目中《中央日报》社长的各项条件。

再次被"领袖"钦点和终于能从事自己梦寐以求的办报工作，无疑是让马星野高兴的事，但由于深知《中央日报》社长职位是一个"烫手的山芋"，因此，用"忧喜交加"形容其接到任命之初的心情，无疑是最准确的。"喜"的是，辗转多年后，终于回到了自己喜欢的新闻主战场，心中深藏的办报理想之花终于得到了绽放的舞台，而且这个舞台不是地方性的小舞台，而是面向全国的大报《中央日报》。这种得偿所愿的喜悦可谓溢于言表："十五年我没有办过报了。如今卷土重来，带着无限的愉快与兴奋。""忧"的是，自己长时间远离

---

① 王明亮、秦汉：《从记者到"新闻官"：国民党新闻管理者的职业抉择和职业悲剧——以董显光、曾虚白、马星野为中心的探讨》，《国际新闻界》2015年37卷第10期。

新闻实践工作，在新闻实际业务与办报方面不免有生疏之感，尤为重要的是，《中央日报》的性质与地位特殊，是否能做到让自己所属的党和钦点自己的"领袖"满意，心中着实有点打鼓。"当时有很多自命为老报人者背地里称他为外行，认为他只会教书，办报就完全是外行"[1]，还有一些人认为，他即使担任社长，大概也只能是"书生办报"罢了[2]。在能否使"领袖"满意方面，由于"老蒋……每天早晨所阅亦以《中央日报》为主"，"只要是他认为该刊未刊，或者不该登的登了，他便会怪罪央报社长"[3]，因此，对于《中央日报》社长来说，必须尽心竭力，不能有任何差池。喜也罢，忧也好，马星野于1945年11月正式就任《中央日报》社长，开始了七年的办报生涯。

　　带着"喜忧参半"的心情进入自己梦寐以求的办报生涯后，马星野是否实现了自己心中的新闻理想呢？在办报过程中，他的内心是否存在"党人"与"新闻人"这两种身份之间的矛盾与冲突呢？

　　在马星野就任《中央日报》社长后，国共两党之间的内战使得宣传战和舆论战的重要性更为凸显，报刊作为开展舆论战与宣传战的工具，其代表各自党派利益与立场之性质及重要性变得更为突出。作为国民党喉舌，《中央日报》必须与国民党中央保持一致，它不仅要承担宣传、解读国民党政策的责任与义务，还要努力扩大其自身舆论引导能力，提高其舆论引导水平，以抗衡共产党的宣传和战后日益高涨的各种自由、民主力量的要求，从而服务于国民党与蒋介石实行一党专制的政治主张与图谋。同时，由于国民党在抗战中后期实行消极抗日、积极反共政策，战后又意欲发动内战，抢夺抗战胜利果实，一系列的倒行逆施让全国老百姓生活在水深火热之中，导

① 潘焕昆：《永怀星野先生》，吉人编：《马星野先生纪念集》，第97页。
② 耿修业：《星野师与大华晚报》，吉人编：《马星野先生纪念集》，第74页。
③ 龚选舞：《龚选舞回忆录：一九四九国府垮台前夕》，卫城出版社，2011年，第94—95页。

致蒋介石领导下的国民党政权与人民之间的矛盾急剧扩大,裂痕急剧加深。面对这些情况,担任《中央日报》社长的马星野究竟该如何处理,成为摆在他面前的最核心问题。

按照《中央日报》自身性质,他应无条件地站在国民党立场上,尽力粉饰和美化国民党专制独裁图谋及在此之下的各种违背民意行为,为国民党的倒行逆施"打圆场",同时尽力遮蔽和掩饰国民党倒行逆施所带来的社会问题和民众不满,极力淡化共产党和其他民主党派争取和平、民主、自由的主张及其影响力。然而,马星野毕竟是一个接受过西方新闻专业主义理念滋养的新闻人,虽然之前很长时间内他一直没有机会践行自己的理念,但新闻专业理念作为其整个职业生涯的精神底色并未消失,而是一直蕴藏在其内心深处。他渴望成为一名优秀的新闻人,渴望一旦有机会就尽可能践行自己的新闻理念,因此,让他完全无视甚至违背自己的新闻理念为国民党的专制独裁、倒行逆施去粉饰和"打圆场",让他完全无视国民党自身问题一味大唱赞歌,对他来说显然十分困难。在这种情况下,就任《中央日报》社长的他实际上陷入了一种似乎无法破解的两难境地。

身为国民党党员,其所具有的国民党党性及相应的纪律要求使他必须坚决站在国民党立场,执行国民党中央宣传部副部长陶希圣所主张的"先中央后日报"的立场。同时,作为具有新闻专业理念的新闻人,其专业理念又告诫他一味地重视党性立场而忽视新闻的本质属性,只会让《中央日报》变得枯燥乏味,使读者最终抛弃它,因而也就达不到影响舆论和为自己所属政党宣传的目的。基于此种考虑,对他而言,"先日报后中央"的态度和做法似乎才是合宜的,也是必需的①。面对这样的矛盾,马星野最终只能选择在"中央"和"日

---

① 王明亮、秦汉:《从记者到"新闻官":国民党新闻管理者的职业抉择和职业悲剧——以董显光、曾虚白、马星野为中心的探讨》,《国际新闻界》2015年37卷第10期。

报"这二者间进行折中与平衡,只能尽可能在不得罪国民党核心权力阶层、不违背国民党核心立场与利益的前提下尽力保持新闻人应有的独立、客观、理性,对民众的部分利益诉求与呼声进行反映,对国民党内部存在的一些问题进行一定程度的批评和监督,以尽可能吸引更多读者,扩大报纸影响力。而要想做到这两者间的平衡,谈何容易? 也就是说,成为《中央日报》社长的马星野,从表面上看,似乎是实现了自己心中的理想,成为了一个报人、一个新闻人,但从其担任社长后的现实情况看,他其实并没有太多自由发挥空间,很多时候他只能在国民党新闻宣传方针所能允许的范围内,部分地、非常有限地践行自己的新闻理想,只能谨小慎微地、艰难地斡旋在"党人"与"新闻人"之间。

需要指出的是,尽管十分艰难,尽管如履薄冰,但马星野还是以他圆润贯通的处事方式与技巧为自己的新闻理想与理念寻得了一方狭小的生存空间,并在不少方面给《中央日报》带来了一些改变。主要表现在三个方面:一、他汲取密苏里大学新闻学院在报纸业务方面给予他的经验,为增强《中央日报》的信息量和吸引力,以"报纸杂志化"为切入口与着力点,先后设置了《科学周刊》《地图周刊》《妇女》《儿童》等专刊和《中副》《泱泱》两个副刊,对《中央日报》的内容和版面进行改革,有效吸引了受众,扩大了报纸的发行量;二、实行企业化改革,把报社改革为股份制公司,不仅使报纸内容得到了极大丰富,也激发了报社人员的工作动力,使报纸开始变得有声有色,成为第一个能够赚钱的党报;三、重视新闻时效性和报刊风气,使《中央日报》在他任职期间新闻时效性大大提高,新闻伦理道德意识大大增强,"一扫过去报界虚伪、敲诈、腐败之恶习"[1],在很大程度上改善了读者对国民党党报的已有偏见。这些恰到好处的折中与

---

[1] 马星野:《自述》(1952年4月12日),手稿,《马星野档案》099-01-01-01-001,台北"中研院"近代史研究所档案馆藏。

平衡是马星野在国民党体制内力求对党报有所改变的结果，是他在《中央日报》这个党报平台上践行自己新闻理想、实现自己新闻专业理念的体现，也是他日后回忆起《中央日报》社长生涯时倍感自豪的原因所在。

然而，如前所述，想要真正做到"党人"与"新闻人"之间的平衡，谈何容易？虽然马星野深知《中央日报》是国民党的喉舌，应主动维护国民党利益和形象，但当他面对国民党权力阶层的贪污腐败和各种堕落可耻的行径时，其所具有的新闻专业理念与作为新闻人的正义感、责任感，最终还是让他无法做到对相关事件视若不见，置若罔闻，而是每每在"中央"和"日报"之间自觉不自觉地偏向于"日报"。

1947年7月29日，《中央日报》就曾报道了一条题为《孚中扬子等公司破坏进出口条例，财经两部奉令查明》的新闻。该新闻直截了当地将孔宋家族利用政治便利结汇数亿元之事件公之于众。此消息一经曝出，立即引起全国轰动，使得国民党高层大怒，蒋介石非常愤怒地要求将采写此报道的记者交出来。他说："我是总裁，他是党员，不管什么记者信条不信条，按照党的纪律，总裁命令党员讲出来。"①该事件发生后不久，《中央日报》采访部主任陆铿被迫离职。马星野之所以没有被惩处，据说是因为该报道刊发时马星野正好生病请假，不在报社，因此在刊发此报道的事上没有责任。这种说法是否能站住脚显然要存疑。笔者认为，单纯以生病请假、不在报社为据解释马星野未被惩处之原因，显然是站不住脚的。马星野之所以没有被处理，应该是各种综合因素起了作用，如他和蒋介石间的个人关系，找到一个更合适的《中央日报》社长的确不容易等。作为一社之长，即使生病请假，在这么重大的事情上不可能没有责任。在一定意义上可以说，即使他对该报道的采写等的确全然不知，但

<hr>

① 陆铿：《陆铿回忆与忏悔录》，时报文化出版有限公司，1997年，第63页。

若没有他平时在这方面对记者、编辑的"放任"与"鼓励",采编人员怎么会有那么大的胆量与魄力触碰和报道这种事? 实际情况很可能是,他内心深处对类似报道原本就是认可的,只是迫于其所具有的党性与"党人"身份之限制,无法公开提倡与鼓励,只能以一种暗中鼓励和默许的方式支持记者、编辑的做法。这种暗中"支持"之态度从时隔四十多年后马星野回忆起自己的新闻生涯时一直将"孚中扬子公司贪污事件"之报道视为自己新闻职业生涯中争取新闻自由的典范即可证明①。另外,蒋介石要求说出该篇报道之作者而马星野始终守口如瓶,直至他去世都本着自己心中的新闻专业主义理念未曾对任何人透露过该篇报道的真正作者。

如果说"孚中扬子公司贪污事件"之报道并不能很充分地说明马星野对其采编人员践行新闻人应有的专业理念持暗中支持态度的话,此后不久《中央日报》刊发的另一篇引发广泛影响和争议的新闻显然可以对此做出充分说明。在该报道引发争议后,马星野曾以十分赞赏的态度对相关记者表现出的刚正不阿给予了肯定。这个引发争议的新闻便是刊发在《中央日报》1948年4月13日第二版的题为《检讨军事问题　各代表坦白发言　提出积极性建议》的报道。该报道对国大代表在国民大会中针对军事问题所发表的各种批评意见进行了充分报道,尤其是,十分严厉地批评了时任行政院长的陈诚在东北的败北行为,公开提出"杀陈诚以谢国人"。如此激烈的言辞一经报道迅速激起千层浪,不仅在全国引发热议,还在国民党高层引起轩然大波。面对诸多议论,身为《中央日报》社长的马星野自然无法置身事外,来自国民党体制内的各种压力和各级高官的非难同时向他涌来。在一般情况下,作为一社之长的他至少应遵循上级指示仔细追查这件事的来龙去脉,追查与此事相关的记者、编辑的责任,以便能对国民党权力阶层有一个交代,但实际情况是,

————————
① 陆铿:《陆铿回忆与忏悔录》,第63页。

在这件事中他最终未对报社内的任何一个记者或编辑进行处罚，不仅如此，他还在事后对这篇新闻的采写者徐佳士说："佳士，你是我的学生，做得好。"①从处理这件事的方式、态度和对徐佳士做法的褒扬中，可以充分感受到马星野内心深处对此类秉持新闻人应有的理念、不畏强权报道事实真相的做法是极为认可和赞赏的，只是这种认可和赞赏因为其所具有的国民党党性要求和其党报社长身份而更多处于一种较为隐性和非公开的状态。他希望记者、编辑能在《中央日报》这个平台拥有尽可能广阔的自由空间，在不触碰国民党最高层核心利益的基础上尽可能坚守自己的新闻理念与职业道德操守。

纵观马星野担任《中央日报》社长的生涯，可以看出，兼具"党人"与"新闻人"身份的他在担任《中央日报》社长期间确实一直在"中央"与"日报"之间努力寻求着平衡。有时候他的确能以其圆润贯通的处事方式与技巧做到两者间的平衡，使自己所主持的报纸既能做到维护国民党利益，符合国民党宣传需要，又能在一定程度上践行自己的新闻专业理念；有时候，其所具有的新闻专业理念及其价值诉求又会使他不由自主地偏向于"先日报后中央"的做法，从而使自己陷入不得不承受现实与体制压力的两难境地。就前者来说，能在国民党党报平台凭借其资源优势，实现其所习得的密苏里新闻理念、实践经验与国民党新闻宣传目标的融合，是其担任《中央日报》社长期间最为丰硕的收获，也给予了他从之前十余年中因没有机会在新闻业主战场一展身手而产生的无奈与苦闷中走出来的机会，使他初步尝到了理想得以实现、办报热情得以释放的快乐与满足。就后者而言，由于在"中央"与"日报"之间的平衡中他稍不注

---

① 王明亮、秦汉：《从记者到"新闻官"：国民党新闻管理者的职业抉择和职业悲剧——以董显光、曾虚白、马星野为中心的探讨》，《国际新闻界》2015年37卷第10期。

意就会自觉不自觉地偏向"日报",导致平衡被打破,使他时不时处于来自体制和权力阶层的压力中,因此导致其在主持《中央日报》时期并不能完全享受到办报理想得以实现的快乐。不幸的是,在七年的社长生涯中,这种状态和情况似乎更多一些。纵使他再怎么小心翼翼,谨言慎行,尽力平衡,最终还是会经常发出"清夜扪心,肝肠若割,思过而不能及"①的感叹。

随着国民党在内战中节节败退,1948年国民党加快了迁往台湾的准备工作,《中央日报》也不得不开始考虑向台湾迁移。在国民党高层的支持和马星野的精心策划下,《中央日报》于1949年3月迁往台湾,马星野的新闻生涯自此也就从大陆转移到了台湾。国民党从大陆败退到台湾后,在台湾施行威权统治,"对民间社会乃至个人由上而下严密的渗透、控制与支配","任何个人或团体若有违反甚至危及威权统治的思想、言论或行动,都会遭到当局毫不留情且不择手段的剪除"②,政治空气、社会氛围一片肃杀。在这种严峻情势下,报刊作为新闻、言论发表与传播的重要阵地自然免不了受到更严格、严密的监控。然而,面对这种形势,台北《"中央"日报》却频频冲破控制,发出"不合时宜"的激烈言辞。它先是在1949年5月1日刊登了题为《打击豪强! 安定民生!》的社论,两日后又刊登了另一篇题为《台湾负担不起》的社论。这两篇社论以极其尖锐的笔触对国民党败退到台湾后很多官员贪污腐败的行径进行了强烈谴责与鞭挞。两篇社论发表后迅速招致了国民党高层的不满与愤怒,国民党高层批评其完全是一种"脱序"言辞。这两篇社论最终导致马星

① 马星野:《自述》(1952年4月12日),手稿,《马星野档案》099-01-01-01-001,台北"中研院"近代史研究所档案馆藏。
② 许瑞浩:《从官方档案看统治当局处理"雷震案"的态度与决策——以"国防部"档案为中心》,陈世宏等编《雷震案史料汇编:黄杰警总日记选辑》,台北"国史馆",2003年,第36—37页。

野被国民党"中央"记过一次①。

　　两篇社论之后，国民党限制言论自由的高压政策愈加严厉，然而，此时的马星野不仅没有吸取之前的教训，而且对这种更加严厉的控制似乎毫无察觉，他依然延续着之前在南京主持《中央日报》时的尽力平衡和"走钢丝"之方式。这样的方式在南京时原本就时不时"触礁"，在威权统治更严酷的台湾，注定了会使其遭遇更大的挫折。果不其然，1952年，一个校对错误终于点燃了国民党高层在长期忍耐马星野的"脱序"言论中积聚起来的"怒火"②，蒋介石当时非常生气地训斥："编辑及主笔比在大陆上还差……应即着手处理，彻底改善。"③面对蒋介石和国民党高层的不满与责骂，此时的马星野虽有心挽回，却无力回天，公开发表《我们的自省》进行检讨与忏悔后，主动辞去了社长的职务。

　　回顾马星野主持报纸时期的工作情况，从表面上看，这个时期似乎是其一生最渴慕的办报理想得以实现的时期，是其新闻生涯中最辉煌的时期，但从其在此期间的心态来看，却因为理想与现实相互冲突而充满无奈与不得已。他曾经"决心把《中央日报》做成更为有益的言论机关；决心把《中央日报》做成更进步的新闻报；决心使我们成为比较接近理想的报人"④，但最终却落了个"思补过而

----

① 马之骕:《新闻界三老兵——曾虚白·成舍我·马星野奋斗历程》,第408页。
② 马星野在1952年4月所写的《自述》中说:"七年之间,余受党的重寄,肩此最高言论机关之大任,错误过失,不可以数计。尤以最近一次校对上发生之大错误,为余从事报业之最大污点。"此处所说最大污点是指其主持的报纸在一次排版中将"伟大的领袖"错排成了"伟小的领袖"。
③ 刘维开编:《中国国民党党务发展史料:中央改造委员会资料汇编》(上册),近代中国出版社,1990年,第73页。
④ 黄肇珩、吴德里、马大安编:《星垂平野阔·我的一生》,义美联合商务有限公司,2014年,第206页。

不及"的下场,只能怀着一种"错误过失,不可以数计"①的遗憾与感慨,悲凉退场。

综上所述,可以说,从1945年11月在南京就任国民党《中央日报》社社长到1952年8月被迫离职,在担任社长的七年时间中,马星野始终挣扎在国民党体制内新闻人所具有的党性原则和其在密苏里习得的新闻专业理念之间,他竭尽全力想要调和自己身上所具有的"党人"和"新闻人"这两种身份间的矛盾,在涉及国民党核心利益的事情上尽力按照"先中央后日报"的态度与原则来处理,以尽可能避免获罪于国民党高层和权力阶层,但在内心深处又深深希望尽可能实现自己的新闻专业理想,因此使得他经常会暗自鼓励自己的采编人员以职业新闻人的理念与操守努力践行"先日报后中央"之原则。在此期间,身处"党人"与"新闻人"双重身份之间的他,内心确实有过在一定程度上实现新闻理想的快乐与满足,但在更多情况下,由于要时时在"中央"和"日报"之间寻求平衡,因此使得他身心俱疲,经常产生"清夜扪心,肝肠若割"的内心痛苦。考虑到自己的国民党人身份和《中央日报》性质时,他不得不将心中的专业理念与追求暂时或部分搁置,但作为新闻人的职业理想与理念追求又常常使他压抑不住心中的激情,使他总是一不小心便得罪了权力阶层或使自己崇敬的"领袖"不满甚至愤怒。这是一种矛盾,是新闻理想照进令人无奈的现实时必然会产生的冲突,也是马星野身为国民党体制内新闻人在践行新闻专业理念过程中不得不面对和努力调适的必然道路。在这条道路上,无论他怎样全力以赴,怎样谨小慎微,终究无法逃脱被国民党高层诘难和抛弃的悲剧,终究只能在体制的缝隙中艰难地寻觅一丝丝新闻理想的微弱光亮。

---

① 马星野:《自述》(1952年4月12日),手稿,《马星野档案》099-01-01-01-001,台北"中研院"近代史研究所档案馆藏。

四、挽梦归来终廖落：离开新闻业的
悲凉和重回后的欣喜与落寞

1952年8月从报社离职后的马星野一度处于"赋闲"的状态，经过两年"察看"后，1954年才获得了国民党高层的谅解，被任命为"中央第四小组"主任，负责国民党体制内新闻管理工作。然而，与抗战时期担任国民党中宣部新闻事业处处长时的内心体验类似，在国民党威权统治下的政治氛围中开始从事新闻管理工作的他，各方面都显得格格不入。他的新闻专长与理想不仅没有任何可发挥的空间和余地，而且还频频招致国民党高层的不满。1959年他离开"中央第四小组"，被外放到巴拿马任职，完全离开了自己热爱和熟悉的新闻业和奋斗已久的新闻职业领域。一个从小就接触报刊工作，很早就产生新闻兴趣，在当时世界新闻学最高殿堂留过学，有着对新闻工作与职业的深爱，此后二十多年中一直在与新闻业或间接相关或直接相关的领域工作的人，突然被完全"驱逐"出了自己挚爱的工作领域，被迫从事与自己之前职业经历毫无关联、完全陌生的工作，与此同时，也被"逐出"了之前一直身处的国民党政治核心圈，其内心之无奈与悲凉程度，可想而知。王继先在其整理的《新闻人马星野年谱简编》中列述到1960年至1964年间马星野之行迹时就曾说，这段时间是马星野从'政治核心圈'转移到'体制边缘'"的时期①。

1964年，马星野意外地接到了蒋介石令他回国接替曾虚白任国民党"中央通讯社"社长的任命。面对这一突然的任命，他"欣喜异常"，"一夜不能入睡"②。欣喜之余，他立即开始为回去后"中央通

---

① 王继先：《坚守与徘徊：新闻人马星野研究》，第243页。
② 马之骕：《新闻界三老兵——曾虚白·成舍我·马星野奋斗历程》，第413、421页。

讯社"业务的开展做准备。从接到可以重新回到自己熟悉和喜爱的新闻工作领域之任命时的"欣喜异常""一夜不能入睡"之情况，我们可以反过来推想到他在被"逐出"新闻圈、从事自己不熟悉的工作的几年里内心之不得已与悲凉。然而，重新被"领袖"召回到新闻领域便意味着他能重新开始自己的人生与事业辉煌吗？答案似乎是否定的。重新回归后，尽管他信心满满，但毕竟是即将迈入花甲之年的人。在这种情况下，虽然挽梦归来，雄心不减，但要真正像他所畅想的那样尽情施展才华和新闻抱负，无疑是不可能了。而且，经历数年时势变迁，政治生态、新闻事业的内外部环境、语境、目标、任务均已发生了很大变化。伴随着这种变化，他是否能完全适应，是否能找回年轻时期的事业梦想和新闻理想，都成为未可知的事。

　　1964年12月，马星野正式就任国民党"中央通讯社"社长。此时，距离他被迫从台北"中央日报"社辞职已十二年了。重回新闻领域的他感慨万千："我……回了新闻界，犹如回到我的家里。"①从此处将"新闻界"比喻成自己的"家"，可以感受到重新回归新闻界的他内心之喜悦，也可以感受到他内心对新闻职业的爱。对所有的人来说，"家"是一种情感和精神的寄托，是安放身心的温馨港湾。将回到新闻界看成回到"家"，这个看似不经意的比喻背后，非常充分地显现出马星野与新闻界久别重逢的欢喜。这种欢喜正是他在成为"中央通讯社"社长后立刻全身心投入到业务工作中的心理原因。当然，借由把"新闻界"比喻成自己的"家"也可以反过来推想，在被"逐出"新闻领域的几年里他内心的失落和缺乏归属感。

　　在"中央通讯社"，马星野凭借自己所具备的独特思想与视野对通讯社各项事业进行了大刀阔斧的改革。首先，对通讯社的技术与广播设备进行了革新，如推广使用页式文字传真机，租用从东京经

---

① 马星野：《我从事新闻教育经过》，《政大校友通讯》（庆祝母校卅八周年纪念专刊），1965年5月20日，20页。

美国到伦敦的海底电缆和美国国际电话电报公司的太平洋通讯卫星线路,改进并提升新闻通讯传播效能;其次,针对以往新闻通讯侧重于严肃性内容、忽视社会生活之问题,强调"注意社会现象,扩大编采范围",努力丰富新闻电讯的内容维度与服务质量;再次,紧跟时代潮流,通过增强台湾地区与世界各通讯社之间的交流与联系,使"中央通讯社"在全世界范围内的业务得到迅速扩展。这三方面的举措与成就,有效提升了"中央通讯社"在新闻通讯领域的地位。

1972年6月,在担任社长八年后,马星野卸下社长职务,开始担任"中央通讯社"管理委员会主任。担任管理委员会主任后,他继续积极推动"中央通讯社"企业化改革,并当选为改组后的"中央通讯社"股份有限公司第一任董事长,继续为"中央通讯社"的发展殚精竭虑,直到1985年从公司董事长岗位上退休。可以说,从1964年就任"中央通讯社"社长到1985年从"中央通讯社"股份有限公司董事长位置退休,在这二十一年的时间里,马星野一直用自己的心血与汗水浇灌着"中央通讯社"的发展,也浇灌着自己心中的新闻事业梦,他竭尽全力想在这一次的回归中用实际行动书写自己心中所憧憬的新闻事业篇章。

需要补充说明的是,在担任"中央通讯社"股份有限公司董事长期间,马星野还于1980年出任了大众传播教育协会首任理事长。该协会实际上是一个"业学联合体",以促进大众传播教育与大众传播事业的联系合作,加强各院校间的教学研讨与交流,培养有专业道德与知识能力的大众传播人才为宗旨。为实现这一宗旨,在担任理事长后,他不遗余力地工作,创办《传播教育》杂志,举办"传播教育研讨会""大众传播业务研讨会"等,邀请一些报社的社长、总编辑、总经理、广播电台台长、电视公司总经理等,就大众传播业的最新问题进行探讨,希望通过自己的努力使大众传播行业的工作者素质有所提升,期待大众传播媒介监视环境、传递信息、促进教育、提供娱乐等功能能更好地发挥,以便能为公众提供健康干净有质量的精神食粮。时任大众传播教育协会副理事兼秘书长的郑贞铭曾回忆说，马星野领导该协会期间，就"像一个大家庭的家长，他无论对学生，还是新闻界的后辈，都非常客气，也很照顾"，"他希望未来的大众传播者，对于'国家'应多尽责任"①。

综上可以看出，虽然离开报社后曾被"察看"两年，虽然在"中央第四小组"从事新闻行政管理工作时内心充满了困顿与苦闷，虽然在被"逐出"新闻界、外放到巴拿马工作时内心充满无奈、悲凉，但重回新闻事业领域的他，对新闻事业的热忱丝毫没有消减。无论是在"中央通讯社"大刀阔斧的改革，还是在领导大众传播教育协会时尽心尽力的付出，他总是以最大的热情与最饱满的激情尽力追求自己心中的理想，坚守一个职业新闻人最纯真的信念与梦想。因为，在他看来，"文化工作者即是无冕之王"，"教育和新闻是文化的两个飞轮"，新闻传播事业需要"以国家民族利益为至上""表现真正之民意""彻底扫除诲淫之文艺、副刊、节目、图片"，为国民供应有益精神健康的食粮。这样的认知、理想与情怀，正是重回新闻领域的他依然能对工作充满激情、竭尽全力的原因之所在。

从外在表现与其所开展的具体工作看，重回新闻领域的马星野的确对自己的工作竭尽全力，然而，若从其这一时期内心感受来看，情况又如何呢？追溯这一时期台湾新闻业的发展环境与背景，便可感受到，这一时期马星野对自己工作的竭尽全力，似乎更多是一种"已惘然"的付出。因为，即使他再怎么竭尽全力，再怎么付出浑身解数，再怎么采取各种各样的创新措施，也无法避免与最初的新闻理想渐行渐远的事实。在他回到"中央通讯社"的时候，国民党威权统治下的台湾新闻事业经历十年的变迁早已物是人非，其所能给予个人梦想实现与发展的空间与在大陆时期相比已相差太远。南京《中央日报》作为当时国民党中央机关报，所面对的读者是全国亿万

① 马之骕：《新闻界三老兵——曾虚白·成舍我·马星野奋斗历程》，第463页。

群众,无论发行规模还是消息来源都具有许多报刊不可比拟的优势条件。作为当时《中央日报》的掌门人,其新闻理想之花能藉以绽放的平台无疑是相当广阔的。相比之下,1964年的国民党"中央通讯社"却只能蜷缩于台湾这一狭小的空间。

与此同时,20世纪60年代共产党领导下的中华人民共和国已被世界上越来越多的国家承认并与之建立了外交关系,其新闻事业的发展日新月异,尤其是新华通讯社。"中央通讯社"无论是发展空间还是综合实力,与新华社相比都相形见绌,不具备与之抗衡的优势。新华社的广阔发展空间与综合实力及发展势头,使作为"中央通讯社"掌门人的马星野颇感气短。在1983年的一次演讲中他就认为,新华社财力、物力、人力上的增长已经对"中央通讯社"的发展带来威胁,因此"'中央通讯社'不可不留意防范与之抗衡"[1]。可见,这一时期的马星野作为"中央通讯社"负责人虽竭尽全力、勉力为之,但已深深感受到了时代与大环境变迁所带来的压力,感受到了时势转移带给他的强烈的美人迟暮、英雄气短之感。当然,出于对国民党新闻事业的忠诚与热爱,他还是会拼尽全力去革新"中央通讯社"的设备与技术,不遗余力地谋求建立"中央通讯社"与世界上一些重要通讯社的合作关系,希望以此扩展"中央通讯社"的业务,但他显然低估了时势变迁给"中央通讯社"发展带来的局限和不利,在当时的大环境之下,"中央通讯社"无论是消息来源,还是人力、物力、财力等方面,都已日薄西山,绝非凭借他一己之力就能改变。

除了时势带来的牵制和这种牵制带给他的挫败感、无力感之外,这一时期的马星野也开始逐步被国民党高层边缘化。这种边缘化同样是他凭个人之力无法改变的。进入20世纪70年代后,"台湾

---

[1]马星野:《大众传播事业之新趋势与"中央通讯社"之前途——萧同兹先生逝世十周年纪念会讲词》(1983年11月11日),手稿,《马星野档案》099-01-02-01-024,台北"中研院"近代史研究所档案馆藏。

地区的国民党统治环境开始由蒋介石的'硬性'威权转为蒋经国的'柔性'威权[1]。在"柔性"威权统治之下，台湾"形成一种……对民间社会乃至个人由上而下的严密渗透、控制与支配"[2]，能否被国民党高层看重，历史贡献与党内资历已不是决定性因素，是否绝对服从于国民党高层，是否能进入新的权力核心圈，才是最重要的。然而习惯了蒋介石统治路径的马星野对这些并没有明显觉察，他为人处世的方式和工作方式仍更多地延续着之前的风格。在这种情况下，可以想象，不能得到此时权力核心圈的认可，乃至于逐渐被"被边缘化"，被排除在国民党政治中心之外，就是必然的了。这种不被国民党政治核心圈认可、被排除在国民党权力核心之外的情况，对于一般的自由新闻人来说或许无关紧要，但对马星野这样的国民党体制内新闻人来说，显然是不容易接受的。正如李金铨所言："权力中心和媒介跳一支探戈舞，领舞者通常是权力中心，跟舞者则是媒介。"[3]普通媒介尚且需要依附于权力，党派报人的发展就更是与政治权力不可分割了。从这个意义上说，重新回到新闻事业领域的马星野看似竭尽全力、工作积极认真，但面对总体上逐渐被边缘化的政治境遇，其内心是不可能获得真正的满足感与成就感的，是不可能获得践行理想的喜乐和快意的。

　　总之，由于主客因素的制约与影响，在离开十二年以后马星野虽然重新回到了新闻岗位上，但从很多方面看其人生与事业总体上来说都已经开始走下坡路了，其内心深处也已不可能产生真正的事业成功、理想实现的愉悦与兴奋了。无论是"中央通讯社"给予他的

①王继先：《坚守与徘徊：新闻人马星野研究》，第217页。

②许瑞浩：《从官方档案看统治局处理"雷震案"的态度与决策——以"国防部"档案为中心》，陈世宏等编：《雷展案史料汇编：黄杰警总日记选辑》，第36—37页。

③李金铨：《传播研究的时空脉络》，《开放时代》2017年第3期。

奋斗空间，还是其个人在国民党内的被信任程度，都不能与担任南京《中央日报》社长时期相提并论了。因此，与其将这一时期马星野为"中央通讯社"全力以赴的付出称之为其新闻生涯中激情逐梦的延续，倒不如看作是他在"美人迟暮"阶段对自己新闻梦想的一种坚守。这种坚守更多的是一种对自己内心的慰藉，是因为他不想辜负心中的梦想，而非真的出于再创事业辉煌的雄心壮志。这种坚守带给马星野的并不是如愿以偿的累累硕果，唯有唏嘘不已的遗憾与落寞。这种遗憾与落寞在他后来对自己在"中央通讯社"与大众传播教育协会的任职之评价中便可感知："星野……主持'中央社'，担任社长以至董事长，已经二十年之久，对'中央社'未尽领导推进之力，深感内疚。"[1]这里的"深感内疚"不排除是自谦之辞，但若与他对自己在南京《中央日报》任职期间的评价中透出的自豪感相对比，便可察觉到此时的他对自己重回新闻领域后的表现确实是不满意的，至少是没有什么满足感和成就感的，只是面对这个遗憾他只能无奈悲叹罢了。

这一时期马星野经常开始抒发自己的怀旧情绪，也可以说明这时他确实已处于"美人迟暮"阶段了。"人生得意之时，很少怀旧，相反，失意中的人最容易怀念过去，怀念过去的事业，怀念过去的同仁。"[2]从这个意义上说，这一时期马星野对其过去所抒发的怀念其实正是他内心苦闷与不得意的一种写照。考察这一时期马星野的怀旧情绪，可以发现，其所怀念的主要有两个方面：一是对中国大陆故土家园可望而不可即的思念。如1981年他曾写下题为《有怀飞云江——我的故乡》的诗，诗之题记中说："回想江头待渡之时，赏晓日东升，或夕阳西照，渡头溪唱，江上潮声，此情此景，永不能忘

---

[1] 马之骕：《新闻界三老兵——曾虚白・成舍我・马星野奋斗历程》，第448页。
[2] 樊亚平：《在记者与党员之间：范长江心态研究》，复旦大学博士后出站报告，2015年，第132页。

记。"①这首诗通过追忆故乡的一点一滴、一草一木，表达了马星野对故乡的浓浓眷念之情；二是对其在南京《中央日报》工作期间的相关情景的追念。如在《我在南京办报的回忆》中写道："我们一大群年轻人，全是朝气蓬勃，说做就做……如生龙活虎，鱼跃鸢飞，活泼泼地。我出一个主意，他们立刻去做；我热心，他们比我更热心；兴趣来时，他们兴趣比我更高，因此轰轰烈烈地，把一个南京《中央日报》，干的十二分有劲，销路广告，蒸蒸日上。"无论是怀念故乡，还是怀念昔日办报场景，字里行间无不飘散着丝丝愁绪。这种愁绪，正是他这一时期人生与事业中之无奈与落寞的写照。

　　需要补充说明的是，挽梦归来的马星野之所以全力以赴也无法摆脱其人生与事业的下坡路悲剧，一方面是因为时代、环境变迁和其个人被"边缘化"等主客观因素，另一方面也与大众传播业的兴起有密不可分的关系。20世纪60年代，伴随着媒介技术的迅猛发展，尤其是电子传播技术的普及，在世界范围内，新闻学都受到了大众传播学的冲击。由于台湾"与美国等发达国家的传播学研究有天然的联系，因而使发达国家的研究成果能很快传到台湾，成为其最新研究话题"②，这其中就包括大众传播学。由于大众传播学的攻城略地势头和其对新闻学的冲击，台湾各大高校中传播学研究所、大众传播系如雨后春笋般涌现出来。在大众传播学的语境中，新闻学教育逐渐开始被媒体组织、媒体机构、传播技术、传播手段、传播形式等技能教育所取代，开始更多地追求技术性、工具性和实用性，传统新闻学所强调的理想、理念、情怀、社会担当等逐渐被消解了，新闻学与新闻学教育原本具有的人文情怀与活力逐渐淡去了。在这种背景下，新闻业发展逐渐呈现出不同于以往的浮躁与偏向。在这

---

① 马星野：《有怀飞云江——我的故乡》，黄肇珩、吴德里、马大安编：《星垂平野阔·我的一生》，第27页。
② 陈力丹：《台湾新闻传播学研究概况》，《新闻与传播研究》1999年4期。

种偏向之下,可以想象,马星野一直以来所追求的有情怀、有温度、讲求社会担当的、具有浓厚人文主义色彩的新闻理想会显得多么不合拍,与此时的大环境是多么的格格不入。

从当时台湾媒体的现实状况看,显然更有可能使他常发"今夕何夕"之叹。当时台湾"大报或小报的副刊,一味地向刺激、男女、剑侠、妖姬的方向努力",许多媒体只看重数量而不看重质量,只看重"广告收入与发行销数与电视收视率"等,而不看重人文情怀、社会责任,"不合社会教育宗旨""迎合人民的低级兴趣"的内容充斥于报纸版面和电视荧屏[①]。这种情况实际上等于"把新闻降格为一种没有灵魂、没有思想、没有方向的信息媒介"[②]。在这样的背景之下,纵使马星野再怎么重申"文化工作责任重大","要以国家民族利益为至上","表现真正之民意,为社会价值定公正之权衡"等,在汹涌澎湃的传播技术浪潮下,其声音也会显得苍白无力,甚或不合时宜。因为,在这样的时代中,似乎已无人愿意去关注新闻中的人文情怀与民主精神,去聆听新闻传播中有灵气有血肉的真情表达,去立志成为一个有新闻专业主义理念与追求的新闻人了。而这,也是导致这一时期的马星野内心无奈与落寞的又一因素。

五、挣扎、坚守与悲剧:党派报人的新闻理想之殇

星垂平野阔,月涌大江流。1991年3月11日,八十二岁的马星野在台北病逝,走完了他的一世光阴。回首马星野的生命时光,可

[①] 马星野:《大众传播对生活素质改变的责任》(1981年5月22日),手稿(正文)、打印稿(提纲),《马星野档案》099-01-02-01-013,台北"中研院"近代史研究所档案馆藏。

[②] 郑保卫:《论新闻学学科地位及发展》,中国传媒大学出版社,2010年12月,第73页。

以看到，从密苏里留学时期形成专业主义理念、确立新闻理想开始，他便将从事新闻事业、践行新闻职业理念作为自己一生的目标。然而，此后开始的人生与职业生涯中，他的新闻人生却可以说是一个悲剧。

这种悲剧最主要的表现在，他渴望从事新闻职业，渴望成为一个优秀的报人、优秀的职业新闻人，渴望用自己在密苏里所习得的新闻专业理念改良中国新闻事业，渴望在中国新闻事业的大江大海中大显身手，尽情挥洒自己的新闻理想，但现实中的他却只能在国民党体制内成为国民党新闻宣传系统的一枚棋子，他的职业选择完全无法自主，只能听从国民党及其"领袖"的安排，国民党和"领袖"让他做什么，即使与他最理想的工作不相关，甚或与自己的理念相违背，他也只能服从或"欣然"接受。

从密苏里归国时，他原本准备在中国新闻业的"修罗场"施展身手、大干一场，但面对蒋介石给他的从事新闻教育的建议，他只能"欣然"接受。当他凭借自己的努力在国民党中央政治学校建立起新闻系，且凭借自己圆润贯通的智慧与能力将自己在密苏里习得的新闻理念与国民党党派新闻人的培养目标巧妙结合起来，使政校新闻教育风生水起之时，"领袖"的一纸任命却将他从新闻教育岗位调到了新闻管理岗位。面对这样的职业变动，他同样只能接受。好在这种"听天由命"式的职业变动也有正中他下怀的时候，那就是1945年，一纸《中央日报》社长的任命书，让他意想不到地终于做起了他从密苏里回国之初就希望做的工作——办报。但七年后，他却只能被迫离开自己最喜欢的办报职业，并在被"察看"两年后调到了新闻行政管理岗位，继而于五年后被外放到巴拿马。近五年后，才被重新调回新闻职业领域。回顾他一生的每一次职业变动，其中很少存在他根据自己的兴趣自主选择的成分和因素，他热爱新闻职业，但在职业选择上他只能"听天由命"，毫无自主权。

马星野的悲剧的另一个表现是，他一生崇奉新闻自由，视新闻自由为实现民主政治的最重要、最有力的工具,认为报纸是"形成民意,表现民意,最有效、最周到的方式",是"民治之基石",他鄙视"受政府的严格控制"的报纸,称这种报纸为"政府的御用品",他推崇"自由的、独立的、勇敢的、负责任的而且普及于民众,真正做老百姓的耳目喉舌的报纸"[①],但他所属的政党——国民党却对专制独裁情有独钟,而他一生也只能在这种没有新闻自由的独裁体制中谨小慎微地从事处处设限、受到严格控制的党派新闻工作。

在这样的受到严格控制的新闻工作中,为了在一定程度上实现自己的新闻理想,听从自己内心深处的自由新闻理念之召唤,他只能"戴着镣铐跳舞",只能在自己的新闻职业理念与国民党的利益、立场及宣传要求之间尽力平衡和"走钢丝"。这一点,从其担任《中央日报》社长期间的各种表现即可得到充分说明。尤其具有悲剧性的是,他崇奉新闻自由,鄙视政府管控报纸,但他一生中却至少有两个时期从事的正是管控报纸之工作,即抗战时期担任国民党中宣部新闻事业处处长和台湾时期担任国民党"中央第四小组"主任之时期。在这两个岗位上,他所从事的实际上是以新闻管理者的身份替自己所属的独裁政党国民党管控新闻事业之工作,亦即与自己所崇奉的新闻自由理念相悖的工作。

马星野的悲剧还表现在,他将毕生心血都奉献给了国民党及其新闻事业,对国民党及其"领袖"十分忠诚,对国民党新闻事业兢兢业业,但他最终并没有得到国民党给予的与其付出的努力相称的对待,其人生最终并未能获得令他快意的善终。

从兴办政校新闻系到担任新闻事业处处长,从就任《中央日报》社长到出任国民党"中央第四小组"主任,从掌管"中央通讯社"到领导大众传播教育协会,他总是不遗余力地贡献着自己的光和热。在这个过程中他努力将密苏里大学新闻教育模式与国民党体制内新

[①] 马星野:《新闻自由论》,南京中央日报社,1948年,第39—40页、19—20页。

闻宣传人才培养目标结合,创造性地形成了国民党新闻教育的"政校模式",为国民党新闻事业培养了许多优秀人才。他将西方新闻自由主义理念与国民党对新闻事业的要求以及中国近现代知识分子的价值理念与精神诉求有机结合,拟定了在当时影响广泛的《中国新闻记者信条》,创造性地提出了三民主义新闻思想。他在自己的每一个工作岗位上都认认真真,恪尽职守,以自己的聪明智慧力求创造性开展工作,即使是在自己不熟悉、不喜欢的工作领域。

　　然而,观其一生,他既没有获得与自己的付出与努力相匹配的回报——即他所期望的在新闻事业领域的最大成功,也没有得到自己竭尽全力为之服务的国民党的充分的善待。在努力付出所获得的事业回报方面,相较而言,《中央日报》时期应该算是他最为得意的时期,但其中却充满着不得不"走钢丝"的无奈与面对无可奈何的内心矛盾与冲突时不得不时时妥协的苦痛。在获得其竭力为之服务的政党的善待方面,虽然从形式上看,蒋介石对他十分看重,在他从密苏里回来后亲自接见他,使他受宠若惊,以后的每次工作变动,基本上也都是蒋介石"钦定",但他先是因"言"获罪,被迫离开为之奋斗已久的新闻工作领域,且没有被安排任何工作,赋闲两年;重新安排工作后四五年,又被外放到他不熟悉的工作领域;后来虽然重新回到了自己喜欢的新闻工作领域,但世易时移,新闻工作的环境变化令他无奈之外,物是人非所带来的政治上的被边缘化,也使他徒叹奈何。

　　另外,马星野的悲剧还表现在,作为一个挚爱新闻事业的人,在其新闻生涯中,能够供其挥洒新闻热情与汗水的天地最终变得越来越小,能够供他展示新闻才华与能力的舞台最终变得越来越小。职业新闻人最期望的是能够在尽可能广阔的天地中挥洒自己的新闻热情,张扬自己的新闻理念,展示自己的新闻才能。然而,马星野最终的人生与职业结局却是,与国民党一起退居台湾,蜷缩在台湾这样的小天地中,做着近于自娱自乐的新闻工作。这对于一个在新闻事业领域曾经怀有雄心壮志的职业新闻人来说，不能不说是一种悲剧。

　　之所以崇奉自由主义理念却在自己的职业选择方面毫无自主性，之所以崇奉新闻自由却只能竭尽全力在自由新闻理念与党派立场之间"走钢丝"，之所以在新闻之路上越走越狭窄、舞台越来越小，最重要的原因在于马星野所具有的国民党人身份，在于他对国民党及其"领袖"的忠诚，在于他将自己的人生一开始就绑在了国民党这辆专制、腐朽、反动的战车上。

　　马星野1927年十八岁时考入国民党中央党务党校。国民党中央党务学校是培养国民党体制内官员和干部的学校，实为国民党的党校。凡是考入该校的学员，都须加入国民党。入校后的教育目标与宗旨之核心是国民党思想、精神教育，其最终目的是让学员完全成为国民党的忠实信徒。朱燕平在《历史视野中的国民党中央党务学校》中说，国民党中央党务学校"所贯彻的基本要求就是既要训练学员的能力，更要使之合乎主义的需要，……希望突出精神训练内容，统一学员的意志，使之成为三民主义的忠实信徒和彻底奉行命令之战士"①。马星野考入国民党中央党务学校后，经过一年的学习，无论是思想认识，还是行动纪律，抑或是情感态度，都很快受到了国民党的精神洗礼与思想熏陶，成为国民党的一个忠实信徒。他后来的自述中就曾说："（入校）同时入党，……一生之思想，于此段时间内铸就成型。"②这种"铸型"具体指的是什么呢？联系国民党中央党务学校的宗旨即可明白，这种"铸型"中，知识的增加只是一方面，更为重要的是接受国民党的思想与精神教育，变成国民党及其三民主义思想的忠诚信徒，确立服从国民党及其"领袖"政治主张与命令的意识与观念。因此，在个人职业选择方面他自然要以服

①朱燕平：《历史视野中的国民党中央党务学校》，《文史天地》2013年第10期。
②马星野：《自述》（1952年4月12日），手稿，《马星野档案》009-01-01-01-001，台北"中研院"近代史研究所档案馆藏。

从命令与安排为先，不能违背自己所属党派的要求，在自己的新闻理念与党派利益、党派立场发生矛盾时只能优先考虑党派利益与立场，或在不违背党派核心利益与原则的情况下"走钢丝"，在自己所属的党派被人民抛弃、败退并蜷缩在台湾这一狭小天地后，他也只能跟随到台湾，其新闻职业天地也只能越来越狭小，其个人命运与人生结局也只能随国民党的衰败、没落、沉浮及权力体系的变化而沉浮。

除了其国民党党员身份、立场及其对国民党的忠诚之外，马星野之悲剧的另一重要原因是，一个专制独裁政党的体制内新闻人所接受的新闻理念却是在自由、民主的政治与社会土壤中发育并生长出的专业主义新闻理念。

马星野的新闻兴趣虽然是在国内求学时期的校刊校报经历中产生的，但其新闻专业理念与知识却是在密苏里大学新闻学院获得的。密苏里大学新闻教育的核心精神与培养目标是新闻专业主义。在密苏里大学新闻学院，马星野不仅受到了系统、深入的新闻专业知识教育，具备了职业新闻人应具备的各种知识与技能，而且深受新闻专业主义理念与精神之影响。密苏里大学新闻学院首任院长威廉博士对其影响尤深，不仅使他确立了终生从事新闻事业的决心与理想，而且使他对以自由、独立、客观、公正、谋求社会福祉等为主要内涵的新闻专业主义情有独钟。他后来所拟定的《中国新闻记者信条》就是受威廉博士《新闻记者信条》的影响而产生的。正是在密苏里大学所接受的新闻专业主义教育使他认识到："报纸应该替大多数老百姓说话，不能因为是党报，党派所做的事就不能批评。""新闻记述，正确第一。凡一字不真，一语失实，不问有意之造谣夸大，或无意之失检致误，均无可恕"，"评论时事，公正第一。凡是是非非，善善恶恶，一本于善良纯洁之动机、冷静精密之思考、确凿充分之证据而判定。忠恕宽厚，以与人为善；勇敢独立，以坚守立场"，"民权政治，务求贯彻。决为增进民智，培养民德，领导民意，发扬民气而努力。维护新闻自由,善尽新闻责任","决不为个人利益、阶级利益、派别利益、地域利益做宣传"①。这样的新闻理念显然与其所属政党——国民党的新闻宣传思想与要求相悖,在这种理念支配下办报或从事其他新闻工作,必然会与国民党的立场与利益产生矛盾。新闻理念与国民党新闻宣传思想相悖,必然造成其内心矛盾、纠结与痛苦,使其新闻工作中充满无奈且艰难的平衡、妥协与"走钢丝",也使其难以从中享受到理念顺利实现的快乐与满足,从而使其新闻职业生涯显出一种特有的悲剧色彩。与国民党立场与利益产生矛盾必然引发国民党甚至自己崇敬的"领袖"之不满,甚或得罪其他当权者。这样的矛盾若不时发生,引发不满甚或获罪于当权者的次数若较频繁,便会日积月累,使自己逐渐失去高层甚或"领袖"的信任,因而导致新闻生涯受挫,逐渐被边缘化,最终导致"冠盖满京华,斯人独憔悴"的悲剧结局。

　　从以上两方面原因看,马星野的主要悲剧实际上是其作为国民党人的政治信念、立场与其专业主义新闻理念之间的矛盾造成的,是其所具有的党人身份与新闻人身份之间的矛盾造成的。关于这一点,楚崧秋所说的一段话即可印证:"在他献身于此的近六十年岁月中,曾为崇高的新闻理想与理念而慷慨悲歌,倾心不已,同样的,由于他长期是一位具有明显政治信念与立场的新闻工作者,有时亦不免感到无助或无奈!"②从这段话可以看出,在楚崧秋眼里,马星野的新闻生涯中之所以显现出一种矛盾、无奈甚或无助,最主要的是因为其"新闻理想与理念"和"政治信念与立场"之间存在着无法消除的矛盾。这种"新闻理想与理念"便是新闻专业主义理念,这种"政治信念与立场"便是其作为国民党党员的信念与立场。

----

① 马星野:《中国新闻记者信条》,《国讯》1945年第384期。
② 楚崧秋:《执着于理想与现实之间:敬悼新闻界苦行僧马星野》,台北《中央日报》1991年3月27日。

　　然而,马星野新闻生涯的悲剧难道仅仅是政治信念和立场与新闻理念、党人身份与新闻人身份之间的矛盾造成的吗? 他固然是在进入国民党中央党务学校时就加入了国民党,在国民党中央党务学校学习期间就受到了国民党思想教育与精神熏染,具备了国民党的立场与政治信念,但加入国民党就一定会成为一个忠诚的国民党人吗? 进入国民党中央党务学校就一定会被塑造成一个具备坚定的国民党思想立场和政治信念的人吗? 范长江同样进入过国民党中央党务学校,并如饥似渴地学习了三年多,但他却越学越觉得迷茫,越学对国民党越失望,最终选择在即将拿到毕业证书的时候主动放弃,毅然离去①。马星野何以会在加入国民党、进入国民党中央党务学校后很快便接受了国民党的思想熏染,具备了国民党的政治信念与立场,且一生不变,即使在密苏里大学期间接触到了以自由、民主为核心追求与价值基础的美国式政治社会思想,仍未放弃其作为国民党人的思想信念与立场呢? 尤其令人疑惑的是,作为一个求学时期就产生新闻兴趣,又在美国习得了新闻专业主义理念,决心以自己尊奉的《新闻记者信条》中的思想信念从事新闻事业的人,何以在面对自己所属的国民党及其"领袖"给自己安排的与自己的理想与理念不一致甚至相违背的工作岗位时能完全顺服,没有显现出一点"协商"甚或"抗争"? 这些问题就不由得不让人追问,马星野的悲剧除了前述的两方面原因外,是否还有其他因素呢?

　　笔者认为,导致马星野职业生涯的悲剧性之原因,除了前述的两方面原因外,还与他的以儒家思想与精神为核心的性格气质与价值追求有关。

　　周锦在《从朱自清说到马星野》中曾这样评价马星野:"一个具

①樊亚平、王婷婷:《挽救国运为"体",职业选择为"用"——范长江步入记者生涯的心路与动力因素探析》,《兰州大学学报(社会科学版)》2018年4期。

有文学气质的人,可以成为伟大的文学家,但不宜沾上政治。"①很显然,在周锦眼中,马星野身上存在着他认为不适合在宦海浮沉中角逐权位的文人气质。那么,周锦所谓马星野的"文人气质"究竟指的是什么呢？考察马星野的个人性格、气质和精神世界,可以发现,其"文人气质"最核心的就是他身上所呈现出的儒家思想与精神特质。马星野出生于书香之家,幼年时期就曾接受了严格的儒家教育,熟读了很多儒学经典,其所受的家庭教育和身处的文化氛围,使他的思想和性格气质中从小就浸润着浓厚的儒家精神色彩。这种儒家思想与精神特质不仅塑造了他对国家、民族的情怀与价值追求,而且形塑了其性格气质。而这些情怀、价值追求与性格气质,也是造成他职业生涯悲剧的不可忽视的因素。其中最主要的不外乎两个方面,即忠君报国的精神追求和忠恕宽厚、兼容并包、圆融贯通的性格气质。正是这两个方面深深影响着马星野的职业选择、处事方式和价值追求,并成为导致他新闻生涯悲剧的更深层次的原因。

儒家精神中最重要的是"兼济天下,舍我其谁的'家国情怀'"②。这种家国情怀最具体的内涵与表现便是"忠君报国",包括忠君和报国两方面。在传统的儒士看来,忠君便是报国,报国便是忠君,报国的前提是忠君,忠君的最终目的是报国,二者互为表里。无论是儒家精神的核心"家国情怀",还是其具体的内涵与表现"忠君报国",在马星野身上都有非常明显的表现。与当时无数有志青年一样,马星野从小就不甘平庸、心怀天下,将个人前途命运与国家民族的前途命运紧密结合起来,期望有朝一日能报效国家。而以他当时所获得的认识,他认为国民党的思想与革命目标与国家、民族的前途命运完全一致,因此对他来说,加入国民党、为国民党的革命

① 周锦:《由朱自清说到马星野》,吉人编:《马星野先生纪念集》,第113页。
② 王继先:《坚守与徘徊:新闻人马星野研究》,第220页。

目标而努力，便是一种爱国的正道，便是报效国家的最直接方式。而以他对国民党之前历史的有限了解和在国民党中央党务学校期间与作为校长的蒋介石的接触，他认为蒋介石不仅是国民党的"领袖"，而且应是全国人民都拥戴的"领袖"。在其《自述》中述及自己当年报考国民党中央党务学校的缘由时就曾说过："院长领导国民革命军北伐，扫荡军阀，旌旗所至，万民欢迎，而尤以我辈未满二十岁之青年，革命热忱，如潮如泉。"①用当时的话说，蒋介石是他心目中的"领袖"，就是他心目中的"君"。既然是"君"，基于儒家思想中的"忠君"思想，他就必须忠于蒋介石，包括忠于以蒋介石为"领袖"的国民党。更何况，他的确发自内心地认为蒋介石与国民党有恩于他。他曾在《自述》中直言不讳地多次表达了对蒋介石与国民党的感激之情："余家贫苦，父母无力培养余上进。赖余祖父之抚爱，得未尝辍学之苦。及大学阶段，更非余家经济力量所能负担，幸得党国之培育，加院长之厚恩，得受高等教育与出国研究之机会，树植之德，没齿不忘也。""余心中有三大抱负：一则……二则如何使余之生命能报答院长培育之厚恩。"②正是因为对国民党和蒋介石抱有这样的认识，怀有这样的报恩思想，正是因为他错误地将对蒋介石及其领导的国民党集团的忠诚看作是对国家、对民族的忠诚，把报效蒋介石和国民党政权看作是在报效国家，因此，在个人职业选择中他才会在自己的职业兴趣与"党国"安排发生矛盾时毫不犹豫地压抑自己的兴趣，完全服从"党国"和"领袖"的命令与安排，也才会在自己的职业理念与国民党的利益与立场发生矛盾时牺牲自己的理念，只是在不触及国民党核心利益与原则的情况下才谨小慎微地在

---

① 马星野：《自述》（1952年4月12日），手稿，《马星野档案》099-01-01-01-001，台北"中研院"近代史研究所档案馆藏。
② 马星野：《自述》（1952年4月12日），手稿，《马星野档案》099-01-01-01-001，台北"中研院"近代史研究所档案馆藏。

一定层面上践行自己的职业理念，也才会在受到国民党和"领袖"的责难、"被赋闲"、被"逐出"新闻职业领域、被"逐出"政治核心圈时，选择默然忍受。由此可见，儒家"忠君报国"思想的确是造成他职业生涯中诸多层面的悲剧的一个重要因素。需要说明的是，报国思想原本没错，近现代知识分子与仁人志士最可贵、最感人的精神特质就是爱国、报国。马星野的报国思想之所以成为造成他职业甚或人生悲剧的原因，主要是因为他将对蒋介石和国民党集团的忠诚看成了对国家、民族的忠诚，将报效蒋介石和国民党政权看成了报效国家和民族。

除了忠君报国思想与精神追求之外，与马星野职业悲剧有关的另外一个儒家思想与精神特质就是其性格气质中具有的忠恕宽厚、兼容并包、圆融贯通等特点。王继先在其专著中讨论到马星野所具有的儒家精神与个性气质时一共总结出了三个方面的特质，其中后两方面分别是："忠恕宽厚，克己复礼的'仁者情怀'"和"兼容并蓄、圆融贯通的'中庸情怀'"①。用这两个方面概括马星野具有的儒家精神与性格气质，无疑是准确的。马星野一生"为人谦和，行事低调"，对自己要求很严，对他人宽容礼让，待人接物，"春风和气"，亲切温暖，处世行事，圆融贯通，含蓄隐忍②，观人察世，既讲原则，又知变通，可谓张弛有度。在《自述》中，他曾坦言："余之思想，……往往倾向于兼容并蓄，忠恕宽厚，以使百川朝宗于海"，"要顾念他人之利益，与对方之观点，设身处地来想"③。从这些自述文字可以看出，马星野对自己性格中所具有的这种源自儒家精神的仁和、宽厚、

① 马星野：《自述》（1952年4月12日），手稿，《马星野档案》099-01-01-01-001，台北"中研院"近代史研究所档案馆藏。
② 王继先：《坚守与徘徊：新闻人马星野研究》，第222—226页。
③ 马星野：《自述》（1952年5月12日至1954年6月29日），手稿，《马星野档案》099-01-01-01-001，台北"中研院"近代史研究所档案馆藏。

包容等特点也是有着明确认识的。马星野性格气质中的这些特点，固然会使其在国民党内"常遭'党性不强'之批评"[1]，但在造成其职业生涯的悲剧性方面更多的却在于，使其在面对自己的职业选择中的不如意，面对"党国"或"领袖"分派给他的与他心中理想不一致甚或相违背的工作时，他往往会选择接受和顺服；使其在面对国民党宣传思想与要求和其心中已习得的新闻专业主义思想与理念之间的矛盾时，他往往会选择服从国民党的利益与要求，或以自己的兼容并包、圆融贯通的性格气质与思维习惯，尽力对其进行融汇与糅合，创造出尽可能融汇不同思想、理念、立场的新的新闻思想体系，如其所提出的三民主义新闻思想与理论体系；使其在遭遇到"党国"或"领袖"的批评、责难、"被赋闲"、被"逐出"新闻领域、被"逐出"政治核心圈时能够含蓄隐忍，默默接受，且能继续做好自己的工作。尤为重要的是，正是其所具有的这些源自儒家精神的性格气质，使得他相信，没有完全接受不了的东西，任何矛盾只要抱着兼容并蓄、海纳百川、忠恕宽厚的态度，只要具有圆融贯通、含蓄隐忍的智慧和处事技巧，都可以化解。这就是他在面对新闻专业主义理念与国民党新闻宣传工作党性原则之间的矛盾时，在面对自己的新闻人身份与国民党党人身份之间的矛盾时，何以会选择在二者间尽力平衡的原因，因为基于他对自己所具有的儒家思想特点与智慧的认识和自信，他认为他可以做到二者的平衡，尽管在现实中这一点很难做到。而这也正是他职业生涯的悲剧性之处。

范长江在《成兰纪行》中说："人事变化，几令人不可捉摸，然而，如从每一事件之环境上加以分析，则因果关系，仍有线可寻，在某种环境之下，必将发生某种结果，虽非毫厘不爽，要不至失其大

---

[1] 马星野：《自述》(1952年4月12日)，手稿，《马星野档案》099-01-01-01-001，台北"中研院"近代史研究所档案馆藏。

概。"① 考察马星野职业生涯悲剧的形成,确乎如此。马星野身处国民党体制内,因为具有"党人"的身份而不得不坚守国民党的政治立场与信念,同时,因为他又具有"新闻人"之身份,具有"崇高的新闻理想与理念",因此使得他又经常不由自主、自觉不自觉地希望践行自己的职业理念,履行一个职业新闻人的社会使命与担当,这就使得他终其一生都一直处于职业与思想的两难境地中,其职业生涯中充满了各种各样的矛盾、纠结、无奈与不得已。因此,可以说,新闻专业理念和政治立场与信念之间的矛盾、"新闻人"身份和"党人"身份之间的矛盾,是造成他职业悲剧的最重要、最显在的原因。而在面对各种矛盾、纠结、无奈和不得已时,他之所以选择接受、隐忍,并试图尽力去平衡、糅合、化解,又在于其具有的儒家思想与精神气质,如忠恕宽厚、含蓄隐忍、克己复礼、兼容并包、圆融贯通等。在这个意义上说,儒家思想与精神气质,既是其应对自己职业生涯中的诸多矛盾乃至困境的一种自我保护机制,又是造成并加深其新闻生涯的悲剧性之因素。

第二节　萧同兹:党人与新闻事业家的 无缝对接

　　与新闻专业出身、很早就有志于新闻业,而后因各种因缘步入国民党新闻人队伍的马星野不同,萧同兹首先是一个很早就加入国民党队伍,在国民党系统历练多年,精通国民党党内事务与人事关系,具有相当坚定的国民党党派立场的国民党党人,直到三十八岁

───────────

① 范长江:《中国的西北角》,四川大学出版社,2011年,第14页。

时因为工作需要被派担任国民党中央通讯社社长,这才涉足新闻业领域。就这一点来说,他之进入新闻业领域,可以说是"半路出家"。然而,尽管是"半路出家",且又是工科出身,他却凭借出类拔萃的领导才能与远见卓识,"粉碎了外国通讯社独占中国新闻发稿权"[1]之格局,促使了"中国新闻事业的独立、自由与自立"[2],也使自己成为"第一个指挥遍及全世界二千七百新闻从业员的中国新闻界巨子"[3]。

萧同兹1895年11月4日出生于湖南常宁县蓝江乡,因为在兄弟中排行老三,故后人常尊称他为"三爷"。萧家虽世代务农,却也算得上是蓝江的大族。萧同兹从幼年接受启蒙教育开始便在乡下私塾念书。1908年离开常宁,进入衡阳一所新式学堂"衡郡联合中学"。1913年赴长沙,考入湖南省立甲种工业学校(简称"甲工")学习纺织。预科一年后升入本科,学习机械。毕业后,他先后在湖南电灯公司、华实纺纱厂等处工作。1920年他与甲工同学黄爱、庞人铨组织成立湖南劳工会,参与领导了许多工人运动。1922年黄爱、庞人铨被赵恒惕以"无政府主义,勾结土匪"的罪名抓捕并杀害。侥幸逃脱的萧同兹辗转汉口、长沙、衡阳、上海等地,继续从事工人运动的组织工作。在此期间,他开始与国民党产生接触,并于1924年正式加入了国民党。加入国民党后,面对当时国民党内部派系林立、纷争不断的复杂局势,他以优秀的组织才能,逐步受到国民党中央党部的赏识。从1927年开始,他先后担任国民党中央劳工部组织科科长、国民党中央宣传部新闻征集科科长、国民党中宣部秘书等职务。1932年,在时任国民党中央宣传部部长的叶楚伧的举荐

---

[1] 绩伯雄:《及早为同兹先生立传》,《在兹集》,萧同兹文化基金会筹备处编印,1971年,第257页。

[2] 冯志翔:《萧同兹传》,传记文学出版社,1974年,第139页。

[3] 绩伯雄:《及早为同兹先生立传》,《在兹集》,第257页。

下,他开始步入新闻通讯业领域,被任命为国民党"中央通讯社"社长。在社长岗位上工作了十八年后,于1950年退出社长职务,转任国民党"中央通讯社"管理委员会主任,并于1964年12月退休。此后他又先后出任过台北市报业评议委员会主任委员、世界新闻职业学校董事长、复兴戏剧学校董事长等职务,直到1973年在台北病逝。

回顾萧同兹的一生,可以发现,他的一生主要有两种身份,即国民党党人身份与新闻事业家身份。自二十九岁成为一名国民党人开始直至去世,他一直紧紧追随国民党蒋介石集团,对国民党和蒋介石显现出始终如一的忠诚。这期间,从三十八岁担任国民党"中央通讯社"社长开始,他将毕生心血贡献给了国民党"中央通讯社"。与马星野一生中新闻人身份与党人身份一直存在矛盾、冲突不同,在他身上,国民党党人和新闻事业家这两种身份却做到了完美融合。他不仅凭借其特有的组织领导才能奇迹般地"创造出一个大规模的现代化的大通讯社"①,而且在逝世之后还得到了蒋介石领导的国民党政治集团的褒扬。

那么,萧同兹究竟是怎么一步步走向国民党、步入国民党党人队伍的?工科出身、没有任何新闻教育和新闻从业背景的他,又是如何成为国民党"中央通讯社"社长?非科班出身的他在担任国民党"中央通讯社"社长后是如何在毫无成熟经验、参考模板和雄厚经济基础的情况下逐步带领国民党"中央通讯社"成为具有国际化规模的大型通讯社的?在担任社长期间,是如何做到既使"中央通讯社"获得专业化发展又获得国民党当局满意的?国民党党人与新闻事业家这两重身份及理念在他身上是否存在过某种矛盾或冲突呢?本节拟对这些问题进行探求。

①冯志翔:《萧同兹传》,第8页。

一、不甘平庸,湘乱洪流迫我从革命: 从进步青年到国民党人

1948年底,萧同兹在国民党"中央通讯社"迁往台湾前夕曾对员工说:"我现在许身党国,义无反顾……绝不后悔。"[1]事实证明,他的确用自己的全部生命诠释了这一自我宣示。从1924年加入国民党开始到1973年逝世为止,他始终恪守着国民党党派立场,始终保持着对国民党的忠诚,从未有过任何犹疑。作为一名湖南农村出生并成长起来的普通青年,萧同兹究竟是如何成为一名国民党党人的? 考察萧同兹加入国民党前的活动,可以发现,他最初只是一个热衷革命活动的进步青年,在追逐革命的过程中逐渐接触到国民党,并最终加入了它。

萧家原本世代务农,只是到了其父萧跃民这一代才开始经商。小时候的萧同兹和大多数农村孩子一样,从孩提时代到少年时代都在乡下读私塾,所受教育基本上都是"四书五经"之类传统文化教育。从家庭条件看,幼年时期他家虽谈不上十分富有,但他的成长条件却不能不说是优越于当时很多农村孩子的,至少无须承受经济层面的压力。他的父亲当时在川、黔、粤、赣等地行走经商[2],虽"非做大买卖",但相较而言也算"是见过世面的了"。他父亲"前后娶过三房妻室",育有四子,因担心日后子孙众多导致家庭意见不合,很早便析分家产,将家庭财产分给了每一个孩子[3]。排行老三的萧同兹自然从中分得了一份。按当时农村一般人的人生观与生存方式,生活在这样的家庭,且很早就拥有一份家产,他完全可以选择

---

[1] 王继桢:《稳定军心的一番话》,《在兹集》,第26页。
[2]《萧同兹先生生平事略》,《在兹集》,第294页。
[3] 冯志翔:《萧同兹传》,第30页。

在农村过一种知足常乐、老死牖下的人生。若是愿意做生意，也可跟随在蓝江做小买卖的二哥学点生意经，过另外一种较为快意的人生。然而，萧同兹骨子里并非甘于平庸的人，他内心所憧憬的并非一般人所向往的衣食无忧、安逸快乐之生活，而是要追求一种与常人生活不同的人生，用他后来常对朋友说的话便是："活要活得好。"①

　　从萧同兹成长过程中所处的时代看，他出生和成长时期正值中国落后、保守势力垂死挣扎、新生力量冉冉升起、谋求变革之时期。1895年4月中日签订《马关条约》，日本侵占台湾，随后"公车上书""百日维新"等一系列事件相继发生。康有为、梁启超倡导的维新思想和孙中山倡导的革命思想交相辉映、此起彼伏，冲击着清王朝的腐朽没落统治，并最终推翻了清王朝。民国初期，仁人志士更是以各种方式寻求救国之路，包括实业救国、教育救国等思潮及行动。这些潮流在偏远的蓝江可能不会太为人熟知，但从湖南地区当时的教育发展情况来看，萧同兹成长阶段受到其影响是很有可能的。据相关研究中提供的资料，1902年时，湖南的教育制度已开始改革。1905年科举废除后，原先以科举考试为目标指向的传统教育更是迅速开始向新式学堂转型。在湖南，由于俞廉三、赵尔巽、端方等巡抚的大力倡导和扶持，"近代教育得到很大的发展，形成了一个官办、公办和民办配合，大、中、小学衔接，普通教育和职业技术教育并举的格局"②。1907年，湖南有"高等小学堂128所"，"两等小学堂94所"，"初等小学堂419所"③。可以推想，在这样的背景下，家庭条件不算太差，又不甘于平庸，期望过有意义、有价值之生活的萧同

①叶明勋：《哭三爷》，《在兹集》，第196页。
②许富顺：《湖南绅士与晚清教育变革》，《史学集刊》2010年11月第6期。
③张朋园：《中国现代化的区域研究：湖南省》，台北"中央研究院"近代史研究所，1984年，173页。

兹,必然会对这样的社会潮流与时代脉搏有所感应,并积极应和。

　　从萧同兹成长时期的实际情况看,少年时期的他虽相当长时间内一直在乡间读私塾,接受传统教育,但他对传统的私塾教育并"不会太感兴趣"①。辛亥革命爆发前的1908年,十三岁的萧同兹因感应于当时社会各种新思想、新气象,"雄心壮志受到鼓舞,决定离开常宁",赴衡阳求学②。在衡阳,他进入一所名为"衡郡联合中学"的新式学堂,接受近代化教育,由此开启了其成长过程中的重大人生转变。从当时的现实情况看,虽然新式学堂已开始兴起,但在常宁和衡阳,它毕竟还属于新生事物,"还不能普遍被人接受"③。在这种情况下,选择新式学堂教育,不能不说是一种超越流俗的选择。这样的选择,仅凭萧同兹不甘平庸的性格,显然是不太可能完全做到的,父亲萧跃民的支持显然更加重要。虽然没有资料表明萧同兹进入新式学堂这件事是其父亲主动提议,但从其父亲常年行走各地、见多识广、思想较为开放等情况推想,他对"学堂将成为主要的晋身之阶"④这一时代潮流肯定有较清楚的认识,也因此肯定在萧同兹进入新式学堂这件事上发挥了最主要的作用。

　　在衡郡联合中学学习的四年(1908—1912),是萧同兹从一个接受传统私塾教育的少年迅速成长为一个具有一定新思想的青年之时期。这四年,是清政府统治的最后时期,也是辛亥革命的酝酿和发生时期。这一时期中国社会政治风云剧烈变幻,但社会改革却迟缓滞重。作为在新式学堂接受新式思想知识教育的青年学子,对社会危机和国家危难的感受自然要比其他青年要深刻。面对清政府的腐朽、专制和社会危机,各地频频爆发学潮。很多"学生们不顾

---

① 冯志翔:《萧同兹传》,第31页。

② 冯志翔:《萧同兹传》,第32页。

③ 冯志翔:《萧同兹传》,第31页。

④ 许富顺:《湖南绅士与晚清教育变革》,《史学集刊》2010年11月第6期。

当局的禁令,大量阅读民主思想的著述以及宣传这些思想的报刊",
"学生们聚居一处","彼此影响促进"①,使革命思想与民主思想得
以在新式学堂里广泛传播。衡阳地区由于偏居一隅,革命的氛围不
如上海等地那样浓厚,也没有爆发像当时南洋公学学生集体退学那
样声势浩大、影响深远的学潮,然而由于当时湖南崇尚实学蔚然成
风,经济层面的实业开办和政治层面的改革探索都较为积极活跃,
再加上湖南近代教育所展现出的良好发展态势,故使这一时期的湖
南成为"全国最富有朝气的一省"②。湖南整体氛围、环境如此,处于
此整体环境中的衡郡联合中学当然不可能出现太明显的例外,就读
于其中的萧同兹相应地也就不可能不受到该地区乃至整个湖南地
区的革新风气与思想的影响。这种影响在他从衡郡联合中学毕业
后的人生选择中即可清晰看到。

　　1913年,从衡郡联合中学毕业以后,萧同兹没有停止进一步追
求革命进步思想的步伐,而是选择前往各种革命新空气集聚的长沙
继续求学。在长沙,他考取了湖南省立甲种工业学校学习机械。当
时甲工的校长蔡湘思想进步,为人正直,治事严谨,学生对他十分敬
佩。在他的领导下,甲工的校风既务实又开放。学校的教员多为日
本归来的留学生,也有少数留美归来的教员,其实习工场的领班大
都是日本人。

　　在甲工,经过一年预科学习后,萧同兹于第二年升入本科,正
式开始了机械专业的学习。他在甲工的学习生活前后共四年,从
1913年到1917年。甲工属于工科院校,其大多数教职员的革命意
识与志趣并不是十分强烈,但由于甲工毕竟处于民主意识渗入较
早、各种新思潮、新思想交汇的长沙,革命思想虽然在其校园内并未
普遍流传,但其师生程度不同地受到所处地域的整体思想环境的影

①桑兵:《晚清学堂学生与社会变迁》,学林出版社,1995年,第12、107页。
②陶用舒:《近代湖南人才群体研究》,岳麓书社,2000年,第81页。

响,显然是可能的。况且,在当时甲工的教员中,的确有少数教员鼓吹倒袁和反对北洋军阀。在这样的大环境中求学且不甘平庸的萧同兹,感应到当时长沙城中浓郁的民主气息与革命氛围并被其感染,显然是一种必然的事。这一点,从他到甲工读书的第二年——1914年即已加入中华革命党即可说明。

　　据萧同兹1955年提交给国民党中央党部的"中央委员会工作人员履历表"显示,1914年,即他来到长沙的第二年,他就已经加入了中华革命党,"党证字号为'宁字二二五号',介绍人为覃振、袁海鹏"①。在此之前只是在衡郡联合中学感应过新式学堂的新式教育思想和湖南地区所具有的革新思想的萧同兹何以在到达长沙一年后即加入了中华革命党呢? 关于这一点,与萧同兹有关的现有研究资料中没有留下任何解释,笔者只能从当时长沙乃至湖南地区的历史和形势中努力探察一二。早在民国成立前,湖南尤其是长沙的"新鲜空气"就已非常浓厚②,1907年黄兴在这里提倡并实行过新政,同年梁启超也曾在长沙主持过时务学堂,南学会、《湘学报》也都是在此地先后创办的,陈天华的《猛回头》《狮子吼》系列作品和湖南留日学生主办的鼓吹革命的"游学译编"等作品也常常是通过长沙的书报流通社、通俗演讲场所得以传播。直接引起辛亥革命之大火的保路运动,首先是在湖南点燃,并最终以星星之火,形成了推翻清王朝的燎原之势。武昌起义爆发后,湖南率先响应,为公认的武昌起义"首应之区",极大地推动了其他省的起义和独立。革命胜利后长沙的革命力量更是在一段时间内得到了蓬勃发展,革命活动风生水起。身处这样的氛围之中,再加上之前已具有的求新求变思想倾向和不甘平庸之性格,年轻的萧同兹内心受到触动和鼓舞,并很快加入革命党,便成为一种自然的选择。

①冯志翔:《萧同兹传》,第93—94页。
②冯志翔:《萧同兹传》,第40页。

　　当然，需要说明的是，这一时期萧同兹虽然加入了中华革命党，但从一个革命党人应具有的政治目标和应投身的革命活动方面来看，这一时期的他尚不具备作为一个革命党人应具有的明确的政治斗争目标，也没有全力投身到具体的革命活动中去，至少没有留下相关的文字记录。从现有资料看，当时他的革命思想似乎更多地表现为其作为一个革命进步青年所具有的以工业救国、以自己未来的职业行动促进社会革新、国家进化的志向和理想。这种志向和理想正如其在甲工的同学邓伯粹的回忆中所说："民国二年，余与同兹共学于湖南省立甲种工业学校，时共和肇造未几，而吾侪均十八九岁少年，心雄万里，颇以工业救国为己任，其纯朴天真之气，与近年高唱工业化之衰之诸公固相若也。"[1]因此，可以说，甲工读书期间的萧同兹虽已加入了中华革命党，但此时的他尚没有成为一个真正的革命党人，只能称之为有革命思想倾向的青年。

　　倾向革命且抱有工业救国理想的萧同兹在甲工学习四年后于1917年顺利毕业。从1918年起一直到1924年奔赴上海前，他先后在湖南电灯公司、华实纺纱厂等实业领域工作。虽然1914年加入中华革命党前，他并不具备十分明确的作为革命党人的政治信念与斗争目标，其革命意识并不是十分强烈和明确，但在加入中华革命党之后，尤其是在湖南电灯公司、华实纺纱厂等实业领域工作时期，由于湖南省政治环境与军政形势的混乱、反动军阀祸乱湖湘带给湖湘人民的苦难和在此过程中湖南革命力量的激烈斗争及萧同兹作为湖南人性格中所具有的倔强不屈的斗争与反抗意识，原本只是倾向革命、怀揣实业救国理想的他，开始以积极的态度，投身到与自身工作领域相关的实际斗争中来。具体来说便是，参与创办湖南劳工会，积极投身到以劳工运动为主要形式的革命活动中。

　　为了更好地理解萧同兹投身劳工运动这种斗争形式的原因与

---

[1] 邓伯粹：《少年时代同兹与我》，《在兹集》，第226—228页。

意义,有必要对当时湖南政治环境和军政形势进行较深入了解。民
国初年,湖南作为武昌起义的"首应之区",革命力量一度十分活跃,
革命活动搞得风生水起,然而,好景不长,伴随着袁世凯窃取革命胜
利果实后的倒行逆施,革命派力量不得不于1913年发动二次革命,
二次革命中湖南立即宣布起义,对二次革命进行响应,但由于革命
力量很快失败,袁世凯派汤芗铭率北洋军入湘,湖南从此开始陷入
了长达十多年的动荡与混乱中,湖南人也由此陷入了在北洋军阀铁
骑蹂躏下十分艰难地讨生活之处境。

　　汤芗铭到湖南后,"大兴党狱,杀人如麻","烧杀淫掠,无所不
为,陷湖南人民于水深火热之中"①,"党人之被杀者固以千百计,而
无辜之民被挟拖累,经军法处置惨刑迫供屈服者不知凡几","据民
国五年湘省抚恤机关之报告,汤芗铭在湘三年,实因党案毙有卷可
查者达五千余人"②。向来具有强烈斗争和反抗精神的湖南人哪能
容汤芗铭长期为非作歹、胡作非为。湖南出身的革命党人很快开始
组织军队对汤芗铭进行讨伐。1916年2月,程潜率军队从昆明出发,
取道贵州入湘南讨伐汤芗铭。1916年5月覃振在孙中山支持下率
军队返湘声讨汤芗铭。不得民心的汤芗铭在袁世凯暴毙后见大势
已去,不得不仓皇逃出长沙。湖南随之进入湘人治湘阶段。然而,
湘人治湘不到一年,北洋军重新进入湖南,张敬尧被任命为湖南督
军兼署省长。与湖南人对汤芗铭的"屠夫"称号相应,张敬尧被湖南
人称为"毒菌"。张敬尧督署湖南时期,以"镇压乱党"为名,"在湖
南杀人放火,无所不为","省城每天都有劫案,奸淫焚杀已成司空见
惯,长沙年轻妇女都不敢外出,或者逃到外地去躲避"③。1919年,张

---

①冯志翔:《萧同兹传》,第46页。
②冯志翔:《萧同兹传》,第46页。
③常宁县政协文史资料研究委员会编:《萧同兹和"中央通讯社"》,第184页。

敬尧还下令将工厂机器并入陆军工厂，用工厂的锅炉煎熬鸦片[①]。这种混乱局面一直到1920年6月张敬尧被逐出长沙才宣告结束。

　　这七年的祸乱对萧同兹由倾向革命、实业救国转变为以积极态度投身实际斗争的意义在于，激发了萧同兹原本具有的不甘平庸的性格和作为湖南人的倔强与反抗精神。无论是汤芗铭滥杀无辜时期，还是张敬尧奸淫掳掠时期，萧同兹都身在长沙，对汤芗铭与张敬尧的诸般恶行，他都耳闻目睹。目睹汤芗铭与张敬尧的种种恶行，深深感受到湖湘人民所承受的苦难，作为一个不甘于平庸且已倾向革命并已加入中华革命党的青年，作为一个湖南人，他的内心不知不觉间产生了投身革命实际行动的想法。而从当时的革命斗争形势看，由于当时社会动荡、战乱频仍，劳工阶层的生命安全与经济利益无法得到保障，许多劳工常常被军阀官僚和奸商盘剥、欺压，基于这种情形，为劳工谋取福利的劳工运动这种革命斗争形式开始流行，以劳工运动的形式开展反帝反封建斗争，成为不少地区开展革命运动的重要形式。在这种情况下，亟思救湘、救国的萧同兹遂与其甲工读书时期的同学黄爱、庞人铨等人一起在长沙创办了湖南劳工会，开始投身到以劳工运动为主要形式的革命实际斗争中来。

　　湖南劳工会是一个"带有无政府主义色彩，为工人群众争福利、求解放做了许多有益工作的现代工会组织"[②]，1920年11月创办于长沙，其设立目的主要有三方面："一是维护劳工的利益；二是促进国家的统一；三是维持民族的尊严。"[③]在湖南劳工会工作期间，大多数情况下萧同兹常身处幕后，负责宣传组织工作。他曾参与组织过多次罢工或游行示威活动，其中规模较大的要数1921年组织的长沙工人罢工和游行示威活动，当时大约"有一万人参加，所有长沙

① 冯志翔：《萧同兹传》，第34页。
② 孙茂生：《毛泽东与湖南劳工会》，《中国工运学院学报》1989年3期。
③ 冯志翔：《萧同兹传》，第72页。

各业,一齐罢市响应"①。这次罢工的目的是,"向帝国主义者继续侵华表示严重的抗议","反对十一月在华盛顿召开的太平洋会议","表示对英日同盟的绝对厌恶",表达"中国人不愿为俎上之肉,任人宰割"的态度②。

关于萧同兹参与劳工运动的情况,唐季涵在回忆中曾说过一段话:"那时民国建国不久,各省为军阀所割据,一般老百姓还是过着浑浑噩噩的日子,任由军阀压迫,不敢说话,可是一班知识青年却不顾危险,群起反抗,造成许多可歌可泣的故事。三爷(萧同兹)就是在这种情形之下,在湖南搞工人运动。当时社会上对工人运动是怎么一回事,不甚了解,但认为鼓动这种事的都是些不安分的人,同情的人并不太多,他们却仍锲而不舍地为劳工的幸福而奋斗。"③从这段叙述中既可以了解萧同兹当时投身劳工运动的大环境与背景,也可以感受到在当时从事劳工运动的革命性意义与价值,更可以藉此感受到从事这种运动的人所具有的不顾危险、不甘任人宰割、过浑浑噩噩日子的"不安分"特质与革命斗争精神。

由于劳工运动的斗争目标直接针对军阀官僚和与其狼狈为奸的帝国主义及奸商,因此自然为军阀官僚深恶痛绝,必欲残酷镇压而后快。在这种情况下,劳工运动与军阀之间的矛盾冲突十分激烈。就萧同兹与其同学创办的湖南劳工会来说,其与封建军阀及奸商间的矛盾冲突更是频频发生,如对湖南军阀政客打着"省宪""联合自治"之幌子制造长期割据之局面利用报刊进行痛诋④,组织工人罢工、游行示威等。这种矛盾冲突到"一·七"惨案发生之时发展到了高潮。"一·七"惨案是湖南军阀政客与奸商勾结对组织工人

①马超俊:《中国劳工运动史》,上海商务印书馆,1942年,第152页。
②马超俊:《中国劳工运动史》,第152页。
③唐季涵:《萧三爷与杨绵老》,《在兹集》,第101页。
④马超俊:《中国劳工运动史》,第196—197页。

罢工的湖南劳工会主要人物进行残酷镇压的一个血腥事件。1921年底，湖南的贪官污吏利用其权力与商人勾结，试图将原本公有的华实纱厂改为商办，且不断削减工人薪资。华实纱厂工人在湖南劳工会的组织下，于1922年初发动大罢工。收受华实纱厂老板黄藻奇、彭祖植贿赂十六万银圆的赵恒惕以"无政府主义，勾结土匪"等莫须有罪名将罢工的组织者、劳工会骨干黄爱、庞人铨抓捕，并于1月7日秘密杀害。

作为这次罢工重要组织者的萧同兹，在此惨案中侥幸逃脱。关于萧同兹在这次惨案中侥幸逃脱之情况，萧同兹的儿子萧孟能曾有这样的记述："父亲跟黄、庞二人分手时，约定第二天早晨到劳工书报社见面。黄、庞出事（父亲）并不知道，一清早往劳工书报社赴约。到那里，看到有彪形大汉站在门口，晓得情形不妙，可是这时不能拔腿就跑，一跑就露出了马脚，只有力持沉静，装成视若无睹的样子，不退反进，缓步往门里走。果然，彪形大汉发话了，问是做什么的？不经意的答复，来看报的。对方粗声阻止：'今天没有报看！'就这样脱离一场险境，侥幸完全靠'机智'。"①

"一·七"惨案发生后不久，湖南劳工会被武力解散。为逃避军阀迫害，萧同兹离开湖南，先后辗转汉口、长沙、衡阳等地，继续从事工人运动的组织工作。然而，"一·七"惨案之后，湖南的劳工运动开始渐趋低潮，难以获得积极发展。与此形成鲜明对照的是，劳工会被解散后一些流散在湖南省外的劳工会会员却异常活跃，常常发起、组织各种形式的劳工运动。其中最活跃的当数上海。基于这种情况，在汉口、长沙、衡阳等地辗转活动一年多后，萧同兹于1924年毅然离开湖南，奔赴上海，开始在上海继续从事劳工运动。

在上海，萧同兹依托湖南劳工会时期在劳工阵营中建立的社交网络迅速进入劳工运动的骨干群体，并以其之前在湖南开展劳工运

① 冯志翔：《萧同兹传》，第76页。

动时积累的经验,为当时上海的劳工运动发展做了不少卓有成效的工作。由于当时的劳工运动大都是由国共两党组织、推动的,劳工运动的领导者或为共产党或为国民党,而萧同兹藉以进入上海劳工运动骨干群体的人脉资源多为湖南劳工会时期建立的社交网络,而这些人大都是国民党系统的人员,因此萧同兹自然而然进入到了国民党系统的社交网络群体中,再加上其早在1914年就曾加入过中华革命党,与国民党似乎有一种近乎天然的血脉关联,因此,在到达上海的当年6月,他便登记加入了国民党,正式成为一个国民党党员。当然,他加入国民党,也与其家庭背景及背后所对应的阶级立场与利益有关。

纵观萧同兹从一个接受私塾教育的少年变成受新思想影响、倾向革命的进步青年,再到从事劳工运动的革命青年,最终发展到成为一名国民党党员的历史过程,可以看出,不同时期、不同环境中的许多因素在共同引领或影响着他的人生成长与发展过程。

他能从一个接受私塾教育的少年变成新式学堂的学生,既有其行走各地做生意的父亲带给其家庭的较为开放的视野与观念的影响,又有其本人所具有的不甘平庸、希望过有价值、有意义的人生这种性格因素的影响。从新式学堂毕业后,他来到作为武昌起义"首应之区"的长沙,进入甲种工业学校学习,既与其在新式学堂学到的新知识、呼吸到的新思想新空气有关,也与辛亥革命与民国肇始时期政治、社会、思想剧变之下的时代氛围带给他的精神引力和长沙作为革命中心之一与湖湘地区新思想交汇中心的吸引力有关。到长沙后的第二年他即加入中华革命党,虽未以革命党人的身份从事相关政治、军事行动,但加入中华革命党这一行为本身至少能说明在此之前革命力量及其思想行动已对他产生了较大影响,说明此时的他已心向革命。

从甲工毕业后他之所以热衷劳工运动,一方面与其身处实业领域、对劳工阶层的困苦有感同身受的了解有关,另一方面与军阀官僚祸乱湖湘激起他作为中华革命党之一员的革命意识和作为湖南人所具有的反抗精神有关。被迫离开湖南、到上海从事劳工运动后正式加入国民党，一方面与其进入上海劳工运动骨干群体时所依托的人脉资源与社交网络有关，另一方面与其之前曾加入过中华革命党这一经历有关，尤为重要的是，与其家庭背景及其背后所对应的阶级立场与利益有关。

二、迈向"中央社"社长的步履：协心勠力工作终"为中央所器重"

在上海正式加入国民党之后，萧同兹很快就变成了一个具有鲜明政治立场的国民党人。这一时期，他参与了当时的国民党在上海开展的一系列与劳工运动等工作相关的活动，如参加孙文主义学会、促成上海工团联合会成立、以国民政府劳工局处长兼国民党中央工人部特派员身份处理英美烟厂大罢工事件等。后来，他被调到南京，相继担任国民党中央特别委员会委员、国民党中央宣传部新闻征集科科长、国民党中央宣传部秘书等职务。在国民党中央宣传部工作几年后，1932年，他被蒋介石任命为国民党"中央通讯社"社长，由此开始了他作为新闻事业家的生涯。若从其早年的专业背景（工科）、工作领域（实业）和长期从事劳工运动的经历来看，成为国民党"中央通讯社"社长，进入新闻业工作领域，跨度无疑有点大，这样的跨度和身份转变无疑显得有点过于突然。以国民党"中央通讯社"之于国民党的重要意义和萧同兹一无新闻专业背景二无新闻职业经历的新闻"门外汉"身份，他究竟是如何进入国民党"中央通讯社"社长人选的考虑范围的呢？从1924年加入国民党到1932年出任"中央通讯社"社长，仅仅只有八年时间。这八年时间里，他究竟是凭借什么资质、禀赋和能力"为蒋公所赏识，为中央所器重"以至于被任命为"中央通讯社"社长的呢？

考察萧同兹成为"中央通讯社"社长的步履，不得不首先对萧同兹在上海工作期间国民党内部的情况做一些介绍。萧同兹加入国民党不久，国民党内部党派纷争便开始日趋激烈。伴随着第一次国共合作的深化，名义上具有国共合作意义的国民党上海执行部内部逐渐出现国民党右派与共产党以及国民党左派之间的矛盾与激烈冲突，反动气焰嚣张的国民党右派在各方面工作中不断对共产党和国民党左派进行挑衅和打压。1925年"西山会议"召开后，本来只限于上海执行部内部的左右两派的冲突更是蔓延至各市区党部。西山会议派甚至发出通告要将广州的国民党中央党部迁至上海，并很快成立了国民党"上海中央执行委员会"。面对西山会议派在上海另立国民党中央的举动，广州国民党中央执行委员会并不认可。为了纠正西山会议派的分裂倾向，广州国民党中央执行委员会立即召开国民党第一届四中全会，将西山会议斥为非法。西山会议派不甘示弱，为极力证明自身的合法性，决定召开国民党"第二次全国代表大会"，与广州对抗。令其始料未及的是，西山会议派的这次大会受到了激烈反对。面对广州国民党中央执行委员会发起的强大舆论攻势，西山会议派召集的"伪二大"只能草草收场。国民党左派的斗争取得暂时的胜利。与此同时，共产党和国民党左派领导的上海党部为推动国民革命的发展，开始紧锣密鼓地策划和筹备上海工人武装起义。1926年下半年和1927年初发动的前两次武装起义相继失败后，在认真总结失败教训基础上，1927年3月21日成功发动第三次武装起义，掌握了上海的施政权。起义成功后迅速召开上海临时市民代表大会，成立了临时市政府委员会，市政府委员绝大多数是共产党、国民党左派和工商界代表。这一切引起了意欲独裁的蒋介石严重不安。蒋介石很快于4月8日下令成立上海临时政治委员会，开始秘密部署"清党"事宜，将思想"左"倾的国民革命军全部调离上海，并最终于4月12日解除共产党组织的上海总工会工人纠察队武装,拉开了国民党右派"清党"的序幕。"清党"开始后,大量共产党、国民党左派和进步青年被屠杀,国民党上海市党部因之前的"左"倾立场被推翻重组,人事组织被重新调整。

在这个过程中,蒋介石觉得很多国民党老党员由于受国共合作思想影响较深,思想上难免"亲共",因此在"清党"过程中更倾向于大力发展并重用年轻党员,而萧同兹从1924年正式加入国民党算起到1927年,入党时间仅三年,可谓年轻党员,同时,他又有着曾经加入中华革命党和长期从事劳工运动的经历,具有从事劳工运动的组织、管理工作所必需的丰富经验,因此,在"清党"和国民党人事组织重组过程中,很快受到重用。从1927年开始,他先后被任命为国民党中央党部工人委员会委员、国民政府劳工局处长等职务。在被重用的过程中,萧同兹显现出了非常主动、积极的归附态度,其政治立场也迅速、完全地站在了国民党一边,更具体地说是站在国民党内部蒋介石集团这一边。

当时的国民党内部政治派系、立场十分复杂,政治斗争格局十分复杂,对一个国民党党员来说,在现实政治斗争中确实存在不同立场选择的可能性。在这样的情况下,萧同兹何以会选择效忠蒋介石集团呢? 从根本上来说,与萧同兹本人的家庭出身及其所对应的阶级立场有关。具体来说,萧同兹的家庭背景、成长经历和他所处的社交网络等因素共同决定了他必然会选择效忠蒋介石集团。

萧同兹是借助其劳工运动中的关系网络加入国民党的。而当时和萧同兹交往密切的劳工运动组织者大多是抱有强烈反共思想、立场的国民党右派分子。当时与萧同兹一起在上海从事劳工运动的李大超在后来的回忆中就曾说:"反共的人聚集于上海一地,同声相应,同气相求,同兹跟大家志同道合,不但是革命的伙伴,也成为知己的朋友。"① 与这样的群体来往密切,思想立场必会受到影响。

---

① 李大超:《能人贤者》,《在兹集》,第45页。

虽然萧同兹加入国民党之初的两三年处于国共合作时期，但心思缜密、城府很深的萧同兹不可能感受不到当时的国共合作其实是"面和心不和"。就当时其主要从事的劳工运动来说，国共两党虽都在极力发动、组织劳工运动，但无论是运动的宗旨，还是动员模式与策略，其实都存在很大的不同：共产党认为，由于工人和资本家的立场不同，所追求的根本利益不同，劳资间的矛盾是不可能调和的，因此在领导工人运动过程中共产党往往鼓励工人与资本家进行阶级斗争；而国民党倡导的是劳资调和，他们告诫工人，造成其苦难命运的不是资本家，而是帝国主义的侵略与封建军阀的压迫，因此，他们引导工人要体恤国难，号召工人应忍受一己之苦与资本家合作，共同致力于提高国家经济实力，消除国家之苦，认为社会秩序稳定了，整个国家幸福了，每个工人自然就幸福了。面对这样的不同，与国民党右派党员来往密切的萧同兹自然更认同国民党发动和组织劳工运动的宗旨和方式。

　　当然，这种认同，从根本上来说，缘于萧同兹的家庭出身及其所对应的阶级立场，同时也与其成长经历和之前从事劳工运动中一直使用的方式有关。从萧同兹的家庭出身来看，其祖辈虽然务农，但从其父亲一代开始转为经商，其家庭虽未必能够称得上资产阶级，但至少可以称之为衣食无忧的有产者阶层。也正因为此，他的成长过程中才能无须面对经济层面的压力而轻松获得进入新式学堂继而进入甲种工业学校学习的机会。这样的家庭背景和阶级出身使得他对于共产党倡导的对资本家进行阶级斗争的做法必然心存抵触。从其之前从事劳工运动过程中一直使用的斗争策略与方式来说，以协商、洽谈的方式，处理劳资争议，争取劳工阶层利益，长期以来一直是他惯用的方式。基于此，在上海加入国民党之初的两三年中，在从事劳工运动工作中，无论是在理念、宗旨方面，还是在策略、方式方面，他必然会更认同国民党——具体地说是国民党右派势力的思想和做法。

　　不过，在国共第一次合作期间，这两种立场基于"打倒军阀"这个共同目的并未呈现出较为突出的分歧，但是伴随着1927年国共第一次合作破裂，上海地区的工会组织开始出现明显分化，共产党人与国民党左派不断被国民党右派分子打压以致在重大决策时常被排除在外，这两种立场之间的分歧也开始愈发显著。这种分歧在1927年蒋介石发动反革命政变，开始对所有共产党员和有"亲共"倾向的国民党党员进行暴力清除之后，彻底激化和白热化。这种情势迫使所有国民党党员都必须做出明确的立场选择，否则很有可能会招致蒋介石的嫉恨、排斥，甚至会被清除。在这种情况下，原本就已认同国民党右派思想和做法的萧同兹必然会旗帜鲜明、立场坚定地显现出对蒋介石集团的拥护和效忠。这种拥护、效忠和立场选择从他当时组织劳工运动中显现出的鲜明反共立场即可说明。当时与萧同兹共过事的李大超回忆说："正是烟草厂工人大罢工的时候，同兹兄和一般同志出力很多，……那时我们共同干，且和许多同志一起干，从此上海的反共劳工运动就慢慢转到我们这一方面。"①上海英美烟厂工人罢工发生于1927年9月，正是蒋介石集团发动"清党"之后数月。从这段记述可以看出在组织这次罢工过程中萧同兹所显现出的鲜明的反共立场。冯志翔写的《萧同兹传》中也有关于这个时期萧同兹参与劳工运动中的反共立场的记述②。需要再次申明的是，萧同兹的这种反共立场和对蒋介石集团的忠诚，主要缘于其本人的家庭出身及其阶级本质，而非"清党"开始后基于利害考虑的见风使舵和政治投机心理。当然，无论哪种情况，国共反目后萧同兹对蒋介石集团的忠诚的确毫无遮拦地显现出来了。

　　基于对蒋介石集团的忠诚和拥戴，萧同兹担任国民党中央党部工人委员兼劳工局处长后，全身心投入，兢兢业业，忠心耿耿，以其

①李大超：《能人贤者》，《在兹集》，第45页。
②冯志翔：《萧同兹传》，第109、112页。

特有的组织协调能力,在处理与劳工有关的诸多事务中,成绩突出,成效显著,如对上海英美烟草公司罢工事件的处理。1927年,南京国民政府财政部颁布烟草特税条例,实行统一的烟草税,"规定卷烟值百抽五十的税率"①。英美烟草公司向财政部提出请求,认为税率太高,不能缴纳,表示只愿意缴纳27.5%。请求未被批准后,英美烟草公司以停工要挟国民政府减低烟税,但因停工后未按相关协议给付工人储金,引起工人不满,导致工友会向全国发出请求,抵制英美烟厂的产品。英美烟厂不得不选择复工。然而这种复工只是表面屈服。由于烟厂拒不接受工人提出的劳资条件,使得罢工风潮越演越烈,最后不得不由国民政府劳工局出面解决。当时的劳工局局长马超俊特派萧同兹"调查真相并就近指导"②。在萧同兹的斡旋下,此次工潮很快得以妥善处理和圆满解决。也正因为在这件事上展现出的特殊的沟通协调能力与组织领导才华,使得萧同兹成为"马俊超先生的得力干部"③,在国民党中央党部初露锋芒。

作为劳工运动负责人负责与劳工有关的工作数月后,萧同兹很快被调到南京,相继担任国民党中央特别委员会委员、国民党中央宣传部新闻征集科科长、国民党中央宣传部秘书等。

在参与特委会工作期间,萧同兹虽未被赋予要职,但是在特委会的工作经历却为他在国民党中央党部进一步打开人脉关系提供了非常重要的机会。由于萧同兹从小具有强烈的不甘于平庸之性格,对创造事业成就充满强烈渴望,同时,他本身又具备良好的沟通协调能力,因此他非常珍惜在特委会工作的机会,一方面尽心尽力完成上级交代的各种任务,希望抓住各种机会赢得领导的信任,另一方面他尽力与所接触到的国民党要员建立良好关系,希望以此谋

---

① 冯志翔:《萧同兹传》,第112页。
② 马超俊:《中国劳工运动史》,第792页。
③ 冯志翔:《萧同兹传》,第110页。

求更好的工作机会。当时，叶楚伧在特委会担任秘书长，工作场域中的种种交集与往还，再加上萧同兹机敏的处事能力和出色的工作成绩，很快给叶楚伧留下了很好的印象。1927年12月特委会宣布结束，叶楚伧调任国民党中宣部部长后，萧同兹随之也进入国民党中宣部新闻征集科任职。

在国民党中宣部新闻征集科工作约一年后，萧同兹被任命为国民党中宣部秘书。这份工作不仅使他与叶楚伧之间的工作关系更近了一步，也使他开始初步接触到国民党的新闻宣传工作。当时负责秘书工作的一共有四位，除萧同兹外，另外三位分别是"绍兴师爷"朱荣光、"贵州苗子"张廷休、"安徽骆驼"方治。国民党宣传管理方面的纷繁复杂的具体工作与事务几乎由四位秘书分工协作、共同承担。方治曾忆及当时他们四位秘书的职责分工：他主管指导各级党部的宣传工作，张廷休主管宣传品的编纂与出版，朱荣光负责文书与总务，而萧同兹主要负责与新闻界的联系与指导。"楚伧先生很少事前作什么指示，总是关照四位秘书商量商量，他只作最后裁决"[1]。

四位秘书的职责分工表面上看彼此之间的分量轻重不相上下，萧同兹并不具有超越其他秘书之处，只是分工领域不同而已，但联系当时国内新闻界发展状况和国民党所面对的舆论态势，便会发现，萧同兹承担的工作实际上是最具有挑战性的，也是国民党中宣部工作的重中之重。因为，当时正值南京国民政府成立不久，蒋介石政权还很不稳固，当时新闻界对国民党实行的新闻界党化政策和新闻一元主义政策非常不满，新闻界与政府之间时常发生冲突。在这种情况下，如何在新闻界与南京国民政府之间搭建良好的沟通桥梁，提高国民党新闻宣传政策制定的有效性，对国民党统治的巩固有着至关重要的作用。在这个意义上说，萧同兹负责的联系、指导新闻界之工作就显得尤为重要且具有挑战性。

---

[1] 冯志翔：《萧同兹传》，第123页。

　　面对这一非常重要且具有挑战性的工作,萧同兹没有显示出任何胆怯,反而以其出色的沟通协调与人际交往能力,一方面基于国民党新闻宣传决策的需要向新闻界人士广泛汲取了大量真实有效的意见和建议,另一方面借此机会结识了众多新闻界朋友,如《大公报》总编辑张季鸾、英文《北平时事日报》负责人张明炜等,与他们建立了良好而持久的友谊。尤为重要的是,其出色表现更进一步赢得了叶楚伧的好感。方治在回忆中就曾写道:"叶楚伧先生很赞赏同兹,因为同兹冷静沉着,深谋远虑,每值国内外情势错综复杂之时,特能高瞻远瞩,发挥其独到主张,作宣传之指导,贡献良多。"①

　　除借助其调和鼎鼐、兼容并蓄、有张有弛的协调沟通才能和积极大胆、严谨认真的工作态度及相应获得的出色工作成绩深受叶楚伧肯定之外,当时萧同兹之所以能进一步获得叶楚伧青睐,一个特殊原因不得不提及。叶楚伧是一个十分嗜酒的人,他的嗜酒在当时可谓众所周知。他"在上海办报的时候,一面写文章,一面举杯喝酒",到南京后其办公室里也总是"储存着各色各样的酒"②。而碰巧的是,萧同兹同样也是一个爱喝酒且酒量很大的人,即使到晚年七十多岁的时候,依然"是天天喝酒,而且有时候喝得很多"③。其朋友耿修业还曾用"唯酒无量不及乱"④来形容萧同兹的酒量之大。而根据中国的酒文化,饮酒"经常被赋予很多感情色彩",饮酒过程中的许多行为"更加趋向精神层面","一般习惯性的以饮酒作为拉近彼此关系的重要手段和方式"⑤。很多好饮的人往往以酒量与酒品来衡量对方的能力与人品,并以此来确定彼此关系的亲疏远近。

①冯志翔:《萧同兹传》,第125页。
②冯志翔:《萧同兹传》,第125页。
③李缄三:《两件纪念品的故事》,《在兹集》,第69页。
④李缄三:《两件纪念品的故事》,《在兹集》,第69页。
⑤刘伊娜:《浅析中西方社交活动中的酒文化》,《才智》2017年第5期。

"酒逢知己千杯少"便是这种酒文化的简洁形象的反映。嗜酒的叶楚伧在这方面表现得尤为明显。他曾对方治说:"你不知道,酒喝到微醺,这时正是心境最愉快的时候,你不喝酒,不知道此中境界,不喝酒的人非吾徒也。"[①]"不喝酒的人非吾徒也"这句话,可以说极为充分地说明了叶楚伧在交友过程中十分看重对方是否与自己一样喜好饮酒。既如此,与叶楚伧同处一间办公室的萧同兹酷爱饮酒且酒量不错,必然会比其他人更容易获得叶楚伧的心理与情感接纳。平时或出于工作中的应酬之需要,或工作之余私下聚会小饮,在这种时不时的共饮中,彼此间的互动必然会比与其他人要来得频繁,来得充分,彼此间的感情也会在不知不觉中拉近,甚至完全超越上下级之间的关系。从这个意义上来说,喜好饮酒这一共同爱好显然为萧同兹进一步赢得叶楚伧的青睐提供了一种助力。

　　正是凭借出色的工作表现和良好的人际交往能力及共同的饮酒嗜好,这一时期的萧同兹完全获得了叶楚伧的信任与青睐。也正因为如此,当1932年南京国民政府为加强和扩展其党营新闻事业,准备改组"中央通讯社",并开始物色合适的社长人选时,叶楚伧便向蒋介石极力推荐了萧同兹。萧同兹便是在这种情况下被任命为"中央通讯社"社长的。然而,萧同兹担任"中央通讯社"社长仅仅是因为叶楚伧的推荐吗?蒋介石向来"猜疑心很重""不信任别人""喜欢独揽大权于一身"[②],在日记中他也多次提到用人难,要有防人之心等[③],因此,对于国民党新闻宣传机关负责人的选择,他肯定是经

---

① 冯志翔:《萧同兹传》,第125页。

② 曹建平:《蒋介石矛盾性格探析》,《长沙铁道学院学报(社会科学版)》2007年第3期。

③ 蒋介石1923年8月8日的日记中有这样的话:"以人人为莫逆,便知处处要留心。"1926年4月4日的日记中有这样的记述:"用人之难,言察之难更甚,天下惟狡诈人不可用,对狡诈人之言尤不可不时时留心也。"(见《蒋介石日记》,斯坦福大学胡佛研究所藏)

过深思熟虑、精挑细选之后才做出决定的,绝不会仅仅因为叶楚伧极力推荐就草率决定。

当时,正是"九一八"事变发生后的第二年,日本侵略中国的野心已暴露无遗,蒋介石所领导的南京国民政府正面临对日作战的挑战,新闻宣传领域面临的挑战也十分严峻。"九一八"之前,日本便"在我国东北共创办了二百三十多种报刊,几乎垄断了东北的新闻市场"①。这些报纸配合日本政治、军事方面的战略目标随时调整宣传策略,一方面大肆挑拨中国民众和政府之间的矛盾,鼓吹自治,另一方面美化日军对中国的暴行,欺骗世界舆论,力图使西方世界相信,战争爆发的原因在中国,而不在日本。日本的这种宣传使得许多西方国家对日本侵略中国的野蛮暴行无动于衷,有些国家甚至在日本媒体的错误引导下对中国产生了很大误解。面对这种极为不利的舆论宣传局势,中国新闻事业因久经战乱,各方面实力不足,因此,无法与日本的舆论宣传抗衡,导致不仅没有能力开展有效的国际宣传,向西方世界传播和说明日本侵略的事实与真相,而且在对内宣传中还常常出现因稿件匮乏不得不采用外国通讯社相关稿件之情况。基于此,建立国民党自己的新闻通讯社,向全世界揭露日本帝国主义的暴行和侵略本质,争取国际社会的同情与援助,对当时的南京国民政府而言,显得十分重要且迫切。这其中,社长人选的确定显然是重中之重。既然如此,对"中央通讯社"社长人选问题,蒋介石肯定不会仅因叶楚伧的推荐便做出决定。

当时中国新闻通讯事业的总体发展十分落后。"电信传达全靠交通部电信局的有线电报,长途电话限于几个大城市可通,陆上交通仅有京沪、沪杭甬、平汉、粤汉等几条铁路,公路畅通的汽车为数不多,空中定期航线尚未开通",当时想"要从首都南京,传送一则新闻到外地已不容易,要到偏远省份,那更是难上加难"。中日间战

---

① 王晓岚:《日本侵华战争中的新闻谋略》,《河北学刊》2002年第2期。

争若全面爆发,各种通信器材与设备都有可能会面临破坏,到那时,配合国家整体作战目标对于任何一个通讯社而言都将面临更大挑战。现实困难和未来可能面临的挑战,社长是否具有克服困难、应对挑战的雄才大略,对任何一个通讯社来说都很重要,对"中央通讯社"来说更是如此。基于此,"中央通讯社"社长人选"不但要能负起拓展新闻报道,提升新闻工作的水准,还要负责为战时新闻传播作周全的部署与准备,配合未来对日作战的需要,必须是一位有胸襟、具企业精神的才干,才能胜任"。也就是说,是否具有在对日战争中有效开展舆论斗争、配合整体作战方针、向国际社会传播中国声音的才干,是确定"中央通讯社"社长人选过程中最主要的因素。

　　因此,可以确定,萧同兹之所以能蒋介石被任命为"中央通讯社"社长,除了叶楚伧的推荐之外,萧同兹具有的特殊才干,是最重要的。正如台湾历史学家吴相湘所说:"民国二十一年间,冠盖满京华,争名者更集于朝。如果没有特殊表现,'中央通讯社'社长这一荣衔,是不可能轻易落到萧同兹头上的。"①也就是说,正是萧同兹本人的特殊才干与表现,使蒋介石相信他是自己心目中"中央通讯社"社长的最佳人选,因此最终任命他担任"中央通讯社"社长。那么,萧同兹的特殊才干与表现究竟是什么呢? 回到当时的历史场景中去探寻,可以发现,除了在国民党特委会、国民党中宣部新闻征集科工作期间和担任国民党中宣部秘书期间所显现出的常规性的组织协调能力之外,"中原大战"时期萧同兹在拉拢张学良归顺南京国民政府、助力蒋介石统一中国这一重大历史事件过程中的特殊表现与才干及相应贡献是其被任命为"中央通讯社"社长的决定性因素。

　　爆发于1930年的"中原大战"是发生在阎锡山、冯玉祥、李宗仁等国民党地方实力派组成的军事集团与蒋介石领导的军事集团之

————————

① 吴相湘:《黄庞纪念册的史料价值——萧同兹前半生的旁证》,《传记文学》第25卷第1期。

间的恶战,双方实力不相上下,兵力相当。由于身处关外、实力强大的东北军的立场选择对这场冲突的胜败有举足轻重的影响,因此交战双方都使尽浑身解数力图拉拢张学良。"当时,沈阳汇集了各方的说客,冯玉祥的代表为薛笃弼,阎锡山的代表为杨廷辅",大家各自都"久居不去,似有非争取张汉卿倒向他们不可"[1]。在这种情况下,蒋介石派方本仁、吴铁城、张岳军等前往沈阳对张学良进行安抚和游说,萧同兹作为吴铁城的辅弼随往。然而,由于张学良一直没有旗帜鲜明地表明支持蒋介石的立场,而是采取中立、观望和拖延态度,即使蒋介石允诺由他担任陆海空军副总司令,他依然未表明态度,也不采取任何实际行动,因此劝服张学良十分不易。在这场重要而艰难的游说、劝服过程中,一方面由张岳军、吴铁城邀请张学良出去旅行,另一方面萧同兹每日跟张学良的高级幕僚周旋。这种从上下同时努力的过程前后持续了长达一百多天,终于使张学良同意支持蒋介石领导的南京国民政府,并通电全国,拥护中央。此后不久,阎军即向山西撤退,同时,冯玉祥也发表通电"下野",声势浩大的反蒋同盟就此瓦解,蒋介石集团面临的一个重要危机终于消除。张岳军、吴铁城、萧同兹等也圆满完成任务,离开沈阳,回到南京。

这次游说、劝服张学良的任务之所以能最终圆满完成,萧同兹的作用不可忽视。在此过程中,他凭借独特而出众的沟通协调能力与人际交往能力,成为张岳军、吴铁城与张学良之间交流的润滑剂,有效促进了任务完成。尤其是在张岳军、吴铁城约张学良旅行期间,萧同兹通过与张学良左右的人建立良好的朋友关系,从侧面对张岳军与吴铁城的工作起到了巨大推进作用。张岳军回忆说:"萧(同兹)那时年轻,风流潇洒,跟张汉卿左右的人混得很熟,处得很好,酒食征逐,跟他们的生活打成一片,这有助于缩短距离,建立友

---

[1] 冯志翔:《萧同兹传》,第132页。

道关系，使整体工作进行顺利。"[1]吴铁城的长公子幼林也曾说："在和张汉卿先生周旋应付之间，杯酒言笑之顷，这位倜傥朗爽、风情俊逸的萧三爷，必然也发挥他纵横的才华，有助先德达成游说东北归顺中央的艰巨任务。"[2]从蒋介石自身利益出发来看，赢得张学良的支持，获得中原大战的胜利，不仅使南京国民政府实现了对全国的统一，而且大大提升了蒋的个人威信。也正是因为这件事，萧同兹得以"为蒋公所赏识，为中央所器重"。蒋介石相信，萧同兹是一个对他本人和对国民党真正忠诚且具有特殊才能的国民党党员。也因此，当叶楚伧在"中央通讯社"社长人选问题上向他推荐萧同兹时，他便毫不犹豫地同意了。

　　总之，工科出身、成长过程中主要热衷于劳工运动的萧同兹被任命为国民党"中央通讯社"社长这件事，若脱离当时具体而复杂的历史情境，的确显得较为突然。然而，还原历史情境，回归历史现场，即可看到，他被任命为国民党"中央通讯社"社长，其实并不突然，甚至可以说自然而然。他鲜明的国民党立场，对国民党利益的坚定维护，尤其是对蒋介石集团的忠诚，是他被任命的政治立场与思想保障。加入国民党以来在各项工作中显现出的协调组织能力与特殊才干，是他被任命的能力基础和资质保障。在担任国民党中宣部秘书过程中负责联系新闻界、对新闻业和新闻界人士较为熟悉等，是他进入新闻业的入门基础与条件。在劝服张学良、帮助蒋介石解除危机过程中的作用及实效，是他被任命的关键因素。在国民党特委会与国民党中宣部工作过程中与叶楚伧建立的特殊的个人关系与情谊，是他被任命的特殊促进因素和催化剂。这一切因素综合起来，使他开始了与"中央通讯社"社长的半生情缘，也拉开了他作为新闻事业家的职业生涯序幕。

---

[1]冯志翔：《萧同兹传》，第135页。
[2]吴幼林：《东北易帜与同兹先生》，《在兹集》，第43页。

三、十八年如一日的热忱与坚守：
为"中央社"的发展而努力

1932年5月1日，萧同兹卸任国民党中宣部秘书职务，正式开始了其"中央通讯社"社长生涯。从这一天开始，到1950年退出社长职位，转任"中央通讯社"管理委员会主任，再到1964年12月从"中央通讯社"退休，在长达三十二年的时间里，萧同兹从未离开过"中央通讯社"，他满腔热忱地投入到"中央通讯社"的各项事业拓展与业务发展中，以极大的热情和富于开拓性的工作使"中央通讯社"进入了一个持续发展的全新时期。在他的运筹帷幄和带领下，"中央通讯社"迎来了事业发展的黄金时代。他领导并创造了"中央通讯社"从国民党的官方喉舌向具有国际通讯社属性的现代大通讯社发展的过程，也领导了因国民党政治溃败导致的"中央通讯社"不得不随之迁台重建的过程。

萧同兹在领导"中央通讯社"时期创造出的辉煌成就和对"中央通讯社"的贡献，无论是与他一起工作过的同事，还是虽未与他一起共过事但对"中央通讯社"当时的地位与影响有深切了解的人，都称赞不已。到台湾后曾主持过"中央通讯社"的马星野曾说："我敬佩萧同兹先生，他一生的心血都洒在'中央社'的花坛上，'中央社'过去最光荣的一页是他写下的。"[1]胡适也曾说："'中央社'为成功之事业，萧同兹殊为难得。"[2]从"中央通讯社"退休的唐雄说："没有萧先生的远见卓识，便没有今日具有远景的'中央社'。没有萧先生的领导有方和得道多助，更没有战乱、抗日时期'中央社'一段光辉

---

[1] 马星野：《念兹在兹》，《在兹集》，第134页。
[2] 胡健中：《前尘对景难排》，《在兹集》，第97页。

的历史。"①

那么,作为社长的萧同兹究竟为"中央通讯社"创造了什么样的成就和辉煌? 他付出了哪些努力? 采取了什么样的具体方略与措施? 他对"中央通讯社"这份事业怀着什么样的情感? 三十二年坚守背后,他对于自己所从事的这份事业究竟有什么样的认识?

考察萧同兹就任"中央通讯社"社长之初中国新闻通讯事业的发展情势,可以发现,当时中国的新闻通讯市场正处于几乎被外国通讯社垄断的阶段。"从英国路透社于1872年设立分社开其端,法国哈瓦斯社、美国合众社及日本的东方日联社等继其绪,纷纷在华设立分社。"②在这个过程中,虽然我国也有新闻人陆续创办了一些民营通讯社,如1916年邵飘萍在北京创办的"新闻编译社"、1919年胡政之在上海创办的"国闻通讯社"、1924年张竹平联合上海《申报》《时事新报》同仁创办的"申时通讯社"等,但由于国家历经内乱,饱受帝国主义欺压,处于半殖民地状态,这些通讯社无论是技术,还是人员规模,抑或是报道范围等,都无法与外国通讯社相抗衡,绝大多数新闻信息的传输都需要依赖外国通讯社的供给。更为严重的是,作为帝国主义的新闻宣传机构,外国通讯社"为了他们所代表的股东、政府和民族的利益",常常颠倒黑白,指鹿为马,"从新闻消息上实行着纵横捭阖的手段"③,在涉及中国问题的新闻信息中,经常做出不利于中国的报道,使中国政府与国民的立场与利益诉求无法向国际社会传达,无法获得国际社会的同情与支持。这一点,从"九·一八"事变后国民政府试图发起的反日国际宣传战中所遭遇

---

① 唐雄:《"中央社"特有风格的塑造者》,曾虚白等编:《念兹集》,"中央通讯社",1969年,第66页。

② 常宁县政协文史资料研究委员会编:《萧同兹和"中央通讯社"》,第235—236页。

③ 冯志翔:《萧同兹传》,第150页。

的无奈即可感知[①]。

在这种情形下,不仅仅国民党政府,包括许多人新闻界人士和普通国民,也都热切期盼中国能有一个有影响力的通讯社,以便能在重大问题上向世界表明中国的立场与态度,表达中国人的利益诉求,也让西方世界对中国有一个正确的认识,"不致被野心国家颠倒黑白淆乱听闻"[②]。就当时尚在艰难进行中的反日国际宣传战来说,国民党政府一方面亟须与日本进行新闻战和舆论斗争,另一方面亟须向西方传播中国声音,争取西方国家支援,另外也需要为显然已是不可避免的未来对日战争中的新闻宣传做准备,同时与共产党和其他政治力量之间的斗争也亟须其加强自身新闻宣传力量与体系建设。基于这方方面面的考虑,国民党政府决定对已存在七年之久但规模十分有限、力量十分弱小的"中央通讯社"进行改组,任命萧同兹为社长,对其授以全权,以便能创设一个较过去任务重大百倍的新闻机构。

从萧同兹被任命为"中央通讯社"社长的背景可以看出,他是带着特殊而艰巨的使命与任务开始其"中央通讯社"社长生涯的。然而,他接手前的"中央通讯社"虽已成立七年之久,但呈现在他面前的几乎是一片空白,毫无通讯社的样子与规模可言,"机构不独立,没有自己的无线电台,要依靠交通部电信局的有、无线电报拍发电讯,信息传递很不灵活"[③],没有自己的采访记者,"工作人员多由宣传部调用,编辑、记者、写钢板、工友各一人,每天发稿一次,两千字不到",稿件不受新闻界同行重视。面对这种情况,"门外汉"出身的萧同兹没有沮丧和气馁,而是以极大热忱投入到各项事业的谋划和

① 刘继忠、赵佳鹏:《略论国民党主导的中国反日国际宣传战》,《新闻记者》2019年11期。
② 冯志翔:《萧同兹传》,第151页。
③ 晓霞:《"中央社"在大陆的日子》,《民国档案》1995年2期。

推进中去。他开始思考如何才能使"中央通讯社"事业发展壮大，思考如何能有效为国内报刊乃至国外报刊提供新闻信息服务。在此过程中，他很快显现出对自己开始从事的这个职业领域的认同。

笔者曾在《中国新闻从业者职业认同研究（1815—1927）》中将一个人"对其所从事职业是矢志不渝、不弃不离，还是情非得已、三分热情、必欲离弃而后快，从业过程中是身心投入、尽职尽责，还是三心二意、当一天和尚撞一天钟"作为其对自己从事的职业是否认同的重要判别标准①。据此标准考察萧同兹担任"中央通讯社"社长后的情况，可以发现，他在执掌"中央通讯社"不久便从内心深处显现出对"中央通讯社"事业的热爱与全身心投入。从职业情感和投入程度来看，他三十年如一日，始终满怀热情，不辞劳苦，兢兢业业，坚持不懈地为"中央通讯社"的发展殚精竭虑地工作着。从工作开展过程中的开拓创新程度看，他没有显现出任何"当一天和尚撞一天钟"式的随性而为的工作状态，而是凭借其特有的视野、眼光、魄力和胆略，从管理方式到体制机制，从技术设备到经营理念，从业务拓展到人才队伍等方面，对"中央通讯社"进行了大刀阔斧的全方位改造。

为了迅速改变"中央通讯社"弱小、落后的面貌，就任社长不久，萧同兹面临的一个重要而急迫的任务是，确定"中央通讯社"发展方略，描画"中央通讯社"未来发展蓝图。为了确定"中央通讯社"的发展方略并制定具体发展规划，必须首先了解新闻界的现实需求。为此，上任伊始，他便开始陆续前往上海、北平、天津等新闻事业较发达和集中的地区，怀着十分谦卑的态度，向新闻界知名人士和记者朋友广泛征询对于"中央通讯社"业务发展、经营方针等的意见与建议。在了解了新闻界的需求与建议后，他没有停歇，立即回到南京去晋见蒋介石，向蒋介石提出有关"中央通讯社"发展的三项要求：

---

① 樊亚平：《中国新闻从业者职业认同研究（1815—1927）》，第6页。

（1）从国民党中央党部迁出，实行独立经营，使之成为社会文化机构；（2）自设无线电新闻电台，以新闻为本位，发稿有自由裁决权，不受干预；（3）用人行政方面，社长有自由决定之权，不受任何干预①。作为党营通讯社社长，上任伊始便一头扎进其事业发展的蓝图规划中去，不仅以谦虚的态度广泛征求新闻界意见，而且以令人惊异的胆略向当时的政府首脑提出多种看起来与党营新闻事业性质相悖的诉求，从中可以看出，他确实不是将"中央通讯社"工作仅仅视为一个得过且过的"公事"和职务性行为，而是希望将其作为自己的重要事业来做。

在执掌"中央通讯社"的岁月中，萧同兹全身心投入到通讯社的一切业务活动中。大到总体目标与发展方向与时俱进的部署与擘画，经营管理体制机制的改革与创新，通讯社业务种类与规模的丰富与扩增，人才、资金、设备的不懈搜求与吸纳；小到具体新闻业务活动的开展、职工生活细节的关心等，他均全盘参与。可以说，在担任"中央通讯社"社长的十八年里，他以实际行动诠释了对"中央通讯社"事业的热忱与珍爱。

萧同兹担任社长时期诚挚邀请加盟到"中央通讯社"的英文部编辑任玲逊在《千里行程起自一步》中曾颇为动情地描述了萧同兹在开拓"中央通讯社"事业过程中显现出的热情、坚毅与信心满怀的状态："直到今天，我清晰记得他那时眼睛闪烁的光芒。他谈起'中央社'，就像母亲谈起她的孩子一样，自豪、坚定而又充满希望。我立刻就感觉到这位先生的整个生命都已包在一个单一而一贯的目的里——一点一滴的精力，都尽力于将'中央通讯社'发展成一个二十世纪现代化的新闻汇集与供应的机构。"②王商一也曾生动描述了萧同兹在"中央通讯社"事业发展过程中满怀信心、积极应对各

————————
① 冯志翔：《萧同兹传》，第9页。
② 任玲逊：《千里行程起自一步》，《念兹集》，第114页。

种困难的情况：“他不管工作如何艰巨，需要多少时间，经费如何筹措，好像胸有成竹，极具信心，切实而积极地去做，同时罗致了很多各类人才来担当这份伟大的事业，他绝对没有像别人那样存着‘五日京兆’的消极观念。”①

萧同兹对中央通讯社事业的热忱与珍爱，从其亲身参与诸多新闻业务活动可以得到具体说明。在萧同兹担任社长的十八年里，他亲身参与新闻业务活动的例子很多。1933年，国际联盟派李顿为团长，率领调查团来中国调查日本侵略东北的事实。调查完后发表了报告书，即史上著名的“李顿报告书”。该报告书长万余字，国民政府要求“中央通讯社”必须在当晚全文发稿。那时“中央通讯社”刚刚初具规模，缮校人员尚较缺乏，接到“李顿报告书”后，编校任务极重，以当时人手，一夕之间，势难缮发。在这种情况下，萧同兹号召全社同仁共同参加，能写的写，能校的校。身为社长的萧同兹也主动参与校对，直到全文发出为止。一般情况下，校对工作是一个通讯社最为基础的工作，社长原本无须亲自参与，然而萧同兹却毫不犹豫地投身其中，丝毫没有因自己身为社长而与其他员工有所不同。显然，在他心中，社长只是一个职务，“中央通讯社”的事业才是第一位的，及时准确地完成“中央通讯社”应完成的任务才是最重要的。

1941年12月7日，正在休息的萧同兹在凌晨四点多的时候被社内职员周培敬的电话吵醒。接到珍珠港事件发生之消息后，他立即翻身下床，从家里赶往“中央通讯社”，与“中央通讯社”各部门负责人一起紧急开会，讨论针对该事件的报道方案和相关事宜。讨论结束后立即部署相关部门负责人将外电中可以见到的详细报道译成中文，吩咐员工将其抄写在大白纸上，粘起来做成一张号外，张贴在“中央通讯社”大门口。这则消息就此迅速传遍了整个重庆市，当

---

① 王商一：《涵虚斋主》，《念兹集》，第15页。

天的《中央日报》《大公报》等各大报刊都根据"中央通讯社"的这则号外对珍珠港事件进行了报道。号外贴出之后,萧同兹一刻未停,他一边继续指挥部署,加强外电翻译,增发中文电讯稿,一边吩咐各种广播迅速播发,供全国报纸印发号外,同时电告各随军组将此消息通知前线将士。

周培敬回忆起这件事时曾感慨地说:"这一天是萧社长忙碌的一天。"其实,萧同兹忙碌的并不仅仅是那一天。珍珠港事件爆发后,在做好最初一天的报道部署之后,他立即开始考虑更为长远的事,那就是,如何能使自身关于太平洋战争的报道不仅仅依赖于外电的翻译,如何使国内报刊报道太平洋战争时不只依赖于外国通讯社的消息。为此,他专门挑选了精通外文的"中央通讯社"记者,派其前往太平洋战区实地采访,力求以中国人的视角采集新闻,拍发专电,由"中央通讯社"发稿,供全国报纸采用。

抗战时期在日本飞机对重庆时不时的轰炸中,萧同兹为保证电讯传输通畅,为使全国报纸及时接收到战时新闻信息,克服各种困难,坚持不懈地维持并扩大"中央通讯社"各项业务。1937年全面抗战爆发后,"中央通讯社"南京总社遭到敌机轰炸,不得不跟随国民政府辗转迁移,最终落定在重庆。在重庆,由于日本的军事行动以空袭为主,"中央通讯社"业务开展十分艰难。"天上有轰炸机,地上有通货膨胀,艰苦万状。"[1]面对如此艰难情状,萧同兹将个人安危置于身后,率领社内同仁在敌机轰炸中始终坚守岗位。相关史料记载:"二十八年五四大轰炸,重庆铁板街总社社址直接中弹,员工二人殉职,先生(萧同兹)当时于断垣残瓦中挣扎奔出办公室,尘土被面,衣履污垢,立即指挥员工处理善后,恢复编采与电讯工作,沉

---

[1] 常宁县政协文史资料研究委员会编:《萧同兹和"中央通讯社"》,第4页。

着镇静,若无其事,设非修养精纯如先生者,曷克臻此。"①

　　不仅没有被敌机轰炸吓倒,没有因境况艰难得过且过,而且在轰炸后不久即通过各种关系为"中央通讯社"寻找新的办公场所。再三寻觅后,最终联系到战时新闻检查局局长李中襄,找到他们当时在上清寺的"和居"办公室作为临时办公场所,使得"中央通讯社"的工作迅速得到恢复。找到临时办公场所后,为保证新闻信息传递此后不再因敌机轰炸受影响,他开始进一步寻找万全之策。煞费苦心地多方联系之后,他最终找到了重庆两路口的一个防空洞。此后每当日机来轰炸,他就命员工将收发报机拆卸,进入防空洞重装,在防空洞内播发新闻电讯。曾经历过五四大轰炸的"中央通讯社"职员童诚回忆起这段经历时说:"每次紧急警报响过,萧公总不慌不忙,每于同人之最后进入防空洞。"②

　　艰难时期的表现更能反映一个人的内心情感与态度。抗战时期,萧同兹在敌机轰炸中临危不惧,与全体员工共度时艰,费尽心机勠力维持"中央通讯社"新闻通讯业务的种种表现,充分显现出其对"中央通讯社"事业的热忱和与珍爱。

　　从萧同兹身体力行搜求重大新闻信息、不遗余力地为"中央通讯社"争取重大新闻的行动中也能看出他对"中央通讯社"事业的热忱与珍爱。1939年12月30日,汪精卫和日本签订投降卖国的"日汪密约"。原本辅佐汪精卫的陶希圣、高宗武因反对汪精卫投降卖国行为,携带"日汪密约"离开上海,逃往香港。萧同兹通过各种人脉关系知道这一秘密消息后,在没有告知任何人的情况下,立即由重庆赶往香港,与陶希圣、高宗武会晤。获得"日汪密约"全文及附件后,他即刻将原件拍照后"由'中央社'香港分社据以发回重庆,在

①《国史馆现藏民国人物传记史料汇编》(第九辑),台北"国史馆"编印,1993年,第479页。
②童诚:《厨房工友同感德化》,《念兹集》,第93页。

全国各报披露"①,成为震惊国人的重大新闻。当时"中央通讯社"
香港分社主任卢祺新后来回忆说:"萧先生从未像许多其他官员一
样从重庆到香港来度过一次假,他总是和他的工作人员在一起"②,
即使在得到"日汪密约"全文以后,他也没有在香港逗留,"立即飞往
重庆,没有告诉分社中任何一个人"③。

　　萧同兹对通讯社事业的热忱与珍爱从其对"中央通讯社"事业
的不断拓展可以更充分感受到。事业拓展可以说是萧同兹担任"中
央通讯社"社长时期最主要的工作。在执掌"中央通讯社"过程中,
工科出身又有着在诸多工厂工作经历的他有一套特殊的谋求事业
拓展的经营管理方略。他认为:"接办'中央社'就像接办工厂一样
必须当作事业经营,办工厂,须要求出品精良,'中央社'的出品是稿
件,必须使'中央社'的稿件为报社所乐于采用,办工厂,需要优良械
具,通讯社的械具是电讯设备,因此必须拥有独自的电讯交通,迅速
将出品送达报社"④,"如果每天总社与分支机构所有的电讯,都送
交电信局代为传递播发,不但在'中央社'方面感到许多不便,而且
可能影响到电讯传递与播发的时效,即在电信局方面,也将增加业
务上的麻烦。"⑤因此,上任伊始,萧同兹便派当时任职于"中央通讯
社"的电讯专家高仲芹前往国民党交通部,研究给予"中央通讯社"
新闻无线电通讯网的合法地位问题,申请政府授权"中央通讯社"自
设专用无线电新闻电台,传递和广播新闻电讯。自设无线电新闻台
的事成功后,他更进一步努力,立即开始积极筹措资金,购买通信设
备,部署全国性新闻通讯网。

①冯志翔:《萧同兹传》,第234页。
②卢祺新:《萧同兹精神与我同在》,《在兹集》,第235页。
③卢祺新:《萧同兹精神与我同在》,《在兹集》,第235页。
④冯志翔:《萧同兹传》,第9页。
⑤冯志翔.《萧同兹传》,第161页。

　　丁则怡曾回忆："发展事业靠萧先生找钱，萧先生找钱的方法是
'兜售计划'，计划一经核准，经费也跟到有了着落。萧先生人缘好，
计划也都很确实，兜售总是成功的。"①通过有效的"兜售计划"，萧
同兹总是能很快筹集到资金。他凭借良好的沟通协调能力和丰富
的人脉资源向国民党中央党部、财政部等部门多次申论购买现代化
通信设备、建立全国性通信网的必要性和可能带来的收益与好处。
他的兜售很成功，其计划很快得到各个部门的认可，并很快给予了
包括资金在内的各方面支持。资金、政策有了之后，很快进入实施
阶段。萧同兹以其强大的组织领导能力，迅速开始带领全社职工实
施建立全国七大都市电讯网的计划。

　　"1932年7月设南京总社与上海分社电台，同年9月设武汉分
社电台。1933年2月设北平分社电台；同年4月，设天津、香港两分
社，5月建立电台；同年6月设西安分社，建立电台。"②就这样，在不
到一年的时间里，他以"从不让时间溜走，一步紧跟一步"③的节奏，
迅速、高效地完成了"中央通讯社"电讯设备的革新和全国七大都市
电讯网的部署工作。这些基础设施的完成，极大扩大了"中央通讯
社"的新闻影响面，方便了全国各地报纸的新闻接收。"各地报纸只
要一架收报机，二三位译电员，在屋顶架设一具收报天线，即可按时
抄收'中央社'播发的新闻，有的更与'中央社'订约收取电讯，于是
地方报纸版面出现最新的国内外新闻，顿改旧日面目。"④报人包明
叔后来回忆说："同兹兄接长'中央社'不久，便有了新闻电讯广播，
上海、镇江甚至更远地方的报纸都能在当天抄收'中央社'所播发的
新闻，……我们可以想象得到当时全国各地办报的人，内心是如何

---

①冯志翔：《萧同兹传》，第19页。
②常宁县政协文史资料研究委员会：《萧同兹和"中央通讯社"》，第254页。
③张任飞：《中国的新闻事业家》，《在兹集》，第150页。
④赖光临：《七十年中国报业史》，"中央日报"社，1984年，第171页。

的感激。"①

在萧同兹的领导下,"中央通讯社"的电讯广播也随着电讯设备的革新与全国七大都市电讯网计划的实施日趋丰富多样。在萧同兹的统筹和指挥下,1935年,"中央通讯社"各类电讯广播纷纷开设起来:"甲种广播(CAP):从上午十点半到深夜二三点,日发一万五六千字,各分社和全国各大报抄收;乙种广播(CBP):下午六时到深夜,和甲种广播同时截止,日播六七千字,供全国较小型报纸抄收;英文广播(CSP):由上海、北平、天津三地分社抄收,供给当地英文报纸采用,下午六点播发,字数不固定。这三地以外的英文报可以直接抄收刊用。专电广播(CNG):下午六时到午夜十二时,专向上海、北平、天津、武汉分社播发,内容是甲种广播以外的新闻。"②

全面抗战爆发后,萧同兹费尽心力建立起来的全国性通讯网和电台广播体系很多受到破坏或陷于瘫痪。在这种情况下,萧同兹想尽办法维持"中央通讯社"各项工作的正常运行。为了使"中央通讯社"新闻业务做到在战争时期不停顿一天,更好地向全国民众传递战时新闻讯息,他提前谋划,利用在长沙、重庆、贵阳三地的电台接替"中央通讯社"播发全国新闻广播。如1938年1月特设简明新闻广播COP,该电台一度成为沦陷区地下工作者、游击部队和民众唯一的消息来源。包明叔曾回忆:"身处敌后,如果不能得到大后方的正确消息,以及各地战场的动态,真不知何以自处。所幸中央社有了COP简明新闻广播,使我们得到了想要知道的消息。"③

与此同时,为了加强战地新闻采集发布,萧同兹果断增设随军组,派遣随军记者,带着便于携带的20瓦特移动收发报机,深入战

---

① 包明叔:《精神积极,风度潇洒》,《在兹集》,第30页。
② 周培敬:《"中央社"的故事(上)》,第61页。
③ 周培敬:《"中央社"的故事(上)》,第100页。

区采访。"随军组"是由"中央通讯社"记者与电务人员组成的一到三人的新闻小分队，他们或进入硝烟弥漫的战争前线采访战讯，或在敌后每天向总社、分社传递电讯，或赴各战区指挥中心采访战时新闻。如台儿庄战役期间，"'中央社'有五个随军组分布于徐州和皖、豫边环绕徐州相近的各据点，逐日报道战事消息"①，使民众每天都能收到徐州前线的最新信息。

据相关资料记载，1940年前后，全国大多数报纸和广播每日发布的新闻大都源于"中央通讯社"。如1940年1月，《大公报》采用"中央通讯社"新闻稿件数量1909篇，占全报稿件数量的88%；《新华日报》采用中央通讯社稿件数量1743篇，占全报稿件数量的88.7%②。从这些数据可以看出当时国内报纸对"中央通讯社"新闻的依赖。从张季鸾的评价中，也可以对"中央通讯社"在战时新闻宣传中发挥的作用感知一二。张季鸾在1938年所写的《赠战地记者》中说："我首先要感谢'中央社'的同人。以武汉为中心的报界，规模都不够，战地特派记者，一般不多，而且是间断的。所以战讯的供给，主要靠'中央社'，武汉如此，其他各地更不待论。各报特派员的通讯，虽然富有情义并茂的杰作，但一般的报道责任，却靠'中央社'同仁不凡的实践。而各报特派员容易得名，'中央社'却因普遍供给之故而平凡化。关于这点，我是对'中央社'同人同情的。"③

除拓展全国范围的业务外，萧同兹还努力拓展国际业务。在担任社长的十八年里，萧同兹一直在不遗余力地试图将"中央通讯社"推向世界舞台。由于他目睹了当时中国新闻通讯事业为外国通讯社垄断的情景，且对此有深刻的认识和体会："全国报纸不独国际消息，须依赖外国通讯社传达，即国内消息亦多由外国通讯社供给，

---

① 冯志翔：《萧同兹传》，第209页。
② 程其恒、马星野：《战时中国报业》，国民党党史会，1976年，第16页。
③ 张季鸾：《赠战地记者》（1938年5月），《季鸾文存》（下），"附录"第18页。

致发生许多不合理之现象。"①因此,在肩负起领导"中央通讯社"之职责后,他很快就形成了建立现代化通讯事业不仅必须开拓国内业务、服务国内大众,而且必须与外国通讯社同台竞争的认识与思想。在他看来,"中国也是一个大国,'中央社'也可以办得像美联社、合众社……一样"②,因此,对于"中央通讯社"向国际化通讯社发展的方向他充满自信。他曾对任玲逊说:"我们必须从现在开始,我们必须为将来做准备,我们必须在中国国内迈进第一步。"③这里所说的"第一步"便是指设立"中央通讯社"英文部。

　　据在"中央通讯社"英文编辑部工作近十五年的徐兆镛回忆,萧同兹当时认为,创办英文通讯事业"总要中国人自己办,不能借重外人,因为他们不懂中国国情,所以必须聘用中国人,了解我国国情文化,中英文兼长,而且有新闻学识,才能胜任愉快"④。正是基于这样的原则和想法,1933年夏天,萧同兹亲自乘车从南京赶赴北京,到北平英文《时事日报》聘请从燕京大学毕业的高才生任玲逊,诚挚邀请他负责组建"中央通讯社"英文部。1933年9月,"中央通讯社"英文部正式开始对天津的英文报纸供稿,之后英文部的业务很快扩展开来。英文新闻电讯广播(CSP)播发了大量优质英文稿件,其内容"包罗万象,有政府公告、政治新闻、体育新闻、人情味的新闻、外交声明以及外国通讯社没有特派员的许多城市的最新消息"⑤。"中央通讯社"英文稿发布的第二周,《华北星报》等报纸便开始在头版率先采用。此后,由于英文稿件质量的优良与种类的丰富,北平、

①萧同兹:《要完成现代化通讯社我们需要更大的努力》,常宁县政协文史资料研究委员会编:《萧同兹和"中央通讯社"》,第236页。

②张任飞:《中国的新闻事业家》,《在兹集》,第150页。

③张佛千:《萧三爷与"中央社"(上)》,《传记文学》第24卷第2期。

④徐兆镛:《萧先生创办了英文通讯事业》,《在兹集》,第105—106页。

⑤张佛千:《萧三爷与"中央社"(上)》,《传记文学》第24卷第2期。

上海、天津等各大都市的英文报纸纷纷开始采用①。除了邀请任玲逊外，为了进一步拓展"中央通讯社"的国际业务，萧同兹还搜罗了汤德臣、沈剑虹等一批优秀的英文新闻人才进入"中央通讯社"英文部。

在创建英文部的同时，"中央通讯社"开始在世界各地开设分社，谋求向具有国际影响力的国际性通讯社迈进。1932年，在日内瓦设特约通讯员，并于次年派遣戈公振以"中央通讯社"特派记者身份出席日内瓦国际新闻会议。1936年派"中央通讯社"记者冯有真前往德国柏林采访第十一届奥运会。全面抗战爆发后，他也丝毫没有停止扩展"中央通讯社"的国际版图，先后在新德里、加尔各答、伦敦、纽约各地成立"中央通讯社"分社或办事处②。

在英文部建立、发展和向国际性通讯社迈进的同时，萧同兹开始谋划接管外国通讯社在华发稿权。在他的运筹帷幄之下，从1932年到1939年，短短七年间，"中央通讯社"逐步收回了多家外国通讯社在中国的发稿权，打破了外国通讯社对外文报纸新闻源的垄断局面。如1932年，通过赵敏恒与路透社订立交换新闻合约；1934年，收回了路透社在上海以外各地的中文发稿权；1937年，与美联社订立了新闻合约，在南京编发合众社中文稿；1939年，接收了德国海通社的在华业务……

在向国际性通讯社发展过程中，"中央通讯社"不仅仅谋求单

---

① 起初"中央通讯社"为了拓展英文部业务，自1933年9月起免费对天津的英文报纸供稿，在免费供稿两个月后再开始收取订阅费，但当时一些英文报纸因不看好"中央通讯社"英文稿件的质量所以不愿意支付订阅费，如北平、天津时报发行人兼主笔潘乃尔就以"中央通讯社"稿件为政府宣传为借口拒绝支付费用。可不到一个月时间，潘乃尔就主动要求"中央通讯社"英文部恢复供稿，此后北平、天津时报采用"中央通讯社"英文稿件的数量越来越多（参见任玲逊：《千里行程起自一步》，《念兹集》，第117页）。

② 萧同兹：《要完成现代化通讯社我们需要更大的努力》，《在兹集》，第262页。

纯的触角延伸,其在国际通讯领域的影响力也获得了相当大程度的
提升,国际上一些大型通讯社不得不开始采用"中央通讯社"的新闻
稿。如1944年中国军队进入缅甸作战时,萧同兹就派彭河清作为
战地特派员驻保山马王屯远征军长官部随军采访战讯。其后,伴随
着战争的胜利,又加派战地特派员黄印文驻第十一集团军总部,在
怒江西岸开展战地新闻采访报道。1944年11月龙陵战役告捷时,
在彭、黄两位战地特派员的通力合作下,"中央通讯社"第一时间便
发布通电,使国内民众"人心大为振奋"①。尽管"滇西战场上中美并
肩作战,美国记者颇不乏人,但无新闻电讯"②,路透社也未派记者
在前方,其有关滇西战场的电讯几乎都是根据"中央通讯社"消息修
改后发回其本国的。纽约的美联社总社等收到伦敦路透社广播播
发的收复龙陵之电讯后,急电其重庆分社查询,等到证实这一告捷
信息时,"距中央社报道已落后大半天"③。

　　抗战胜利后,在萧同兹的领导下,"中央通讯社"的事业拓展加
速进行。日本宣布无条件投降后,萧同兹一方面派人迅速接管了日
本同盟社、汪伪政府"中央电讯社"及其各地分社,另一方面不断在
国内外增设"中央通讯社"分社和办事处。为方便"中央通讯社"向
世界传递有关中国的新闻信息,他斥巨资在南京和平门燕子矶附近
的吉祥村买下一百二十亩空地兴建国际发报台,使"中央通讯社"得
以从1948年起开始对欧美等地区播发英文新闻,对华侨报纸播发
中文新闻,对日本发送当时最新发明的条式文字传真(Tape Fax)。
与此同时,他还在南京中山东路上着手筹建"中央通讯社"办公大
楼。该大楼设计高度七层,"除了自敷各部门办公之用"外,还准备
"以颇多的房间,作为国际驻华新闻机构集中办公,使'中央社'这座

①黄杰:《照人颜色我难忘》,《在兹集》,第183页。
②黄杰:《照人颜色我难忘》,《在兹集》,第183页。
③黄杰:《照人颜色我难忘》,《在兹集》,第183页。

新厦，成为世界性的新闻大楼"①。当然，萧同兹的这一事业拓展计划，由于国民党在大陆的溃败，中途搁浅。

1949年，萧同兹带领"中央通讯社"随着国民党集团的败退退居到台湾，其作为"中央通讯社"社长在新闻通讯事业领域的辉煌时期宣告结束。虽然到台湾后他在社长位子上还工作了一年左右，从社长位子上退出后又担任了十四年的"中央通讯社"管理委员会主任，但其新闻事业家生涯及"中央通讯社"事业发展的辉煌时期随着国民党这艘腐朽大船的没落，已走向了衰落。1950年，他将"中央通讯社"社长职务交给了曾虚白，开始担任"中央通讯社"管理委员会主任；1960年担任成舍我创办的世界新闻职业学校董事长；1962年兼任台北私立复兴戏剧学校董事长；1964年12月，正式从"中央通讯社"管理委员会主任位置退休，彻底结束了他在"中央通讯社"长达三十二年的职业生涯。

纵观萧同兹1932年以社长身份进入"中央通讯社"到1950年从社长位子上退出的十八年新闻事业家生涯，可以看出，虽然他出身于工科，在进入新闻事业领域前所从事的工作大多与新闻业无关，只是在担任国民党中宣部秘书时期经常与新闻界联系，但从他以"中央通讯社"社长身份进入新闻事业领域之初开始，他就将全副精力与心血投注到了新闻通讯事业领域。虽然他执掌的新闻通讯事业是国民党党营新闻事业体系的核心之一，但他似乎从未将其视为完全意义上的国民党及其政府的"喉舌"，从未将其完全视为国民党及其政府的政治宣传工具，而是怀着强烈的事业心和职业认同感，将其作为自己毕生追求的一份重要事业来做。也正因为如此，才使得原本是"新闻门外汉"的他，不仅创造了国民党新闻通讯事业的一度辉煌，而且创造了民国时期中国新闻通讯事业的一度辉煌。

---

① 周培敬：《"中央社"的故事（上）》，第336页。

四、拓荒、成功与遗憾："中央社先生"的飞扬与落寞

　　曾任"中央通讯社"香港分社社长的曾恩波在《念兹集》中写道："假如外国人给萧同兹起一个外号的话，他们会称他为'中央社先生'，正如前美国参议员塔虎脱被称为'共和党先生'一样，萧三爷就是'中央社先生'。""中央通讯社"作为萧同兹1932年以后毕生追求的事业，自接管开始，他便将自己的全部心血和精力都投入其中。从这期间他所采取的每一个事业拓展举措都可以看出，他是将其作为自己毕生追求的事业来做的，他的一切努力都是为了使"中央通讯社"迈向现代通讯社轨道。但也正因为如此，"中央通讯社"的发展历史，可以说，既承载了萧同兹职业生涯的成功与飞扬，也负载了他人生的遗憾与落寞，因为，在他的领导下的确创造了"中央通讯社"乃至民国时期中国新闻通讯事业的一度辉煌，但从最终结果来看又的确存在着毕生追求的梦想最终被搁浅的不得已与落寞。

　　"中央通讯社"的发展所承载的萧同兹的成功与飞扬究竟表现在哪些方面呢？总体上来说，当然表现在萧同兹为"中央通讯社"乃至民国时期中国新闻通讯事业所做的诸多贡献方面。具体来说，其最突出的贡献就是，带领"中央通讯社"建立起全国性通讯社之规模，推动"中央通讯社"向现代化通讯事业体系迈进，促进了国内各地方报纸的发展。曾经在"中央通讯社"供职的高仲芹说："我相信新闻界同业不会忘记萧先生在'中央社'对新闻通讯机械化方面所做的贡献。"① 由于萧同兹在"中央通讯社"通信设备方面的贡献，国内各地区间的新闻信息沟通得到了极大的便利，许多地方性报纸常

_____

① 高仲芹：《萧先生是新闻通讯总工程师》，《在兹集》，第139页。

能与当时京津沪等地大型报纸在同一时间刊载同一新闻讯息。

1954年4月1日，胡适在台北举行的国民党"中央通讯社"总社三十周年社庆茶会上对萧同兹的这一贡献做出了极高评价："民国廿二年自北平回到故乡安徽绩溪，发现本县的报纸，居然刊出了最新鲜的国内外新闻，至是第一次感到有了'中央社'，才使国内各地报纸改换了新面目。"①针对这一点，刘豁轩也曾发出过由衷感叹："'中央通讯社'的成立，对于全国二流以下的报，有很大帮助，差不多购一份'中央通讯社'的稿子或买两架无线电收报机，便可以办一个像样的报纸。"②可见，萧同兹在促进当时地方性报纸发展方面的贡献。

萧同兹最为人称道的是在全面抗战时期为全国报纸提供的不间断服务及由此产生的良好口碑与影响力。全面抗战时期，"中央通讯社"与各地分社虽因敌人的侵略而不断迁移，但由于萧同兹随机应变的谋划和正确的指导，其新闻通讯业务不仅没有间断和停顿，而且成为当时众多报纸的"唯一战地新闻来源"③。这一点，不仅当时主管战讯发布的军事机构对其"深为钦佩"④，连1943年来中国访问的美国共和党领袖威尔基也大为称赞。他在《天下一家》中曾有这样的记述："'中央通讯社'以职业的方式，收集并分发新闻稿件，颇堪和我们自己的通讯社及英国的路透社相媲美。"全面抗战时期，"中央通讯社"的事业不但没有萎缩，反而如浴火凤凰般发展壮大，持续不断地为报界服务，而这正源于萧同兹的努力和贡献。

萧同兹领导"中央通讯社"过程中的另一个重要贡献是收回外国通讯社在华的发稿权，将中国新闻事业从次殖民地位带了出

---

① 沈宗琳：《三十年来的"中央通讯社"》，台北《"中央"日报》，1957年3月12日。
② 冯志翔：《萧同兹传》，第224—225页。
③ 周培敬：《"中央社"的故事（上）》，第92页。
④ 周培敬：《"中央社"的故事（上）》，第92页。

来,完成了中国新闻通讯事业的自立与自强,也使"中央通讯社"成为几乎与当时世界上几大著名通讯社一样的通讯社。萧同兹接掌"中央通讯社"不久即创设英文部,1932年至1939年间又领导"中央通讯社"逐步收回了不少外国通讯社发稿权。全面抗战时期,他先后在新加坡、纽约、伦敦等地增设"中央通讯社"分社,并在仰光、里斯本、华盛顿、莫斯科、巴黎、柏林等地派驻特派员或通讯员,使"中央通讯社"的业务向世界各地广泛拓展,也使"中央通讯社"在抗战胜利后得以成为"世界五大通讯社之一,与其他四大通讯社——美联社、合众社、国际社、路透社一样,享有优先发送新闻消息的权利"[1]。

据统计,在随国民党退往台湾之前,"中央通讯社"在国内共设有52个分支机构,在国外设有25个分支机构,员工总数共计达到2653人。其盛极一时的辉煌与成就,袁昶超《中国报业小史》中有充分的描述:"在中国报业史上,恐怕没有一个新闻机构,其组织、规模与贡献,能够胜过'中央通讯社'的。如果继续有安定的环境,'中央通讯社'将不难发展成为一个国际通讯社,与英美各通讯社并驾齐驱。"[2]

萧同兹在通讯事业领域的成就和贡献,从1973年萧同兹逝世时蒋介石亲自颁发的褒扬令亦可感知:"总统府国策顾问萧同兹,性行果毅,器识宏深。早岁参加辛亥革命工作,历试多能。主持'中央通讯社'三十载,规划日新,于民智之启发,国策之宣扬,竭智殚精,功随年积。抗战期间,揭发敌伪暴行,加强国际宣传,领导有方,勋劳尤著。膺聘为国策顾问以来,二十年中不忘献替,遽闻溘逝,悼惜良深。应予明令褒扬,以示政府笃念忠荩之至意。"[3]除了蒋介石与

---

①冯志翔:《萧同兹传》,第6页。
②袁昶超:《中国报业小史》,新闻天地社,1957年,第91页。
③冯志翔:《萧同兹传》,第264页。

国民党当局对萧同兹贡献的肯定外，与萧同兹一起工作过的"中央通讯社"同事对其在新闻通讯事业领域的贡献也有极高评价。如张任飞曾评价说："中国近代新闻界中有两位杰出人物：一是《大公报》总主笔张季鸾先生，是新闻言论家；一是'中央通讯社'社长萧同兹先生，是新闻事业家。"① 徐永平曾说："萧先生就是这样一典型的掌舵者，他的成功，就是'中央社'的辉煌贡献。"② 徐兆镛曾说："萧先生是新闻界的先驱，通讯事业的伟人。"③

　　笔者在此想要进一步探究的是，工科出身、在进入新闻事业领域前并无直接的新闻从业经验的萧同兹，在"突然"进入新闻事业领域后，何以能够获得如此不凡的贡献和成就，且获得蒋介石的亲自褒扬和新闻界同仁的普遍赞许呢？他接管"中央通讯社"、领导"中央通讯社"发展的时期，南京国民政府虽已成立数年，但国内局势变化多端，日本帝国主义的蚕食日甚一日，各种问题相互关联，彼此影响，千头万绪。在这样的背景下，他究竟凭借什么因素创造了如此斐然的事业成就呢？在时代风云际会的大背景与环境下，一个人的事业成功也罢，失败也罢，往往看似偶然，实属必然，若细究往往会看到，其中多含有各种主客观因素的综合影响。萧同兹的成功、成就与贡献，也是如此。

　　原本为新闻"门外汉"的萧同兹之所以能获得令时人和后人赞誉的新闻事业成就，最为直接也是最为显性的因素是，获得了国民党政府及高层各部门的支持。作为国民党党营新闻事业机构，"中央通讯社"承担着国民党新闻宣传和舆论工具功能，因此在其发展过程中必然能得到来自国民党政府及其各部门的支持。这种支持最突出的表现在资金支持方面。

---

① 张任飞：《中国的新闻事业家》，《在兹集》，第149页。
② 徐永平：《永远抹不去的影子》，《在兹集》，第113页。
③ 徐兆镛：《萧先生创办了英文通讯事业》，《在兹集》，第105—106页。

　　虽然萧同兹在"中央通讯社"事业拓展过程中确实制定了许多切实有效的项目计划,但这些项目计划单凭"中央通讯社"自身肯定难以落到实处,使这些计划得以落实的资金多出自国民党政府方面,"有时是中央党部,有时是教育部,有时是财政部,有时又是委员长行营"①。在各种资金支持中,最为有力的支援来源于蒋介石。如1936年,在筹设重庆准备电台过程中,萧同兹一度面临极大的资金困难,就在他急需资金却一时无法筹集到的时候,正是蒋介石的支持使他走出了资金困局。蒋介石当时特许他可以在历年无线电器材折售费中抽出五万元应急,且催促他尽快办理②。再如,全面抗战时期,"中央通讯社"在铁板街的办公场所遭日军轰炸,萧同兹急需一大笔资金租用新的办公场所,以尽快恢复通讯社的工作,但由于战时财政紧张,一时无法获得资金支持。无奈之下,他向蒋介石请求拨款购置房屋,蒋介石立刻应允,"并嘱军委会如数拨付"③,这才解决了他的燃眉之急。可以说,在萧同兹执掌"中央通讯社"过程中,蒋介石对其提出的资金支持请求,几乎都有求必应。也正因为如此,在"中央通讯社"事业发展过程中萧同兹几乎没有遭遇到任何因资金问题而使非常好的事业规划难以落实或半途而废的情况。

　　给予充分的资金支持的同时,国民政府及其高层在"中央通讯社"发展中也给予了很多政策方面的支持。这方面最有代表性的例子当属萧同兹就任"中央通讯社"社长之初向蒋介石提出三个请求——"独立经营""发稿有自由裁决之权,不受干预""用人行政,社长有自由决定之权,不受干预"等,这些请求的确是十分大胆的,甚至可以说是不合时宜的,因为,"中央通讯社"毕竟是国民党党营新闻事业机构,是国民党及其政府的宣传工具和"喉舌",而且,就当

①冯志翔:《萧同兹传》,第19页。
②冯志翔:《萧同兹传》,第19页。
③周培敬:《"中央社"的故事(上)》,第125页。

时国民党总体的新闻政策环境来看，1929年国民政府刚刚颁布了
《宣传品审查条例》和《出版条例原则》，萧同兹就任社长的1932年，
出版后审查制度又被改成了出版前检查制度，因此可以说当时国民
党当局对新闻界的管控实际上正在日益加强。然而，蒋介石却毫不
犹豫地答应了萧同兹的请求，这无疑是对"中央通讯社"最大的政策
支持。国民党高层中，陈果夫也给予"中央通讯社"很多支持，萧同
兹的独立经营想法之所以能获支持并最终落实，一定程度上也与陈
果夫的倡导有关。曾任国民党中宣部秘书的方治曾说："促成'中
央社'之独立经营，陈果夫先生至功不可没，果老于国府定鼎南京以
后，极力鼓吹宣传工作之重要，有三件事必须赶上外国人：一是通讯
社，一是广播，再就是电影。萧之出任'中央社'并促使独立经营，果
老在'中央社'的会议席上是主张最力之一人。"①

　　国民党政府及其高层的资金与政策支持之外，当时报界对新闻
通讯事业发展的迫切需要和新闻界人士的配合与支持也是萧同兹
在"中央通讯社"事业发展中获得成功的重要原因。就当时报业的
整体发展情况而言，20世纪30年代初，全国报业因受到新闻通讯业
发展落后的束缚，发展水平十分有限。当时报刊由于"电讯传达全
靠交通部电信局的有线电报，长途电话限于几个大都市可通"，新闻
来源极其有限，新闻内容苍白、老旧，无太大吸引力可言。以湖南长
沙为例，虽然长沙《大公报》1915年已创刊，但直到20世纪20年代
末期，其"新闻来源除了地方探访之外，全依赖京、沪、武汉由陆上邮
寄来的报纸，利用剪刀、浆糊拼凑而成"，京沪、南京等地区发生的
重要新闻，"至少要在十天半月之后，才能在长沙见报"。其他一些
更为偏远的地方如云贵川等地，即使有报纸发行，"也不知何时才能
得知外间的新闻"②。在这种情况下，报业迫切期望能有一家规模庞

①冯志翔：《萧同兹传》，第126页。
②常宁县政协文史资料研究委员会编：《萧同兹和"中央通讯社"》，第245—246页。

大、新闻采集能力强、业务水平高的通讯社能为其提供较为丰富的新闻源,以改变其新闻采集困难、新闻内容落后之状况。正因为如此,"中央通讯社"甫一创办,国内许多报纸就如久旱逢甘霖,积极购买并使用其新闻电讯。这是"中央通讯社"事业发展的报业市场基础。

　　就新闻界人士的配合与支持来说,当时新闻界许多人士都在极力配合萧同兹与"中央通讯社"的工作。前已述及,萧同兹就任社长之初曾亲赴京津沪等新闻事业较发达的地区,征询新闻界知名人士对于"中央通讯社"发展的意见与建议,了解他们的具体需求。凭借虚心求教的态度,他很快赢得很多新闻界知名人物的认可与支持。在此后"中央通讯社"的发展中,这种来自新闻界的支持经常在发挥作用。如在创办"中央通讯社"英文部时,因社内现有人员中无合适人才,他遂向北平英文《时报》借用其大将任玲逊。虽然英文人才对当时任何一家报纸来说都是十分稀缺的资源,北平英文《时报》负责人张明炜却不仅同意萧同兹的借将请求,让任玲逊前往天津帮助萧同兹创办"中央通讯社"英文部,而且给其创办英文通讯事业提供了切实、有效的建议。因此,可以说,萧同兹之所以能领导"中央通讯社"取得卓然不凡的成就,同时创造了自己新闻事业家生涯的一度辉煌,与国内报刊业的迫切需求和新闻界同仁的支持两方面均难以分开。

　　除了以上这些外在原因外,笔者认为,萧同兹之所以能够领导"中央通讯社"取得不凡成就、创造自己的事业辉煌,还有其自身方面的原因。其中最主要的是,他能够将自己作为国民党人的思想理念、角色身份与作为新闻事业家的思想理念、角色身份较为完美地结合起来。回顾萧同兹执掌"中央通讯社"的过程,可以发现,他一方面强调"以新闻为本位",主张"以专业化的精神,来办理一个现代化的通讯社"①,另一方面又时时刻刻以国民党利益与立场为处理一切事业发展问题的原则,时刻站在国民党党人立场,从来没有像马星野那样时不时触犯国民党利益集团的利益。一般而言,新闻业的专业化发展与国民党立场之间不可避免地会存在或大或小的矛盾,存在这样那样的冲突,但这种情况在萧同兹执掌下的"中央通讯社"却从未出现过。追求"中央通讯社"专业化、现代化、国际化发展的萧同兹似乎天然地消弭了这种原本可能存在的矛盾与冲突。对国民党及其"领袖"的忠诚似乎深入到了他的骨子里,他知道自己作为国民党人应该做什么,不应该做什么。在他的领导下,"中央通讯社"始终恪守着国民党新闻事业的党性原则。也正因为如此,无论抗战时期还是国共内战时期,他都始终如一地站在国民党立场,主动维护国民党的利益,宣扬国民党的政策、主张。

抗战时期,由于处在国共合作、全民族共同抗战的目标下,"中央通讯社""宣扬国策,统一国论,提振人心,一致迈进,达到驱逐敌寇、复兴民族之目的"和促进政府"完成三民主义国家之建设"②这一主要任务使得萧同兹所追求的专业化、国际化发展方向及其努力与国民党利益、立场之间较少存在明显冲突。国共内战时期,由于两极政治斗争越来越激烈和白热化,作为国民党新闻宣传机构,"中央通讯社"的政治立场必须十分鲜明,必须经常以鲜明的国民党立场,站在国民党角度,为其反人民的行为进行辩护,在这种情况下,追求专业化、国际化发展与国民党利益、立场之间便会经常出现矛盾,如这一时期"中央通讯社"的许多新闻往往依据国民党宣传部新闻处给中统、军统提供的宣传资料改编而来,"除造谣污蔑外,没有什么重要东西"③,但即使在这种情况下,萧同兹内心依然没有表现

① 冯志翔:《萧同兹传》,第9、160页。
② 蒋介石:《今日新闻界之责任》,《新闻学季刊》第1卷第3期。
③ 耿守玄、庞镜塘等:《国民党内幕》,中国文史出版社,2009年,第13页。

出任何纠结、无奈与矛盾，没有像当时的马星野那样出现内心冲突，没有觉得刊登这样的新闻有什么不妥。

新闻通讯事业专业化、国际化发展与国民党利益、立场之间的完美结合以及在出现矛盾时始终将国民党利益、立场放在首位且内心完全没有无奈、没有矛盾之情况，一方面使得萧同兹在推动"中央通讯社"各项事业发展过程中能始终思想专一、精力集中，没有任何思想包袱和精神牵制地尽情投入到各项事业的筹划和发展中去，从而获得各项事业的成功，另一方面这种情况也是他之所以能获得国民党及其政府各部门信任与支持的重要原因，而这种支持，是他获得事业辉煌和职业成就的重要保障。

此外，对于一个新闻通讯社社长来说，最重要的也许不是看其是否熟悉新闻业务，不是看其是否为新闻科班出身，而是看其是否有充分的经营管理能力，是否具有开拓事业的高远眼光、宏阔视野与发展事业的雄心，是否能有效开发和调用各种内外部资源，是否能够知人善用，把每个人凝聚起来，把每个人的积极性和潜能激发出来。就这些方面来说，萧同兹完全具备社长应具备的各种资格、禀赋和能力，而这正是其能带领"中央通讯社"创造民国时期新闻通讯事业辉煌和其个人职业辉煌的自身原因。

与萧同兹一起在"中央通讯社"共过事的众多同事在回忆时都对当时员工和睦相处、彼此融洽的氛围津津乐道，认为这是"中央通讯社"事业之所以能一直保持生机、活力并持续兴旺的重要原因，而几乎所有人都将这种融洽、和睦氛围的形成归功于萧同兹豁达宽容的性格和圆润贯通的处事之道。如张民熙曾回忆："中央通讯社"在重庆铁板街办公时期，年轻气盛的他在办公场所公开对社内一个做错事的工友破口大骂，"拍桌跳脚，闹得声震屋瓦"，而身为社长的萧同兹虽听到他的高声叫骂，当时却未立刻出来训斥他、让他下不来台，而是在几天后碰到他的时候和颜悦色地对他说了一句"你那天闹得声震屋瓦是不对的,我相信你会改过"①。

这种豁达宽容的性格和充满智慧、圆润贯通的处事方式并非个案,在有关萧同兹的许多回忆中都可看到。李宜培回忆说:"萧同兹相信属下,尊重属下,还喜欢听属下的意见。工作上谁有差错,他从不当面训斥甚至还暗地里替你顶,事后有必要,顶多对你笑笑,这一笑,小老弟自己也就明白了。"②卢祺新在《萧同兹精神与我同在》中曾说:"我和萧同兹共事期间,发现他是一位富于同情心和肯帮忙的上司。他知道他每一位工作人员的缺点,从不批评或处罚他们。他对穷困的人慷慨,对陷于困难的人给予帮助,一向信任他的同僚。"③正是凭借这种豁达宽广的胸襟、圆润贯通的处事方式,使得他能与性格各异、秉性不同的各类员工和睦相处,最大限度调动每个人的积极性、创造性,也使每一个员工都能从内心深处对其真正心悦诚服,愿意为其效全力。类似的记述还有很多。如他从"不把自己看作是长官,不喜欢人家称他为社长",也"很少以训话语气对待同仁","绝对尊重青年的自尊心而不予伤害"④。他总是说:"'中央社'是全体工作同仁共同的事业,我不过是替大家解决我所能解决的问题而已。至于工作如何做,他们都知道自己的职务与责任,用不着我担心,他们一定做得很好的。"⑤

需要补充说明的是,萧同兹主持"中央通讯社"时期能经常获得蒋介石和国民党当局重要部门的各方面支持,与其所具有的性格魅力、处事技巧及与此相关的易于获得他人信任的个性特点也有一定程度关联。若缺乏足够的沟通协调能力和性格优势,自身胸襟、视

---

①张民熙:《"鼓励""宽容"和"信任"》,《念兹集》,第77页。

②李宜培:《见了萧先生还是"怕"》,《念兹集》,第22页。

③卢祺新:《萧同兹精神与我同在》,《在兹集》,第237页。

④冯志翔:《萧同兹传》,第26页。

⑤陈惠夫:《以德服人的萧三爷》,《在兹集》,第167页。

野、处事方式等存在缺憾，必然难以获得他人信任，也就很难获得他人的帮助和支援。

当然，能经常获得蒋介石和国民党当局的各种支持，也与他善于使用"兜售计划"之方式有关，即，他并不是张口就去向对方要钱，而是先做好"项目论证"，向对方充分展示自己的项目蓝图，告诉对方，自己想做什么项目和具体想怎么做，以及项目实施后将会有什么样的收益和好处，最后才是资金预算。这样的寻求支持的方式十分有效，往往使他能做到在谈笑间"轻易"获得对方支持。这也是萧同兹能够领导"中央通讯社"创造事业辉煌和其自身职业辉煌的又一个重要的自身因素。

就用人之道来说，重视人才，知人善用，激发每个员工的积极性、创造性，信任每一位员工，看每个人之所长，用每个人之所长，是萧同兹领导"中央通讯社"取得不凡成就和事业辉煌的诸多自身原因中的一个重要方面。执掌"中央通讯社"过程中，他充分认识到，"人才是支撑事业的骨干，离开人才，不能办事业，离开人才，尤其不能办新闻事业"，而"每个人都有长处也有短处，如能尽量使其发挥长处而宽容短处，必能对事业有贡献"①。因此，在领导"中央通讯社"过程中，他总是以虚怀若谷的心情，诚挚无私的态度，去面对他所要争取的对象。如创办英文部时以每月五百银圆的高薪聘请任玲逊，而他自己当时每月薪水才四百银圆。

不仅重视人才，舍得高薪吸引人才，而且知人善用，对人才充分信任。主持"中央通讯社"过程中，萧同兹一方面坚持"量才器使，分层负责"②，充分发挥每个人的长处和优势，另一方面始终信守"用人不疑，疑人不用"之原则，让每个人都感受到自己被信任、被尊重。冯志翔在"中央通讯社"南昌分社工作时，曾有人向萧同兹表达对冯

①冯志翔：《萧同兹传》，第254、25页。
②冯志翔：《萧同兹传》，第27页。

志翔的不满，并列出了冯志翔的"十大罪状"，但萧同兹并未轻信这些控告，不仅如此，他还吩咐其他人不要告诉冯志翔，免得影响他的心情和工作状态[①]。从丁履进的回忆中也可看到这一点，他说："对于萧先生有一个信念，凡是对社和党有益的事，他一定会支持和同意的，所以有许多事情，我都是先办了再说。"[②]如开办兰州分社时他就是先办好了才向总社报备的。

萧同兹的用人标准是，"中央社用得着才用，用不着决不用"[③]，绝不看关系，徇私情。萧同兹就任社长后，他的不少湖南老乡不远千里找上门来，希望能在"中央通讯社"谋个差事。面对这种情况，"他如认为不合适即婉言推却，会坦白告诉来人，'中央社'的工作对你并不适合，我可以为你另外介绍工作。"[④]从"中央通讯社"旧金山特派员李缄三进入"中央通讯社"的过程即可看出萧同兹公私分明的用人原则。《萧同兹传》中曾对此有过具体记述：有一次萧同兹在昆明，正在昆明西南联大政治系读书的李缄三求见，希望凭借老乡关系能在"中央通讯社"谋一个临时职位，半工半读，但被萧同兹拒绝了。萧同兹告诉李缄三："完成学业为第一，等毕业以后，如有意进'中央社'，到那时再说。"[⑤]后来李缄三毕业，具备了进入"中央通讯社"工作的资格和能力，能为"中央通讯社"所用，这时萧同兹毫不犹豫地将他招进。

正由于萧同兹重视人才，在选人用人方面公私分明，又知人善用，对人才充分尊重和信任，使各类人才在"中央通讯社"都能拥有充分的施展舞台，使每个人的积极性都能得到最大程度的发挥，才

---

①冯志翔：《像明月的澄澈，像白云的高洁》，《念兹集》，第96页。

②丁履进：《萧三爷与"中央社"同在》，《念兹集》，第6页。

③冯志翔：《萧同兹传》，第24页。

④冯志翔：《萧同兹传》，第24页。

⑤冯志翔：《萧同兹传》，第25页。

使"中央通讯社"在他担任社长时期一直保持着持续不断的活力和发展势头,并在抗战结束后一度成为"世界五大通讯社之一"。

除了胸襟、性格、用人等方面之外,萧同兹将"中央通讯社"视为自己最看重的事业,不慕名位,不图私利,为"中央通讯社"发展兢兢业业、终身奉献的精神品质,也是使其能带领"中央通讯社"创造辉煌和成就的重要个人因素。萧同兹认为,"有职业不一定有事业,有事业就一定有职业",因此他最看重的是"做大事",而不是"做大官"。在"中央通讯社"工作的前后三十二年中,他曾有"多次迁调的机会,都因他不愿意离开'中央社'而作罢"①。他爱护"中央通讯社","无日无时不以社务发展为念"②。曾虚白曾回忆过萧同兹1950年在台湾将社长职务交卸时交给他六百余两黄金和二十余万美元外汇储备的事。他说,当时萧同兹拉他到一间极为破旧的小屋,交给他六百余两黄金,说这是他基于在大陆时危机四伏的局势为"中央通讯社"保留的应变准备金,同时还交给他一笔二十余万元美金的外汇储备。正是这笔资金缓解了"中央通讯社"迁往台湾初期经济上的拮据,也为"中央通讯社"在台北开展业务提供了良好的物质保障。而这笔钱是抗战胜利后萧同兹为"中央通讯社"在南京筹建总社大厦时的一笔退货款,"这一笔退还之款,已早与兴建大厦之各项器材费用一并出账,首都既沦陷,已付各款是否交货,无可稽查,无人过问"③。从这件事可以更充分感受到萧同兹对"中央通讯社"事业的忠诚和不图私利、无私奉献的精神。这种事业心和不谋私利、无私奉献的精神显然也是其创造事业成就与人生辉煌的重要原因。

正是基于上述多方面原因,使得工科出身的新闻"门外汉"萧同

① 秦绶章:《一位至情至性的读书人》,《在兹集》,第116页。
② 丁则怡:《忆二三事》,《念兹集》,第1—3页。
③ 张佛千:《萧三爷与"中央社"(上)》,《传记文学》第24卷第2期。

兹在担任"中央通讯社"社长的十八年里带领"中央通讯社"同仁创造了令当时和后世公认的辉煌成就，也书写了其个人人生与事业的华丽辞章。表面上看，他的成就与成功主要源于国民党当局有求必应的支持，然而，若从深层原因和内在因素来看，实缘于其对"中央通讯社"作为国民党党营新闻事业所应具有的立场与利益诉求和作为自己心中的理想事业——专业化的世界性通讯社所应具有的理念、特点这两种不同的努力方向之间关系的正确处理和有效平衡，也缘于其开拓事业的胸襟和高远眼光，缘于其开发和调用各种内外部资源的意识和能力，缘于其作为"精神磁场"对所有员工的有效聚合和凝聚，缘于其知人善用、有效调动所有员工积极性、创造性的用人之道。这些因素彼此交融，相互促进，共同造就了萧同兹在民国时期中国新闻通讯事业领域的不凡成就，造就了他作为"中央社先生"的人生得意与飞扬。

如此看来，作为民国时期新闻从业者群体中的一员，萧同兹似乎是人生与事业完全成功、没有任何无奈与遗憾的极为少见的幸运儿。那么，萧同兹的人生与事业中真的只有鲜花和掌声，只有成就与辉煌，只有得意与飞扬，不存在任何内心矛盾与遗憾吗？若回归萧同兹人生与事业发展的具体历史过程仔细探察，即可发现，在其辉煌与得意背后，内心还是存在因理想与现实之间的落差而产生的些许无奈和梦想最终搁浅而产生的遗憾。

萧同兹曾不止一次申述过他建立专业化、国际化通讯社的理想。1944年，在"中央通讯社"成立二十周年纪念大会上，他曾说过："我们不但要使本社成为世界第一流通讯社，而且要为世界报导机构开辟一个新的园地。我们不但要为全国民众服务，而且要为全世界民众服务。"[1]在他的运筹帷幄和带领下，他的建立专业化、国际化通讯社的目标和理想似乎触手可及，然而，随着1949年国民党在

---

[1] 萧同兹：《要完成现代化通讯社我们需要更大的努力》，《在兹集》，第264页。

大陆的溃败,他不得不跟随着国民党这艘腐朽、衰败的大船将"中央通讯社"迁至台湾,曾经的个人雄心与事业蓝图从迁至台湾这片与大陆相较地理空间与政治空间都逼仄得多的天地开始便无可奈何地化为了泡影。梦想被现实搁浅,蓝图成为泡影,对于将新闻通讯事业视为"最得意的嗜好"和"最珍视的生命"①的他来说,显然是一个巨大打击。他自然明白退往台湾这片逼仄的天地对他的事业理想来说意味着什么。作为一个事业心很重的人,他的内心不可能不无奈,不可能不遗憾。

　　曾在"中央通讯社"工作过的刘真在回忆中写道:"萧同兹曾亲自对他表示,在南京上乘庵修建的'中央社'七层楼办公大厦,因抗战与战乱的军事相继发生,始终没有竣工,成为他一生中最大的憾事。"②笔者在想,萧同兹所说的"一生中最大的憾事"仅仅是指南京上乘庵修建的办公大厦未能竣工吗?显然不仅仅是。对于萧同兹而言,这栋大厦其实承载着萧同兹建设"中央通讯社"的雄心,承载着他建设专业化、国际化大通讯社的理想。大厦未能竣工,半途而废,意味着他心中的梦想从此搁浅,意味着他建设专业性、世界性通讯社的理想与事业雄心从此化为了泡影。因此,让萧同兹深感遗憾的其实不仅仅是大厦未能竣工,而是他的新闻事业梦想再也无法实现。在这个意义上说,在萧同兹的事业辉煌与人生得意背后,还是存在遗憾与落寞的。

　　萧同兹的另一重遗憾是刚退居台湾不久即不得不卸任他为之打下坚实根基的"中央通讯社"社长位置,改任"中央通讯社"管理委员会主任委员。"'中央社'自孩提以至成长苗壮,可谓胥在其怀抱培育之中。"③对萧同兹来说,"中央通讯社"就像他付出无数心血和

①冯志翔:《萧同兹传》,第233页。
②刘真:《要找比自己高明的人》,《在兹集》,第216页。
③《萧同兹生平事略》,《在兹集》,第296页。

汗水好不容易养大的孩子，就像他的生命一样重要。在退至台湾之前他还曾表达过准备继续努力延续和拓展"中央通讯社"事业的决心。当时他对任玲逊说："我们要继续奋斗下去，如果大陆站不住，我们要在海外干，必要时可以入外国国籍以便长期居留，为社工作，除此之外，别无他话。"①然而，在他跟随国民党到达台湾仅一年左右的时候，却被命令退出社长岗位，可以想见其无奈与失落。

显然，非常珍视"中央通讯社"事业、一两年前还决心"继续奋斗下去"的他，离开社长位置肯定不是心甘情愿的。更何况，担任社长的近二十年里他不仅创造出了卓然不凡的事业成就，而且在政治方面也没有出现过任何重大失误或过错②。既然如此，突然让其卸任社长职务，他心中肯定不解，也不甘。那么，当时蒋介石为什么会在"中央通讯社"迁台不久，各方面事务亟须重新规划、从头开始的重要时刻，让经验丰富、最熟悉"中央通讯社"业务的他"退居二线"呢？这难道仅仅是一次简单的职位轮替吗？笔者认为，非也！连与萧同兹共同工作多年的很多同事对此也都感到疑惑和不解。如朱仲育就曾说："我曾听萧先生麾下的不少五星上将谈起，萧先生一直有心要使'中央社'在各方面都迎头赶上世界第一流的合众社、路透社以及一切的国际通讯社。他有此雄心，也确有完成此一事功的能力。让我不解的是，何以他在五十六岁的壮年，就把这副担子辞卸了。"③周培敬也曾说："萧先生年事尚轻，身体壮健，'中央社'在新闻处理上并无差错，我们实在不明白，他之调动工作岗位理由何在？能说这是因为'政治'吗？'阴谋'吗？"④

那么，萧同兹究竟是因为什么被从社长位置上"拿下"的呢？联

---

① 汤德臣：《广州之行》，《在兹集》，第175页。
② 周培敬：《"中央社"的故事（上）》，第375页。
③ 朱仲育：《新闻界的主帅》，《在兹集》，第40页。
④ 周培敬：《"中央社"的故事（上）》，第375页。

系国民党败退到台湾后的心态和情势，笔者认为，萧同兹卸任"中央通讯社"社长位置的核心原因与蒋介石退到台湾后对国民党溃败原因的认识和总结有关，他认为国民党之失败，一个重要原因在于新闻宣传的软弱与无能。在蒋介石心里，"国民党在大陆的最大失败，就是在'教育和文化'"①。在很大程度上他将国民党在大陆的全面溃败归咎于"宣传不能主动，理论亦缺少战斗性"。他认为，国共内战时期，面对共产国际和共产党发布的不利于国民党的言论、主张，国民党新闻宣传机构本应有力回击，有效应对，但实际情况却是，既"无法突破这国际政治心理攻势，亦不能伸张民族正气和国际正义，致令我们政府受了国际上与社会上种种现实的牵制"②，这种情况导致"这一阶段中，多数美国报纸不谈中国问题则已，要谈中国问题，不是说我政府怎样贪污无能，就是说美国的援华政策是怎样白费金钱难望收获"③，最终导致国民党的全面溃败。

正是基于这种认识，在退到台湾以后，为了吸取教训，在台湾延续其统治，20世纪50年代初国民党发起了改造运动。这场改造运动的前奏和重要内容之一就是大换血，将国民党系统内许多过去地位显赫的"老人"换下来，让其"退居二线"，尽量选择那些之前地位不是十分显赫的人物负责这场改造运动，如当时的国民党中央改造委员会成员大多就不是过去那些党内显赫人物，而是一些"新人"。国民党新闻宣传领域也是如此，大陆时期国民党新闻机构的许多负责人或早或迟基本被撤换。萧同兹正是在这样的背景下卸任"中央通讯社"社长职务的。尽管他内心依然怀有将"中央通讯社"发展

---

① 李松林：《蒋介石全面反思在大陆的失败》，《决策与信息》2009年11期。
② 孙士庆：《战后舆论与国民党在大陆失败的研究》，上海大学博士学位论文，2017年，第370页。
③ 董显光：《董显光自传——一个中国农夫的自述》，台湾新生报社，1974年，第150、156页。

成世界著名通讯社的雄心,尽管其社长生涯中从未犯过任何重大错误,但他只能服从国民党高层的命令,只能离开社长岗位,只能将建设世界著名通讯社的梦想搁置,退居"二线"。面对这样的遭遇,连萧同兹的朋友都感觉"这实在是中国新闻史上的一大憾事"[1],更何况萧同兹本人呢?

因此,可以说,与众多国民党新闻从业者一样,萧同兹的人生与事业同样并不完美,他的人生看似得意,事业看似辉煌,但最终免不了遭遇遗憾与落寞的命运。那么,处事圆润、人情练达、视野开阔、务实稳健、富有惊人的开拓精神与事业雄心的他何以同样免不了人生与事业的无奈与遗憾呢?何以会最终遭遇到梦想搁浅、人生落寞的结局呢?

究其原因,一方面是因为在其人生与事业的重要时期,动荡的时局和衰微的国势不可能为他提供实现世界著名大通讯社建设梦想的充分的物质基础和社会基础,因此不管他个人能力有多强,不管他付出多大努力,都无法真正实现将"中央通讯社"建设成世界顶级通讯社的梦想,另一方面是因为他一开始就选择了国民党这艘注定了会腐朽、沉没的大船。既然如此,在领导"中央通讯社"的过程中,无论他多么希望将"中央通讯社"发展成为专业化、现代化的世界性通讯社,无论他多么强调"绝对客观态度",强调"介绍事实"[2],却终归改变不了其所执掌的通讯社是国民党党营新闻事业之性质,也终归改变不了其所执掌的通讯社是国民党事业的有机组成部分这一事实。也因此,他和自己所主持的通讯社的命运也就和国民党的命运捆绑在了一起,国民党溃败到台湾,他和他的通讯社必然会随其败退到台湾,国民党衰败,他和他的事业必然一同衰败。更有甚者,曾经的功臣,在国民党懊恼其失败、反思其教训的背景下,成

① 朱仲育:《新闻界的主帅》,《在兹集》,第40页。
② 萧同兹:《要完成现代化通讯社我们需要更大的努力》,《在兹集》,第263页。

为被迁怒的对象，被迫退居二线。

在这个意义上说，从萧同兹选择成为国民党党员的那一天开始，其人生与事业的遗憾早已注定了。需要强调的是，这不仅是萧同兹一个人的遗憾，也是民国时期许许多多国民党新闻从业者必然会遭遇的共同遗憾。

综论　国民党新闻人的精神特质
与职业心理差异

如本章引言所述，本研究对国民党新闻人人生求索经历、新闻职业生涯及其间心态的考察，主要是针对南京国民政府成立后进入新闻职业领域的国民党新闻从业者展开的。就这一时期的国民党新闻从业者群体来说，马星野、萧同兹的确可称之为代表。他们虽同为国民党新闻事业体系的从业者，有其作为国民党党派新闻人共同的精神特质，但在进入新闻职业领域的因缘、在国民党新闻事业领域所承担的角色、对待其党人身份和新闻人身份的偏倚向度和职业心理感受与体验等方面却存在很大程度的不同。因此，从他们二人的人生求索经历和新闻职业生涯中的目标追求、实际表现、努力过程、最终结局及其间的情感转变过程的考察，既可管窥到南京国民政府成立后的国民党新闻人的共同的精神特质和职业发展宿命，也可感受到其在职业理念、职业追求、职业心理体验和职业心理状态等方面的丰富性与多元性。

就其作为国民党新闻人的共同精神特质来看，他们二人最突出的精神特质便是，作为国民党新闻从业者群体之一员，他们都对国民党及其政府表现出极大忠诚，可谓忠贞不渝，忠心耿耿。虽然从表面上看，马星野加入国民党缘于国民党中央党务学校之规定，凡入该校者均须同时加入国民党，这其中似乎蕴含着一种不得不加入国民党的感觉，但马星野选择报考国民党中央党务学校，实际上是缘于其对国民党的已有认识。他从国民党领导北伐"扫荡军阀"过程中"旌旗所至，万民欢迎"[1]中获得了这样一种认识，认为国民党的思想与革命目标与国家、民族的前途命运完全一致，因此他期望能加入国民党，认为加入国民党，为国民党的革命目标而努力，是一种爱国的正道。基于这样的认识，考入国民党中央党务学校并加入国民党后，由于接受了较为系统的国民党思想学习、训练，再加上感动于自己接受大学教育的机会乃国民党所赐，因此他内心深处不仅对国民党更加认同，而且产生了强烈感恩心理[2]。后来，他又获得赴美留学的机会，而在他看来，自己的留学机会也是国民党赐给的，因此对国民党的感恩心理更加强烈。正因为对国民党怀有这样的心理，在此后的人生历程与新闻生涯中，他一直对国民党忠贞不渝、忠心耿耿，即使国民党分派给他的工作不是他最理想的工作，他也本着对国民党的感恩之心，想尽办法把它做好，在遭遇批评、责难、处罚，心中存在委屈的时候，也本着对国民党的忠诚之心，选择默默忍受。

　　就萧同兹的情况来看，由于年轻时期受革命思想与革命形势影响，大学时期的他即心向革命，并一度加入过中华革命党，工作后在从事劳工运动中经常接触、合作的大都是国民党系统或与国民党思想接近的人，后来进入上海劳工运动骨干群体时所依托的人脉资源与社交网络也多是国民党系统之人员，再加上受自身家庭背景及所

---

① 马星野：《自述》（1952年4月12日），手稿，《马星野档案》099-01-01-01-001，台北"中研院"近代史研究所档案馆藏。

② 马星野：《自述》（1952年4月12日），手稿，《马星野档案》099-01-01-01-001，台北"中研院"近代史研究所档案馆藏。

对应的阶级立场与利益之影响,在国共合作时,他选择正式加入了国民党。加入国民党后,他很快变成了一个具有鲜明立场与思想倾向的国民党人。在蒋介石发动"四·一二"反革命政变后的"清党"过程中,他坚决站在蒋介石集团一边,在其所担任的国民党中央党部工人委员兼劳工局处长任上,全身心投入,兢兢业业,忠心耿耿,以其特有的组织协调能力,在处理与劳工有关的诸多事务中,成绩突出,成效显著。此后,更是凭借其对蒋介石集团的忠诚和自身所具有的良好的组织协调能力,在国民党系统中不断获得重用,并最终被蒋介石任命为国民党"中央通讯社"社长。在担任"中央通讯社"社长的十八年中,他本着对蒋介石及其国民党集团的极大忠诚,满腔热情地投入到"中央通讯社"各项事业拓展与业务发展之中,以其富于开拓性的工作使"中央通讯社"进入了一个持续发展的全新时期,创造了"中央通讯社"事业发展的黄金时代。

除了对国民党忠贞不渝、忠心耿耿之外,他们的第二个共同的精神特质是,都对其所从事的新闻职业工作全身心投入,尽心尽力,尽职尽责,显现出高度的事业心和对新闻工作的强烈的爱。虽然他们二人的专业背景各异,进入新闻职业领域后的工作性质和重心也各不相同,但均对自己所从事的新闻职业工作全情投入,爱恋有加。在热爱新闻职业工作方面,马星野无疑是国民党新闻人中最为典型的。他很早就产生了做新闻记者的志趣,赴密苏里大学新闻学院留学后,更是完全确立了从事新闻记者职业的理想。从密苏里留学归来时,他热切期望能在新闻职业领域放开手脚,大干一场。虽然回来后相当长时间内他一直没能直接从事自己最渴望的新闻记者工作,但他一直没有忘记自己的新闻职业梦想。本着内心对新闻职业的爱,在从事这些工作的过程中他或想尽办法把自己的新闻理想融进去,或希望运用自己在新闻专业方面的专长给报纸提供力所能及的帮助,如在筹办国民党中央政治学校新闻系的过程中通过教学内容设置、校内刊物创办、《中国新闻记者信条》拟定等方式融进自己的新闻理念,在担任国民党中央宣传部新闻事业处处长期间,运用自己的新闻专长,整顿国民党党报系统,给报纸提供文字或图片资料,促进报纸内容之充实等。最终干上自己最渴望的新闻工作后,其对新闻职业的爱更是得到最大程度的释放。在担任《中央日报》社长后,他全身心投入到《中央日报》的各项工作中,在报纸内容与版面革新、经营管理体制机制改革、新闻时效性提升和报纸风气转变等方面采取了一系列大手笔的改革,使报纸内容、版面一改旧观,经营管理也焕发出了前所未有的活力,也以此展示了一个党派新闻人对新闻职业的深爱。

　　在对新闻职业工作的爱方面,萧同兹似乎更具传奇性。他原本为工科出身,大学毕业后先是在长沙的一些公司、企业从事技术工作,业余时间热衷于劳工运动的组织、发动。到上海加入国民党后,相当长时间内从事的也一直是劳工运动的组织、发动工作。后来进入国民党中央特委会、国民党中央党部,所从事的也是与新闻职业无关的工作,只是在担任国民党中宣部秘书期间,才开始与新闻业及新闻界人士有了接触。然而,就是这样一个"半路出家"的人,在奉命进入新闻职业领域后的几十年人生旅程中,却显现出了对自己所承担的新闻职业工作——具体地说就是对新闻通讯事业的强烈的爱。他上任伊始即下定决心将委派给自己的工作作为自己的重要事业来做,"绝对没有像别人那样存着'五日京兆'的消极观念"①。在执掌"中央通讯社"的岁月中,他始终全身心投入,大到总体目标与发展方向的部署与擘画,经营管理体制机制的改革与创新,业务种类与规模的丰富与扩增,人才、资金、设备的不懈搜求与吸纳,小到具体的新闻业务活动之开展、职工生活细节之关心,甚或校对工作等,他均事无巨细,全盘参与,以实际行动诠释了对新闻通讯社事业的热忱与珍爱。尤其是抗战时期,面对敌机的轰炸,他临

---

① 王商一:《涵虚斋主》,《念兹集》,第15页。

危不惧，与全体员工共度时艰，不仅维持着"中央通讯社"业务的正常运行，而且竭力扩张着"中央通讯社"的业务范围。他对新闻通讯事业及其工作的热爱，从任玲逊的记述即可得到更真切说明："他谈起'中央社'，就像母亲谈起她的孩子一样，自豪、坚定而又充满希望。我立刻就感觉到这位先生的整个生命都已包在一个单一而一贯的目的里——一点一滴的精力，都尽力于将'中央通讯社'发展成一个二十世纪现代化的新闻汇集与供应的机构。"①

对国民党忠诚，对新闻职业热爱，但最终避免不了其作为国民党新闻人必然会遭遇的职业发展宿命，最终摆脱不了理想受挫、梦想破灭、晚境寂寥之命运。就马星野来看，在担任《中央日报》社长、终于干上自己梦寐以求的新闻职业工作之后，他本着强烈的报答"党国之培育""院长之厚恩"的心，以其对新闻职业工作的浓厚、炽热的爱，立即开始了自己的筑梦工程。他凭借其圆润贯通的处事方式与技巧，努力实现其在密苏里大学所习得的新闻理念、实践经验与国民党新闻宣传目标方针的融合，使《中央日报》既较好地做到了对国民党利益的维护和与国民党宣传需要的一致，又在一定程度上践行了自己的新闻专业理念，使自己初步尝到了理想得以实现、办报热情得以释放的快乐与满足感。然而，这样的筑梦工程好景不长，伴随着国民党政权在大陆的溃败，面向幅员辽阔的中华大地上成千上万的读者发行的《中央日报》不得不随之迁往台湾，蜷缩在台湾这样的方寸之地。从在大江大海里搏击风浪的舰长变成了在狭小的芦苇荡里荡舟的船夫，无异于理想的搁浅和筑梦工程的破灭。

更有甚者，由于国民党溃败后将其失败的原因之一归咎于新闻宣传系统的软弱无能，再加上大陆时期马星野主持下的《中央日报》原本就因在"中央"和"日报"之间时不时偏向"日报"而触怒过当局，到台湾后，在国民党实行威权统治、对新闻言论界实行严密管控

---

① 任玲逊：《千里行程起自一步》，《念兹集》，第114页。

的背景下，仍然频频冲破控制，刊登"不合时宜"的新闻、言论，终于完全触怒当局，导致其被国民党中央记过处分，继而被迫辞职，离开了自己挚爱的新闻职业领域。离开后，他先是被赋闲"察看"了两年多，然后被调到"中央第四小组"任主任，五年后又被外放到巴拿马。虽然五年后又重新回到了其热爱的新闻职业领域，但世易时移，无论是政治生态，还是新闻事业的内外部环境，均已发生了很大变化，想要真正施展自己的才华和新闻抱负，已经不可能了，只能是在人生与事业的落日余晖中回想当年英雄时光。

　　就萧同兹的情况来说，虽然在进入新闻通讯事业领域前他是一个新闻"门外汉"，但在奉派担任"中央通讯社"社长后，他很快对自己所承担的新闻通讯事业产生了强烈的爱，完全将其作为自己一生最重要的事业来做。他不仅在工作中全身心投入，兢兢业业，而且为自己描画了非常宏大的事业发展蓝图。他希望将"中央通讯社"建设成为专业化、国际化的世界级著名通讯社，希望能够使"中央通讯社"与当时世界上最著名的几个新闻通讯社如路透社、美联社等平起平坐。在他的努力下，"中央通讯社"在当时的确取得了令当时和后世都公认的辉煌成就，开始在世界通讯事业领域有了一席之地。然而，就在他建立专业化、国际化的世界级通讯社的目标和理想似乎触手可及的时候，随着国民党在大陆的溃败，他和他领导的通讯社也不得不与国民党一起退缩到台湾，其个人雄心与事业蓝图从退缩到台湾这片相对逼仄的天地开始，便无可奈何地化成了泡影。这对于将新闻通讯事业视为其一生"最得意的嗜好"和"最珍视的生命"[1]的他来说，无疑是一个巨大的打击。

　　个人雄心与事业蓝图破碎之外，与马星野类似的另一打击，接踵而来。这种打击便是，在退居台湾后不久，曾经创造了当时中国新闻通讯事业巨大辉煌的他，突然被命令退出"中央通讯社"社长位

① 冯志翔：《萧同兹传》，第233页。

置,改任"中央通讯社"管理委员会主任委员。虽然这样的遭遇,与马星野的被迫辞职并被赋闲两年相较,似乎要柔和、委婉得多,但考虑到他自担任社长以来并未犯过什么错误,到台湾后依然怀有继续努力延续和拓展"中央通讯社"事业的决心,且当时的他年富力强,经验丰富,在这种情况下,强令他"退居二线",显然就不只是简单的职位轮替,而是同样具有惩罚的味道。这种惩罚,与马星野一样,同样出于国民党败退到台湾后对自己失败的反思与懊恼,即认为国民党之所以失败,一个很重要的原因便是宣传系统的软弱无力,因此必须对宣传系统进行"大换血"。这样的"大换血"在一定意义上实际上是一种迁怒。在这样的背景下,许许多多的萧同兹、马星野们注定了会遭遇自身职业发展受挫的宿命。

　　对国民党十分忠诚,对自己从事的新闻工作非常热爱,但各自的职业梦想都不可避免地要遭遇破碎,各自的职业终局注定了会以寂寥与凄凉收场,这一切反映出的是所有国民党新闻人所具有的共同的精神特质和相似的职业发展命运。那么,国民党新闻人除了具有上述的共同精神特质和职业发展命运外,是否还存在不同个体间的差异性与丰富性呢?李金铨曾说:"同与异是一体的两面,不论在理论上或经验上,有同必有异,有异必有同。"①从马星野、萧同兹新闻生涯中的情况来看,情况确乎如此。

　　同为国民党新闻从业者,马星野、萧同兹最根本的不同是,马星野从小就有明确的新闻志趣,希望将来能从事新闻记者工作,成长过程中也一直在往这个方向努力,并接受过美国式的新闻专业主义教育熏陶,怀有浓厚的西方新闻专业主义理念与理想。萧同兹则完全不同,他出身于工科专业,青年时期先后从事过企业技术工作、劳工运动的组织协调工作和国民党中央特委会的相关政治工作,虽

---

① 李金铨:《传播纵横:历史脉络与全球视野》,社会科学文献出版社,2019年,第30页。

然在进入新闻事业领域前曾在国民党中央宣传部新闻征集科、部长秘书岗位上从事过与新闻有关的组织、管理工作，但从事这些工作期间他并没有显现出明确的新闻职业志趣和理想。换句话说，马星野是一个具有新闻职业理想和现代新闻专业理念的人，他最终进入新闻职业领域既是国民党基于新闻宣传工作的需要指派的结果，也是他个人为了自己的新闻志趣与新闻职业理想长期、持续努力的结果，是其个人的新闻职业理想与夙愿的一种最终的实现，而萧同兹只是一个长期在国民党劳工、政工和宣传管理领域工作的行政人员，他之所以能成为国民党新闻从业者群体之一员，完全是国民党基于其新闻宣传工作之需要委派的结果，是他服从自己所属的党派的工作安排的结果。

　　与进入新闻职业领域的背景与缘起方面的不同相应，马星野与萧同兹新闻职业生涯中的第二个不同是，各自新闻生涯中的身份认同向度与优先程度不同。二人都是国民党党派新闻从业者，相应地，也就都具有国民党党人和新闻人这样两重身份。在这两重身份中，马星野似乎更多地显现出对自己所具有的新闻人身份的认同。虽然他对国民党十分忠诚，常怀对"党国之培育""院长之厚恩"的报答之心，但在其新闻职业工作中，他总是自觉不自觉地按照自己心中的新闻专业主义理念去处理相关新闻报道与言论问题，总是试图尽可能地践行自己心中的新闻专业理念，抑或在新闻专业理念和国民党的党派立场与利益之间"走钢丝"、找平衡。从这种情况可以看出，在国民党党人和新闻人这两重身份之间，他似乎是将新闻人身份放在了优先位置，他首先认同的似乎是其新闻人身份。萧同兹则完全相反，在他从事新闻职业工作的几十年中，他一直将国民党的利益与要求放在首位，更多地显现出一个国民党党人应具有的立场与思想方法。他对自己所从事的新闻通讯事业充满爱，充满热情，但他在"中央通讯社"所开展的一切工作都是围绕国民党的总体利益进行的，都从未与国民党的利益与要求发生过冲突。也就是说，在国民党党人和新闻人这两个身份之间,他优先认同的是国民党党人身份。

与上述两方面不同相应,马星野与萧同兹新闻职业生涯中的另外一个重要不同是,各自新闻生涯中的职业心理体验和职业心理状态不同。马星野的新闻职业生涯中充满着各种因理念矛盾和身份冲突而产生的痛苦、无奈和不得已,而萧同兹的新闻职业生涯中除了与马星野一样存在因国民党溃败迁台而带来的事业梦断、责罚加身、终局凄凉之外,其新闻职业生涯中,无理念矛盾,无身份冲突,相应地也就没有因理念与身份矛盾而产生的内心痛苦和矛盾。

在马星野的新闻职业生涯中,由于从小就有新闻志趣,密苏里大学的新闻专业学习更是将这种志趣变成了一种坚定不移的理想和强烈的精神追求,尤为重要的是,这种职业理想之样板是以西方自由主义思想为社会土壤的新闻专业主义理想,这就使得他在此后的职业生涯中一方面要时不时地承受总是难以从事自己最渴望的新闻职业工作之痛苦,另一方面要承受工作过程中因理念矛盾而产生的无奈与不得已,如在从事新闻教育工作过程中他不得不面临党派新闻教育理念与新闻专业教育理念之间的矛盾,在从事新闻管理工作过程中不得不面临新闻管控理念与自己心中的新闻自由理念之间的冲突,在主持《"中央"日报》过程中不得不面临国民党新闻宣传要求与自己心中的新闻专业理念之间的冲突,这一切冲突都曾带给他这样那样的痛苦与无奈,使得他或不得已压抑自己内心的专业理念,或费尽心机"走钢丝"、找平衡。而萧同兹就不存在这样的内心矛盾、痛苦与无奈。在他的新闻职业生涯中,国民党的利益与要求永远是第一位的。由于不存在理念与身份的冲突,他可以说完全做到了党人与新闻人这两种身份的无缝对接。

总之,从马星野和萧同兹新闻职业生涯中的种种表现,既可以看出国民党党派新闻人共同的精神与心理特点,也可以看出他们共同的职业发展宿命,更可以看出其职业理念、职业情感和职业心理体验方面的差异性与丰富性。差异性主要是一种以党人身份为本位的新闻人和以新闻人身份为本位的新闻人之间的差异,丰富性也主要是因为这种身份认同向度上的差异与不同而存在。

第五章 "集体的宣传员":共产党新闻工作者的职业追求

引言 共产党新闻工作队伍的发展与成熟

　　民国时期新闻从业者群体中,中国共产党新闻工作者群体是非常重要的一极。这个群体的出现、发展和逐步壮大、成熟,以其对中国现代革命运动发展的重要影响,成为民国新闻史上值得浓墨重彩地予以书写的大事。这个群体的最初出现是伴随着"五四"时期马克思主义在中国的传播和中国共产党的成立而出现的,以后又伴随着中国共产党革命事业在不同时期的发展和新闻事业的发展、壮大而不断发展、壮大。

　　第一次世界大战以后,受俄国十月革命胜利的影响,马克思主义开始在中国广泛传播,与之相应,中国的共产主义运动迅速兴起,并很快成立了对中国现代革命产生重大影响的中国共产党。与共产主义运动和中国共产党的成立相伴,中国共产党新闻事业如雨后春笋般出现,并出现了一批中国共产党的早期新闻宣传工作者与报刊活动家。这些早期新闻宣传工作者和报刊活动家在投身革命活动的同时，积极参与或创办报刊，以报刊作为鼓吹和推动革命的"思想武器"与"号角"，成为这个时期新闻从业者群体中的新锐力量。

之后，伴随着中国革命形势的发展，第一次国共合作形成，共产党人以个人名义加入国民党。在继续创办自己的新闻事业的同时，不少共产党人加入国民党，指导和帮助国民党的报刊创办工作与宣传工作。

十年内战时期，共产党新闻事业一方面在国统区严酷的斗争环境中顽强发展，另一方面伴随着革命根据地和中华苏维埃政府的建立，根据地红色新闻事业也在艰难中获得不可忽视的发展。与此相应，大批共产党新闻宣传工作者以各种形式奋战在这一时期的国统区和根据地新闻事业战线。

全面抗战爆发后，中国共产党一方面在延安和各抗日根据地大量创办新闻事业，另一方面在国统区乃至香港、南洋等地创办新闻事业。在这些新闻事业中，活跃着无数共产党新闻宣传工作者。他们在利用报刊等新闻工具宣传中国共产党路线、方针、政策及思想主张，动员全国人民团结抗战、反对分裂过程中，在党的统一领导下，不断明确自身思想理念，校正自身工作目标，不断提升自身思想品质、业务素养与工作能力，以其切实、有效、富有特色的工作方法，和突出的抗战动员与宣传效果，逐渐成为新闻舆论领域的富有生机与活力的力量，也使自身逐渐走向成熟。

在抗战时期逐渐走向成熟的基础上，抗战胜利后，中国共产党新闻从业者队伍进一步发展，新闻宣传工作的思想目标更加明确，新闻宣传工作的经验更加丰富，新闻宣传工作的效果更加明显，在动员人民推翻国民党反动统治的斗争中，发挥了极其重要的作用，成为共产党革命事业取得最终胜利的一个重要方面军，也在这个过程中使自己逐渐成为这一时期中国新闻舆论领域的定盘星和主导者。

纵观中国共产党新闻从业者队伍成长、发展、壮大的历程，可以说，既充满艰难曲折和在艰难曲折中不屈不挠、不断明确自身角色定位与工作目标、不断探求自身工作策略与方法的求索精神，又显现出对新闻事业和新闻工作独特的思想认识与理念追求。从历史的纵向来看，这个队伍和群体经历了一个从产生到艰难成长，再到思想理念与工作目标等各方面渐趋成熟的过程。而从群体和队伍的构成看，这个群体既包括中国共产党各级领导人和普通党员，他们或是在自己的革命生涯中将新闻事业作为政治斗争的武器，或是接受党组织安排创办各类党报党刊，从事各种形式的新闻活动和新闻工作，也包括一些由非共产党新闻从业者转变为共产党新闻从业者，他们最初大多是基于爱国救国思想而投身新闻业，试图以新闻事业作为挽救国运的工具，在从事新闻工作的过程中逐渐认识并加入共产党，从而成为中国共产党新闻从业者群体中的一员。

那么，作为以报刊为鼓吹和推动革命的"思想武器"与"号角"、对新闻事业及其工作有独特的思想认识与理念追求，又非常重视新闻工作的策略、方式、方法、实效性、指导性、战斗性的新闻从业者群体，中国共产党新闻工作者群体究竟具有什么样的职业心态？他们对报刊和自己所从事的新闻工作究竟是怎么认识的？与其他新闻从业者群体相比较，他们的工作理念、价值诉求究竟有什么样的特色？他们在各自新闻工作过程中是否存在新闻职业要求或自身原有的理念与党对新闻宣传工作的原则要求之间的某种程度的冲突？他们是如何克服和解决这种冲突的？

为了更好地认识和把握这些问题，本章特以博古和范长江为代表，试图通过考察他们政治生涯和新闻从业过程中的具体经历及其间显现出的思想情感、理想信念、行为选择的变化等，管窥中国共产党新闻从业者队伍的整体心理状态和精神世界。

博古很早就涉足报刊宣传领域，在从事革命过程中一度成为中国共产党的最高领导人，后来接受组织安排又曾担任中国共产党革命时期最重要的两个新闻事业形式——延安《解放日报》和新华通讯社社长,通过对他政治生涯和从事新闻工作之情景的考察,可以管窥以共产党领导人身份从事新闻工作的共产党新闻工作者群体的总体心理状态。而范长江是从自由主义记者转变为共产党的新闻宣传战士的代表性人物,他最初怀着为未来抗战考察大后方的目的投身新闻业,并迅速成长为那个时期自由主义记者中的一颗耀眼明星,在以新闻为工具探求挽救国运之道的过程中,对共产党的革命道路与政策主张逐渐产生了解和认同,并最终加入了共产党,成为共产党新闻工作队伍中富有生机、活力和特色的战将。通过他,可以透视中国共产党新闻从业者队伍中这一群体类型的心路历程与思想情感状态。

第一节　博古:从党的总负责人到党的新闻事业的开拓者

在中国共产党党史中,有一位年仅二十四岁就成为中共中央负责人的传奇人物,他就是博古。然而,这位具有传奇色彩的"中共中央的小伙子"①在担任"总负责"的四年间,却因执行"左"倾路线而给党带来了重大损失,因此不得不离开"总负责"岗位,将工作重心逐渐转移到党的其他工作领域。在担任"总负责"时期他就十分重视新闻宣传工作,离开"总负责"岗位后从事党交给的其他工作过程中,他更是或间接或直接地在新闻宣传这个对当时的党来说尚处于逐渐摸索阶段、相对而言不是很成熟的重要工作领域不断开拓、探

---

① 冯都:《"中共中央的小伙子"——博古年轻曲折的人生轨迹》,《党史纵横》2002年01期。

索,并最终变成了党的新闻事业领域的一位"最有权威的指挥官"①和开拓者。

　　博古原名秦邦宪,字则民,博古是其在留学苏联时俄文名"博古诺夫"的简写。他1907年6月24日出生于浙江杭州,祖籍江苏无锡,是北宋词人秦观第三十二代孙。他虽出身望族,但由于家道中落和父亲过世,仅靠母亲一人维持四口之家的生计,因此其童年生活过得并不容易。童年时期,他先是在秦氏公学接受免费的启蒙教育,之后转入正规学堂,在无锡县立第二高等小学和无锡省立第三师范附小接受初级教育。1921年高小毕业后,他投考荣巷公益工商中学商科,未被录取,后考入苏州省立第二工业专科学校(简称"苏州二工")。在苏州二工学习期间,他在五四新文化运动的思想启蒙下,走上了革命道路,先后加入孤星社、锡社等进步社团,并"如饥似渴地阅读《新青年》《创造周报》《向导》《学灯》《觉悟》等进步报刊"②。恽代英、萧楚女等革命活动家在无锡举办的讲演,他每每前去倾听。这个时期的他,在新思潮影响下开始用手中之笔撰写鼓吹革命的文章,投寄到《血泪潮》等进步刊物,释放其革命激情,甚至还成为锡社所办刊物《无锡评论》的编辑主任,在其主编的21期《无锡评论》上发表了大量有关时事的诗歌和评论。1925年,从苏州二工毕业后,他进入上海大学社会学系学习。在学校高涨的马列主义理论学习氛围中,他的革命思想愈加浓厚,于当年10月提交申请加入了中国共产党。1926年初,在国共合作背景下,他离开学校,进入国民党上海特别市党部担任宣传干事,投入到国共合作背景下轰轰烈烈的革命斗争中。当年10月,他通过中共中央举办的留学生选

①余光生、艾思奇、陈克寒:《悼念我们的社长和战友博古同志》,邹贤敏、秦红主编:《博古和他的时代——秦邦宪(博古)研究论集(下册)》,当代中国出版社,2016年,第774页。
②李志英:《博古传》,当代中国出版社,1994年,第6页。

拔考试,赴莫斯科中山大学开启了留学生活。在莫斯科中山大学的四年中,他学习了辩证唯物主义、历史唯物主义、政治经济学、社会发展史、西方革命运动史、俄国革命史、东方革命运动史、中国革命运动史等课程,极大提升了自己的马列主义理论水平。1930年5月学成归国后,他先是担任全国总工会宣传干事,编辑《劳动报》等工人报纸;后任团中央宣传部长、团中央书记;1931年9月,成为中共临时中央"总负责"。作为党的"总负责",在领导当时党所进行的革命事业的过程中,他错误地推行共产国际和王明的"左"倾路线,给党造成了重大损失。遵义会议后,他主动交出领导权,被任命为总政治部代理主任,编辑《前进报》等刊物。后在中常会上被分配专门负责宣传工作,主编《斗争》等刊物。由此开始,他逐渐将主要精力转移到党的宣传工作和新闻事业中来。1937年2月后,他先后担任中央组织部部长,中共长江局委员、组织部长,南方局委员、组织部长等。担任这些职务期间,他通过各种努力积极推进在国统区创办发行《新华日报》之工作。报纸创刊后他对日常工作给予了许多具体指导和帮助。1940年国民党掀起反共高潮时,他被调回延安根据地。回到延安后他积极建议在延安创办《解放日报》,成为延安《解放日报》的创办者和首任社长。后又担任新华通讯社社长,积极推动新华社业务改进、通讯网建设等工作,成为当时党的宣传战和舆论战的有力领导者。

那么,博古究竟是怎么走向革命、走向党的?在他走向革命、走向党的过程中报刊发挥了怎样的作用?在加入共产党后,他一度成为党的"总负责",后因犯严重错误主动交出了领导权。这次人生与事业中的挫折是否影响了他对党的革命事业的热诚与挚爱?作为党的新闻事业发展历史上的一个重要领导者和开拓者,他对党的宣传工作和新闻事业做出了哪些努力?取得了什么样的成效?其不同阶段的努力究竟有着什么样的不同和侧重点?本节拟对这些问题进行探讨。

一、涉足报刊与心向革命：早期的报刊经历与走向党的历程

　　1920年前后，由于新文化运动带来的思想启蒙和俄国十月革命的影响，北洋军阀政府统治下的黑暗中国正孕育着新的曙光。中国共产党的成立正在酝酿和准备中，文化领域、思想领域、政治领域均酝酿着新的变革。各种主义的交织和进步报刊的风行，给中国大地带来一系列新的景象。距离新文化、新思想传播重要中心之一上海不远的无锡、苏州地区，由于自身工商业的相对繁荣和距离上海较近之原因，新文化、新思想的传播很活跃。在这里生活、学习的博古，受到这种新思想、新文化的影响，逐渐从一个懵懂少年转变为进步青年，再从进步青年转变成为共产党员，最终走向党的革命事业。那么，博古走向革命、走向党的过程中，传播新思想、新文化的报刊究竟发挥了怎样的作用？他又是如何接触和认识报刊这种传播新思想、新文化的媒介的？

　　作为北宋著名词人秦观的后裔，秦氏家族历史上一直是书香门第。据《锡山秦氏宗谱》记载："在清代从顺治到乾隆的四个朝代中，秦氏一族中登进士第的有二十二人（授翰林职者十人），考中举人的三十七人。"[1]博古的父秦肇煌虽未中进士和举人，但也曾取得县试第一名的成绩，并在江浙一带担任过多种职务。出生在这样的书香世家，按常理来说，博古应能接受到较优质的教育。但遗憾的是，博古出生前秦家就已渐趋衰败，其父患病去世、失去收入来源后，家道更是一落千丈。其母不得不"将祖传房屋出售"，同时靠自己的"辛勤劳动来维持四口之家的生计"[2]。家道中落的秦家生活都成问题，

---

[1] 李志英：《博古传》，第3页。
[2] 李志英：《博古传》，第4页。

子女教育就更不可能好到哪儿去。所幸的是,虽然收入微薄、生活艰难,博古的母亲却尽其所能努力培养博古。

博古的母亲一开始将博古送入离家不远的秦氏公学接受免费的启蒙教育。然而,在她看来,启蒙教育远远达不到她对儿子的期望,因此,她决定无论如何都要将儿子送入正规的学校接受教育。最终,在她省吃俭用的努力下,博古得以先后进入无锡县立第二高等小学和省立第三师范附小学习。在这两个学校的学习中,博古一直十分努力。他喜爱国文和算术,尤其国文,每读《左传》《史记》等古籍总是手不释卷[1]。

虽然母亲的辛劳能勉强维持家庭运转,但家族的没落、经济的窘迫还是给博古幼小的心灵蒙上了一层阴影,使他经常心事重重,"沉默寡言"。他"不爱运动,很少参加体育活动","每次周末的班级文艺活动,他从不表演,只当观众"[2]。面对母亲的辛劳和家庭经济的窘迫,他在思考着将来如何能改变家庭的经济状况。基于这样的思考,他的内心不知不觉中产生了一个想法,他希望自己长大后能"从事经商活动,以弥补家庭经济的不足,为母亲分担生活的重担"[3]。基于这样的想法,在高小毕业面临升学之时,他毅然报考了荣巷公益工商中学的商科专业,希望商科毕业后能进入商业领域。也许是命中注定他未来要走另一条道路,因此这次报考他未能被录取,靠经商来解决家庭经济困窘的美梦一时搁浅。生性顽强的他并未放弃自己的想法,考试失败后,他又报考了另一所能免费就读的学校——苏州省立第二工业专科学校(简称"苏州二工")。这次他

① 廖美珍、朱昱鹏:《秦邦宪的早期革命活动》,中共无锡市委党史工作委员会编:《秦邦宪的青少年时代》,江苏人民出版社,1996年,第32页。

② 廖美珍、朱昱鹏:《秦邦宪的早期革命活动》,中共无锡市委党史工作委员会编:《秦邦宪的青少年时代》,第33页。

③ 李志英:《博古传》,第5页。

被成功录取到了该校预科。令他没有想到的是,正是在"苏州二工"的学习生活将他的人生引向了另一条道路。

入读"苏州二工"后,他开始有机会接触当时流行的各种进步报刊,如《新青年》《创造周报》《学灯》《觉悟》等。这些刊物所传播的新思想、新文化很快使他得到了精神上的愉悦和满足。在如饥似渴地阅读这些进步报刊之外,他还经常利用课余时间聆听许多革命活动家如恽代英、萧楚女等的演讲。只要有这类演讲,他总是"逢讲必到,并且一丝不苟地记下笔记",成为"当时最热情的与会者之一"①。他的视野逐渐开始由自己的小家庭转向更广阔的世界,开始将自己的境遇与当时国家和民族的危难联系在了一起,革命思想在他脑海中不知不觉开始萌芽。在进步刊物和众多革命活动家演讲的启蒙下,他逐渐产生了初步的政治意识。他经常与同学"一起议论国家政局的形势,抨击政府官吏无能腐败,同情处在水深火热之中的人民,探讨强国富民的途径"②。也正是在这个过程中,少年时期沉默寡言、有点忧郁的他,逐渐"开始变得热情和活跃起来了"③。

热情、活跃起来的他不再满足于读进步报刊,听革命讲演,他期待能在更广阔的天地干出一番大事业,希望能投身到革命活动中去,让自己发挥更大的价值。在思想进步的表兄弟许广圻、许庆圻的帮助和引导下,他认识了创建上海大学孤星社的安剑平等人。在这些进步活动的组织者和发起人影响下,他很快加入了"研究学术,讨论问题,彻底了解人生,根本改造社会""救急地宣传三民主义,热情地走入民间,彻底地鼓吹世界革命,勇敢地身先向导"④的孤星

---

① 李志英:《博古传》,第7页。
② 李志英:《博古传》,第7页。
③ 廖美珍、朱昱鹏:《秦邦宪的早期革命活动》,中共无锡市委党史工作委员会编《秦邦宪的青少年时代》,第34页。
④ 王赓唐、张震、章振华:《"锡社"——二十年代无锡的革命知识分子团体》,《无锡革命史料选辑》第八辑,中共无锡市、县党史办公室编,1986年,第86页。

社,后来还被推举为孤星社苏州委员会负责人。因孤星社与以"提高邑民常识,促进无锡社会生活"①为宗旨的革命知识分子团体锡社谋求合作,合作的条件之一是无锡籍的孤星社成员全体加入锡社,于是作为无锡人的博古又同时加入了锡社。此后,他通过孤星社和锡社组织的活动,同上海和无锡等地的进步青年建立了广泛联系。在此过程中,他的组织才能逐渐显现,革命意识也得到了提升。

"光说不练假把式"。此时的博古,脑袋里很快装满革命激情,面对当时火热的革命热潮和进步青年的革命实践,他跃跃欲试,迫切希望能有机会参与到革命进步活动中去。这样的机会,很快来了。1924年,全国各地的革命运动呈现出蓬勃发展的态势,北洋军阀内部的分裂愈演愈烈。冯玉祥在北京发动政变后,邀请孙中山赴京共商国是,孙中山本着"为救全国同胞,求和平统一,开国民议会"②的愿望决定北上。从小对孙中山十分仰慕的博古得知孙中山即将北上的消息后,非常兴奋!他和锡社的朋友立即聚会讨论,准备策划行动,投入中国共产党借着孙中山北上而发起的要求召开国民会议、废除不平等条约的群众运动中。但不幸的是,北上不久的孙中山却因肝癌在北京突然逝世。全国各地的进步力量纷纷开始筹划,准备在各地召开悼念孙中山大会。作为无锡进步团体,锡社成员也行动起来,准备举办无锡各界悼念孙中山大会。为了筹备这次大会,博古专门从苏州回到无锡。"他意识到这次活动的重大教育作用,全力投入了追悼会的筹备工作。"③博古虽然是第一次组织这样大规模的大会,但他凭借已经具备的革命意识和政治敏感,使这次大会不仅成为寄托人们对孙中山先生哀思的一次悼念活动,而且还将反帝反封建宣传内容充分融入其中。在这次大会筹备和进

---

① 李志英:《博古传》,第8页。
② 李志英:《博古传》,第9页。
③ 李志英:《博古传》,第10页。

行中,他发挥组织才能,承担了筹备大会的联络接洽工作。在他细致周到的组织下,大会与各界人士的联络接洽工作圆满完成。这次大会不仅使博古初步实现了参与革命实际活动的愿望,而且彻底激发了他的革命热情,点燃了他心中的革命火种。

需要特别提到的是,在这次活动中,博古得以认识了在其走向革命、走向党的过程中具有重要影响的恽代英。当时的恽代英担任国共合作背景下的国民党上海执行部宣传部秘书。恽代英到无锡参加这次大会时,博古亲自赶到火车站迎接。当他在火车站见到这位给他带来思想启蒙的偶像般的革命活动家时,内心非常激动。他们一边步行前往省立第三师范,一边交流;在第三师范一起吃过晚饭后,又一起参加了追悼大会。这次大会后,他深受恽代英在追悼会上的讲话和发表在《向导》上的《中国共产党为孙中山之死告中国民众书》的影响,意识到革命组织的力量和影响,认识到进步青年只有通过革命组织,形成合力,才能对帝国主义和封建势力发起挑战,才能实现革命的目标。于是他很快参加了中国社会主义青年团和国共合作背景下的国民党,希望为革命活动贡献自己的力量。此时的博古已彻底抛弃了经商念头,完全地从一名懵懂少年转变成了进步青年,开始了奔向革命的征途。

北京政变之后,全国的革命形势进一步好转,工人运动在全国各地开展起来,反帝斗争也进入了一个新的阶段。1925年5月30日,上海工人和学生举行援助上海和青岛的日本纱厂工人罢工的示威游行。英国巡捕下令开枪,造成了震惊中外的"五卅"惨案。惨案发生时,十八岁的博古"正值肺疾缠身,因吐血而卧榻多日"①。了解到惨案的具体情况后,他顾不上养病,立即准备组织大型革命活动,以声援上海的同胞。在中共苏州独立支部负责人叶天底的指挥

---

① 缪军:《秦邦宪早年在苏州》,黎辛、朱鸿召主编:《博古,39岁的辉煌与悲壮》,
　学林出版社,2005年,第178页。

下，他很快召集"苏州二工"、东吴大学、晏城中学等学校的八百多名
学生代表召开紧急会议。会上，他发表了反对帝国主义暴行、支持
上海工人的演讲，全体学生代表集体决定立即举行全市罢课和示威
游行。

6月1日，博古所在的"苏州二工"率先举行"声讨大会"。作为
学生会负责人，他首先登台演讲，慷慨激昂，大声疾呼向帝国主义讨
还血债，由于情绪过于激动，当场口吐鲜血。台下学生的革命激情
被博古的演讲迅速点燃，纷纷高喊"打倒帝国主义""废除不平等条
约"等口号，支持博古发出的游行倡议。在博古的带领下，游行学生
分头前往桃坞、萃英、显道三所学校联系开展统一行动，并决定第二
天在苏州体育场举行更大规模的游行。游行的同时，博古还主持了
苏州学生联合会募捐资金的开罐仪式，并将募集来的资金全部送往
上海援助上海工人。游行结束后，博古顾不上自己虚弱的身体，立
即与另外两位同学一道赶到无锡，参与组织无锡的反帝爱国运动。
在无锡，他参加了由锡社、孤星社、无锡协会、第三师范、辅仁中学、
工商中学等二十九个群众团体和单位参加的联席会议，通过了组建
"外国人残杀我国同胞无锡各界后援会"的决议，决定由该后援会统
一领导无锡的"五卅"反帝爱国运动。

由于有了苏州的经验，博古等人在无锡开展的"五卅"反帝爱国
运动有条有理，很有章法。联席会议结束后，博古等人当场起草了
一张传单，传单上除了墨迹还映着青年学生的泪迹。传单写道："我
亲爱的同胞们呀！你们这两天耳朵里可曾听见什么呀？是怎么回
事？……一个工人死了就死了，好多学生死了就死了，无数的行人
也随便马马虎虎死了，公理呢？难道也死了吗？……有血气的同胞
们呀！倘若你侠魂不死！性灵不冷，为什么不奋臂而起，洒几滴血
泪做后盾，奋斗！奋斗！"[1]这极具感染性的传单当天即被散发于无

---

[1] 李志英：《博古传》，第14页。

锡的大街小巷,经《锡报》和《新无锡》等报纸发表后,更是像星星之火,点燃了无锡全城的革命热情,使整个无锡城沸腾了起来。

博古参与组织的上述革命活动反过来也给自己带来了极大激励。在这些活动中,他接触到的都是对革命有极高热情的青年学子。在与这些热情的同龄人并肩战斗中,他的革命思想、革命意识与前一个时期相比有了更大提高。在组织开展这些活动的过程中,宣传、组织工作一直是他总体工作中至关重要的部分,这就使这个时期的他革命意识与思想进一步增强的同时,对革命宣传工作的重要性有了初步的认识。

在博古走向革命的过程中,不能不提及其母亲所发挥的重要作用。博古的母亲对博古参与革命进步活动的支持是他一步步走向革命的重要因素。在从事反帝爱国运动的过程中,博古的身体状况一度变得很糟,不断奔波于各种革命斗争活动,使他身体消瘦,健康状况一天不如一天。在许多社团同学的一再劝说下,他勉强同意回家休养。一回到家中,博古的伤感便涌上心头。当时他家只剩下在吴姓宅中租的几间房屋,家中的落寞与帝国主义控制下中国的黯淡,猛烈地撞击着博古的心灵,"为民族同胞而死,死亦有荣"的爱国心与责任感愈加坚定。博古的母亲一方面埋怨儿子不爱惜身体,另一方面对博古的反帝爱国热情十分理解,她尽力通过帮儿子调养身体的方式表达对儿子的爱和对儿子所选择的道路的支持。在热火朝天的革命形势下,母亲给予博古的鼓励与支持,使他虽不能出门参加游行示威,却仍通过其手中的笔来揭露帝国主义的种种罪行,激发群众的革命热情。

这种通过报刊文章参与革命、推动革命的方式,在博古进入"苏州二工"时已有过尝试。当时,在阅读《新青年》等进步刊物时,他就已产生了给报刊写文章以救国的想法。当时的他意识到,一方面可以从这些进步报刊中获得新思想、新知识的滋养,另一方面可以借助报刊文章来传播自己的思想,唤醒混沌中的国人。于是,国文基础很好、喜欢写诗的他开始"向孤星社投寄诗文，抨击时弊，宣传救国救民思想"[1]。加入锡社后，怀着满腔革命激情的他更是经常向锡社主办的刊物《无锡评论》投稿。他关心的话题极其广泛，从小学教员的最大任务到妇女的解放问题，从帝国主义与军阀的相互勾结到青年应负的责任，从教育问题到无锡的社会现象。他用青年学生的眼光来看当时的社会问题，希望用手中的笔来改造社会，实现革命目标。他的文章紧跟锡社的主张，从最开始主张温和的改良、致力于解决民生问题，到最后转向革命宣传。借助他的文章，能够看到他对当时国内形势有着十分清楚的认知："军阀与帝国主义者互相勾结，弄得国将不国了，眼看得神州大陆，将要沉沦到亡国奴的地位了。"[2]面对这种形势，他认为，无锡青年应"坚决的，勇敢的，反对一切大小侵略者；救急的，迫切的，打倒一切腐绅恶官僚；热心的，猛烈的，提高邑民常识，指挥民众；坦白的，严厉的，攻击一切社会上种种鬼魅的行为"[3]。此时的他意识到革命不仅仅像组织学生和工人游行示威这样简单，还需要运用一系列手段来扩大规模和影响。因此，他通过向《无锡评论》等刊物投稿，将自己的思想融入反帝革命斗争进程中。在他看来，报刊之于革命，革命之于报刊，应是相互促进的，因此，他积极利用报刊为革命营造舆论，唤起民众，激发民众的革命热情。

在《无锡评论》上针砭时弊、崭露头角的博古，很快得到了孤星社发起人之一的安剑平等人的赏识。安剑平对博古说："你的文字，我真赞成，真一百个赞成。……你真不愧为锡社一个健者，孤星社

①缪军：《秦邦宪早年在苏州》，黎辛、朱鸿召主编：《博古，39岁的辉煌与悲壮》，第178页。

②则民：《我们应当觉悟的》，《无锡评论》1925年3月27日；无锡市史志办公室编：《秦邦宪（博古）文集》，中共党史出版社，2007年，第20页。

③则民：《劫后无锡青年应负的责任》，《无锡评论》1925年5月1日；无锡市史志办公室编：《秦邦宪（博古）文集》，第27页。

一个孤星，社会改造队里一个勇敢义烈的前锋。"[1]也正是带着这种
"前锋"意识，博古冲到了革命的第一线。在无锡养病时，虽不能亲
到现场组织"五卅"反帝爱国运动，但他用手中之笔将满腔的热血挥
洒在宣传发动无锡青年进行革命斗争的舆论堡垒《血泪潮》上，成为
《血泪潮》的主要撰稿人。此时的他虽身体受限，思想却是自由的。
他的心中充满民族危机意识："帝国主义的假面具一概打破了，轩辕
黄帝以来的五千余年的国家，或将沦于真正殖民地的地位"；他的心
中充满了革命斗争的热情："有想及之，热血如沸，披衣起坐，欲拔剑
起舞"；他的心中热切期待着革命形势日益高涨："民气的激昂，青年
的热血，中国的复兴，其赖于是"[2]；他出谋划策："只要我们朝野上
下同心协力的向外一致抱着与国共存亡的决心，任凭你天也不怕，
何恐区区一两个外国赤佬英日呢！ ……朋友们！ 记住吧！ 吾耻未
雪，吾民何日能忘，一息尚存，此志不容稍懈。"[3]从这些激情满怀的
文字，可以感受到，此时的他已完全将自己与国家紧密联系在一起
了。这些文章既很好地宣传了反帝爱国思想，写这些文章的过程又
反过来促使他更进一步走向了革命。

在家休养期间，博古随时关注着无锡的运动发展情况。当他发
现运动遭遇阻力逐渐转入低潮时，他顾不上还未痊愈的身体，同"后
援会"成员共同努力，很快组织了一次以工人、学生为主体的万人大
会。他和唐光明等人在大会上作了对英、日经济绝交，废除一切不
平等条约的演讲，同时作出四项决议以推进反帝革命运动的进一步
发展。万人大会后他很快又与众青年联合发起了抵制英、日外货运

① 许浩良：《秦邦宪与〈无锡评论〉》，中共无锡市委党史工作委员会编：《秦邦宪
的青少年时代》，第51页。
② 邦宪：《病榻琐记》，《血泪潮》1925年6月13日；无锡市史志办公室编：《秦邦
宪（博古）文集》，第30页。
③ 则民：《上海惨杀之最后决胜点》，《血泪潮》1925年6月17日；无锡市史志办
公室编：《秦邦宪（博古）文集》，第36页。

动。为了促进运动落实,他同几个同学晚上提着桅灯到通运桥堍下登船检查,没收船上运输的英、日货物,将货物拍卖后所得的钱款用于救济上海的失业工人。这次运动因为触动了商界和市公所的利益遭到了强烈抵制,他们威胁要提起诉讼,还发表污蔑"后援会"的相关言论。面对这种压力和危险,担任《无锡评论》编辑部主任的博古无所畏惧,从容应对,最终获得了胜利。

由于工作需要,1925年7月16日以后,根据锡社决定,博古开始全力投入《无锡评论》的编辑工作。他在《无锡评论》发表了多篇文章,与当地大地主、大资产阶级保守势力展开了一场关于"后援会"查禁英、日外货引发之争议的论战。针对保守势力关于查禁没收外货有违法律、是否销售外货应听任商人自愿等论调,他针锋相对地指出,商人虽然应该做生意,但也应将爱国放到第一位。他说,"爱而称互,必须有两面的,而不是一面的……总不能拿互爱招牌来保护奸商,私运仇货"[1],"法律也随时随境而变……孙中山的倡共和,蔡松坡的讨袁逆,岂具按法律而行"[2]。在这次论战中,他发表了很多篇文章,不仅着眼于驳斥那些攻击"后援会"的陈词滥调,而且将批评的锋芒指向了北洋军阀的反动统治。由于他经常利用报刊宣传反帝爱国思想,抨击军阀官僚和地主资产阶级的腐朽,一时成为无锡舆论界的一颗明星。

"五卅"运动是这个时期的博古所投身的革命活动中的最重要的一次。在这次运动中,他对革命运动有了进一步的认识。通过这次运动,他开始认识到了信仰和主义在革命运动中的重要性。在1925年7月13日、16日发表的《论军事教育》一文中他认为,加强军

---

①《爱国与互爱》,《无锡评论》1925年8月1日,无锡市史志办公室编:《秦邦宪(博古)文集》,第49页。

②则民:《读薛南溟致商会书以后》,《无锡评论》1925年9月1日,无锡市史志办公室编:《秦邦宪(博古)文集》,第63页。

事教育固然必要,但更重要的是进行信仰和主义的教育。在该文中他先引用孙中山对主义的阐释:"主义是一种思想,一种信仰,和一种力量。大凡人类对于一件事研究当中的道理,最先发生思想,思想贯通以后,便起了信仰,就生出力量"[1],接着指出了当时青年缺乏信仰之现象和解决问题之道,认为"青年人之所以易受人家利用者,就是因为青年意志不坚,耳根太软。但是有主义训练的人却不然,他有了坚定的信仰,他只有为自己作战而死,决不会受甘言蜜语之迷惑,除非他信仰不是真正的信仰"[2]。虽然这时的他对革命背后的主义的重要作用理解得还不深刻,但能认识到主义之于革命运动的重要性已经意味着一种思想上的巨大进步。正是因为有了对主义的重要性的认识,使得此后的他很快开始了对于马克思主义理论的学习。而这,也成为促使他从革命进步青年走向党的起点。

博古在"苏州二工"习得了初步的革命思想并多次参与革命实际活动之后,转眼到了要从"苏州二工"毕业的时刻。毕业后何去何从,成为决定他未来人生道路的重要选择。当时的他面前有三条路可选:一是到朋友介绍的无锡北乡西漳小学担任教导主任,二是继续上学深造,三是直接投身革命实际斗争。面对这样的选择,他的内心开始了激烈的思想斗争。他首先想到了自己的家,想到了自己年迈的母亲为了他们一家四口"东奔西走,以一妇人的智慧而调排筹划",想到自己"年稚怯弱的弟弟,因为缺乏财力的缘故而去给肥如豕奴的资本家做奴隶",想到自己"聪明勤学的妹妹,因为金钱不继行将失学"[3],基于此,他很想选择去西漳小学担任教导主任,替

① 则民:《论军事教育》,《血泪潮》1925年7月13、16日,无锡市史志办公室编:《秦邦宪(博古)文集》,第46页。
② 则民:《论军事教育》,《血泪潮》1925年7月13、16日,无锡市史志办公室编:《秦邦宪(博古)文集》,第46页。
③ 则民:《前尘(之一)》,《锡报》1924年11月25日-1925年1月6日,无锡市史志办公室编:《秦邦宪(博古)文集》,第10页。

自己的母亲分担家庭重担。但他同时又想到了社会的黑暗、政府的腐败，想到了"五卅"惨案中白白死去的工人、学生，想到了帝国主义对中国的残忍暴行和盘剥，他意识到，挽救国家危亡，解救人民苦难，才应是有志青年的奋斗目标，更何况自己已是一名共青团员。最终，他克服思想矛盾，在母亲的支持下，决定奔赴当时革命的中心上海，报考上海大学，以便能够进一步接触革命思想，投身革命运动。

1925年9月，博古来到了于右任、邵力子担任正副校长、邓中夏担任总务长的"革命的摇篮"——上海大学[1]。他所就读的社会学系是传播马克思主义理论的重要基地，瞿秋白担任该系主任，同时，教授社会学概论和社会哲学等课程。学校还经常请蔡和森、恽代英、张太雷等来校讲授马列主义理论课。在这所"东南最高的革命学府"[2]接受较为系统的马列主义理论、思想学习后，博古的革命思想向前又进了一大步。他开始向往社会主义的苏联，开始对十月革命道路十分神往。在学习过程中，他对中国共产党有了更深入的了解。这年10月，他怀着对共产党革命主张与思想的认同，郑重加入了中国共产党。从此，他便以共产党员的身份走上了一条全新的革命道路。

1926年初，基于国共合作背景下的革命组织对干部的需要，博古在党组织的安排下离开上海大学，前往国民党上海特别市党部从事宣传工作。在中共浙江区委书记罗亦农的带领下，他参与了第一次上海工人起义的筹备工作。这时他参加的不再是学生们组织的群众性革命运动，而是在中国共产党领导下的有更强组织性的革命行动。这些行动相较于之前的学生运动有更大的危险和挑战。10月，在联军总司令部对"国民党上海特别市党部从严查究"的密令

[1] 程永言：《回忆上海大学》，《党史资料丛刊》1980年第二辑，上海人民出版社，1980年，第80页。
[2] 李志英：《博古传》，第25页。

之下,淞沪警察厅在搜查过程中将博古逮捕。在之后的拷问中,博古经受住了考验,保守了党的秘密。这次被捕和拷问并未吓倒他,第二天被释后随即又投入到起义的准备工作中。不久,他通过了前往莫斯科中山大学留学的考试,希望去那里亲身感受他理想中的苏联生活和革命道路。同时他也意识到,自己的留学之行承载着党对他的期望,他需要竭尽全力学好马列主义理论和苏联革命的成功经验,回国后指导中国革命的具体实践。

　　纵观赴苏联留学前博古走向革命、走向党的过程,可以看到,一个原本只想通过经商改变家庭经济境况的少年,在军阀混战、仁人志士纷纷探求救国救民的革命道路的大背景下,是如何一步步感应时代脉搏、萌发革命思想并最终走向革命、走进党的必然历史过程。青少年时代,积贫积弱的中国和日益没落的家庭给他带来了极大影响,使得出身书香世家的他想要通过经商来挽救家庭的衰败趋势。由于命运的安排,他没能进入工商中学学习商科专业,而是来到另一所学校"苏州二工"读了预科。在"苏州二工",他接触到了《新青年》《创造周报》等进步刊物,加入了孤星社、锡社等进步社团,结识了安剑平等一批进步青年。在阅读进步报刊的过程中,他接触到了新思想、新文化,同样认识到了报刊在革命活动中所能发挥的巨大作用,他开始向报刊投稿,用文字鼓吹革命。在初具革命思想的基础上,"五卅"惨案的发生进一步点燃了他的革命热情。强烈的爱国心与责任感推动着他参与到这次运动中。他秉承着锡社"扶弱除强的侠魂主义、除旧布新的革新主义"之宗旨,组织了一系列游行示威和进步运动,同时还参与编辑《无锡评论》。在他担任《无锡评论》编辑部主任的一年中,"经他编辑的共21期,期期都饱含着博古早期的革命激情"[1]。也正是在这些工作过程中,他的爱国心和革命思

<hr/>

[1] 许浩良:《秦邦宪与〈无锡评论〉》,中共无锡市委党史工作委员会编:《秦邦宪的青少年时代》,第55页。

想得到了深化，使得他从"苏州二工"毕业时选择进入了当时"传播马克思主义的重要基地"上海大学社会学系，系统接触了马克思主义思想，并很快加入了中国共产党。

可以看出，在博古走向革命、走向党的过程中，报刊起到了不可忽视的作用。正是《新青年》《创造周报》等进步报刊上的文章初步启蒙并点燃了他的爱国思想、革命思想，让他对革命思想和革命活动有了一定认识。而在他初具革命思想后，报刊又反过来成为他宣传革命思想、参与和推动革命活动的有力工具。他在利用报刊宣传革命、参与和推动革命活动的过程中，又加深了对报刊的强大社会功能和重要作用的认识。这为他后来担任党的领导职务时一直十分重视新闻宣传工作、进而成为党的专职新闻工作者在一定程度上做了铺垫，打下了基础。因此，可以说，博古走向革命、走向党的过程既是接触报刊的过程，也是参与和利用报刊的过程。接触、利用报刊是其走向革命、走向党的过程的一部分，也是其走向革命、走向党的过程中的一种重要工作方式。博古走向革命、走向党的过程与接触报刊、利用报刊之过程的这种紧密结合、相互促进，在一定程度上预示了其此后革命生涯与新闻生涯之间互为表里的人生图景。

二、任劳任怨，自我批评：为党的革命事业
无私奋斗、勇敢前行

1926年底，博古提着箱子快步走向黄浦江杨树浦，寻找一艘停在江心的苏联货轮。这趟货轮的目的地是他内心向往的红色苏联。他和同行的几十人将以中共中央选派留学生的身份前往莫斯科中山大学，开启人生中最为重要的一段读书生涯。莫斯科中山大学是在国共合作背景下由苏共中央成立的一所承担着为中国革命培养大批军事家和具有组织、宣传能力的社会活动家的革命任务的大

学。中共中央选送他们前往苏联留学的目的是为了给中国革命"培养高度熟练的政治工作人员"，使他们"成为国共两党和国家的重要干部"①。从苏联留学归国后的博古很快变成了共产党革命事业的一名重要领导者，一度担任中共临时中央政治局负责人。虽然因错误执行"左"倾路线给党带来重大损失而从党的最高领导岗位上退了下来，但对党的革命事业的热情和忠心始终没有任何改变。从党的最高领导岗位上退下来后，他任劳任怨，勇于做自我批评，在中央领导下，继续为党的革命事业无私奋斗，在党的"外交"、组织、宣传等工作方面，做出了巨大贡献，直到1946年因飞机失事而牺牲。

那么，博古在为党的革命事业奋斗的过程中究竟怀着什么样的心情？其革命生涯中的各个阶段的工作状态究竟是什么样的？在担任党的临时中央总负责人过程中所犯的错误究竟是基于什么样的认识和想法？对自己在担任最高领导职务过程中所犯的错误他究竟是怎么认识的？有什么样的态度？离开党的最高领导岗位后他对党的革命事业是否继续保持着极大热情？在继续为党的革命事业奋斗的过程中其工作状态是否发生了一定变化？

在苏联货轮上飘摇了十几天后，博古到达了正在进行社会主义建设的苏联。虽然此时苏联的社会主义建设和发展水平尚未产生特别显著的效果，但与当时中国的情况相比，他的内心仍被深深震撼了，他"深感在资本主义国家的包围中能够建立这样庞大的一个共产主义的策源地和坚强堡垒的不易"②。在尚不具备社会主义建设经验的他看来，苏联当时取得的各方面成就显然缘于共产国际和马列主义的指导。因此，他全身心投入了马列主义基础理论的学习中，学习辩证唯物主义、历史唯物主义、政治经济学、社会发展史、中国革命运动史、俄国革命史、东方革命运动史、西方革命运动史等。

---

① 李志英：《博古传》，第35页。
② 李志英：《博古传》，第67页。

他信心十足,相信只要多读马列书籍,弄懂马列主义,将来就必然能够领导中国革命走向胜利。在他看来:"半部论语治天下,读这么多马列主义书,还不能统治中国?"①

其实,当时的苏联并非尽善尽美,如当时正弥漫着的波德林教条主义、斯大林正在进行的路线斗争和党内存在其他错误实践,在这一切错误路线和思想中,最核心、最主要的是教条主义,但对于对苏联的一切崇尚有加、对马列主义充满迷恋的、"涉世未深"的博古来说,他对这些错误思想、路线及相关做法显然不可能有识别力,不可能认识到其中的问题。"他热情天真而且单纯。在他心目中共产国际和苏联是马克思主义圣洁的地方,他非常崇拜斯大林,相信共产国际,把共产国际视为当时各国共产党必须绝对服从的上级领导。"②在他看来,只要把马列主义经典理论弄通了,自然可以指导实践。不仅博古受到这样的影响,当时许多留学生在潜移默化中程度不同地受到了这种教条主义思想的影响。在苏联期间受到的这种影响,正是后来博古在担任临时中央总负责人期间犯下严重错误的重要原因。

四年的留学生活过得飞快。1930年5月,从莫斯科中山大学毕业的博古带着改造和建设中国的热切理想回到了上海。此时的中国,正处于大革命失败后的白色恐怖中。国民党特务密布于上海,不断搜捕、屠杀共产党人,革命处在极端困难之中。而此时的党内亦不平静。在共产国际的影响下,教条主义的错误实践已经在中国共产党内部有所体现。最明显的就是,在选拔干部时片面强调工人成分,使得没有什么才干和水平的向忠发当上了中共中央总书记。实际主持工作的周恩来前往苏联后,李立三掌握了领导权,并错误地估计了当时中国的革命形势,做出要发起新的革命高潮和首先在

---

① 李志英:《博古传》,第67页。
② 李志英:《博古传》,第44页。

一省或几省决胜的决议,提出"打下长沙,夺取南昌""会师武汉,饮马长江"等设想,并试图发起全国城市总罢工、总起义。这些活动最终要么没有付诸实践,要么刚刚发动便遭失败,而党却为此付出了极为惨痛的代价。

回国工作初期,怀着用留学时期所学理论与经验推动中国革命的热情,博古全身心投入党交给的各项工作中,其职务短期内也不断上升。刚归国时任全国总工会宣传干事,7个月后任团中央宣传部长,此后又任了3个月的团中央书记。回国后不到一年时间,博古已连升三级,跻身高位,在党的重要部门中国社会主义青年团发挥着领导全局的作用。此时的他意气风发,将满腔的革命激情投入到青年运动中,其所领导的团中央很快受到共产国际好评。来自共产国际的鼓励,使他对党的革命事业的干劲更足了。

干劲更足的他很快迎来了更具挑战性的工作。六届四中全会后,李立三被撤销政治局委员职务,党中央实际权力控制在了王明手中。靠反对李立三路线掌权的王明继续推行"左"倾冒险主义路线,使党的组织受到更大破坏。1931年4月起,党的多位领导人先后被捕、叛变或遭暗杀,给中央的工作开展造成了极大困难。由于环境险恶,在上海工作的不少中央领导人不得不立即离开上海,王明将赴苏联担任共产国际中国代表团团长,周恩来也将前往中央苏区。共产国际远东局提议成立中共临时中央政治局。就是在这样的情势下,在王明的主导与精心筹划下,博古奇迹般成为党的临时中央政治局总负责人。他是在距离其上海住所不远的一个小酒店接受任命的。没有仪式、没有掌声,这个年仅二十四岁的"中共中央的小伙子"就这样走上了中共中央最高领导人岗位。

当时的他似乎没有意识到摆在他面前的任务有多么艰巨。他内心想到更多的似乎是,这个安排是共产国际和党对他的信任和考验,而他也期待着这种考验,他在苏联学习到的丰富的马列主义理论与知识终于有了用武之地,他的革命激情终于可以在一个更加广阔的平台上得到施展。此时的他"风华正茂,少年气盛,他没有考虑到个人的生死安全问题,一心一意担起了这个担子。他以为在共产国际的领导下,自己是有这样的精力与才能完成这个任务的"①。虽说这其中大概也蕴含着人或多或少必然会具有的一定程度的对权力的喜好及其所带来的满足感,但对当时急于用自己在苏联所学的马列主义理论指导中国革命的他来说,其中更多蕴含着的是他对中国革命和中国共产党自身发展的责任心与使命感。以他当时的内心状态,他似乎丝毫都未考虑到自己尚不成熟的肩膀是否能担起领导中国共产党这个艰巨的担子,未考虑到自己根本"不了解中国错综复杂的阶级关系,不了解中国社会诸矛盾的本质,不了解中国革命的特点,不了解中国革命的客观规律,仅凭读了一些马列和斯大林的书,囫囵吞枣就自信能够驾驭整个中国革命的胜利运行"②。在这个意义上说,之后的几年里他所犯的严重错误在他成为党的临时中央总负责人的那一刻起就已注定了。

周恩来、王明等相继离开上海后,上海的形势极度恶化。紧迫的局势很快就不容许中共中央继续在上海开展工作。在这种情况下,博古决定冒险前往江西苏区同苏区中央汇合,同时将临时中央也迁到苏区。也许自认为在苏联已学到了马列主义理论的真理,也许考虑到有共产国际对他的信任,有王明对他的支持,也许由于在中央工作的不少同志是自己在莫斯科留学时的同学,也许由于在回国后短短一年左右的时间里他就成为临时中央总负责人,内心多少有些骄傲,因此,博古来到苏区后,在各方面工作中更加自信。这种过分自信,再加上王明离开前对他进行的诸如"万事都得请示共产国际""决不可擅自行动"③等嘱托,使得他在领导苏区工作的过程

---

① 李志英:《博古传》,第97页。
② 李志英:《博古传》,第97页。
③ 朱仲丽:《黎明与晚霞》,解放军出版社,1986年,第115页。

中完全听命于共产国际,盲目服从共产国际的一切命令,放弃了对中国革命的独立认识和判断,最终犯下了一系列错误。

　　不可否认,在苏区工作期间,博古对革命工作怀有极大热情,在工作中全身心投入,忠心耿耿,没有因为物质条件的艰苦而有半点懈怠。他按照共产国际的指示和安排,同苏区中央的负责同志紧密配合,轰轰烈烈地开展了一系列运动和斗争,虽然这些工作大都是在"左"倾路线指导下做的,但在一定程度上确实促进了苏区建设。在苏区工作中,他热情洋溢,激情飞扬,"感到轻松,舒畅,温暖,到处可以自由地呼吸,仿佛回到在莫斯科的时候","他雄心勃勃很想干出一番事业,使革命斗争能够有一个大发展"①。面对苏区艰难的革命斗争形势,这位年轻的临时中央总负责人一点都不畏难,或者说没有感觉到有多难。他天真地认为,在共产国际的指导下,"资本主义局部稳定终结,许多国家内部革命危机的条件迅速成熟,整个的国际形势正是处在走向新的革命与战争时期的过渡阶段",所以要"发动工人阶级和被剥削群众,去为夺取政权而斗争,为着无产阶级专政而斗争"。他忽视了民族矛盾加剧和中间阶级要求抗日民主的实际情况,忽视了蒋介石对日继续执行"攘外必先安内"的方针、正集中火力对红军和革命根据地进行"围剿"的事实,片面地认为,由于"反帝国主义的斗争剧烈高涨,工农红军与苏维埃运动猛烈扩大开展,国民党统治区域的国民经济全部的崩溃",再加上"暴风疾雨一样开展着的白区工人农民的斗争","国民党统治的崩溃和破产不远了"。基于这种认识,他坚定执行布尔什维克的进攻路线,认为当前的重大的任务是,"最积极地开展反对帝国主义反对国民党的民族革命战争,粉碎敌人的新进攻,争取一省数省的首先胜利",而为了这一历史任务的实现,必须"最大限度的扩大与巩固主力红军,

---

① 李志英:《博古传》,第109页。

要在全中国苏区创造一百万红军来同帝国主义国民党作战"①。他的这一不切实际的想法和做法引发了党内和红军中许多同志的不同意见，但他没有耐心听取他们的意见和建议，反而称他们是"机会主义退却路线"，并仿照斯大林搞党内斗争的做法，将这些同志认定为执行"右倾机会主义""富农路线""调和路线"的破坏分子。

　　他将闽粤赣临时省委书记罗明提交的与当地实际情况基本相符的《对工作的几点意见》的报告视为背离党的进攻路线，是"动摇懦弱无气节的小资产阶级的分子"，是"悲观失望""退却逃跑"，是"反对党的进攻路线"②。按照党的原则，即使罗明提交的报告有问题，最多也属于思想认识问题，思想认识问题应通过批评讨论和说服教育的方式来解决，但博古却将这个问题提到了路线的高度，因此开展了反对"罗明路线"的斗争。他认为闽粤赣临时省委正"处在一种非常严重的状态中，在省委内一小部分同志中，显然形成了以罗明同志为首的机会主义路线。这一路线对于目前革命形势的估计是悲观失望的，对于敌人的大举进攻表示了张惶失措"③。因此，他倡议："每个中国的布尔塞什克应该团结在共产国际和党的进攻路线的周围，用十倍努力，十倍坚定，十倍积极、勇敢去克服自己队伍中的机会主义，粉碎敌人的大举进攻与实现我们面前的历史使命。"④于是，在他的推动和主导下，一场反"罗明路线"的斗争先后在各苏区轰轰烈烈开展了起来。"历时一年多的斗争，由上层扩展到基层，扩展到军队，打击了不少坚持正确意见的干部，给江西地区

---

① 博古：《拥护党的布尔什维克的进攻路线》，中国人民解放军政治学院党史教研室编：《中共党史参考资料》（第六册），1979年，第489页。

② 李志英：《博古传》，第113页。

③ 《苏区中央局关于闽粤赣省委的决定》，《六大以来党内秘密文件》（上），人民出版社，1981年，第330页。

④ 博古：《拥护党的布尔什维克的进攻路线》，中国人民解放军政治学院党史教研室编：《中共党史参考资料》（第六册），第489页。

带来了严重的损失。"①

　　在苏区土地问题的解决中，博古的"左"倾路线也有非常明显的体现。在他到苏区之前，江西苏区就已经在执行共产国际"无代价的立即没收豪绅地主阶级的土地财产，没收的土地归农民代表会议处理，分配给无地及少地的农民使用"之政策和中央苏区"地主不分田，富农分坏田"的"左"倾政策。博古来到苏区后，没有纠正这种错误政策和做法，反而根据他的主观判断，提出要"彻底进行老苏区的查田运动与新发展区域中的迅速没收地主阶级土地及将其分配给雇农、苦力、贫农、中农"的"正确的土地分配"，要求"动员我们一切力量开展我们在各个战线上的进攻"②。在查田运动中，他将一些之前错划为地主、富农但已纠正的人，又重新划成了地主、富农，同时对于地主、富农实行残酷打击，使部分地主、富农逃到了白区，甚至上山为匪。按常规来讲，刚到苏区的博古对苏区农村的情况一无所知，也不懂如何解决农村问题和制定土地政策，这时他应该做的是调查研究和广泛听取在苏区工作时间较长的同志之意见，但他却毫不犹豫地对土地革命的重大决策进行了自以为最具革命性的决定。在六届五中全会上，他指出："在新苏区与一部分边境区域中，土地问题依然还是一个严重的问题，那里屡次为党所指斥的错误办法与'富农路线'，还是部分地或多或少地执行着"，他同时指出，要"反对危险的右倾机会主义和反对右倾机会主义的调和态度"③。这一时期党内的"左"倾路线发展到了极致，给党在苏区的发展带来了极大危害。

　　面对国民党的数次"围剿"，博古确实感到了军事斗争的复杂与

①李志英：《博古传》，第121页。
②博古：《为着布尔什维克的春耕而斗争》，《红色中华》1933年2月10日。
③《中共五中全会政治决议案》，中国人民解放军政治学院党史教研室编：《中共党史参考资料》(第六册)，第504页。

棘手，在这种情况下，共产国际派来的军事顾问李德遂成了他完全依赖的"军师"。到中央苏区的李德，经由博古在军事委员会介绍后，就直接参加了军委工作。"由于博古不懂军事，项英对军事也不大在行，所以李德一来，他们就依靠李德来主管军事领导工作。"[1]本来，共产国际派李德到苏区是担任军事顾问的，应听命于中共中央和中央军委，可博古和项英却将整个红军的指挥权都交给了李德，军委的工作也由李德领导。集体领导的原则完全起不了作用，党的军事工作完全掌握在了李德手中。前方送来的电报，都要先送给李德，经李德批阅提出相应意见后，再翻译成中文送给军委副主席周恩来。李德虽然在欧洲战场有一定实战经验，但他对中国情况完全不了解，更不了解中国革命战争的特殊规律，他只是片面地将苏联红军的相关军事理论用到红军身上。在他看来，中国的游击战术是"游击主义"，他支持正规战、阵地战，反对运动战。他用书本上的一套理论机械地指导中国的革命战争，而博古等人完全盲从他的意见。这种错误指挥所带来的后果在反"围剿"斗争中很快体现了出来。

　　1933年冬，福建十九路军联合李济深、陈铭枢发起抗日反蒋事变。这对于处在"围剿"危机中的中国共产党原本是一个千载难逢的机会，博古却认为同十九路军联合是脱离中央根据地的冒险主义，认为十九路军抗日反蒋只是企图借助革命口号与纲领阻止人民群众进一步革命化，从而在新的形势下继续其所代表的地主资产阶级的统治。博古和李德的错误指挥使党面临前所未有的危机，十九路军的反蒋抗日面临失败，苏区也面临遭遇国民党第五次"围剿"的严峻形势。然而，在形势十分危急的情况下，博古却没有将工作的重心放在准备应对国民党的"围剿"方面，而是依然强调："党的工作的基本任务，是发展农民群众一切反对捐税、反对高利贷、反对地租

---

[1] 李志英：《博古传》，第131页。

的斗争,发展分粮抢米、夺取土地的斗争,提高这些斗争到革命的游击战争与土地革命","用最大力量去准备、组织工人阶级的罢工斗争,在尖锐的革命形势之下,罢工意义是极大的增长了,党必须将整个注意力放到我们这个工作的最薄弱一环而求得坚决的转变。党的全部力量应放到工厂、工会罢工上面。"[1]

在第五次反"围剿"中,博古错误地估计了当时的形势,提出"不让敌人蹂躏苏区一寸土地"的错误口号[2],以阵地战、堡垒战代替了运动战,使得红军完全处于被动挨打的地位,中央根据地兴国、宁都、石城等地相继失陷,中央主力红军被迫撤离中央革命根据地,开始长征。

虽然自始至终,博古对党的感情都没有变,他一直保持着刚入党时的革命热情和初心,尽心尽力地领导着革命队伍,但苏区的各方面形势却因他的错误领导而一天天在恶化。党和红军最终不得不开始的长征就是他执行错误路线所导致的后果。长征开始不久的遵义会议上,面对自己的错误带给党和红军的严重后果和党内军内众多同志的批评,博古主动离开了党的最高领导岗位。

虽然他内心或多或少也曾产生过些许不理解,甚至发出"我是多伤惨,光阴犹如胆"[3]的感慨,但本着对党的忠诚和热爱,他将这种不理解暂时搁置,毅然服从党的安排。他明确地说:"今后有事,尽管分派我秦博古干。"[4]从离开党的最高领导岗位到1946年牺牲,他在党分配给他的不同岗位上任劳任怨、竭尽全力地工作,为党的新闻宣传、组织建设和统一战线工作做出了不可磨灭的贡献,尤其是在党的新闻宣传和新闻事业工作领域取得了显著成绩、做出了巨

---

[1]《中共五中全会政治决议案》,《六大以来党内秘密文件》(上),第520页。

[2] 李志英:《博古传》,第143页。

[3] 石永言:《遵义会议纪要》,解放军文艺出版社,1991年,第105页。

[4] 石永言:《遵义会议纪要》,第195页。

大贡献，成为中国共产党革命时期新闻事业建设的重要开拓者。

　　从一个人对其所干事业的投入固然可以看出其对该事业的挚爱与忠诚，而从一个人对待其工作中出现的错误的态度和方式，更可以看出其内心对所干事业究竟是否挚爱和忠诚。在从事革命工作的一生中，博古对党的革命事业无疑一直是热情似火、全身心投入的。那么，对于其担任党的临时中央总负责人期间所犯的错误，他又是如何认识的呢？

　　以后视视角看，正如博古的儿子秦铁后来评价父亲时说："历史给我父亲安排的就是一个犯错误的角色。"[①]博古在特殊的时代和社会环境的刺激和影响下，走向了革命，走向了党。走向党之后，基于党的革命工作的需要，被派往苏联留学。留学期间恰逢苏联"左"倾教条主义思想盛行时期，于是，他不可避免地受到了影响，以在苏联学习到的理论和经验为绝对真理。回国之后，由于当时党面临的特殊形势，年纪轻轻的他阴差阳错中当上了党的临时中央总负责人。对于肩膀稚嫩、缺乏经验，却因在苏联学习了较为系统的马列主义理论而十分自信自得，坚信完全遵照共产国际的指示、照搬苏联的斗争经验和方法即可领导中国革命走向胜利的他来说，等待他的就必然只能是犯错。在一定意义上可以说，博古当时的错误其实"是由中共和共产国际当时的历史条件造成的"，而非博古一个人造成的，"是时势出的一个差错"最终造成了博古的错误[②]。可以说，博古在领导党的革命斗争过程中所做的一切都是在共产国际的指挥下进行的，从服从共产国际的命令的角度来说，他是没错的。博古真正的错误在于，过于服从共产国际的权威，没有考虑中国的实际

———————————

①秦铁：《无法绕过的秦邦宪》，周海滨编：《失落的巅峰：六位中共前主要负责人亲属口述历史》，人民出版社，2012年，第95页。

②温济泽：《谈秦邦宪有关情况》，邹贤敏、秦红主编：《博古和他的时代——秦邦宪（博古）研究论集（上册）》，第4页。

情况,没有虚心听取党内其他革命同志的意见。

对于自己在担任党的临时中央总负责人期间所犯的错误,博古此后一直在反省,一直在主动进行着自我批评。红军长征结束抵达陕北后,中央决定成立党务委员会审查陕北以前的肃反工作,博古被指派负责这项工作的具体执行。他全程参与并指导了对刘志丹案件的审查。面对案件审查中发现的"左"倾路线导致的一系列错误决定,作为审查负责人的他受到了极大震撼,因此在极力做好纠正错误路线、平反冤假错案的同时,他开始了对自己之前错误的更深切反思。

1941年5月19日,毛泽东在延安干部会议上作了《改造我们的学习》的重要报告。9月10日至10月22日,毛泽东主持召开中央政治局扩大会议。轰轰烈烈的整风运动由此开始。在这次会议上,博古对自己在遵义会议之前所犯错误再次进行了检讨。他说:"1932年至1935年的主观主义路线错误,我是主要的负责人。遵义会议时,我是公开反对的。后来我自己也想到,遵义会议前不仅是军事上的错误,要揭发过去的错误必须从思想方法上、从整个路线上来检讨。我过去是学了一些理论,拿了一套公式教条来反对人家。四中全会上我与稼祥、王明等反对立三路线的教条主义,也是站在'左'的观点上反的,是洋教条反对土教条。当时我们完全没有实际经验,在苏联学的是德波林主义的哲学教条,又搬运了一些苏联社会主义建设的教条和西欧党的经验到中国来,过去许多党的决议是照抄国际的。在西安事变后开始感觉这个时期的错误是政治错误。到重庆后译校《联共党史》才对思想方法上的主观主义错误有些感觉。这次学习会检查过去错误,感到十分严重和沉痛。现在我有勇气研究过去的错误,希望在大家帮助下逐渐克服。"[1]从这次检讨可

①《胡乔木回忆毛泽东》编写组:《胡乔木回忆延安整风(下)》,《党的文献》1994年第2期,64页。

以看出,博古对自己之前所犯错误的认识十分深刻,态度极为真诚。

　　1945年4月23日,"七大"在延安召开。5月3日,博古又一次对自己之前的错误进行了检讨和反思。在当日所做长篇检讨发言中,他深刻检查了自己的错误。他说:"在上海中央破坏以后,由老的中央政治局委员指定我做临时中央负责人。当指定我做这个工作时期,我并没有感到不能担任领导整个党这样的事情。相反的,当时背了相当多的包袱,反对李立三的英雄是一个包袱,李立三把我处分了,四中全会取消了我的处分,这时又洋洋得意,再加上四中全会后我在青年团做了一个时期的工作,少共国际的决议上,说我们的工作有成绩有进步,这又是一个包袱,说我领导团还行,难道就不能领导党?""做了临时中央负责人以后","目空一切,看不起任何人,不请教任何人,觉得我比任何人都高明","发展了刚愎自用,不愿自我批评,不愿意听人家批评,对于一切错误采取文过饰非的态度。""这个时期,我是党中央的总负责人,我是这条路线所有一切错误发号施令的司令官,而且这条路线在这个时期所有的各个方面的错误,我是赞成的。各种恶果我是最主要的负责人,这里没有'之一',而是最主要的负责人。"①从博古这个发言看,其检讨可谓"字字诛心",对遵义会议前自己所犯错误进行了深度反思,没有为自己做一点点开脱、解释,没有推卸一丝一毫的责任。

　　从博古这种不断反思自己错误、勇敢地对自己进行自我批评的精神可以充分感受到其对党的革命事业的无限忠诚与挚爱。博古这种自我批评的精神及其所反映出的对党的革命事业的忠诚,可以说贯穿于其革命生涯的整个过程,体现在其所从事的所有工作中。在其主持《解放日报》工作中,这种虚心接受批评、勇于自我批评的精神也深有体现。在整风运动中,《解放日报》改版工作是整风运动

---

① 秦邦宪:《在中国共产党第七次全国代表大会上的发言》,《遵义会议文献》,人民出版社,1985年,第104页。

的重要组成部分。在改版工作中，为了使《解放日报》能成为"一张真正的党报"，作为社长的博古不断检查改版前存在的问题和错误。1942年3月16日，中央宣传部发出《为改造党报的通知》，明确了改版方向，指出要将党报的主要力量放在宣传贯彻党的方针政策、配合当时革命斗争与边区建设上来。第二天，博古就在编辑部全体会议上检查了10个月来报纸的主要缺点，同时明确提出以后的办报方针。在这种虚心接受批评且积极进行自我批评的作风带动下，《解放日报》的改版工作迅速有效开展起来。"报社同志深为他严于律己的精神所感动，大家都尊重他，按照他的部署努力工作。"①3月31日，毛泽东主持中央会议，召集七十多人探讨如何办好《解放日报》。博古在会上再次进行自我批评："说明报纸没有办好，自己没有完成应尽的责任，请求大家指正帮助。"②

不仅在中央进行自我批评，而且在报社内部也进行自我批评，不仅自我批评，而且切切实实谋求问题的解决和改进。在参加完中央召集的会议后，博古将中央和毛泽东的意见在《解放日报》编委会上进行了切实传达。"编委会上有人急于检讨，有人推托客观，还有人指责工作人员缺乏责任感"，在这样的情况下，"博古虽然心情沉重，头脑却十分清醒，他主动承担责任"，检讨自己的问题，指出自己组织观念不强，在一些社论、新闻的发表问题上没有及时向中央请示报告，以致有些问题出现政治性差错，他明确告诉报社同志："中央的批评主要指的是我"，同时他也指出："对于《解放日报》严重缺点，不必在下面叫喊，对于编辑部的同志，要采取鼓励、教育的方针，培养他们树立每一消息、每一字句都是代表党的观念。"③正是基于这种勇于对自己的错误进行自我批评的作风和态度，他最终领导

---

① 王敬：《延安〈解放日报〉史》，新华出版社，1998年，第27页。

② 王敬：《延安〈解放日报〉史》，第27页。

③ 王敬：《延安〈解放日报〉史》，第27页。

《解放日报》取得了改版的成功。

　　回顾博古为党的事业奋斗的一生，可以看出，无论是在担任党的临时中央总负责人时期，还是此后承担党交给的其他工作任务时期，他对党都是忠心耿耿，对党的革命事业都是满怀热情。虽然在担任党的总负责人时期他犯了"左"倾教条主义错误，给党的革命事业带来了巨大损失，产生了十分严重的后果，但若从他内心对党的忠诚和对党的革命事业的干劲与热情来看，却是毋庸置疑的。他当时所犯的错误既出于他自己的思想认识原因，也与当时党所处的特殊历史阶段与时代情势有关。尤为可贵的是，在受到党内同志批评，意识到自己的错误后，他从内心深处对自己的错误及其所带来的后果进行了真诚且深刻的反思，且在之后的革命工作中不断检讨自己的错误。同时，在此后十余年的革命生涯中，在从事党所安排的其他工作、完成党所交给的其他任务的过程中，他依然满怀热情、尽心尽力、倾情投入，革命干劲丝毫没有因为曾经遭遇的批评而有任何减弱，对党的忠诚丝毫没有因为从党的最高领导岗位上退下来而有任何降低。在从事党交给的其他工作过程中，他的足迹遍布大江南北，他的身影活跃于党的许多工作领域。这些工作大都繁杂棘手，但他怀着对党的忠诚和对党的革命事业的热爱，一直以旺盛的精力和极大的激情，勠力为之，任劳任怨。

　　他的一生是坎坷的一生，他的一生又是革命的一生、战斗的一生。他的革命生涯"不是顺利长大起来的，而是走了许多弯曲而艰险的路途，跌过跤，碰过头，受到过深深的创伤"[1]，但他的可贵之处在于，能勇于承认自己的错误，勇于用批判的眼光审视自己。作为遵义会议前党的最高领导人，公开承认自己的错误，接受他人的批评，这对任何人来说无疑都是一个需要具备无穷勇气的巨大挑战，

---

[1] 张越霞：《悼博古》，邹贤敏、秦红主编：《博古和他的时代——秦邦宪（博古）研究论集（下册）》，第822页。

但他最终却显现出了这样的勇气。正如他的孙女秦红所说:"主持一个意外的、以批评自身为主基调、并最终结果是让自己下台的会议,对他来讲,一定是艰难、令人沮丧、充满自我挑战的,不知需要有什么样的勇气和信仰,才能够让一个二十八岁的青年,看上去平心静气地坚持主持完成这样的会议,并主动交出权力,严格遵守决议,再安排好对上级——共产国际的汇报。之后,他还是坚定地支持了继任者们,不为外言所动。"①这种自我批评的背后显现出的是他对共产主义的坚定信仰和对党的革命事业的忠诚。

三、从指导、帮助、利用到做党报社长:
不竭的爱与不懈的求索

综观博古的一生,可以发现,他的革命活动和工作总是与报刊及新闻宣传工作保持着一直未中断的联系。他早年之所以能从一个希望通过经商改变家庭贫苦境况的懵懂少年逐渐萌生革命思想并最终走向革命、走向党,一个很重要的原因就在于接触了《新青年》等革命进步报刊,产生革命思想后他更是积极主动利用报刊宣传革命思想。加入共产党后,他与报刊和新闻宣传工作的关系愈加密切。入党后,他所从事的第一份工作是任国共合作背景下的国民党上海特别市党部宣传干事。苏联留学归国后,他最先从事的工作也是宣传工作,即编辑全国总工会报纸《劳动报》。成为党的领导人之后,虽然并不直接负责党的新闻宣传工作,但他一直十分重视舆论宣传和政治鼓动工作,不时对宣传鼓动工作进行指导和帮助。从党的总负责人岗位退下来后,在从事党交给的其他工作过程中,他也一直利用一切机会参与、利用、指导新闻宣传工作。成为《解放

---

① 秦红:《对爷爷及那个时代的浅识》,邹贤敏、秦红主编:《博古和他的时代——秦邦宪(博古)研究论集(下册)》,第848页。

日报》社长和新华通讯社社长后，更是全身心投入到党的新闻事业的建设和新闻宣传工作中来，成为党的新闻事业的开拓者和早期领导者。因此，可以说，他的一生既是为党的革命事业无私奋斗的一生，也是热心党的新闻宣传事业、为党的新闻宣传事业不懈奋斗与求索的一生。

那么，博古的一生究竟是如何热心党的新闻宣传事业、为党的新闻宣传事业不懈奋斗与求索的？在他参与报刊和新闻宣传工作的过程中，究竟怀揣着什么样的想法和追求？其革命生涯的不同阶段中参与报刊或新闻宣传工作的方式方法有什么样的不同？各个阶段的工作状态究竟是什么样的？每个阶段的工作成效或历史贡献究竟如何？

如前所述，博古走向革命、走向党的过程中就已开始接触和利用报刊。具体来看，这种对报刊的接触和利用最早开始于其进入"苏州二工"学习之后。进入"苏州二工"前，他的理想是将来能经商做生意，改变家庭经济困难状况。然而，进入"苏州二工"后，由于接触到《新青年》等进步刊物，一方面开启了他走向革命的步履，另一方面也开启了其与报刊及革命宣传事业结缘的人生历程。刚开始时，他只是作为"受众"接受这些革命报刊的思想影响，但很快他便开始主动接触和利用报刊。他利用课余时间经常向"锡社"所办刊物《无锡评论》投寄诗歌和时事评论，表达和宣传自己的革命思想。这个过程，一方面使他越来越强烈地认识到了报刊宣传在革命运动中所具有的巨大的不可忽视的作用，另一方面这种认识反过来又促使他更加有意识地利用报刊作为推动革命活动的工具。在这个过程中，因宣传工作做得出色，他一度被任命为《无锡评论》的编辑部主任。"五卅"运动发生后，由于罹患疾病，身体虚弱，不能投身反帝爱国运动第一线，更使他只能通过报刊参与运动，将满腔革命热情通过刊登在革命进步刊物《血泪潮》上的一篇篇文章挥洒出来。

阅读这一时期博古的报刊文章，能感受到字里行间弥漫着的浓郁的革命热情和强烈的爱国精神,能感受到作为青年学子的他对国家、对社会的美好期待。如在《随感》中他写道:"我们青年人的血是热烈的,行为是光明的,我们并不肯和什么党合作,并不受什么人指挥,不过正义所在,势必趋之。虽然荆棘遍途,也要尽我们的能力去斫折它。"①除了利用报刊呼吁青年人站出来与帝国主义和军阀勇敢斗争之外,他还利用报刊为社会最底层的弱者仗义执言,为女性、受灾群众、农民、士兵、人力车夫、小学教员呐喊。他疾呼:"妇女而成问题,已经使我有些心酸,为了妇女问题,而去告青年男子,更使我悲伤。"②"我们十二分的同情你们的阶级联合的运动,我们更十二分的愿意为你们效前驱!但是敬爱的先生们!我们不要忘了国际情形,我们不要企图苟安,我们要起来做正本清源之计!"③"先生们!惨遭兵匪蹂躏的小农,他的经济状况,是怎样困苦啊!岂可再告以毫无正用,应止征而不用,或用在借给军阀——的赋税啊!先生们!我在这里代表小农们的血泪之声向诸先生请求,减其可减之税!勿欲以备大帅不时之需,而横征暴敛!"④除了对弱势群体的关注,博古在文章中对军阀、豪绅也经常毫不客气地予以抨击:"军阀,杀人放火,穷兵黩武,损伤国家,糜烂地方,罪固可杀……我们固然应该打倒军阀,但最紧要的还在去军阀的走狗爪牙——罪甚于军

---

① 则民:《随感》,《无锡评论》第6、8期;邹贤敏、秦红主编:《博古和他的时代——秦邦宪(博古)研究论集(上册)》,第1页。

② 则民:《为妇女问题告青年男子们》,《无锡评论》第9期;邹贤敏、秦红主编:《博古和他的时代——秦邦宪(博古)研究论集(上册)》,第6页。

③ 则民:《为加薪运动敬告全邑小学教师》,《无锡评论》第25期;邹贤敏、秦红主编:《博古和他的时代——秦邦宪(博古)研究论集(上册)》,第90页。

④ 则民:《评顾宝琛氏致县议会之请议案》,《无锡评论》第26期;邹贤敏、秦红主编:《博古和他的时代——秦邦宪(博古)研究论集(上册)》,第104页。

阀的绅阀！"①"我们深感到中国政治没有上轨道的一天，真正的国民会议，自然也不能算在真正国民会议的账上，所以我们不希望任何爱国团体，费许多监视、纠察、竞争的心力于此御用的半吊头的国民会议上！"②从博古利用报刊所进行的这种现实批判来看，这个时期的他已充分认识到了报刊宣传的重要意义，并已开始积极利用报刊进行革命宣传与鼓动。

　　正因为在走向革命、走向党的过程中已经有这样的对报刊宣传工作的深刻认识和较丰富的工作经验，入党后，党交给他的最初的工作也都是宣传工作，如最初在国民党上海市特别党部任宣传干事，从苏联留学回国后在上海担任全国总工会创办的工人报纸《劳动报》编辑工作等。成为党的最高领导人之后，由于之前的革命活动和宣传工作经历，他对宣传鼓动和舆论动员工作在革命运动中的作用更是十分重视。担任党的总负责人时期，他一直保持着重视宣传、用报刊文章推动革命工作的习惯。只是这个时期的他更多关注的是如何将党的路线、方针、政策宣传和散播出去，如何将党报党刊与党的革命斗争工作紧密结合。这个时期他领导下的《红色中华》发刊词就明确说：《红色中华》的"任务是要发挥中央政府对于中国苏维埃运动的积极领导作用，达到建立巩固而广大的苏维埃根据地，创造大规模的红军，组织大规模的革命战争，以推翻帝国主义国民党的统治，使革命在一省或几省首先胜利，以达到全国的胜利"之目的③。可以看出，这一时期的他是将报刊作为其领导的苏区革命活动的一部分，且是非常重要的一部分，甚至将其纳入了革命的统

① 则民：《绅阀与军阀》，《锡钟》第4期；邹贤敏、秦红主编：《博古和他的时代——秦邦宪（博古）研究论集（上册）》，第15页。
② 则民：《国民会议筹备初选》，《无锡评论》第18期；邹贤敏、秦红主编：《博古和他的时代——秦邦宪（博古）研究论集（上册）》，第52页。
③ 《发刊词》，《红色中华》1931年12月11日。

一指挥和管理体系中。

当时,博古经常撰文在苏区报刊发表。他号召要"有力地领导与开展学生群众的目前的斗争,长期和坚忍地在群众中解释和宣传党的基本的政治立场,组织和开展工人阶级的斗争,影响和推进群众的转变,转变到坚决的布尔什维克的革命争斗上来"[1];他强调要为苏维埃和红军造势:"在目前的形势之下,必须千百倍的加紧宣传苏维埃和红军。……最普遍地告诉全中国的工农兵以及一切劳苦群众,正在中国内地同地主资产阶级的国民党血战着的中国苏维埃与红军,同时是反帝国主义的组织者与领导者,是目前反帝国主义国家最强有力与伟大的先锋力量"[2];对如何在工农群众中进行宣传鼓动他经常进行指导:"在动员中,我们不仅依靠于组织的力量,同样也应依靠于宣传鼓动的力量。几分钟的短时会议,飞行的集会,简单明了的传单,俱乐部与苏维埃剧团的活动,采取各种各式的活泼的方式,向广大群众说明目前的形势与自己的地位,动员他们武装上前线去,加入红军去参加血肉的战斗。"[3]虽然这时的他并没有形成一整套系统的宣传思想与策略,但从他所发表的文章、社论中有关宣传工作的部分,可以感受到这一时期的他对宣传工作的重视程度。这种重视主要表现在他是将宣传工作视为革命斗争中能否调动起广大群众的积极性、动员他们参加革命的一项最重要工作来抓。除了强调宣传工作之于动员群众的重要意义外,从当时《红色中华》经常刊登临时中央政府政令可以看出,这一时期的他也十分重视报纸传达政令的功能与作用。

[1] 博古:《在转变中》,无锡市史志办公室编:《秦邦宪(博古)文集》,第165页。
[2] 博古:《我们应该怎样拥护红军的胜利——评我们对于拥护红军的宣传鼓动工作》,《红旗周报》第40期;无锡市史志办公室编:《秦邦宪(博古)文集》,第172页。
[3] 博古:《我们一定要完成两万七千的数目》,《红星报》第24期;无锡市史志办公室编:《秦邦宪(博古)文集》,第254页。

由于在博古看来，"政治鼓动有利于新战士的战斗意志，有利于战斗的社会舆论。……紧张热烈的政治鼓动，不仅能够提高新战士的战斗意志，……而且能造成整个区域中间的热烈的战斗的社会舆论"①，因此，这一时期他在《红色中华》《斗争》《红星报》等报刊上发表的文章都极具鼓动性和感染力。除了通过在报刊上发表文章进行宣传鼓动外，在红军开始长征后他还摸索出了一套针对革命根据地农民的宣传鼓动的方法，最主要的是强调将宣传活动植入到农民日常生活中喜闻乐见的其他生活或娱乐活动中去，同时强调要通过落实红军给农民群众的各种承诺来获得农民信任，以使农民相信红军的各种宣传："我们最早号召开会一般是用演戏的办法把人集合起来，演的戏一般是政治鼓动或宣传红军。""一旦分田真正付诸实际，他们才开始相信我们说到做到，在这以前他们是不相信的。"②

遵义会议后，博古离开了党的总负责人岗位，但仍然在党内担任其他领导职务。在担任其他领导职务期间，他"全力投入宣传工作"③。在中央军委决定强渡大渡河之前，为了保持军中思想的统一，他在《红星报》上发表文章，指出："摆在我们当前的任务，是迅速渡过大渡河，……我们渡过大渡河，具有与渡金沙江同样的重要意义。全体红色指战员一致动员起来，在党中央、中央军委的正确的战略方针的指引下，依靠全体战士们的努力，我们一定能够克服一切困难，迅速渡过大渡河，赤化川西北，配合红四方面军，开创全四川苏维埃革命的新局面。"④红军成功渡过大渡河之后，他撰文对这

---

① 博古：《给李富春同志的信》，《斗争》第63期；无锡市史志办公室编：《秦邦宪（博古）文集》，第263页。

② 〔美〕埃德加·斯诺：《红色中华散记》，江苏人民出版社，1992年，第26页。

③ 李志英：《博古传》，第193页。

④ 博古：《强渡大渡河的宣传鼓动工作》，《红星报》1935年5月22日。

一壮举进行了高度赞扬:"在数倍优势敌人追剿堵截的情况下,克服了一切自然与人为的困难渡过了大渡河,这是中国军事史上开创纪录的史迹。一切反革命派的期望成了绝望的幻想,一切他们的梦想终成呓语。没有无产阶级领导的太平革命这样的失败了,然而在无产阶级领导之下的苏维埃革命毫无疑义地要胜利而且在全中国胜利。"①在此基础上,他对苏维埃运动下一步的重点发展区域与方向进行了较明确宣示:"极大地发展着的陕甘苏维埃运动,虽然今天基础上还是在游击运动与游击区的阶段上,但是由于所处战略地位之重要,在今天已经是苏维埃道路与殖民地道路斗争中之决定的地段之一。"②在长征进行过程中行军方向问题亟须明确、军内士气不足等复杂情势下,博古在报刊上所发表的这些文章,对促进红军将士了解斗争形势、统一思想、鼓舞斗志发挥了不可忽视的作用。

　　长征胜利至延安《解放日报》创办前,博古的主要工作虽不是新闻宣传,但他在完成党中央交办的其他工作的过程中,一直十分关心、支持新闻宣传工作和党的新闻宣传事业的建设。"1936年冬至1940年底,曾原则指导或参与指导了红色中华通讯社及其西安分社、新华通讯社和《红色中华》《新中华报》《新华日报》《群众》周刊的工作。"③在"西安事变"解决过程中,作为中共代表团的一员,他具体负责的是组织工作。"西安事变"发生后,西安的许多地下党员十分兴奋,不少人希望对蒋介石进行公审,然后杀之以平民愤。面对这种情况,博古需要做的一个很重要的工作便是,将党对此问题的政策主张及时传达到这些地下党员中间,以防他们做出与中央决

①博古:《前进!与红四方面军会合去!》,《前进报》第1期;无锡市史志办公室编:《秦邦宪(博古)文集》,第296页。

②博古:《陕西苏维埃运动的发展与我们支队的任务》,《前进报》第3期;无锡市史志办公室编:《秦邦宪(博古)文集》,第301页。

③韩广富:《博古对民主革命时期党的新闻出版事业的贡献》,《呼兰师专学报》1996年第1期。

策不一致的行动。为此，他"引导他们了解当前阶级斗争要服从民族的斗争，共产党员在民族生死存亡的关头，要从民族利益出发，顾全大局，挽救民族危亡，要在自己的岗位上宣传党的政策，在广大群众及国民党官员中做好思想工作"①。同时，由于"西安事变"刚发生时各方面情况不明，导致谣言满天飞，中外各通讯社难以收到正确消息，使外界许多人以为事变是共产党煽动的结果，"甚至《真理报》一开始，也产生误解，认为是'以抗日运动从事投机'，并认为实际上则是帮助日本侵略与分裂中国"②。针对这种情况，博古要求红中社西安分社工作人员"加强对西安各界舆论宣传工作……充分发挥党的喉舌的作用，宣传党中央关于西安事变的一系列政策；向西安各报社、各社会团体印发红中社的新闻和党的文告、宣言，进一步扩大宣传舆论的影响"③。这些宣传报道对外界了解"西安事变"真相，纠正各种谣言，澄清不少共产党员和其他干部群众的错误认识，发挥了十分重要的作用。

　　1937年，博古受命前往长江局工作。面对被国民党破坏殆尽的南方地区党组织工作，他充分意识到必须发挥新闻舆论工作的作用。在与国民党进行合作谈判时，按照中央指示精神，他将在国统区创办《新华日报》作为一个重要谈判内容。谈判内容原则性通过后，他立即开展筹备工作。"当时正值国共两党达成释放一切政治犯的协议，一大批优秀的共产党员从国民党监狱中被释放出来，博古抓住这个好时机从这批共产党员中选拔了像潘梓年、章汉夫、钱之光、徐迈进、袁冰等人作为办报的骨干，一开始就投入了紧张的筹备工作。"④刚开始筹备时是在南京，但时局变化太快，南京很快失

①李志英：《博古传》，第239页。
②陈广相：《博古受命奔走大江南北》，《南京史志》，1990年，第30页。
③李志英：《博古传》，第240页。
④李志英：《博古传》，第297页。

守,筹备工作不得不转移到武汉,并于1938年1月11日在汉口正式创办起了党在国统区的重要宣传阵地《新华日报》。

虽然刚开始在南京筹办时,博古已召集了一大批刚出狱的共产党员来做办报骨干,可正式创办起来后《新华日报》人才空缺依旧很大,还需要一大批有经验的编辑人员来指导。知道这种情况后,博古亲自到各处延揽人才。后经范长江介绍,博古在普海春餐馆专门设宴,邀请陆诒担任《新华日报》编委兼采访科主任。此时的陆诒对"编委"这种形式并不了解,博古就耐心地对陆诒进行解释："我们通过党组织来领导报纸工作,具体地讲,党组织领导编辑委员会的工作,编委会是报社内部的集体领导机构,每个编委都是集体成员之一。不论党内或非党同志参加了报社工作,都是报社的主人翁。我们这里没有老板和伙计之分,办报依靠党的领导和工作人员的集体努力,还要依靠广大读者和通讯员的支持,就是这一点与其他各报有所区别。我们过去有过办秘密报刊的经验,在十年内战时期,也在当时的苏区办过报刊。现在是抗日民族统一战线时期,要办一张公开发行的报纸,当然大家都没有经验。没有经验不要紧,经验从实践中来,我们可以边干边学,边学边干。我们共产党人对不懂的事就是要学习,在实践中是可以学到东西的。"①

除了主动帮助《新华日报》招揽人才之外,博古还经常到报社指导具体工作。"博古同志和凯丰同志经常在晚上跑到编辑部来具体领导我们工作。"②陆诒曾回忆过博古到编辑部亲自为报纸写评论的情景。他说,八月初的一天,博古到报社编辑部写社论,"写好以后,即送国民党新闻检查所审稿,他就在编辑部里和我们闲谈坐等。

① 陆诒:《忆博古同志和〈汉口新华日报〉》,黎辛、朱鸿召主编:《博古,39岁的辉煌与悲壮》,第227页。
② 陆诒:《忆博古同志和〈汉口新华日报〉》,黎辛、朱鸿召主编:《博古,39岁的辉煌与悲壮》,第230页。

结果一次送审通不过，接着换一个题目再写一篇，仍通不过，到第三次再更换题目重写，始获通过"。他用自己的亲身行动勉励记者们，"人少不要紧，只要大家团结协作，把工作中的每个环节事先计划好，再把人力组织好，我们仍然可以打胜仗的"。在博古的感召下，"只要是报社的工作同志，无论是总编辑、经理、社长、编辑和校对，凡是在外面参加会议或者其他社会活动，都有为报纸采访并写消息的义务"①。

　　博古不仅在工作上关心报社及记者、编辑，还给予他们很多生活方面的关心和帮助。在博古的关心下，报社经常开展丰富多彩的业余活动。在不大的编辑部内，专门开设了一间救亡室，博古参加完编委会会议后，会到救亡室同报社工作人员一起打乒乓球。他鼓励记者同志要"注意培养多方面的兴趣才好。不会的，应当虚心学习，切勿把自己先关起来"。徐州突围后，陆诒回到编辑部交稿，博古一见陆诒，"从凳上跳了起来"，同他热烈握手，说："徐州失守，我们许多人为你担心。两天前，遇到范长江同志时，我还打听你的消息。他说你们是分道随军突围的，他也为你们着急。现在你回来了，真叫人高兴！这次报社将要请一次客，慰劳慰劳，以鼓舞士气。"②几天后，博古果然邀请参与报道徐州突围的战地记者和各报负责人举行了一次慰劳会。席间，博古"感谢各报社同业在五战区工作期间对本报记者的大力协助。这次徐州突围途中，同业之间能相互支持，共同协作，充分表现团结战斗的精神，这是极可珍贵的。希望今后继续发扬这种精神，进一步加强团结，做好抗战新闻

---

①陆诒：《忆博古同志和〈汉口新华日报〉》，黎辛、朱鸿召主编：《博古，39岁的辉煌与悲壮》，第230页。
②陆诒：《忆博古同志和〈汉口新华日报〉》，黎辛、朱鸿召主编：《博古，39岁的辉煌与悲壮》，第231页。

工作"①。他的这一举动不仅团结了各报的记者,而且在无形中加深了《新华日报》领导与记者之间的革命友谊,也让外界看到了共产党对待党外人士的深切感情。

在《新华日报》创刊两周年的时候,博古在《祝新华二周年》中对《新华日报》两年来的成绩和此后进一步的任务进行了概括:"正因为《新华日报》是抗战的号角,人民的喉舌,因而它获得了无数读者的爱戴,成为他们机器旁、田埂上、战壕中、自修室里、办公桌上的不忍释手的伴侣。读者们的爱护,首先就因为它忠实地实行它在创刊号所宣布的宗旨:'本报愿在争取民族生存独立的伟大的战斗中做一个鼓励前进的号角'……在这种情形下尤其需要《新华日报》更坚强、更雄伟地鼓其正义之声,更圆满地、更有力地完成其集体的宣传者、鼓动者、组织者的任务。"②正是在这些方针的指导下,《新华日报》才能在炮火纷飞的重庆坚持出版联合版和壁报,艰难地维持共产党在国统区的宣传阵地。

博古对《新华日报》创刊和发行过程中所进行的这些指导和帮助,显现出他对党的新闻宣传工作的特殊重视。这种全方位的指导和帮助,也使他更充分地获得了从事党的新闻宣传工作、发展党的新闻宣传事业的宝贵经验,为其后来成为党的新闻事业的专职负责人埋下了伏笔。

进入1940年后,国民党反共活动逐渐进入高潮。在这种情况下,1940年11月3日,博古等人接到毛泽东的电报后立即撤回了延安。由于在重庆经历过"《新华日报》被国民党视为眼中钉肉中刺,受到百般刁难,特务抓人打人,扣押报纸,阻碍发行,以致恫吓读者,

①陆诒:《忆博古同志和〈汉口新华日报〉》,黎辛、朱鸿召主编:《博古,39岁的辉煌与悲壮》,第231页。
②博古:《祝新华二周年》,新华日报群众周刊史学会编:《坚持团结抗战的号角(1938—1947年代论集)》,重庆出版社,1986年,第72页。

威胁代销处"①等情形，目睹了共产党报纸受压制、受欺辱之种种情况，他就萌发了将来要创办没有国民党压迫的、党自己的报纸的想法。回到延安，等待中央重新安排工作期间，有一天在与毛泽东、张闻天探讨工作时，他就向毛泽东提出希望能在延安创办一份完全属于党的、没有国民党压制的大型日报和强有力的通讯社的建议，希望以此"毫无保留地将我党的主张传播到全国全世界去，揭露独裁者的阴谋勾当，帮助全国人民，使他们的眼睛更加明亮起来，他们的力量更加团结和壮大起来"②。他认为，抗战已进入到最为困难和关键的阶段，面对复杂的战争局势，党的舆论宣传口径必须统一，对外宣传工作必须加强。正是基于博古的这一建议，1941年3月，中共中央做出停办《新中华报》和《今日新闻》，发行《解放日报》的决定，任命博古为社长，并迅速开始了紧张、高效的筹办工作，之后又任命他直接领导新华通讯社、中央出版局和中央印刷厂，从而开始了博古革命生涯中专门从事党的新闻工作、领导党的新闻事业的阶段。延安东北的清凉山，自此就成了之后几年博古从事党的新闻工作的最主要的"革命根据地"。

　　当时，由于国民党停发了给八路军、新四军的所有经费，陕甘宁边区出现了极其严重的经济困难。在这样困难的条件下办一份大报谈何容易？然而，面对这种情况，博古白手起家，"发动报社所有工作人员出力献策，如办大报不可缺少的'对开机'，就是他发动几名曾在上海当过印刷工人的同志，费尽心机，冒着生命危险从国统区城市弄来的"③。硬件设备上的困难之外，专业技术人员和记者的

---

①李志英：《博古传》，第395页。

②张越霞：《悼博古》，邹贤敏、秦红主编：《博古和他的时代——秦邦宪（博古）研究论集（下册）》，第822页。

③陈家鹏、邵晓秋：《博古呕心沥血主办〈解放日报〉》，《党史博采》2004年第12期；邹贤敏、秦红主编：《博古和他的时代——秦邦宪（博古）研究论集（下册）》，第731页。

缺乏也成了筹办工作中的一大难题。博古便亲自动手，指导工人学习技术，指导记者如何采访。1941年5月14日清晨，在清凉山《解放日报》社四周巡视一遍后，他召开了报社第一次编辑部工作会议，将党中央要出版《解放日报》的重要意义和把《解放日报》办成有战斗性的党中央的报纸的具体要求传达给报社的所有工作人员。他强调："报纸要有鲜明的无产阶级立场，要用马克思主义的思想观点去分析当前事务，同时报纸要有生动活泼的形式，……困难一定会有的，但我们可以克服它。"①

在博古全方位的指导和努力下，两天后，用边区自制的马兰纸印刷的大型日报《解放日报》正式出版了。出版当日，头版刊载着毛泽东题写的《发刊词》和博古写的通讯。《发刊词》开门见山指出："本刊之使命如何？团结全国人民战胜日本帝国主义，一语足以尽之。这是中国共产党的总路线，也是本报的使命。……团结、团结、团结，这就是我们的武器，也就是我们的口号。……中国共产党的政策，始终是抗日民族统一战线的政策。"②自此，博古真正开始了向党的新闻事业的开拓者的角色转变。在这一转变的过程中，他也迅速且充分地"表现出掌握党报这个战斗武器的高度政治水平和艺术才能"③。

虽然博古一直十分重视新闻宣传工作，以各种形式对新闻事业和新闻宣传工作进行过指导、帮助、利用，但亲自主持创办一个完全的党的报纸，对他来说尚是第一次，没有任何经验。由于缺乏经验，《解放日报》创办起来后，他就自然而然地将苏联《真理报》和一些

---

① 李志英：《博古传》，第398页。
② 《发刊词》，《解放日报》1941年5月16日第一版。
③ 陈家鹏、邵晓秋：《博古呕心沥血主办〈解放日报〉》，《党史博采》2004年第12期；邹贤敏、秦红主编：《博古和他的时代——秦邦宪(博古)研究论集(下册)》，第731页。

西方报纸作为样板来模仿。在博古的脑海里，他"开始办报时思想上就有个框框，认为《解放日报》是一份大型报纸，应该摆出大报的样子，要立足全国又放眼全世界，于是就把国际新闻放在首位"①。他没有意识到这种一味追求"国际化"、不考虑根据地实际需要的版面安排方式究竟有什么不妥。报纸出版后不久，毛泽东及党内一些同志很快就发现《解放日报》存在的诸多问题，如国际新闻所占版面太多，国际新闻的社论太多，而有关陕甘宁边区的报道版面太少，且"总以时宜性、一般性等对新闻事实的要求，来选择和安排新闻稿，使得体现党中央精神的文件、讲话以及涉及农民切身利益的内容被安排到不大重要的位置"②。此外，报纸的文风也存在不少问题，有的新闻报道不够真实，不切实际；有的稿件文字不通，语句陈腐。面对大家指出的这些问题，博古没有气馁，他虚心接受批评，正视问题，在进行自我批评基础上，提出了"今后报纸改版的方针、计划"，并强调报纸改版"要在增强党性上努力"③。在毛泽东等人的帮助下，他充分认识到了这些问题的实质，即"不看实际情况，死守着呆板的旧形式，旧习惯"④。经过两个星期艰难的探索、讨论，博古决定将要闻调整到第一版，把原来第一版的国际新闻调整到第三版。

改版期间刊载的《致读者》对改版的目的、思想进行了明确说明，指出："我们认为需要使我们的工作，有一个彻底的改革，改革的目的，就是要使《解放日报》能够成为真正战斗的党的机关报，要达

①陈家鹏、邵晓秋：《博古呕心沥血主办〈解放日报〉》，《党史博采》2004年第12期；邹贤敏、秦红主编：《博古和他的时代——秦邦宪（博古）研究论集（下册）》，第732页。
②陈力丹：《新启蒙与陆定一的〈我们对于新闻学的基本观点〉》，《现代传播》2004年第1期。
③杜忠明：《延安文艺座谈会纪实》，中央文献出版社，2012年，第218页。
④陈家鹏、邵晓秋：《博古呕心沥血主办〈解放日报〉》，《党史博采》2004年第12期。

到这个目的的主要环节，就是要使我们整个篇幅贯彻党的路线，反映群众情况，加强思想斗争，帮助全党工作的改进。这样来贯彻我们报纸的党性、群众性、战斗性和组织性！"①改版后，由于有了正确的指导思想，《解放日报》逐渐走向正轨。但在新闻内容方面还是存在一些问题。针对这些问题，毛泽东进行了更明确的说明："'七七'宣言以后的社论、印度问题、参议会、自卫军等几篇社论有错误，有些消息如党校学生自杀是不应该登的。报纸仍未和中央息息相关，虽然总的路线是对的。报纸不能有独立性，自由主义在报社内不能存在。以后凡有重要问题，小至消息大至社论，均须与中央商量。"②面对中央的再次批评，博古认真总结问题，很快提出了解决问题的对策。他与编委们一起商讨，建立了一套有关党报的工作制度，从组织上保证党的领导。不久之后的9月22日，报纸再次刊登社论："报纸是党的喉舌，是这一个巨大集体的喉舌。在党报工作的同志，只是整个党的组织的一部分，一切要按照党的意志办事，一言一行一字一句都要顾到党的影响。……党报工作人员，对于党的每一个工作部门，对于各种实际工作中的同志，不可以自以为是，做'无冕之王'，而应该去做'公仆'，应该要有恭谨勤劳的态度。"③在群众性和党的领导这两个制约报纸的核心问题得到解决以后，《解放日报》更加易读和可读了。过去在博古的坚持下每天要写的社论制度也被取消了。至此，之前存在的所有问题均被解决。后来，在总结改版过程时，博古曾说："我们的重要经验，一言以蔽之，就是'全党办报'四个字。"④

博古在领导《解放日报》初期虽存在过诸多问题，但从他虚心

①《致读者》，《解放日报》1942年4月1日。
②新华社新闻研究所编：《新华社大事记》，1986年，13页。
③《党与党报》，《解放日报》1942年9月9日。
④《本报创刊一千期》，《解放日报》1944年2月16日。

接受批评、真心诚意对报纸进行改革的积极认真的态度可以看出，他确实对《解放日报》这份在他建议下筹办起来的党的报纸充满热爱，他真心希望能把这份报纸办成一份真正的党的报纸，因此面对批评，他没有任何抵触情绪，本着对党的革命事业高度负责的目的，对报纸进行了切实的改版，直到使报纸成为真正的"完全的党报"。除了在中央的指导下进行报纸性质、定位、目标、方向的改革外，在担任《解放日报》社长期间，他还亲自参与到报纸的具体业务工作中去。张越霞在《悼博古》一文中回忆，博古"一天是很少休息的，除了看稿件、写文章、开会讨论、个别谈话以外，还要看各种中英文的报纸杂志，从研究其中内容到编排技术"，"还做翻译工作"[①]。为了提高新闻采写和评论写作等的效率，他勤于钻研，在各抗日战场战斗频发、经常要写战事新闻与评论的情况下，他特别"制作战事卡片，把各地进军的日期、地点、战果、战局的变化发展等都简要地做了注解，以便在写文章、评论或修改稿件时查对参考"[②]。他常常鼓励编辑记者要学习党的理论和知识，提高新闻业务等能力，要求新闻记者："到群众中去！到实际中去！"他说："挤出时间多看书，对你们工作是有好处的。"[③]在他的倡导下，清凉山树立了一个学马列、勤读书、钻业务的好风尚。面对一些需要表现出红军与边区气势的稿件，博古总是高标准要求。在对胡宗南密谋进攻陕甘宁边区时边区所举行的万人群众动员会进行报道的新闻稿件中，采写的记者写了几次都没有能够将与会的林伯渠、朱德、贺龙、刘少奇等人的高涨情绪表现出来，博古亲自提出修改建议，记者按照建议修改后他仍不

①张越霞：《悼博古》，邹贤敏、秦红主编：《博古和他的时代——秦邦宪（博古）研究论集（下册）》，第822页。
②万京华：《博古与新华社》，《党史博览》2018年2期。
③余光生、艾思奇、陈克寒：《悼念我们的社长和战友博古同志》，邹贤敏、秦红主编：《博古和他的时代——秦邦宪（博古）研究论集（下册）》，第775页。

满意,"最后博古只好亲自动手",很快就将这篇报道写好。"他打破老一套的格式,写出了特别引人注目的新闻导语。"①除了写社论、改稿件这类工作,有着较高马列主义理论水平的博古还"挤出时间进行了大量的翻译工作",短短几年中,他先后翻译了《苏联共产党历史简明教程》《辩证唯物论与历史唯物论基本问题》《共产党宣言》《社会主义从空想到科学的发展》《卡尔·马克思》《论一元论历史观之发展》等马列著作。

这一时期,除了担任《解放日报》社长之外,博古带领新华社也取得了较大发展和进步。在博古的领导下,新华通讯社进行了多项开创性工作:整顿各根据地的分社,在各大战略区建立总分社,加强通讯网建设等。"在博古同志直接领导下,新华社总社从几十人发展到一百二十四人,分社由几个发展到四十多个,初步形成了一个遍布各根据地的具有统一指挥的新闻通讯机关。博古贯彻执行党中央方针,努力发展新华社收、发、采、编、译等各项业务。"②在他的领导下,全国文字新闻广播实现了统一;英文文字广播正式开播,使我党的声音第一次通过自己的通讯社传到了海外;延安新华广播电台这时也开始恢复播音;新华社的报道开始面向全国和全世界。

从博古走向革命、走向党的过程中接触、参与报纸工作,到成为党的总负责人后强调宣传动员工作之重要并利用报纸宣传推动工作,再到承担党分派的其他工作过程中支持、帮助党的各类新闻宣传工作,最后到成为党的新闻事业直接的、专职的创办者、领导者后对党的新闻事业的全方位投入,可以看出,他的一生既是革命的一生,又是为党的新闻宣传工作和新闻事业竭力探索与奋斗的一生。尤其是在成为党的新闻事业的专职主持者、领导者后,他对党的新闻事业和新闻工作更是付出了极大心血。他竭尽全力希望能办好

---

① 李志英:《博古传》,第444页。
② 刘云莱:《新华社史话》,新华出版社,1988年,第49页。

党的报刊事业和通讯事业,并从内心深处真正爱上了党的新闻事业。这个时期的他曾十分明确地说:"我将终身从事于革命的新闻事业。"①遗憾的是,就在他在党的新闻事业领域努力开拓、渐入佳境的时候,却不幸于抗战胜利后的1946年,因飞机失事献出了自己年轻的生命,也使他的生命就此定格在了党的革命时期新闻事业的开拓者这一角色上。

四、"办报是全党一件大事":革命事业与新闻事业的统一

陈志强在《中国共产党报人群体的产生及其影响》一文中,把中国共产党报人群体划分为四类,即创党初期报人、苏区时期报人、延安时期报人及根据地和解放区时期报人,博古被作为延安时期报人之代表②。若就直接创办或主持过某个或多个报纸来说,这种概括无疑是准确的,但若就革命生涯中参与、支持、利用报纸或其他新闻宣传形式来说,博古的新闻生涯不是在延安时期才开始的。纵观博古一生,可以发现,在其到达延安创办《解放日报》并主持党的其他新闻宣传事业之前,其人生历程中已与报刊和新闻宣传保持着十分紧密的关联。无论是作为党的总负责人主持临时中央工作时期,还是之后承担党交给他的其他工作时期,甚或是其早年走向革命、走向党的过程中,都能看到他与报刊及新闻宣传工作保持着的那种几乎未曾中断过的联系。

早年他之所以能从一个希望通过经商改变家庭贫苦境况的懵

---

① 余光生、艾思奇、陈克寒:《悼念我们的社长和战友博古同志》,邹贤敏、秦红主编:《博古和他的时代——秦邦宪(博古)研究论集(下册)》,第774页。
② 陈志强:《中国共产党报人群体的产生及其影响》,《光明日报》2018年9月5日第十一版。

懂少年变成一个逐渐萌生革命思想并最终走向革命、走向党的革命者和共产党员,一个很重要的原因就在于接触了《新青年》等革命进步报刊,在这些报刊初步启发了他的革命思想后,他更是积极主动利用报刊宣传其革命思想。加入共产党后,他与报刊和新闻宣传工作的关系愈加密切。入党后,他所从事的第一份工作是国共合作背景下的国民党上海特别市党部宣传干事,具体来说就是在罗亦农的直接指导下开展革命宣传工作。从苏联留学归国后,他最先从事的工作依然是宣传工作,即负责全国总工会报纸《劳动报》的编辑工作等。成为党的领导人之后,虽然他并不直接负责党的宣传工作,却一直十分重视舆论宣传和政治动员工作,不时对宣传鼓动工作进行指导和帮助。从党的总负责人岗位退下来后,他在从事党的组织工作与对外工作过程中,也一直利用一切机会参与、支持、指导新闻宣传工作,如国共合作谈判过程中,他极力争取能在国统区成功创办并发行《新华日报》。协议初步达成后,他更是积极推动、支持、帮助《新华日报》的筹办和创办后的许多具体工作。也正是因为《新华日报》创办期间他的全力支持与帮助,使他对党的新闻事业重要性之认识大大加深,热爱新闻事业的心也更加迫切,以致他奉命撤回延安后不久即主动请缨,建议在延安创办党的报纸。成为《解放日报》社长和新华通讯社社长后,他在党的新闻事业领域积极探索,虽一度出现失误,但在中央的正确领导和广大群众的配合下,他很快调整了党的新闻事业的发展方向,确立了党的新闻事业的一系列重要原则,并在此过程中逐渐形成了一系列党的新闻事业和新闻工作的成熟的思想与理念体系,为中华人民共和国成立后党建立全国性新闻事业打下了良好的基础。

从博古革命生涯中与新闻事业之间关系的发展变化过程可以看出,革命工作与新闻宣传工作、党的事业与党的新闻事业,在他的一生中,被有机地统一在了一起,二者之间彼此融合,完全可谓无缝对接,相互之间的转换自然,毫无障碍。他的最终目标是革命,是党的革命事业。在这个过程中，党需要他担任其他革命任务与革命工作——包括党的临时中央总负责人时，他就积极地、勇敢地承担起这份工作，用自己的能力，本着诚心，竭尽全力、最大程度地做好工作。在这期间，基于革命工作的需要，他会很自然、不需要任何思虑地接触、利用、强调、支持、帮助甚或参与各种新闻宣传工作。当党需要他专门挑起新闻事业的担子、为党的新闻事业奉献自己心血、汗水和才华时，他就义无反顾地全身心投入新闻事业领域，为党的新闻事业的创建和完善不懈探索。在此期间，虽因个人经验不足和党的新闻事业整体上处于探索时期，在办报方式与办报方向方面，一度出现失误，但为党办新闻事业、办党的新闻事业的初心从来没有含糊过。

博古革命生涯中这种革命工作与新闻宣传工作、党的事业与党的新闻事业之间的有机统一、无缝对接，从其从事革命工作的不同时期中接触、利用、支持、帮助报刊等新闻事业形式的具体情形，从其担任党的总负责人时期对宣传鼓动工作重要性的强调，从其成为党的新闻事业的专职主持者和开拓者后的曲折而艰难的探索中，可以得到更充分的感知。

如果说走向革命、走向党的过程中对报刊的接触是学生时期基于知识与思想汲取之目的的接触，革命思想萌发后利用报刊文章宣传革命思想和参与报刊编辑工作是一种自发的行为选择，入党后在国民党上海特别市党部担任宣传工作、留学回国后在全国总工会担任总工会报纸《劳动报》编辑工作等是一种服从组织安排的行为，无法以此说明其革命生涯中革命工作与新闻宣传工作、党的事业与党的新闻事业之间的有机统一的话，在其成为党的临时中央总负责人后的几年中，在全面领导党的革命事业的过程中对包括报刊宣传在内的各种宣传鼓动工作的重视中，已开始显现出了这种有机结合和统一。

在江西苏区时期，作为党的临时中央负责人，他的工作无疑是全方位的，但在推动当时的各种革命行动、实现当时确定的各种革命目标过程中，他似乎更多地将目光集中在各种形式的宣传鼓动工作上，特别强调宣传鼓动工作对于各项革命工作的特殊重要性。他认为，"推翻卖国辱国的国民党政府，是胜利的进行民族革命的先决条件"，要想"推翻卖国辱国的国民党政府"，党要"不仅能够正确地提出总的路线与总的口号，而且能用具体的灵活的战术方法，使群众在自己的政治经验上相信党的口号，接受党的口号"①。如何能让群众相信党的口号、接受党的口号，"使党的口号变为群众的口号"呢？他认为，这首先取决于是否有切实而具体的宣传策略和宣传方针②。在他看来，宣传策略和方针"能很自然的使群众跟着党的口号走去"，能在党的新闻宣传工作中发挥至关重要的作用③。"紧张热烈的政治鼓动，不仅能够提高新战士的战斗意志……而且能造成整个区域中间的热烈的战斗的社会舆论"④。

考察这一时期他关注的各种工作，几乎无一不显现出对依靠切实有效的宣传来推动工作的趋向。为了推动"招募红军"的工作，他强调："中央的基本方针，是根据最广大深入的对目前形势的解释与鼓动，号召群众直接的加入红军。"⑤为了消除"反革命的口号"对群众思想的扰乱，他强调，要"坚定地揭破一切反革命派的各种口号，在群众中广大的传布与通俗化党的基本口号。……经过各种过渡

①博古：《为着实现武装民众的民族革命战争，中国共产党做了什么和将做什么？》，黎辛、朱鸿召主编：《博古，39岁的辉煌与悲壮》，第121页。
②博古：《拥护党的布尔雪维克的进攻路线》，《斗争》1934年8月4日。
③《为着实现武装民众的民族革命战争，中国共产党做了什么和将做些什么？》，中央档案馆编：《中共中央文件选（1934—1935）》（第10册），中共中央党校出版社，1991年，第694页。
④博古：《博古同志给李富春同志的信》，《斗争》1934年6月9日。
⑤博古：《拥护布尔什维克的进攻路线》，中国人民解放军政治学院党史教研室编：《中共党史参考资料》（第六册），1979年，第489页。

的口号，使群众在自己的切身经验上，确认党的口号是唯一正确的口号"①。为了号召群众推翻反革命的政党的统治，他强调："要推翻我们的敌人，首先必须设法使这些政党陷于孤立；在革命准备期中，我们的枪锋应注射在这些政党上面，首先必须把他们孤立并和劳动群众隔离。"要想孤立反革命政党，就要对他们的本质进行揭露，"要揭露妥协的改良主义的派别，必须揭露国民党的一切无耻的武装的宣传"，让群众"把苏维埃与国民党对立起来，把这两个不同的政权、不同制度，对立起来"②。虽然这些对宣传工作和目标的关注、认识和强调尚较零碎、不系统、不成熟，更多停留在自发性认识阶段，但其间所蕴含的将革命工作与宣传工作有效结合、有机统一之特点，已是非常充分地显现出来了。

　　长征结束后，在承担党交给的其他工作任务过程中对舆论宣传和报纸工作的重视来看，这时他虽没有再担任党的总负责人职务，但仍在党内担任其他重要职务，在担任这些职务期间，他对新闻宣传工作与新闻宣传事业仍十分重视，利用一切机会推动、指导、利用、帮助党的新闻宣传事业及其工作。西安事变后，国共两党之间的政治和军事路线迅速朝着合作的方向前进。在国共合作，建立抗日民族统一战线的大背景下，如何推动党的新闻宣传工作，加强党的政策主张的宣传，团结尽可能广泛的力量参与到党领导下的抗日民族统一战线中来，博古进行了积极思考，提出了诸多主张，认为应积极发展新闻宣传领域的统一战线，以促进党的新闻宣传事业，同时在开展新闻宣传统一战线过程中应注意保持我党在新闻舆论工作的自主性，遵循抗日民族统一战线中的"和而不同"之原则。同时，他利用一切机会推动、帮助党的抗日民族统一战线报刊的创办，

---

① 博古：《为着实现武装民众的民族革命战争，中国共产党做了什么和将做什么?》，黎辛、朱鸿召主编：《博古，39岁的辉煌与悲壮》，第127页。
② 博古：《拥护党的布尔雪维克的进攻路线》，《斗争》1934年8月4日。

甚至参与到这类报刊的日常工作中去,如前文述及的其在《新华日报》创办过程中给予的全方位的支持与帮助。

抗战进入中期之后,由于国民党掀起一次又一次的反共高潮,为揭露国民党消极抗日、积极反共的本质,博古更是以报刊为工具,进行了一系列有力、有效的斗争,坚持同国民党打"舆论战"和"宣传战"。在他指导下,《新华日报》的影响日益扩大,给国民党带来巨大舆论压力。"特务们把目标一下子集中在博古身上,坚持要办《新华日报》的是他,领导《新华日报》工作的是他,文章写得最多最尖辣的也是他。"就连蒋介石也对《新华日报》所带来的巨大影响感到震惊,他"没有料到共产党这份报纸会有这么大的吸引力"。原国民党军统局干事沈醉就曾说:"军统局头目戴笠最讨厌《新华日报》,但他每天都要看这份报。另外的报纸他往往连标题都不看,而看《新华日报》却看得很仔细,有时连广告栏都看。"① 由此可见博古为实现党的革命目标充分利用新闻工具的自觉意识及所取得的成效。他根据党在不同时期的革命目标与任务,不断调整新闻宣传工作方略,使党的政策、主张与态度得到有效传达,为党的革命工作创造了有利的舆论环境。

创办《解放日报》之前,博古的革命生涯中革命工作与新闻宣传工作、党的事业与党的新闻事业之间的统一主要表现在:立足党在不同时期的革命目标与任务,主动关心、帮助、支持、利用报刊等新闻宣传形式,强调宣传对党的整个事业与工作的重要推动作用。回到延安创办《解放日报》后,其革命工作与新闻宣传工作、党的事业与党的新闻事业之间的统一则主要表现在:在其所从事的新闻工作中,将党的立场、利益放在第一位,将新闻事业视为党的整个事业的有机部分,力求让报纸、通讯社成为党的整个事业中"有系统的、统

---

① 刘良:《戴笠,图谋搞垮〈新华日报〉、加害博古》,《党史文苑》1998年第1期。

一的战斗机构"[1]。换句话说，创办《解放日报》、成为党的新闻事业开拓者之前，其革命工作与新闻宣传工作、党的事业与党的新闻事业之间的统一主要表现在"党如何领导和利用报刊"上；而成为党的新闻事业的开拓者之后，这种结合与统一则转到了"报刊应该怎样服从党的领导"上面。虽然曾出现一时的偏差，但从其初心来说，为党的革命事业创办新闻事业的总目标与总方向是一以贯之的，只是刚开始时不太清楚如何才算是"完全的党报"而已。

　　这种为党的革命事业创办新闻事业的目标、方向与初心首先可以从其当初向中央建议创办《解放日报》的背景、原因和改版工作开始后其所付出的努力及诚挚态度中看出来。博古之所以向中央建议创办《解放日报》，主要是因为在长江局和南方局工作时期，他经常亲历国民党新闻统制下真相被埋没、事实被歪曲、党在国统区的报纸《新华日报》经常遭到国民党压制和破坏等情况，这种情况使他深知拥有不受压制和破坏的完全由党自主的新闻事业的重要性，因此在回到延安后便主动建议在延安创办一份日报和强有力的通讯社，建立党自己的自由、独立的新闻事业。可以看出，他之所以向中央建议创办报纸，目的就是为了创办真正属于党、由党自主的新闻事业。创办之初，虽然由于缺乏经验，只能仿照《真理报》和上海等大城市商业性报纸的样式，导致报纸短时间内偏离了创办党的报刊之初衷，使党的革命目标和党自身的主体性被淹没，但在毛泽东等党内领导和广大干部群众的帮助下，报纸很快就完成了由"不完全的党报"到"完全的党报"之转变[2]，变成了完全处于党的领导下、体现党的思想立场与利益的报纸。

　　从《解放日报》开始改版后博古虚心听取各方批评意见、深入领

---

[1] 秦摩亚：《真实的博古》，《党史博采》2015年第1期。

[2] 黄旦：《从"不完全党报"到"完全党报"——延安〈解放日报〉改版再审视》，李金铨主编：《文人论政：知识分子与报刊》，第250—280页。

会改版工作目的与中央精神的诚挚态度看,改版前报纸在版面安排
方面所存在的一味追求"国际化"而不符合党在根据地的实际工作
需要的问题是博古根本没有意识到的,在他看来,既然《解放日报》
是大型党报,就应该摆出大报的样子,就应该立足全国又放眼世界,
所以他做出了先国际、再国内、后边区的版面安排。一旦认识到这
种安排是错误的,他就立即开始积极改正,真心诚意地进行改革。
这一点从改版期间他对党中央和毛泽东有关改版工作的每一个指
示及其精神的仔细学习领会、深入研究思考中即可看出。改版期
间,他"经常参加政治局的会议,他开会回来,总要将党中央和毛泽
东主席关于当前形势任务的各种指示,尽快地向编委会认真传达并
组织大家认真学习,领会精神实质"①。在他看来,毛泽东的意见都
有很强的指导性,需要用心思考和揣摩才能理解其中的重要含义。
余光生等在悼念博古的文章中写道:"博古同志经常细心揣摩毛主
席的工作方法,对毛主席的每一指示,和对报社文章的每一修改,他
必反覆和我们探讨,有所领会,往往高兴地说:'这是毛主席的独特
见解,大家要好好掌握。'几年以来,博古同志日益熟练地把毛主席
的思想,具体运用在实际工作中。"②从这种虚心和诚恳的态度可以
看出,其创办新闻事业的目标与初心的确是为了党的整个事业,是
将其看成党的整个事业的有机组成部分,因为只有意识到新闻事业
是党的整个事业的重要组成部分,才会以党的整个事业为重,才会
虚心听取他人的意见,知错即改,而不会对他人的意见表现出任何
抵触情绪。

　　如果说《解放日报》改版前博古为党办报、办党的报纸的目标
与初心还只是从大方向上来说,在具体办报过程中究竟如何为党办

---

① 李志英:《博古传》,第431页。
② 余光生、艾思奇、陈克寒:《悼念我们的社长和战友博古同志》,邹贤敏、秦红主
　编:《博古和他的时代——秦邦宪(博古)研究论集(下册)》,第774页。

报、党的报纸应是什么样的其心中是模糊的、不清楚的话，改版之后，其为党办报、办党的报纸的目标与初心就与对什么样的报纸才是党的报纸、党报究竟应怎么办等认识完全统一起来了。改版开始后，在毛泽东和党内其他同志的帮助和指导下，他很快认识到党的报纸应既不同于苏联的《真理报》，也不同于西方资产阶级报纸，应该在学习借鉴的基础上对其改造性利用，可以学习苏联《真理报》，但"不能机械地搬运苏联的东西，要自己创造"，可以博采众长，吸收国外资产阶级的办报经验，"但我们办报与他们有原则的区别"①。为了真正弄清什么样的报纸才是党的报纸，党报究竟应怎么办，在认真学习领会毛泽东和党内其他同志的意见、建议基础上，他深入思考、研究，并发动、组织党内其他领导同志共同研究，撰写发表了一系列阐述党报理论与党的新闻思想的文章，包括他自己亲自执笔发表的《从五个 W 说起》《党报记者要注意些什么问题》等，以《解放日报》编辑部名义发表的《把我们的报纸办得更好些》《党与党报》《提高一步》《本报创刊一千期》等，以及陆定一署名发表的《我们对于新闻学的基本观点》、彭真署名发表的《改造我们的党报》、习仲勋署名发表的《关于群众日报工作的几个问题》、黄敬署名发表的《加强我们的党性》等。其中以编辑部名义发表的基本上是博古亲自执笔的。这些理论文章综合起来，使什么样的报纸才是党的报纸、党报究竟应怎么办的问题得到了清晰解答，不仅使作为党的新闻事业的开拓者的博古自身的认识得以明确，而且使当时党的所有新闻工作者的思想得到了明确。

　　在这样的理论探讨与实践探索之下，为党办报、办党的报纸的目标与初心与对什么样的报纸才是党的报纸、党报究竟应怎么办之

---

① 《反对党八股，建设新文风》，1942年7月31日秦邦宪在《解放日报》、新华总社编委会会议上的发言，无锡市史志办公室编：《秦邦宪（博古）文集》，第470页。

认识完全对应、衔接了起来。这种对应、衔接的核心点就在于认识到了"办报是全党的大事，是人民大众的一件大事"①。即其在《党与党报》之社论中所说："报纸是党的喉舌，是这一个巨大集体的喉舌。在党报工作的同志，只是整个党的组织的一部分，一切要按照党的意志办事，一言一行一字一句都要顾到党的影响。……党报工作人员，对于党的每一个工作部门，对于各种实际工作中的同志，不可以自以为是，做'无冕之王'，而应该去做'公仆'，应该要有恭谨勤劳的态度。"②也就是说，在什么样的报纸才是党的报纸之认识上，最基本的回答是，成为"党的喉舌"，成为"一个巨大集体的喉舌"，时刻意识到自己办的报纸"是整个党的组织的一部分，一切要按照党的意志办事"。那么，这样的党报究竟应怎么办呢？按照博古在《本报创刊一千期》中的总结，就是："我们的重要经验，一言以蔽之，就是'全党办报'四个字。"③强调"全党办报"的同时，这一时期形成和强调的办好党报的思想、方法还有群众办报思想，职业记者、基干通讯员和广大通讯员相结合的思想，进行宣传斗争要有理、有利、有节的思想，以及新闻必须完全真实、用事实和说理进行宣传、力求使我们的宣传有"驳不倒"的论据等。

正因为改版后为党办报、办党的报、办真正以党的革命事业为中心的报纸之目标与初心与对什么样的报纸才是党的报纸、报纸怎么做才算是以党的革命事业为中心的报纸、党报究竟应怎么办之认识对应、衔接了起来，博古的办报热情与才华最终得以完全释放出来。此后的他秉持着"将终身从事革命的新闻事业"④之志愿，全身

---

① 《本报创刊一千期》，《解放日报》1944年2月16日。

② 《党与党报》，《解放日报》1942年9月9日。

③ 《本报创刊一千期》，《解放日报》1944年2月16日。

④ 余光生、艾思奇、陈克寒：《悼念我们的社长和战友博古同志》，邹贤敏、秦红主编：《博古和他的时代——秦邦宪(博古)研究论集(下册)》，第774页。

心投入到了与党的新闻事业建设有关的一切工作中,将党的新闻事业作为自己忠贞不渝的毕生事业,在党的新闻工作与新闻事业领域不断开拓进取,兢兢业业,一丝不苟,取得了十分显著的成绩,做出了不平凡的贡献。他不仅亲身投入到具体的新闻工作中,社论撰写、通讯报道等工作经常亲力亲为,而且对党的新闻事业进行总体布局和谋划,在党报建设、通讯社建设、党的新闻理论体系建设、通讯员队伍建设等方面均投入了巨大努力,成就卓著。

　　除了发动党内相关领导和理论工作者研究、讨论、撰写党报理论文章,明确党报的性质、任务、目标和办报原则与方法,建构起了较为成熟的中国共产党党报理论体系之外,他对如何提高办报队伍的质量也十分重视,认为"提高办报队伍的质量,这不仅仅是办好《解放日报》,同时也是为全国新闻队伍的建设发展打下一个良好的基础",因为他预见到,随着革命的发展,"清凉山上的这一批基本骨干,将陆续奔赴全国各地,扎根、发芽、成长壮大,成为新中国新闻事业的奠基者和创业人"[1]。正因为意识到了这一点,在他领导解放区新闻事业的五年间,他竭尽心力,为党的新闻事业的未来扩展建成了一套"有系统的、统一的战斗机构"[2]。在这个体系中,《解放日报》和新华社总社是最核心的信息发布平台,各解放区的九个新华社总分社、四十多个分社及其他报纸、通讯社、部队报纸等组成了二级信息发布和传播平台,而再往下还有墙报、黑板报等作为最末端的信息发布平台,形成了由新华总社一百多名职业记者、党政军近三万名业余通讯员组成的,虽分布在各解放区但受集中指挥的,具备采、编、译等不同能力的,不少兼具接收、发布新华社通信信息能力的新闻通讯网。

　　单就他对党的通讯社事业的重视和倾情倾力看,在抓好《解放

日报》工作的同时,他对如何在战争年代建设现代通讯社的问题也很重视。他认为:"建设真正的现代通讯社应建立完备的发稿系统和通信网络,技术支持是其中一个方面,更重要的是体制和组织建设,如总社应加强对分社的联系和指导等。"①按照他的通讯网建设思路,新华社统一了全国的文字新闻广播,组建了新华社编辑科,独立编发国内外新闻,扩大了编辑科规模,增加了编辑人员,创办了新华社英文广播,恢复了中国共产党历史上第一个口语广播电台——延安新华广播电台的正常播音。在他的带领下,新华社能够把"来自各地的信息源源不断地汇总到延安新华总社,又由这里通过电波发往全国和世界。在抗日战争时期各根据地分割的情况下,新华分社为各根据地向中央反映情况、报告工作以及与其他地区交流经验做出了重要贡献。从新华社系统反映上来的情况和信息,对中央及时了解下情并实现对各地的领导,发挥着愈来愈大的作用"②。"在历史上,中国有这样一个全心全意为他们利益服务的、规模宏大的、与群众密切联系的战斗新闻事业,还是第一次,博古对这一事业的创造性贡献,确是不可磨灭的。"③

　　在他心目中,革命工作与新闻宣传工作、党的事业与党的新闻事业是有机统一的,是一体的,因此,在他既认识到"办报是全党的一件大事"又认识到应如何去办之后,他遂以更高的热情、更大的干劲、更明确的目标,全身心投入到了党的新闻事业与新闻宣传工作中,凭着自己对党的忠心和党对他的信任,在工作中废寝忘食,不断自我加压,希望尽自己的全力把党交给的工作干好。秦红在回忆文章中说:"毛泽东曾说:枪杆子,笔杆子,干革命就靠这两杆子。他把笔杆子交给了我爷爷。早在1937年红中社改为新华社时,爷爷就

<hr />

① 万京华:《博古与新华社》,《党史博览》2018年第2期。
② 万京华:《博古与新华社》,《党史博览》2018年第2期。
③ 王敬:《博古的新闻生涯》,《新闻研究资料》1988年3月总第41期。

被任命为第一任新华社社长。1941年5月,爷爷又受命举办党中央的机关报,任《解放日报》社长、新华社社长、出版局局长,还管辖中央印刷厂,成为文化清凉山的挂帅人。"①他为了做好每一份工作,"整天劳作,深夜不寐,虽在疾病之时,亦倔强地拒绝休息"②。他以实际行动向人们表明,他的确是时时刻刻将党的新闻事业视为党的事业的有机组成部分,的确是将办报看成"全党的一件大事"。在他的心目中,办报是为了党,为了党而办报,新闻事业与党的事业同等重要,因此在办报时必须永葆初心。

抗战胜利后,在前往重庆参加宪草审议小组会议之前,他曾嘱托解放日报社、新华社、新华印刷厂的工作人员说:"抗战胜利了,我们有些同志向往和平,幻想和平,有急于到大城市去的思想。大城市是可以去的,而且迟早是要去的,不过,有个问题需要搞清楚,那就是,到大城市去干什么呢? 是辛辛苦苦工作,为人民服务呢? 还是去做官当老爷,贪图享受? ……我们只能去为人民努力工作,尽可能替人民排忧解难,不能去做官当老爷,贪图那里的物质享受,否则那和国民党有什么两样! ……同志们要好好站在自己的岗位上工作,因为和平民主的道路是曲折的,前进的道路困难是很大的,我们是共同为祖国的和平民主奋斗。……时局更开展了,要多想办法,夺取新阵地。"③这种嘱托中所蕴含的博古对党的事业和党的新闻事业的忠诚与热爱,清晰可见。

成为党的新闻事业的开拓者、领导者后博古对党的新闻事业和党的事业的忠诚与热爱,若从个人深层心态角度看,在一定意义

①秦红:《对爷爷及那个时代的浅识》,邹贤敏、秦红主编:《博古和他的时代——秦邦宪(博古)研究论集(下册)》,第848页。

②余光生、艾思奇、陈克寒:《悼念我们的社长和战友博古同志》,邹贤敏、秦红主编:博古和他的时代——秦邦宪(博古)研究论集(下册)》,第774页。

③周怀瑾:《黑茶山上觅忠魂》,《革命史资料》第11期,文史资料出版社,1983年,第86页。

上可以说,带有某种程度的"赎罪"性质。自从走向党以来,博古对党的忠诚和对党的革命理想与信念的信仰一直非常强烈,"他把理想、祖国、党、革命事业看得高于一切、重于一切。为了理想、信仰,为了祖国、党的事业,可以舍弃家庭、个人,可以舍弃一切"①,但由于时代和历史的机缘巧合等因素,年纪轻轻、没有任何实践经验、空有一腔热情和空头理论的他被推上了党的最高领导岗位,最终导致他在苏区时期犯了严重错误,给党和军队造成了极大损失。遵义会议后,他很快就对自己的错误进行了反思,认识到了自己错误的严重危害。长征结束后,在参与和负责对刘志丹等人的冤假错案平反过程中,他更是深深地意识到了自己之前给党造成的危害有多么巨大、对党内同志造成的伤害有多么严重。这种负疚感长期以来一直压在他的心中,使他在此后的革命生涯中一直想着要竭尽全力做好党交给的一切任务和工作——包括创办和发展党的新闻事业。在办《解放日报》期间,他经常对同事说:"我给党造成了这么大的损失,我就是再做多少工作都弥补不了这个损失。"②当时他身体不是很好,"医生建议他不要过度劳累,可是他日夜工作,想用这种方式'赎'自己的'罪'"③。正是这种"赎罪"的心理,他全身心扑在了党的新闻事业上,任劳任怨,不计个人得失,成为清凉山上吹起的一股最清凉的"风"。

---

① 秦摩亚:《对父亲的埋怨、理解和崇敬》,邹贤敏、秦红主编:《博古和他的时代——秦邦宪(博古)研究论集(下册)》,第833页。
② 秦铁:《无法绕过的秦邦宪》,周海滨编:《失落的巅峰:六位中共前主要负责人亲属口述历史》,第95页。
③ 张越霞:《悼博古》,邹贤敏、秦红主编:《博古和他的时代——秦邦宪(博古)研究论集(下册)》,第822页。

第二节　范长江：从自由记者到党的"宣传员"

前已述及，范长江是中国共产党新闻工作者群体中从自由主义记者转变为党的新闻宣传战士的代表性人物。1935年7月，成长时期从未有过作记者之梦想，且"九一八"以来一直以个人身份独立从事与抗日有关的问题之考察、研究的他，突然以《大公报》特约通讯员身份开始了自己的新闻记者生涯，并以其西北考察过程中撰写的新闻通讯很快成为红极一时、誉满全国的名记者。然而，在《大公报》工作了三年之后，1938年10月，他却在没有任何征兆的情况下"突然"离开了《大公报》，几个月后加入了共产党，成为中国共产党在国统区抗日民族统一战线宣传领域的一员干将。在从事党的抗日民族统一战线宣传中，因被国民党列入黑名单，他不得不于1941年1月转移到香港，利用香港的特殊环境，继续从事党的抗日民族统一战线宣传。香港沦陷后，他秘密回到桂林。到桂林不久，因面临国民党逮捕之威胁，他不得不在党组织的安排下前往根据地。经过几个月的辗转，最终于1942年春夏之交，到达了苏北抗日根据地，并以此为起点，开始了其在根据地、解放区从事党的新闻宣传工作的人生历程。在根据地，他主要负责新华社华中分社的筹建和建成后的收稿、发稿工作，同时从事根据地群众文化工作。抗战胜利后，除负责华中分社工作外，他又负责筹备创办了《新华日报》（华中版）。国共和谈开始后，他受命担任国共和谈中共代表团新闻发言人兼新华社南京分社社长。和谈失败后，他与周恩来等代表团成员一同撤回陕北，被任命为新华总社副总编辑。国民党进攻延安，中央撤出延安后，他随毛泽东等中央领导转战陕北，负责转战时期为中央领导提供国际国内消息、对外新闻发布、组建和领导新华社西北总分社等工作。北平和平解放后，他随部队进入北平，负责接管国民党新闻机构，创建党的新闻事业。上海解放时，他被派往上海，接管国民党在上海的新闻机构，同时创办党的新闻事业。1949年11月，他奉调回北京，任《人民日报》社长，领导《人民日报》实行"大转变"。1952年春，他被调离《人民日报》。1970年10月在河南确山"五七"干校自杀。

作为中国共产党新闻工作者群体中从自由主义记者转变为党的新闻宣传战士的代表性人物，范长江的一生充满了许许多多的变化。少年时期的他先是基于自己不甘平庸的性格和朴素的读书用世目标刻苦读书，但当大革命的风潮传入内江时，他立即放下书本，开始了为期两年多的追逐大革命风潮的颠沛流离生活。瞎摸瞎撞了两年之后，他进入国民党中央党务学校（1929年改名为"中央政治学校"），开始了"从读书中找出路"的生活。"九一八"事变后，出于对国民党的失望和对中央政治学校当局压制学生抗日诉求的愤怒，他放弃即将到手的中央政治学校"金字文凭"，只身赴北平，先半工半读，后入北京大学学习哲学，希望能继续"从读书中找出路"。随着日本侵略的步伐步步紧逼，他放弃"从读书中找出路"之努力，开始了从行动中找出路的探索。此后的两年中，他先后从事了一系列与抗日实际斗争有关的活动。正在他热衷于从事与抗日实际斗争有关的活动时，却出人意料地突然以《大公报》特约通讯员身份开始了自己的记者生涯。开启记者生涯的前两年，他以"自由职业的新闻记者"身份先后赴西北、西蒙、绥远前线考察采访，发回许多引起国人瞩目的报道。全面抗战爆发后，基于对抗战之于中国的意义之认识，他立即放弃以"超然""独立"为标榜的自由记者身份，迅速完成了从"自由职业的新闻记者"向"一手提笔，一手提枪"的"新闻参战者"转变。然而，随着他1938年10月毫无征兆地突然离开《大公报》，其人生与职业身份很快开始了又一次转变。离开《大公报》后，他迅速走向共产党，并于1939年5月正式入党。入党后，他先是在国统区以"青记"和国新社创办人身份从事抗日民族统一战线宣传，继而赴香港创办并主持香港《华商报》。香港沦陷后，他先是回到桂林，很快辗转前往根据地。到根据地后，他很快完成了从为抗日民族统一战线自由鼓与呼向完全在党的政策和纪律要求下从事新闻宣传工作之转变。之后的几年中，他的人生与职业角色更是发生了多次变化。1949年11月，他奉调回北京，担任《人民日报》社长。在领导《人民日报》实现"大转变"过程中，他发挥其既有旧中国民营大报新闻工作经验又熟悉党的政策、思想和新闻工作传统之优势，使《人民日报》迅速完成了由革命时期根据地办报模式向社会主义建设时期面向全国的中央大报的转变。离开《人民日报》至"文革"前，他先是赴政务院文教委员会任副秘书长，两年后调任国务院第二办公室副主任，继而被任命为国家科委副主任，中国科协成立时担任副主席、党组书记。

可以看出，作为党的新闻工作者群体中的一员，范长江的一生的确充满着各种各样的变动，尤其是在其步入新闻记者职业生涯之后。那么，范长江究竟是如何"突然"步入记者生涯的？步入记者生涯后的两年中一直强调"自由职业的新闻记者"身份的他何以会在四年后成为共产党之一员？这个过程究竟是怎么发生的？其新闻职业理念是如何从自由主义理念逐渐转变为党的新闻宣传工作理念的？在走向党和成为党之一员后的人生与职业角色的一次又一次的变化中，他对党的认识、情感和对党的新闻工作的认识究竟经历了什么变化？从中可管窥到与其有类似经历的共产党新闻从业者群体的何种情感与心理特征？本节试图对这些问题予以探求。

一、走向记者职业：挽救国运引我作记者

范长江究竟是如何"突然"步入新闻记者生涯的？他步入新

闻记者生涯究竟缘于何种因素？在其步入新闻记者生涯过程中他究竟经历了什么样的心路？其步入新闻记者生涯的内在动力究竟是什么？这些问题是探察作为共产党新闻宣传工作者群体之一员的范长江职业心态时首先应加以探讨的。范长江在《顾颉刚与〈禹贡〉》中说过一句话："从生活过程上去了解一个人，是最深刻、最切实的方法。因为任何人的生活的现势，都是根据各种条件逐渐变化而来的。只有明白了他过去生活发展的经过，才能真切地了解他现实生活的内容。"①考察范长江如何步入记者生涯这个问题，也应从其之前的"生活过程上去了解"。

范长江1909年出生于四川内江县（今内江市）赵家坝一个地主家庭。祖父范延馨是前清秀才，喜欢看新书，鼓励个人奋斗，鼓吹青年人应努力做文学家、科学家、实业家、谋臣、策士等。受祖父的影响，加上其所具有的不甘平庸的性格，使得他从小就表现出强烈的叛逆性格，极力追求上进，喜欢新异生活，梦想着"走异路，逃异地，去寻求别样的人们"②。他自幼好学，有强烈的求知欲，希望一方面通过读书来"用世"，另一方面以此寻求个人出路。追求新异生活，不甘平庸，具有强烈的叛逆性格和用世抱负等因素合起来，使得反帝反封建风潮在四川汹涌澎湃之时，他很快参与其中，成为其中的"积极分子"，开始了为期数年的追逐革命风潮的历程③。

他先是转到位于资中的省立第六中学；不到一年后，为投考黄埔军校而赶往重庆；到重庆后，因错过招生时间未能进入黄埔军校，只好入中法大学重庆分校。在此，他接受了最初的革命知识启蒙，同时积极参加街头演讲和反帝反军阀抗议活动。在参加街头抗议

---

① 沈谱编：《范长江新闻文集》，新华出版社，2001年，第10页。

② 鲁迅：《呐喊·自序》，《鲁迅全集》（第一卷），人民文学出版社，1991年。

③ 樊亚平、王婷婷：《挽救国运为"体"，职业选择为"用"——范长江步入记者生涯的心路与动力因素探析》，《兰州大学学报（社会科学版）》2018年4期。

活动时,他遭遇"三·三一"惨案;从惨案中死里逃生后不久,他只身前往当时大革命的中心武汉。在武汉一段时间后他感到单枪匹马搞革命不行,于1927年7月加入贺龙担任军长的国民革命军第二十军学兵营;不久,随学兵营从武汉辗转到了南昌,参加南昌起义;后随军辗转到广东,因部队被打散而被就地遣散,成为散兵、伤病和病兵中之一员。因生活实在困顿无靠,经过反思后他认为还是要从读书中找出路,因此他加入一个军医院作看护兵,随军医院开往赣州;在赣州流浪一些时日后加入一支国民党部队,希望跟随其移防路线接近南京、上海等大城市,然后寻找读书机会。经过无数波折,他最终于1928年夏进入南京国民党中央党务学校,开始了"从读书中找出路"的生活①。

　　在国民党中央党务学校学习的三年多时间里,他先后迷恋过三民主义,考茨基、伯恩斯坦等第二国际,克鲁泡特金无政府主义和欧文、傅立叶空想社会主义等思想,1930年前后又迷上了陶行知等倡导的乡村教育和农村社会改良实验。然而,无论是三民主义、第二国际,还是社会改良主义,均未能长久吸引他的心。在南京耳闻目睹的国民党政府内部诸多事实使他认识到,三民主义要想在现有政府框架内实现基本不可能。对社会改良思想与方案的迷恋也因南京晓庄师范学校被查封、陶行知被扣上"勾结叛逆、阴谋不轨"的罪名"明令通缉"而降温②。先后迷恋的社会思想与改良方案相继搁浅后,与追逐大革命风潮失败、流落街头时一样,一直在不懈地寻求个人"用世"出路的他又一次陷入苦闷。在这种苦闷中,他开始重新思考个人的"用世"出路。

　　恰在这时,"九一八"事变发生了。"九一八"事变将中华民族生死存亡的问题以令人震惊的方式推到了所有国人面前。严重的民

①徐向明:《范长江传》,南京大学出版社,2002年,第4—14页。
②方蒙:《范长江传》,中国新闻出版社,1989年,第35页。

族危机,一方面给无数国人造成了极大心理震撼,另一方面促使了许多有识之士的觉醒,团结御侮、救亡图存一时成为各阶层民众最普遍的呼声和最热切的关注点[①],也成为范长江寻求个人"用世"出路的重要契机和新的出发点。

之所以称其为新出发点,是因为"九一八"事变后范长江寻求个人"用世"出路的行为开始与寻求国家民族的出路真正地结合了起来,而且是一种内心情感与思想完全清醒基础上的结合。在此之前,他对大革命风潮的追逐和在中央政治学校的学习,在一定程度上虽也具有将寻求个人"用世"出路与寻求国家民族出路相结合的意味与性质,但大革命时期这两者的结合更多的是基于其追求新异、不甘平庸及叛逆之性格,在一定程度上带有"赶热闹"的色彩;在中央政治学校的学习虽已具有了较为自觉且明确的将探求个人用世出路与探求国家出路相结合之目的,但当时他对国家出路的探求在一定程度上类似于一种"纸上谈兵",与当时中国社会的真正问题基本是隔离的。"九一八"事变后,其对国家出路问题的探求第一次与中国社会最重大的现实问题真正结合了起来。

"九一八"事变后,范长江等学生积极组织与救亡图存相关的游行抗议、校内外宣传演讲等活动,但他们的爱国热情却遭到中央政治学校当局的消极应付和暗中破坏。针对中央政治学校当局对学生抗日热情与行动的消极态度与破坏,范长江在日记中表达了强烈不满[②]。正是在这种失望中,范长江毅然决定离开中央政治学校,放弃即将到手的可使自己升官发财、跻身"县长科长之林"的中央政治学校文凭,奔赴有着丰富文化思想资源和"五四"自由精神的北京,希望借助北京丰富的思想文化资源,广泛读书,重新思索个人与国

---

① 马克锋、〔韩〕金智荣:《"九一八"事变后中国知识界对民族文化的自我反省》,《安徽大学学报(哲学社会科学版)》2015年2期。

② 方蒙:《范长江传》,第30—41页。

家的出路。

　　到北京后,他一开始采用半工半读的方式,在北平图书馆"自由读书"①。因采用此方式生活无法保障,读书也很受影响,他很快进入北大哲学系,投入有教授指导的系统学习中。表面看来,到北京后的这种选择仍是"从读书中找出路"的路子,然而,此时的"从读书中找出路"与在中央政治学校时相比已体现出很大不同。首先,此时的"从读书中找出路"属于一种自主性较强的探索,与之前在中央政治学校以"培养县长、局长等"为目标的国民党体制内的学习有较明显差异。其次,这时的"从读书中找出路"是在救亡图存的需求下进行的,"不是为学问而学问,而是为行动而学习"②。这种读书背后潜藏着的是其求解中国当时重大而急迫的现实问题——即救亡图存问题的强烈诉求与意识。

　　然而,这次"从读书中找出路"的努力很快也破灭了。由于范长江是带着救亡图存的目的进入北大哲学系的,但一方面枯燥而抽象的西洋古典哲学远离当时中国实际,另一方面时局的恶化使他越来越难以安心读书。于是,他开始给自己确定了一条与之前完全不同的新路子:"先投入实际的抗日斗争,在实际斗争中找出路。"③当时恰逢热河抗战,从热河抗战中他发现了救亡图存的一线光明,以此为起点开始了他投身抗日实际斗争、从行动中寻求个人和中国出路的努力。此后的两年中,他先后参与和组织了一系列与抗日实际斗争有关的活动。他先是参加了两次热河劳军活动,接着利用劳军过程中认识的国民党军官的关系只身赴绥远考察。考察归来后,他立即组织发起与日本"留学生"座谈,并开始筹备"北大一九三六研究会",之后又只身赴南昌,秘密考察江西内战"内幕"。从南昌回北平

---

①范长江:《我的青年时代》,《人物(丛刊)》1980年第3辑,第95—106页。

②方蒙:《范长江传》,第42页。

③范长江:《范长江新闻文集》,第1172页。

途径南京时,他还试图与同学组织发起"中国青年西部考察团"。

　　需要说明的是,范长江参与或组织的这一系列活动并非是为参与这些活动本身,而是有其特殊问题意识的,具体地说,是为研究或考察自己关心的与抗日救亡有关的实际问题。热河劳军是为了考察在日本侵略步伐步步紧逼的情况下中国的军事准备和军队的抗战决心究竟如何。绥远之行和与日本"留学生"之座谈是为了考察日本侵略中国的动向与真实企图并将它暴露在国人面前。发起筹备"北大一九三六研究会"是为了整理研究在中日冲突不可避免的情况下亟须中国提前研究的政治、经济、军事、外交等重要问题。秘密赴南昌考察江西内战"内幕"是为了了解共产党和红军的真实情况,以确定未来抗战爆发时共产党与红军是否会在后方"捣乱"。组织发起"中国青年西部考察团"是为了考察他心目中认为的作为未来抗战大后方的西部的真实情况。

　　虽然这些活动中有些并未成功,有些并未达到预定的目标与效果,但其中显现出的关注抗日实际问题、希望解决与抗日救亡有关的各类现实问题的目的却是显而易见的和一以贯之的。如果说抗日救亡是"九一八"事变后范长江探寻国家出路和个人出路过程中的总问题或"元问题"的话,转向抗日实际斗争后的每次活动背后潜藏的具体问题则是为了考察抗日救亡这一"元问题"而尽力探察的系列子问题①。也正是在这样的对与抗日有关的诸多实际问题的考察中,他突然以《大公报》特约通讯员身份开始了为期十个多月的西北考察活动,也因此开始了其一生最重要、最辉煌的记者生涯。

　　那么,究竟是什么因素使得他突然步入记者职业领域的呢?纵观大革命以来范长江探求个人"用世"出路与国家出路的历程,可以看出,步入记者生涯之前,他一直都未显现出任何想要当记者的愿

———————
① 樊亚平、王婷婷:《挽救国运为"体",职业选择为"用"——范长江步入记者生涯的心路与动力因素探析》,《兰州大学学报(社会科学版)》2018年4期。

望和想法。虽然北大时期他曾给《北京晨报》、天津《益世报》、《大公报》等投过稿,但这时的投稿,主要目的是为了糊口,即所谓的"经济压迫"①,而非想从事记者职业。他自己也曾明确说过,在他步入记者前几年,他"完全不懂得什么叫'新闻记者',更不知如何做起"②。在《中国的西北角》中,范长江曾说:"一个不善为文的人,却因环境关系,勉强作了新闻记者。而又因时代的苦闷,逼得到各地去视察。"③可见其步入记者生涯显然非自觉的职业选择,而是出于一种不得已,这种不得已主要源于"环境"和"时代的苦闷"。那么,迫使他不得已选择记者职业的"环境"和"时代的苦闷"因素究竟是什么呢?联系前文述及的"九一八"以来其对民族生死存亡问题的认识和为此进行的各种考察活动,这种"环境"和"时代的苦闷"因素显然与其认识到的民族生死存亡的严重局面和针对这种局面其内心产生的问题关注有关。

从前文对其步入记者生涯前探求国家民族出路与个人出路的求索历程的梳理可以看出,"九一八"以来,探寻救亡图存之道,为未来很可能会很快发生的中日战争做力所能及的准备,已成为他内心最强烈的关注和所有行为的出发点与着眼点。正是在这样的思想关注与目的诉求之下,他依次研究了抗日军事问题、日本势力渗透的真实意图问题、与抗日相关的政治、经济、军事等重要问题与战略准备问题、可能影响抗日大局的红军问题,并试图考察作为未来抗日大后方的西部问题等。在以赴西北考察为起点步入记者生涯前,对前几个问题的考察,均已暂告一段落。考察开始前,他最关注但未能获得解答的问题只剩下作为未来抗战大后方的西部之真实情况究竟如何之问题了。之前,他虽在南京发起组织"中国青年西

---

① 范长江:《范长江新闻文集》,第1056页。
② 范长江:《范长江新闻文集》,第1056页。
③ 范长江:《中国的西北角》,四川大学出版社,2010年,三版自序。

部考察团",但因无人资助且应者寥寥,未能成功。也正是在此后不久,他突然以《大公报》特约通讯员身份开始了西北考察活动,也使自己从此步入了记者生涯。这种时间上的关联不由得不让人将这种选择与考察未来抗战大后方这一现实关注联系起来。

许多事实证明,以记者身份考察西北与其考察未来抗战大后方的真实情况这一现实关注间的确存在着非常密切的关联。范长江在《我的自述》中说:"我……认为将来抗日战争爆发后,中国沿江沿海城市一定守不住,抗战的大后方一定在中国的西部(西北和西南),而这是中国最落后的地方,应该有些人去考察,发表文章,引起人们的注意,促进这些地方的改革。"①这段话十分明确地点出了范长江以记者身份赴西北考察的动机与目的,即,为未来的抗战考察大后方的真实情况和问题,以引起国人注意,促进问题解决。在这个意义上可以说,范长江以记者身份赴西北考察,是他在抗日救亡这一"元问题"之下产生的考察抗战大后方真实情况的问题意识"催逼"和引领的结果,或者说,是考察抗战大后方真实情况这一问题意识引领他做了记者②。

当然,范长江最初确定的考察目的地是西部,最主要的是四川、西康,但到四川后"因为朋友的方便"得到一个去西北的更便利的条件和"机会"③,因此临时决定北上。然而,这并没有改变其以记者身份为抗战考察大后方这一最初目的,因为,西北原本同样是他眼中的抗战大后方,他之前曾试图发起组织的"中国青年西部考察团"的目的地本来就包括西北。在他看来,西北虽不是未来抗战大后方的核心区,但其在抗战中的战略地位却无疑是非常重要的。在《西

---

①范长江:《范长江新闻文集》,第1177页。
②樊亚平、丁冬女:《从职业无意识到职业认同——范长江职业认知与职业精神的发育与建构》,《兰州大学学报》2017年第1期。
③范长江:《中国的西北角》,第1页。

北当前几种急务》中他曾说:"察北失陷,绥东又紧,看看西北又将继东北成为国防第一线,以西北之地位,及内部情形言之,此时若不赶紧设法,则将来变局已成,欲加布置而势亦不可能。"①在《中国的西北角》"四版自序"中对西北在"抗日民族解放战争"中的战略地位,他认为,西北地区就现状而言,虽然"经济价值甚微",但其在未来抗战中的战略地位却非常重要;日本之所以"以非常巨大的人力和财力,不断由东北以伸入西北","近更不惜做武装夺取绥远的冒险行动",原因正在于其对西北在其与中国的未来战争中的战略地位的认识②。可见,临时转向西北,不仅未改变其考察抗战大后方的最初目的,而且与这一目的联系更紧密了③。

考察抗战大后方真实情况这一问题意识引领范长江变成了记者,既可以从对范长江西北考察的目的和成为记者前围绕救亡图存而产生的系列子问题的渊源关系的分析中说明,也可从其西北考察中表露出的问题指向来说明。通观范长江西北考察通讯之内容,可以发现,其对西北地区各种问题的反映面极为广阔,如地方政权腐败问题、老百姓贫弱流离问题、民族关系紧张问题、农村破落衰败问

---

① 范长江:《范长江新闻文集》,第362页。
② 范长江:《中国的西北角》,四版自序。
③ 以记者身份考察西北也有追踪红军踪迹、关注红军动向之目的。之所以要追踪红军踪迹、关注红军动向,一方面是因为当时"一般读者"大多十分"留心"与红军或"剿匪"有关的情况和信息,可以说,与红军和"剿匪"有关的情况与信息是当时国内许多人十分关心的热点新闻和焦点新闻之一,是除了中日间冲突这一民族生死存亡的问题之外,国人最关心的新闻,另一方面是因为红军的动向在他看来既关乎国内政治格局与未来方向,又关乎中国未来国际形势与抗日战略,具体说就是关系到作为未来抗日大后方的整个西部与外界相连接的西北国际交通线问题。因此,在这个意义上说,以记者身份考察西北的这一目同样与范长江关注未来抗战问题的核心诉求有关(参考樊亚平:《再论范长江西北考察的目的》,《范长江研究论丛(第二辑)》,四川大学出版社,2016年)。

题、地理地形与交通建设问题、日本势力蚕食渗透问题、军队驻防情况与军事布置问题等。而且,仔细分析便可以发现,其对西北地区各种社会问题的呈现与揭示,都以未来抗战作为关注视角,其对西北地区诸多现象与问题的观察、分析,最重要的关注点基本都是该现象与问题对未来抗战可能产生什么影响,其考察所至,无论看到何种情况,发现何种问题,似乎都能自觉不自觉地从未来抗战的视角出发分析其影响,评判其意义,从这些分析、评判中可时时感受到他心中无时无刻不装着二三年或五六年后很可能会发生的战争。

　　总之,诸多方面事实都可证明,范长江以《大公报》特约通讯员身份赴西北考察最终使自己步入记者生涯,的确并非出于一种自觉的、有意识的职业选择,而是基于考察未来抗战大后方真实情况的目的与问题意识,是为了将作为未来抗战大后方的西北地区的真实情况,尤其是有可能影响未来抗战大局的各种问题提前报告给国人,引起政府和国人注意,以提前谋求改进与补救之法。在这个意义上说,步入记者职业生涯并非其目的,选择记者身份只是为了达到其了解抗战大后方真实情况这一目的而采取的一种手段,实际上可以称之为以抗日救亡为"体",以职业选择为"用"①。

二、走向党的步履:"抗日民族统一战线" 引我作党员

　　西北考察开始后的范长江很快成为一个为许多读者关注的名记者,接下来的西蒙、绥边之行和为了解西安事变真相而历尽波折奔宁夏、赴兰州,最终"撞入西安",继而由西安赴延安的艰辛过程及在此过程中向国人报告的一个又一个引人关注的新闻电讯及通讯

---

① 樊亚平、丁冬女:《从职业无意识到职业认同——范长江职业认知与职业精神的发育与建构》,《兰州大学学报》2017年1期。

作品，更使他成为名满全国的记者。一条"自由职业的新闻记者"[1]之路，一种所到之处上至封疆大吏、军政首脑，下至普通民众、青年学生，都会待之如上宾的为人所追捧的名记者人生逐渐展现在了他的眼前。然而，作为名记者的他，内心却随着政局时局和自身经历与认识的变化而无时无刻不处在变化中。

绥远抗战激起的全国范围的抗日热情使他胸中一直暗流奔涌的抗日激情瞬间被点燃，然而，"双十二"事变的突然发生却使这种热情与激情很快消退。"沉静了的绥边"[2]如此让人无奈，而打断绥远抗战步伐的"双十二"事变的真相却晦暗难明，国内问题的焦点一时间由绥远抗战转向了西北，转向了"双十二"事变的发生地——西安和与此相关的延安。与这种焦点的转移相关，有关西安事变的"流言"甚嚣尘上，由西安事变引发的各种猜想和不安蔓延。新闻记者"有将关乎国家、民族的重大问题及时向国人报告的责任"[3]。这是范长江步入记者职业之初就习得的认识，也是他对记者责任的郑重宣告。于是，他历尽波折冒险奔赴西安，继而去延安，了解真相。他也许从未想到，这次行程会成为他人生及职业重大转向的诱因与起点。

这种重大转向便是，他开始了走向共产党的旅程。其夫人沈谱1980年曾说："长江只身去西安、延安采访，最终导致了他的政治立场的决定性转变——从一个正直爱国的新闻记者成为一名自觉为民族和阶级利益而斗争的共产党员。"[4]这一转变在范长江人生旅程与职业发展过程中无疑是重大的，影响深远的。范长江此后的人生追求、职业理念、新闻认知、个人心态等的发展变化，均可以在这一背景下得到更真切的认识和更深刻的解读。基于此，考察这一转

①范长江：《塞上行》，第152页。
②范长江：《塞上行》，第115页。
③范长江：《塞上行》，第148页。
④沈谱：《塞上行·序言》，范长江《塞上行》，新华出版社，1980年。

变得以发生的具体过程,呈现这一过程中范长江思想、认识、情感、心理的具体转变情形,就成为一个非常重要且十分必要的问题。沈谱在前边那句话后接着说过这样一句话:"这种转变是曲折的,也是必然的。"那么,沈谱所说的"曲折"究竟是怎样一种曲折?其所说的"必然"又是怎样一种必然?换句话说,范长江究竟是如何一步步走向党的?究竟是什么力量吸引着他一步步走向了党?

在范长江走向党的问题上,相关表述给人的印象和感觉似乎是,西安、延安之行后,范长江立即站在了党的思想、立场上。实际情况是否如此呢?考察范长江与党接触的过程,可以发现,西安、延安之行在其走向党的过程中的确有着非常重要的作用,但由此开始的走向党的过程并非一蹴而就,而是经历了艰难的思想转变与情感接近过程。即使就西安、延安之行来说,之所以会产生那么显著的影响,既与西安、延安之行带来的思想震撼有关,也与赴西安、延安之前其心中怀有的问题意识、内心疑惑与认识预设有密切关联。当然,西北考察时期因为对红军长征的追踪观察与报道,范长江获得了一些对党和红军的认识和认可。就西安、延安之行来说,这次经历使其对党产生了极大好感并高度赞赏,但并未使他立即产生加入党的想法。直到其被《大公报》辞退、急需寻求心理与组织依托时,其入党愿望才迅速萌生并很快入了党。

这个过程究竟是如何一步一步发生、发展、演变的呢?其中的各个因素与环节具体来看究竟起到了什么样的作用?又是如何发挥这种作用的呢?

就西北考察时期对红军的认识来说,受范长江本人对其西北考察的目的与动机的解释①之影响,不少学者把西北考察时期看成

---

① 范长江在《记者工作随想》中曾说,自己赴西北考察"是怀着两个目的的",一个是研究红军北上以后中国的动向,另一个是为未来抗战考察大后方(参见:《范长江新闻文集》,第1148页)。

是范长江对党和红军已产生好感甚至开始认同的开始。考察范长江西北考察中对红军的报道，其中的确存在不少不时显露欣赏与赞同意味的内容，但从总体上来看，这些报道基本属于客观呈现和建立在客观呈现基础上的理性分析。这样的客观呈现与理性分析中所展示出的党与红军形象是，他们并非无社会理想、政治理念和现代政治组织系统的"匪"，而是中国社会现实激发出来的一种图谋变革的政治力量，只是其主张的变革道路与具体主张和国民党有异而已。从这种客观呈现中显现出的认识很难得出此时的范长江已在主观上具有了走向党的意识和愿望之结论，更何况在部分报道中也存在对党和红军有误解、进行批评甚至不认同的内容。因此，可以说，西北考察时期范长江对党与红军虽已有一定认识，甚至不无认可和赞赏，但这种认可只是一种有限度的认可①。

当然，需要指出的是，对党与红军的有限认可虽不可能使其内心立即对党产生向往，但这种客观认识与一定程度的认可，必像一粒种子埋进泥土之中，一旦具备适当的温度、湿度等条件，肯定会有发芽的一天。这种条件最终果然出现，那便是两年之后的西安、延安之行及其后开始的与党的频繁交流与交往。在这个意义上说，西北考察时期范长江对党与红军的认识和一定程度的认可虽不可能使其立即对党产生向往，但对其以后走向党的确在客观上起到了一种铺垫作用。

就西安、延安之行前范长江心中怀有的问题意识、内心疑惑与认识预设来看，"双十二"事变发生之前，范长江正在绥远抗战前线采访。从范长江"九一八"事变以来积极组织和参与的各种活动可以看出，他是一个对抗日充满热情、激情甚至有些狂热的人，他以记者身份赴西北考察也是其抗日救亡之心理诉求推动下的具体行动。

---

① 樊亚平：《从自由记者到中共党员：范长江走向中共的步履》，《山西大学学报（哲学社会科学版）》2016年4期。

然而,积极主张和热切期盼抗战的他,面对日本一步步的蚕食、侵略和国民党的一再妥协、退让,只能一次次失望。然而,1936年11月,当日本开始进犯绥远时,却遭到了前所未有的抵抗和失败。尤其令国人兴奋的是,绥远抗战已不是完全被动的应战,而是主动的反攻了。一时之内,全国人心激动,声援和慰问绥远抗战的声浪一浪高过一浪。绥远抗战及其引发的全国范围内的抗战小高潮使原本热切期盼抗战的范长江异常兴奋。从这种异常的兴奋中,可以深切感受到他对抗战的长久期待和期待终成现实后的喜悦。

　　然而,让范长江兴奋的抗日局面及其所带来的内心喜悦却因"双十二"事变的发生消失了。在《沉静了的绥边》中,他非常遗憾地说:"西安事变,把绥远前线原来一点热气,消散了八分。本来要再度进取的军事企图,因陕变而无从作起。"此种"热气"的"消散"使范长江极度失望。这种失望从其《西北近影》《沉静了的绥边》等通讯中均可充分感受到①。在这样的失望中,范长江决定,尽快探明事变真相,力谋解决之策,以求尽快重启抗战。在他看来,绥远抗战既然因"陕变"而停息,要想尽快重启抗战,必须尽快"消弭内在的矛盾";而"消弭内部矛盾的方法",是事变"各方应以最大的容忍,期以非武力的方法,达成国内的团结",只是他不知道,他这种对各方"最大容

---

① 《西北近影》中记述:"我离开平地泉的那晚上,汤恩伯先生正由太原回到绥东,虽然是在深夜,视线有些模糊,虽然我们谈话没有几句,我们都明白他为西安事件引起了无限的困顿和苦恼。"《沉静了的绥边》中述及绥远抗战将领李服膺因绥远抗战进程被打断而以诗发抒内心郁闷之情状:"陕变之发生,正在绥远战局已有眉目之时,李氏身当晋察绥边战局,故感触特深,其所作'北征行'最末一段即表现当时前线将士之意境:'塞上成高楼,胡儿思遁逃。阴山明霁雪,渭水逝滔滔。横流破大堤,泛滥惊洪涛。嗟彼何为者,豕突豺狼嗥。回马顾长安,忧心日忉忉。'"(范长江《塞上行》,第137、133—134页)无论是汤恩伯的困顿与苦恼,还是李服膺的"忧心日忉忉",其实都是范长江此时内心情状的表达。

忍"的期望"能否成为事实"①。正是带着这样的内心关注和问题意识，他决定立即前往西安。

赴西安前的关注点和问题意识如此，到达西安前对事变的了解和相关问题的认识预设又如何呢？得知事变发生的消息时，范长江"像当时的许多人一样，被事件震动得'不知所措'"；"不知所措"之余，他立即开始"向各方面的人进行了解"，并通过"阅读各地的报纸"搜集相关情况②。根据当时的主流舆论，基本认定这次事变起因于共产党的"煽惑"，原因十分简单，国共两党已有十年冤仇，蒋介石又是在临近共产党区域的西安敦促"剿共"期间被抓的，共产党怎么可能未"煽惑"？在事变处理方面，当时铺天盖地的说法是，蒋介石既已被抓，与其有十年冤仇的共产党怎会放过他？这些看法在当时许多人心中确信无疑，对范长江也产生了影响。在《陕北之行》中，他就曾说："一般人风声鹤唳都在怀疑共产党，我也有几分相信。"③

正是带着这种既期待国共团结、重启抗战，又满腹狐疑的心理，范长江排除千难万险"撞"向西安，进而又亲赴延安。从最终结果看，正是由于事先满怀着对国共携手的强烈期待和对共产党在事变中之角色的满腹狐疑及认为共产党很可能是事变的煽动者的认识预设，才使得他在西安了解到事变真相，在延安了解到共产党有关中国革命的总体设想和抗日民族统一战线的思想主张，感到其最关心的团结抗战问题有望实现后，思想上受到极大的冲击与震撼，才使得他对共产党产生了好感与敬佩，从而为其后来走向党播下了一颗丰硕饱满的种子。

那么，西安、延安之行究竟是如何解决他的内心疑惑与认识预设的呢？此行中，党究竟给他带来了什么样的心理震撼与冲击？究

①范长江：《塞上行》，第116页。
②徐向明：《范长江传》，第124页。
③范长江：《塞上行》，第184页。

竟给他留下了什么样的印象？这种震撼和印象对他之后逐渐开始走向党究竟起到了什么样的作用呢？

西安、延安之行对范长江带来的最大震撼当然来源于对西安事变真相的了解，因为，他千难万险"撞"向西安的最直接目的就是了解西安事变真相，而且是带着共产党乃西安事变煽动者等认识预设而去的。正因为如此，当他了解到这次事变中共产党不仅没有煽动，而且力主和平解决时，才会产生极大的思想震撼与冲击，进而对共产党产生好感与敬佩。尤为重要的是，由于他一直以来最关注的是抗日救亡，赴西安之前他心中最希望求解的问题是，事变能否和平解决，国共矛盾能否化解，抗战局面能否重启，因此，当他到达西安，知道事变已和平解决，国共双方矛盾已经化解，团结抗战的局面有望达成，抗战热潮有望重启时，内心兴奋之程度，自然不言而喻。

范长江在《祖国十年》中谈到西安事变时曾说："十年冤仇，竟然推心置腹，重新携手……这实在是中国近代历史上最精彩、最光辉的一页……整个西安事变表现着人类最崇高伟大公而无私的精神，以及人性上最纯正的爱与热的汇合"，面对有着十年冤仇此时却被劫持待宰的蒋委员长，共产党人"没有算老账，没有报私仇，十年敌对，一笔勾销，二万五千里跋涉，亦只认为是促迫历史进步的一个因素……这是中国最可贵的真正革命党派的作风。"①这段激情满怀的描述充分显示出范长江在了解到西安事变真相后内心产生的极大震撼与冲击，及随之产生的对党的好感与敬佩。

以他和当时绝大多数国人的认识，一个政党，面对屠杀自己的党员达十年之久，如今却落到自己手里的死对头，不产生食其肉寝其皮之心已属难得，怎么可能做到"十年敌对，一笔勾销""推心置腹，重新携手"呢？正因为事先有这样的认识，当知道事变发生前共产党并未参与，事变发生后共产党不仅批评"张、杨如此作法，殊欠

①范长江:《范长江新闻文集》，第977—979页。

妥当"，而且力主释蒋①，同时，在对日方面，共产党不仅早就呼吁团结抗日，而且已形成明确的抗日政策与思想体系时，他不可能不对共产党产生敬佩。原来，共产党人根本不是他之前所推想的那种无民族大义、政治胸怀，只斤斤于小集团冤仇的、睚眦必报的政治势力或"不识大体、没有远见"的"狭隘的小团体"②，而是有着"人类最崇高伟大公而无私的精神"的现代政党。

正是在西安了解到的西安事变真相和所感受到的共产党人在其中表现出的"最可贵的真正革命党派的作风"，使范长江对党产生了强烈的好奇。这种强烈好奇，促使其产生了要赴延安对党进行深入了解的想法。

在延安，范长江与众多共产党著名人物一一见面后，当天晚上与毛泽东进行了一次令他难忘的"竟夜之谈"。在《我的自述》中，范长江说："在延安，毛主席教导我一个通宵，这十小时左右的教导，把我十年来东摸西找而找不到出路的几个大问题全部解决了，我那天晚上之高兴，真是无法形容的。"③那天晚上，毛泽东给范长江主要介绍了中国共产党对中国社会内在矛盾、中国革命的性质、任务、目标等的看法及一整套非常成熟的思想主张，尤其是中国共产党的抗日民族统一战线政策与主张。

"如果说，在西安对周恩来的访问只是让范长江对共产党产生了强烈好奇和进一步的了解欲的话，对毛泽东的访问则是一种从历史到现实、从政治理想到当下目标、从思想主张到具体思路等多层面对共产党的全方位、立体化的了解；这些了解，不仅解答了其多年来一直关注的救亡图存问题，即民族生死存亡的问题，而且丰富并

---

① 范长江：《塞上行》，第186页。
② 毛泽东：《为争取千百万群众进入抗日民族统一战线而斗争》（1937年5月7日），《毛泽东选集（第一卷）》，人民出版社，1966年，第255页。
③ 范长江：《范长江新闻文集》，第1184页。

深化了其对中国出路问题的思考。"①这种对国家出路问题的深入思考，与范长江过去基于个人摸索而产生的诸多想法相比，无疑更加系统、更加严密，也更有深度，更显得宏大高远。范长江对此不可能不佩服，不可能不受到思想上的震撼。

总之，西安、延安之行不仅充分地解答了此行之前范长江内心的最大关切——团结抗日的局面能否达成之问题，消除了他对西安事变真相的疑惑和共产党在其中之角色的认识预设，而且让他对党有了一个全新的认识，尤为重要的是，这种全新的认识是一种蕴含着赞赏与敬佩之情的认识。

正因为如此，高度评价西安、延安之行对范长江走向党的重要影响，将其视为范长江走向党的起点，或认为其为范长江后来走向党播下了一颗丰硕饱满的种子，无疑是恰当的，也是符合实际的。当然，除了上述因素的影响之外，还有其他多方面因素的影响，如毛泽东、周恩来等党的领导人的个人魅力及把控谈话对象心理的高超能力，在西安期间、赴延安的过程中、到延安之后的安排中，处处蕴含着共产党人基于对外宣传和争取舆论支持之需要对范长江所开展的各种"泛宣传"等②。

需强调的是，虽然西安、延安之行既使范长江对党的政治胸怀与"真正革命党派的作风"钦佩有加，又使他对党的革命思想及相关政策主张有了深入了解并在一定程度上的认同，但这并不是说，此时的他就已经具备了党的思想、立场，也不是说他的政治态度已经明朗，开始产生了希望加入党的想法。在《我的青年时代》中，范长江曾十分明确地说："访问延安以后，接受了共产党的政治路线，思

---

① 樊亚平：《从自由记者到中共党员：范长江走向中共的步履》，《山西大学学报（哲学社会科学版）》2016年4期。

② 樊亚平：《从自由记者到中共党员：范长江走向中共的步履》，《山西大学学报（哲学社会科学版）》2016年4期。

想有了归宿，不再彷徨无主了；但仍继续个人奋斗的作法，还没有产生入党的强烈要求。"[1]

从延安回到上海后，范长江继续担任《大公报》记者。由于其排除万难"撞"向西安报告西安事变真相的壮举和随之进行的访问延安之经历，使他的名记者身份更加耀眼，不仅《大公报》对其另眼相待，而且各社会团体、民间组织纷纷邀请他去讲解关于"西北大局"和团结抗日等当时国人最关注的热门话题。此后多半年中，但凡遇到具有全国性影响的事件发生时，他每每被《大公报》委以重任。全面抗战爆发后，他更是以极大热情投入战地报道中。抗战第一年内，他的足迹几乎跑遍了所有抗日主战场。这种以自身努力和《大公报》为依凭的自由记者生活，一直到1938年10月才突然结束。而在此之前，他一直都未产生加入共产党的想法。即使在离开《大公报》、自由记者生活突然结束后，他也没有立即产生加入共产党的愿望，直到1939年初，才萌生了入党的想法，并于1939年5月正式入党[2]。

那么，为什么范长江经过西安、延安之行对共产党已经产生了强烈的好感和敬佩，却没有很快产生加入共产党的想法呢？这既有范长江性格特点方面的原因，又有其对一些问题的看法与党的思想尚存在不一致之原因。

从性格特点方面看，范长江是一个独立思考意识非常强的人，而非传播学"魔弹论"所说的那种能很容易被"劝服"的受众，他一直在独立思考关乎国家民族前途命运的重要问题，对不少问题他都有着属于自己的坚定、独立的看法。西安、延安之行，对他来说，原

---

[1] 范长江：《我的青年时代》，《人物》（丛刊）1980年第3辑，第103—104页。
[2] 关于范长江入党愿望产生的时间，范长江在《我的自述》中说得较明白："我离开《大公报》时，还不是党员，开始搞国新社后，在和国民党斗争过程中，才感到没有共产党的领导不行。……因此，我产生了强烈的入党要求。"这里明确说到产生入党愿望的时间是"开始搞国新社后"，而国新社是1939年初在桂林成立的（参见范长江：《范长江新闻文集》，第1194—1195页）。

本就是一种在特定问题意识引领下的考察与研究活动。在这样的考察中,他并非一张白纸,别人在上面画什么就是什么;他也并非一只空瓶,别人倒入什么液体就是什么液体。在这样的考察中,他一直在观察、分析、判断,在尽可能地保持着思想认识的独立交流与碰撞。交流碰撞中,他认为合理的,就心悦诚服接受,甚至敬佩、赞叹;他一时无法理解的,就保留看法,暂时存疑。这就决定了西安、延安之行不可能一下子让他的思想完全为党的思想所取代,不可能使党的立场顷刻间完全成为他的立场,不可能让他立即产生加入党的想法。

从思想看法的不一致方面看,虽然西安、延安之行,让他对党的绝大多数思想主张有了深刻认识,并高度认同,但在一些方面,仍存在不一致之处。最主要的是,国共合作、团结抗战中军队的统一问题。在此问题上,党坚持只改换军队名称,军队组织系统与党对军队的政治领导不能变,而范长江主张的则是军队系统的完全统一。到延安的当晚,晚宴开始前,在与毛泽东等党的领导人进行的"围炉谈话"中,围绕这一问题的交流碰撞就很激烈[①],后来的很长一段时间他一直坚持自己的意见与主张。其次,在国共合作建立抗日民族统一战线的方式上,范长江的主张也与党不一致。范长江认为,为实现抗战建国、建立民主新中国的目标,共产党应真心诚意放弃自身党派立场与利益,加入到以国民党为主导的国民政府中来。除这两个问题之外,延安之行后相当长一段时间内,在抗日联军、抗日作战思想等问题上,范长江与党的思想主张也存在不一致。另外,对一些问题的认识范长江自身也存在前后矛盾和不一致之处。这一切因素合起来,决定了他虽对党产生了强烈的敬佩与好感,却并未很快产生加入党的愿望。

当然,这些不一致都只是相对具体的执行层面的问题,毕竟,在他最为关注、关心的团结抗战问题上,他与党的思想认识已取得一

───────────────

① 范长江:《塞上行》,第197页。

致,对党对民族民主革命的总体看法也高度认同,并钦佩有加。正因为此,思想认识上的这种局部的不一致并不影响他对党的好感,也不影响他已经开始的与共产党人的频繁接触、交流、交往之势头。

结束延安之行回到上海后,范长江很快进入了一个几乎全新的人际交流与社会交往圈。这种人际交流与社会交往圈相较于之前的最大变化便是:"越来越多或公开或秘密的共产党人和左翼人士进入其工作与社会交往网络,在与这些人士的频繁交往中,一种日益左倾的政治舆论场与'意见场'不知不觉间在其周围形成。"①在与这些共产党人和左翼人士交流交往的过程中,其思想、认识、情感必然会在不知不觉中受到影响,即使这些共产党人的身份是秘而不宣的。如果说上海沦陷前进入其交往圈的绝大多数尚为左翼人士,或虽为共产党员但他并不知道的话,武汉、长沙时期,围绕在他周围的除了从上海、南京转来的左翼人士外,大量身份公开的党内重要人士和共产党驻国统区机构的代表成为其交往网络中的中心。尤其是在筹办和开展"青记"工作的过程中,更是无时无刻不受到周恩来等共产党人的支持与帮助。浸淫于这样的人际交流与社会交往网络中,对很多问题的看法必会在耳濡目染中受到潜移默化的影响,同时,在频繁的交流、交往中许多共产党人的个人魅力、对其生活和工作的关心更是在不知不觉中滋润和温暖着他的心与情感。

然而,思想立场上虽越来越接近,心理情感上虽越来越亲近,但加入党的愿望却迟迟未能产生。这种"平台期"的打破最终起因于1938年10月的一个夜晚在《大公报》总编室突然发生的一次激烈争吵。这次争吵让当时在编辑部上夜班的"几个人惊呆了"②。争吵的一方是范长江,而另一方是《大公报》总编辑张季鸾。无论这次争

---

① 樊亚平:《从自由记者到中共党员:范长江走向中共的步履》,《山西大学学报（哲学社会科学版）》2016年4期。
② 孔昭恺:《旧大公报坐科记》,中国文史出版社,1991年,第85页。

吵究竟源于什么,其所产生的结果是,范长江被突然"逐出"了《大公报》①。而正是这个谁都没有料想到的突发事件,成为促使范长江产生入党愿望并很快入党的直接诱因。

在《我的青年时代》中,范长江曾说:"我离开《大公报》以后,政治态度已经明朗,我的社会关系也就起了迅速的变化。国民党对我的压力逐步加大。原来可以活动的许多社会关系,逐步不行了;另一方面,我又没有参加共产党,虽然党组织那时对我是很关心的,也有些地下党员和我们共同工作。但由于不能经常得到党的领导和教育,在斗争中往往没有力量,这才逐步体会到阶级斗争的实质。……因此,我逐步认识到,没有共产党的坚强领导,要战胜日本帝国主义,要战胜国民党,是不可能的。于是,我一九三九年五月在重庆向周恩来同志提出了入党的要求,不久党批准了我的要求。"②

离开《大公报》前,他虽已与共产党越来越亲近,党对他也"很关心",但他并未产生入党想法,他的工作、生活仍属于"个人孤军奋斗"。离开《大公报》后,过去依靠《大公报》获得的"许多社会关系"突然失效,过去以《大公报》名记者身份在采访和各种社会活动中处处可以享受到的便利和优待无法再享受,在社会活动与交往中不得不经常面临时时碰壁、处处遭冷遇之境况③。这种情况,使他开始意识到,在政治斗争无处不在的抗战环境下,"个人孤军奋斗"非常无力,"个人的作用"非常渺小,只有加入一个坚强的组织或团体,才能

---

① 关于范长江被"逐出"《大公报》的原因,新闻史上一直众说纷纭,笔者在研究过程中曾专门撰写过一篇论文《范长江离开〈大公报〉的原因探析》(《新闻大学》2017年3期),对此问题进行了探讨。

② 范长江:《我的青年时代》,《人物》(丛刊)1980年第3辑,第105页。

③ 在《我的自述》中,范长江也曾述及其离开《大公报》后在各种社会活动与交往中常常遭受冷遇之情形:"我离开《大公报》后,蒋介石系统的军政人员对我的态度改变了。有些过去在交通上能随时给我方便的人,现在装作不认识了。"(参见《范长江新闻文集》,第1193页)

避免"个人孤军奋斗"不得不面临的无力感,才能为抗日实际斗争做出属于自己的真正有效的贡献。而对此时的他来说,最先想到的一定是共产党,因为他与共产党已有将近两年的交往历史,在心理、情感、思想等方面早已与共产党结下了不解之缘。

综上可以看出,范长江走向党的步履,确如沈谱所说,"是曲折的",同时"也是必然的"。需要强调指出的是,从总体上来说,范长江走向党的过程是一种在抗日救亡这一"元问题"之下不断倾听自己内心召唤的过程①,是"本着虚心,不断的求知,不断的经验,不断的改变自己,不断的接受新知识"的过程②。在此过程中,他奉行的原则是"至公""至诚"③。这个原则既是他探寻国家、民族命运与出路过程中坚守的态度,是其选择自己政治立场与思想过程中持守的

---

① 黄仁宇在《黄河青山——黄仁宇回忆录》中谈到范长江时曾说:"谈到如何对战地工作有所贡献时,我们的立场就逆转了。对他来说,虽然接近神秘却很合理的是,有一种听不见的呼唤在吩咐他,这是人人都要听从的声音。……依他的说法,似乎一切都有必然关系,因此我必须肩负人类的命运。"(参见黄仁宇:《黄河青山——黄仁宇回忆录》,生活·读书·新知三联书店,2007年,第202页)

② 在《忆西蒙》中,范长江曾说:"我们只要本着虚心,不断的求知,不断的经验,不断的改变自己,不断的接受新知识,才是作人的正确态度。我们对于一种主义、学说和人物的批评,假如在首先接触时,即加以武断的批评,全面的接受或者反对,都是不合理的作法。"(参见范长江:《塞上行》,第86页)

③ 范长江对"至公""至诚"的信奉,既可从他数次忆及西北考察前胡政之与自己的谈话内容时均强调胡给自己的"一字真传"(即"诚")对自己的重要影响得以看出,更可从他西北考察至抗战以来对人、对己和求解国家、民族重大问题过程中实际表现出的"至公""至诚"精神中深切感到,另外也可以从其通讯作品中时时可以看到的对"至诚"之心,对"无假公济私之行为",对"以民族生存为前提""跟着民族利害走",对"忠诚"于"国家共同利害""民族共同利害"等的强调中更深切地感知到(参见范长江:《塞上行》,第6、29、67—68、71、76页)。

原则，也是他评判政党或政治人物的基本标尺①。凡是以国家民族利害为本、以个人利害为末的政党和政治人物，均是他所赞赏的；相反，时时以个人利害和集团组织利害代替众人利害，将个人利害与集团组织利害置于国家与民族利害之前的政党和政治人物，均无法获得他的赞赏和认同②。正因为有这样的标尺，范长江走向党的过程，才显得那么真实，才显现出既曲折又必然的发展轨迹。

三、从新闻到宣传：走向党的过程中的人生与理念转向

虽然范长江最终入党是在1939年5月，然而，如前所述，其走向党的脚步从西安、延安之行开始就已开启了。这种开启对其人生与职业发展的意义在于，无论其走向党的脚步是有意识还是无意识，是主动还是被动，一旦开启，都必然会给其政治思想、社会认知、人生追求、职业理想、新闻职业意识等带来巨大影响。尤为重要的是，这种影响必然会因其走向党的过程中的思想发展状况及其阶段性而使其人生追求与职业发展显现出不同的状态。那么，西安、延安之行开启的其走向党的过程和加入党后的近十年历史中，其人生与职业究竟发生了什么样的逐渐转变的过程？在这样的转变过程中，他究竟经历了什么样的心路历程？其新闻理念、新闻思想和职

---

① 在《西北当前几种急务》中，范长江在谈到整顿土著军队时明确强调了"公""诚"在"为政之道"中的重要性："为政之道，惟'公'惟'诚'，公诚所指，必能化除一切私见，而产生彼此信赖之现象。"范长江延安之行后渐渐倾向党，并最终入党，盖与其认为共产党能做到"惟'公'惟'诚'"有关，至少从他的接触和感觉看来，共产党确实如此（参见《范长江新闻文集》，第367页）。

② 在《忆西蒙》中范长江曾说："你只要能不以个人利害来代替众人利害；相反的先以他人的利害放在前面，把自己放在后面，事事可得他人的谅解了。"（参见范长江：《塞上行》，第87页）

业意识是如何从自由主义思想、理念逐渐转变为与党的新闻工作理念与原则相统一的思想、理念的？

　　西安、延安之行结束后，范长江一度非常兴奋，因为在他看来，他最关心的国共合作一致对外的局面很可能随时会变成现实。然而，一轮一轮的谈判走马灯式地进行，却总不见他期望的"抗日民族统一战线"的美好愿景最终落定。西安事变带来的暂时"热闹"之后，一切似乎又归于平静和"空虚"。就在他又一次进入迷茫与彷徨期的时候，期盼已久的抗战终于还是到来了。1937年7月7日，以卢沟桥事变为起点，全面抗战终于开始。抗战的炮声激动着全国民众，更激动着望眼欲穿的范长江。刚刚结束川灾考察的范长江立即奔赴前线，从此开始了为期一年多的在各抗日前线视察采访的"新闻参战者"生活。

　　从卢沟桥事变到1938年10月武汉失守前，他"就像一只雄鹰，一刻不停地翱翔在中国人民抗日战争的主战场"①。在这一年多时间中，他先后采写战地报道七十多篇，近二十万字。这些报道，或满怀激情地对相关战事进行报道，或以饱满的热情对前线将士英勇抗敌的精神进行颂赞，或对抗战带来的全国军民团结一心、同仇敌忾的新气象进行描绘，或对政治、军事、民众动员等方面存在的问题进行批评、呈现，或对相关战役中敌我双方的战术与战略意图进行分析。这些报道，无论是颂赞、批评，还是理性分析，都显现出希望以自己的报道促进抗战胜利的强烈目的，和渴望"以笔为枪"参与到这场伟大的民族解放战争中的迫切愿望与诉求。这种"以笔为枪"力促抗战胜利的努力背后，蕴含着的是其人生与职业角色的转向，即他开始由一个自由主义记者向"一手提笔，一手提枪"、勠力于战时

────────────

① 徐向明：《范长江传》，第165页。

动员的"宣传鼓动者"和"新闻参战者"转变①。

作为"宣传鼓动者"和"新闻参战者",他一方面奔走于各抗日战场,以快速、翔实的报道,报告最新战况,分析战局发展,颂赞战争中涌现的英雄行为,揭示战争中存在的问题,用切实有力的报道,发挥动员民众、鼓舞民心、配合军事、促进抗日之功效,另一方面开始从工具理性视角出发思考新闻工作和新闻从业者在抗战时期的特殊使命与责任,开始强调新闻业在抗日民族解放战争中应发挥的战斗性和应具有的工具性,开始把新闻事业看成宣传事业,把新闻工作看成宣传工作,开始对新闻工作的"政治性""正确性"给予特殊的强调。与这种理念认识的转变相应,这一时期的他对"客观""独立""超然"、报纸独立主义、新闻至上主义等过去曾为他坚持、曾被他认同的理论进行了明确的批判。

范长江新闻职业理念与角色的这种转向,从直接背景来看,发生在全面抗战爆发这一大背景之下,因此这一转向主要与其对抗战之于中国的重大意义之认识有关。其中的认识逻辑大概如此:抗战对中国社会的意义非常重大,而要想使这种意义变成现实,必须动员全体国民共同奋斗,既然如此,作为国民之一员的新闻从业者没有任何理由置身事外,仅仅做"纯粹自由职业的新闻记者",必须改变过去所信奉和遵从的新闻理念与工作方式,有效发挥新闻工作有效服务抗战之作用,自觉履行自身对抗战这一神圣事业的使命。除此之外,由于这个时期范长江正处于与共产党频繁接触、逐渐接近的过程中,其对新闻事业的性质、任务、责任、使命等的认识与共产党的新闻思想又存在很多相似甚至相同的成分,因此很难完全排除其职业理念与角色的这一转变与共产党的影响间的关联。

当然,无论这一转变是否与共产党的影响有关,至少可以说,这

---

① 樊亚平、李向辉:《从"超然""独立"到"新闻参战"——抗战初期范长江职业身份与新闻思想的转变》,《甘肃社会科学》2018年第2期。

一转变客观上为他随后加入党、按党的新闻思想与要求从事新闻工作提供了较为充分的思想基础和较为有效的铺垫，其职业理念与思想的这一转变客观上为其新闻思想由自由主义转向党的思想提供了一个必要的过渡阶段。

如果说抗战初期范长江对新闻事业的"工具性"和新闻工作的"政治性"的认识和强调更多属于一种基于其抗日救亡之元诉求和对抗战之于中国的重大意义之认识而自发产生的思想诉求，党的思想主张对其只是产生了间接的、无意识的和无形的影响的话，伴随着1939年初其开始产生入党愿望并很快成为党的一员，党对其人生、事业与思想的熏陶和影响就成为一种十分明显的常态化影响，其以后人生与职业的转向就完全处在了党的引领与指导下。

离开《大公报》之前，其所主持的"青记"工作已在很大程度上接受着党的关心和指导，离开《大公报》后开始筹备、1939年初正式成立的国际新闻社（简称"国新社"）更是从筹备之初就受到周恩来等共产党人的直接指导与帮助，如帮助协调成立前的注册备案工作，协调与军委会政治部国际新闻处的合作事宜等。长沙大火当天的撤退工作，包括通知撤退、撤退车辆、撤退路线、撤退目的地等，也完全是在周恩来的安排之下进行和完成的。如果说到桂林之前，周恩来等共产党人对其"青记"与"国新社"筹备工作的帮助和指导还是带有某种协作性质的"友情"支持与帮助的话，到桂林和此后在桂林与重庆间来往穿梭，为办好"青记"和国新社而开展的各种工作，后来面临国民党逮捕威胁被迫转移到香港，在香港创办和主持《华商报》等工作，就基本上完全处于党的领导之下了。需要强调指出的是，当时由于失去了《大公报》记者身份，范长江许多工作的开展和社会活动面临很大困难，感到急需寻求组织支持与依靠，这种情况下，来自党的指导与帮助真可谓"及时雨"，范长江不仅欣然接受，而且可以说是他主动寻求的。

与工作上接受和主动寻求党的领导相伴随的是，范长江开始了对党当时路线、思想、主张的全面、系统学习。由于"国新社"内建立有党的支部，以党支部为核心，经常组织学习马列主义和党的方针、政策，政治学习的氛围很浓①。正式入党前，由于他无法参加党小组学习，只能通过自学了解党的相关思想、政策。入党后，他很快变成马列主义和党的思想政策学习的核心与骨干。由于当时党在国统区的宣传重点是抗日民族统一战线政策及与之相关的团结、抗日、民主、自由、宪政等思想主张，党赋予其在国统区工作的所有党员的主要任务也是执行抗日民族统一战线，因此，从入党后到进入苏北根据地之前，他对党的思想主张的学习也主要围绕抗日民族统一战线及相关思想主张来展开。

　　对党的抗日民族统一战线政策、主张，范长江在西安、延安之行中就已向周恩来、毛泽东等党的领导人当面学习、领教过了，这一政策、主张正是当时促使他对共产党产生好感并开启其走向党的步履的最重要因素之一，但由于延安之行后相当长时间内抗日民族统一战线迟迟难以形成，加之随后不久，全面抗战爆发，他的关注点转移到了战时动员等工作中，因此抗日民族统一战线政策、主张暂时退居到了其思想关注之门的背后。直到离开《大公报》后，环境的变化，入党愿望的产生，对党的思想、主张的系统、全面、主动的学习需求，才使得抗日民族统一战线政策、主张重新进入到其关注的中心。

　　与关注中心的这种转变相应，这个时期范长江的工作中心也很快转到了为抗日民族统一战线鼓与呼和尽其所能促进抗日民族统

——————————

① 胡愈之、高天在《对革命新闻事业机关"国新社"的回忆》中曾说："'国新社'的同志们在党的领导下努力学习马列主义、学习时事政治，用马列主义理论指导新闻工作的实践。社内工作同志组织读书会，学理论，学政治，学业务，经常举行学习讨论会，不止一次请党的负责同志作报告。毛泽东同志的新著出版传到国统区或在《新华日报》等党的报刊上发表时，'国新社'同志们立即人手一份认真学习。"（参见广西日报新闻研究室编：《国际新闻社回忆》之"附录"，湖南人民出版社，1987年，第19页）

一战线的形成与完善上。当然，这种转变的最主要原因是因为这时的他已变成了党的一员，作为党的一员，必须执行党赋予自己的责任，努力完成党交给自己的任务。由于入党后的他主要受周恩来直接领导，而周恩来抗战时期最重要的工作就是执行以毛泽东为首的党中央提出的抗日民族统一战线政策，努力促成、完善和扩大抗日民族统一战线，因此范长江的工作自然也以此为目标。以范长江的性格、社会交往能力和作为名记者的社会基础，从事统一战线工作，可以说人尽其才，也可以说是如鱼得水①。

　　这一时期，无论是在桂林、重庆间来往穿梭，还是后来转移到香港，其所从事的工作都属于抗日民族统一战线工作。具体来说，主要有三个方面，一种是通过办好"青记"和"国新社"，团结尽可能多的抗日爱国的新闻工作者，与他们结成尽可能广泛的抗日爱国统一战线，一种是通过广泛的社会活动，通过与各党派、各团体、各阶层，乃至海外侨胞和国际人士的广泛接触和频繁往还，影响他们，团

---

① 于友在《从名记者到社会活动家——回忆长江同志在桂林》中曾详细述及范长江在从事统一战线工作方面所具有的各种优势。他说："长江有他名记者的社会基础，而且他阅历丰富，当过兵，听过大学的课，交游很广，一向善于同社会上各色人物交往"，"长江出生于四川，从小有'摆龙门阵'的才能，他博览群书，见闻特广，因此他的谈话一向生动活泼，富有魅力"，"在'青记'和我们'国新社'的会上，他常常要讲当时的形势和任务，对我们有很深的教育。在社会上也同样起着巨大的宣传鼓动作用"，"记得他曾经讲过一次桂南边境十万大山的抗日战役，把我军'关门打虎'的故事讲得有声有色，娓娓动人，听者不禁为之动容，掌声不绝"，"在桂林的一年间，他由于同群众有了广泛的接触，每天会客谈话的工作很重。在办公室要批阅很多熟人和生人的来信，还要给他们写回信。幸亏他年富力强，也还注意锻炼，能抽时间打球、到漓江里游泳，精力始终是充沛的"（参见胡愈之、夏衍等：《不尽长江滚滚来——范长江纪念文集》，第90—92页）。

结他们,将他们吸引到抗日民族统一战线中来①,另外一种是,通过撰写时评、专论、通讯等方式,呼吁团结抗战、民主自由,反对妥协投降、分裂专制,藉以促进抗日民族统一战线的发展与稳固,为抗日民族统一战线的扩大与完善鼓与呼。可以说,范长江这一时期为之奔波忙碌的一切活动,这一时期所从事的一切工作,均是为了巩固和扩大抗日民族统一战线这一目的,均是以抗日民族统一战线的发展与稳固为中心。

需要说明的是,为抗日民族统一战线政策鼓与呼,巩固和扩大抗日民族统一战线,并不意味着在此过程中必须完全表明自己作为党员的立场,也并不意味着当时他是以共产党人的身份开展统一战线工作的。当时他虽已入党,但其党员身份是秘密的,在开展统一战线工作过程中,其对外身份是"青记"负责人、"国新社"社长、救国会成员,即他是以新闻事业家、社会活动家、爱国民主人士之身份与各党各派各界各军及各阶层人士接触、交往,对其开展统战工作的。这就决定了在开展统一战线工作的过程中,无论是面向哪个群体的公开言论,其所张扬和显现出的思想、主张、目标、价值,均未显现出与这一时期延安和其他根据地的党员完全一样的立场与倾向,其所

---

① 于友在《从名记者到社会活动家——回忆长江同志在桂林》中也曾述及范长江在桂林开展统一战线工作的部分情况:"长江当时公开的身份是救国会的成员,他活动的范围远远超出了新闻界","他到桂林不久,就受聘为广西省'建设研究会'的研究员。这个会实际上是桂系联系蒋介石嫡系以外社会力量的机构,桂系依靠它加强自己的地位。长江同志也因此同桂系和当时在桂各派反蒋人士有了广泛的接触","长江同志和科技界的知名人士如李四光、陶孟和等在桂林时就有了亲密的交往","长江同志在桂林还承担着一部分国际的统战工作,他曾同朝鲜义勇队过往很密。义勇队的韩志成同志由他介绍成为'国新社'的社员","桂林当年的基督教青年会也真起过好作用。它办过时事讲座,请的大多是有号召力的进步人士,长江同志就是他们常请的一个"(参见胡愈之、夏衍等:《不尽长江滚滚来——范长江纪念文集》,第91页)。

显现出的均是一种介于"国家性""民族性"与共产党员的党派立场之间的立场、倾向①。这种介于"国家性""民族性"与党派立场之间的公开言论及立场倾向，给当时国统区的国民党人和中间力量人士的印象是，觉得他日趋"'左'倾急进"，猜测他"必定另有背景"，但想确证他是"共产党份子"，却很困难；同时，这种言论及立场倾向，给当时国统区很多不知道其党员身份与背景的极"左"人士的印象却是，觉得他和他的事业"不够进步"②。

在此要特别指出的是，这种在不同政治派别的人眼中留下的相对"中性"的印象正是这一时期范长江为使自己开展的统一战线工作获得尽可能好的成效而希望达到的效果，或者说，是一种基于工作需要而不得不有意追求的效果，因为，只有尽力保持这种相对具有"公共性"的国家与民族立场，尽力留给不同人以相对"中性"的印象，在开展抗日民族统一战线工作过程中，才可能团结和吸引更多的人，其言行才可能会更有号召力、说服力和影响力，也才不会引起国民党和那些对过分明显的党派立场怀有抵触情绪的人士之反感。也就是说，在"国家性""民族性"与党的立场、倾向之间寻求平衡的努力，是为了更好地完成统一战线工作，为了使统一战线工作获得更好的效果。

与政治思想、身份与职业活动的转变相应，这时的范长江对新闻事业和新闻工作的看法相较抗战初期也发生了微妙的变化。如果说，抗战初期，他虽已开始强调新闻事业的工具性、新闻工作的政治性，但这种强调更多源于其内心一直以来所具有的对抗日救亡的强烈诉求和对抗战之于中国的重大意义之认识，受党影响的成分尚不是很明显、程度尚不是很深的话，这一时期其对新闻事业和新闻

---

① 樊亚平、李向辉：《抗日民族统一战线下的特殊话语表达——抗战时期范长江在国统区的公开言说与话语策略》，《国际新闻界》2018年10期。
② 范长江：《"国新"两年》，《范长江新闻文集》，第881页。

工作的认识与看法显然已在很大程度上显现出党的新闻思想的成分与色彩。这方面最突出的便是，开始较为明显地强调新闻工作的党派政治立场，强调任何新闻事业都"不可能是'超社会阶层'的存在"，"都代表着一定社会势力的利益"，"绝对没有超社会的事情"，一个新闻事业要想成为社会中"主导的新闻事业"，除了"所代表的社会势力"必须是社会中"主导的势力"外，其"政治主张"也必须是"正确的"。就其相关论述中所使用的话语来看，开始出现较多的显然是来自党的话语系统的词汇或表达①。当然，基于其秘密党员之身份和求取统一战线工作最大效果之考虑，在这些思想的表述中，他同样试图尽可能淡化其中所蕴含的共产党人的党派色彩与立场，努力使相关表述尽可能显得相对"中性"一些②。

　　以自由的"新闻事业家""社会活动家"和爱国民主人士的身份在国统区和香港从事抗日民族统一战线宣传工作近三年后，因香港的沦陷和国民党的逼迫，范长江最终于1942年春夏之交辗转到达苏北根据地，从此结束了其以秘密党员身份为党的抗日民族统一战线奔波、鼓呼的人生阶段，开始了以公开的共产党员身份在根据地、解放区为党的抗日民族解放事业和抗战胜利后的革命事业不懈奋斗的全新的人生阶段。

---

① 能反映这些变化的最有代表性的文章主要有《"国新"两年》《怎样学做新闻记者》等。从这些文章中的思想表述看，这一时期的范长江，虽然基于其秘密党员之身份和求取统一战线工作最大效果之考虑，试图尽可能地淡化其文章中显现出的共产党人的党派色彩与立场，使其对新闻事业"政治性"的强调显得尽可能相对"中性"一些，或介于党派色彩与"中性""灰色"之间，但读者还是"能够从中隐约感到共产党人的立场和视角"（参见樊亚平、李向辉：《抗日民族统一战线下的特殊话语表达——抗战时期范长江在国统区的公开言说与话语策略》，《国际新闻界》2018年10期）。
② 樊亚平、李向辉：《抗日民族统一战线下的特殊话语表达——抗战时期范长江在国统区的公开言说与话语策略》，《国际新闻界》2018年10期。

　　到根据地后，范长江先是负责筹建新华社华中分社和华中分社建成后的收稿、发稿工作。日本宣布无条件投降后，除了负责华中分社工作外，又负责筹备创办了《新华日报》（华中版），发起创办了华中新闻专科学校，同时积极推动召开了华中解放区新闻工作座谈会，组织成立了解放区新闻记者联合会华中分会。1946年6月，蒋介石撕毁停战协定，挑起内战之后，他又奉调前往南京，担任国共和谈中共代表团新闻发言人、新闻处处长，兼新华社南京分社社长。1946年10月，和谈破裂后，他随周恩来等代表团人员乘机撤回延安。回延安后，他被任命为延安新华总社副总编辑。1947年3月，国民党进攻延安后，他随同毛泽东、周恩来等中央领导撤出延安，在陕北打游击，具体任务是，领导中央纵队第四大队，负责抄收国民党中央社和国外通讯社的新闻供中央领导审阅，同时将中央领导起草的社论、文章等发往太行山临时总社播发，另外，负责组建并领导新华社西北总分社，负责向临时总社传达中央指示，同时向中央转呈临时总社搜集到的中央亟须了解的各种情况等。这样的身份和工作状态一直持续到1948年底其奉命开始向北平靠近，准备北平一旦解放，便立即进入北平，接管国民党新闻机构，创办新中国新闻事业时为止。

　　纵观进入苏北根据地到1948年底这段时间内范长江的工作经历，可以看出其职业角色与身份非常多元。这一时期的他，创办过新华社华中分社，创办过《新华日报》（华中版），创办过华中新闻专科学校，发起组织过华中地区新闻工作座谈会，组织成立过解放区新闻记者联合会华中分会，担任过国共和谈中共代表团新闻发言人、新闻处处长，担任过新华社南京分社社长，担任过"三位一体"的延安新华总社副总编辑，担任过特殊时期中央领导指挥全局的"信息枢纽"的负责人和宣传、文字、信息搜集传输工作的"总协调官"……这些身份相较于其进入根据地、解放区之前曾有过的所有职业或社会身份来讲，可以说都是全新的。

　　之所以称这个阶段为范长江的全新的人生阶段，不仅仅因为其职业和社会身份的全新，而且因为其工作环境与之前相较也完全不同了。虽然入党之前他已去过党领导的红色区域如延安之行，但那时的他是以自由记者和观察者的身份去的，且在延安仅仅停留了一天一夜；抗战初期在战地采访中也偶尔到过八路军或新四军开拓的小型根据地，但每次都是匆匆过客；离开《大公报》后不久，成为党的一员，却主要工作在国民党统治区，且其党员身份不能公开。由于当时党在国统区的主要任务与目标是巩固和扩大抗日民族统一战线，而党在抗日民族统一战线工作中坚持和宣示的"思想、主张、目标、价值观与理念，多为团结、抗战、民主、自由、宪政、抗战建国、三民主义等思想理念"①，因此，这时他对党的政策思想的学习领会，对党的认识、理解也都主要集中在这些方面。到根据地后，其党员身份完全公开了，其工作环境、工作任务、工作目标和所面对的人物等，也都与国统区完全不一样了，另外，其对党的认识与理解，对党的内心感受与情感，相较于国统区时期也有了很大程度的不同，与此相应，其党性意识也大大加强。

　　到根据地之前两三年，范长江虽已是共产党员，但其对外公开身份是自由的社会活动家、新闻事业家，其工作虽然总体上处在党的领导下，但只要符合党在国统区对外宣示和倡导的团结、抗战、民主、自由等思想理念，只要有利于巩固和扩大党的抗日民族统一战线，其工作方式方法等基本上是自由的和自主的，他完全可以根据自己的认识与理解创造性地开展自己的工作。到根据地后，由于党员身份公开了，党对党员的严格的组织性、政策性、纪律性要求，对他来说，必须首先认真学习、领会并严格遵守。虽然初到根据地时在相关工作中他一度习惯性地沿用其国统区时的自主、随性的工作

① 樊亚平、李向辉：《抗日民族统一战线下的特殊话语表达——抗战时期范长江在国统区的公开言说与话语策略》，《国际新闻界》2018年10期。

方式，但意识到根据地的特殊性，认识到必须改变过去"大笔一挥"的工作方式，"老老实实，一切从头学起"后，他立即抱着极大的虚心开始了对党的各方面政策、纪律的学习，并很快成为一个组织观念和政策意识非常强的人①。

　　对党的组织性、政策性、纪律性进行认真领会并严格遵行的同时，范长江对党的认识与感受日益深入，对党的情感日益深厚、炙热。最能说明这方面变化的是其在跟随中央领导转战陕北时期于1947年9月11日写给位于太行山的新华总社社长廖承志及社委会的一封长信。在这封信中，他以自己在跟随毛泽东、周恩来等中央领导转战陕北过程中的亲身经历为基础，满怀深情地记述了自己对中央领导在转战过程中所表现出的令人惊叹的气概、作风与精神等的深切认识和由此产生的内心感动。从这封信中可以深切感受到这时他对党的认识和感情。在这封信中，他首先具体介绍了转战陕北过程中中央领导在形势极其困难和危急的情况下，毫不畏惧，指挥若定，化险为夷，使陕北大局惊人翻转的经过。在此基础上，对跟随中央领导转战过程中获得的对中央领导的认识和自己的内心感受进行了非常具体且充满感情的描述。从这些充满感情的描述中，可以深切感受到此时的范长江对中央领导身上显现出的共产党人的思想、道德、作风、情操、精神、气概等的无比景仰与崇拜之情②。由这封信可以看出，此时范长江对党已不仅在思想上、政治上、组织

①谢冰岩在《范长江在苏北》中忆及范长江到达苏北后之情况时曾说："长江同志组织观念很强，从不因为自己是一个新闻界的名人而'自居特殊'。凡遇重要事情都要请示领导同志，认真依靠组织，对党的事业忠心耿耿，毫无自由主义。"季音在《难忘长江教诲》中谈到范长江在淮南时情况时曾说："长江当时虽然入党才三年多"，但"他党的政策观念和组织观念很强"（参见胡愈之、夏衍等：《不尽长江滚滚来——范长江纪念文集》，第151、192页）。
②该信全文载于《新闻战线》1990年第1期，转录于胡愈之、夏衍等：《不尽长江滚滚来——范长江纪念文集》，第227—229页。

上高度认同，而且在心理上、情感上也完全被"征服"了。他完全彻底地放下了自我，将自己完完全全、彻彻底底地放在了党的意志和革命需要之下①。

　　对党的认识、理解、情感及高度认同，必然会对其对新闻事业和新闻工作的认识产生影响。那么，这一时期范长江对党的这种认识与情感对其对新闻工作的认识究竟产生了什么样的影响呢？他这一时期对新闻工作的认识和看法，与前一时期相较，有什么样的变化呢？这一时期的他对新闻工作的态度与认识总体上可以说发生了极大变化。这种变化之巨大从其给廖承志和新华总社社委会的信中即可窥得一斑。该信在述及中央领导对新闻、宣传等文字性工作的认真、求实、一丝不苟之态度时曾说："这种认真与求实的精神，完全推翻了我过去十几年来所认为的最高的'认真'的标准。一篇社论，一个谈话，一个新闻，往往要改好几遍，甚至重写几遍，其中绝大部分都在任、周、陆等详细传阅研究之外，主席又加以一字不苟的修改。我回想过去自己写文章那个'大笔一挥'的作风，不觉满身出汗，实在可怕。这种'一挥'的作风，是对人民不负责的作风。"② 从

---

① 范长江此时对党的谦卑、顺服，从其给廖承志与社委会的信后半段中可深切感受到。在满含感情描述了从中央领导身上感受到的思想、道德、作风、情操、精神、气概后，范长江说："我的理论水平不高，对于中央思想作风的体会极其有限，甚至可能认识有错。上面这些不过是仅供万一的参考"，"我们本单位正在中央领导下，一面工作，一面学习立场与作风。学习运动已经开始，进行情形尚好，预料可能有满意的结果，把全体同志提高一步，对此望你们多给我们指示"，"我们在学习中，导师是很好的。自己的能力和材料就很差，希望你们以后能在材料与工作方法等方面多多帮助与指示"。接下来的文字中显现出的时时自省、处处请求指教的态度，更将此时范长江完全放下自我，全然服从于党的心理、情感表露无遗（参见胡愈之、夏衍等：《不尽长江滚滚来——范长江纪念文集》，第229页）。
② 胡愈之、夏衍等：《不尽长江滚滚来——范长江纪念文集》，第227—229页。

这段记述中可以深切感受到此时的范长江对党的新闻工作的严谨认真的态度与方式、方法的极高认同。

从这一时期范长江专门阐述自己对新闻工作的认识与看法的一些文本中可以看出，他当时对新闻事业、新闻工作的整体认识与看法，也与党对新闻事业与新闻工作的认识、看法基本上完全一致了。最有代表性的文本要属1946年初范长江在华中新闻专科学校的讲话稿《论人民的报纸》①，该文从马克思主义阶级分析视角出发，对"人民报纸"的定义，革命时期报纸工作的性质，报纸发展的历史与革命时期报纸的不同发展道路及前途，人民报纸的方方面面的基本问题等，进行了较为全面、系统的介绍和阐述。

该文中，他不仅强调了人民报纸的工具性，认为"报纸的主要任务，是宣传党的政策，贯彻党的政策"，"在革命时期，报纸工作是最迅速、普遍反映群众斗争、反映群众生活和要求的最有力的工具，同时是指导群众进行斗争、改善生活、捍卫要求的一个最有力量的武器"，而且明确批判了"报纸是自由事业"之说法，认为"这是没有立场，不讲政治的"说法，"是不对的，没有把报纸的阶级性弄清楚"，"是骗人的"，"是资产阶级得到了统治地位以后欺骗人民的话"，"报纸不是为这个阶级服务，就是为哪个阶级服务"，因此，"一定要搞清楚为哪个阶级服务的观念"。与此相关，在报纸的阶级性、党性与政治性问题上，他明确强调："报纸一定要有明确的阶级性、党性与十分尖锐的政治性，不能有任何含糊。"而报纸的阶级性、党性与政治性，必然要求报纸又必须"具有显著的战斗性"，这种战斗性表现在"对敌要给以无情的打击"，对革命队伍内部的缺点"要展开批评，使缺点不能潜伏下去"。在党报与人民报纸的统一问题上，他在明确否认国民党报纸、法西斯报纸等反动党派的报纸属于人民的报纸

---

① 范长江：《论人民的报纸》，《新闻研究资料（丛刊）》总第11辑，展望出版社，1982年，第1—60页。

基础上,明确认为:"共产党的党报,是真正够得上称为人民的报纸的",因为,"共产党的政治立场与人民是一致的","共产党除人民利益之外,没有其他利益"。

从这些观点及表述可以看出,此时的范长江对新闻事业和新闻工作的认识、看法与之前相较,的确发生了翻天覆地的变化。这种变化背后显现出的思想认识资源显然来源于当时已形成并逐渐趋于成熟的中国共产党新闻思想,来源于当时党对报纸的性质、宗旨、任务的明确阐述,来源于当时党对报纸党性、群众性、战斗性、阶级性等的强调。其中不少观点,与当时毛泽东对新闻宣传工作和党报工作的相关问题的阐述,和中共中央发布的有关新闻宣传工作的许多文件中的观点,以及延安《解放日报》改版过程中发表的有关新闻工作的诸多社论和文章中的表述,完全一致。

不仅认识和看法发生了巨大变化,而且在阐述相关认识和看法过程中所使用的话语系统也发生了极大变化。研读《论人民的报纸》一文,可以发现,其所使用的话语系统已完全属于党特有的话语系统。在对任何问题进行阐述时,他似乎都在有意识地表明其理论来源或立论依据是马列的话,或毛泽东的话,或中共中央宣传部相关精神,或《解放日报》相关文章中的观点等。如在阐述"报纸的阶级性、党性和政治性"问题时运用列宁的话作为立论依据;在阐述"报纸的作风问题"时,运用"毛泽东同志的号召"作为立论依据;在阐述人民报纸的"新的文风"问题时,运用延安《解放日报》的"号召"作为立论依据;在阐述"干部与修养问题"时,用列宁论著中的话作为立论依据;在阐述人民报纸作为一种"新的观念"时将"毛泽东思想"作为判别新旧之标准;在阐述新闻工作者的"理论修养"问题时,将弄懂毛泽东思想作为"理论修养"的基础……。这样的话语系统总体上已完全属于阶级分析话语、党的宣传话语与政策话语。这种话语系统与其到达根据地前所使用的介于党派立场与公共性立场之间的较"中性""灰色"的话语系统相较显然有着极大的不同。

　　无论是借马列毛的话语或中宣部、中共中央党报文章精神作为立论依据或理论来源，还是用马列毛的思想、观点或中宣部精神、苏共中央或中共中央党报相关情况作为论据说明自己的认识和观点，均显示出此时的范长江希望能使自己对新闻工作的认识建立在坚实的马克思主义思想与理论基础之上的努力，均显示出此时的他希望能使自己对新闻工作的看法与党的相关思想主张尽可能保持完全一致的强烈诉求。

　　当然，这时范长江对新闻事业和新闻工作的认识与看法中也存在一些不成熟之处，对一些问题的认识和分析中存在着非黑即白、非敌即友的二元对立的思维方式，认识和分析中的绝对化色彩较为明显，对一些问题的看法不是很辩证，一些论断的用语比较绝对。如认为包括《大公报》在内的国统区民营报纸等都"属于大地主大资产阶级的报纸"，广大人民"不需要这种报纸，不关心这种报纸"；再如，认为"报纸是自由事业""新闻工作者是自由职业者"之说法，完全"是骗人的"，"是不对的"①。这实际上是对国统区民营报纸和报纸的多样性与一般属性的全盘否定，是一种非黑即白的绝对化思维。这种思维方式及其认识说明，这时的他对新闻事业与新闻工作的认识与看法与这一时期党的新闻思想尚存在些许偏差，其思想、认识尚有一定的绝对化、极端化、简单化之处。

　　虽然此时范长江对新闻事业与新闻工作的认识与看法与党的新闻思想尚存在些许偏差，但若从总体上来看，已基本上与党关于新闻事业与新闻工作的相关政策、思想与原则、要求完全一致了，其对新闻工作的认识与看法，已完全超越了其在国统区和香港从事党的抗日民族统一战线工作时期对新闻事业与新闻工作的认识与看法，更与其步入记者职业之初的自由主义新闻理念与思想完全不同

---

① 范长江：《论人民的报纸》，《新闻研究资料（丛刊）》总第11辑，展望出版社，1982年，第1—60页。

了,可以说,已完完全全、彻彻底底地站在党的思想立场上审视和看待与新闻事业和新闻工作有关的一切问题与工作环节了。用李庄述及这个时期范长江的思想转变时所说的话来说,就是开始"以党的思想为思想""以中央的思想为思想"①。

四、历史巨变中的新开拓和"干一行爱一行"

虽然从西安、延安之行开启其走向党的步履开始到1949年北平和平解放之前范长江对党的认识、看法、思想、感情和相应的人生追求、职业角色、新闻理念等一直处在不断的转变中,但1949年北平和平解放之前,无论是其对党的认识、看法、思想、情感,还是其人生追求、职业角色与对新闻工作的认识与看法,可以说都已彻底完成了由崇奉自由主义理念的"纯粹自由职业的新闻记者"向"以党的思想为思想""以中央的思想为思想"的党的新闻宣传战士和高级宣传干部的转变。这种转变的完成,也是其接受党赋予的更加重大而光荣的历史使命的开始。1949年1月31日,中国人民解放军进入北平,北平和平解放,中国历史迎来了近代以来最伟大的天翻地覆的大转折时代的序曲。也是在同一天,范长江率领新华总社、新华社华北分社、华北《人民日报》部分人员组成的先遣队进入北平,开始了接管国民党报刊、通讯社并同时创办《人民日报》北平版的任务与使命,也由此拉开了其为国家、为民族而不懈奋斗与求索的人生历程的新阶段之序幕。

这个阶段,范长江先是以极大的干劲和热情负责接管北平的国民党新闻机构,同时创办党的新闻机构,接着奉命南下,随同解放军进入上海,接管国民党在上海的新闻机构,同时在上海创办党的新

① 李庄:《新闻工作忆往——从范长江同志对我的言传身教说起》,胡愈之、夏衍等:《不尽长江滚滚来——范长江纪念文集》,第238页。

闻机构，不久又奉调回京，任中央人民政府新闻总署副署长，两个月后被任命为中共中央机关报《人民日报》社长。在他的领导下，《人民日报》的"大转变"轰轰烈烈地开展了起来，一系列切实、有力的改革措施纷纷推出，且很快显现出明显成效。1952年，他被调到中央人民政府政务院文化教育委员会担任副秘书长，就此离开了新闻工作岗位和新闻战线。此后的几年中，他的工作岗位还变化过多次，1954年被调到国务院第二办公室任副主任，1956年被调往国家科委任副主任，1958年中国科协成立时被任命为科协副主席兼党组书记，主持中国科协日常工作。

　　姑且不论这个阶段的范长江完成上述工作过程中的具体成绩究竟如何，单从在历史转变的重要关头党将这么多重大而艰巨的任务交给他这一点看，这个阶段已完全可称之为范长江人生与事业发展的高潮时期。那么，作为其人生与事业发展的高潮时期，范长江究竟是以什么样的状态、抱持着什么样的理念从事党交给他的各项工作的？在完成这些工作的过程中，他究竟是怎么做的？这个阶段的工作中显现出他对党在新的历史时期的任务与使命的何种独特认识？反映出其什么样的工作作风和工作理念？

　　接管国民党新闻机构和创办新中国新闻事业的工作是党的一项重大而艰巨的工作。范长江新的人生和新闻生涯正是以承担党交给的这项重大而艰巨的任务为起点开始的。这个阶段，范长江不仅受党指派接管北平国民党新闻机构，重建人民新闻事业，而且承担了上海新闻事业的接管与重建工作。在《我的自述》中，范长江对此做过较为概括的描述："一九四九年北平和平解放，我参加北平军管会负责新闻出版和广播电台的接管工作，并创办《人民日报》。五月又调我南下，参加上海的接管工作。六月入上海，我负责上海军管会文化教育委员会，是副主任之一，兼任上海《解放日报》社长。毛主席宣布中华人民共和国成立后，我大约在十一月又调回北京，

任中央人民政府新闻总署副署长。"①可以说,1949年的范长江基本
上是在接管北平和上海的国民党新闻机构和创办新中国新闻事业
的忙碌中度过的。能够承担北京、上海两个最重要城市的新闻事业
的接管与创办工作,无疑显示出党对其思想、作风与工作能力的信
任。这种信任来自其成为党的一员以来对党的不同时期工作目标
与任务的积极而出色的执行,更来自中央领导对其思想与工作的认
可与赞赏。正因为如此,面对党分派给自己的光荣而艰巨的新任
务,范长江不辞辛苦,满怀激情与干劲,立即投入其中,为北平与上
海的国民党新闻机构接管工作和党的新闻事业的创建工作做出了
巨大贡献。

当时接管和创办工作不仅时间紧、任务重,而且政策性要求高,
要求所有接管和创办工作人员都要既能努力克服人手少、任务多、
情况复杂等困难,又要迅速熟悉城市环境,准确把握党的城市工作
政策与宣传方针,因此,工作的难度极大,任务极为艰巨。在北平
的接管与创办工作中,范长江主要负责国民党《华北日报》的接管工
作,同时创办《人民日报》北平版,作为中共北平市委机关报。李庄
在文章中回忆了范长江带领的接管和创办小分队的工作情况:"人
手少,工作多,又搞编辑、采访,又要了解、整顿这个旧摊子,工作紧
张的程度,说夜以继日,毫不为过";在此基础上他进一步回忆说:
"我们忙,长江带的那个分队更忙,又要接管《华北日报》,又要筹办
《人民日报》北平版。长江在入城时曾经发出宏愿:1月31日入城,
2月1日出版《人民日报》北平版。谁知到达王府井大街《华北日报》
大院已是晚九点多钟,人少事繁,千头万绪,2月1日出版无论如何
已赶不及。结果,《人民日报》北平版创刊号2月2日出版,下午2时

---

① 范长江:《我的自述》,《范长江新闻文集》,第1201页。

以后才开印，日报变成了晚报。"①以范长江当时的工作激情与拼命精神，报纸仍比自己所计划的时间晚出一日，且"变成了晚报"，可以想见当时其承担的工作任务之繁重与紧张。虽然比计划的时间晚了一天，但其创办的速度仍可以说是前无古人的。报纸红红火火办了一个多月后，华北《人民日报》迁入北平，取代了临时性的《人民日报》北平版，范长江在北平的接管、组建工作暂告一段落。

1949年4月22日，中国人民解放军攻占南京，南京宣告解放，上海的解放指日可待。中央立即挑选了一批年富力强的干部南下，准备俟上海一解放便立即进入上海，负责各方面接管与重建工作，范长江便是其中一员。1949年4月25日，范长江带着接收国民党新闻出版机构同时筹建新华社上海分社和上海《解放日报》之任务，启程南下。5月27日上海解放，范长江当日进入上海，开始了其在上海的艰巨而紧张的接管和组建工作。在上海工作的半年时间里，范长江担任上海市军管会文化教育委员会副主任，同时兼任《解放日报》社长与总编辑，工作任务之繁重与北平时期相比有过之而无不及。

上海是闻名遐迩的"十里洋场"，经济、文化、社会情形十分复杂。在这样的环境中创办党领导的报纸，需要具备很强的将政策性与灵活性很好结合起来的意识。在这方面，范长江做得相当出色。在南下途中，他就曾告诉他所率领的新闻大队成员："今天我们走出山沟，到大城市，到'十里洋场'办报，既要保持、发扬党报的优良传统，又要改变过去那些过时的工作方式，以适应新的情况，否则就要受到现实的惩罚。"②总体来说，上海工作期间的范长江对把握宣传

① 李庄：《最早的接管》，范苏苏、王大龙主编：《范长江与"青记"》，北京工艺美术出版社，2008年，第660页。
② 魏克明：《悼念范长江同志》，胡愈之、夏衍等：《不尽长江滚滚来——范长江纪念文集》，第240页。

大方向、严守新闻宣传政策和面向上海实际、增强现实针对性之间的关系的把控是很不错的。魏克明在《悼念范长江同志》中曾说:"长江同志十分注意掌握宣传的大方向,同时也要求扩大报道面,使报纸丰富多彩。他很重视理论宣传,亲自兼任《解放日报》理论组的组长,同时也要求理论宣传结合实际,不放空炮。他不仅强调要依靠工农群众办报,也要求和那些在民主革命急风骤雨中经受锻炼的学者、专家取得联系,取得他们的帮助和支持。总之,他全面贯彻了毛主席的办报路线。"①

在上海工作半年后,范长江于中华人民共和国宣告成立一个月后,奉调回京,任中央人民政府新闻总署副署长;两个月后,即1950年1月,他接替胡乔木,出任党中央机关报《人民日报》社长。至此,其人生与事业发展历程中颇为特殊的接管与创建新闻事业的阶段结束,在党领导下的新中国环境下开拓其人生与事业的新的阶段正式开始。

作为党中央机关报的《人民日报》是由1949年3月迁入北平取代《人民日报》北平版的华北《人民日报》转变而来的。范长江奉命担任社长时,报纸由华北《人民日报》转为中央机关报只有四五个月,在办报方面存在很多难以克服的困难和问题。主要表现在,继续沿用老解放区的办报理念与经验,难以适应新中国环境下党的中央机关报和城市办报的要求;"各部门的领导人和业务骨干,多数来自华北解放区,这些同志长处明显:组织观念强,接受任务很快,作风淳朴。但不少人也有着弱点:理论素养不高,知识积累不厚,有游击战争环境形成的一些有害的'游击习气',如不准确、不严密、不细致等。与此相联系,报社的组织机构、工作作风和工作方式,同新的

---

① 魏克明:《悼念范长江同志》,胡愈之、夏衍等:《不尽长江滚滚来——范长江纪念文集》,第241页。

任务、城市环境也不适应"①；"报社沿用战时的体制，缺乏正规的运行机制，导致稿源匮乏，版面常常发生低级的错误，有些差错甚至惊动了毛泽东"②；"从华北中央局机关报升格为中央党报，宣传任务重了，接触面多了，许多新鲜事物不熟不懂。从分散的游击战争环境到集中的和平大城市，这个转变太快太急，从领导到职工，欢欣鼓舞之余，多少有些不清醒、不适应"；革命时期"在农村建立的通讯网，……此时基本'停摆'了，新的通讯网又未建立起来，使得报社'耳目'闭塞"；"过去报社在农村，同实际联系相当紧密、自然，进城以后，许多同志忙于参加各种会议，搞'政治反应'，相当严重地脱离实际生活；同领导机关未能建立密切联系，对宏观情况了解甚少。有的同志形象地说：'报纸好像吊在空中。'"③

　　在这样的困难和问题之下，范长江被任命为《人民日报》社长，目的和任务是很明显的，那就是，希望他能发挥其既熟悉根据地、解放区情况，又熟悉大都市情况，既有在根据地、解放区从事新闻宣传工作之经验，又有在大城市从事新闻工作之经验等优势，带领《人民日报》走出当时面临的困难局面，尽快实现从农村办报到城市办报的转变，实现从革命党报刊到执政党机关报的转变。范长江对此显然十分清楚。在其赴任之时，恰逢北京正在放映苏联影片《大转变》，这是一部反映斯大林格勒（今伏尔加格勒）保卫战的影片。范长江抓住这个机会，与总编辑邓拓一起，组织全社人员观看该影片，以这个影片反映的内容为由头，发动全社人员开始了《人民日报》政治思想、工作作风和工作方式的"大转变"。

　　为有效实现报纸的"大转变"，正式上任前，范长江邀请在《人民日报》工作的一部分同志到他家聊天，征求大家对办《人民日报》的

①徐向明：《范长江传》，第309页。
②陈涛：《新闻巨子范长江评传》，中国文史出版社，2014年，第167页。
③徐向明：《范长江传》，第311—312页。

意见,同时向被邀请的同志介绍自己的改革思路①。由于有这样的前期"调研"和较成熟的思考,上任不久,他主导的一系列改革措施便很快出台。

陈涛在其著作中介绍过范长江上任不久实行的最主要的三项改革措施:"一、组织言论委员会,加强与提高报社的言论水平。言论委员会由中宣部约请一批同志,诸如张磐石、艾思奇、杨献珍、乔冠华、周扬等重量级人物,任《人民日报》评论委员会委员。张磐石为评论委员会书记,邓拓为副书记。""二、建立'党的生活'专栏,就党内思想作风方面的问题展开批评","除了'党的生活',还增加了'信箱''黑榜''人民园地'等栏目",使《人民日报》几乎各版都设立了批评报道专栏"。批评报道的方式是,报纸"先登群众来信,把问题曝光;再登有关地方领导部门的反馈及对有关问题的认识和检讨,做到有批评也有结果"。"三、派出记者前往各地进行实际工作报道。编辑部选派三十八名记者,其中包括一些担任部门负责人的业务骨干,3月份便各就各位,分布到首都及全国各地。"②

除这三项改革措施外,针对报社当时沿用战时体制、缺乏正规运行机制之问题,范长江对报社内部工作机制进行了改革,建立健全了编委会会议制度,规定每天下午两点举行编委会正式会议,通报全国范围内最新发生的重大情况,讨论报社相关重要工作和重要报道选题,分派、落实各项工作任务;同时规定,每次编委会会议后,必须向中宣部书面报告会议情况及决定,另外,每月向中央做一次书面报告。这一改革不仅对促进报社内部工作正规化、机制化发挥了重要作用,而且对提升编委会工作质量和效益,使编委会会议真正成为报社内部统一思想、明确方向、开阔视野、凝聚力量、解决问

① 金凤:《长江同志风范永存》,胡愈之、夏衍等:《不尽长江滚滚来——范长江纪念文集》,第266—267页。
② 陈涛:《新闻巨子范长江评传》,第168—169页。

题的大脑和神经中枢，发挥了十分重要的作用。

除对编委会会议制度进行改革外，范长江对报社内部各组及不同组之间的工作机制也做出了要求，要求每一组在一定时期要分成两条线，有领兵"出征"的，也有在社内宏观掌控、把握大方向的，"不要都被成堆的稿子弄得昏了头"；报社内部"要打破封建割据，版面上的稿件要有负责人通盘调动，以加强报纸的集中统一性"；"报社各级负责人，都要负责弄清楚自己负责的方面的主要情况"，"各个组长要清醒地掌握责任范围内的主要问题，抓住中心，力争主动，不要手头有甚么稿子就只编甚么稿子"①。

针对报社同党政机关未能建立密切联系，对宏观情况了解甚少，耳目闭塞等问题，范长江要求报社各部门、各小组加强同中央党政部门、各民主党派、人民团体的联系，以便及时了解各方面情况，有效组织重要报道。为有效加强同党政部门、民主党派、人民团体的联系，报社通过争取有关领导机关的批准和同意，指派报社编委列席其会议的方式，同这些单位建立了经常性的联系。"范长江以身作则，负责联系中央财经委员会。"由于"当时国家的主要大事之一是恢复国民经济"，而"中财委政策多、情况多"，因此，范长江就在中财委专门要了一个办公室，经常"参加中财委的一些重要会议，并随时同陈云主任及李富春、薄一波副主任联系，听取他们对宣传报道工作的意见，及时采写有关报道和评论。报社推广他的经验，起到了很好的示范和推动作用"②。

针对旧的通讯网"停摆"、新的通讯网未能建立而导致的稿源匮乏、报纸与实际生活脱离之问题，范长江一方面加强各地记者站建设和通讯员队伍建设，逐步在各省区市建立记者站，形成记者网，

---

① 燕凌：《范长江当人民日报社长的时候——记他的一些谈话、批语和示范活动》，胡愈之、夏衍等：《不尽长江滚滚来——范长江纪念文集》，第245页。
② 徐向明：《范长江传》，第310页。

同时努力发展和重新联系通讯员,构建起了延伸向全国各地的通讯员网络[1],另一方面抽调大批业务骨干,赴各大行政区及首府,就一些重大问题进行专题调查采访,策划组织富有现实针对性、与实际生活密切相关的报道。这种"目光四射,决胜于社门之外"的改革举措,实际上是其正式上任前邀请报社部分人员到他家"聊天"时就曾明确表述过的改革思路的外化,即"我们的办报方针必须注重第一线的力量……就是说,必须加强第一线采访的力量"[2]。

在上任之前与部分人员的"聊天"中,范长江还曾说:"一个报纸办得好不好,能不能吸引读者,关键在于要有好的评论,好的新闻和好的通讯。要培养出一批国内外读者熟悉的名记者,使读者看了他的名字就想看他的文章。""好的新闻和好的通讯"通过记者站建设、通讯员队伍建设和"决胜于社门之外"的方针来获得。"好的评论"如何获得呢？为了获得"好的评论",除了组织言论委员会,约请思想文化界一批重量级人物担任评论委员会委员之措施外,范长江要求"报社编委会成员带头承担起撰写言论的任务",他明确规定:"各部门的负责人,应当是主要的生产者,应该亲自组织文章及编辑主要稿件,撰写按语或评论等文章。"[3]为了培养出一批国内外读者熟悉的名记者,他特别注意爱护和培养青年记者。他亲自指导和督促

---

[1] 范长江不仅注意通讯员数量的扩大和通讯网的覆盖,而且对原有的通讯员模式实施了改造。他以《人民日报》编辑部的名义给全体通讯员写了一封信:党报通讯员首先不应是投稿人,而应是"社会活动家",他们对党报的作用在于能经常地用文字或口头或电话,向编辑部反映有关国家和人民利益的问题,反映群众舆论,对党和国家的工作提出批评和建议。在对通讯员提出希望和要求的同时,范长江还对编辑部提出要求,要求他们担负起在通讯员中培养"社会活动家"的使命(参见陈涛:《新闻巨子范长江评传》,第170页)。

[2] 金凤:《长江同志风范永存》,胡愈之、夏衍等:《不尽长江滚滚来——范长江纪念文集》,第267页。

[3] 陈涛:《新闻巨子范长江评传》,第169页。

一批二十岁出头的年轻记者,给他们介绍自己的经验,压担子,督促他们在实践中尽快成长。

除上述改革外,"范长江还对报社的人员结构做了调整。他把一部分不能适应新的工作环境的老同志及从原《华北日报》接收的一些人员陆续调出,又从各地优秀中青年知识分子中选调了一批干部,充实到报社业务岗位,还选调了一些县委书记来报社当记者"①。为了帮助报社人员提高业务素养,也是为了随时解决报道工作中存在的问题,他在编辑部经常不定期地组织"飞行集会",督促报社人员研究和思考相关业务问题,提高业务工作能力,解决报道工作中新出现的问题。在"飞行集会"上,他对工作中存在的问题常给予直言不讳的批评,也会随时向编辑或记者提出一些业务问题,要求他们当场回答。"这种当场'考试',有力地促进了编辑记者平时加强学习、提高水平,实际上是对新闻工作者严格的职业训练。"②

范长江上任后实施的一系列改革,很快显现出明显效果。1950年底,报纸的发行量由3月份的9万余份增加到了11万份,而且以每月1万份左右的速度增长。到1951年9月,发行量增加到将近30万份。发行量层面显现出的成效尚属迟缓,改革实施两个月后,来自中央领导的肯定已经传到了报社。1950年3月下旬,范长江向报社传达刘少奇对刚刚开始"大转变"两个月的《人民日报》的看法,说《人民日报》有看头了,有生气了,发表了一些能解决问题的文章,认为这样的报纸才是有生命的。同年7月22日,范长江在编委会上对半年来的改革成效进行了总结,认为《人民日报》已获得了显著的变化,已经由华北局机关报转变成了党中央机关报③。尤为重要的是,由于报纸"有了'声音'","报上的言论的确能够而且已经对各地的工作起到了

---

① 陈涛:《新闻巨子范长江评传》,第169—170页。
② 徐向明:《范长江传》,第311页。
③ 陈涛:《新闻巨子范长江评传》,第170页。

指导作用"，使得《人民日报》在群众中的威信在提高"①。

　　范长江领导《人民日报》进行的"大转变"之所以能获得这样的成效，很重要的原因在于，改革目标明确，指导思想清晰。具体说就是，要将《人民日报》变成既反映党的路线、方针、政策，又反映人民群众的要求，既做党的"喉舌"，又做党的"耳目"，既有思想性，又有群众性的，完全符合党中央要求的面向全国的中央级党报。这样的党报必须要能对全国各条战线的工作起到思想、政策和舆论指导作用，必须要成为全国思想战线的领导者和旗帜，成为党中央的发言机关，成为全国工人阶级和人民舆论的代表。这一改革目标与指导思想背后的具体认识和想法，从《〈人民日报〉的任务》中表述的内容和要点即可明确感知。从该文对《人民日报》的性质、定位、首要任务、工作目标、工作方法等的阐述，不仅可感知到范长江领导《人民日报》实行"大转变"的目标，而且可清晰感知到其上述改革措施背后的指导思想和出发点②。

　　除了作为《人民日报》社长领导《人民日报》实施"大转变"外，为了培养造就新中国新闻事业急需的新型人才，这时范长江还筹划创办了新中国第一所新闻学校——北京新闻学校。该学校附属于新闻总署，范长江任校长。学校在举办新闻"普通训练班"的同时，还开办有"新闻研究班"，对已有一定新闻工作经验的业务骨干进行业务培训，以培养当时所需的更高层次的新闻干部。在教育方针上，范长江努力纠正当时重政治思想教育、轻业务技能培训的偏向，在日常教学、培训中强调政治思想教育与业务技能培训并重。他认为，"革命已经基本胜利，大陆战争已经基本结束，全国各地主要的新闻岗位，大体已经建立起来，新闻干部的配备，已初具规模"和"我

---

①燕凌：《范长江当人民日报社长的时候——记他的一些谈话、批语和示范活动》，胡愈之、夏衍等：《不尽长江滚滚来——范长江纪念文集》，第253页。
②范长江：《〈人民日报〉的任务》，《范长江新闻文集》，第1122—1124页。

们已由农村进入城市，在宣传工作上面临着许多新的比过去复杂千百倍的问题"之"客观形势"，迫切要求"新闻干部有较高的理论水平、实际知识和较有修养的业务能力"，因此，新闻学校应在培养造就这样的新闻干部和人才方面做出自己应有的贡献①。从范长江在北京新闻学校强调的教育方针和其对学员的理论、知识与素养等方面的要求，可以从一个侧面帮助我们理解其在领导《人民日报》实行"大转变"中对社内人员"高标准、严要求"②，采取各种方式对其业务能力与素养进行强化的思想根源与背后原因。

　　从这一时期范长江大刀阔斧、尽心尽力、倾情投入的状态，可以深切感受到其内心深处涌动着的因国家终于迎来新生、民族终于迎来解放而产生的强烈兴奋和这种兴奋之下所迸发出的饱含激情与热情的干劲。同时，从他在各项工作中展现出的开拓性、创造性和干劲中也可以深切感受到他对党交予他的一系列任务的重大性与艰巨性的清醒认识和由此产生的强烈责任心与使命感。他之所以能在新旧交替时刻重要的接管与创办工作中不辞辛苦，激情满怀，不惧风险，克服各种困难，圆满、出色地完成党交给的任务，之所以在被任命为《人民日报》社社长后能迅速明白中央的期待，在最短的时间内明确了改革的目标、方向和具体措施，并大刀阔斧、雷厉风行地开始改革，使《人民日报》很快迈向"大转变"，既源于他渴望的历史巨变时代终于到来而激发出的无穷干劲与兴奋，也源于因感受到党的极大信任而产生的必须把自己的工作做到最好的强烈责任感，同时，也源于他对历史转变时期党的工作任务、工作重心、工作理念和工作方式之转变的清醒认识。

————————

①范长江：《这一期的教学重心应当是什么》，范长江：《通讯与论文》，新华出版社，1981年，第303—304页。

②燕凌：《范长江当人民日报社长的时候——记他的一些谈话、批语和示范活动》，胡愈之、夏衍等：《不尽长江滚滚来——范长江纪念文集》，第246—250页。

　　范长江领导《人民日报》实行的"大转变"效果初现的时候，1952年4月29日，他却被突然调离《人民日报》社，转赴中央人民政府政务院文化教育委员会任副秘书长，就此离开了其耕耘了十七年的新闻工作领域。1954年第一届全国人民代表大会后，他又被调到国务院第二办公室任副主任，1956年调任国家科委副主任，1958年调任中国科协副主席兼党组书记。如果说在政务院文化教育委员会任副秘书长时还分管一部分文化出版工作，多少还与新闻宣传工作有一定关系的话，被调往国家科委、中国科协之后，可以说完全离开了其十分熟悉且热爱的新闻工作领域，开始在自己完全不熟悉的领域工作和生活。

　　那么，究竟是什么原因使得范长江被调离了新闻工作岗位呢？根据孔晓宁《范长江与新中国建立初期的人民日报》一文的相关介绍可以知道，范长江被调离《人民日报》，起因于"三反""五反"运动中《人民日报》社内群众和老干部对他的激烈批评①。据该文记述，"三反""五反"开始后不久，1952年1月，《人民日报》社地方记者组秘书、党小组组长陈勇进写了一篇《我对范长江同志的意见》(后简称"《意见》")，对范长江进行了激烈批判，认为范长江骄傲自大，官僚主义和自满情绪十分严重，讲排场，架子大，在报社内搞家长制，动不动对干部特别是老干部进行恐吓辱骂，违反中宣部规定，把历史不清白的旧朋友介绍到报社做特约记者或到新闻学校工作，还把地主成分的母亲接到北京家中生活……《意见》认为，范长江可以做名记者，但做中央报纸的社长，无论在修养还是才能方面，都相差甚远。除该《意见》之外，报社一些同志还在报社召开群众大会，并给新闻总署打电话，请新闻总署通知胡乔木到报社参加大会，同时通知正在中国人民大学指导"三反""五反"运动的范长江回报社接

----

①孔晓宁：《范长江与新中国建立初期的人民日报》，《新闻战线》2009年第10期。

受群众批评。尽管胡乔木派人到报社进行调查后认定范长江只是在工作方式方法方面存在一些问题，《意见》所列其他内容均不是问题，但由于《意见》所列内容实际上反映的是报社各部门领导——特别是部分革命资历比较老的干部的意见，再加上接受群众批评的过程中，范长江只是部分地认了错，对社内干部和群众的很多批评未予承认，因此，导致他虽作了两次检查，仍无法平息群众心中的怨气。由于他与社内群众的对立情绪难以调和，中央不得不决定将他调离《人民日报》社。

社内群众和老干部何以要对他进行这样激烈的批评呢？不少当事人和研究者均将原因归于范长江与社内老干部及群众的"人际积怨"。"人际积怨"之解释确实有充分的事实依据。从陈勇进的《意见》中所列举的范长江的不少问题和后来的群众大会上邓拓的发言及一些当事人的回忆文章中都可以看出，范长江当时之所以遭受批评，无法获得社内群众谅解，主要原因确是因为与社内群众的积怨太深。《意见》中所列范长江的问题有好几方面，引发积怨的起码有两点，如"过分相信自己的力量，把自己看成唯一的人物，官僚主义和骄傲自满情绪十分严重"，"在报社内搞家长制，动不动对干部特别是老干部恐吓辱骂，骂一些老干部'白吃小米''姓饭名桶字无用'，骂中上级干部'混''老油条''小老油条'，骂下级干部'混蛋'等"[1]。邓拓在群众大会上也批评了范长江身上所存在的十分突出的个人英雄主义、看不起群众和干部、主观武断的家长作风、好大喜功、严重脱离群众等问题[2]。这些问题显然均有可能引发与群众之间的积怨。另外，从燕凌在其回忆文章《范长江当人民日报社长的时候——记他的一些谈话、批语和示范活动》中对范长江领导《人

---

①孔晓宁：《范长江与新中国建立初期的人民日报》，《新闻战线》2009年第10期。
②陈涛：《新闻巨子范长江评传》，第174页。

民日报》进行"大转变"时期的工作情况,尤其是其在编委会上的一些讲话、对许多记者编辑在"高标准""严要求"之下不留情面的严厉批评的记述①,和金凤在其《长江同志风范永存》中对范长江经常在社内搞"飞行集会",使许多人"当场出丑","遭到一些人的反对","搞得不很愉快"和经常"对一些工作疲沓的老同志颇不客气"等情况的记述②,也都可以想见当时范长江与社内群众尤其是老干部的积怨之深和关系紧张之程度。

　　为什么范长江会对社内群众包括老干部表现得那么严苛,对许多记者、编辑经常进行那么严厉的、不留情面的批评,从而使自己与他们之间的积怨如此之深呢?对这个问题,较普遍的解释是,因为其"个性耿直而近于张扬,处事严格而近于粗暴,因急功近利而独断专行"③,即认为范长江之所以对许多记者、编辑乃至老干部严厉批评、不留情面,是因其性格原本如此。持这种解释者既包括一些当年的同事,也包括不少后世研究者。将范长江被激烈批评归因于其"独断专行""近于粗暴"的性格引发的"人际积怨",有一定道理,但此因素并非范长江以严苛态度对待社内群众和老干部的真正原因。从之前的历史看,他并非素来就对人严苛、喜欢批评人,也并非对所有人都严苛且不留情面。在此之前,尤其是"青记""国新社"时期,他给很多与他接触或共过事的人的印象基本都是谦和、待人热诚、善于团结人、凝聚力强等。既然如此,为什么这时他会表现得那么严苛、严厉,对《人民日报》员工进行不留情面的批评呢?也许有人会说,这是因为他变了,开始变得居功自傲、不可一世了。这种说法显然不太能站住脚。从范长江任《人民日报》社长时期的心态和批评社内干部、群众的具体事由,可以感受到,他对社内干部、群众的

① 胡愈之、夏衍等著:《不尽长江滚滚来——范长江纪念文集》,第244—246页。
② 胡愈之、夏衍等著:《不尽长江滚滚来——范长江纪念文集》,第268—269页。
③ 陈涛:《新闻巨子范长江评传》,第175页。

十分严厉的批评确实不是因为骄傲自满、不可一世。从他在报社编委会上教训、责备意味浓厚的讲话与所讲内容,从他对许多记者、编辑的严厉批评及引发批评的具体缘由中,均感受不到其中含有骄傲自满、自高自大、不可一世之成分,相反,能感受到的"恰恰是一种对工作的高度责任感,和必须把工作搞上去的紧迫感,及工作一时难尽如人意甚至存在令人不可思议的问题时的焦急、无奈、苦闷、不解和恨铁不成钢之心情"①。

仔细研读这一时期范长江在编委会上的一些讲话内容和他对许多人进行严厉批评时所针对的问题,可得出这样一个结论,他这一时期之所以对人严厉严苛、频予批评,是因为他与报社大多数干部群众在对新闻工作的态度、理念、工作作风、工作习惯、工作方式、工作方法等方面存在太大差异。"很多导致范长江生气、不解,进而不得不疾言厉色加以严正指出、严厉批评的事,在范长江看来,根本就不应该成为问题,根本就应是新闻工作之常识,作为从事新闻工作多年的记者、编辑,原本就应知道,至少应该一点就通,用不着他三番五次地强调,很多使他不得不予以严厉批评的问题,原本就不该出现。正因为有这样的认识,当他认为不该成为问题的问题一个又一个出现的时候,当他认为不该犯的错误一个又一个被人尤其是被一些'老记者''老编辑'犯了的时候,其内心的愤激、无奈、着急、不可思议必然会陡然而生。激愤、无奈、着急之下,疾言厉色的教训、责备乃至尖刻、严厉的批评也就成为必然的了。"②

那么,范长江与社内群众和老干部在新闻工作的态度、理念、工作作风、工作习惯、工作方式、工作方法等方面究竟存在什么差

①樊亚平:《群众运动中的表情与会意——范长江离开新闻事业的原因探析》,《安徽大学学报》2016年4期。
②樊亚平:《群众运动中的表情与会意——范长江离开新闻事业的原因探析》,《安徽大学学报》2016年4期。

异呢？概括地说,他们之间的差异实际上是一种更强调专业性的新闻工作与根据地、解放区新闻工作之间的差异。由于当时《人民日报》绝大多数人员来自根据地、解放区,他们从事新闻工作的方式、方法、态度、作风、习惯等大多源于其在根据地、解放区时期的做法,如缺乏全局意识、群众意识、读者意识、新闻时效意识,放"马后炮",机械照搬、缺乏创新,不认真、不细致、满足于"大致差不多"等,而范长江当时希望结合其在《大公报》工作时期的新闻理念、工作方式和工作作风等率领《人民日报》实现"大转变",因此也就自然而然希望按照《大公报》对人员的要求来要求《人民日报》的工作人员,在此情况下,产生态度、理念、方式、方法等方面的矛盾与冲突,就是必然的了。这种矛盾与冲突中所产生的"积怨"积累到一定程度时,遭遇反弹,受到批评,便是再自然不过的事。而一旦遭遇多数群众批评、不满,即使中央调查后认为其工作没有根本问题,只是方式、方法上有问题(当时的调查结论确实如此),考虑到继续工作可能存在的困难和实际效果,也只能让他离开了。

　　以这样一种方式离开自己正激情满怀工作着的《人民日报》,无疑是令人遗憾的。当时的范长江一时郁闷、不解、想不通,是必然的,但以范长江大革命以来九死一生之经历和西北考察时期就已显现出的坚韧不拔、强大无比的意志力与英雄主义气概,以范长江的心胸、格局、视野与历史观,对这样的人生波折和不如意,肯定是不会太过自怨自艾、自哀自怜的。沈谱在为1980年《塞上行》所做"序言"中曾说,范长江最喜欢的一句名言是"人间正道是沧桑",他"生前很喜欢谈论这句话的深刻含义"[1]。既然如此,可以想象,面对《人民日报》社内群众和老干部对自己的激烈批评和由此引发的自己不得不被调离之事,他肯定不会长时间陷于自怨自艾、自哀自怜之情绪中。

————————

[1] 沈谱:《塞上行·序言》,范长江:《塞上行》,新华出版社,1980年。

  范长江很快以全新的状态投入到了党交给他的新的工作任务中，很快在新的岗位上开始了充满热情与活力的工作。离开《人民日报》后范长江并未长时间郁闷、不解、自怨自艾，从离开《人民日报》一年左右时他所写的《祖国正青春》一文中充盈和洋溢着的面对祖国处处显现出的新气象其内心涌动的强烈兴奋和欢欣鼓舞，即可感知[①]。从该文中可知，他心里装着的是祖国的整体发展，他聚焦于党领导下的社会主义建设事业之全局，而非仅仅局限于自身职业兴趣，而非仅仅局限于狭隘的、个人主义的职业本位之视野。对他来说，只要有利于国家各项事业发展，只要有利于党的革命与建设目标实现，让他做什么工作都行，他都会百分之百投入其中，将它做到最好。

  范长江离开《人民日报》后最主要的工作领域是科技领域，那么，他在科技领域工作期间的工作情况与状态究竟如何呢？胡耀邦曾对此给予过较为全面的概括和评价。他说，被调往科技部门工作的范长江"全心全意地投入社会主义祖国的科学事业，努力学习他自己原来不熟悉的东西，工作兢兢业业，勤勤恳恳，作出了出色成绩。他参与制定了十二年科学规划的组织工作，组织和参加了一九六四年和一九六六年在北京召开的国际性的科学讨论会和物理学讨论会等科学界的历次重要会议。在主持全国科协工作期间，他认真地贯彻执行了党中央的方针政策。他十分重视各自然科学学会工作的开展，努力为广大科技工作者创造条件，善于团结和关心科学家和广大知识分子，注意发挥他们的作用，调动他们的积极性，他还多次深入基层，调查研究，有力地推动了群众性的科学实验的发展。范长江同志为科学技术事业的发展，特别是对科协的创建和发展，作出了重要贡献"[②]。科技系统的不少领导和同事后来的回

---

① 范长江：《范长江新闻文集》，第1125—1138页。

② 范苏苏主编：《范长江——范长江百年诞辰纪念集》，群言出版社，2009年，第102页。

忆中对范长江在科技系统的工作状态和所获得的成绩也给予了高度评价。由这些回忆可看出，被调到科技领域的范长江，工作的确积极主动，全力以赴。他没有因为在《人民日报》遭受的"挫折"和不得不被调离自己熟悉的新闻领域而消极被动、得过且过，而是以极大热情投入到了祖国的科技事业发展中，勤勤恳恳，兢兢业业，"干一行爱一行，干一行专一行"①，一方面积极学习自己过去不懂的东西，与科技工作者广泛接触，听取他们的意见，与他们交朋友，另一方面发挥自己熟悉中央精神、与中央和国家相关部门联系紧密、政治敏锐性突出、把握全局的能力强等优势，在帮助科技工作者了解中央精神、把握科技领域相关工作方向、争取中央对科技工作者相关建议的支持、为科技工作者排忧解难等方面，发挥了自己特有的无法替代的作用。

值得特别强调的是，离开新闻领域的范长江对新闻工作依然十分关心。他虽身处科技领域，但时时关注着新闻领域的发展和发展中出现的各种问题，思考着解决这些问题、使党的新闻事业焕发生机与活力的思路与方向，对在新的时代和社会环境下如何做好党的新闻事业进行了深刻反思。如，针对新闻工作中一度出现的不讲真话、浮夸新闻泛滥问题，他以邹韬奋逝世十五周年纪念为契机，以赞扬邹韬奋"为真理而奋斗的精神"和不计较个人得失的"忘我"精神为由头，连续写了两篇文章，表达了自己对于新闻工作者应具备的精神、风骨和应明确的价值追求与方向的看法②；针对进入社会主义建设时期之后"继续沿用过去对敌斗争时所用的办报方式"从事新闻工作之问题，他写了被认为能反映其对新闻工作的最深入、最

①张震：《不尽长江滚滚来——范长江纪念文集·怀念范长江同志（代序）》，胡愈之、夏衍等：《不尽长江滚滚来——范长江纪念文集》。
②两篇文章分别为《为真理而奋斗——纪念韬奋同志逝世十五周年》和《忘我的人》，见《范长江新闻文集》，第1139—1141、1142—1143页。

有见地之思考的著名篇章《记者工作随想》,对社会主义建设时期新闻工作如何从敌我斗争向和平建设转变之问题、新闻工作的基础和前途究竟是在领导还是在群众之问题、新闻记者应具有什么样的情怀与抱负之问题、记者的职业理想与信念之问题等关系到党的新闻事业成败的重要且根本的问题进行了全面、深入的思考和阐述①。

综论　共产党新闻人的
职业激情、目标使命与理念

　　虽然中国共产党革命时期新闻人群体若按时间划分至少可以分为创党初期报人、苏区报人、延安报人及根据地和解放区报人等类型②,若按来源结构划分至少可以分为党的高级领导或宣传部门负责人兼任新闻工作者、服从组织安排专职从事新闻工作者、投奔苏区或根据地的知识青年经过党的政治思想与业务培训后被分配参加新闻工作者和加入党的革命队伍前已在国统区拥有较丰富的新闻工作经验者等类型,但博古、范长江无疑可以成为其中最重要的代表。

　　博古的新闻宣传工作经历,从时间来看,几乎可以说纵贯创党初期、苏区时期和延安时期等主要时段;从其参加新闻工作的具体情况来看,既有作为党的高级领导和宣传部门负责人参与新闻工作之情况,也有基于党的革命工作的需要专职从事新闻工作之情况,另外在入党之前就有过新闻宣传工作之经历;就延安时期其专职从

---

① 范长江:《记者工作随想》,《范长江新闻文集》,第1144—1151页。
② 陈志强:《中国共产党报人群体的产生及其影响》,《光明日报》2018年9月5日第十一版。

事新闻工作之情况来看,既有服从组织安排之情况,又有认识到创办党的有影响力的大报之重要性后主动提议并全身心投入之情况。就范长江的情况看,他既有入党前在国统区以"自由职业的新闻记者"身份从事新闻工作之经历,又有入党后在国统区以民主人士身份从事党的抗日民族统一战线宣传工作的经历,既有延安时期报人之身份,又有根据地、解放区报人之身份,更有新中国成立后主持党中央机关报之身份。因此,通过对博古和范长江从事新闻工作的经历及其思想情感等内心状况的考察,既可以管窥共产党新闻人新闻生涯中共同的职业态度与情感、职业使命与追求、职业认知与理念,又可在一定程度上感受到共产党新闻人职业生涯发展过程和精神世界发展变化的丰富性与多样性。

就职业态度与情感来看,从博古、范长江身上看到的共产党新闻人的最重要的精神特质是,都非常重视新闻宣传工作,都对新闻宣传工作充满持续不衰的热情,新闻宣传工作往往伴随在他们走向革命后的整个人生过程中,即使在一些时期党分派给他们的主要工作岗位不是新闻工作岗位,他们也会利用各种方式或主动创造条件参与新闻宣传工作,或对一些报刊提供各种帮助。他们走向革命、参加革命的目的大多不是为了办报,不是为了从事新闻职业工作,但在这个过程中,他们往往会不约而同地选择利用报纸,参与报纸。在进入党的革命队伍后,往往由于他们十分重视新闻宣传工作,或因为他们已有这方面的经历,因此很有可能会被赋予从事新闻宣传工作之任务。而一旦他们被赋予这样的任务,他们往往会以极大的热情、激情投入工作,不论外部环境有多险恶,工作条件有多艰苦,他们都会无惧无畏,都会想尽一切办法去克服。而且,在这个过程中,大多数人都产生了以新闻职业终其身的想法,除非由于党的特殊需要将他们完全调离新闻工作岗位,或有其他特殊原因如不幸牺牲等。

共产党新闻人所具有的这些精神特点,从博古和范长江身上都可得到较充分说明。

博古1925年入党，入党前已主动利用业余时间参与报刊宣传工作，入党后继续利用报刊宣传革命思想。1926年受党指派进入国民党上海特别市党部后担任的也是宣传干事。从苏联留学回来后先是担任全国总工会宣传干事，编辑《劳动报》等工人报纸，后任团中央宣传部长，负责共青团系统宣传工作。成为党的总负责人之后虽未直接参与办报，但一直十分重视报刊宣传工作，经常指导、利用报刊推动工作。遵义会议退出党的总负责人位置后，先是担任红军总政治部代理主任，编辑《前进报》等报纸，几个月后转任中央宣传部部长，主编《斗争》等刊物。抗战时期他先后担任的虽是中共长江局委员、组织部长、南方局委员、组织部长等与新闻宣传无关的职务，但在此期间他先是极力倡导、推动在国统区创办《新华日报》之工作。报纸创办后他更是以各种方式帮助、参与和指导报纸采编与日常运行工作。调回延安后，他根据自己在国统区工作中的认识和体会，主动建议在延安创办一份完全属于党的没有国民党压制的强有力的大型日报和通讯社，最终使延安《解放日报》得以很快诞生，他也因此成为延安《解放日报》创办者和首任社长，后又担任新华通讯社社长，使自己成为党的历史上重要的专职新闻宣传工作者和党的新闻事业的开拓者与"最有权威的指挥官"。

可以看出，从他走向革命的过程开始，就已充分认识到了新闻宣传工作的重要性，并积极主动参与。加入党的革命队伍后，新闻宣传工作更是成为伴随其一生的重要活动，也成为他革命生涯中始终萦绕的重要主题。他的一生中，或是直接参与报纸或其他新闻宣传工作，或是主动利用报纸宣传党的思想、政策、主张，推动党的相关工作开展，或是全方位地关心、指导、帮助报纸的各方面工作。他对新闻宣传工作的参与、利用、帮助，在其革命生涯的一些时期里，是基于他作为党的宣传部门负责人的职责所在，但更多的时候却是基于其对新闻宣传工作的重要性的自觉认识，是一种主动参与、利用新闻宣传工具,主动从事新闻宣传工作的行为。这些行为充分反映出他对新闻宣传工作的特别重视与热爱。在担任延安《解放日报》社长和新华社社长期间,他全身心投入各项工作中,为《解放日报》和新华通讯社的发展付出了无尽的心血和汗水,竭尽全力希望能把这两项事业都做好。为了做好工作,他经常"整天劳作,深夜不寐,虽在疾病之时,亦倔强工作,拒绝休息"①。尤为重要的是,在这个过程中,他开始从内心深处真正爱上了新闻事业和新闻工作,决心以新闻工作为自己终身从事的事业②。

　　而范长江属于在成为共产党新闻工作者群体之一员前就已经以"自由职业的新闻记者"身份从事过好几年新闻工作了,在这个过程中他已经十分热爱并认同自己的新闻记者职业,而且,也正是因为从事新闻工作才使得他逐渐对共产党产生了了解,被共产党的革命目标、革命思想及其为了国家民族利益不计党派恩怨的博大胸怀所震撼、感动,最终加入了共产党,变成了共产党新闻工作者群体的一员。成为共产党新闻人之后,他对新闻工作的现实重要性认识得更深刻了,能够结合新闻工作对于全民族抗战、对于党的革命目标的实现等的重要意义认识新闻职业及其工作的重要性,也因此工作热情更高,工作态度更认真、更投入。成为党的新闻工作者之后,他先是在国统区从事党的抗日民族统一战线宣传工作。在这个过程中,他的很多工作有很大程度的自主性,但他从来没有因此而有任何懈怠,而是始终保持着极其旺盛的工作热情,不断地、创造性地开展着自己的工作。在香港主持《华商报》时,虽然困难极大,工作任务极重、极繁杂,但他不辞辛苦,竭尽全力投入其中。

　　到苏北根据地后,他为党工作的热情更是被极大调动起来,他

---

① 秦摩亚:《深切怀念我的父亲博古》,《党史文苑》2009年第21期。
② 余光生、艾思奇、陈克寒:《悼念我们的社长和战友博古同志》,邹贤敏、秦红主编:《博古和他的时代——秦邦宪(博古)研究论集》(下册),第774页。

一面抓紧时间给延安新华社采写电讯稿,一面主动建议在根据地设电台、建通讯社等,同时对根据地原有报纸进行改进调整。在这个过程中,虽然经常会因敌人扫荡而不得不转移,因此给工作带来很多困难,但他始终不辞艰辛,热情不减。日本宣布无条件投降后,他迅速投入接收敌伪新闻机构与印刷设备、重建新华社华中分社、筹备出版《新华日报》华中版等工作,同时雷厉风行地建起了一个专门培训新闻干部的学校——华中新闻专科学校,并积极推动成立了解放区新闻记者联合会华中分会。国共和谈时期,在担任中共代表团新闻发言人的同时,他还担任新华社南京分社社长,在作为新闻发言人接待和应对各方记者、阐述共产党的政策主张等繁忙工作之余,每天还要负责南京分社抄收新华总社电讯并编辑油印《新华社电讯稿》等工作,任务很重,强度很大,但他倾情投入,不知疲倦,常常废寝忘食。后来奉命进入北平接收国民党新闻机构、创办人民新闻事业时期,他的工作热情更是越来越高,干劲越来越足,以更加饱满的激情演绎了一曲与党的新闻事业的恋歌。

共产党新闻人对新闻工作的热情为什么如此之高?他们如此看重新闻工作的动力究竟从何而来呢?综合考察新闻史上许多共产党新闻工作者之情况,可以看出,他们之所以十分重视新闻工作,在从事新闻工作中不辞辛苦、充满热情,核心原因在于他们非常认同党的革命目标,非常热爱党的革命事业。向往革命、认同党的革命事业及其目标,既是许多共产党新闻人最初从事新闻工作、热爱新闻职业工作的原因,也是共产党新闻人在其新闻职业工作中显现出的又一共同精神特质。在许多共产党新闻人的新闻生涯中,新闻工作、新闻活动往往是他们革命生涯的不可分割的重要部分。他们"参加革命的初衷,并不是办报",而是向往革命,认同党的革命目标,正因为此,他们普遍抱有"革命的一块砖,哪里需要哪里搬"之信念,"在他们的潜意识里,自己的身份,首先是中国共产党人,然后才是报人","办报是革命分工的一种,报人也仅仅是众多革命岗位中

的一个"①。正因为他们对党的革命目标非常认同,因此对作为革命
斗争的锐利武器的新闻事业和作为党的革命事业重要组成部分的
新闻工作自然也就产生了强烈认同和毋庸置疑的爱。这一点从博
古和范长江走向党之后的人生与新闻职业活动中均可看出。

　　在博古的人生历程中,虽然最初萌发革命思想以至最终加入
党的革命队伍与其求学时期的报刊接触及参与活动有密不可分的
关系,但走向革命、加入党的革命队伍之后之所以一直重视新闻工
作,热衷于参与、指导乃至从事新闻活动,却完全是基于对党的革命
事业的责任心,完全是基于实现党在各个时期的革命任务与目标之
目的。他担任党的总负责时期,非常重视报刊宣传工作②、经常利
用报刊推动工作③;即使在抗战时期担任与新闻宣传无太直接关系
之职务,他仍极力推动在国统区创办共产党的报纸《新华日报》,继
而对报纸各项工作给予全方位指导、帮助甚或亲自参与;回到延安
后,他主动建议创办完全属于党的、不受国民党压制的强有力党报
与通讯社。这几种情况从表面看,反映出的似乎是他对新闻宣传工

①陈志强:《中国共产党报人群体的产生及其影响》,《光明日报》2018年9月5
　日第十一版。

②这种重视不仅可以从其相关讲话和文章中对新闻宣传工作功能、使命、任务
　的阐述中看出,而且可以从其经常关注苏区主要报纸的具体工作看出来。如
　在1933年8月10日《红色中华》百期纪念号上,他曾发表《愿红色中华成为集
　体的宣传者和组织者》的文章,强调"《红色中华》是苏区千百万群众的喉舌,
　是我们一切群众的宣传者和组织者"。经常关注报纸工作方面,1934年,他
　曾因一篇文章未及时刊出,撤换了《红色中华》社长任质斌的职务,由此可见
　他确实一直关注着《红色中华》的具体工作(见陈志强:《中国共产党报人群体
　的出现与崛起》,人民出版社,2019年,第152、162页)。

③担任党的总负责人时,博古经常在报纸上发表文章,以推动各项工作,如在
　《红星》报上他曾发表过《提高我们的军事技术》《我们一定要完成两万七千的
　数目》《连队的政治工作》等文章(见陈志强:《中国共产党报人群体的出现与
　崛起》,第164页)。

作的重视或热爱，但这种重视和热爱背后所反映出的实际上是他对党的革命事业的忠诚与重视，是他利用报刊实现党的革命目标与各项阶段性任务的迫切心理与责任心、使命感。尤其是回延安后，他主动建议创办完全属于党的、不受国民党压制的强有力党报和通讯社，完全是基于他在国统区工作的几年里对党的许多正确的思想主张与正义行动常常因国民党的压制而得不到广大民众的充分了解、甚或被污名化之情况的深切认识而做出的，是本着传播党的思想主张、实现党的革命目标而提出的。

　　而范长江最初步入新闻记者职业领域原本就是其救亡图存、挽救国运的爱国救国之心牵引下的结果，具体地说，是为了借用新闻记者这一身份了解他当时最关心的抗战大后方真实情况而做出的带有以挽救国运为"体"、以职业选择为"用"之意味的选择，换句话说，成为党的新闻工作者之前他之所以选择新闻记者职业，之所以热衷新闻职业工作，原本就是基于其内心救亡图存、挽救国运这一大目标。既然如此，当这种目标具体化为共产党的革命目标，而且他对这种革命目标极为认同时，为了这种目标更投入、更积极地从事自己原本已十分热爱的新闻工作，便成为一种十分自然的事。了解了这一点，就可以更充分地理解入党后在国统区工作的两年中，在相对自由、自主的工作环境中，他何以要不断给自己加压、不断进行创造性工作的思想动力，也可以更充分地理解在香港时期面对工作中面临的各种困难时他何以能一直保持极其旺盛的工作热情、竭尽全力克服一切困难的精神力量，更可以充分理解到根据地之后至1952年离开新闻工作领域前他何以会对新闻工作迸发出比之前任何时期都要火热得多的激情、显现出比之前任何时期都认真得多、严谨得多、一丝不苟得多的工作态度的认识原因了。这种为推动革命任务与目标之实现而重视或热衷新闻工作之特点，从其1946年在华中新闻专科学校的讲话《论人民的报纸》中对人民报纸工具性的强调可得到更直接的说明。在该讲话中，他系统阐述了他对人民报纸在党的革命事业中应承担的任务与使命、应发挥的功能与作用的看法,对报纸必须严格服从革命利益进行了特别强调①。由这些阐述和强调,可以深切感受到他对新闻工作的特别重视和这种重视背后的思想认识原因。

与因忠诚党的革命事业、为实现革命目标而重视或热衷新闻工作之特点相应,共产党新闻人的另外一个共同的精神特质是,在他们的思想理念中,实现党的革命目标与从事新闻工作、热爱党的革命事业与热爱新闻工作是完全一致的,二者完全做到了有机结合与统一。虽然他们首先是革命者,然后才是新闻工作者,首先认同的是其革命者身份,然后才是新闻工作者身份,虽然他们从事新闻工作的目的是为了革命,是为了实现党的革命任务与目标,虽然他们"参加革命的初衷,并不是办报",而是向往革命,认同党的革命目标,虽然在他们的认识中"办报是革命分工的一种,报人也仅仅是众多革命岗位中的一个"②,但这一切并不影响二者的协调一致、有机统一,因为在他们的心目中二者的优先次序虽有不同,"体""用"关系虽很明确,但这并不意味着它们之间会存在矛盾、冲突和不协调。在他们看来,新闻事业是党的整个事业的有机组成部分,党的革命事业及其目标是目的,新闻事业及其工作是手段,热爱党的革命事业必然热爱新闻工作,看重党的革命事业必然看重新闻工作,为党的革命事业办报,办党的新闻事业,这是自然而然、毋庸置疑的。虽然他们有时会犯错误,有时会偏离方向,但这并非是因为他们在革命与新闻之间的关系问题上存在认识模糊之处或理念冲突,而是因为党的新闻事业并没有一个先验的模式,需要在实践中不断摸索,

①范长江:《论人民的报纸》,《新闻研究资料》(丛刊)总第11辑,展望出版社,1982年,第1—60页。

②陈志强:《中国共产党报人群体的产生及其影响》,《光明日报》2018年9月5日第十一版。

既然有一个摸索的过程,犯错误和走弯路自然不可避免。

就博古来说,这种彼此协调、有机统一表现得似乎更突出、更鲜明、更典型。在他的一生中,革命工作与新闻工作基本上没有分开过,二者自始至终相生相伴,有机融合,可谓无缝对接。在他的心目中,新闻工作是为了革命,要革命就必须重视新闻工作,参与或指导新闻工作,甚或直接从事新闻工作,新闻工作与党的革命事业同等重要,二者之间本来就是一体的,是彼此统一的。在从事革命事业过程中,不论党需要他从事哪种革命工作,他都积极地、勇敢地投身其中,本着自己的诚心,最大程度做好这些工作。在此期间,虽然由于经验不足和党的新闻事业整体上处于探索期,许多认识尚不是很明确,导致他一度出现失误,走了弯路,但他为党办新闻事业的初心从未含糊过,对党的革命事业与党的新闻工作完美统一的追求从未停止过。即使在承担与新闻工作不直接相关的其他革命工作任务时期,他也总是会自觉不自觉地习惯于利用报纸推动相关工作,甚或指导、帮助、参与党的相关报纸的工作,因为在他看来,“办报是全党的一件大事”,每个党员都应为此做出自己的贡献,对他自己来说,只要有利于党的革命事业,他都应毫不犹豫地去做,更何况与党的革命事业有着有机融合、完美统一之关系的新闻工作呢！因此,可以看出,在他的一生中,党的其他革命工作与新闻工作完全不存在任何矛盾,二者之间完全可以做到自然转换、相互促进、无缝对接。做党的其他革命工作丝毫不影响其对新闻工作的参与、利用和帮助,反过来,做新闻工作完全可以服务于党的各项革命工作,也是为了服务于党的各项革命工作。之所以能自然转换、相互促进、无缝对接,是基于对党的革命目标的强烈认同。

实现党的革命目标与从事新闻工作的有机统一之特点,在加入党的新闻工作队伍后的范长江身上表现得同样鲜明。虽然在进入新闻职业领域的最初几年里他信奉的曾经是自由主义新闻理念,与共产党的革命目标无关,但在加入党的革命队伍后,他的一切工作包括新闻工作就完全与党在各个时期的革命目标与任务紧密结合了起来,其新闻工作的目的与指向就完全与党在各个时期及各种特殊环境中的革命宣传任务紧密结合了起来。不同时期、不同环境中的革命宣传任务甚至宣传任务背后蕴含的理念可能会有所不同,但都是基于党的革命需要,都符合党在特定环境与时代背景下的政策思想与宣传方向,都完全处在党的领导下。如在其入党后的最初三年里,他一直以自由的新闻事业家、社会活动家和爱国民主人士身份在国统区全面负责"青记"和"国新社"工作。由于当时党在国统区最主要的任务是,"以不疲倦的努力,解释现在的形势,联合国民党及一切爱国党派,为扩大和巩固抗日民族统一战线,动员一切力量,争取抗战胜利而斗争"①,因此,党交给他及其负责的"青记"与"国新社"的任务便是,开展党的抗日民族统一战线宣传。正因为如此,这一时期的他,在从事新闻宣传工作过程中,所张扬和宣示的思想主张、价值理念等,就明显与当时延安及各抗日根据地新闻宣传工作中所强调的思想理念有很大不同,多为呼吁团结、抗战、民主、自由、宪政、抗战建国、三民主义等具有明显的"国家性""民族性"色彩的思想理念,或为介于"国家性""民族性"与共产党员的党派立场之间的思想理念。这些思想理念看起来似乎与党最终的革命目标不一致,但与当时党在国统区的宣传目标与任务却是完全一致的。到根据地后至中华人民共和国成立前,其新闻工作与党的革命目标与阶段性任务的一致更是不言而喻。中华人民共和国成立后,担任《人民日报》社长时期,他虽因新闻工作理念与来自根据地、解放区的新闻工作者存在差异与冲突而离开了新闻界,但他当时的新闻工作理念无疑更符合党的新闻宣传工作的性质与目标定位,也更有利于党的事业的健康发展。

---

① 毛泽东:《和英国记者贝特兰的谈话》,《毛泽东选集》(第二卷),人民出版社,1966年,第348页。

　　总之，不管是从博古身上，还是从范长江身上，都可以看到共产党新闻工作者共同具有的最核心的精神特质。如果说有所不同，这种不同主要在于，从博古身上可以更多地看到基于党的革命工作需要从事新闻宣传工作的高级领导干部与新闻宣传部门负责人以及在根据地或解放区成长起来的新闻工作者对新闻工作的思想、理念、情感、态度，而从范长江身上可以更多地看到从自由主义记者变成共产党新闻工作者之一员者和曾在国统区长期从事过新闻宣传工作的共产党新闻人的思想、理念与职业心理特征。这两类共产党新闻人的不同之处主要是，前者在党的新闻工作的目标使命与党的革命目标与任务的结合方面更为纯粹，后者在此问题上有时会结合自己的认识和思考，在理性思考的基础上求取二者的有机融合与完美统一。这种不同说明，共产党新闻人的职业心理世界其实也是十分丰富、鲜活和立体的。

第六章　多元与统一：中国现代新闻从业者职业心态的历史沉思

对民国建立至1949年前新闻从业者职业成长与发展过程中的理想、情怀、理念、追求及其各种内心情状进行解剖麻雀式的分类呈现，无疑是非常重要的，它有助于更充分、更具体地呈现不同新闻从业者的内心情状，尽力达到与历史人物进行心灵与情感对话之效果，避免总体描述可能带来的宏大概括、宏大归纳、泛泛而谈，但在分类呈现不同类型新闻从业者职业心态基础上，有必要站在历史的制高点对中国现代新闻从业者职业心态的总体形貌和走势进行俯瞰，对形塑民国时期新闻从业者职业心态的因素与历史情景进行分析。

第一节　"远近高低各不同"：职业追求与心理情状的总体形貌

从前五章的具体呈现可以看出，从中华民国建立到中华人民共和国成立前这一历史时期，中国新闻从业者的职业心态总体来看可谓千变万化、各不相同、多姿多彩、五彩斑斓，其中包蕴着十分丰富、多元、立体、鲜活的内蕴与面相。这不仅可从五类新闻从业者的职业目标与追求、职业认知与理念和职业内心体验的不同中看出来，也可从每类从业者内部显现出的不同理念追求与内心体验中感知到，更可从同一个新闻从业者新闻生涯的不同发展阶段所显现出的不同追求与职业心理状态中得到管窥。

一、物以类聚，人以群分：不同的群体、不同的追求与心理情状

从五类新闻从业者从事新闻职业的目标、追求、认知、理念和投身过程中的内心体验来看，可谓各有各的群体性特质与类型化特征。

民初的职业记者们一个总的特点是，在清末报人"意有所在，凡归政治而已""吾爱报刊，吾更爱政治""因革命而涉报，为革命而办报"、视报刊为"三千毛瑟"的基础上①，已开始具有一定程度的新闻主体意识和新闻职业化意识。他们已开始或多或少地思考新闻职业本身的独立自存之属性与价值，已开始或自觉或不自觉、或深入或较初步地反思新闻与政治之间的关系，已开始意识到记者职业应与现实政治保持一定距离，应"屏绝因缘，脱离偏移"②，与各种政党脱离关系，认为"一旦加入党派之中，每足以致职务上行动之不活泼"③。因此对于新闻记者来说，"只许坐而言，不许起而行；若欲起而行，则当辞去新闻记者之职"④。一句话，已开始"逐渐从外在于

---

① 樊亚平：《中国新闻从业者职业认同研究（1815—1927）》，第68、79、94、101页。
② 黄远生：《少年中国之自白》，王有立主编：《黄远生遗著》上册，第7页。
③ 方汉奇主编：《邵飘萍选集》（下），第152页。
④ 肖东发、邓绍根编：《邵飘萍新闻学论集》，第118页。

新闻业本身价值的政治目标诉求回归到了新闻事业本身上来"①。然而,在实际从事记者职业的过程中,他们却大都与现实政治、政党之间存在着"剪不断,理还乱"的藕断丝连、纠缠不清的关系。因此,他们看似已较明显地超越了清末报人,但他们的基因和血脉中却依然保留着较明显的清末报人之特点。他们看似已萌发了对职业独立与自尊等的向往与追求,但因环境限制与现实政治逼迫,这种向往和追求只能更多存在于思想、意识层面。与此相应,在从事新闻记者职业过程中,他们的内心体验也大都充满了矛盾、痛苦、苦闷、无奈和觉醒之后的悲哀与无力感,就如鲁迅所说:在铁屋中沉睡的人,若在不知不觉中昏死,倒也不会感到有什么死的痛苦,最悲哀的是其中有若干先醒过来的,醒来后却发现这铁屋子万难打破,难以逃离,只能在无可挽救的痛苦中无奈地呐喊,这种痛苦是最令人悲哀的②。总之,民初的职业记者们注定了只能是中国新闻职业发育过程中承上启下的具有强烈过渡色彩的一代,是背负着沉重历史包袱负重前行的一代。

　　报业家群体与其他四类新闻从业者相区别的最突出特点是,"以报为业",视报纸为"营业之一种",注重报纸发行与广告,追求报纸的"企业化经营","按照商品生产和流通的规律来经营报纸,并使其达到一定的规模,成为有相当资本的现代化的企业"③。与此同时,他们也大都十分重视报纸的现实关怀。在他们的报业生涯中,既竭力追求报纸之营业,又视办报为自己的事业,既以报纸为营业

① 樊亚平:《中国新闻从业者职业认同研究(1815—1927)》,第236页。
② 鲁迅在《呐喊·自序》中有个著名比喻:"假如一间铁屋子,是绝无窗户而万难破毁的,里面有许多熟睡的人们,不久都要闷死了,然而是从昏睡入死灭,并不感到就死的悲哀。现在你大嚷起来,惊起了较为清醒的几个人,使这不幸的少数者来受无可挽救的临终的苦楚,你倒以为对得起他们么?"(见鲁迅:《呐喊》自序,人民文学出版社,2006年)
③ 秦绍德:《上海近代报刊史论》,复旦大学出版社,1993年,第109页。

之一种，又视其为实现自己报国之志的途径与方式。他们都是怀有深切爱国救国之心和强烈社会责任感与使命感的有抱负之士，其办报过程中，虽重视经营，采用企业化方针，但他们均同时赋予报纸以强烈的社会担当与使命，努力平衡报纸营业与报纸现实关怀之间的关系。另外，他们均具有类似企业家那样的预估风险、大胆投资、勇于承担投资风险的素质和能力，显现出令人惊异的事业雄心和勇于开拓事业的胆略与魄力。他们的报业生涯中大都有着创造报业奇迹甚或神话的履历。如果说史量才在民初政局动荡、报业市场尚不很成熟的背景中敢于斥巨资购买《申报》产权显现出的是其特有的惊人胆略、超人魄力和敢于冒险的企业家素质的话，在遭受给席子佩二十余万元巨额赔偿之重大打击后，不久即斥资七十万元筹建申报馆大楼，建成令时人惊叹、令世界著名新闻家盛情赞颂的"世界一流"报馆大楼等，显现出的则是其作为报业家特有的事业雄心。同样，如果说成舍我怀揣二百大洋就敢投资办报显现出的是他非同一般的胆略、魄力和预估风险的能力的话，创办后不仅获得成功，而且很快又开始谋划更宏大的蓝图，接连创办了另外两个报纸，形成了"世界报系"，以后又试图建立中国的新闻托拉斯等，显现出的则是其作为报业家的事业雄心和创造报业奇迹与神话的能力。

与其他四类新闻从业者群体不同，文人论政类报人最突出的特点是，对新闻职业专业化的追求与建构新闻职业权威的努力。他们既有近现代新闻史上其他记者、报人共有的爱国之心、报国理想，又开始了对新闻职业本身独立、健康发展之路的思考，既有利用报纸议论国事，希望以此促使国家走上民主、自由、独立发展轨道的强烈担当，又有谋求新闻职业成熟健康发展的责任感。他们希望新闻业能走出混乱无序、无道德发展的境况，希望记者、报人能自尊自爱、具备现代新闻人应具有的专业素质与精神。虽然与民初的职业记者们和报业家群体一样，他们对言论自由十分重视，但与自由的看重相较，他们更看重独立，更看重新闻职业应具有的专业理念与职业道德规范，更看重新闻职业的专业化建设和职业权威建构。他们对新闻职业应秉持的原则、应具备的理念、应遵守的规范有了更明确的意识。这些意识最主要的是，报纸不能依附任何党派，要有自己独立的政治立场，同时又必须保持经济独立，不能以报纸言论做交易，不接受任何带有政治性质的资金资助；对报人来说，要忠于自身职务，不以报纸为谋取私利之工具，要尽力使报纸成为社会公众之喉舌；在报纸的新闻及言论方面，报纸的新闻、言论要理性、真实、独立、客观、有定见，不能谄媚权势，也不能谄媚公众，要尽力做到不卑不亢，不随声附和，不感情冲动，不昧于事实。虽然由于时局和政局的变化，他们所强调和追求的一些理念与原则并未完全做到，或未能秉持和信守到底，但最基本的方面他们均做到了。他们以对新闻职业的责任感和在新闻职业领域不懈的奋斗与坚守，在很大程度上践行了其所倡导的职业原则与理念，也在全社会范围内建构起了新闻职业的职业权威。

作为党派新闻从业者，国民党新闻人与民初职业记者、报业家、文人论政类报人的最突出、最鲜明的不同显然在于其特有的国民党党派性，在于其新闻人与党人兼具之身份。作为一种职业群体，他们出现于国民党宣传、鼓吹革命之初，随着国民党的发展而发展，也随着国民党在大陆政权的垮台而退出了大陆新闻事业版图。在国民党宣传革命和领导国民革命时期，他们曾发挥了不可忽视的历史推动作用，但在蒋介石集团叛变革命、建立南京国民政府后，他们站在国民党集团的立场与利益角度，为维护国民党政权的威权统治，为国民党政府不同时期的工作目标与任务服务。由于他们依托其所属党派的执政党地位和经济力量，一度成为民国时期新闻职业领域不可忽视的主导性力量之一。作为国民党党派新闻人，他们最突出的精神特质是，对国民党及其政府表现出极大忠诚，在其新闻工作过程中将国民党及其政府的利益与对新闻宣传工作的要求放在第一位，即使内心存在一定程度的专业理想与追求，也只能在不违背国民党利益与宣传要求的前提下有限度地践行自己的新闻理想，同时，因将自己的新闻职业生涯捆绑在了国民党政权这辆注定了要溃败的战车上而遭遇了其职业发展的宿命，最终未能摆脱理想受挫、梦想破灭、晚境寂寥之命运。作为国民党党派新闻人，他们与同为党派新闻人的共产党新闻人的不同在于，他们为之服务的政党是将自己政党的利益凌驾于国家和人民利益之上的政党，这就决定了他们的工作经常要为国民党违背国家与人民利益的行为粉饰和"打圆场"，同时，由于他们所服务的政党又是一个"软弱独裁"的政党[①]，组织性、纪律性不足，内部派系复杂，组织涣散，因此使得他们的新闻职业工作经常会面临无所适从、左右不是人、动辄得咎等艰难处境。

与国民党新闻人不同，共产党新闻从业者最主要的特点是，他们隶属于代表国家、人民利益和历史前进方向的中国共产党，具有鲜明而坚定的无产阶级政党的党性。他们伴随着"五四"时期马克思主义在中国的传播和中国共产党的成立而出现，随着中国共产党革命事业在不同时期的发展和新闻事业的发展而不断发展、壮大。他们的新闻职业活动与中国共产党的革命斗争紧密结合在一起，其新闻活动完全服务于党各个时期的革命任务。在服务党的革命目标与任务过程中，他们始终将自己的职业活动置于党的统一领导之下。在此过程中，他们不断明确自身职业理念，校正自己的职业目标，提升自身思想品质、业务素养和工作能力，探求切实、有效、富有特色的工作方法，使自己逐渐成为民国时期中国新闻舆论领域一支富有生机和活力的生力军，也使自己在新闻职业领域逐渐走向成熟，最终成为民国时期中国新闻舆论与新闻职业领域的定盘星和主导者。作为党派新闻人，他们最突出的精神特质是，将新闻工作视

---

① 任剑涛：《从帝制中国、政党国家到宪制中国：中国现代国家建构的三次转型》，《学海》2014年2期。

为党的整个事业的有机组成部分，认为"办报是革命分工的一种，报人也仅仅是众多革命岗位中的一个"，党的革命事业及其目标是目的，新闻事业及其工作是手段，实现党的革命目标与自己的新闻职业工作是完全一致的，二者完全可以做到彼此协调、有机统一、无缝对接。因此，他们都对自己的新闻职业工作充满持续不衰的热情，新闻工作往往伴随在他们的整个革命生涯中，成为他们革命生涯中不可分割的重要部分。同时，他们既将新闻宣传工作视为党的革命事业的有机组成部分，同时又在具体工作中不断探索新闻宣传工作与党的其他事业相区别的职业特性，不断探索党的新闻宣传工作应有的特殊职业角色与目标定位、特殊职业理念与追求、特殊职业原则与方法，显现出鲜明的职业化趋向。

二、"同中有异"：同一群类和同一新闻人的不同精神心理特征

不仅五类新闻人各有其区别于其他群类的特点，即使每一类新闻人群体内也是同中有异、各具情态。

同为民初职业记者，黄远生与邵飘萍在从事新闻记者职业过程中的现实表现与心理状态就表现出相当大的不同。黄远生的性格气质和价值观中显现出更浓厚的因循、保守成分与色彩，他的记者生涯一直与现实政治、政党保持着千丝万缕的联系，一直游移于现实政治与新闻之间，对新闻记者职业可谓心猿意马、三心二意，直至最终否定并抛弃了自己的新闻记者职业。而邵飘萍少时即具有明确的新闻职业志向、怀揣新闻记者梦想，长大后更是一直对记者职业兴趣不减、乐此不疲、"所萦于怀者，厥惟新闻事业"。就对新闻职业的认知与职业理念来看，黄远生对新闻职业的认知明显具有从言论本位到新闻本位的过渡色彩，且其新闻职业认知与理念的全面

性、深刻性、专业性也逊色得多。与黄远生形成鲜明对照的是,邵飘萍的新闻职业认知与理念不仅属于以新闻为本位的认知与理念,且其认知与理念的系统性、专业性、深刻性也强得多。另外,从从事新闻记者职业过程中的内心体验看,虽然二人的新闻记者生涯中都存在矛盾、痛苦和无奈,但黄远生内心的矛盾、痛苦显然更为显著,他身上所承袭的历史包袱显然要更重一些。

从报业家群体来看,同为报业家,史量才和成舍我的职业意识与心理状态也有很大差异。史量才人生与思想的塑形期主要处于传统士人刚开始向现代知识分子转型之时,其教育经历与背景主要是传统私塾教育和清末新式职业技术类学堂,因此其新闻职业认知与理念主要基于个人经验与感悟层面,缺乏系统性、现代性、专业性,且失之传统。成舍我则不同,由于他正式开始报业生涯前经受过"五四"新文化运动的精神洗礼,又在北京大学接受过现代知识与思想教育,接触过新闻专业知识教育,因此他对新闻职业的认知与理念不仅全面、系统,而且显现出较高专业性、现代性。从处理报纸营业与事业的关系方面看,虽然他们都视办报为"营业之一种",都非常看重营业,但在事业与营业的关系问题上,史量才相对而言较偏重于营业,在办报过程中他总是自觉不自觉地会首先考虑到报纸的整体运营与发展问题,而成舍我对这两方面都很重视,其重视程度难分伯仲,在办报过程中他往往既重视新闻采编等业务又重视报纸自身营业,二者相互配合、相得益彰。另外,从报业关注范围来看,史量才主要关注的是自己所办报业的发展,而成舍我不仅关注自己的报纸事业发展,而且重视整个报业乃至新闻业的整体发展壮大。

从文人论政类报人来看,虽同为文人论政类报人,张季鸾与徐铸成的职业表现与心理状态也有较明显不同。虽然爱国、报国是他们之所以选择新闻记者职业的共同的促发因素,也是他们在新闻职业领域不懈奋斗、终生不渝的精神动力,是他们从事新闻职业工作的终极目标,但在张季鸾的新闻职业生涯中,爱国、报国似乎是唯一因素、唯一动力、唯一目标,或者说,是最重要的因素、动力、目标,而对徐铸成来说,其产生新闻记者职业志趣和最终进入新闻职业领域的因素显然是多样的,促使他在新闻职业领域不懈追求、不断努力的动力和所追求的目标也是多元的。在对文人论政类报人所强调的"论政而不参政"和"不党"原则的践行方面,二人虽都坚守得不错,但在一些特定时期,二人的表现还是显现出一定差异。如在全面抗战爆发后,由于爱国心促使下的新闻职业理念之变化和与蒋介石个人关系的更趋亲密,"论政而不参政"及"不党"原则在张季鸾身上出现了松动,他不仅开始明确宣扬蒋介石的"中心"与"领袖"地位,拥护国民党政府的统一领导,而且在"坐而言"的同时经常"起而行",而这一时期的徐铸成却一直坚守着"论政而不参政"的原则与理念,且一直到1948年"左转"之前,他都一直信守着这一理念。

　　就国民党新闻人群体来看,虽同为国民党新闻人,马星野和萧同兹的职业表现与心理状态也存在很大不同。二人虽然都对自己的工作非常重视,兢兢业业,竭力做好工作,但马星野对新闻职业的爱是具有新闻理想与专业理念的爱,是蕴含有新闻专业主义追求的爱,而萧同兹由于非新闻科班出身,进入新闻业领域前并无新闻理想与新闻专业理念,因此他对新闻职业的爱主要源于其对国民党和蒋介石的忠诚——既然新闻通讯业对国民党内政外交至关重要,既然"领袖"将此重任交给自己,自己就必须全情投入,创造出辉煌业绩。因此从严格意义上说,马星野属于新闻人,而萧同兹并非新闻人,他只是一个国民党新闻事业家。从新闻从业过程中的内心体验来说,由于马星野年轻时期就产生了新闻志趣,在密苏里又习得了西方新闻专业主义的一整套思想理念,因此在他的职业生涯中,可以说一直充满着内心的痛苦与无奈,先是不得不忍受难以从事自己渴望的新闻记者职业甚至不得不从事与自己的新闻专业理念相悖的管控报纸之工作所带来的痛苦,后来虽终于干上了自己渴望的新闻工作，却不得不在国民党新闻宣传利益及要求和自己的新闻专业理念之间竭尽全力寻找平衡。这样的理念冲突与内心矛盾在萧同兹内心却似乎从来没有存在过。与此相关，在处理党人和新闻人这两种身份的关系方面，马星野的内心一直在游移，一直在试图寻找一个平衡点，而在萧同兹的心中，两种身份的关系问题非常明确，自己首先是党人，然后才是新闻人，优先次序毋庸置疑。

　　共产党新闻人群体中，同样存在丰富性与多样性，尽管总的行为表现和思想理念方面是相同的。由于共产党新闻人的来源结构与背景存在好几种情况，再加上共产党革命工作的不同时期新闻宣传工作的指导思想等往往不太相同，即使同一时期因从事新闻工作的地域、环境不同，工作原则与理念等也会有一定差异，如抗战时期党在国统区的新闻宣传工作与在延安及其他根据地的新闻宣传工作的指导思想与理念就存在一定不同，这一切使得不同的共产党新闻人因投身党的新闻宣传工作的缘起、时期、地域和自身职业背景等的差异，在从事党的新闻工作过程中的理念认知与心路历程、内心体验等方面还是存在一定不同。以博古和范长江为例，从博古身上更多看到的是基于党的革命工作需要从事新闻宣传工作的高级领导干部和新闻宣传部门负责人及在根据地、解放区成长起来的共产党新闻人对新闻工作的思想、理念、情感、态度，而从范长江身上看到的更多是从自由主义记者转变为共产党新闻人之一员和在国统区从事过新闻宣传工作的共产党新闻人的思想、理念与职业心理特征。前者在党的新闻工作的目标使命与党的革命目标与任务的结合方面更为纯粹，后者在此问题上会习惯于结合自身认识与思考，在思考基础上达到二者的融合与统一。

　　不仅不同类别新闻人之间和同一类别内部不同个体间存在不同，不少新闻人新闻生涯的不同时期，也存在理念追求与内心体验等方面的差异。如民国初期至"九一八"之前的史量才与"九一八"之后的史量才在办报理念与思想方面就存在很大不同，之前的他相对保守、中立，重新闻，轻言论，言论锐气不足，不痛不痒；之后的他明显转向激进，现实批判性与政治干预力明显加强。新记《大公报》创办之前与新记《大公报》创办到全面抗战爆发之前及全面抗战爆发之后的张季鸾在职业行为表现与理念追求等方面也存在较大不同，早期的他抱着言论自由之理念，以"新闻界斗士"的姿态，激情澎湃，猛冲猛打；新记《大公报》创办后的他，以"四不"为旗帜，以其切实有效的职业行为与表现，为新闻业的独立自尊与权威建构倾全力奋斗；全面抗战后的他，为挽救民族危亡，放弃对言论自由的强调，主动接受国民党新闻统制，为团结抗战、抗战建国倾情鼓呼。作为共产党新闻人之一员的范长江，其新闻生涯的不同时期所追求的目标、理念与内心体验也有不同，早期的他曾是"自由职业的新闻记者"，信奉的是自由主义新闻理念；抗战初期的他放弃自由主义新闻观，转变成了信奉战时新闻学的"新闻参战者"；成为共产党新闻人后，开始着力强调新闻工作的政治性，但在具体的工作中遵循的却是党在国统区从事抗日民族统一战线工作的原则与要求，着力强调自由、民主、宪政、团结、抗战、三民主义、抗战建国等；到根据地、解放区后开始认识到新闻工作的组织性、纪律性、政策性之重要，并着力强调之；任《人民日报》社长时期，其内心关注点则是如何使党报尽快完成从服务革命斗争需要到服务社会主义建设事业之需要的转变。

　　总之，无论是从民国时期新闻从业者的群类特征之差异来看，还是从同类新闻从业者内部不同新闻人间的不同来看，抑或是从同一新闻从业者新闻生涯的不同发展阶段来看，都可以深切感受到民国时期新闻从业者职业理念、职业追求及其从业过程中心理情状等方面的丰富性、多样性和多姿多彩的特点。

第二节　"走向一统的历史"：异中之同和职业步履的渐趋一致

从前五章的具体呈现可以看出，从民国建立到中华人民共和国成立前这一历史时期内中国新闻从业者的职业心态，总体来看，的确是各不相同、多姿多彩的，其中包蕴着十分丰富、多元、立体、鲜活的内蕴与面貌。然而，由于近现代记者、报人所具有的相似甚或相同的价值追求、精神取向和民国时期中国社会面临的最主要的危机与矛盾，使得无论哪一类新闻从业者的职业追求与发展之路都表现出相同或相似的一面，且随着中国现实政治发展的大浪淘沙和社会大变局时代的到来，中国新闻业及其从业者的职业步履最终走向了一统。

一、爱国救国，以报为器：现代新闻从业者职业心态的共同特征

民国建立到中华人民共和国成立前新闻从业者职业追求与心理情状的最显著的共同点是，无论哪个时期的新闻从业者，无论哪个类别的新闻从业者，无论其新闻职业理念、职业追求、职业行为表现、职业心理状态等存在多么大的差别，其从事新闻职业的动机、动力都包蕴着爱国救国、挽救国运、谋求民族复兴、国家富强之因素，其职业理念、职业追求及职业心理状态都是在挽救国运、谋求民族独立富强这一总目标之下育化和产生的，其新闻职业生涯中若存在内心或行为层面的矛盾、冲突、痛苦、无奈等，也多是因为挽救国运、谋求民族复兴这一最高目标与其新闻职业理念之间存在某种不协

调而产生的，与此相反，其新闻职业生涯中若不存在内心或行为上的某种矛盾、冲突、痛苦、无奈等，也是因为其挽救国运、谋求民族复兴的最高目标与新闻职业理念做到了相互结合、有机统一。因此，在一定意义上可以说，从民国建立到中华人民共和国成立前的所有新闻从业者的一个共同特点是以报为器，这也是整个近现代中国新闻从业者的共同特点。

回顾中国近现代历史，如果说鸦片战争只是使中国人开始意识到了自己在坚船利炮等"器物"层面的落后，并未摧毁中国人的文化自信、政治自信和民族自豪感的话，甲午战争败给了素来被自己视为"蕞尔小国"的日本，可以说才真正震动了所有中国人，使得当时的中国人真正意识到了整个民族所面临的极其深重的危机。鸦片战争后，基于对西方国家在坚船利炮等方面的优势之认识，清政府开始大力发展洋务，认为只要有了与西方国家同样的坚船利炮，就能与之抗衡，即所谓"师夷长技以制夷"，于是就有了洋务运动。在洋务运动中，中国人对自身文化和政治体制仍很自信，甚至可以说怀有很强优越感，坚信"中学为体"，"西学"只是一种"用"。洋务运动前后持续了三十年，中国在军事装备和民用工业等领域的确获得了较显著的发展，然而，甲午战争的失败却完全终结了这种以富国强兵为目标的自强梦，也彻底打碎了当时中国人的文化自信与政治自信，使他们开始意识到中国正面临"三千年未有之大变局"①，意识到在这样的"大变局"中，若不谋求彻底的、根本上的改革，整个民族便会面临完全衰败乃至覆亡之境地。

正是基于这种对国运危急、民族危亡的严峻形势的深切认识，稍有爱国之心、家国意识的人均开始以各种不同方式寻求挽救国运，使民族走向复兴的道路。这种力图挽救国运、谋求民族复兴的努力从维新变法开始一直延续到中华人民共和国成立之时（中华人

① "三千年未有之大变局"是李鸿章于1872年提出的著名论断。

民共和国成立一直到今天国人为实现"中国梦"正在进行的伟大实践也是这个努力的进一步延续）。在此过程中，以政治改良为主要目的的维新派和以推翻封建帝制为目的的革命派相继出现，两种力量相互斗争又相互应和，这种斗争最后以革命派获得胜利、推翻了两千年封建帝制而宣告结束。民国建立后，由于政权很快落入北洋军阀之手，民主共和制度形同虚设。北洋军阀各派为争夺各自利益，连年混战，国家处在帝国主义和封建军阀的双重压迫之下，积贫积弱的面貌没有任何改观。面对这样的形势，为了真正建立一个独立、富强、民主的国家，无数怀抱爱国报国之志的仁人志士继续进行着各种探求国家、民族出路的努力，包括教育救国、实业救国、科学救国、思想文化启蒙等在内的各种扶危济困、挽救国运的思路与努力纷纷出现，最终以国共合作发动北伐战争、推翻北洋军阀统治宣告了这一阶段的结束。

　　然而，国民党一方面在北伐即将胜利之际叛变革命，另一方面在北伐胜利、推翻北洋军阀政府统治之后实行专制独裁统治，对内压制、清剿各种反对力量，对外妥协退让。国民党的妥协退让政策导致日本得寸进尺，不断加快其侵略步伐，最终导致了"九一八"事变的发生。"九一八"事变使得亡国灭种的危机直逼所有国人面前，救亡图存成为当时社会与时代的主潮。共产党在反对国民党军事围剿的同时，强烈主张抗日，其他爱国民主人士和各种社会力量也纷纷以各自方式谋求救亡图存之道。全面抗战爆发后，各民族团结抗战的局面最终得以形成。虽然全面抗战时期团结与分裂、坚持抗战与妥协投降之间的斗争一直存在，但抗战最终还是取得了胜利。抗战胜利后，建立什么样的国家成为全国各党派、各民族人民最关心的主题。由于国民党试图建立一党专制的国家，导致全面内战爆发。内战爆发后，共产党以其新民主主义思想和符合最大多数人民利益的行为与主张得到了各民主党派和广大民众的支持，最终推翻了国民党的独裁与腐朽统治，开启了谋求国家富强、民族复兴的新阶段。

　　因此，可以说整个中国近现代史就是无数仁人志士和各种社会力量及党派力图挽救国运、探求国家和民族出路的历史。笔者在此要强调的是，在这个过程中，无论是甲午战争之后兴起的维新派、革命派乃至实施"新政"之后的清政府及其地方实力派，还是民国初期谋求思想文化启蒙与社会改良的新文化运动倡导者与各类爱国人士，无论是崇尚自由主义的知识分子，还是试图以组建政党方式谋求参与政治的各类政党活动热衷者，无论是国民党兴起、发展的各个时期，还是共产党产生、发展的各个阶段，都自觉不自觉地选择利用报纸来实现各自政治、文化或社会改造目标，都自觉不自觉地以报纸作为其宣传自己的思想主张、推动自己的政治与社会理想实现、参与国家政治事务或探求国家与民族出路的工具。也正是在这个过程中，产生了中国近现代历史发展过程中一代又一代的新闻从业者。换句话说，中国近现代新闻业和新闻职业群体实际上是在扶危济困、挽救国运、谋求民族独立、国家富强、探求国家和民族出路的过程中产生和发展起来的，是扶危济困、挽救国运、探求国家和民族出路这一目标促发和推动的结果。

　　这样的时代背景决定了中国近现代的新闻从业者，无论其从业过程中的具体方式有什么不同，职业追求与理念有什么差异，均有着以报纸为报国救国之工具、以报纸为实现政治社会目标之利器的现实主义目标。这一点与产生于资本主义自由经济与自由思想土壤的西方近现代新闻业与新闻从业者显然有着很大的不同。本研究所聚焦的五类新闻从业者均因胸怀爱国之心、报国之志而选择进入新闻职业领域（国民党和共产党新闻从业者中的一些类型进入新闻职业领域虽是出于各自政党组织的工作安排，但其最初加入其所属政党组织也均是因为认同其所属党派的政治目标或革命目标，均蕴含着救国或革命的因素），在从事新闻工作的过程中，他们或以批评时政、臧否人物、揭露社会问题为聚焦点，或以传播自身社会政治主张、发表对政局时局之看法为聚焦点，或以宣传抗日救亡、动员民众团结御侮为聚焦点，或以宣传自身思想政策、动员民众参与其革命活动为聚焦点，或以促进自身政策实施、维护自身利益为聚焦点等，均显现出鲜明的以报为器的现实主义目标、诉求。

与以报为器的现实主义目标、诉求相应，不同新闻从业者从业过程中的职业理念、职业追求、职业态度虽存在较大差异，但均与这种以报为器的总目标或者说最高目标存在很大程度上的关联，甚或完全一致，其从业过程中的内心体验与职业心理状态也均与这种总目标与最高目标存在很大程度上的关联。

就民国初年的职业记者们来说，黄远生之所以明确倡导报纸言论必须客观之理念，其新闻职业理念之所以从强调言论转变到强调言论的同时强调新闻纪事，核心原因在于希望能以言论"发挥公论"，以新闻纪事"开拓（国民）心胸"，使国民能"放眼以观域外"，最终达到"改造国群""使吾国群合于国际上之平等位置"之目的[1]；其职业记者生涯中之所以一开始脚踩多只船，从事新闻记者职业的同时热衷政党活动、担任教员、律师、政府职务等，宣布"不党"后依然在从事其他工作，其新闻职业生涯之所以一直游移于政治与新闻之间，总的原因在于，作为受过良好教育、有着各方面才能的知识精英，如何能最大限度地运用自己的才华和能力推动社会文明、国家进步，是其心中的最高目标，只要有益社会与国家，什么职业均可从事，不必画地为牢。从邵飘萍来看，他之所以对新闻记者职业乐此不疲、终生以之，核心原因在于希望以此"挽回国家劫运于万一"[2]，他之所以明确强调包括客观、真确、平衡、独立、言论负责等在内的新闻职业理念，之所以强调新闻记者的职业边界意识，认为记者只可"坐而言"、不可"起而行"等，核心原因在于希望报纸能真正成为

① 黄远生：《本报之新生命》，王有立主编：《黄远生遗著》上册，第76页。
② 邵飘萍：《记者与读者》，方汉奇主编：《邵飘萍选集》（下），第646页。

"社会公共机关"，以便能对社会提供"和平中正之指导"①，同样，其新闻生涯中之所以出现违背其只可"坐而言"理念的矛盾情形，在"坐而言"的同时"起而行"，是因为爱国报国之心太急迫使然。

　　就报业家们来说，虽然在"事业"与"营业"的关系上史量才在保持基本平衡的基础上稍偏重于"营业"，但其办报救国的初始动力一直存在，其报业生涯前期虽较重视报纸发扬民智、教育普及、文化启导等功能，但这种重视背后所蕴含的"为社会谋福利，尽国民之天职""监督启导"②"为民国驱驰"③之大目标、大情怀一直存在，其投身报业后之所以对办报事业越来越热爱，达到"爱报甚于生命"之程度，也是因为这种大情怀与大目标；"九一八"事变后，他之所以急剧"左转"，报纸也因此开始趋于激进，更是报国救国之心进一步发展的结果。从成舍我来看，虽然他的报业生涯中有着强烈的职业化意识与职业化自觉，竭力追求报业作为一种特殊行业本身的发展、壮大、成熟，但之所以如此，根本动力也是为了报国救国，为了使报业能真正成为改造社会、促使社会向文明进步进化的"舆论权威力量"，以便"为国家奠下富强康乐的基石"④，"公正""正义""公共"等始终是其报业实践中追求的最重要的价值目标，"也是贯穿其自由报刊理念的轴线"⑤；报业之所以成为其一生不屈不挠、孜孜以求、

① 邵飘萍：《〈京报〉三年来之回顾》，肖东发、邓绍根编：《邵飘萍新闻学论集》，第216页。

② 瞿绍伊：《史先生办报之志》，《申报月刊》第3卷第12号《追悼史总经理特辑》，1934年12月15日。

③ 史量才：《最近之五十季·自序》，申报馆，1923年。

④ 成舍我：《我们这一时代的报人——北平〈世界日报〉复刊词》，《世界日报》1945年11月20日第一版。

⑤ 唐海江：《世界主义与民族主义之间：成舍我自由报刊理念的形成及其困境》，李金铨主编：《报人报国：中国新闻史的另一种写法》，香港中文大学出版社，2013年。

钟爱有加的最重要事业目标，原因也在于其对报业之于国家和社会的功能及价值的认知。

就文人论政类报人来说，虽然他们的职业理念与职业追求中蕴含着更为浓重的新闻职业专业化色彩与专业主义底色，虽然他们对建构新闻职业本身的权威十分看重，着力追求新闻职业本身地位与利益的维护，但这一切的目的却是为了让新闻业能更独立、更理性、更有舆论权威，以便能更有力地促使国家和民族日进于独立、富强、进步之轨道，日近于其心中的理想状态。这一点无论是从张季鸾还是从徐铸成身上均可充分感知到。张季鸾的一生可以说是论政报国的一生，他的"四不"理念虽看似与西方新闻专业主义有诸多相同或相似之处，但绝非西方新闻专业主义，而是负载了更多的中国传统文人与士大夫阶层的精神气质与价值追求。可以说，他的"四不"理念实际上是以西方新闻专业主义理念为表，以中国传统知识分子精神为里，或者说，是用西方新闻专业主义理念之"瓶"装满的中国传统知识分子精神之"酒"。全面抗战爆发后，其"四不"理念之所以会在相当程度上发生转变，核心原因正在于此。就徐铸成来看，由于他步入新闻记者职业生涯时"四不"理念已受到新闻界广泛尊奉与追捧，而他又是在新记《大公报》开启其新闻职业生涯的，且自视为张季鸾之"传人"，再加上他之所以选择新闻记者职业本身就有着爱国报国的因素，因此使得他的新闻职业理念及其背后的价值追求均与张季鸾有许多相同或相似之处，只是他的职业价值追求与张季鸾相较更为多元一些而已。

在职业理念、职业追求、职业态度与以报为器的总目标、总诉求的关联性方面，党派新闻从业者无疑表现得尤为鲜明。在党派新闻人的新闻职业活动中，其新闻职业理念、职业追求及其对新闻职业的情感、态度等，可以说，不仅与以报为器的总目标、总诉求存在关联，而且是完全一致。这一点，无论是国民党新闻人，还是共产党新闻人，无不如此。就国民党新闻人来说，无论他们的职业理念、职业追求为何,均被置于国民党不同时期政治与社会目标的整体框架内,均以促进国民党政策实施、服从国民党宣传政策与要求为大前提。即使像马星野那样的具有一定专业主义追求的国民党新闻人,也只是在非原则问题上部分地践行一下自己的新闻专业理念,在重大原则问题上总是完全服从和服务于国民党的整体政治、社会目标。就共产党新闻人来说,其新闻职业理念、目标追求就更是与党的革命目标、任务完全一致了。虽然一些新闻人在一些特殊时期曾出现二者配合不紧密之问题,甚至曾出现过偏差,但这只是探索过程中出现的认识问题,其出发点均是为了服务于党的革命任务与目标。另外,无论是国民党新闻人,还是共产党新闻人,之所以都对其新闻工作满怀热情,全身心投入,也均是各自党派的政治与社会目标使然,只是这种目标正义与否、符合最广大人民的利益与否存在差异与不同而已。

爱国报国,以报为器,既形塑着各类新闻从业者的职业理念、职业追求与职业态度,也决定着其从事新闻工作过程中的内心体验与职业心理状态。凡是能将新闻职业工作与其背后追求的爱国报国理想或政治社会目标有机结合、其新闻职业理念与其所追求的政治社会目标完全切合的新闻从业者,其从业过程中的内心体验均较为积极、良好,职业心理状态中均很少存在矛盾、痛苦、无奈等情感状态与感受,如共产党新闻人和国民党新闻人中萧同兹那样的出身于党政工作人员的新闻从业者等。相反,凡是新闻职业理念与其所追求的政治社会目标不能很好契合,职业理念与政治社会目标之间存在矛盾甚或冲突的从业者,其内心体验与职业心理状态往往不是很良好,其从业过程中往往会存在理念与行为不一致的情况或内心矛盾、痛苦、无奈之情状与感受,如民初的职业记者群体、报业家群体和国民党新闻人中像马星野一样存在新闻专业主义理念的人。之所以存在这样那样的矛盾、冲突,多是因为他们大都受到西方新闻观念的影响,在谋求自身新闻职业化过程中自觉不自觉地以西方新闻业的职业理念与模式为参照系和理想样本，而西方新闻职业化及其理念产生于资本主义自由经济与自由思想文化土壤之中，与中国近现代新闻业及其职业群体产生于挽救国运、谋求民族独立解放、国家富强民主之背景完全不同，因此若照搬其理念，必然会产生理念与行为间的矛盾或冲突。

二、走向一统：职业探索与社会变局中记者职业步履的渐趋一致

如前所述，中国近现代新闻业和新闻人群体从根本上来看均产生于民族危难、国势衰微背景下出现的挽救国运、报国救国之诉求。新闻史领域一直认为中国近代报纸是舶来品，是伴随着帝国主义的入侵由西方传教士和商人从西方引进中国的东西。这种认识已经成为一种定论。从表象上来看的确如此，但笔者认为，外国传教士和商人创办的报纸只是使国人对报纸这种新事物有了最初的认识，中国近现代新闻业和新闻人群体之所以最终兴起、发展以至于成为众多仁人志士、知识分子爱国报国的习以为常的工具，成为包括各党各派在内的不同社会力量宣传其思想主张、实现其政治社会目标的利器，核心原因还是出于民族危难、国家衰微背景下出现的挽救国运、爱国救国之诉求。因此，可以说，西方传教士和商人将报纸引入中国是中国新闻业和新闻人群体产生的外因，民族危难、国势衰微背景下仁人志士、知识分子挽救国运、报国救国的强烈诉求才是内因，是中国新闻业与新闻人群体产生的内生动力。中国新闻业与西方新闻业的不同特质，中国新闻从业者与西方新闻从业者不同的职业理念追求与精神特质，正是这种特殊的内生动力形塑的结果。

中国近现代新闻业和新闻从业者群体在挽救国运、报国救国的诉求下得以兴起，但兴起之后的职业发展目标、发展路径与模式

却逐渐分化和多样化，以至于最终产生了本研究所聚焦的诸多类型（本研究虽然将1912年至1949年的中国新闻从业者分为五类，但这只是最主要、最具类别特征的几类，1949年之前中国新闻从业者的类型无疑非此五类所能完全涵盖）。在国人自办报刊和报人群体兴起的清末，这种分化已经开始。当时，在挽救国运的总目标下，至少已出现了三种不同的新闻从业者类别，分别为：以梁启超为代表的维新派、改良派报人，以于右任为代表的革命派报人，和以汪康年为代表的"第一代报业家"。这三种报人中，第一种以办报为宣传其改良思想的工具，在具体的办报过程中虽然也初步萌生了一定程度的以此为职业的想法，但"意有所在，凡归政治而已"，虽爱报刊，但"更爱政治"；第二种完全以办报为宣传、鼓动革命的利器，未显现出任何欲以办报为职业的迹象；第三种总体来说属于维新派、改良派人士，其投身办报的目的主要是为了宣传其维新与改良思想，但其办报过程中却显现出较明显的以办报为职业的趋向，希望能使自己成为以办报为终生职业的"双重监督者和调解人"[①]。总体来看，这一时期的报人中愿以办报为终身职业者并不多，即使有，也非这一时期之主流。这时占主导地位的报刊认知与办报态度是以报为器，或为宣传维新与改良思想之器，或为宣传鼓动革命之器。在这些报人心中，办报并非社会分工中的一种特殊职业，而只是一种手段、一种工具，与他们借以实现其政治社会目标的其他工具与手段并无太大区别，若说有区别，也只是其发挥效用的特殊程度、显著程度有一定区别而已。因此可以说，民国建立之前，中国的报业虽已有较迅猛发展，报人群体也已有一定分化和多样化发展迹象，但从总体上来看，还是较为单一。

──────────

[①] 清末报人群体的三种类型之划分及各自对报刊的态度、认知、情感等，请参阅拙著《中国新闻从业者职业认同研究（1815—1927）》（人民出版社，2011年）之第三章。

　　这种情况发展到民国建立以后，很快发生了十分显著的变化。虽说整个民国时期各类新闻从业者的新闻职业活动总体上来说均处于以报为器的总体目标与框架之下，均具有以报为器的特性，但民国成立之初的十多年中，报业发展的具体目标、路径、理念、模式等却很快出现了多元化、多样化发展态势。由于民国建立之后政权很快被袁世凯和北洋军阀各派系相继篡夺，政局混乱，政治、社会生活无实质性变化，国势依然处在内忧外患的危局之中，因此各种扶危救困、谋求出路的力量纷纷兴起。而不同力量在探索国家出路、谋求社会变革的过程中几乎都会不约而同地选择利用报刊作为其工具。由于不同力量在探索国家出路、谋求社会变革过程中的理念、思路与方案不同，因此在以报刊为工具过程中利用报刊的方式、对报刊工作的态度、赋予报刊的使命等，也就显现出较大不同，相应地，也就带来了报业发展的目标、路径、理念、模式的多样化、多元化趋势。

　　由于民国建立后不同政党组织短时间内大量涌现，各个政党都会创办报刊作为自己的宣传工具，因此使得政党报纸一时成为报界主流，这其中最主要的要数"同盟会－国民党"和"共和党－进步党"两大政党系统的报纸。这些报纸均站在其政党立场上讲话，或相互论争，或互揭老底，甚至发生暴力冲突。这些政党报纸的创办者基本属于各政党之成员，办报并非其专门职业，他们只是以报纸作为其政党政治宣传与彼此争斗的工具。这类政党报刊"在中国近现代史上并没有起到多少进步作用，反而造成政局的混乱"①。民国建立后的十余年，真正对社会产生巨大推动作用的报刊要数"五四"新文化运动兴起之后的思想文化启蒙类报刊、国民党报刊和新产生的共产党报刊。就国民党报刊和新产生的共产党报刊来说，这两类报刊均属于政党报刊，它们的目标虽是动员民众，宣传各自政党思想主张，但在办报工作方面也进行了不少创新性探索，成为民国建立至

————————

① 方汉奇主编：《中国新闻传播史》，第154页。

北洋军阀统治末期这段历史时期内报业发展的有生力量之一。当然,从对办报工作的认识与态度来说,这些报刊的创办者总体上属于以报为器的报人类型,办报并非他们的职业,他们的身份是共产党人或国民党人,他们的目的是为了宣传各自党派的革命与社会改造主张。

就思想文化启蒙类报刊来说,它们可谓这个时期既引领思想潮流又引领报业潮流的最具影响力的报业力量。这类报刊出现于以《新青年》创办为标志的新文化运动兴起之后,其创办者多为文化教育领域的知识人。与这一时期的国民党报人和稍后出现的共产党报人一样,报刊也非他们的职业,只是其谋求思想文化启蒙和社会改良的工具。他们的主要目的是利用报刊进行思想启蒙、文化改造、社会改良工作。因此可以说,他们与这时的国民党报人、共产党报人一样,都属于以报为器的报人类型。所不同的是,国民党、共产党报刊及其报人主要致力于从政治与制度层面探求国家、民族出路,既重视思想、政治宣传和革命目标宣传,又倡导革命行动与现实斗争,既重视思想宣传、政治鼓动,又注意反映现实,批判现实,传播与现实政治社会相关的新闻信息,而思想文化启蒙类报刊及其报人主要致力于介绍新思想,传播新思潮,普及新知识,提倡新观念,其使用的主要传播形式是思想评论、知识介绍,而非以新闻报道为主;从身份层面来说,国民党、共产党报人的身份为各自党员、革命者,而思想文化启蒙类报人的身份为学者与文人——李金铨所说的那些以办报为"副业"的"学者文人"型论政者即属此类[1]。

需要强调的是,这一时期的国民党报人、共产党报人、思想文化启蒙类报人,其对报刊的认识、态度尽管均属于以报为器之范畴,在这个意义上可以说他们的报刊认知与态度实际上是清末革命派报人和维新派报人的一种延续,但在办报过程中,为了更有效地传播

---

[1] 李金铨编:《文人论政:知识分子与报刊》,第5页。

其思想主张,为了更有效地宣传、动员民众,为了使各种新思潮、新思想、新知识为更多知识分子与青年学生接受,他们在办报方式方面均做了许多探索和革新,如提倡自由讨论,恢复政论传统,开创新文风,革新副刊等。这些探索与革新措施客观上对当时报业的整体发展与繁荣起到了巨大推动作用,其中显然也蕴含着明显的报刊认知与理念的历史演进因素,如自由讨论理念、面向大众之理念、注重传播效果和宣传效果之理念等。

　　除了以上三种报业新类型、新探索之外,在当时报业的多样化、多元化发展中,另外一种重要的报业新探索、新趋向是,一批在挽救国运、裨益国族的总目标和总追求之下谋求新闻业职业化发展的记者、报人开始出现。这便是本研究主体部分所聚焦的五类新闻从业者中的职业记者群体。这些职业记者群体在中国新闻业发展演进的整个链条中与清末报人和同时期其他类型的报人相较的最显著的不同便是,他们的职业意识开始发育,开始产生了较为明确的职业化诉求。其最主要的特点是,开始以记者、报人为终身职业,办报理念方面,视报纸为"公器",报人为"公人",重新闻,轻言论,以"无冕之王"自认,强调自由、独立、无私和批判精神。虽然作为初生代职业记者,他们的职业行为中存在不少矛盾、无奈和不得已,他们所强调的理念不少方面他们并未完全做到,但至少他们开启了一种新闻职业探索与发展的新路径,也使得这一时期新闻业发展的多样化、多元化趋势与特点更加鲜明。

　　之所以会出现这种新的职业探索,一方面是知识分子挽救国运、报国救国的目标诉求作用的结果,另一方面与西方新闻职业理念、模式的影响有关。挽救国运、报国救国的目标诉求决定了他们热切期望自己从事的职业能够真正发挥对国家、对社会强有力的推动作用,能够真正成为一种强有力的社会力量。由于报业在当时依然算是新生事物,有限的报业发展历史并不能给他们提供足够的谋求自身职业力量提升的经验和理念体系,在此情况下,目光朝外,学习和模仿西方新闻业职业化理念与模式，就成为一种必然。自清末以来，西学东渐已成为一种无法阻遏的潮流，留学潮一波又一波出现。民国建立后，各个领域学习西方之热情更是达到了一个高潮。在这样的潮流中，西方新闻职业理念传入，有志新闻职业的记者、报人受西方新闻职业理念与模式影响，也就成为必然。这种传入与影响的发生，方式固然较多，但有留学背景的记者、报人投身新闻职业领域，无疑是最重要的方式。李金铨就曾说："早年民国报人多半留学日本，以日本的大报为蓝本，接受明治维新所转介的欧美思潮洗礼。"①

　　在带有西方色彩的新闻业发展模式与路径探索方面，除了职业记者群体及其新闻活动外，另一种新探索是报业家群体及其报刊类型的出现。报业家群体的办报理念及方针与职业记者群体的最主要不同是，他们既赋予其职业以不同程度的社会关怀与使命感，又将报纸视为营业之一种，实行企业化经营方针与策略。这种新探索既不同于职业记者群体专注于对现实政治与社会的独立批判与干预的职业发展路径，也不同于清末以来的政论报刊传统，因此也完全可以称得上民国初期新闻业多样化、多元化发展中的全新模式。当然，与职业记者一样，这种模式及其背后蕴含的理念也主要是西方式的。

　　总之，民国初期，中国新闻业在清末奠定的报业传统基础上的确显现出明显的多样化、多元化发展态势。这种多样化、多元化的报业力量在随后的历史发展中，迅速开始了分化、整合和彼此博弈的过程。南京国民政府建立后，由于国民党成为试图实行专制独裁统治的执政党，国民党党营新闻事业迅速成为新闻业领域的重要力量，国共合作的报刊因国民党叛变革命而消失，共产党报刊力量也因国民党对共产党的屠杀和清剿而大大削弱。在国民党党营新闻

————————

① 李金铨编：《文人论政：知识分子与报刊》，代序。

事业迅速扩张、成为新闻业领域举足轻重力量的同时，民初以来谋求新闻职业化的职业记者与报人们在总结之前经验、教训基础上开始了谋求职业专业化和职业权威建构的探索。由于他们吸取了之前滥用自由、无职业道德和规范意识的教训，确立了明确的职业原则与理念体系，因此迅速成为可以与国民党党营新闻力量抗衡的重要力量，成为这一时期新闻舆论领域的"领袖"。此后一直到全面抗战爆发，之前形成的中国新闻业的多样化、多元化发展态势基本上变成了这两种力量之间的相互制衡和博弈。在这种二元格局中，共产党报刊、报业家群体创办的报刊和从思想文化启蒙类报刊体系中分离出来的文人论政类报刊如同二重唱中的多乐器伴奏一样，穿插、点缀、回荡在其间，时不时也会发出一些浑厚、有力的乐声。

全面抗战爆发后，在民族危亡的危急关头，国民党党营新闻事业力量凭借其背后政党所拥有的资源调配与整合优势获得了更大发展。之前与国民党新闻事业力量彼此制衡、相互博弈的，谋求具有西方色彩的新闻职业专业化的"文人论政类报刊"，部分放弃之前追求的自由、客观、独立、监督等理念，自愿服从国民党的新闻统制，拥护国民党政府之权威与"领袖"地位，但因其在新闻业已经具备的广泛影响力和"领头羊"地位，其舆论影响力仍然强劲。之前时不时会发出浑厚有力之声音的报业家群体所创办的报刊因战争带来的资产损失与营业的不确定性而迅速衰落，之前旨在利用报刊倡导英美国家民主政治、谋求中国重建的文人论政类报刊在国家危局与时政环境的巨变中也无声无息地衰亡。值得注意的是，在这样的重新分化、组合中，共产党新闻事业借助国共合作抗战和延安及各根据地的特殊环境，获得了迅速发展、壮大和成熟，逐渐成为能够与国民党党营新闻事业相抗衡的力量。这一切使得之前由国民党党营新闻业与文人论政类报刊进行的二重唱基本变成了国民党党营新闻业、文人论政类报刊和共产党新闻事业之间的三重奏，之前的二元格局变成了三足鼎立、三者间有合作又存在相互博弈关系的格局。

　　抗战胜利之后，共产党新闻事业因代表共产党不断发出符合历史大势与人民利益的声音，力量和影响力不断增长，相反，国民党新闻业力量因必须经常为国民党违背人民利益的倒行逆施粉饰和打掩护，信誉与影响力逐渐下降，但依托国民党的统治地位仍崖岸自高。两种新闻事业力量之间刀光剑影，彼此的角力与博弈逐渐白热化。文人论政类报刊在国共两极政治和军事冲突日趋激烈的背景下，逐渐开始分化，一部分以"中立"相标榜，选择"依违两可"、两方都不得罪的"骑墙"立场，另一部分畅言民主、和平，对国民党压制和摧残民主的行为进行毫不留情的抨击，新闻言论立场日益激进，最终随着国共政治、军事斗争局势的日益明朗和共产党日益获得民心，逐渐开始"左转"。值得注意的是，在这个过程中，一部分"自由思想分子"重续全面抗战时期一度消沉的文人论政类报刊之传统，试图利用报刊宣传鼓吹国共之外的"第三条道路"，一时成为新闻舆论领域不可忽视的力量之一，但随着全面内战的爆发和"第三条道路"的破产，这种报刊很快便失去了其存在的土壤。

　　最终，在中国政治、社会的大变局来临之前，历经时代风云变幻和社会历史发展的大浪淘沙，曾经多样、多元的中国新闻业市场基本上只剩下共产党新闻事业力量和一部分日益激进、"左转"的报刊组成的联合阵营与国民党新闻事业体系之间进行力量比拼与政治博弈了，其他诸多力量因日益显现出与中国现实政治与社会发展大势的不切合之处而失去了发展的基础或不再具有影响舆论格局与走向的地位与影响力。当中国新闻业发展到这一步的时候，最终结果实际上已经很明朗了。因国共两党报刊最终谁主沉浮，主要看其背后之政党是否代表中国最广大人民利益，为国家民族描绘出的未来前途与发展道路是否能赢得民心，在此情况下，共产党报刊最终成为一统中国新闻事业天下之力量，就成为一种历史的必然。这种必然，既是由中国现实政治与社会发展的历史大势所决定的，也是民初以来新闻业职业探索过程中其他探索路径不完全切合中国实际与现实需要的必然结果。

　　总之,民国初期新闻业的确一度出现了明显的多样化、多元化发展态势,但多元化发展态势刚刚开了个头,就开始了在时代浪潮中经受大浪淘沙的过程。在这种大浪淘沙的过程中,先是试图协助其背后政党巩固专制独裁统治的国民党报刊力量和蕴含有西方新闻职业理念的专业化报刊力量之间展开了力量的比拼和博弈,它们彼此利用又彼此争夺在新闻舆论界的主导地位,犹如一台二人转,在这样的二元博弈中,共产党报刊力量和文人论政类报刊力量作为背景音乐,穿插其间;接着是包括谋求新闻职业专业化的文人论政类报刊在内的新闻业所有力量在抗日烽火中共同开始了一场宣传抗战、争取民族解放的合唱,在这场合唱中,专业化报刊力量主动放弃之前强调的自由、独立理念,共产党报刊力量也在挽救民族危亡的斗争中迅速发展壮大,并逐渐走向成熟,成为这场合唱中的最强音之一;最后是在中国现实政治与社会发展的历史变奏中,当其他各类具有自由主义倾向的报刊失去生存和发展的基础与影响力,整个新闻业市场只剩下国民党报刊和共产党报刊与日益激进、“左转”的报刊形成的联合阵线之间的力量比拼与博弈的时候,共产党报刊随着共产党政治、军事领域的胜利和自身出色的舆论战,很快便统一了中国新闻业之天下。

余论　职业化与非职业化之辨：
另一种视角的审视

　　李金铨在《报人报国》一书“代序”中曾说:“《报人报国》的‘报人’是泛称,而不仅限于特定的职业角色。”他把中国近现代历史上

"在报刊论政或兼职"的教授、学者、文人等一概称为"报人"，也全部纳入到了《报人报国》一书的研究对象范围[①]。其主编的《文人论政》一书也是如此。与此不同的是，本研究所聚焦的"记者""报人""新闻从业者"都是从职业化层面上来说的，而非《文人论政》《报人报国》等著作中的泛指性对象。也就是说，本研究对不同记者、报人、新闻从业者职业心态的考察是一种职业化意义上的考察。若非站在职业化层面，不仅研究对象、研究范围会大大扩展，而且所管窥到的研究对象的内心情状及所获得的具体研究发现也将与本研究业已呈现的情况存在很大不同。对这些不同的考察，将有利于从一个新的角度更深刻、更充分地认识本研究所聚焦的新闻从业者群体的职业心理状况的特殊之处。

按照李金铨所泛指的"报人"，胡适、陈独秀、李大钊、鲁迅等凡是办过报纸杂志或参与过报纸杂志工作甚或业余为报纸杂志撰过稿的文人、学者、政治家等都被纳入研究的视野。那么，这些所谓的"报人"的职业心态与本研究所针对的职业化意义上的记者、报人的职业心态有何不同呢？泛称类"报人"相较于职业化报人的最显著不同便是，他们大都不会将办报当成自己的职业，更不会产生以此为终身职业的想法。他们虽然也很看重报刊工作，但他们随时可以弃报而去，离开之时内心不会产生任何犹豫，更不会有矛盾、纠结。在他们看来，办报只是他们一定时期、一定阶段的临时性工作，甚或只是其业余工作。与这样的职业态度相关，他们大多也就不会具有追求职业化的记者、报人那样的对新闻工作、报刊工作的职业社会学意义上的情感与忠诚度，更不会具备追求职业化的记者、报人那样的对新闻职业专业化的追求，更进一步，也就不会存在追求职业化的记者、报人那样的因理念与身份矛盾而产生的内心矛盾与痛苦。

---

① 李金铨编：《报人报国：中国新闻史的另一种读法》，第1页。

　　他们办报时虽然也十分认真、投入，尽力希望将报纸办好，但他们不会将新闻职业权威建构作为自己努力的方向，不会产生类似西方新闻专业主义的诉求与努力。从报刊内容与日常工作来看，他们办报一般不以新闻采集与报道为基本内容与任务。他们基本上不会有任何与新闻本位有关的理念，他们最看重的是言论，在他们的心目中，报刊只是他们论政的一种工具。在对待言论的态度方面，本研究所聚焦的追求职业化的记者、报人也十分看重言论，言论也始终被他们"摆在第一位阶"，他们首先追求的"是言论上的一言九鼎"①，就此而言，追求职业化的记者、报人与李金铨泛称的那些"报人"在办报理念与职业追求方面确实有相似之处，但不同的是，追求职业化的记者、报人的言论建立在新闻采集与报道基础上，新闻采访、写作、报道是他们最基本的任务和工作，而泛称类"报人"的日常工作中没有"新闻"的概念，没有与新闻采访、报道相关的任务。由泛称类"报人"与追求职业化的记者、报人在职业态度、情感、理念、追求等方面的不同可看出，追求职业化的记者、报人的思想、心理与精神内蕴显然更厚重，其职业心理体验无疑也更为丰富。

　　在此需要强调的是，本研究所聚焦的五类新闻从业者中的国民党新闻从业者与共产党新闻从业者的出现、发展与逐渐趋于成熟的过程同样蕴含着职业化的追求，或者说，其本身同样也是一种新闻职业化探索之形式，同样有其特殊的职业追求、职业理念、职业目标和建构职业专业化的诉求与努力，有其作为特殊职业的内在职业规定性，只是与西方职业化理念与模式不同而已。换句话说，新闻职业化之路和新闻职业的专业化发展并非只有西方新闻业那样一种单一模式，也并非只能按照民国时期自由主义记者与报人们曾经探索的那样一条路子发展，国民党和共产党新闻事业的产生虽然从根本上来看是为了各自政党组织的宣传动员目标，是基于政治、军事

──────────
① 李金铨编：《报人报国：中国新闻史的另一种读法》，第2页。

斗争的实用目的工具性，但在其产生之后的发展过程中，或基于宣传效果之考虑，或基于对整个行业工作经验与惯例的学习与感应，均会自然生发出使自身工作专业化的诉求，均会不断总结自身工作之经验，探求自身工作之规律，从事该工作的人员也逐渐专职化，从而使其工作最终逐渐具备专业化、职业化的特征。

就国民党新闻事业及其从业者来看，刚开始的时候，基本上是不同的国民党人在从事政治、军事斗争的过程中，基于政治宣传需要，创办报刊，配合其政治、军事斗争。在这个过程中，一些对文字工作有兴趣且在办报方面有一定才能者逐渐专心于此工作。南京国民政府建立后，专职化更是逐渐成为一种大趋势。无论是被其党组织委派，还是因新闻志趣而自愿从事新闻工作，均以新闻工作为专职，且主动探求其中"门道"，最终成为既有自身职业的政治目标又有特定专业理念与专门知识的"职业人士"。共产党领导下的新闻事业及其从业者大致也经历了这样一个逐渐走向职业化的过程。最初的新闻工作者往往是一手拿笔、一手拿枪的革命者，后来其中一部分逐渐稳定下来，专职从事党的新闻宣传工作。从工作理念方面看，最初主要沿用清末以来的报刊传统，同时借鉴苏联报刊宣传鼓动工作之经验，主要利用报刊进行宣传、鼓动，尚未形成自己独特的报刊工作理念与思想，伴随着共产党革命事业的发展和在此过程中对完全符合共产党革命斗争需要和党的新闻事业特殊要求的新闻事业形式的探索，具有中国特色的成熟的共产党新闻事业及其工作的职业化理念与原则在延安时期最终形成，这种理念概括来说便是人民新闻事业之理念，这种理念之下的新闻职业化之路便是人民新闻事业之路。

在这个意义上说，随着国民党政权的垮台和中华人民共和国的成立，最终走向了一统的中国新闻业及其从业者的职业发展之路，绝非意味着中国新闻职业专业化发展的步伐由此停滞了，而是意味着一种既不同于西方新闻职业专业化发展模式，又不同于融西方新闻专业主义理念与中国传统文人修齐治平等精神追求为一体的自由主义记者、报人的新闻职业化探索的全新的职业发展模式的正式开始。中国共产党领导下的人民新闻事业最根本的职业规定性便是坚持共产党的统一领导，坚持走人民新闻事业发展之路，努力做到党性和人民性的完美统一。关于中国共产党领导下的人民新闻事业及其新闻工作的职业探索历程及其间的理念演变，将是笔者在未来研究工作中拟聚焦的最主要研究目标和主题。

参考文献

一、史料、回忆、传记、文集类[①]

1. 蔡元培：《浔溪公学第二次冲突之原因》,《选报》(第35期)1902年11月20日。

2. 黄远生：《宪友会政党开幕记》,《申报》1911年6月7日。

3. 黄远生：《进步党干事之指定》,《申报》1913年6月5日。

4. 黄远生：《〈庸言〉大刷新之广告》,《申报》1914年2月13日。

5. 黄远生：《黄远庸复友人书》,《申报》1915年9月20日。

6. 黄远生：《黄远庸启事》,《申报》1915年9月6日。

7. 李盛铎：《黄君远庸小传》,《东方杂志》1916年第13卷第5期。

8. 吴贯因：《民国初元名记者黄远生》,北京新闻学会,《新闻学刊》第2期,1927年。

9. 王有立编：《黄远生遗著》上、下册,台湾华文书局,1938年。

10. 黄席群：《追忆先父黄远生》,《新闻研究资料》1984年2期。

11. 汉国萃：《梁漱溟先生谈黄远生》,《新闻研究资料》1984年2期。

---

① 为使读者较清晰了解与本书所研究的每一个新闻史人物相关的较全面资料,本部分参考文献未按照姓氏拼音排序,而是按本书主体章节所研究的各个人物的先后顺序排列,将每个人物有关的文献按时间顺序排在一起,依次为：黄远生、邵飘萍、史量才、成舍我、张季鸾、徐铸成、马星野、萧同兹、博古、范长江。

12.汉国萃:《近现代人论黄远生》,《新闻研究资料》1984年2期。

13.汉国萃:《黄远生公开反对帝制的一些资料》,《新闻研究资料》
　　1984年2期。

14.李志武:《驻日公使李盛铎》,《中山大学研究生学刊》2001年
　　2期。

15.《庸言》第七、八册,《中国近代期刊汇刊(第二辑)》,中华书局,
　　2010年。

16.马建标:《袁世凯与民初"党争"》,《近代史研究》2012年3期。

17.马一:《晚清榜眼公使李盛铎驻外事迹述论》,《山西档案》2015
　　年2期。

18.《邵飘萍先生被难纪念特刊》,《京报》1929年4月24日。

19.《东阳文史资料选辑·邵飘萍史料专辑》(第二辑),1985年10月。

20.方汉奇主编:《邵飘萍选集》(上、下),中国人民大学出版社,
　　1987、1988年。

21.复旦大学新闻系编:《中国新闻史文集》,上海人民出版社,
　　1987年。

22.旭文:《邵飘萍传略》,北京师范学院出版社,1990年。

23.邵飘萍:《邵飘萍通讯选》,新华出版社,1993年。

24.华德韩:《邵飘萍传》,杭州出版社,1998年。

25.郭汾阳:《铁肩辣手——邵飘萍传》,浙江人民出版社,2006年。

26.散木:《乱世飘萍——邵飘萍和他的时代》,南方日报出版社,
　　2006年。

27.肖东发、邓绍根编:《邵飘萍新闻学论集》,北京大学出版社,
　　2008年。

28.《最近之五十季》,申报馆出版,1923年。

29.史量才:《申报发行二万号纪念》,《申报二万号特刊》1928年11
　　月19日。

30.《追悼史总经理特辑》,《申报月刊》第3卷第12号,1934年12月

15日。

31. 申报馆编印:《申报概况》,1935年。

32. 《申报流通图书馆第二年工作报告·纪念史量才先生》,申报馆
    出版,1935年。

33. 包天笑:《钏影楼回忆录续编》,香港大华出版社,1973年。

34. 马荫良、储玉坤:《史量才接办申报初期史料》,《新闻与传播研
    究》1980年4期。

35. 《孙中山全集》第二卷,中华书局,1982年。

36. 徐载平、徐瑞芳:《清末四十年申报资料》,新华出版社,1988年。

37. 庞荣棣:《史量才:现代报业巨子》,上海教育出版社,1999年。

38. 庞荣棣:《申报魂:中国报业泰斗史量才图文珍集》,上海远东出
    版社,2008年。

39. 佚名:《我们的宣言》,《立报》1935年9月20日。

40. 成舍我:《报学杂著》,台北"中央"文物供应社,1956年。

41. 程沧波:《中国自由史上一位独立的记者——祝成舍我先生六十
    寿》,《自由人》1957年8月14日。

42. 毕群:《成舍我与〈世界日报〉》,《新闻研究资料》1981年4期。

43. 贺逸文:《成舍我创办新闻专科学校》,《新闻研究资料》1981年
    4期。

44. 张友鸾等:《世界日报兴衰史》,重庆出版社,1982年。

45. 成露茜:《舍我先生志节文粹》,台湾立报社,1991年。

46. 关国煊:《锲而不舍的新闻界老兵成舍我》,《传记文学》1991年5
    月总384号。

47. 叶明勋:《成舍我传》,台湾《"国史馆"馆刊》1992年13期。

48. 成舍我先生纪念文丛编辑委员会:《成舍我先生纪念文丛——百
    岁诞辰文集》,台北世新大学,1998年。

49. 中国人民大学港澳台新闻研究所编:《报海生涯——成舍我百年
    诞辰纪念文集》,新华出版社,1998年。

50. 傅国涌:《一代报人成舍我》,《炎黄春秋》,2003年10期。

51. 唐志宏编:《成舍我先生文集——港台篇(1951—1988)》,台北世新大学舍我纪念馆暨新闻史研究中心,2006年。

52. 一苇:《郑家屯案之交涉 日公使赴外交部 条件内容之推测》,《新闻报》1916年9月6日"北京特约通讯"。

53. 一苇:《政党与政局》,《新闻报》1916年11月10日"北京特约通讯"。

54. 少白:《自由与放纵》,《中华新报》(北京版)1916年12月6日。

55. 一苇:《残腊之北京政局》,《新闻报》1917年1月5日。

56. 少白:《报纸法》,《中华新报》(北京版)1917年4月13日。

57. 一苇:《论国民公报案》,《中华新报》1919年10月29日。

58. 一苇:《宣传运动》,《中华新报》1919年10月30日。

59. 一苇:《行矣王揖唐》,《中华新报》1919年11月18日。

60. 一苇:《呜呼黑暗之北京》,《中华新报》1920年7月17日。

61. 张季鸾:《我的平凡救国论》,《新中国》1920年第2卷第5期。

62. 一苇:《反对曹锟总统制两个理由》,《中华新报》1923年9月2日。

63. 《孙中山逝世二周年纪念》,《大公报》1927年3月12日。

64. 《欢迎与期望》,《大公报》1928年7月3日。

65. 《今日碧云寺之祭告大典》,《大公报》1928年7月6日。

66. 《检查电报》,《大公报》(天津版)1931年5月28日。

67. 《新闻界何敢有奢望》,《大公报》(天津版)1931年8月3日。

68. 张季鸾:《中国新闻学会宣言》,《新闻学季刊》1941年第1卷第4期。

69. 张季鸾:《本社同人声明》,《大公报》1941年5月15日。

70. 〔日〕太田宇之助、克林:《张季鸾之死》,《两仪》1942年第2卷第2期。

71. 曹谷冰、金诚夫:《大公报八年来的社难》,《大公报》1946年7月7日。

72. 张季鸾:《季鸾文存》上下册(影印本),上海书店,1947年。

73. 王芸生、曹谷冰:《一九二六——一九四九年的旧大公报》,《新闻业务》1962年8期。

74. 陈纪滢:《报人张季鸾》,台北重光文艺出版社,1971年。

75. 陈纪滢:《我对季鸾先生及大公报的体认》,《传记文学》第13卷第6期。

76. 陶希圣:《遨游于公卿之间的张季鸾先生》,《传记文学》第13卷第6期。

77.《张季鸾先生纪念文集》,陕西人民教育出版社,1991年。

78. 曹世瑛:《张季鸾参加过同盟会吗?》,《新闻研究资料》1992年4期。

79. 李玉勤:《于右任与张季鸾的莫逆之交》,《湖北档案》2013年1期。

80. 徐铸成:《报人张季鸾先生传》,生活·读书·新知三联书店出版,2018年。

81. 徐铸成:《旧闻杂忆补篇》,四川人民出版社,1983年。

82. 叶稚珊:《"我是老记者,不是老者"——访徐铸成教授》,《群言》1987年7期。

83. 陆诒:《悼徐铸成同志》,《新闻记者》1992年3期。

84. 文汇报报史研究室编:《从风雨中走来》,文汇出版社,1993年。

85. 文汇报报史研究室编:《文汇报史略》,文汇出版社,1988年。

86. 赵志伟:《徐铸成最得意的一次采访》,《文史精华》1997第2期。

87. 谢蔚明:《报海奇人徐铸成》,《世纪行》1997年11期。

88. 徐铸成:《徐铸成回忆录》,生活·读书·新知三联书店,1998年。

89. 陈宪宁:《"二舅真晚西逝"——记徐铸成最得意之作》,《新闻爱好者》2000年12期。

90. 李泓:《徐铸成四次访并》,《文史月刊》2003年10期。

91. 李伟:《报人徐铸成的桂林岁月》,《文史春秋》2005年7期。

92.王瑾、胡玫编：《胡政之文集》，天津人民出版社，2007年。

93.李伟：《报人风骨——徐铸成传》，广西师范大学出版社，2008年。

94.郑重：《风雨文汇》，生活·读书·新知三联书店，2008年。

95.徐铸成：《报人张季鸾先生传》，生活·读书·新知三联书店，2009年。

96.徐铸成：《旧闻杂忆》，生活·读书·新知三联书店，2009年。

97.徐铸成：《报海旧闻》，生活·读书·新知三联书店，2010年。

98.徐铸成：《风雨故人》，生活·读书·新知三联书店，2011年。

99.徐铸成：《新闻丛谈》，生活·读书·新知三联书店，2011年。

100.徐铸成：《徐铸成通讯游记选》，生活·读书·新知三联书店，2011年。

101.徐铸成：《徐铸成新闻评论集》，生活·读书·新知三联书店，2011年。

102.徐铸成：《徐铸成新闻评论二集》，生活·读书·新知三联书店，2011年。

103.徐铸成：《海角寄语　金陵旧梦》，生活·读书·新知三联书店，2011年。

104.徐铸成：《锦绣河山》，生活·读书·新知三联书店，2011年。

105.徐铸成：《徐铸成自述：运动档案汇编》，生活·读书·新知三联书店，2012年。

106.邓绍根：《徐铸成三赴太原巧揭中原大战内幕》，《新闻与写作》2012年6期。

107.徐铸成：《徐铸成日记》，生活·读书·新知三联书店，2013年。

108.贺越明：《徐铸成当卧底》，《炎黄春秋》2013年9期。

109.贺越明：《陈凡与徐铸成》，《书屋》2014年1期。

110.马星野：《马星野自述》，台北"中研院"近代史研究所馆藏马星野档案，档案号099-01-01-001。

111. 马星野:《敬向全国新闻界提出:新闻记者信条之拟定问题》,《新闻战线》1941年第1卷2期。

112. 马星野:《中国新闻记者信条》,《国讯》1945年第384期。

113. 马星野:《新闻自由论》,中央日报社,1948年。

114. 程其恒、马星野:《战时中国报业》,台北国民党党史会,1976年。

115. 马星野:《新闻与时代》,台北云天文库,1980年。

116. 吴俊才:《无尽追思,不尽怀念——永怀马老师星野先生》,《实践月刊》1991年。

117. 葛思恩:《忆马星野》,《长宁文史资料》1993年第9辑。

118. 台北"国史馆"编印:《"国史馆"现藏民国人物传记史料汇编(第九辑)》,1993年。

119. 马星野:《言犹在耳——从蒋公遗训论新闻道德》,《文艺复兴月刊》1993年7月。

120.《"中央研究院"近代史研究所口述历史丛书(78)》,台北"中研院"近代史研究所,2002年。

121. 陈百龄等编:《马星野先生大事年表(初稿)》,台北政治大学传播学院,2008年。

122. 杨倩蓉:《马星野老师——新闻教育拓荒者》,《提灯照路的人:政大新闻系75年典范人物》,台北政治大学传播学院,2010年。

123. 叶冗生:《我的舅父马星野》,《温州都市报》2010年12月2日。

124. 许秩维:《开拓星荒:马星野照亮新闻路》,"中央社"电讯2011年3月10日。

125. 张咏:《马星野先生和密苏里的半个世纪》,"马星野先生逝世二十周年纪念研讨会"会议资料,台北政治大学公企中心,2011年3月12日。

126. 陈百龄:《新闻教育的传教士——马星野》,载《教育爱:台湾教育人物志V》,台北教育资料馆,2011年。

127.孔珞撰，邵余安整理：《介绍平阳马星野先生》，《温州图书馆学刊》2013年第1期。

128.薛心镕：《从几篇文稿看马先生的志业》，未刊稿，台北访问纪要，2013年7月。

129.薛心镕：《马先生给我的几封信》，未刊稿，台北访问纪要，2013年7月。

130.黄肇珩、吴德里、马大安编：《星垂平野阔》，台北义美联合商务有限公司，2014年。

131.徐廷华：《民国新闻巨子马星野》，《团结报》2016年12月21日。

132.萧同兹：《完成现代化通讯社我们需要更大努力》，"中央社"二十周年纪念特刊。

133.萧同兹：《新闻事业、新闻记者与新闻教育》，1959年台湾政治大学演讲词。

134.萧同兹：《运用自由·善尽责任》，1950年纪念第七届记者节的讲话。

135.曾虚白等编：《念兹集》，"中央通讯社"，1969年。

136.萧同兹文化基金会筹备处编印：《在兹集》，1971年。

137.冯志翔：《萧同兹传》，传记文学出版社，1974年。

138.郑贞铭编：《老兵记往》，台北华欣文化事业中心，1974年。

139.吴相湘：《黄庞纪念册的史料价值——萧同兹前半生的旁证》，《传记文学》第25卷第1期。

140.左东枢：《我所知道的国民党"中央通讯社"》，《新闻研究资料》1982年第10期。

141.常宁县政协文史资料研究委员会编：《萧同兹和"中央通讯社"》（常宁文史资料第四辑），1988年。

142.黎宗烈：《萧同兹与"中央通讯社"》，《中华文史资料文库》第14卷，中国文史出版社，1996年。

143.陆铿：《陆铿回忆与忏悔录》，台北时报文化出版企业有限公司，

1997年。

144. 耿守玄、庞镜塘等亲历者讲述:《国民党内幕》,中国文史出版社,2009年。

145. 徐怨宇:《关于"中央通讯社"恩施分社及记者公会的回忆》,《湖北文史》2009年第12期。

146. "中央通讯社"编印:《1924》,2011年。

147. 潘梓年、吴克坚、熊瑾玎等:《新华日报的回忆》,重庆人民出版社,1959年。

148. 陆诒:《忆博古同志和汉口〈新华日报〉》,《新闻研究资料》1980年1期。

149. 张德勤:《博古重身教　社长写消息》,《新闻战线》1980年6期。

150. 岳颂东、王凤超:《延安〈解放日报〉大事记》,《新闻研究资料》1984年1期。

151. 〔美〕埃德加·斯诺:《红色中华散记》,江苏人民出版社,1992年。

152. 李志英编:《博古传》,当代中国出版社,1994年。

153. 陆诒:《几十年记者生涯的切身感受——从博古一席话说到怎样当记者和通讯员》,《新闻通讯》1994年4期。

154. 中共无锡市委党史工作委员会编:《秦邦宪的青少年时代》,江苏人民出版社,1996年。

155. 韩广富:《博古与〈解放日报〉》,《党史天地》1997年3期。

156. 黎辛:《纪念博古　发扬党报优良传统》,《新闻战线》1997年6期。

157. 刘良:《博古——从错误中走出来》,《党史文苑》1997年6期。

158. 吴葆朴、李志英、朱昱鹏编:《博古文选·年谱》,当代中国出版社,1997年。

159. 刘良:《戴笠,图谋搞垮〈新华日报〉、加害博古》,《党史文苑》1998年1期。

160. 吴文焘:《忆博古与〈解放日报〉》,《红岩春秋》1998年3期。

161. 冯都：《他曾是党史上最年轻的领导人——剖析博古曲折的传奇人生》，《党史纵览》2001年2期。

162. 冯都：《"中共中央的小伙子"——博古年轻曲折的人生轨迹》，《党史纵横》2002年1期。

163. 鱼恩平：《博古与延安〈解放日报〉》，《党史纵横》2004年12期。

164. 黎辛、朱鸿召编：《博古，39岁的辉煌与悲壮》，学林出版社，2005。

165. 无锡市史志办公室编：《秦邦宪（博古）文集》，中共党史出版社，2007年。

166. 秦摩亚：《深切怀念我的父亲博古》，《党史文苑》2009年21期。

167. 秦铁、丁访关：《忆父亲博古》，《文史博览》2009年4期。

168. 黎辛：《博古（秦邦宪）辉煌、短暂与悲壮的一生》，《党史文苑》2010年3期。

169. 张丽红：《我的父亲博古——秦铁访谈录》，《红广角》2010年9期。

170. 李菁：《博古之子忆父亲短暂的辉煌》，《领导文萃》2011年4期。

171. 黎辛：《毛泽东评说王明和博古》，《领导文萃》2012年6期。

172. 周海滨：《失落的巅峰——六位中共前主要负责人亲属口述历史》，人民出版社，2012年。

173. 黎辛：《秦邦宪在中共中央负责时的职务是什么》，《党史博览》2013年11期。

174. 高荣伟：《博古的革命生涯》，《党史纵横》2013年12期。

175. 贺远来：《八路军驻南京办事处与博古（秦邦宪）》，《档案与建设》2011年7期。

176. 冯晓蔚：《从政沉浮说博古》，《福建党史月刊》2011年3期。

177. 秦铁、周海滨：《从博古的错误说起》，《同舟共进》2012年4期。

178. 张林冬、田子渝：《忆社长博古》，《湖北文史》2013年1期。

179. 杨奎松：《24岁博古如何一跃成为中共"总书记"》，《文史博览》

2013 年 2 期。

180. 秦摩亚:《真实的博古》,《党史博览》2015 年 1 期。

181. 曹春荣:《从一封公开信看博古的另一面》,《党史博览》2015 年 10 期。

182. 邹贤敏、秦红编:《博古和他的时代——秦邦宪(博古)研究论集》(上、下、补),当代中国出版社,2016 年。

183. 曹春荣:《一个警卫员眼中真实的博古》,《党史文苑》2016 年 21 期。

184. 汤家玉:《被撤销中共最高领导职务后的博古》,《党史文汇》2017 年 1 期。

185. 康小平:《是文弱书生,更是"铁的人物"——警卫回忆长征中的博古》,《文史博览》2017 年 8 期。

186. 陈彩琴:《秦邦宪(博古)与左翼文化运动》,《上海党史与党建》2017 年 10 期。

187. 万京华:《博古与新华社》,《党史博览》2018 年 2 期。

188. 陈晓光:《长征途中的博古》,《党史博览》2018 年 7 期。

189. 王前、王钦双:《博古在〈解放日报〉艰难转身中的身影》,《党史博览》2019 年 1 期。

190. 吴贯因:《新闻职业化与科学化》,上海联合书店,1930 年。

191. 范长江:《今后之战时新闻政策》,《大公报》(汉口版)1938 年 1 月 28 日。

192. 曹聚仁:《京派海派以外——不做津贴蠹! 不做商人奴!》,《战时记者》,第 1 卷第 9 期,1939 年 5 月 1 日。

193. 范长江:《建立积极的新闻领导政策》,中国青年新闻记者学会编:《战时新闻工作入门》,生活书店,1939 年。

194. 范长江:《两年来的新闻事业》,《战时记者》1939 年第 12 期。

195. 范长江:《一个新闻记者的认识》,《国民公论》(汉口)1939 年第 2 卷第 1 期。

196. 喻颂华:《论报业道德》,《新闻学季刊》1939年11月创刊号。

197. 范长江:《中国新闻记者之将来》,《战时记者》1940年第3期。

198. 范长江:《悼季鸾先生》,《华商报》晚刊1941年9月8日。

199. 赵君豪:《上海报人的奋斗》,上海国光印书馆,1944年。

200. 神眼:《范长江主持新华社》,《七日谈》1946年第25期。

201. 半路记者:《私人谈话被发表:范长江在沪受窘记》,《七日谈》
1946年第28期。

202. 大风:《一件报坛重大往事:范长江脱离大公报秘密》,《新上海》
(周报)第29期,1946年8月18日。

203. 大风:《新华社土烟款客,范长江招待殷勤》,《海风(上海
1945)》1946年第33期。

204. 金重:《范长江活跃淮阴》,《海燕》1946年第5期。

205. 江沚:《范长江采访"夜新闻"》,《香海画报》1946年第7期。

206. 鲁红:《做了沈钧儒的乘龙快婿:范长江思想左倾,现为苏北中
共发言人》,《海潮周报》1946年第16期。

207. 邻德:《范长江苏北患肺疾》,《海光》,1946年第20期。

208. 名:《范长江在苏北任新华分社社长》,《周播》1946年第9期。

209. 木奄:《奔走天南地北·荣任新华社长:范长江的苦斗生活!》,
《海风》1946年第29期。

210. 未老:《范长江在苏北》,《海星》1946年第12期。

211. 文白:《沈钧儒武汉择快婿,范长江病中获娇妻》,《周播》1946
年第5期。

212. 小庄:《范长江在淮阴》,《海晶》1946年第8期。

213.《娶了沈谱向左转·到了边区向右倾:新华社社长范长江死后
再复活》,《泰山》1947年第7期。

214. 范长江:《志大才疏阴险虚伪的胡宗南》,《人民日报》1947年5
月12日。

215.《范长江因病得福》,《国际新闻画报》1947年第81期。

216.《范长江审往何处?》,《春海》1947年第18期。

217.《上海科联成立会上范长江谈共产党对科学家的态度》,《工程界》1949年第4卷第5/6期。

218.范长江:《要"招"旧大公报之"魂"么?》,《人民日报》1957年10月7日。

219.《毛泽东选集》,人民出版社,1966年。

220.陈纪滢:《胡政之与〈大公报〉》,台北掌故月刊出版社,1974年。

221.陈纪滢:《哀长江》,《传记文学》第34卷第5期。

222.中国人民大学新闻系编:《中国近代报刊史参考资料》,1979年。

223.范长江:《我的青年时代》,《人物》(丛刊)1980年第3辑。

224.范长江:《关于"反共老手问题"——答若干同志问》,《人物》(丛刊)1980年第3辑。

225.范长江:《塞上行》,新华出版社,1980年。

226.范长江:《通讯与论文》,新华出版社,1981年。

227.马汝邻:《锋芒初试——记一次和长江共同搞的新闻活动》,《新闻研究资料》1982年01期。

228.《毛泽东书信选集》,人民出版社,1983年。

229.杨光辉等编:《中国近代报纸发展概况》,新华出版社,1986年。

230.尹韵公:《范长江前的几位西北考察者》,《新闻研究资料》1986年2期。

231.广西日报新闻研究室编:《国际新闻社回忆》,湖南人民出版社,1987年。

232.方蒙:《范长江传》,中国新闻出版社,1989年。

233.萧风:《范长江在陕北的来信》,《新闻战线》1990年1期。

234.张一群:《我珍藏的范长江的一封信》,《新闻记者》1990年12期。

235.孔昭恺:《旧大公报坐科记》,中国文史出版社,1991年。

236.周雨主编:《大公报人忆旧》,中国文史出版社,1991年。

237.刘春秀:《范长江与毛泽东、周恩来的交往》,《瞭望新闻周刊》
　　1995年35期。

238.王芝琛:《范长江为何离开〈大公报〉》,《书屋》1998年5期。

239.张之华主编:《中国新闻事业史文选》,中国人民大学出版社,
　　1999年。

240.金凤:《命运:金凤自述》,人民日报出版社,2000年。

241.沈谱编:《范长江新闻文集》,新华出版社,2001年。

242.刘春秀:《风范昭昭在　长江浩浩流(上)——周恩来与范长江
　　交往追记》,《新闻三昧》2001年第1期。

243.刘春秀:《风范昭昭在　长江浩浩流(下)——周恩来与范长江
　　交往追记》,《新闻三昧》2001年第2期。

244.徐向明:《范长江传》,南京大学出版社,2002年。

245.胡愈之、夏衍等:《不尽长江滚滚来——范长江纪念文集》,群言
　　出版社,2004年。

246.李庄:《新闻工作忆往》,《新闻与写作》2005年4期。

247.范苏苏、王大龙主编:《范长江与"青记"》,北京工艺美术出版
　　社,2008年。

248.于友:《解读范长江——记者要坚持真理说真话》,群言出版社,
　　2009年。

249.许家祥:《延安的"抢救运动"》,《杂文月刊(选刊版)》2009年
　　9期。

250.范东升:《我父亲为什么离开〈大公报〉?——关于我父亲范长
　　江先生生平的几桩公案(之四)》,搜狐博客范东升blog,http://
　　fan-dongsheng.blog.sohu.com/47703305.html,2010-4-15。

251.范长江:《中国的西北角》,四川大学出版社,2010年。

252.范长江:《论人民的报纸》,《新闻研究资料》总第11辑。

253.李海流:《舍身采访台儿庄血战的范长江》,《湖北档案》2012年

7期。

254.李海流:《战地记者范长江见证台儿庄大战》,《党史文苑》2012年8月上。

255.李海流:《范长江与台儿庄大战》,《东方收藏》2012年9期。

256.李海流:《台儿庄大战中的范长江》,《文史春秋》2012年9期。

257.陈涛:《新闻巨子范长江评传》,中国文史出版社,2014年。

258.刘汝明:《刘汝明回忆录》,中华书局,2014年。

259.金韵琴:《茅盾晚年谈话录》,上海书店出版社,2014年。

260.张刃:《范长江脱离大公报前后》,《炎黄春秋》2014年4期。

261.《毛泽东新闻工作文选》,新华出版社,2014年。

二、著作

1.蔡铭泽:《中国国民党党报历史研究》,团结出版社,1998年。

2.蔡晓滨:《中国报人》,新星出版社,2010年。

3.陈建云:《向左走 向右走——一九四九年前后民间报人的出路抉择》,福建教育出版社,2010年。

4.陈建云:《大变局中的民间报人》,福建教育出版社,2008年。

5.陈龙:《书生报国——民国那些大记者》,湖北人民出版社,2011年。

6.樊亚平:《中国新闻从业者职业认同研究》,人民出版社,2011年。

7.方汉奇、张之华:《中国新闻事业简史》,中国人民大学出版社,1995年。

8.方汉奇:《报史与报人》,新华出版社,1991年。

9.方汉奇:《中国近代报刊史》,陕西教育出版社,1981年。

10.方汉奇主编:《中国新闻事业通史》(第一卷),中国人民大学出版社,1992年。

11.〔美〕费正清、费维恺编:《剑桥中华民国史(1912—1949)》,中国社会科学出版社,1994年。

12.傅国涌：《笔底波澜——百年中国言论史的一种读法》，广西师范
　　大学出版社，2006年。

13.戈公振：《中国报学史》，中国新闻出版社，1985年。

14.郭恩强：《重构新闻社群——新记〈大公报〉与中国新闻业》，上海
　　人民出版社，2013年。

15.韩辛茹：《新华日报史》，重庆出版社，1987年。

16.侯杰：《〈大公报〉与近代中国社会》，南开大学出版社，2006年。

17.胡太春：《中国报业经营管理史》，山西教育出版社，1999年。

18.黄旦：《传者图像：新闻专业主义的建构与消解》，复旦大学出版
　　社，2005年。

19.黄瑚：《中国新闻事业发展史》，复旦大学出版社，2001年。

20.黄天鹏：《中国的新闻记者与新闻事业》，《中国新闻事业》，上海
　　书店，1991年。

21.黄天鹏编：《新闻学论文集》，上海光华书局，1930年。

22.黄志辉：《追梦与幻灭：报人成舍我研究》，中国社会科学出版社，
　　2017年。

23.黄仁宇：《黄河青山——黄仁宇回忆录》，生活·读书·新知三联
　　书店，2007年。

24.江怡编：《当代西方哲学演变史》，人民出版社，2009年09月。

25.赖光临：《中国近代报人与报业》，台湾商务印书馆，1980年。

26.蓝鸿文：《范长江记者生涯研究》，中国人民公安大学出版社，
　　2009年05月。

27.李彬、涂鸣华：《百年中国新闻人》，福建人民出版社，2007年。

28.李彬：《中国新闻社会史》，上海交通大学出版社，2007年。

29.李金铨主编：《文人论政：知识分子与报刊》，广西师范大学出版
　　社，2008年。

30.李金铨主编：《报人报国——中国新闻史的另一种读法》，香港中
　　文大学出版社，2013年。

31. 李磊:《报人成舍我研究》,中国传媒大学出版社,2011年。

32. 李晓灵、王晓梅:《渊源与化变——延安〈解放日报〉的传播体系及其当代价值之研究》,中国社会科学出版社,2015年。

33. 林俊西主编:《海上文学百家文库 林放 徐铸成 罗竹风 郑拾风卷》,上海文艺出版社,2010年。

34. 林牧茵:《移植与流变——密苏里大学新闻教育模式在中国》,复旦大学出版社,2013年。

35. 刘海龙:《宣传:观念、话语及其正当化》,中国大百科全书出版社,2013年。

36. 刘家林等编:《成舍我新闻学术论集》,暨南大学出版社,2012年。

37. 刘宪阁:《报界宗师张季鸾》,陕西师范大学出版总社,2015年。

38. 马超俊:《中国劳工运动史》第二编,商务印书馆,1984年。

39. 马光仁:《上海新闻史》,复旦大学出版社,1996年。

40. 马之骕:《新闻界三老兵——曾虚白·成舍我·马星野奋斗历程》,台北经世书局,1986年。

41. 穆欣:《抗日烽火中的中国报业》,重庆出版社,1992年8月。

42. 倪延年、吴强:《中国现代报刊发展史》,南京大学出版社,1993年。

43. 秦绍德:《上海近代报刊史论》,复旦大学出版社,1993年。

44. 任白涛:《应用新闻学》,亚东图书馆,1926年。

45. 桑兵:《晚清学堂学生与社会变迁》,学林出版社,1995年。

46. 宋军:《申报的兴衰》,上海社会科学院出版社,1996年。

47. 唐海江:《清末政论报刊与民众动员:一种政治文化的视角》,清华大学出版社,2007年。

48. 唐志宏:《尝试与突围——成舍我与中国近代报业(1919—1949)》,台湾政治大学出版社,2013年。

49. 陶希圣:《潮流与点滴》,中国大百科全书出版社,2009年。

50.陶用舒：《近代湖南人才群体研究》，岳麓书社，2000年。

51.田湘波：《中国国民党党政体制剖析1927—1937》，湖南人民出版社，2006年。

52.王继先：《坚守与徘徊：新闻人马星野研究》，南京师范大学出版社，2018年。

53.王敬编：《延安〈解放日报〉史》，新华出版社，1998年。

54.王奇生编：《新史学（第七卷）·20世纪中国革命的再阐释》，中华书局，2013年。

55.吴飞：《新闻专业主义研究》，中国人民大学出版社，2009年。

56.吴廷俊：《新记〈大公报〉史稿》，武汉出版社，2002年。

57.向芬：《国民党新闻传播制度研究》，中国社会科学出版社，2012年。

58.笑蜀编：《历史的先声——半个世纪前的庄严承诺》，汕头大学出版社，1999年。

59.熊月之：《中国近代民主思想史》，上海人民出版社，1986年。

60.徐城北编：《挥戈驰骋的女斗士——女记者子冈和她的作品》，北方妇女儿童出版社，1987年。

61.徐培汀、裘正义：《中国新闻传播学说史》，重庆出版社，1994年。

62.许纪霖：《中国知识分子十论》，复旦大学出版社，2004年。

63.许纪霖编：《20世纪中国知识分子史论》，新星出版社，2005年。

64.袁昶超：《中国报业史》，上海书店，1943年。

65.杨奎松：《中华人民共和国建国史研究》，江西人民出版社，2009年。

66.俞凡：《新记〈大公报〉再研究》，中国社会科学出版社，2016年。

67.余英时：《士与中国文化》，上海人民出版社，2003年1月。

68.曾宪民：《中国百年报人之路》，远方出版社，2003年。

69.张功臣：《民国报人——新闻史上的隐秘一页》，山东画报出版社，2010年。

70. 张静庐：《中国的新闻记者与新闻纸》，光华书局，1930年。

71. 张朋园：《中国现代化的区域研究：湖南省》，台北"中研院"近代史研究所，1984年。

72. 张威：《端纳档案——一个澳大利亚人在近代中国的政治冒险》，清华大学出版社，2013年。

73. 张育仁：《自由的历险——中国自由主义新闻思想史》，云南人民出版社，2002年。

74. 赵建国：《分解与重构：清季民初的报界团体》，生活·读书·新知三联书店，2008年。

75. 周雨：《大公报史》，江苏古籍出版社，1993年。

76. 朱英、魏文享主编：《近代中国自由职业者群体与社会变迁》，北京大学出版社，2009年。

77. 庄廷江：《"战时新闻学"研究(1936—1945)》，湖北人民出版社，2014年。

78. 〔加〕查尔斯·泰勒：《自我的根源：现代认同的形成》，韩震等译，译林出版社，2001年。

79. 〔美〕本尼迪克特·安德森：《想象的共同体：民族主义的起源与散布》，吴叡人译，上海世纪出版集团，2005年。

80. 〔美〕杜赞奇：《从民族国家拯救历史：民族主义话语与中国现代史研究》，王宪明译，社会科学文献出版社，2003年。

81. 〔美〕吉尔伯特·罗兹曼：《中国的现代化》，陶骅等译，上海人民出版社，1989年。

82. 〔美〕柯文：《历史三调：作为事件、经历和神话的义和团》，杜继东译，江苏人民出版社，2000年。

83. 〔美〕柯文：《在传统与现代性之间：王韬与晚清改革》，雷颐、罗检秋译，江苏人民出版社，2003年。

84. 〔美〕曼纽尔·卡斯特：《认同的力量》，曹荣湘译，社会科学文献出版社，2006年。

85.〔美〕张灏:《梁启超与中国思想的过渡》,崔志海、葛夫平译,江苏人民出版社,2005年。

86.〔美〕周策纵:《五四运动:现代中国的思想革命》,周子平等译,江苏人民出版社,1999年。

87.〔日〕佐藤慎一:《近代中国的知识分子与文明》,刘兵兵译,江苏人民出版社,2006年。

三、论文

1.蔡铭泽:《大陆时期国民党党报管理体制的变化》,《新闻与传播研究》1995年第2期。

2.蔡铭泽:《论抗日战争时期国民党人的新闻思想》,《新闻与传播研究》1998年第2期。

3.蔡铭泽:《论抗战时期国民党党报的发展》,《新闻大学》1993年第2期。

4.蔡铭泽:《论三十年代初期中国的舆论环境》,《中国人民大学学报》1994年第3期。

5.蔡铭泽:《论中国国民党地方党报的建立与发展》,《广州师院学报(社会科学版)》1995年第1期。

6.蔡铭泽:《三十年代国民党新闻政策的演变》,《新闻与传播研究》1996年第2期。

7.蔡铭泽:《四十年代国民党党报企业化经营管理概化》,《新闻大学》1992年第2期。

8.蔡铭泽:《台湾"报禁"纵横谈》,《编辑之友》1992年第6期。

9.蔡铭泽:《中国国民党党报发展述略》,《新闻研究资料》1992年第1期。

10.蔡雯、周欣枫:《新闻教育的"密苏里方法"——美国密苏里新闻学院办学模式探析》,《现代传播(中国传媒大学学报)》2006年第2期。

11. 曹立新:《世间宁有公言？从"萍水相逢"悲剧到新记《大公报》的新生——以林白水的办报与言论为中心》,《兰州大学学报(社会科学版)》2017年06期。

12. 陈力丹:《博古对毛泽东党报思想形成的贡献》,《新闻界》2015年23期。

13. 陈力丹:《新启蒙与陆定一的〈我们对于新闻学的基本观点〉》,《现代传播》2004年第1期。

14. 陈力丹:《台湾新闻传播学研究概况》,《新闻与传播研究》1999年第4期。

15. 陈建云:《报人成舍我的成功之道》,《新闻大学》2011年第3期。

16. 陈龙:《从破到立:成舍我评论风格的嬗变》,《新闻春秋》2013年第1期。

17. 陈琼珂:《民国新闻教育的另一种设计——成舍我与北平新闻专科学校》,《国际新闻界》2008年4期。

18. 陈小亮:《清末湖南留日学生述论》,《湖南人文科技学院学报》2014年第5期。

19. 陈玉申:《"中央通讯社"与战时新闻传播》,《杭州师范大学学报(社会科学版)》2015年第10期。

20. 陈玉申:《范长江死因探析》,《新闻与传播研究》,2009年第3期。

21. 陈志强:《中国共产党报人群体的产生及其影响》,《光明日报》2018年9月5日。

22. 程丽红:《在矛盾中前行——追索成舍我的思想世界》,《社会科学战线》2013年第12期。

23. 邓绍根:《勘误补遗:密苏里荣誉奖章与中国新闻界》,《国际新闻界》2007年第1期。

24. 邓绍根:《百年回望:美国〈新闻记者信条〉在华传播及其影响研究》,《新闻与传播研究》2015年10期。

25. 邓绍根:《"记者"一词在中国的源流演变历史》,《新闻与传播研究》2008年第1期。

26. 邓绍根：《邵飘萍与北京大学新闻学研究会》，《新闻爱好者》2008年第23期。

27. 邓绍根：《新闻界关于"记者"一词的探源纷争——兼与李开军同志商榷》，《国际新闻界》2007年第10期。

28. 董天策、谢映月：《"史家办报"思想探究》，《新闻大学》2006年第2期。

29. 樊亚平、赵倩倩：《马星野的人生与职业悲剧及其原因探析》，《新闻春秋》2019年第5期。

30. 樊亚平：《从自由记者到中共党员：范长江走向中共的步履》，《山西大学学报（哲学社会科学版）》，2016年第4期。

31. 樊亚平：《试论早期文人报纸的舆论监督——兼论知识分子对舆论监督之意义》，《当代传播》2008年第5期。

32. 方汉奇：《发现与探索——记祝文秀和她所提供的有关邵飘萍的一些材料》，《新闻学论集》第七辑，中国人民大学出版社，1983年12月。

33. 方汉奇：《一代报人成舍我》，《新闻学论集》1999年18辑。

34. 方汉奇：《一部早期新闻从业者的心灵史——〈中国新闻从业者职业认同研究〉序》，《新闻春秋》2012年第2期。

35. 高晓瑜：《"密苏里方法"的借鉴与启示——密苏里大学新闻实践教育的理念与模式探析》，《中国高校科技》2014年第11期。

36. 葛思恩：《回忆重庆新闻学院》，《新闻与传播研究》1981年第4期。

37. 葛思恩：《记早期的政治大学新闻系》，《新闻研究资料》1989年第1期。

38. 郭静：《方法移植与理念流失："密苏里帮"的新闻教育活动考察》，《新闻界》2018年第8期。

39. 胡正强：《论范长江离开〈大公报〉之"偶然说"不成立》，《青年记者》2014年4月上。

40.胡正强:《评析范长江发表在〈浙江潮〉上的新闻轶文》,《国际新闻界》2013年第3期。

41.胡正强:《范长江的三篇新闻学轶文》,《新闻研究导刊》2012年第1期。

42.胡正强:《〈中国需要什么样的记者〉与范长江的记者素质观》,《新闻爱好者》2012年11月上。

43.黄春平:《客观冷静地分析范长江的西北采访——兼复蓝鸿文先生的〈我的声明〉》,《新闻大学》2009第3期。

44.黄旦:《从新闻职业化看西方新闻自由思想的历史演变》,《浙江大学学报(人文社会科学版)》2004年第34卷第1期。

45.黄旦:《五四前后新闻思想的再认识》,《浙江大学学报》2000年8月。

46.黄旦:《"耳目"与"喉舌"的历史性转换:中国百年新闻思想主潮论》,复旦大学1998年博士学位论文。

47.黄旦:《中国新闻传播的历史建构》,《新闻与传播研究》2003年1期。

48.黄志辉:《再论南京〈民生报〉停刊事件:兼议成舍我政治态度和办报活动的新转向》,《新闻春秋》2015年1期。

49.黄志辉:《"五洲未定一年游":对成舍我20世纪30年代初欧美远游的考察》,《新闻春秋》2014年1期。

50.黄志辉:《成舍我的新闻资源开发策略》,《青年记者》2013年3期。

51.姜红:《现代中国自由主义新闻思潮的流变》,《新闻与传播研究》2005年2期。

52.蒋晓丽、闻学峰,《报纸三"工具"论——1942年以前范长江对于报纸性质和作用的认识》,《西南民族大学学报》(人文社科版)2009年10月。

53. 靖鸣、杨晓佼：《抗战时期徐铸成在桂林的新闻实践初探》，《新闻大学》2011年3期。

54. 孔晓宁：《范长江新闻通讯的特色》，《新闻研究资料》1984年1期。

55. 蓝鸿文：《我的声明》，《新闻大学》2009年1期。

56. 李磊：《一篇反映成舍我办报思想的重要文献——对成舍我〈中国报纸之将来〉的一个解读》，《国际新闻界》2009年10期。

57. 李磊：《成舍我"二元化"办报思想初探——对上海〈立报〉发刊辞的解读》，《现代传播》2009年5期。

58. 李五洲：《近代中国对新闻自由思想的认识偏差》，《新闻大学》2001年4期。

59. 李金铨：《传播研究的时空脉络》，《开放时代》2017年第3期。

60. 李秀云：《客观主义报道思想在中国的兴衰》，《当代传播》2007年1期。

61. 刘继忠：《南京〈民生报〉停刊事件再审视》，《国际新闻界》2010年1期。

62. 刘丽：《黄远生为何当记者——中国近代记者的新闻职业观初探》，《新闻记者》2008年5期。

63. 刘艳凤：《试论成舍我的新闻思想及其新闻实践》，《国际新闻界》，2010年8期。

64. 刘艳凤：《解读上海〈立报〉发行上的"神话纪录"》，《国际新闻界》2009年8期。

65. 刘宪阁：《报人与政争——张季鸾1913年第一次入狱考》，《暨南学报》（哲学社会科学版）2014年06期。

66. 刘宪阁：《派系、政争与"不党"理念之形塑——报人张季鸾第二次入狱之考察》，《南开学报（哲学社会科学版）》，2018年03期。

67. 刘宪阁：《范长江离开大公报的史料问题》，《青年记者》2014年9

月上。

68. 刘宪阁:《范长江为什么离开大公报——介绍一篇佚文〈悼季鸾先生〉》,《新闻记者》2014年10期。

69. 刘晓伟:《民国新闻职业道德准则建设的初步尝试——马星野与〈中国新闻记者信条〉拟定始末考辨》,《编辑之友》2016年第10期。

70. 卢毅:《博古"临时中央"若干问题考辨》,《近代史研究》2010年1期。

71. 马光仁:《第一次国共合作与报刊》,《新闻大学》第9期。

72. 马克锋、〔韩〕金智荣:《"九一八"事变后中国知识界对民族文化的自我反省》,《安徽大学学报》(哲学社会科学版)2015年2期。

73. 齐辉、淡雪琴:《"中央通讯社"与抗战时期中国报业格局的嬗变》,《辽宁大学学报(哲学社会科学版)》2015年第2期。

74. 任嘉尧:《博古的新闻观——纪念博古殉难四十周年》,《新闻大学》1985年10期。

75. 桑兵:《清末民初传播业的民间化与社会变迁》,《近代史研究》1991年6期。

76. 宋晖:《早期记者的职业意识和精神危机》,《国际新闻界》2004年5期。

77. 孙茂生:《毛泽东与湖南劳工会》,《中国工运学院学报》1989年第3期。

78. 孙士庆:《战后舆论与国民党在大陆失败的研究(1945—1949)》,上海大学博士学位论文,2017年。

79. 谭虎娃:《延安时期博古与马克思主义宣传教育工作》,《延安大学学报(社会科学版)》2013年35期。

80. 唐海江:《中国新闻职业化的战后际遇:以成舍我的经历为中心(1945—1949)》,《新闻与传播评论》2017年1期。

81. 唐海江:《同门、省界与现代政治价值认同——清末政论报人组织离合的政治文化分析》,《新闻与传播研究》2006 年 03 期。

82. 唐志宏、李明哲:《成舍我报刊经营理念的启蒙:从"新知编译社"到"新知书社"》,《新闻春秋》2013 年 2 期。

83. 〔美〕特里·纳里莫:《中国新闻业的职业化历程》,《新闻研究资料》1992 年 9 月总第 58 辑。

84. 万京华:《两度担任新华社社长的博古》,《新闻爱好者》2004 年 10 期。

85. 王敬:《博古与延安〈解放日报〉改版》,《新闻战线》1987 年 10 期。

86. 王继先:《民国新闻高等教育的"政校模式"略论——以马星野的新闻教育实践为视角》,《新闻大学》2017 年第 5 期。

87. 王继先:《在理想与现实之间:马星野与〈自由中国〉关系的初考察》,《现代传播》2017 年第 8 期。

88. 王建辉:《知识分子群体与近代报刊》,《华中师范大学学报》1999 年 3 期。

89. 王明亮、秦汉:《从记者到"新闻官":国民党新闻管理者的职业抉择和职业悲剧——以董显光、曾虚白、马星野为中心的探讨》,《国际新闻界》2015 年第 10 期。

90. 王润泽、王雪驹:《从革命青年到新闻记者:对王芸生早期经历的考察(1919—1929)》,《新闻大学》2019 年 3 期。

91. 王润泽:《范长江离开〈大公报〉的新解》,《采写编》2008 年 6 期。

92. 王咏梅:《范长江论言论自由》,《炎黄春秋》2009 年 11 期。

93. 王咏梅、刘宪阁:《从"四不"到"二不"——探析新记〈大公报〉办报方针表述改变的背后》,《新闻与传播研究》2017 年 02 期。

94. 吴廷俊:《论文人办报的历史演变》,《新闻春秋》总第六辑。

95. 谢国明:《试论近代中国报人的悲剧》,中国社会科学院新闻研究所编著:《新闻学研究 10 年:1978—1988》,人民出版社,1989 年。

96. 徐新平:《论马星野新闻伦理思想》,《湖南大学学报(社会科学版)》2014年第2期。

97.徐基中:《1930年代国民政府与新闻界的关系——基于〈修正出版法〉的分析》,《江汉学术》,2014年3期。

98.许晔:《抗战时期的中央通讯社》,《档案与建设》2009年第6期。

99.闫玺亦:《马星野与中国现代新闻业》,黑龙江大学硕士学位论文,2014年。

100.阳信生:《政治权威的嬗变与清末民初中国政局——以辛亥革命前后湖南为中心的考察》,《求索》2010年第6期。

101.杨石华、齐辉:《民国时期中国报人对新闻道德的讨论与突围(1914—1949)》,《新闻与传播研究》2016年2期。

102.尹韵公:《为什么不是范长江?》,《新闻与传播研究》2003年2期。

103.尹韵公:《论范长江"研究红军北上以后中国的动向"的目的之不能成立》,《新闻与传播研究》2009年3期。

104.尹韵公:《关于范长江与〈中国的西北角〉之余论》,《安徽大学学报(哲学社会科学版)》2010年4期。

105.俞凡:《"七君子事件"中张季鸾致蒋介石函内容考确》,《新闻春秋》2016年4期。

106.俞凡、陈芬:《试析报人在抗战"和谈"中的角色与作用——以"张季鸾—神尾路线"为中心的考察》,《新闻与传播研究》2019年2期。

107.俞凡:《试论新记〈大公报〉与蒋政府之关系——以台北"国史馆"藏"蒋介石档案"为中心的考察》,《新闻与传播研究》2013年05期。

108.余家宏:《苦难的历程——〈读徐铸成新闻评论选〉》,《新闻大学》1989年2期。

109.曾宪明:《旧中国民营报人同途殊归现象分析》,《新闻与传播研究》2003年2期。

110. 曾永胜、魏琼丽：《莫以非学术方法进行学术"争鸣"——关于〈客观看待范长江的两个"第一"〉的商榷》，《青年记者》2008年9月上。

111. 张威：《"密苏里新闻帮"与中国》，《国际新闻界》2008年第10期。

112. 张威：《旧中国留美新闻人的抉择与命运》，《新闻与传播研究》2007年第4期。

113. 赵馥洁：《论关学的基本精神》，《西北大学学报》（哲学社会科学版）2005年6期。

114. 赵建国：《中国报界俱进会与近代报界群体意识的自觉》，《新闻大学》2007年4期。

115. 赵建国：《从"边缘"走向"中心"：早期报人社会地位的演变》，《广西社会科学》2006年8期。

116. 赵建国：《早期报人职业意识的演变》，《广东外语外贸大学学报》2007年1期。

117. 赵康：《专业、专业属性及判断成熟专业的六条标准——一个社会学角度的分析》，《社会学研究》2000年5期。

118. 赵云泽、涂凌波：《"文人论政"与"新闻专业主义"：精神的区隔与认同》，《现代传播》2010年第10期。

119. 张洁：《新闻职业化的萌芽——重读黄远生的新闻实践与新闻思想》，《新闻大学》2006年3期。

120. 章清：《省界、业界与阶级：近代中国集团力量的兴起及其难局》，《中国社会科学》2003年2期。

121. 周亚军、陈继静：《试论范长江与〈大公报〉的分离》，《国际新闻界》2011年7期。

122. 朱至刚：《试论"文人论政"的流变——以报人的自我期许为中心》，《新闻与传播研究》2010年3期。

四、英文参考资料

1.Aldridge，M. and Evetts，J. Rethinking the concept of professionalism：the case of journalism. *British Journal of Sociology* 54 (4) , 2003：547—564.

2.Altheide，D. L. Creating reality：*How TV News Distorts Events*. Beverly Hills，CA：Sage Publications，1976.

3.Blair，H. 'You're only as good as your last job'：the Labour process and labour market in the British film industry. *Work*, *Employment and Society* 15 (1) ,2001：149—169.

4.Blair，J. *Burning down my master's house*：*my life at the New York Times*. Beverly Hills，CA：New Millennium Press，2004.

5.Breed，W. Social control in the newsroom：a functional analysis. *Social Forces*33(4)，1955：326—335.

6.Casey，R. and Allen，C. Social housing managers and the performance ethos：towards a 'professional project of the self'. *Work*, *Employment and Society* 18 (2),2004：395—412.

7.Jeffrey T,David A. Whetten，Paul C. Godfrey. Identity in Organizations：Building Theory through Conversations. *Administrative Science Quarterly* 45 (3), 2000：625—628.

8.David S. Meyer，Nancy Whittier，and Belinda Robnett. *Social Movements*：*Identity*, *Culture*, *and the State*. New York：Oxford University Press，2002.

9.De burgh，H. *Making journalists*. London：Routledge , 2005.

10.Dror Wahrman. *The Making of the Modern Self*：*Identity and Culture in 18th—Century England*.Yale University Press，2004.

11.Gabrielle Hecht .Enacting Cultural Identity：Risk and Ritual in the French Nuclear Workplace. *Journal of Contemporary*

History 32 （4）,1997:483—483.

12.Mark Deuze. What is journalism?Professional identity and ideology of journalists reconsidered. *Journalism* 6 （4）,2005: 442—464.

13.Peter O Foreman, Milena M Parent. The Process of Organizational Identity Construction in Iterative Organizations. *Corporate Reputation Review* 11 （3）,2009:222—244.

14.Roger Dickinson. Accomplishing journalism: towards a revived sociology of a media occupation. *Cultural Sociology* 1 （2）, 2007:189—208 .

后　记

　　本书是我的国家社科基金项目《中国新闻从业者职业心态史研究(1912—1949)》的最终成果,也是我在攻读博士期间开启的新闻史人物研究领域持续耕耘的又一成果。

　　攻读博士期间,我曾以职业社会学领域的"职业认同"概念及相关理论为视角和基本框架,对近代报刊出现至北洋军阀统治末期这一历史时段内的新闻从业者职业意识发育史、职业成长史和职业心灵史进行了研究,试图探寻职业社会学意义上的"记者""报人"在中国的早期成长历程与发展足迹,感知他们从事新闻职业的理想与困惑、激情与无奈,探求他们筚路蓝缕、一路走来的心路历程。当时的研究应该说是颇为成功的。博士论文送审、答辩时得到了新闻史学泰斗方汉奇教授和诸多著名学者——如陈力丹、杨保军、李彬、黄旦等人相当高的评价,出版后也得到了圈内众多相识和不相识的师友、同仁、学生的好评。当时的我为此颇有一些自得,自认为挖到了一个学术研究的富矿,尤其为自己在该研究中所引入的"职业认同"这一源自其他学科的理论视角与框架而得意。众多学者的赞誉强化了我在确定此选题时已暗自下定的准备按此路子将新闻史人物职业认同研究进行到底的决心。当时的研究最终凝结为《中国新闻从业者职业认同研究(1815—1927)》这本著作。按我当时的想法,接下来的第二本书的题目显然是明摆着的,即《中国新闻从业者职业认同研究(1912—1949)》,研究视角和路子当然与前一本书完全一样。

　　然而，现在摆在各位同仁与读者面前的这本书的题目却是《中国新闻从业者职业心态史（1912—1949）》，之前研究中曾让我颇为自得、自以为能体现自己研究的视角创新的"职业认同"这一核心概念不见了，代之以"职业心态"。由"职业认同"到"职业心态"，看似只有两字之别，实则蕴含着前一本书出版后的十年中我在学术研究过程中的认识变化。这种变化就是，在研究中国新闻传播历史与现实问题过程中，最重要的是要切实深入到中国新闻传播丰富、多样、鲜活的历史情景与现实逻辑中去，发现根植于这种历史情景与现实逻辑的真实情状与问题，对其进行不带任何固定套路和现成模式的实实在在的研究，而非使用某个源自其他学科或西方的概念及其理论框架对中国特有的现象与问题进行简单阐释或验证式研究，更不能照搬西方或其他学科理论来研究中国特有的现象与问题。

　　就我所开启的新闻史人物职业意识发育、职业成长和职业心灵研究来说，我之前引入"职业认同"概念及其理论框架所做的中国新闻从业者职业认同研究，虽然并非简单阐释或验证式研究，更无照搬西方或其他学科理论之色彩和意味，而是将"还原历史情境""回归历史现场"作为研究的基本理念、追求，在研究中力求回到人物所处的个人生活情景与社会历史情景，但该研究毕竟是从职业社会学领域考察职业认同的四个主要视角出发对每个人物的职业意识发育与内心世界进行关照和呈现的，因此不免给人一种较为刻板的印象。如果说当时引入"职业认同"概念及其理论在新闻传播学领域还属于一种引领风骚的学术创新的话，今天继续沿用十年前的研究路径与模式无疑就显得有点老套和刻板了。正是基于这样的认识变化，在这次研究开始之前，我便开始了谋求研究创新的努力。

　　这种认识转变和谋求创新的努力是如何产生的呢？说到这种转变的产生，不能不说到我在复旦大学新闻学院从事博士后研究的日子。在复旦大学新闻学院做博士后期间，我原本准备按之前研究新闻史人物职业认同的模式和路子对范长江新闻生涯与职业认同进行研究,但最终却放弃了"职业认同"概念及其理论视角,决定回归范长江人生历程与职业生涯,对其人生追求与职业求索中的心态进行直接的、不带任何固有框架的研究。这一变化的产生缘于与黄旦教授的碰撞和李金铨教授的间接启发。

黄旦教授在我博士后报告开题时对我继续沿用"职业认同"概念和理论框架研究新闻史人物提出了非常明确的不同意见,认为借用其他学科概念和理论框架必然会对自己的研究产生牵制乃至辖制,必然会影响自己对所研究人物内在心灵与心态的自由呈现。当时我并不认同黄旦教授的看法,我争辩说,我并没有简单套用"职业认同"概念及其理论框架,并没有把"职业认同"作为一把价值评断的标尺,用它去一一度量所研究的人物,并没有用职业认同与否作为尺子对所研究的人物进行价值评判,我只是将它作为考察所研究人物内心世界的一种视角和进入其内心的一个出发点,它不会对我的研究产生辖制。开题报告后,就此问题黄旦教授还曾与我交流过不止一次,但我并未完全心服口服。

过了一些日子,我看到了一篇李金铨教授在兰州开会期间接受兰州大学新闻与传播学院研究生访谈的文章。在这篇访谈中,李金铨教授在谈到中国新闻传播学研究领域存在的问题时,非常明确地表达了其对简单套用西方理论研究中国新闻传播历史与现实问题的路径与方法的反对,认为西方理论自有其产生的特殊时代、特殊土壤,自有其所要解决的特殊问题,它们大都是为了解决西方特殊时代、特殊文化土壤上产生的特定问题而产生的。因此,试图用它们来解释中国特殊历史或现实问题,往往隔靴搔痒,牛头不对马嘴。要想提升中国新闻传播研究的层次,就要深入到中国新闻传播的历史与现实中去,发现真正属于中国新闻传播历史与现实的真问题,对其进行实实在在的研究。

正是受到黄旦教授和李金铨教授的启发,我决定抛弃"职业认同"概念及相应的研究框架与视角，以探究人物心态为目标，深入到范长江成长和发展的不同历史阶段的社会与时代情景中，深入到范长江各个历史时期的人生境遇与个人生活情景中，对其探求个人出路和国家民族出路的历史过程及在此过程中的心态变化进行客观的全景式呈现，以此展示作为中国近现代新闻史上的标杆式人物的范长江丰富、鲜活、独具特色的精神世界和情感世界。正因为有了研究思路的变化和研究路子的革新，这部以"范长江心态研究"为题的博士后报告完成后收到各方面的积极反馈与评价。参加我博士后出站答辩的包括黄旦教授在内的五位专家、新闻史学界诸多前辈和中青年实力派学者等，均对报告给予了充分肯定和高度赞赏。

由于我明白这部博士后报告之所以能获得这样的评价与反响，主要是因为抛弃了"职业认同"概念及相应的理论框架，不带任何框框地直接深入到了人物的内心世界，对其心态进行不带任何"有色眼镜"的研究和呈现，因此，后来我的新闻史人物研究便十分明确地将"职业心态"确定为研究过程中的关键词和核心目标。以此为目标对从中华民国成立至中华人民共和国成立期间最主要的五类新闻从业者的职业心理、职业情感、思想理念及心路历程等进行"还原历史情境""回归历史现场"式的研究之后，便有了摆在大家面前的这本书。

由于放弃了之前熟悉的研究路子，研究过程中"毫无凭藉"，只能抱着尽力深入每个人物个人生活情景与社会历史情景的目标，独自摸索，再加上研究所设定的人物较多，对每个人物的研究又不仅仅限于对其新闻从业活动的关照，而且涉及其整个人生求索及其他活动，故工作量可以说非常大，因此，摆在大家面前的这本书肯定存在不少问题和不完善之处，我只能在此请求各位同仁与读者批评指正，以便我能在接下来的研究中尽力改进了。

书稿出版在即，回首此项研究确立和推进过程中的时光，想要感谢的人很多。首先要感谢黄旦教授和李金铨教授。与黄旦教授的"碰撞"、交流和李金铨教授的间接启发，是我之所以能超越之前的"职业认同"研究路径与视角的直接因素。其次要感谢邓绍根教授，此项研究的题目最终确定为"中国新闻从业者职业心态史研究（1912—1949）"，与他的建议直接相关。接下来要感谢的是郑保卫教授、童兵教授、尹韵公教授、刘海贵教授、吴廷俊教授、范东升教授等。他们对我近年来取得的包括范长江心态研究在内的诸多阶段性成果的高度评价和赞誉是我最终得以完成此项研究的不竭动力。吴廷俊教授更是在我提出为本书作序之请求时，欣然应允，并在一周之内就给我发来数千字的序文，让我感激之余，深为感动。更要感谢的是我的学生张冬平、孙茂宁、赵倩倩、王俊志等。他们在此项研究中分别承担了黄远生、张季鸾、成舍我、博古、马星野、萧同兹、徐铸成等部分的资料搜集、加工和前期成果草拟等基础性、事务性工作，为我节约了大量时间和精力。

　　这部书能顺利付梓，得益于中华书局学术编辑部罗华彤主任、林玉萍编辑和书局领导的厚爱和支持。罗主任雷厉风行的作风使书稿出版前的选题报批等程序得以在很短的时间内推进并完成。林玉萍老师在编辑过程中显现出的专业能力，令我钦佩，使我感动！本书能顺利付梓，更得益于兰州大学社科处和我所在的新闻与传播学院领导的支持！由于本书字数将近55万字，因此，出版费的问题成为书稿能否顺利出版的关键因素，也是我心中最担忧的问题。但令我欣喜又感动的是，社科处杨林坤处长基于其作为全校人文社科学术研究领域的指挥官之身份所具有的宏阔视野和作为人文社科领域学者所具有的对好研究的发自内心的喜爱，毫不犹豫地承诺给予最大幅度的支持，并最终帮助解决了出版费中的大部分。新闻与传播学院领导对我的研究工作一直很支持，本书出版过程中更是在出版费的完全解决方面给予了积极且高效的帮助与支持。对他们的支持与帮助，在此深表感谢！

　　最后，我要特别感谢我的父母、岳父母和妻子。父母、岳父母充满关爱和深含期待与理解的目光,是我在学术之路上一路前行的动力之源。同样是老师的妻子对家务的全力操持,对女儿的精心辅导与指教,是我之所以能全身心投入研究和书稿写作的坚强后盾。也要感谢我正上大三的女儿,她在学习上的认真和生活上的自立,也是我研究中之所以能不分心力、全情投入的重要因素与保障。

樊亚平
2021年春于兰州